Faucher, Julius

Ein Winter in Italien, Griechenland und Konstantinopel

1. Band

Faucher, Julius

Ein Winter in Italien, Griechenland und Konstantinopel

1. Band

Inktank publishing, 2018

www.inktank-publishing.com

ISBN/EAN: 9783747773741

Ein Winter

in

Italien, Griechenland und Konstantinopel

von

Julius Faucher.

Erster Band.

Magdeburg 1876.

Verlag der Faber'schen Buchdruckerei

Meiner

treuen Reisegefährtin

meiner

lieben Frau.

Vorwort.

Im vergangenen Winter reiste ich in Begleitung meiner Frau durch Italien, von welchem wir einen großen Theil aus früheren Besuchen schon kannten, nach Griechenland, von dort nach Konstantinopel, und dann die Donau aufwärts nach Deutschland zurück, welches wir erst im vollen Frühling erreichten, nachdem wir es im Anfang des Herbstes verlassen hatten. Ich machte diese Reise hauptsächlich, um mich mit dem Boden der Geschichte des Alterthums besser bekannt zu machen. Südwärts von Rom vordringend, richtete ich Briefe an die Magdeburgische Zeitung, in welchen ich Einzelnes aus dem, was ich sah und erlebte, und was ich dabei dachte, mittheilte. Da von mehreren Seiten der Wunsch geäußert wurde, es im Zusammenhange gedruckt zu sehen, machte ich mich daran, es aus meinem Tagebuche nach Kräften zu vervollständigen. So weit dies möglich war, liegt die ganze Reisebeschreibung hiermit vor. Ich denke mir, daß jetzt, wo so Viele zu ähnlichen Ausflügen

*

sich rüsten, sie auch für einen weiteren Kreis nicht unwillkommen sein wird. Meine persönlichen Geschichtsansichten, oder vielmehr Geschichtshypothesen, wird man zwar manchmal mit in den Kauf nehmen müssen, es sollen aber eben nur Hypothesen sein, zu welchen man auf einer Reise angeregt wird, man mag sie nun suchen oder nicht. Es ist mit Nothwendigkeit leichte Waare, passing thoughts, vorüberschwärmende Gedanken, wie man Englisch sagt; sie gehören zur Unterhaltung auf Reisen. Wenn auch Diejenigen bei der Erzählung dessen, was wir sahen und erlebten, Unterhaltung finden sollten, die es vorziehen, im Zimmer zu reisen, wird es mir eine besondere Genugthuung sein, ihnen dabei behülflich gewesen zu sein.

Julius Faucher.

Inhalts-Verzeichniß.

Seite

Hinab nach Italien.

(Vom Karst hinab. Der erste Anblick von Italien. Drei Eisenbahnwege in dies Land hinein. Uebergang von der Kälte zur Wärme. Monfalcone und die Lage des alten Aquileja. Der Einbruch des Attila und die Zerstörung von Aquileja. Ein Bild von Suwaroff's Kalmüken in Italien. Cormons und Udine. Cividale, das alte Forum Julii. Die Longobarden und die Avaren. Die verliebte Longobarden Herzogin und ihre Strafe. Die Städte an der Eisenbahn im Venezianischen. Mestre und die Lagune. Ankunft am großen Canal. Im Gasthofe.)

Venedig, im October 1874.

Sobald der Eisenbahnzug von der Höhe des Karstes hinunterrollt, wird man aus nordischer in Italische Landschaft versetzt. Man wird dadurch um so angenehmer überrascht, wenn dies Ende October geschieht, und zwar gerade bei Tagesanbruch, um 7 Uhr des Vormittags. Der geschichtlich Gebildete kann sich des Gedankens kaum erwehren, welche Gefühle der erste Anblick Italiens und seines Himmels, grade an dieser Stelle oder irgendwo dicht dabei, schon bei Millionen von Menschen hervorgerufen haben muß, welche hier, bis in manches Jahrtausend rückwärts in der Geschichte, nach Italien hinabstiegen, entweder um Wohnsitze zu suchen, oder um es ganz zu erobern, oder um es nur zu plündern. Ich war schon vorher zweimal in Italien und habe jedesmal absichtlich einen andern Weg gewählt, um hinein zu gelangen. Das erste Mal wählte ich den Eisenbahntunnel durch den Mont Cenis, um den vollen Gegensatz zwischen dem rauhen und dünn bevölkerten Savoyen und dem Pothale, wie ein Wandelbild auf uns wirken zu lassen. Nicht allzu weit von der Stelle, wo dieser Riesentunnel einen Hauptstock der Alpen durchbohrt, ist einst Hannibal mit seinen Afrikanern und mit Elephanten in Italien eingedrungen, um der Herrschaft Roms das Garaus zu machen, noch ehe sie fertig war. Das zweite Mal wählte ich den Weg von Innsbruck über den Brennerpaß und dann die Thäler der Etsch oder ihrer Nebenflüsse abwärts, und durch bis Verona. Hier müssen wieder die ersten Deutschen, die Cimbern, eingebrochen sein, ebenfalls noch ehe die Weltherrschaft vollendet war. Ohne alle gebahnten Straßen durch die hier 40 Meilen breite Gebirgswelt, muß ihnen dies, wenigstens stellenweise, gar nicht leicht geworden sein. Aber es waren eben kräftige, hoch aufgeschossene und breitschultrige, übermüthige Schlagetodte, die es fertig brachten. Sie rutschten schneebedeckte Bergabhänge auf ihren langen, gekrümmten und mit Rindsfell bezogenen Schilden jubelnd hinunter, mit ihrem Kriegsspieße, der Framea, sich steuernd, oder schwangen sich vermittelst der Framea aufwärts von Stein zu Stein. Aber sie brachten doch auch ihre mit Rindern bespannten Wagen hinüber, in welchen die Frauen und Kinder saßen, wobei man sich daran zu erinnern hat, daß das Rind auch in den Alpen heimisch ist. Aber wie viel Völkerzüge sind, vorher und nachher, über den Karst in Italien eingedrungen! Zuerst, in einer uns ganz unbekannten Zeit, die Italischen Völkerschaften selber, als sie zuerst ihr schönes Land besetzten, dann aber in der sogenannten Völkerwanderung, als das ganze nördliche Europa in Bewegung gerathen war, während des fünften und sechsten Jahrhunderts nach unserer Zeitrechnung, war das ebene Land unterhalb des Karst, diese äußerste Nordostecke von Italien, die bedeutsamste Bühne der Weltgeschichte.

Oben auf dem Karst war es schon bitter kalt gewesen, und noch in Nabresina beklagten wir, daß wir Wien etwas zu spät verlassen hatten, von seinen eigenthümlichen Reizen, wie uns das schon oft geschehen ist, länger als wir wollten festgehalten. Aber kaum waren wir ganz unten in der Ebene angelangt, so floß behaglich warme Luft zu den Wagenfenstern hinein, und statt der seltsamen, steinichten Einöde des Karst hatten wir Italienisch angebaute, gartenähnliche Gefilde zur Rechten, und wenigstens für eine kurze Zeit das Adriatische Meer zur Linken. Von nun an sehen nicht blos die Ackerfelder, sondern auch die Gebäude und die Ortschaften Italienisch aus, und das heißt heiter. Weiter östlich an der Küste ist dies nicht mehr der Fall. Als wir vor Jahren zum ersten Male Triest sahen, von Venedig zu Schiffe kommend, überraschte uns das Aussehen dieser doch hauptsächlich Italienisch sprechenden Stadt als so sehr Deutsch, oder vielmehr Oesterreichisch. Keine Aehnlichkeit mehr weder mit dem nahen Venedig, noch mit den anderen Norditalienischen Städten, aber lebhaft erinnernd an Wien, Pest, Prag und Graz.

Die erste Station, welche man unten erreicht, ist Monfalcone — Falkenberg. Es hat eine alte Falkenburg, auf einem Vorberge des Karstes gelegen: es ist diejenige Station, welche den spärlichen Resten des alten Aquileja am nächsten liegt. Aquileja ward, um als Handelsplatz mit dem Nordosten zu dienen, von den Römern im Jahre 182 vor unserer Zeitrechnung angelegt, wobei das Augurium durch Beobachtung eines günstigen Adlerflugs über die genaue Stelle entschieden haben soll. Daher sein Name. Die bis hierher fortgeführte Aemilische Straße führte weiter nach Monfalcone, von wo aus dann das Thal der Wippach, welches bei Gradiska in die Ebene tritt, den naturgemäßen Weg in die Gebirgswelt hinein bildete.

Es ist merkwürdig, daß schon in der Nähe von Monfalcone

1*

die Italischen Sagen von den Besuchen Griechischer Heroen beginnen, von Heroen aus der Ilias. Hier soll Diomedes gewesen sein, dessen Namen wir noch wiederholt auf der Ostküste Italiens, bis zu ihrer Südspitze hinab, begegnen werden.

Die alte Falkenburg, Monfalcone, war jedenfalls an günstiger Stelle für die Jagd mit Falken angelegt, welche doch im Mittelalter hauptsächlich den Kranichen und Reihern galt. Diese Vögel kommen im Herbst in ungeheurer Zahl vorzüglich aus Ungarn, um den Karst, diese niedrigste Stelle des großen westöstlichen Gebirgszuges von Mitteleuropa, zu überfliegen und sich, dem Stiefel Italiens folgend, nach Afrika zu begeben. Da die Delische Sage von den Hyperboräern, welche uns Herodot aufbewahrt hat, nach der Nordspitze des Adriatischen Meeres weist, und zugleich darauf hindeutet, daß unter dem Lande der Hyperboräer ein früherer Sitz der Griechen zu vermuthen ist, jenseit hoher Gebirge, von welchen der Boreas komme, auch der furchtbare Wintersturm über den Karst bis heute die Bora heißt, ist es schon anderweitig von mir bemerkt worden, daß die Griechen, deren Italischer Name Graeci, oder Graikoi, an den Kranich, den Geranos, erinnert, diesem Zugvogel folgend, längs der beiden Küsten des Adriatischen Meeres aus Norden nach Griechenland gekommen zu sein scheinen. Hierfür spricht ja auch noch vieles Andere, wie der Beginn ihrer Religion und Cultur in Dodona in Epirus und ihre offenbare Sprachverwandtschaft mit den Japygern im äußersten Südosten von Italien.

Möglichst vollständig werde ich hierüber wohl ein mal an anderer Stelle sprechen, doch macht es sich von selbst, auch beim Reisen auf dergleichen noch ungelöste Fragen zu achten.

Der furchtbarste Einbruch, welchen Italien an dieser Stelle, im fünften Jahrhundert nach unserer Zeitrechnung sah, war der des Attila. Diesem Einbruche fiel das große und reiche Aquileja zum Opfer. Von der Bergkante zwischen Monfalcone und Gradiska sahen die bunten, beutelustigen Schaaren, an deren Spitze er aus Ungarn herangestürmt war — aus seinem Hoflager in der Nähe von Tokai — auf das üppige, noch mit Cultur prangende Römerland hinab, um wie ein Hagelwetter, welches die Bora bringt, über dasselbe herzufallen. Die Asiatischen Hunnen bildeten nur den Kern des Schwarmes. Mit ihnen kamen auch Ostgothen und Gepiden, Deutsche Völker aus dem Donauthale, welche seine Kriegszüge wahrscheinlich unter Verträgen mitmachten. So war ja auch schon 40 Jahre vorher Alarich mit einem Schwarme hier eingebrochen, der nicht blos aus seinen Westgothen, sondern auch aus Slawischen Völkerschaften bestand. Seit es Alarich gelungen, Rom selbst zu erobern und zu plündern, waren in Nordeuropa gemeinschaftliche Unternehmungen zum Einbruch in das Weströmische wie in das Oströmische Reich Mode geworden. Sie bildeten den Gegenstand ehrgeiziger Träume für alle Heeresfürsten im Norden, und kriegerische Völker verbanden sich mit Leichtigkeit dazu, weil sie in Italien und Griechenland in ein wahres Wollustbad zu tauchen hofften. Attila wußte, daß er etwas für diese Hoffnungen thun müsse und gab seinem Schwarme Aquileja Preis, weil er wahrscheinlich von vorn herein die Absicht hatte, sich an Rom selbst nicht zu machen, sondern demselben nur tüchtig Geld für seinen eigenen Schatz durch handgreifliche Drohungen abzupressen, wie es ihm vorher so oft mit Konstantinopel gelungen war.

Ein denkender Geschichtsmaler hat, ohne es zu wollen, dafür gesorgt, daß sich der heutige Geschichtsleser ungefähr noch eine Vorstellung von den Kriegsbildern machen kann, welche in den Städten und Dörfern von Norditalien zu sehen waren, als Attila's Reiterschaaren in denselben hausten. Es ist dies aber nicht etwa Kaulbach in seiner Hunnenschlacht, welche ja auch in den Wolken vor sich geht, und eben nur ein ossianisches Wolkenbild jener wolkigen Zeit sein soll, sondern das Bild eines Belgischen Malers, welcher Asiatische Truppen des Suwaroff in einer Norditalienischen Stadt beim Kriege der zweiten Coalition gegen die Französische Republik dargestellt hat. Dasselbe hängt in der öffentlichen Gemäldegallerie zu Brüssel. Der Contrast zwischen den Italienischen Gesichtern der Knaben und den Kalmükischen und Baschkirischen Reitern mit den hervorstehenden Backenknochen, schräg liegenden Augen, welche unter der filzenen Kopfbedeckung der letzteren sichtbar werden, ist hier höchst drastisch benutzt. Kalmüken in einer Italienischen Landschaft mit Italienischen Häusern und Italienischer Menschenstaffage, dies ist ein Contrast, bei dessen Anblick alsbald dem Beschauer klar wird, daß hier etwas ganz Besonderes und Großes vor sich geht, und ist darum ächte Geschichtsmalerei.

Aquileja soll, zur Zeit Trajans, in welcher Italien seine höchste Blüthe im Alterthum erreichte, nicht weniger als 800,000 Einwohner erreicht haben. Daß es unter Trajan seinen Gipfel erstieg, findet auch darin seine Erklärung, daß grade Trajan eine gewaltige Vorschiebung der Grenzen des Römischen Reiches an der unteren Donau durchzusetzen wußte, indem er demselben Dazien, d. h. Rumänien, und einen Theil von Siebenbürgen hinzufügte. Aquileja stritt sich eine Zeit lang mit Capua um den Rang der zweiten Stadt von Italien, scheint aber zuletzt den Volksnamen des zweiten Rom, Roma Secunda, mit gutem Recht gewonnen zu haben. Jene angebliche Einwohnerzahl wird aber doch wohl übertrieben sein. Nachdem es genommen war, ließ es Attila, wie es heißt, über seinen tapferen Widerstand erbittert, anzünden und dem Erdboden gleich machen, wie die Römer mit Carthago gethan hatten. Schon damals sollen sich Einwohner von Aquileja auf die Inseln, sowohl in den nahe liegenden Lagunen, wie auf die Inseln der Brenta-Lagunen geflüchtet haben, wohin auch von dem ebenfalls geplünderten und zerstörten Altinum in der Nachbarschaft Zuzug kam, und wo dann schon damals der Ort Torcello und später Venedig entstand. Venedig kann also gewissermaßen als Tochter und Erbin von Aquileja betrachtet werden, nur daß Aquileja den Handel hauptsächlich zwischen dem Südwesten und dem Nordosten vermittelte, während Venedig, grade überkreuz, den Südosten mit dem Nordwesten verband. Der Satz, daß große Städte eine geographische Grundlage haben müssen, durch welche sie auch dann wieder erzeugt werden, wenn ihnen die politische Grundlage verloren gehen sollte und sie selbst ganz zerstört werden, ist auch hier wieder einmal bestätigt. Und so ist auch der Satz richtig, daß in der innersten Stelle eines großen, tief eingeschnittenen Busens der See, wie es das Adriatische Meer ist, eine solche geographische Grundlage gegeben ist. War Venedig die Erbin Aquileja's, so ist jetzt Triest, wenigstens theilweise, die Erbin Venedigs, oder auch, da es auch für den Handel nach Nordosten ähnlich wie Aquileja sorgt, unmittelbar eine zweite Erbin Aquileja's.

In dem Dorfe, welches jetzt auf der Stelle Aquileja's steht, soll der Apotheker eine kleine Sammlung von antiken Funden aus der Nachbarschaft angelegt haben, welche nicht ohne Interesse sein soll. Auch die Oesterreichische Regierung hat es wenigstens nicht ganz versäumt, sich um die Ueberreste von Aquileja zu kümmern. Wenn man bisher im Ganzen nur wenig gefunden hat und es besonders an Spuren von Baudenkmälern fehlt, welches doch am auffälligsten, da sogar schon im fünften Jahrhundert ein Wiederaufbau von Aquileja versucht wurde, ist wohl anzunehmen, daß bei der großen Veränderlichkeit des hiesigen, von den Bergen herab geschwemmten Küstengebiets eine allmähliche Verschüttung der baulichen Ueberreste stattgefunden hat. Zuerst zerstörten die Gothen beim Angriffe auf Odoaker den neuen Ort wieder im Jahre 489; es war aber immer noch so viel vorhanden, daß grade ein Jahrhundert später ihn die Longobarden noch ein mal zerstören konnten. Später freilich und ein Jahrtausend hindurch, konnte das benachbarte Flüßchen Sdebbo, welches im Frühling mächtig anschwillt und viel erdige Bestandtheile dann mit sich führt, mit der Stelle machen, was es wollte, ohne daß sich Jemand um die Trümmer bekümmerte. Es ist sehr die Frage, ob Nachgrabungen hier, wenn kräftig angefaßt, sich nicht doch verlohnen würden. Sie würden eine Oesterreichische Aufgabe sein, denn die Stelle, als zum Littorale und nicht zu Friaul gehörig, ist grade noch bei Oesterreich verblieben.

Hinter der Station Cormons, wo der Wagenwechsel stattfindet, geht die Bahn auf das Italienische Gebiet hinüber, genauer bei St. Giovanni Manzano, welches schon zu Italien gehört. Bald ist auch Udine erreicht. Das Meer verschwindet schon lange vorher, gleich hinter Monfalcone, aus Sicht. Zur Rechten der Bahn, in zwei Meilen Entfernung, liegt Cividale auf der Stelle des alten Forum Julii, nach welchem der ganze Landestheil seinen Namen Friaul bekommen hat. Ein neuer Einbruch von Asiaten über den Karst in Italien taucht bei dem Namen der ehemaligen Stadt und Feste Friaul vor dem Gedächtniß auf. Es ist der Einbruch der Avaren im Anfange des siebenten Jahrhunderts. Aber dies mal waren schon die früheren Nachbarn der Avaren, die Longobarden, welche den Avaren ihre früheren Wohnsitze in Pannonien überlassen hatten, um nach Italien zu ziehen, im Besitze des Landes. Der Longobardische Herzog von Friaul, Gisulf, fiel in der Schlacht gegen die Avaren. Seine Wittwe vertheidigte indeß die Veste, vor welcher die Avaren lagerten, ohne sie nehmen zu können. Es erfolgte nun ein für die wilden Leidenschaften der in Bewegung gerathenen Völker des Nordens und für ihre rücksichtslose Grausamkeit charakteristischer Vorgang. Die nach Art der Germanischen Weiber jener Zeit kriegsgewohnte und tapfere Wittwe Gisulf's hatte den schönen jungen Chagan der Avaren wiederholt bewundert, wenn er in seinem, wahrscheinlich nach Tscherkessenart angefertigten Stahlhemd, mit Helm und Reiherbusch und hohen Reitstiefeln, stolz die Mauern ihrer Veste umsprengte, und hatte sich zuletzt in ihn, den Besieger ihres Gatten, rasend verliebt. Sie trug ihm die Uebergabe der Veste für Liebe an. Hohnlachend war der ehrgeizige und habgierige, aber nichts weniger als ritterliche Asiatische Heeresfürst auf den Antrag eingegangen und hatte von der Veste Besitz genommen. Aber er gewährte ihr nur eine einzige Nacht der Liebe und ließ sie darauf sogar unter Martern tödten. Angeblich aus Strafe für ihren Verrath, in der That aber wohl, damit sie ihm nicht unbequem werden konnte!

Udine, wo der Zug wegen der Zolluntersuchung 20 Minuten anhält, sieht ganz wie ein im Kleinen nachgeahmtes Venedig aus. Ueberhaupt tragen alle Städte in dieser Gegend den so ganz eigenthümlichen Stempel Venedigs, einst für sie die modische Weltstadt und ihr unerreichbares Vorbild, der sie auch eine nach der anderen unterwürfig wurden.

Es war ganz heiß geworden. Der Wall der Alpen guckt hier mindestens eben so großartig und schön in das ebene Land herunter, wie im Etschthale. Diese erste Einfahrt in Italien steht überhaupt an Reiz hinter keiner zurück, die wir noch gesehen haben. Erreicht man Italien zuerst durch den Tunnel des Mont-Cenis, so befindet man sich freilich anfangs noch auf der Höhe und hat großartige Fernsichten abwärts in das Land. Aber es dauert nicht lange. Um nach Verona zu kommen, ist man einen ganzen Tag lang durch Alpenthäler gefahren und sie sind landschaftlich schön, wie Alpenthäler überhaupt es sind. Aber bei Verona hört der landschaftliche Reiz auch auf. Und Verona, so architektonisch interessant es auch ist, und so malerisch dort die Etschbrücken, und so überraschend sein wohlerhaltenes, Altrömisches Amphitheater, ist doch noch lange kein Venedig.

Es geht immer durch hoch cultivirtes Land, in welchem sich auch viel Wein zeigt, an Casarsa, Pordenone, Conegliano, an Treviso vorbei, welche sämmtliche Ortschaften nach außen einen sehr vortheilhaften Eindruck machen, während rückwärts die Alpen allmählich verblassen und zu sinken scheinen, und vorwärts in der Ferne schon jenseit Venedig der isolirte kleine Bergzug der Euganeen emportaucht. Um 1 Uhr ist Mestre erreicht, an der Lagune, Venedig gegenüber. Dann geht es noch 10 Minuten auf dem Lagunendamme erst durch sogenannte todte, d. h. bei der Ebbe fast wasserfreie, einer überschwemmten Wiese gleichende Lagunen, und dann durch lebendige Lagunen, welche die Barken nicht zu scheuen brauchen. Endlich ist der Bahnhof erreicht, nahe der Mündung des großen Canals, auf der Seite nach dem Festlande zu. Als ich vor Jahren das erste Mal aus diesem Bahnhofe heraus trat auf den schmalen Quay, welches im Mondlicht geschah, hatte ich ganz vergessen, daß es in Venedig keine Fahrwege giebt, hielt den Quay blos für das Trottoir und den großen Canal für einen breiten Fahrweg und stieg in denselben hinein. Aber die Gondeliere, die an so etwas schon gewöhnt zu sein schienen, packten mich rechtzeitig bei den Armen und ich kam nur bis zum Knie ins Wasser. Jetzt wußte ich besser Bescheid und unser großes und schweres Gepäck war bald in einer Gondel, in der wir nun lautlos durch die Canäle dieser überhaupt fast lautlosen Stadt glitten, in welcher nur der eintönige und abgestimmte gegenseitige Zuruf der Gondeliere bei Wendungen und Brückendurchfahrten zu hören ist. Wir wählten dies mal den Gasthof von Danieli auf der Riva dei Schiavoni, nahe der Seufzerbrücke und dem Marcusplatz, den vornehmsten Gasthof der Stadt, thun es aber nicht wieder. Denn er ist blos viel theurer als alle anderen, sogar sehr theuer, und besser ist er darum doch nicht, wenigstens nicht im Verhältniß. Jedenfalls sind die Zimmer nicht gut; dagegen sind es unzweifelhaft die — bei Danieli Französische — Küche und der Rothwein. Aber dafür war auch unsere Rechnung für zwei Abendessen, zwei Betten und zwei Kaffeefrühstücke rund 50 Francs. Für Venedig, eine der billigsten Städte von ihrer Einwohnerzahl in ganz Europa und selbst eine der billigsten im billigen Italien, ist dies ein sehr hoher Preis.

In der Lagunenstadt.

(Vertrautheit in Europa mit Venedig. Der Canaletto. Die Schriftsteller und Venedig, Ruskin, Goethe, Byron, Schiller, Casanova, Silvio Pellico und Meißner. Der selbstmörderische Irrthum Venedigs. Die leere Muschel und der Parasitenkrebs. Das Ende des alten Venedigs. Der Freiheitsbaum und das goldene Buch. Manin der letzte und Manin der allerletzte. Fremdenleben in Venedig. Kirchen und Gallerien. Die Fußwege und die Gondeln.)

Venedig, im November.

Eigentlich hatte ich mir vorgenommen, aus Venedig über Venedig gar nichts zu schreiben. Venedig ist vielleicht von allen berühmteren Städten Europa's am häufigsten und am besten geschildert worden, wie es auch schon in der ersten Hälfte des vorigen Jahrhunderts durch den Canaletto am treuesten auf der Leinwand und der Kupferplatte wiedergegeben und dadurch die ganze gebildete Gesellschaft von Europa mit seinem ganz eigenthümlichen, phantastischen und eleganten Aussehen vertraut gemacht wurde. Wer die Venezianische Architektur studiren will, kann ja Ruskin's Stones of Venice lesen. Wer im Zauber Venedigs sich berauschen, oder durch seine Geschichte zu Gedanken sich hinreißen lassen will, lese Goethe's Italienische Briefe und Byron's Childe Harold. Wen die Geheimnisse des alten Venedigs reizen, lese Schiller's Geisterseher. Wer nüchternere Berichte über Venedigs Gefängnisse vorzieht, kann sich an Casanova's

Denkwürdigkeiten und Silvio Pellico's Erzählung von seiner Haft halten. Ein rein poetisches Bild endlich hat Alfred Meißner in seinem übrigens ganz reizenden und treffenden Gedicht geliefert, welches die entthronte Königin der Adria malt. Denke man nur an alle diese Namen und füge der Vollständigkeit wegen dann noch den des Shakespeare hinzu, dessen „Kaufmann von Venedig" und dessen „Othello" man in Deutschland wie in England so eben mit treuester localer Ausstattung über die Bühne gehen sehen kann. Wer wird sich vermessen wollen, hier noch etwas hinzuzufügen!

Um so mehr, als in Venedig durchaus nichts weiter geändert ist, als daß in seiner bunten Muschelschale jetzt kein eigenes Thier mehr lebt. Das Muschelthier selbst ist gestorben, und wenn jetzt noch etwas in der Schale sitzt, ist es höchstens ein Parasitenkrebs, nämlich die moderne königlich Italienische Verwaltung und das moderne königlich Italienische Parlamentsleben. Aber in dieser Beziehung kann ich doch nicht ganz schweigen. Nach Venedig gehört das moderne einheitliche Italien nun einmal nicht; nach Rom eigentlich auch nicht: wovon ein anderes Mal. Was Venedig einst war, war es eigentlich im Gegensatze zu Italien, grade wie das, was Rom einst war und was es zweimal in so verschiedener Art war, es eigentlich auch im Gegensatze erst gegen das antike und dann gegen das mittelalterliche Italien war. Venedig wie Rom waren unter den Städten, in welchen das selbstständige Italien in unserer Zeit am eifrigsten angestrebt worden ist. Sie waren dies aber beide auf ihre eigenen Kosten. Es ist dies ein politischer Irrthum, der häufiger in der Welt vorkommt. Vielleicht hat sich in Deutschland, vorzüglich in Frankfurt a. M., dies schon bemerklich gemacht.

Als Venedig sich ein ganzes Jahr lang gegen die Versuche der Oesterreicher vertheidigte, es wieder zu bekommen, scheinen Erinnerungen an seine frühere Macht und Größe wesentlich zu der Energie des ganzen Volkes beigetragen zu haben, mit welcher dies geschah. Es geschah auch unter der Führung Manin's, welcher den Namen des letzten Dogen im unabhängigen Venedig trug. Diese Energie hätte das Volk von Venedig gefälligst zeigen sollen, als am 12. Mai 1797 nur dreitausend Franzosen in Venedig einrückten. Aber damals dankte jener letzte Doge, Luigi Manini, ab, ohne sich zu vertheidigen. Venedig war eben schon eingeschlafen, ehe es starb. Das pflegt den Tod wenigstens sanft zu machen. Die jungen Familiensöhne Venedigs haben mir das jetzt beim Schachspiel im Kaffeehause so zu erklären versucht, daß die Truppen der Republik — nämlich der alten Venezianischen Republik — zufällig grade drüben in Dalmatien gewesen seien. Es scheint fast, als ob sie außer Schußweite gebracht waren. Dann wollten jene anderen Republikaner, nämlich die Französischen Truppen des Napoleon Bonaparte, aber doch auch etwas Republikanisches zu thun haben. Sie errichteten also auf dem Marcusplatze, oder vielmehr der Piazzetta, einen Freiheitsbaum, dicht bei den Löwensäulen und den stolzen Masten, die bis heute stehen und von welchen einst die Löwenflagge des St. Marcus wehte, als Zeichen der Herrschaft, welche die Republik Venedig über die Königreiche Cypern, Candia und Morea ausübte, die sie an sich gebracht hatte. Vor diesem Freiheitsbaum mußte nun irgend etwas vernichtet werden, und da es in Venedig keinen König gab, um ihm etwa den Kopf abzuschlagen, ward unter Führung der Franzosen vom Janhagel der Stadt dort das goldene Buch verbrannt. Nachdem aber die demokratische Republik auf diese Weise mit Napoleon's Hülfe über die aristokratische vollständig triumphirt hatte, trat Napoleon Venedig im Austausch für das Deutsche Vorder-Oesterreich an den Kaiser von Oesterreich ab und Dalmatien dazu, wo sich die Venezianischen Truppen befanden. Das bronceene Viergespann auf der Marcuskirche, welches einst der stein=

alte Doge Dandolo als Trophäe der Eroberung aus Konstantinopel nach Venedig gebracht hatte, ließ Napoleon nach Paris schaffen, wo es später mit dem Viergespann vom Brandenburger Thore in denselben Stall gerieth. Vielleicht hatte er, so weit es die Pferde von der Marcuskirche anging, auch recht. Was sollten Pferde in Venedig? Jetzt giebt es nur ein einziges lebendiges Pferd in der Stadt, welches im Volkspark, dem Giardino dèl Popolo, auf der Ostspitze der Stadt, für Sonntagsreiter zu vermieten steht. Alle jungen Venezianer, welche auch einmal reiten wollen und sich vor den Schönen Venedigs zeigen, haben schon auf diesem einen Pferde gesessen. Ließe sich nicht wirklich eine Novelle schreiben, betitelt: „Das Pferd von Venedig?“ Es ließen sich in derselben noch viel mehr Venezianische Geheimnisse erzählen, als in Casanova's Denkwürdigkeiten und in Schiller's Geisterseher. Was für uns die geheimnißvollen schwarzen Gondeln Venedigs sind, ist für den geborenen Venezianer ein so geheimnißvolles Thier wie ein Pferd!

Aber da ist doch eine Frage übrig geblieben, auf welche ich von Seiten mancher Leser werde gefaßt sein müssen. Was ist denn das für ein merkwürdiger Zufall, daß der letzte Doge des alten unabhängigen Venedigs Manin hieß und der Präsident und Dictator der Republik von Venedig im Jahre 1848 wieder Manin? War das etwa dasselbe Geschlecht, welches, nachdem es im Jahre 1797 eingeschlafen, im Jahre 1847, also grade ein halbes Jahrhundert später, wieder aufwachte?

Die Erklärung ist eine, welche manche auffällige Uebereinstimmung von Namen in der neueren Geschichte erklärt. Nachdem der alten aristokratischen Republik auf jene fast drollige Weise das Garaus gemacht worden war, galten natürlich auch ihre politischen Gesetze nicht mehr, und nachdem das goldene Buch verbrannt worden war, waren die Namen, welche darin standen, zu herrenlosem Eigenthum geworden, welches solche sich aneignen konnten, die um einen eigenen Familiennamen verlegen waren. Dies waren aber im Anfang unseres Jahrhunderts bekanntlich die Juden. Warum sollte nun eine jüdische Familie in Venedig, deren es dort seit Alters her eine ziemliche Anzahl gab, und zwar grade dort auch Juden aus Palästina selbst, irgend eine Familie, welche also in ihrem langen Stammbaum auch den Namen des Shylock aufzuweisen vermochte, sich nicht den Namen eines ausgestorbenen Venezianischen Adelsgeschlechtes beilegen? Auf diese Weise, nicht etwa durch Adoption oder Pathenschaft des alten Manini, wie wohl auch in Venedig erzählt wird, lebte der Name Manin in Venedig wieder auf, wo der spätere Dictator der Republik von 1848 im Jahre 1804 geboren ward. Er war bekanntlich von Beruf Advocat; übrigens ein liebenswürdiger und fähiger Mann, wie ich aus dem Eindruck schließen muß, welchen er auf solche seiner Zeitgenossen gemacht hat, deren Urtheil, wie dasjenige Cobden's, für mich besonderen Werth hat. Es mögen aber bei der Feier, mit welcher im nächsten Jahre sein Standbild enthüllt werden wird, zwar nicht Venezianer, aber doch viele Zeitungsleser im Auslande den Glauben fassen, daß der gefeierte Vertheidiger Venedigs im Jahre 1848 aus demselben Blute stammt, wie der letzte Doge der alten Republik. Dies ist nicht der Fall.

Soll man heute vom Leben der Fremden in Venedig erzählen, so ist nur zu sagen, daß es das ruhigste ist, welches man nur wünschen kann. Die Stadt der Canäle und Gondeln, in welcher es keine Fahrstraßen und, wie gesagt, nur ein einziges Reitpferd giebt, wo man nicht einmal eigentlich spaziren gehen kann und niemals zu klettern braucht, macht in wenig Tagen auch das lebhafteste Temperament ruhig und gleichmüthig. Das vorzüglich im Spätherbste ewig schöne Wetter, warm und windstill, wenn nicht grade, was doch nur in großen Abständen geschieht, ein Ausläufer der

Bora vom Karst über das Adriatische Meer bis nach Venedig stürmt, macht die Stadt zu einem der allerbesten Winteraufenthalte für Solche, deren Athmungswerkzeuge in Gefahr sind. Dabei mangelt es niemals an Unterhaltung. Es giebt hundert Kirchen und fast in allen ist etwas Besonderes, welches durch Kunstwerth, oder doch guten Geschmack, oder auch durch Pracht den Beschauer beschäftigt. Die Gemäldegallerie, strotzend von Tizian's, Paul Veronese's, Tintoretto's, Bellini's, Palma Vecchio's u. s. w., gehört zu den schönsten und reichsten der ganzen Welt und hat eigentlich nur die Florentiner Uffieien und den Palast Pitti, so wie überhaupt die Florentiner Gemäldesammlungen über sich.

Man wird mir eine Erwähnung des Einzelnen erlassen, weil es ja so oft schon von den größten Kunstkennern beschrieben ist. Nur will ich des hier sehr gut vertretenen Franzosen Callot erwähnen, welcher Bilder des Volkslebens aus dem Paris des 16. und 17. Jahrhunderts mit Tausenden ganz kleiner Figuren geliefert hat, welche zu dem culturgeschichtlich Interessantesten gehören, das die Malerei überhaupt aufzuweisen hat.

Dieser ganz eigenthümliche Maler, aber noch bedeutendere Radirer und Kupferstecher, welcher auch vorzugsweise Italien und endlich die Hoffeste seiner Zeit in einem großen Theile Europa's durch Darstellungen von culturgeschichtlichem Werthe, eigentlich ohne grade dies zu wollen, für uns fixirt hat, ist bekanntlich von Theodor Amadeus Hoffmann benutzt worden, um sich an der Seite seines Namens in die Literatur einzuführen. Hoffmann's erste Veröffentlichung in Prosa ließ er als „Phantasiestücke in Callot's Manier" erscheinen. Es sind vorzüglich viel Kupferstiche Callot's über Europa verstreut: als Maler kann man ihn in Venedig besonders vortheilhaft kennen lernen, und wird mir wahrscheinlich für diesen Wink dankbar sein. Dann hat der Fremde in Venedig aber auch noch die Riesensäle des

Marcuspalastes, hauptsächlich mit Tintoretto's, welche die Großthaten der Republik verherrlichen, zur künstlerischen Unterhaltung: das Museo Civico, im Palaste Corar, und die Sammlung in der Schule des St. Rocco, dem Gebäude einer alten Wohlthätigkeitsgesellschaft, welche man ja nicht versäumen möge.

Wohl einen Monat hindurch kann man jeden Tag irgend eine andere Kirche oder Sammlung besuchen, wie wir es diesmal gethan haben. Dann bleibt aber auch für den Fremden das Gewirr der Canäle und mit Quadern gepflasterten und mit den Geschäftshäusern besetzten Fußwege, Calli genannt, Wochen hindurch immer neu fesselnd. An den Canälen thun es die Façaden der Paläste, aus einem halben Jahrtausend herstammend, fast alle von ganz eigenthümlicher Eleganz und alle malerisch. Die Calli aber, an welchen die Verkaufsläden liegen, und die zahllosen Brücken über die Canäle, welche die Calli mit einander verbinden, bilden zusammen ein städtisches Labyrinth ganz ohne Gleichen, in welchem sich der Fremde vielleicht niemals zurecht findet. Mir wenigstens ist es niemals gelungen und ich kann von mir sagen, daß, wenn mich Asmodeus entführte und mich plötzlich auf irgend eine abgelegene Stelle im ungeheuren London versetzte, ich doch alsbald meinen Weg finden würde, ohne Jemand zu fragen. Beim gedankenlosen Umherirren in den Calli von Venedig geräth man zuweilen in ganz einsame Gegenden, welche dabei einen schwer beschreiblichen, geheimnißvollen Reiz ausüben, der den Geist träumerisch stimmt. Zuweilen findet man Gardinen quer über die Calli gehängt und glaubt nicht in einer Stadt, sondern in einer labyrinthischen Wohnung von großen und kleinen winkligen Zimmern umherzuirren. Zuletzt findet man sich an den gegenseitigen Zurufen der Gondeliere auf den Canälen zurecht, welche weit hinein in die öden Gassen hörbar sind, und sitzt dann bald in die schwarzen Lederkissen einer Gondel zurückgelehnt, welche durch das Canalgewirr ihren Platz nach der Piazzetta von S. Marco oder einem der verborgeneren Zugänge zu der Piazza sucht.

Ich erwähnte gleich anfangs, daß die Gondeln, deren eigenthümliche Form wohl allgemein bekannt ist, sämmtlich schwarz angestrichen oder sogar lackirt sind. Dieser schwarze Anstrich ward durch ein Luxusverbot aller anderen Farben und aller bunten und vergoldeten Zierrathen im siebzehnten Jahrhundert hervorgerufen, schlich sich dann in die Gewohnheitsliebhaberei der Venezianer ein und ist seitdem Regel auch ohne Zwang geblieben. Es war im siebzehnten Jahrhundert zu gar zu großer Pracht der Gondelausschmückung gekommen. Die älteren malerischen Darstellungen von Vorgängen, welche in Venedig spielten, deren Zahl groß, geben uns noch einen Begriff davon. Im Geiste der alten Zeit stellte man dergleichen ein Verbot entgegen, welches man für keinen Eingriff in die Freiheit hielt, indem man im Gegentheil die Menschen dadurch vom Zwange der Mode und des Wetteifers zu befreien suchte. Dieselben Leute, die das Verbot traf, freuten sich auch am meisten darüber und hatten es selber gefordert. Zwei Seiten hat die Frage schon, welche auch heute noch nicht genügend gelöst ist.

Der Venezianische Gondelier versucht jeden Fremden auf der Gondel zu unterhalten und fühlt dies gleichsam als eine Pflicht. Er nennt Alles, was auf dem Wege zu sehen ist, und knüpft auch geschichtliche Bemerkungen daran. Es kann das blos auswendig gelernte Aufzählung sein, will man aber von der wirklich oft erstaunlichen Geschichtskenntniß dieser Männer in Allem, was Venedig betrifft, einen Begriff erhalten, so nehme man sie in eine Weinschenke, die überall in Fülle vorhanden sind. Ich habe dies wiederholt gethan. Dann sagt der Gondelier wohl: „Herr, dieses Jahr giebt es vielen und guten Wein. Billiger Wein ist des armen Mannes Trost." Und billig ist er wirklich. Es giebt Wein, das Liter bis zu 40 Centesimi hinab. Aber gut ist dieser grade nicht. Sobald der Gondelier beim Weine steht, strahlt sein Gesicht und er wird redselig. Er erzählt dann Venezianische Geschichten bis in die älteste Zeit hinauf. Man merkt es, er hat von den Fremden gelernt. Er erzählt von der ersten Ansiedelung in den Lagunen, wie vom Angriffe auf Ravenna, wie vom Sturme auf Konstantinopel, wie vom Kampf mit den Genuesen bei Chioggia. Es sind aber alles Geschichten von der alten Republik: von Venedigs Geschichte seit dem Frieden von Campo Formio weiß er nichts. Die Oesterreicher waren ihm gute Leute und ließen etwas drauf gehen und quälten das Volk nicht so viel mit Zöllen und mit Polizei. Vom neuen Italien kennt er nur die Wahlkämpfe und steht in denselben meist auf conservativer Seite. Dabei sieht er häufig aus mit seinem schwarzen Bart und seiner Zipfelmütze wie ein Seeräuber, nämlich wie einer auf der Bühne, ist aber mit einer Lira für die Stunde zufrieden, und die Venezianer selber handeln ihm selbst davon noch etwas ab.

Dann ist aber für die Fremden noch der Marcusplatz da und die Riva dei Schiavoni, die zum Giardino del Popolo und auch zum Arsenal führt. Das sind gar prächtige Plätze zum müssigen Schlendern, deren man nicht leicht müde wird. Noch immer haben die Piazza und die Piazzetta ihres Gleichen nicht in Europa. Das Palais Royal in Paris ist nur ein sehr kleinlicher und verunglückter Versuch der Nachahmung. Jedenfalls lassen sich die Marcuskirche und der Marcuspalast nicht nachahmen, und würden sie auch nicht so aussehen, wenn sie irgend wo anders ständen. Auf dem Marcusplatze giebt es Kaffeehäuser für die Sonne und Kaffeehäuser für den Schatten. Im Winter findet man natürlich Alles auf der Sonnenseite. Dort ist das große alte Café Quadri in den alten Procurazien, in dessen oberem Stockwerk, welches Speisehaus ist, man sich die Eingangsscene in Schiller's „Geisterseher“ zu denken hat. Gegenüber auf der Schattenseite liegt das Café Florian, das eleganteste in Venedig, welches hauptsächlich für den Sommer eingerichtet ist, und das beste Gefrorene hat. Vor beiden, wie vor allen Kaffeehäusern des Marcusplatzes, wird eine große Anzahl Stühle von Holz mit Sitzen aus geflochtenen Binsen auf den Platz gesetzt. Man ist hierin bei vernünftiger Einfachheit geblieben; jetzt vielleicht aus Armuth. Unablässig wird man von Händlern, von Zeitungsverkäufern und Blumenmädchen heimgesucht und kann auch zu sämmtlichen Theatern schon auf dem Marcusplatze die Logenschlüssel kaufen, wobei man, so billig sie sind, noch handeln kann. Im Winter ist um 2 Uhr Musik in der Mitte des Platzes, dieses wohl schönsten Concertsaales der Welt. Nur zwei mal in der Woche wird sie draußen an das Lagunenufer in ein Garten-Kaffeehaus verlegt, der Abwechselung wegen. Die Kaffeehausbesitzer haben um dergleichen in der Stadtvertretung zu kämpfen. Eine regelmäßige Unterhaltung auf dem Marcusplatze bildet der gewaltige Taubenschwarm der Marcuskirche und des Marcusplatzes, welchen die Kinder der Einheimischen und Fremden füttern. Aber noch ehe es dunkel wird, ziehen sich die Tauben, auf einem Schlage, auf die Dachfirste und Fenstersimse zurück.

Nachdem die Musik vorüber, geht man wohl auf Einkäufe, vorzüglich in den zahlreichen Trödlerläden, aus, oder mustert die Perlen und Korallen und die Goldarbeiten in den stattlichen Läden rings um den ganzen Marcusplatz, und auch die Venezianische Glaswaare daselbst bei Salviati und die wirklich ausgezeichneten und sehr billigen Photographien in den Kunst- und Buchläden. Alte Venezianische Messingwaare, sämmtlich von ausgezeichnetem Geschmack, Schüsseln, Tintenfässer, Leuchter, Rauchpfannen u. dergl., ist noch immer massenweis und verhältnißmäßig billig zu haben; doch wird alles dies jetzt auch, bei der gestiegenen Nachfrage der Fremden, fabrikmäßig wieder erzeugt und zwar ganz genau. Man kann immer Neues für Altes kaufen; bei Messing ist es ja gleichgültig. Es giebt aber auch noch viel interessantere Trödlerläden, wo Möbeln, Bilder, gegossene Artikel und Stein- und Holzskulptur zu haben sind. Man hat sie vorzüglich in der Nähe des Rialto und bei der Kirche Frari und dem alten Venezianischen Staatsarchiv aufzusuchen. Europa wird dergleichen noch lange aus dem reich fließenden Borne zum Verkauf stehenden Venezianischen Privatbesitzes schöpfen. Abends geht man in's Theater. Je mehr sich das Jahr der Zeit vom kürzesten Tage bis zum Fasching nähert, desto mehr Theater öffnen sich. Es giebt in Venedig im Ganzen sechs Theater, unter welchen das Theater La Fenice eines der ersten Italiens ist.

An die Außenwelt knüpft in Venedig nur die wechselnde Unterhaltung an, welche der regelmäßige Besuch der Dampfschiffe bildet und die Fremden, welche neu auf dem Marcusplatze erscheinen. Die Oesterreichischen Dampfschiffe von und nach Triest und die Italienischen, welche die Verbindung mit Ancona, Bari und Brindisi unterhalten, sind dabei das mehr Alltägliche; die Englischen Dampfschiffe aber der Peninsular- und Oriental-Gesellschaft, welche Passagiere aus und nach Indien bringen, zwischen Venedig, Brindisi und Egypten fahrend, bringen schon buntere Gesellschaft. Von Egypten kommend, setzen sie die höhere Englische Gesellschaft der ersten Kajüte gewöhnlich schon ganz in Brindisi ab, denn diese Art Reisenden will möglich schnell nach Hause. Aber die Passagiere der zweiten Kajüte, Englische Handwerker, Handlungsreisende und Agenten, auch einige Zwischendeckpassagiere, darunter viel Indische, sogenannte Laskar-Matrosen, fahren durch bis Venedig. Die Indischen und Chinesischen Zwischendeckpassagiere, welche hier den Boden Europa's zum ersten Male betreten, sieht man dann, mit neugierigen Gesichtern und stets mit Begier Einkäufe machend, die Läden in den Calli, vorzüglich in der Merceria und Frezzeria, nahe beim Marcusplatze, gruppenweise durchwandern. Ich habe bemerkt, daß sie sämmtlich Regenschirme kaufen. Abends findet man sie dann in den Weinhäusern, in welchen unablässig wandernde Musikanten umherziehen und Tabulet- und Süßigkeiten-Krämer. Dort betrinken sie sich wohl unter Leitung eines Englischen Matrosen, der dabei häufig allein so viel trinkt, wie die ganze Asiatische Gesellschaft zusammen genommen. Sie sprechen sämmtlich Englisch, wenn auch gebrochen und mit jener seltsamen Syntax und jener Vocabelarmuth, welche dem Englisch der Chinesen den Namen Pigeon-Englisch verschafft hat, d. h. nicht etwa Tauben-Englisch, sondern das Wort Pigeon ist hier Verquatschung aus business, Geschäft, ein Englisches Wort, welches die Chinesen für alles Mögliche gebrauchen, vielleicht weil es diesem durch und durch geschäftlichen Volke gar zu sehr gefällt. Die Englischen Handwerker aber finden gewöhnlich die wenigen Brandweinschenken auf, wo sie dann die Venezianer tractiren.

Noch sind die jung verheiratheten Ehepaare zu bemerken, welche, aber mehr im Sommer als im Winter, theilweise aus Wien, aber hauptsächlich aus Tyrol, Baiern und Würtemberg, ihre Hochzeitsreise nach Venedig machen. Man findet sie stets in den beiden Oesterreichischen Gasthöfen und den mit denselben verbundenen Bierhäusern bei Baur auf dem Campo di Moise, nahe dem Marcusplatz und dem Gastwirth zum Sandwirth auf der Riva dei Schiavoni. Venedig ist noch immer, wie im Mittelalter, die Wunderstadt, nach welcher das Volk am nördlichen Fuße der Alpen Sehnsucht empfindet. Diesem genügt es jetzt, in gewissen Ständen, fast regelmäßig bei der Hochzeitsreise. Einen Hauptreiz dabei bildet die Lust des Pärchens, in den Gondeln umher zu fahren. Man erkennt solch ein Pärchen schon aus weiter Ferne an seinem zärtlichen Geplauder. Bei Baur haben sie dann Abends auch ihre Musik von wandernden Virtuosen. Musikalische Kaffeehäuser nach Pariser Art giebt es mehrere. Es treten darin Sängerinnen im Abendanzuge auf, welche mit dem Notenblatt in der Hand zum Flügel häufig gar nicht schlecht dramatisch singen, meist aus Verdi's Opern.

So leben die Winter-Fremden in Venedig gleichmäßig und still dahin und lassen behaglich die der Lagunenstadt eigenthümliche Ruhe über sich schleichen. Man glaubt sich in Venedig wieder wie aus der Welt, welche hier mit ihren Bewegungen nur wie in kleinen Guckkastenbildern am Auge vorüber zu ziehen scheint. Alles stimmt den Menschen ruhig, darunter nicht am wenigsten, daß er für das tägliche Leben so wenig Geld auszugeben braucht. Man wohne nur nicht bei Danieli, oder auch nicht in den beiden, bei ziemlich hohen Preisen keineswegs behaglichen, Oesterreichischen Gasthöfen. Den Italienischen Gasthof zur Luna, ganz nahe beim Marcusplatze, an einem Stichcanal gelegen, und den Gasthof zum Capello Nero auf dem Marcusplatze selbst kann ich, was das Essen betrifft, mit gutem Gewissen empfehlen. Der Capello Nero im Besonderen führt aus alter Zeit her auch noch guten Griechischen Wein von Cephalonia.

Beschäftigen kann sich in Venedig außer dem Kunstgeschichtsforscher eigentlich nur der politische Geschichtsforscher des Mittelalters und der Neuzeit bis zum Schlusse des vorigen Jahrhunderts. Hierfür hat er das alte Staatsarchiv in den Klostergebäuden bei der mit sehenswerthem Inhalt gefüllten Kirche der Frari. Die im Archive aufbewahrten Urkunden beginnen am Schlusse des neunten Jahrhunderts. In dreihundert Räumen sind immer noch fast vierzehn Millionen Nummern von Archivstücken aufbewahrt, trotzdem die Oesterreichische Regierung in ihrer Zeit einen Theil nach Wien schaffen ließ. Es kommt ihm, dem Geschichtsforscher, aber auch die Bibliothek zu Hülfe, welche ursprünglich von Petrarca im Jahre 1362 angelegt wurde, und dann thut es die Stadt selbst mit all ihren Gebäuden und dem Hausräth und den Büchern und Schriften, die sie bergen und welche, wenn sie nicht anders zugänglich sind, allmählich doch ein Stück nach dem andern auf den in Venedig sehr großartigen Trödelkram gelangen.

Mit dem festen Lande, noch immer terra firma in Venedig genannt, hat man bei vorübergehendem Aufenthalte daselbst gar nichts zu schaffen. Weitere Ausflüge in der Gondel führen nach den Trümmern von Torcello in den Laguneninseln, wo der erste Anbau von Flüchtlingen aus Altinum bei Aquileja, einer Webewaarenfabrikstadt, stattfand. Kleine Dampfschiffe führen nach dem gut eingerichteten Seebade auf dem Lido oder längs sämmtlicher Ortschaften Venezianischen Ursprungs, die auf dem Lido liegen, bis zur Südspitze der Lagunen nach Chioggia. Die Maler besuchen diesen letzteren Ort sehr häufig, um die dortige Volkstracht zu skizziren. Es ist auch ein ganz Venezianischer Ort und mag wohl einen Besuch verlohnen, aber nicht zwei. Wir wenigstens hatten an einem genug. Es ist der Wohnplatz der Venezianischen Tiefseefischer. In seiner Nähe hatte Venedig gegen die Genovesen um Selbstständigkeit und Existenz zu kämpfen.

Venedig ist als Zufluchtsort vor Völkerstürmen entstanden, und als Zufluchtsort für Ruhebedürftige aus aller Herren Ländern dient es jetzt wieder und eignet sich auch vortrefflich dazu. Haben es ja auch Bourbonen schon aufgesucht und es kann sein, daß noch viel mehr Fürstengeschlechter ihnen folgen. Venedigs eigene Geschichte, eine der stolzesten, die es giebt, füllte ein volles Jahrtausend. Dies Jahrtausend lief am Schlusse des vorigen Jahrhunderts ab. Aber Venedig ist noch da, unzerstört, es ist nur veraltet und vegetirt jetzt harmlos weiter, mit ungefähr der Hälfte der Einwohnerzahl, die es erreicht hatte, ein Gegenstand für das Studium und eine Stätte für anspruchslosen

Lebensgenuß. Die Freihafenstellung, die ihm Oesterreich gewährte, ist von ihm genommen und ihm dafür ein besonderer Hafen, der mit zollfreien Docks verbunden werden wird, gewährt, wo dann die Waare vom Bord gleich auf die Eisenbahn wird verladen werden können. Die Venezianischen Kaufleute der Gegenwart sehen diesen Hafen, dessen stattliche Anlage wir genau besichtigt haben, gelinde gesagt, mit sehr kühlen Blicken an. Sie denken wenig mehr an Eigenhandel, sondern sind mit sicheren Speditions- und Commissionsgebühren, wie sie sie jetzt erhalten, vollständig zufrieden. Es liegt ihnen nicht so viel daran, gut zu essen, als ruhig zu schlafen. Ganz Venedig ist eben bei sonst noch ganz gesundem Dasein eingeschlafen, und wer gut schlafen will, gehe dahin. Es hat ja auch Aussicht, so, wie es eben besteht, noch lange zu bestehen, als ein lebendig gebliebenes Stadtdenkmal einer vergangenen Zeit, wie Pompeji ein solches todtes ist.

Padua.

(Prosaische Landschaft auf dem Festlande. Bedeutende Größe von Padua. Verschiedenheit von Venedig. Das alte Patavium. Die Herkunft der Veneter. Das neue Padua. Die Universität. Das Café Pedrocchi. Giotto's gemaltes Evangelium in der Madonna dell' Arena. Kirche des heil. Antonius. Antonius und Schwerdtlein. Der Franciscaner in der Weinschenke. Die Gebeine des Livius. Die Kirche der heil. Justina. Die Benedictiner. Das Prato del Valle. Der Palazzo del Ragione und die Signoria.)

Padua, im November 1874.

Es ist eine eigenthümliche Empfindung, wenn man eben, nach etwas längerem Aufenthalte aus Venedig kommend, durch den unteren Theil der Po-Ebene dahin fährt. Venedig ist eine Stadt, in welcher alles Poesie ist, trotzdem hier ja alle Landschaft fehlt: die Landschaft im unteren Theil der Po-Ebene, vorzüglich in der unmittelbaren Nähe der Küste, ist aber so ganz und gar Prosa. Ist der Tag etwas trübe, so ist auch das ferne Bild der Alpen verschwunden. Man sieht am besten gar nicht aus dem Wagen. Diesmal hatten wir nicht lange zu fahren, da wir beschlossen hatten, schon in Padua wieder Station zu machen. Padua ist aber wenig mehr als 30 Kilometer von Venedig entfernt. So nahe liegen in Oberitalien die namhaften Städte bei einander und Padua war stets eine namhafte Stadt. Es zählt jetzt noch 55,000 Einwohner, in solcher Nähe von Venedig mit seinen gegenwärtigen 110,000 Einwohnern! Aber auf der

Höhe des Mittelalters hatten es beide, Venedig wie Padua, auf mehr als auf das Doppelte von jetzt gebracht. Diese Schätzung ist durchaus nicht übertrieben, sondern bleibt weit eher noch hinter der Wahrheit zurück. Man kann dies aus den Gebäuden und den Grundrissen dieser beiden Städte mit Sicherheit schließen. Die Mauern von Padua haben einen Umfang von neun Kilometern und schließen einen dreieckigen Raum von drei Quadratkilometern ein. Dieser Raum ist noch jetzt mit Häusern fast gefüllt; die Spuren vollständiger Bebauung sind aber noch sichtbar und in den befestigten Städten des Mittelalters waren die Häuser bevölkerter als sie es jetzt sind. Padua verlor in einer Feuersbrunst im Jahre 1174 allein 2614, wie angeführt wird, hölzerne Häuser.

In einer Stunde war Padua erreicht. Sobald man in die Stadt hinein gekommen, wird man von ihrer großen Verschiedenheit von Venedig überrascht. Man ist zwischen plump gebauten meist weiß angestrichenen Häusern mit breiten Fensterpfeilern. Vor ihrem Erdgeschoß laufen breite und hohe Bogengänge mit dicken Pfeilern einher, ähnlich wie in Bern, oder in Hirschberg in Schlesien u. s. w. Im Mittelalter nannte man sie bei uns Lauben, ein deutlicher Beweis, daß sie sich aus den ländlichen Thürlauben gebildet haben, welche im Häusergedränge der Städte mit einander verbunden wurden, um einen Fußweg, der gleich bedeckt war, zu gewinnen. Die Hauseigenthümer gewannen dabei die Projection der Thürlauben wenigstens für ihre oberen Stockwerke.

Man findet sich in den Gasthöfen der größeren Oberitalischen Städte zwar keineswegs luxuriös, aber jedenfalls sehr billig untergebracht. Man muß nur auf Reinlichkeit sehen; sonst sind die Unterschiede dieser Gasthöfe keineswegs bedeutend. Wir folgten dem Sterne des Meyer'schen Reisehandbuchs, welches für Oberitalien weitaus das brauchbarste ist, diesmal nicht, sondern persönlicher Italienischer Empfehlung und fuhren nicht besonders schlecht dabei.

Ich schweifte nun in der Stadt umher, deren Straßennetz jedenfalls nicht geschwind durchgangen ist. Ich thue das aber immer: ich muß erst das Ganze übersehen, ehe ich mich an das Einzelne mache. Und ich lasse dabei, was ich von der Geschichte des Ortes weiß, mein Gedächtniß durchwandern. Zuerst fiel mir Strabo ein, welcher mit Bestimmtheit angiebt, daß zu seiner Zeit Padua, damals Patavium, die volkreichste Stadt in Oberitalien gewesen sei. Damals hatte eben Aquileja, dessen Glanzzeit erst mit Trajan begann und dann bis ins fünfte Jahrhundert dauerte, seinen Höhepunkt noch nicht erreicht. Aber Mailand, Verona, Brescia, Como, Reggio und Modena waren, wie Strabo ausdrücklich betont, kleiner als Padua. Um zu beweisen, wie volkreich Patavium sei, giebt Strabo an, daß es 500 Ritter und 20,000 Krieger zu Fuß stelle. Dies ist eine ganz brauchbare statistische Angabe; es ist amtlicher Römischer Census. Nimmt man auch an, daß durch die Ertheilung des Römischen Bürgerrechts an die Norditaler, welche Julius Cäsar durchgesetzt hatte, die Wehrpflichtigkeit über die ganze freie Bevölkerung unter denselben ausgedehnt worden war, und nimmt man eine das ganze Leben hindurch dauernde Einschreibung in die Rolle der gesammten erwachsenen männlichen Bevölkerung an, so ergiebt sich daraus doch immer eine Bevölkerung von 80,000 Einwohnern ohne die Sklaven, welche allerdings in diesen Landestheilen nicht zahlreich gewesen sein werden. Padua hatte also im Alterthum, wie auf seiner Höhe im Mittelalter, in runder Summe 100,000 Einwohner. Zu ihm gehörte freilich im Alterthum das wohl mit Gartenbau bedeckte Gebiet bis an das Meer. Es ist schon gut, wenn man nicht an gar zu große Bevölkerungsveränderungen namhafter Städte glaubt, außer wenn ihre historische Ursache deutlich vorliegt.

Bei dem ersten Niedergange von Padua liegt dieselbe deutlich vor. Nachdem Attila Aquileja von Grund aus zerstört hatte, fielen seine Horden auch über Padua her, scheinen ihm aber damals noch nicht den Rest gegeben zu haben. Diesen erhielt das alte Patavium erst durch den Longobardenkönig Agilolf, gegen welchen es sich empört hatte. Es war einer der allerrücksichtslosesten unter den überhaupt so rücksichtslosen Longobarden. Von da an scheint es sich, wenigstens bis zum Beginne dieses Jahrtausends, nicht wieder erholt zu haben.

Aus dem antiken Patavium stammte der Geschichtsschreiber Titus Livius und ward auch daselbst begraben. Sein Grab haben die Paduaner des Mittelalters im Jahre 1413 aufzufinden geglaubt, womit wir später mehr zu thun bekommen werden.

Werfen wir den Blick zunächst noch weiter rückwärts in die Geschichte. Ehe Patavium zu einer Römischen Stadt wurde, war es schon eine namhafte Stadt, die Hauptstadt des Volksstammes der Veneter; also eigentlich die Großmutter von Venedig, wenn man Aquileja als dessen Mutter ansehen will. Bei den Venetern haben die Ethnologen nicht recht gewußt, was mit ihnen anzufangen: die Frage ihrer Herkunft ist in der That bis heute offen. Eine Italische Sage ließ sie von den Henetern in Paphlagonien in Kleinasien herstammen und Antenor, deren Führer im Homer, sollte sie nach dem Falle Troja's an diese Küsten gebracht haben. Da haben wir also schon wieder einen Namen aus dem Trojanischen Kriege an der Ostküste von Italien! Aber schon im Alterthume tauchte noch eine zweite Ansicht über ihre Herkunft auf. Als durch Julius Cäsar die Veneter in Gallien südlich von der Mündung der Loire, die heutigen Vendeer, entdeckt waren, sollten diese wieder die Stammväter der Italischen Veneter sein. Strabo erwähnt dieses Widerstreits der Meinungen. Man scheint Gründe für die letztere Ansicht gehabt zu haben, die der Bildung jener Zeit schon besser entsprachen, als der bloße Gleichklang der Namen, denn im Griechischen war wirklich Heneter und Veneter der ganz gleiche Name gewesen. Hier war nun aber der Name Veneter noch einmal vorhanden, jetzt im fernen Westen wie früher im fernen Osten aufgefunden, und die Nachbarn der Italischen Veneter im oberen Pothal waren unzweifelhaft in Italien eingedrungene Gallier, welche zum Theil noch Gallisch, neben dem Lateinischen, sprachen.

In Patavium selbst scheint das Lateinische nicht ganz wie in Rom gesprochen worden zu sein und auch nicht einmal stilistisch so geschrieben. Denn Asinius Pollio wirft dem Stile des Livius seine „Patavinität" vor. In unserer Zeit ist noch eine dritte Conjectur dazu gekommen, welche die Veneter in Italien als einen Etruskischen, d. h. Rhätischen Volksstamm betrachtet wissen will. Aus der möglichen Annahme ihrer Gallischen Herkunft hat man aber schließen zu können geglaubt, daß der Name ihrer alten Hauptstadt Patavium mit dem Namen des Po, des Padus, zusammenhänge, welcher Fluß wenige Meilen südlich von Padua in das Adriatische Meer mündet, und dessen Name sich allenfalls aus dem Gallischen als Fichtenstrom erklären läßt.

Alle drei Annahmen haben ihre Schwierigkeit. Kleinasiaten können in homerischer Zeit oder gar der des Trojanischen Krieges nicht zur See nach Italien gekommen sein; dies ist von vornherein auszumerzen. Eben so wenig aber waren die Veneter Gallier, denn sie saßen schon in Italien, lange ehe die Gallier im sechsten Jahrhundert vor unsrer Zeitrechnung in Italien einbrachen. Auch würden sie, wären sie Gallischen Stammes gewesen, stets mit den Bojern, Insubren und Senonen als Gallier genannt worden sein. Ferner mag wohl Padus der Gallische Name des Po gewesen sein, dessen ursprünglicher Name, der von den Euganeern herrührt, die von den Venetern verdrängt wurden, ganz gewiß Eridanus gewesen ist, welches später nur sein poetischer Name war, und sich aus dem Griechischen, zu dem ich bald kommen werde, als Frühlingsstrom erklären läßt. Der Name Patavium ist aber nimmer mehr aus Padus abzuleiten: das wäre wider alle beobachteten Gesetze der Lautverschiebung und der Wortzusammensetzung. Dann aber wohnten auch die von den Venetern nach der Ueberlieferung verdrängten Euganeer westlich von den Venetern, zwischen ihnen und den cisalpinischen Galliern und waren sowohl nach der Ueberlieferung, wie nach ihrem späteren Wohnsitz zu urtheilen, durch die Veneter vom Meere weggedrängt worden. Etrusker aber wohnten zwar auch in Oberitalien, mitten zwischen ihren alten Wohnsitzen in Graubündten und Tyrol und ihren späteren jenseit des Apennins am Toscanischen Meere, und ihre Sprache hat sich noch lange, vorzüglich in Mantua erhalten. Aber wenn die Lateinische Mundart der Veneter ähnlich geklungen hätte, wie diejenige der Bevölkerung von Etrurien, würden die Römer, mit der letzteren so genau vertraut, daß sie selbst auf ihren Theatern eine Rolle spielen konnte, dies alsbald erkannt haben. Und auch von den Etruskern in Norditalien waren ja die Veneter noch durch die Euganeer getrennt. Nun hat Herr Mommsen flüchtig die Vermuthung aufgestellt, daß die Veneter ursprünglich aus Illyrien gekommen, also wahrscheinlich Albanesen gewesen seien. Hiermit stimmt Alles, vorzüglich aber, daß die Veneter ihre Vorgänger im Lande, die Euganeer, von Sitzen am Meere verdrängt haben. Dann aber taucht alsbald auch die alte Sage von ihrem Zusammenhange mit den Henetern in Paphlagonien wieder vor dem Blicke auf und in Verbindung damit die bestimmte Griechische Angabe, daß sämmtliche Indo-europäische Stammesgenossen der Paphlagonischen Heneter in Kleinasien, die Ilier und Dardaner und die Myser und Phryger, aus dem unteren Donauthale, nördlich des Hämus, über den Bosporus und Hellespont nach Kleinasien gekommen seien. Und dann erinnert man sich auch, in welcher engen Verbindung Venedig später mit

Illyrien stand. Die vielfachen Sagen von einer Verknüpfung mit den Helden des Trojanischen Krieges, sogar auf beiden Seiten, gewinnen dann schon ein ganz anderes Gesicht. Dann wären also wenigstens schon die Veneter wirklich Stammesverwandte Troja's und aus dem oberen Savethal über den Karst in Italien eingedrungen, sich schon auf einem sehr frühen Halteplatze der gemeinschaftlichen Wanderung in der Zeit der Nationalkindheit von den Kleinasiatischen Indo-europäern, etwa in der Gegend von Laibach, trennend.

Eine Stadt, welche schon von so uralter Zeit her uns als bedeutend in der Geschichte entgegen tritt, und deren stolze Rolle im Mittelalter uns noch bei ihrer Durchwanderung im Einzelnen mehrfach ins Gedächtniß gerufen wird, kann auch heute nicht unbedeutend sein. Und dies ist sie auch in der That nicht. Und zwar nicht blos in Folge der Universität. Bei wirthschaftlicher Prüfung zeigt es sich alsbald, daß sie trotz Venedigs die Rolle einer Hauptstadt und Marktstadt des Pomündungsgebietes spielt. Es sieht in ihr, wenn auch nicht fein, so doch nährig aus, und sie wächst schon wieder, während Venedig still steht. Es ist ganz interessant, auch in Betreff des modernen Lebens von Italien, in Padua umher zu spaziren, die Märkte zu besuchen und sich die offenen Geschäfte anzusehen. Dies verbindet sich ja so leicht mit dem Besuche der Universität, der Kirchen, der öffentlichen Gebäude und sonstigen Denkmäler. Wer über Venedig in Italien eindringt und Zeit hat, sollte Padua nicht vorbeifahren. Man fährt über Padua sowohl, wenn man über Vicenza, Verona, Brescia und Bergamo nach den Oberitalischen Seen, oder nach Mailand, Turin und Genua gehen will, o er wenn man nach Bologna will, um von dort Florenz und Neapel, oder Ancona und Brindisi und weiter Griechenland zu erreichen.

Das große Padua hat einen Mittelpunkt, von welchem aus man es am besten kennen lernt. Dies ist das Café

Pedrocchi, das berühmteste in ganz Italien. Seinen Ruf verdankt es weniger seiner allerdings interessanten Architektur, als dem Umstande, daß ein sehr großer Theil der Italienischen Staatsmänner und Gelehrten in Padua studirt hat, und hauptsächlich in diesem Café die Jugendbekanntschaften mit einander geschlossen hat. Man kann sagen, daß es zur Universität gehört, welche ganz nahe dabei liegt, als deren Aula und Unterhaltungssaal. Auf dem kleinen Platze vor seinem stattlichen Säulenvorbau trifft man den ganzen Tag hindurch Professoren und Studenten, gruppenweise sich unterhaltend. Bei diesen Unterhaltungen bekam ich zum ersten Male von der neuen Deutschen Schule der Socialpolitiker zu hören, welche nun auch in Italien sich ausbreite, woher sie wahrscheinlich — natürlich wie alles Große — herstamme. Denn es komme ja der Name Brentano darin vor, welcher augenscheinlich auf die Gegend von Padua verweise. Ach, Du lieber Gott!

Das Universitätsgebäude trägt hier den Namen Palazzo del Bo oder el Bo, Palast des Ochsen oder der Ochse. In seiner jetzigen Gestalt ist es im Jahre 1552 durch den berühmten Venezianischen Baumeister Jacopo San Sovino aus Florenz hergestellt. In seinem, mit zwei Säulenhallen über einander geschmückten, Hofe hat er hier etwas sehr Geschmackvolles geleistet. Im Eingangsflure und in den Säulenhallen haben sämmtliche in Padua promovirten Doctoren, welche ein Adelswappen hatten, ihre Wappen aufgehängt; das giebt eine gar bunte Gallerie.

Vom Café Pedrocchio aus sind alle Sehenswürdigkeiten — und Padua zählt deren wirklich sehr viele — am leichtesten zu finden. Wer wird nicht zuerst die Capelle der sogenannten Madonna dell' Arena mit den Wandgemälden des Giotto aufsuchen, welche in achtunddreißig Nummern die Geschichte der heiligen Familie und des Ursprungs des Christenthums bis zur Ausgießung des heiligen Geistes darstellt? Eigentlich habe ich mir vorgenommen, über Italiens Schätze von Gemälden gar nichts zu schreiben, weil Andere dazu so sehr viel mehr berufen sind als ich. Aber habe ich schon in Venedig in Betreff der dortigen Bilder Callot's eine kleine Ausnahme machen müssen, so muß ich jetzt eine große machen. Dieser Cyklus von Wandgemälden des Giotto kann als der eigentliche Anfang unserer ganzen modernen Malerei betrachtet werden.

Ein Werk, für welches man diesen Anspruch erheben kann, hat wohl ein Recht darauf, daß seine eigene Geschichte wenigstens kurz erwähnt wird. Enrico Scrovegno, ein reicher Bürger Padua's, erhielt im Jahre 1301 den Adel Venedigs. Er scheint dann den Entschluß gefaßt zu haben, für seine Vaterstadt etwas zu thun, eine Capelle zu bauen, eigentlich ein Oratorium, der Verkündigung gewidmet, und zwar ließ er sie an den Umkreis des Römischen Amphitheaters, dessen Trümmer sich im nördlichen Theile der Stadt, nahe dem Flüßchen Bacchilignone befanden, anbauen; im Innern ganz ohne architektonischen Schmuck, welches zu beweisen scheint, daß er von vorn herein beabsichtigte, sie ausmalen zu lassen. Sie wurde 1303 fertig. Nun wendete er sich wegen der Ausmalung an Giotto, bei welchem sich, wie uns durch Benvenuto da Imola überliefert ist, grade Dante zum Besuch befand. Giotto sagte zu und kam, wie wir wissen, 1306 nach Padua und malte die Capelle aus. Es verstand sich damals fast von selbst, daß er in eine der Verkündigung geweihte Capelle die ganze Geltung habende menschliche Geschichte der Offenbarung hinein malte, mit einem Wort, ein gemaltes Evangelium schuf. Die angeblich menschliche Geschichte der Offenbarung war zu einem Volksepos geworden, und spielte zu der Zeit des Erwachens der neueren epischen Dichtkunst, welche Zeit in Italien Dante vertrat, dieselbe Rolle, wie das homerische Epos für die Maler der Griechen und Römer. Auch diese malten die Ilias und

3*

die Odyssee auf die Wände, wovon wir in Pompeji noch Beispiele haben.

Daß Giotto diese größte ihm bis dahin gestellte Aufgabe mit größerer Innigkeit und naiverem Treffer in den Darstellungen löste, als irgend ein Maler es in unserer eben nicht mehr gläubigen Zeit könnte, und daß er es mit einer technischen Vollendung that, welche bis dahin ganz unerreicht war, ist es eben, was diese Capelle so sehenswerth macht und ihr so große kunstgeschichtliche Bedeutung beilegt. Wenn man es für nöthig gehalten hat, als Bildungsmittel Dante zu lesen, kann man getrost in Padua aussteigen, auch blos um diese Capelle zu sehen. Die Bilder sind etwas verblaßt, wie bei Wandgemälden begreiflich, wenn sie mehr als ein halbes Jahrtausend dem Lichte ausgesetzt gewesen sind, so sehr man sie auch dagegen zu schützen versucht haben mag, und heute erst recht sich bemüht; im Uebrigen aber sind sie wunderbar gut erhalten. Schildern aber will ich sie nicht und nur bemerken, daß in England ein vollständiger Farbendruck derselben erschienen ist, und daß man sich in Venedig in dem photographischem Geschäft auf der Riva dei Schiavoni eine gelungene Photographie verschaffen kann.

Diese achtunddreißig epischen Bilder sind von der späteren Malerei unendlich oft variirte Prototypen, indeß selber schwerlich sammt und sonders selbstständig erfunden. Einzelne von ihnen hatten ebenfalls Vorgänger, sogar bis in die Mosaikenzeit hinauf. Aber sie tragen doch zugleich alle auch in der Erfindung den eigenthümlichen Stempel eines selbstständigen Genius, welcher durch Fleiß in der Technik — aller Genius beruht auf Fleiß — zu größerer Freiheit in der Behandlung gelangt war, und deswegen auch erfinden konnte, woran man bis dahin gar nicht zu denken vermochte. Deswegen sind diese epischen Religionsgemälde als der Anfang der modernen Malerei in ihrer Mittellinie, der Geschichtsmalerei, zu betrachten.

Nächst dieser Capelle sucht man wohl zuerst die Kirche und das Grab des heiligen Antonius auf. Ich muß aber gestehen, daß ich dies keineswegs aus besonderer Achtung vor diesem Heiligen that und auch in erster Linie nicht der Architektur seiner Kirche wegen. Es ist dies nicht einmal der sogenannte große heilige Antonius aus Egypten, dessen Versuchung uns Teniers gemalt hat, und der schon im dritten Jahrhundert die Grundlage des Mönchthums in der Thebais legte, sondern eben Antonius von Padua, ein halb blödsinniger Portugiese, eifrigster Schüler des heiligen Franciscus und Mitglied seines Ordens, und zuletzt Wunderthäter in den Augen des Volkes in Bologna und Padua, wo er 1231 starb. Es ist derselbe Heilige, welcher, weil ihn das Volk nicht hören wolle, den Fischen predigte, in welcher Beschäftigung ihn die Maler des Mittelalters oft dargestellt haben.

„Kein Predigt nie malen,
Den Fischen so gfallen“

hat uns noch Abraham a Santa Clara, sein Ordensbruder, versichert. An diesem Portugiesen, wie gesagt, lag mir gar nichts, aber an einem Landsmann, dessen Name grade so weit reicht wie die Deutsche Sprache und ein gut Theil anderer Sprachen dazu, nämlich am Grabe des Herrn Schwerdtlein, welcher, wie Mephistopheles der Martha erzählt hat, in Padua begraben liegt beim heiligen Antonius. Er war ja wohl „ein Schelm, ein Dieb an seinen Kindern! Doch konnte kaum ein herziger Närrchen sein. Er liebte nur das allzuviele Wandern und fremde Weiber und fremden Wein und das verfluchte Würfelspiel!“

Bekanntlich war Herr Schwerdtlein, ehe er nach Padua kam und dort starb, in Neapel, wo er „mit schönen Fräuleins fremd umher spazirte, die so viel Lieb's und Gut's an ihm gethan, daß er's bis an sein selig Ende spürte.“ Nun ist die Universität von Neapel 1224 gegründet durch Friedrich II.

und durch denselben Fürsten die Universität von Padua 1222. Der heilige Antonius aber starb 1231 in Padua. Es scheint fast, als ob Herr Schwerdtlein ein bemooster Bursche oder alter Herr von einer Deutschen Universität war, welcher zwar geheirathet hatte, aber aus dem nichts weiter geworden war, und der wahrscheinlich das Eingebrachte seiner Frau verjubelt hatte, und als nichts mehr da war, ausgezogen war, um nach Art vieler verdorbener Studenten des Mittelalters sich durch die Universitätsstädte und die gedrängte Reihe der Klöster durchzufechten. Zuletzt, als dies nicht mehr zog, ging er unter die Franziskaner, für welche ein verbummelter Student noch am besten paßt, und ward beim heiligen Antonius, als recht zerknirschter Sünder begraben. Da aber sein Grab doch wirklich nur in Goethe's Faust, diesem stolzesten aller Campi santi, zu finden ist, sah ich mich in der Kirche des heiligen Antonius in Padua eher nach irgend einem lebenden Schwerdtlein als nach seinem Grabstein um. Bei dem ersten besten Franziskaner, der einem in den Wurf kommt, kann man immer schon auf das Glück hoffen, einen Schwerdtlein im weniger angenehmen Abschnitte des Lebensalters in ihm zu entdecken. Dann läßt man sich von ihm Grabdenkmäler zeigen und ihn recht viel erzählen, und wenn der Augenblick des Trinkgeldes herankommt, schlägt man ihm vor, dasselbe lieber gleich gemeinschaftlich zu seinem Zwecke zu verwenden. Hat man seinen Mann getroffen, so wird er vielleicht zuerst ein verlegenes Gesicht machen und etwas scheu umherblicken, dann wird er aber mitgehen. Von einer Wallfahrtskirche von dem Rufe derjenigen des heiligen Antonius in Padua ist es niemals weit zu irgend einer Weinschenke. Aber noch haben wir uns ja in der Kirche selbst umzusehen.

In Padua nennt alle Welt die Kirche des heiligen Antonius mit stolzer Abkürzung „den Heiligen". Es steht sogar an Hauptecken angeschrieben, um den Fremden in den

Weltgegenden und den Wegen nach den Hauptanziehungspunkten zu orientiren, als „al Santo, al Valle, alla Piazza, e il Duomo und alla Ferrovia“: die drei anderen Ziele lernen wir noch kennen.

Die Kirche S. Antonio ist wirklich eine recht großartige Schöpfung, obgleich man sie keineswegs als ein Meisterwerk der Architektur schildert. Sie ist im Jahre 1307 fertig geworden, also unmittelbar nachdem Giotto die Capelle des Scrovegna ausgemalt hatte. Wahrscheinlich haben die Mönche den Baumeistern, deren Namen nicht mit Sicherheit bekannt sind, sehr viel in den Bau hineingeredet, denn mit seiner Verbindung der Römischen Form eines Langkreuzes mit einem Kuppelsystem nach Byzantinischer Art sieht er ganz so aus, als ob sich Besitzer, welche in die Marcuskirche in Venedig vernarrt waren, mit Florentinischen Baumeistern herumgezankt und beim Bauen beständig geändert hätten. Aber trotzdem ist dem Ganzen Großartigkeit nicht abzusprechen und im Innern hat die große Popularität, welche dieser wunderliche Heilige lange Zeit hindurch genoß, zu einer so reichen und bunten Ausschmückung geführt, wie sich deren wenig Kirchen in Europa rühmen können. Besonders die Capelle des Heiligen, an deren Ausschmückung die größten Künstler des sechzehnten Jahrhunderts, wie Sansovino, die beiden Lombardi u. s. w. betheiligt waren, wäre schon für sich allein, vorzüglich in Betreff der Reliefs in Marmor, ein beneidenswerthes Museum in einer nordischen Stadt. Beiläufig stellt eins dieser Marmorreliefs den Heiligen dar, wie er aus dem oberen Stock eines Hauses eine Glasflasche auf die Straße wirft, ohne daß sie zerschellt, um den Ungläubigen seine wunderthätige Kraft zu beweisen. Nun, dies würde ich auch gekonnt haben und Jedermann sonst, wenn nur die Straße nicht gepflastert war, was sie im dreizehnten Jahrhundert in Padua schwerlich war. Aber allerdings ist es den meisten Menschen auch heute nicht bekannt, daß eine von großer Höhe auf den gewachsenen Boden fallende Glasflasche nicht zerbricht. Man glaubt etwas zu wagen, wenn man es thut, und staunt, wenn man es gethan sieht, nur dann natürlich nicht, wenn man es weiß. Wenn der heilige Antonius aber ebenfalls etwa ein verbummelter Student gewesen sein sollte, wie wahrscheinlich Herr Schwerdtlein, welchen Goethe bei ihm seine letzte Ruhe finden läßt, könnte er schon genug Flaschen aus dem Fenster geworfen haben, um zu wissen, daß sie dabei nicht zerbrechen.

Ich hatte diesmal keinen solchen Bruder eingefangen, als ich brauchte, sondern einen langweiligen und demüthigen Burschen, welcher weiter nichts erzählen konnte, als daß die Besucher des heiligen Antonius immer spärlicher würden und daß es in der Welt überhaupt böse aussehe. Das wußte ich ja aber schon ohne ihn. Ich ließ mir nun von ihm Bericht darüber erstatten, wie es im funfzehnten Jahrhundert bei der Auffindung des Sarges des Livius zugegangen sei. Die Ueberlieferung von dem großen Jubel, welcher bei der Nachricht von dieser Auffindung die Stadt erfüllt hatte, hatte ihn auch noch erreicht. Es war im Jahre 1413 geschehen, sieben Jahre nachdem Padua seine Selbstständigkeit an Venedig für immer verloren hatte. — Man baute damals in der Nähe der Kirche und des Klosters der heiligen Justina, welche südlich von der Kirche des heiligen Antonius und zwar nicht fern gelegen ist, und wohin wir uns nach genossenem Weine trollen werden, ein Haus für L. Barbi, der das Kloster reformiren sollte. Beim Graben für das Fundament stieß man auf einen Kasten aus Mauerwerk, und als man diesen öffnete, fand man darin einen bleiernen Sarg, sechs Fuß lang und mehr als einen Fuß breit und hoch, von antiker Mache. Nun erinnerten sich auf einmal die Mönche jenes Klosters, daß einst hier auch ein Grabstein gefunden worden sei mit dem

Epitaph. In dem Berichte meines geistlichen Freundes hatte sich allmählich der Livio in einen Santo Livio verwandelt. Daraus mache ich ihm keinen Vorwurf; in der Kirche war er es ja gewohnt, vor den meisten Namen, welche er zu wiederholen hatte, einen Santo zu setzen. Ich sprach nun auch nur noch vom Santo Livio. Warum sollte ich ihm den Gefallen nicht thun? So nenne ich auch in Oesterreich alle Leute Herr von und im unhöflichen Preußen lasse ich wieder das Herr ganz weg, wenigstens mündlich, wenn auch nicht schriftlich oder im Drucke: dies nämlich aus Scham vor der Nachwelt. Darauf, so fuhr der Bericht fort, sei es alsbald in der Stadt ruchbar geworden, daß man bei der heiligen Justina den heiligen Livius gefunden habe und es sei in der ganzen Stadt eine große Freude gewesen. Die ganze gute Gesellschaft, die Nobilita, sei nach dem Prato del Valle gelaufen, dem großen Platze, an welchem die Kirche der heiligen Justina liegt, und Jeder habe versucht, ein Stückchen von den Knochen aus dem Sarge zu erhaschen. Eine ungeheure Menschenmenge sei zusammengekommen und die Leute hätten sich bei dem Sarge des Heiligen niedergeworfen und ihn umarmt und geküßt.

Nun ward es aber doch wirklich zu viel und ich erinnerte ihn daran, daß Livius ja ein Heide gewesen sei.

Ohne aus der Fassung zu kommen, fuhr er fort, daß dies den Mönchen der damaligen Zeit ebenfalls auf's Gewissen gefallen sei und von den stürmischen Ehrenbezeugungen des Volkes erschreckt, hätten sie sich berathen, ob sie nicht diese heidnischen Gebeine, wie es für einen Heiden sich gezieme, verbrennen sollten. Aber die Nobili hätten sich begütigend dreingelegt und da habe der Mönch Roland, der Entdecker, den Sarg und die Gebeine der Vaterstadt geschenkt. Dann seien dieselben auf den Schultern der Edelleute mit großem Gepränge und unter dem Zusammenlaufe der ganzen Bevölkerung nach dem Signorienplatze getragen worden, einem der drei stattlichen und malerischen Plätze, in welche das Forum Publicum des alten Patavium im neuen Padua zerfallen ist.

Ganz so stürmisch ist es nun doch wohl nicht zugegangen. Venedig hatte grade damals Padua vollständig unter seine Botmäßigkeit gebracht, nachdem es dessen letzten Fürsten Carrara, welcher sich dem Dogen um Gnade flehend zu Füßen warf, in einem Gefängniß beim Marcuspalaste mit der ganzen Familie hatte erdrosseln lassen. Es behandelte dann aber die alte Nebenbuhlerin mit großer Schonung, ließ derselben ihre Verfassung und nahm für sich nur das Recht in Anspruch, ihr einen Podesta zu schicken und für die Truppen zu sorgen. Im vierzehnten Jahrhundert war in ganz Italien die Bewegung der Geister zum Durchbruch gekommen, welche wir die Renaissance zu nennen gewohnt sind und welche in Rom ihren Ausdruck im Tribunat des Cola di Rienzi erhielt. Nicht am wenigsten war dies in Venedig geschehen, welches Petrarca, einen vollständigen Gesinnungsgenossen Cola's, bei sich aufgenommen und ihn sogar angestellt hatte. Das Kloster der heiligen Justina in Padua war ein Benedictinerkloster und die Benedictiner waren im Ganzen immer gebildete Leute und nicht solches communistische Lumpen- und Bettlergesindel ohne Bildung, wie die Franziskaner, deren Heiliger Antonius ist. Den Benedictinern, deren Orden noch wirklich aus dem Alterthum herstammt, verdanken wir die Aufbewahrung eines großen Theiles der Schätze des Alterthums, darunter auch dasjenige, was wir vom Geschichtswerk des Livius besitzen. Es ist keineswegs unmöglich, daß sie die Gebeine des Livius wirklich aufgefunden haben, denn zur Zeit des Livius verbrannte man noch nicht alle Todten. Als man dieselben nach dem Rathhause von Padua brachte, um ihnen dort eine Stelle zu geben, trug am Sarge auch ein Andrea Dandolo, Nachkomme des Eroberers von Konstantinopel, und der Podesta, welcher folgte, war ein Mocenigo, also beide Venezianischen Dogenfamilien angehörig. Das Volk der Veneter war unter Venedig wieder vereinigt, und die Gedächtnißfeier seines berühmtesten Sohnes, nach dessen Grabe man wahrscheinlich ausdrücklich gesucht hat, stand wohl in Verbindung hiermit: daß man mit seinen Gebeinen hernach wirklichen Heiligencultus trieb, lag in den Gewohnheiten der Zeit. So bat sich später z. B. König Alfons von Neapel die Knochen des Armes aus, mit welchem Livius geschrieben hatte, die ihm dann der Senat auch schenkte und welche, ich glaube, zuletzt nach Palermo gerathen sind.

Aber wir brachen nun nach der nahen Kirche der heiligen Justina selber auf. Es ging durch einen sehr einsamen das Gemüth poetisch anhauchenden Theil von Padua, am botanischen Garten der Universität vorbei, nach dem großen Platz oder Park Prato del Valle, jetzt nach Vittorio Emanuele benannt, dessen Name, so wie diejenigen des Cavour und des Garibaldi, in jeder Italienischen Stadt irgend wo meist auf ältere Namen gepfropft sind. Wenn das Königreich Italien sich danach beträgt, werden sie vielleicht bleiben, sonst nicht. Die Kirche der heiligen Justina ist ein gewaltiger Bau aus der ersten Hälfte des sechzehnten Jahrhunderts, noch größer als die Kirche des heiligen Antonius: man kann ihr ansehen, daß ein Venezianer sie gebaut hat. Das Martyrium der heiligen Justina von Paul Veronese darin ist ein berühmtes Bild, und so ist auch das Bild einer Madonna auf dem Throne, von Girolamo Romano. Wo diese Kirche jetzt steht, stand schon früher eine Kirche altromanischer Bauart, von welcher noch zwei Greife herrühren, die jetzt auf der Treppe stehen, und vor dieser stand hier der Junotempel des alten Patavium, in dessen Nähe Livius eben begraben worden sein soll. Die heilige Justina ist eine Localheilige von Padua, welche den Märtyrertod in der Christenverfolgung durch Maximinus erlitten haben soll.

Die Ueberreste des Tempels sind noch unterirdisch sichtbar und auch ein Keller, ganz voll Märtyrerknochen aus jener Christenverfolgung. Sie stammen indeß wohl einfach aus einem eingegangenen Kirchhofe. Dem Christenthum ist der Knochencultus, der in der Römischen Kirche ja bis heute dauert, ganz eigenthümlich. Erst die Zukunft kann lehren, was daraus wird, wenn er verschwindet. Wo er verschwunden ist, war die Zeit bis jetzt noch zu kurz, um dies vollständig zeigen zu können.

Das Prato del Valle ist eine ganz eigenthümliche Platz- und Gartenanlage, welche Goethe auf seinem ersten Besuche Italiens sehr gefallen zu haben scheint. Eine ovale, mit einem Wassergraben umgebene Insel, zu welcher vier Brücken führen, und noch das mittlere Stück des großen Platzes, rings um den Graben her, sind mit Bäumen bepflanzt und eine große Anzahl von Statuen ist daselbst aufgestellt. Es konnte Jeder dort, wem er wollte, eine Statue setzen lassen, vorausgesetzt, daß es Jemand sei, der überhaupt eine Statue verdiene und daß er irgend ein mal in Padua gewesen sei. Auf diese Weise hat man dort die Statuen einer Menge von namhaften Leuten zusammen bekommen, selbst diejenige von Gustav Adolf, dem Gustav III. dort eine Statue setzen ließ, weil Gustav Adolf auf einer Durchreise durch Padua ein mal einer Vorlesung beigewohnt hatte. Gustav Adolf, überhaupt ein Sprachtalent, verstand nämlich sehr gut Italienisch. Päpste, Dogen und andere Italiener von ähnlichem Einfluß sind hier natürlich durch zahlreiche Statuen vertreten. Mir fiel dabei ein, ob sich nicht irgend eine Deutsche Stadt, welche vielleicht sonst nichts aufzuweisen hat, auf diese Weise interessant zu machen versuchen könnte? Aber der Gedanke ist doch gar zu schreckhaft, zu welchen Statuen es dabei heute kommen könnte! Commerzienräthe und wohlhabende Idiosynkraten würden vielleicht das Hauptcontingent stellen.

Zu Goethe's Zeit wollte man hier ein Meßgebäude in Stein bauen, weil es der Platz für den großen Jahrmarkt von Padua ist. Jetzt steht das moderne Rathhaus daselbst, welches man mit den Statuen des Dante und des Giotto geschmückt hat, deren Verbindung mit Padua zur Zeit seiner Unabhängigkeit im Mittelalter dies auch rechtfertigt.

Die geräumigen Steinlauben der Hauptstraße von Padua führten uns dann zum Mittelpunkte der Stadt zurück, dessen malerischer Reiz nicht genug empfohlen werden kann. Hier trennt der Palazzo della Ragione, ein wunderbarer Bau mit zwei Arcaden über einander, aus dem Anfange des funfzehnten Jahrhunderts, und in welchem sich die städtische Vertretung und Regierung im Mittelalter befanden, den Krautmarkt von dem Fruchtmarkte. Das Marktleben um diesen seltsamen Palast her und unter seinen Arcaden hat den Italienischen Citronenduft nicht blos in Wirklichkeit, sondern auch sinnbildlich für Alles gebraucht, welches ächt Italienisch ist. Schöner als der Palazzo della Ragione, wenn auch nicht so durchaus eigenthümlich und phantastisch, ist der Frührenaissancebau der alten Signoria auf dem danach benannten Platze neben an. Einfach wie derselbe ist, ist er doch ein wahres Musterbild guten Geschmackes. Nahe ist auch der Dom, von den drei großen Kirchen Padua's die am wenigsten bedeutende. Es giebt aber noch viel sehenswerthe kleinere Kirchen, auf welche die Reisehandbücher mit Recht aufmerksam machen, und einige Paläste. Zwei oder drei Tage werden in Padua nicht leer verlebt und im Winter kann man hier, wie überall in Italien, auch das Theater dabei zu Hülfe nehmen. Wir waren sehr zufrieden, daß wir Station gemacht hatten und beschlossen, dasselbe in dem so sehr viel größeren und mehr bietenden Bologna wieder zu thun.

Von Padua nach Bologna.

(Die Enganeischen Hügel. Abano und Bataglia. Ueber Deutschen Besuch Italienischer Badeorte. Die Burg aus dem sechzehnten Jahrhundert mit der Antiken-Sammlung. Die Enganeer. Rovigo. Das leere und langweilige Ferrara. Der Schnee. Bologna. Die Bevölkerungszahlen der großen Städte Italiens. Das große Eisenbahnkreuz. Die Bauart von Bologna. Die Arcaden. Wandmalereien in Rafael's Geschmack. Die Läden von Bologna. Sein Beiname. Erster Anblick der schiefen Thürme.)

Von Padua kann man Bologna in vier Stunden erreichen. Es kommt nun zunächst eine Abwechslung in die flache und gleichförmige Landschaft, nämlich die Enganeischen Hügel zur Rechten der Bahn. Man erreicht zuerst den Badeort Abano, schon im Alterthum berühmt, wo er Aponos, Griechisch für schmerzlos hieß, oder auch die Patavinischen Quellen. Es sind heiße Schwefelquellen, welche aus den Löchern eines Hügels hervorbrechen, welchen eine Ablagerung von schwefelsaurem Kalk aus dem Wasser gebildet hat. Das Bad wird im Sommer besonders von Venedig und Padua aus, so wie auch von Bologna stark besucht und soll ganz nach Art der großen Böhmischen Bäder eingerichtet sein. Es ist schon so alt bekannt, daß an seinen Ursprung, wie an den von Rom, selbst im Alterthum Heracles-Sagen geknüpft werden konnten. Dies bedeutet, daß sein Ursprung über alles Gedächtniß der Menschheit hinaus reicht. Die

Euganeische Hügelkette, welche nun beginnt, erinnert landschaftlich ganz und gar an die Gegenden, in deren Nähe hauptsächlich sich Badeörter in Deutschland befinden. Wer früher oder später im Jahre, als in Deutschland zulässig, Schwefel- und Salzbäder zu gebrauchen hat, könnte dazu sehr wohl nach Abano reisen. Für ihre Wirksamkeit, wenn auf Zeugnisse über eine solche überhaupt etwas zu geben ist, bürgen vielleicht dreitausend Jahre. Man bekommt dabei außerdem Venedig zu sehen, wo man auch ein wohleingerichtetes Seebad zur Verfügung hat. Man hat ferner die Berglandschaft der Euganeen dicht bei, welche es etwa mit dem Siebengebirge oder dem Böhmischen Mittelgebirge wohl aufnehmen kann. Endlich wird man Alles so billig finden, daß man für die weitere Reise entschädigt wird. Und dazu hat man noch Gelegenheit, etwas Italienisch im Lande selbst zu lernen, welches doch immer der kürzeste Weg ist. Warum soll man aber dies nicht schon deswegen als einen Gewinn ansehen?

Bei Monte Grotto kommt man an noch einem Altrömischen Bade mit zahlreichen Quellen vorbei, welches aber nicht mehr im Gange ist. Desto lebendiger ist dies der Fall mit dem nächsten Badeorte Bataglia. Ehe derselbe erreicht wird, kommt man durch einen Tunnel und an der Burg Catajo vorbei, welche noch im sechzehnten Jahrhundert mit Thürmen und Zinnen nach mittelalterlicher Weise auf einem Felsen erbaut wurde. In derselben ist eine Sammlung Griechischer, Römischer und christlicher Alterthümer, in welche selbst ein Stück des Frieses vom Parthenon hineingerathen ist. Auch das Bad von Bataglia ist gleich dem von Abano recht stattlich und bequem eingerichtet. Bei Monselice, also Kieselberg, aus welchem das Pflaster von Venedig stammt, schwenkt die Bahn herum zur Südkante der Euganeen, welche hier höher und steiler emporragen. Es sind Trachytberge, durch deren Form man sich gradezu an den mittleren Rhein verjetzt glaubt. Auch ist die Höhe, welche bis zu 600 Metern reicht, ungefähr die gleiche. Im Sommer wimmeln die Bäder der Euganeen von Badegästen aus ganz Norditalien, welche hier auch etwas kühlere Luft suchen; für Deutsche Badegäste dürfte aber im Hochsommer die Hitze auch hier lästig werden.

Das Volk der Euganeer, von welchem diese Berge den Namen haben, bewohnte zuerst die Küste des Adriatischen Meeres, bevor es die Veneter, von denen wohl mit Sicherheit anzunehmen ist, daß sie über den Karst eingewandert sind, von der Küste verdrängten. Zu welchem Stamme die Euganeer gehörten, steht noch gar nicht fest. Ihr Name klingt seltsamer Weise ganz Griechisch und würde im Griechischen, da Ganos, im Genetivus Ganeos, der Schmuck heißt, die wohlgeschmückten heißen. Die Euganeer wichen vor den Venetern bis Vicenza und Verona und bis zu diesen Bergen zurück, wo sie sich gehalten haben dürften, weil sie vorzüglich Schafhirten waren. Die Euganeischen Schafe hatten noch spät besonderen Ruf im alten Rom. Ihre nächsten Nachbarn im Westen waren die Oberitalischen Etrusker, jenseit der Etsch. Auch im Süden hatten sie früher Etrusker, später Gallier, welche diese verdrängten, zu Nachbarn. Aber die Euganeer scheinen stets an derselben Stelle dann fortbestanden zu haben und ihr Name ist bis heute an diesen Bergen und selbst eine Volkserinnerung an sie im alten Verona haften geblieben, wie man mir dort früher erzählt hat. Es kann zwar trotz ihres Namens sein, daß sie nichts desto weniger ein rein Italischer Volksstamm waren, mit den Umbren verwandt, oder auch den Etruskern, deren enge Verwandtschaft mit den Italern neuerdings Herr Corßen aus der Sprache so erschöpfend bewiesen hat. Aber seltsam bleibt es doch, daß ihr Name stets so zähe am Leben blieb, während sie aus der Geschichte früh ganz verschwanden.

Nachdem die kurze Strecke des isolirten Euganeischen

Berglandes vorüber, kreuzt die Bahn die wasserreiche Gegend, durch welche die Etsch, wie der Po, der letztere in vielen Mündungen, in's Adriatische Meer fließen. Zuerst geht es an Rovigo, später an Ferrara vorüber. Hier hatten wir nach kurzer Ueberlegung nicht auszusteigen beschlossen, weil von Allem, was Ferrara bietet, nichts uns reizte. Die bloßen Erinnerungen an das Haus Este, an Ariosto, an Tasso und Lucrezia Borgia verlohnen keinen Besuch, wenn man keinen besonderen Zweck damit verbindet, und was das große, mittelalterige Schloß vertritt, haben wir in Deutschland besser. Der Dom ist wohl alt und nach einem Kupferstiche, den wir sahen, von seltsamem und überraschendem Aeußern, aber das Innere ist im vorigen Jahrhundert ganz verdorben. Es ist eine der Städte, die eben nur „durch ihre Fürsten groß“ wurden, und seitdem keine Fürsten mehr darin sind, nun leer und verfallen dastehen; einst schrieb deswegen ein Reisender an ihr Thor: „Diese Stadt ist zu vermieten.“ Dies berührte Goethe selber schon im vorigen Jahrhundert so unangenehm, daß der Dichter des „Tasso“ eilte, um wieder herauszukommen. Sie hat übrigens immer noch 67,000 Einwohner.

Um sechs Uhr Abends erreichten wir Bologna, welches wir aus einem früheren Besuche in Sommerszeit wenigstens oberflächlich schon kannten. Als wir uns der Stadt näherten, erschienen uns die Felder im Mondlicht so auffallend weiß schimmernd, daß wir uns zuletzt nicht dabei beruhigen konnten, es sei nur das Mondlicht Schuld daran. Ungern, aber den Zweifel ausschließend, überzeugten wir uns zuletzt, daß Schnee daran Schuld sei. Es war erst November, wo im Ganzen doch der Schnee, selbst in Oberitalien, selten die Ebene erreicht und liegen bleibt. Aber da lag er und schien nur zögernd und unwillig zu schmelzen. In Bologna aber lag er in allen Straßen und schien gar nicht schmelzen zu wollen. Jetzt handelte es sich also offenbar darum, wenigstens

Rom so früh zu erreichen als möglich; bis Rom durften wir höchstens noch anderthalb Wochen verwenden, statt drei, wie wir gerechnet hatten. Die neue Rechnung war schnell gemacht. Drei Tage in Bologna, sieben in Florenz, welches wir ja eigentlich schon gut genug kannten, und Siena, wo wir ursprünglich ebenfalls Station zu machen dachten, diesmal ganz bei Seite gelassen. Italien erfordert viele Besuche, wenn man wirklich Alles sehen will, was des Sehens werth ist. Kein Land, welches ich kenne, ist ihm darin gleich.

Bologna gehört schon zu den Großstädten Italiens, wenn man diejenigen so nennen will, welche mehr als 100,000 Einwohner zählen. Bei der Volkszählung im Jahre 1861 hatte es nahe an 100,000 Einwohner und Venedig nur um ein Weniges über sich. Aber in Bologna wächst die Einwohnerzahl ziemlich kräftig und in Venedig fast gar nicht. Es ist Zeit, daß ich bei dieser Gelegenheit von der Eintheilung der Italienischen Städte spreche. Wenn die Zahl von 100,000 Einwohnern als untere Grenze für die Italienischen Großstädte natürlich nur im nationalen Sinne gilt, hat Italien jetzt neun solcher Großstädte. Indem ich ihre Einwohnerzahlen, zu Tausenden abgerundet, gleich hier anführe, rechne ich nicht mit der Bevölkerung der eigentlichen Gemeinde, sondern auch derjenigen aller Vorstädte, welche an den Stadtkern angebaut und wirthschaftlich mit demselben verbunden sind. Diese neun Großstädte, nach der Bevölkerungsziffer geordnet, sind also Neapel mit Einschluß von Portici, Resina, Torre del Greco und Torre del Annunziata, endlich auch Fuori di Grotta, welches 510,000 Einwohner zählt, also im Deutschen Reich nur Berlin, in Oesterreich nur Wien über sich hat. Ferner Rom mit 225,000 Einwohnern und Mailand mit 242,000 Einwohnern, von welchen letzteren aber 46,000 die Corpi Santi genannten Vororte bilden, welche wirthschaftlich mit der Stadt allerdings nur lose zusammenhängen und halb ländlicher Natur sind. Dann folgt Turin mit 205,000 Einwohnern und dann Palermo mit 195,000 Einwohnern. Nun folgen Genua mit 138,000 Einwohnern und Florenz, welches im Jahre 1861 allerdings nur 115,000 Einwohner zählte und seitdem beträchtlich gestiegen ist, erst neuerdings, seit die Hauptstadt nach Rom verlegt worden, wieder abnehmend. Venedig nimmt jetzt mit höchstens 110,000 Einwohnern die vorletzte Stelle ein, und Bologna ist erst in unserem Zeitalter in die Reihe der Großstädte in diesem Sinne getreten und zählt jetzt, wie gesagt, 110,000 Einwohner, wächst aber regelmäßig und kräftig. Es kann sich mit jenen Städten, die es über sich hat, nicht messen in vielen Punkten und wird es vielleicht niemals können, eben weil die ganze Geschichte des Landes eine andere geworden ist. Aber man kann es doch nicht mehr ganz mit den Städten mittlerer Größe zusammenwerfen. Es ist eben ein Parvenü, welcher aus dem Stande herausgetreten ist, welchen er noch im Kirchenstaate einnahm.

Was ihm in neuerer Zeit zu Gute gekommen, ist hauptsächlich, daß es der vornehmste Eisenbahnkreuzungspunkt in ganz Italien geworden ist. Der Haupteisenbahnstrang durch Italien ist derjenige, welcher, in Piacenza von dem engmaschigen Eisenbahnnetze im Pothale sich abzweigend, über Bologna nach Rimini auf der Ostküste Italiens läuft und dann, immer der Ostküste folgend, bis Brindisi und auch weiter bis Otranto führt, nun aber auch noch durch den Seitenstrang nach Tarent, durch die Bahn längs der Südküste von Tarent bis Reggio, an welcher nur noch ein unbedeutendes Stück fehlt, die erste Eisenbahnverbindung mit der Meerenge von Messina und dadurch mit Sicilien gewinnen wird. Diesen Hauptstrang, welcher durch Seitenbahnen von Ancona nach Rom und von Foggia nach Neapel, auch diese beiden Hauptstädte erreicht, und der bis Bologna zum unteritalischen Eisenbahnsysteme gehört, kreuzt in Bologna die Eisenbahnverbindung von Venedig und Padua mit Florenz und den Bahnen, welche diese Stadt dreimal mit Rom und dann weiter Rom mit Neapel verbinden.

Dadurch ist Bologna zum Eisenbahnherzen der Italischen Halbinsel geworden. Der Strang, welcher von Piacenza über Bologna nach Ravenna und Rimini und weiter führt, nördlich und östlich des Apennins bleibend, verknüpft dabei eine ganze Anzahl von Städten zweiten Ranges mit einander, die ganz dicht bei einander an ihm aufgereiht sind. Es sind Piacenza mit 40,000 Einwohnern, Parma mit 48,000 Einwohnern, Reggio in Oberitalien mit 50,000 Einwohnern, Modena mit 56,000 Einwohnern; dann folgt eben Bologna, dann Imola mit 27,000 Einwohnern, Faenza mit 26,000 Einwohnern, Cesena mit 34,000 Einwohnern, Forli mit 39,000 Einwohnern und endlich Ravenna mit 57,000 Einwohnern. Die ganze Eisenbahnstrecke, welche, diese Orte verknüpfend, in fast schnurgerader Linie von Piacenza bis Rimini am Adriatischen Meere läuft, ist dabei nicht mehr als 30 Meilen lang und im höchsten Grade nährig. Aus all den angeführten volkreichen Städten weist die Eisenbahnverbindung nicht blos mit der Lombardei und mit Piemont, sondern auch mit Venedig und Padua oder mit Florenz und Livorno zunächst auf Bologna. Wenn die Italiener die Eisenbahnen so viel benutzten wie wir oder gar die Engländer, würde es kaum ein einträglicheres Stück Eisenbahn in der Welt geben.

Beim Eintritt in Bologna wird man durch die Eigenthümlichkeit seines Ansehens eben so überrascht, wie dies bei jeder größeren Stadt in Italien der Fall ist. Die Italienischen Städte unterscheiden sich noch viel augenfälliger von einander, als dies bei unseren Deutschen der Fall ist. Doch bereitet Padua wenigstens etwas auf Bologna vor, nämlich so weit es die Arcaden in den Straßen oder Steinlauben betrifft. Nur sind diese in Bologna noch viel höher und breiter und überhaupt viel stattlicher. Dabei sind die

Häuser noch massiver und ihre Stockwerke viel höher. Der Neubau, welcher in Bologna kräftig im Schwunge, unterscheidet sich hier nicht vom Altbau, sondern führt dessen Eigenthümlichkeiten, so weit es sich mit der veränderten Zeit verträgt, weiter. Dabei sind die breiten Fußwege unter den Arcaden häufig höher, selbst beträchtlich höher, als der gewöhnlich nur schmale Fahrweg. Sie gewähren also im Sommer Schatten und in der rauheren Jahreszeit Schutz gegen Regen oder Schnee. Für gewöhnlich braucht man keine Sonnenschirme oder Regenschirme in Bologna, denn selbst die schmalen oben offenen Fahrdämme sind schattig und im Winter in einigen Sprüngen gekreuzt. Auch im Alterthum waren die Fußwege beträchtlich höher als der Fahrweg, der auch im Alterthum nur ganz schmal war, und an Arcaden fehlte es nicht, oder auch nicht an überspringenden Stockwerken, wie wir aus Pompeji wissen. Im alten Rom aber gab es wahrscheinlich sehr viele Arcaden.

Die neugebauten Arcaden in Bologna hat man zum Theil als geeignete Plätze für geschmackvolle Wandmalerei behandelt. Bei dem ornamentalen Theile dieser Wandmalereien hat man offenbar Rafael's Schöpfungen dieser Art im Vatican zum Muster genommen, der sich seine Be-ehrung wiederum aus den Titusthermen geholt hat. Uns iel die große Zahl der Gewölbe für Eßwaaren, fertige Fleischwaaren und Früchte auf, welcher Reichthum gut zu dem Beinamen Bologna's paßte, die unter den namhaften Städten Italiens, welche sämmtlich ihren besonderen Beinamen haben, la Grassa (die fette) heißt. Die dicken Bologneser Würste, Mortadellen genannt, unserem Preßkopfe ähnlich, und das dunkele und furchtbar schwere süße Kuchenbrod, mit eingebackenen Mandeln gefüllt, seltsamer Weise Todtenbrod genannt, eine Art Honigbrod, fielen uns gleich den ersten Abend in den Gewölben auf. Unsere Unterkunft uchten wir in einem Gasthofe in der Straße Mercato di

Mezzo, Mittelmarkt, und fuhren fast erschreckt zurück, als wir aus unserem Fenster im Mondlicht die ganz nahen beiden schiefen Thürme Garisenda und Asinelli zu Gesicht bekamen. Das Mondlicht und ihre vollständige Fensterlosigkeit täuschten über ihre Dicke und vorzüglich der sehr dünne, höhere Thurm Asinelli, der doch nur 254 Fuß hoch ist, schien uns, indem wir seine Höhe mit der angenommenen Breite maßen, sich fast in den Himmel zu verlieren. Noch täuschender ward dieser Eindruck, als ich dicht an ihn herangiung, denn da er nun zu mir herüberhing, erschien es mir unwillkürlich als eine Folge seiner Höhe, daß ich, zu derselben emporblickend, den Kopf so weit zurück zu werfen hatte. Schiefe Thürme ist man eben nicht gewöhnt, und das angewöhnte Urtheil wird bei ihnen verwirrt. Im Mondlicht sahen diese beiden seltsamen, ohne Absatz, Verzierung und Fenster viereckig emporstrebenden und dabei sehr sichtbar schiefen Thürme wie zwei Architekturgespenster aus, die einen nächtlichen Contretanz aufführten und sich dabei verneigten.

Zum Abendessen mußten wir schon heizen lassen, so kalt war es geworden, und suchten früh unser Lager auf.

Bologna.

(Die Cäcilia des Rafael. Malerei und Musik. Die Museenfrage. Italiens Rolle in Europa. Der Unionspark in Amerika. Die Bologneser Malerschule und die ältere Französische Malerei. Die Bologneser Universität. Die Säcularfeier des Thomas von Aquino. Die Dominikanerkirche. Die große Kirche des h. Petronius. Das Campo Santo. Die Musikschule. Die Oper in Bologna. Die Feuerprobe der Primadonna. Durchfall einer Deutschen Primadonna-Candidatin.)

Drei Tage kann man wirklich in Bologna leicht ausfüllen, und findet sich dabei sogar in der Zeit beschränkt. Zuerst besuchten wir die reichhaltige Gemäldegallerie, deren Perle, die Cäcilia des Rafael, ich doch wieder zu berühren nicht umhin kann. Es ist eine der holdesten Schöpfungen dieses anmuthigen Malers, vielleicht die anmuthigste von allen, die Madonna di S. Sisto in Dresden und die Madonna della Sedia im Palast Pitti in Florenz nicht ausgenommen. Die Wirkung der Musik auf den Menschen ist hier nämlich wirklich zum malerischen Ausdruck gebracht. Cäcilie hat ihr eigenes Instrument sinken lassen und hält es in den Händen, grade als ob sie damit betete. Denn oben im Himmel, in den Wolken, ist der Chor der Engel in ihre Musik eingefallen, und sie hört nun zu, mit nach oben gewendetem, träumendem und verklärtem Gesicht. Die sichtbaren Engel machen, wie sie selber, Instrumentalmusik, natürlich mit Harfen und Posaunen. Magdalena, Paulus, Johannes und Augustinus, welche eine höchst lebendige Gruppe um sie bilden, hören die himmlische Musik ebenfalls. Magdalena hebt ihr Salbengefäß im Andachtsschauer empor; Paulus blickt in tiefen Gedanken nieder. Auch die beiden anderen Gestalten bringen den Eindruck der himmlischen Musik, von welcher sie alle überrascht werden, auf ihre Eigenthümlichkeit wieder genau nach ihrer Weise zur Erscheinung. Die ganze Composition ist bis ins Kleinste durchdacht, ist einheitlich, giebt den Eindruck desselben Vorganges auf verschiedene Menschen wieder und zwar so drastisch, daß man wüßte, was vor sich geht, auch wenn man die musicirenden Engel im Himmel nicht sähe, und dabei ist die Technik unvergleichlich. In der Zeichnung kennen dieselbe ja so Viele aus den Kupferstichen und Photographien, aber die Farbenbehandlung und das Farbenspiel bleiben dem Originale allein. Denn noch ist keine Copie in Farben derartig gelungen, daß sie davon einen richtigen Begriff geben könnte, obgleich das Copiren gar nicht abzureißen scheint. In den Geheimnissen des Farbenspiels vor Allem, welche uns auch in der Sistinischen Madonna so zauberhaft berühren, ist hier das Schönste geleistet, was es giebt. Es scheint, daß Rafael sich bewußt gewesen ist, daß die Malerei zwei Aufgaben hat: die Darstellung als Hauptaufgabe, daneben aber noch die Aufgabe der Farbenmusik, welcher wir unter Anderem durch das Thaumatrop zu genügen versuchen. In der Musik ist es die Hauptaufgabe, Melodisches und Harmonisches zu schaffen: dort ist Darstellung, wie sie Haydn versucht, nur eine Nebenaufgabe. In der Malerei aber ist das Verhältniß grade umgekehrt. Bei ihr ist das Farbenspiel auch nur da an seinem Platze, wo sie dasjenige darzustellen hat, welches keine Wirklichkeit hat, welches eben nur Menschentraum ist, und wo es ihr nicht auf Wahrheit, sondern nur auf Eindruck ankommt. Grade bei dieser Legendendarstellung war also das Farbenspiel eben so am Platze, wie bei einer Verklärung der

ar hier um so mehr so, als eben nur der
Musik zu malen war; grade dabei mußte
rch Farbenspiel in eine ähnliche Stimmung
wie diejenige, welche die Composition dar-
: solchen Fällen können auch die Farben
r Erzielung des Farbenspiels benutzt wer-
Sistinischen Madonna und wie hier; denn
ht auf Gewänder, sondern eben nur auf
k und Malerei, obgleich auf verschiedene
können doch in einander übergreifen, und
r ein Meister in dieser Kunst. Correggio
strebten nach ähnlichem Ziele durch Ver-
ı Licht und Schatten; wandten aber die
s darstellende Künstler an.

ung, welche diese Perle enthält, ist reich-
. es zu belohnen, wenn man sie alle Tage
ıtrittsgeld, welches hier erhoben wird von
e durchaus vernünftige Einrichtung, welche
ist, überall anzuwenden. Es kann ja sein,
emäldesammlungen etwas so nützliches sind,
dessen vom Publicum noch derart gewür-
, daß sie nicht bloß ihre laufenden Kosten
auch die Mittel für weitere Vollendung
Sehr wahrscheinlich ist dies freilich für die
wie ich vermuthe, nicht. Dann aber wäre
wenn man Sammlungen alter Gemälde
ieße, derartige Gemälde vorzugsweise an
ı beließe, für welche sie von Anfang an
Es ist ja in der That sehr fraglich, ob es
glich aus Kirchen Gemälde wegzunehmen.
wenn auch nicht mit den Kirchen, so doch
ı erst entstanden, und büßen an ihrem
n sie aus solchen Kirchen weggenommen
emäldesammlung aber bringt die Bilder

sehr häufig in gar zu klaffenden Gegensatz mit einander, bei welchem der Beschauer rasch ermüdet und überdrüssig wird. Kann man die Sache nicht so auffassen, als wenn ein ganzes Land, wenigstens ein uralt cultivirtes, von welchem heut zu Tage nicht mehr viel zu erwarten ist, eigentlich das beste Museum für die Gesammtheit seiner künstlerischen Erzeugnisse sei, die man fortan in ihrer Umgebung zu lassen habe? Wer sie sehen will, kann ja nach solchem Lande reisen. Dafür haben wir jetzt ja die Eisenbahnen und Dampfschiffe. Wenn sie aber verschleppt werden, bekommt sie drum immer noch nur eine einzelne Ortschaft besser zu sehen und die übrigen Menschen, deren Sinn nach ihnen stehen mag, haben erst rechte Mühe davon, sie aufzusuchen. Das ganze Italien ist schon längst zu einem Museum seiner Architektur, Skulptur und Malerei für das übrige Europa geworden. Es läßt auch nun keine seiner Kunstschätze mehr über die Grenze, so weit es dies zu verhindern vermag, und rührt auch innerhalb seiner Grenzen so wenig an den Plätzen der Kunstwerke wie möglich, und nur so weit es deren frühere Geschichte rechtfertigt.

So eben beschäftigen sie sich in den Vereinigten Staaten damit, in der Nähe der Felsgebirge, auf Unionslande, einen Unionspark von mehr als 100 Deutschen Quadratmeilen zu schaffen, aus welchem, so zu sagen, der heilige Bezirk des Landes werden soll, der einst seine besten Kunstschätze zu bergen haben wird. Einen solchen heiligen Bezirk hat Europa schon längst in Italien, und es bedarf nur des Friedens, damit sein Reiz Allen zu Theil werden könne. Alles, was alt ist, bedarf nur des Friedens. Vielleicht ist seine Zeit, wenigstens für Italien, jetzt schon gekommen. Möge sie diesem alten Lande, welches seine Pflicht vollständig in der Welt gethan hat, erhalten bleiben.

Es giebt in Bologna in der Gemäldesammlung ein berühmtes Bild des Guido Reni, die Madonna della Pieta, mit zwei Engeln den todten Heiland beweinend, bei welchem es als ein Vortheil betrachtet wird, daß es von seinem ursprünglichen Platze in der Kirche dei Mendicanti nach der Sammlung geschafft worden ist, wo es in besserem Lichte hängt. Eben so ist Rafael's Cäcilie, welche aus dem Privatbesitz der ehemals herrschenden Familie der Bentivoglio stammt und dann in die Kirche S. Giovanni gerieth, aus dieser in die Sammlung gekommen, dadurch, daß die Franzosen es nach Paris wegschleppten, und daß es nach der Einnahme von Paris an die Stadt zurückkam. Bei beiden Bildern kann die Verbesserung ihres Standpunktes zugegeben werden, ohne daß dies die Sache berührt, die ich gelegentlich besprochen habe.

Die Sammlung besitzt auch ausgezeichnete Gemälde von Perugino, der Cäcilie grade gegenüber hängend, an welchen sich erkennen läßt, wie sehr auch Rafael auf seinem ersten Lehrer stand. In der Malerei herrscht die persönliche Schule mehr als in irgend einer anderen Kunst. Wir erkennen dies mit Schwierigkeit bei unseren Zeitgenossen heraus; aber was wir in dieser Beziehung noch nicht zu sehen vermögen, wird die Nachwelt mit Leichtigkeit und Sicherheit sehen.

Natürlich ist die eigene Bologneser Malerschule, die späteste in der klassischen Zeit Italiens, in Bologna und auch in seiner Gemäldesammlung sehr ausgiebig vertreten. Es ist unverkennbar, daß diese Schule, der Guido Reni, Domenichino, Carlo Dolce und die Caracci angehören, die Stammschule der älteren Französischen Malerei gewesen ist, so wie sich jetzt aus der alten Venezianischen Schule durch Makart und Matejko eine eigene Oesterreichische Malerei entwickelt, welche wohl erst in ihrer Anfangsperiode steht.

Unweit der Gemäldesammlung befindet sich die Universität, weitaus die älteste, welche es giebt, denn sie ist schon im alten Römerreiche durch Kaiser Theodosius den

Jüngeren, zunächst als Rechtsschule, gegründet worden. Ihre Gründung fällt also in den Anfang des fünften Jahrhunderts und sie wird im zwanzigsten Jahrhundert — wenn es dann überhaupt noch Universitäten giebt — ihr anderthalbtausendjähriges Jubiläum feiern können, wenn sie nämlich so will. Denn zu einer Universität im Sinne des Mittelalters ist sie allerdings erst im Jahre 1119, also hundert Jahre vor Padua geworden und brachte es dann ziemlich rasch auf eine so große Zahl von Studenten, daß man wohl von zehntausend sprach, eine Zahl, welche aber jetzt auf fünfhundert zusammengeschmolzen ist. Sie befindet sich jetzt in einem ehemaligen Privatpalaste, der im vorigen Jahrhundert Gemeindeeigenthum ward. Ihre Gänge sind mit Marmorbildsäulen der berühmteren Lehrer geschmückt und, wie in Padua, mit den Wappen der Promovirten von Adel.

Die Zahl der sehenswerthen Paläste und Kirchen in Bologna ist so groß, daß man Tage hindurch nicht in Verlegenheit um die Ziele der Spazirgänge ist. In der großen Kirche des heiligen Dominicus war aber dies mal eine ganz besondere Augen- und Ohrenweide durch Anschlagzettel an den Straßenecken angekündigt, nämlich eine Säcularfeier jenes fanatischen Vertheidigers der Unfehlbarkeit des Papstes, Thomas von Aquino, von welchem die Kirche behauptet, daß Gott selbst ihn empfangen habe mit den Worten: bene scripsisti de me (gut hast Du von mir geschrieben). Man hatte Sorge getragen, das Volk schon auf den Anschlagzetteln hieran zu erinnern, so wie daran, daß Thomas von Aquino auch im Himmel Doctor titulirt werde, als einer der vier allerheiligsten Doctoren, nämlich als Doctor Angelicus. Thomas von Aquino ist freilich im Jahre 1274 in Terracina gestorben, aber nicht im November, sondern im März, und hieran ändert die Gregorianische Kalenderreform nur 11 Tage. Indeß die Kirche legt sich eben die Feste zurecht, wie sie sie am besten brauchen kann.

Als wir in die Kirche traten, fühlten wir uns von der Farbenpracht, die uns empfing, wie bezaubert. Alle Pfeiler waren mit blauen und rothen Zeugstoffen umwunden, und die Wände mit Decorationsbildern geschmückt, welche aber nicht das Leben des Thomas von Aquino, sondern dasjenige des heiligen Dominicus darstellten. Querüber aber von Pfeiler zu Pfeiler hingen rosenrothe und blaßblaue aufgeraffte Vorhänge von durchsichtigem Schleierzeug, wie es scheint von Tüll, mit geschmackvoller Befestigung von Goldrosetten und Borden. Eine gewaltige Zahl von Wachskerzen brannte in der Kirche, und durch Rauchfässer war sie stark mit dem Dufte des Weihrauchs gefüllt. Von der Emporkirche her tönte der Chorgesang der Sänger und Sängerinnen, welche wohl theilweise die Theater hergeliehen hatten, verstärkt durch diejenigen von Knaben und Mädchen der Schulen. Die Kirche war dicht gefüllt, auch mit dem Publicum der höheren Klasse. Der ganze Eindruck, zu welchem auch das Spielen der Sonnenstrahlen, die durch die hohen Fenster einfielen, in der bunten Fülle der duftigen Schleiervorhänge beitrug, war wirklich großartig. Alle Sinne, wenigstens Auge, Ohr und Geruch, wurden zugleich angepackt, nur nicht der Geschmackssinn, aber zu meinem Troste hatte ich schon bemerkt, daß ein stattliches Bierhaus mit Deutschen Bieren schräg über der Kirche lag. Ich hätte wohl eigentlich die Kanzelrede mit anhören müssen, wollte aber von der uns knapp zugemessenen Zeit so viel doch nicht daran setzen. Den in ganz Italien berühmten Kanzelredner habe ich später doch noch in Neapel gehört, wovon ich noch zu erzählen haben werde.

Mit der inneren Ausschmückung der Kirche ist im siebzehnten Jahrhundert ziemlich rücksichtslos umgesprungen worden, doch bleiben die Skulpturen und Malereien, welche ihren Ruhm bilden. Diese sind hauptsächlich in der großen Capelle des heiligen Dominicus zu suchen, zu welcher wir, trotz des Gedränges, leicht Zutritt fanden, weil die gegenüber liegende Capelle mit dem Grabschrein des Säcularheiligen die Menschenströme abzog. Der Grabschrein des heiligen Dominicus ist bald nach dem Tode dieses Heiligen von Niccolo Pisano, der den Reigen der klassischen Italienischen Bildhauer führt, angefertigt worden, dann aber im langen Laufe der Jahre in mehrfach wiederholter Angriffnahme bis in die Mitte des sechzehnten Jahrhunderts hinein weiter ausgeschmückt worden. Auch der jugendliche Michel Angelo Buonarotti hat die Figuren des Schutzheiligen der Stadt, Petronius, und vorzüglich eines knieenden Engels dazu geliefert, welcher letztere die Genialität seines Meißels unzweideutig bekundet. Die Decke dieser Capelle aber hat Guido Reni ausgemalt mit einer Darstellung der Aufnahme des Heiligen in dem Himmel, welche sehr geschickt in ihr Kuppelgewölbe hineingemalt ist.

Unser nächster Kirchenbesuch galt der gewaltigen Kirche des Localheiligen S. Petronio, welche an die Gruppe von schönen Plätzen in der Mitte der Stadt stößt. Wäre diese Kirche fertig geworden, so wäre es eine der größten Kirchen der Welt, nur um ein Geringes kleiner als der Petersdom in Rom. Ihr Bau ward im Jahre 1388 vom Bürgercollegium der Sechshundert beschlossen, und zwar gleich im denkbar großartigsten Maßstabe. Der Mode jener Zeit in Norditalien gemäß ward bestimmt, daß es ein Bau im Gothischen Stile werden solle, natürlich im Italienisch-Gothischen Stile. Wenn man vergleicht, daß Galeazzo Visconti den Grundstein zum Mailänder Dom im Jahre 1385 gelegt hatte, kommt man zu dem Schlusse, daß hierin der Anstoß zum Bau der großen Bologneser Petroniuskirche zu suchen sein dürfte. Bologna wollte sich grade damals von Mailand nicht ausstechen lassen und weil es nicht, wie Mailand, aus Marmor zu bauen vermochte, sondern auf den Backstein angewiesen war, aus welchem alle seine Gebäude bestehen

Hauptkirche noch größer zu bauen, und
der Dom der Madonna dei Fiori in
jetzt, nächst dem Peter in Rom, die größte
: und dessen Bau schon hundert Jahre früher
men war. Der Wetteifer der großen Ita-
in dieser Beziehung war übrigens nicht blos
eitelkeit, sondern hatte auch seinen politischen
e Zeit strebte z. B. grade J. Galeazzo
ndung eines Italienischen, wenigstens eines
Königreichs, für seine Familie an, und in
man sehr gut, daß die Eroberung von
Mailand, dem es schon einmal zu gehorchen
Visconti als ein Hauptmittel ausersehen
editalienischen Thron zu gewinnen. Bologna
in seiner Größe zeigen, um dadurch Ein-
ntliche Meinung in Italien zu machen.
r Petroniuskirche ward durch Beschluß der
Jahre 1647 endgültig aufgegeben und die
1 Bau nur grade bis zum Querschiff fort-
rden mit einer Apsis abgeschlossen. Die Kirche
Fuß, wie im ursprünglichen Plane lag,
ig geworden. Es fehlt das ganze Quer-
nporkirche. Wäre sie fertig geworden, so
dfläche 180,000 Quadratfuß umfaßt haben,
:r Peterskirche in Rom, 140,000 Quadratfuß
und 110,000 Quadratfuß des Mailänder
: Stummel eines Kreuzes, auf welchen sie
, giebt ihr doch noch eine Stelle unter den
Europa's. Sie ist z. B. immer noch größer
Dom. Der Gothische Baustil ist in dieser
che, nach meiner Empfindung, zu geschmack-
k gekommen als im Mailänder Dom.
um Bologna's an sehenswerthen Kirchen
n Gemälden und auch an sehenswerthen

Palästen ist sehr groß und die Tage bereut wohl Niemand, in welchen er durch die endlosen Arcaden dieser gewaltigen Stadt gewandelt ist. Dies mal lag uns am meisten an einem Besuche, den wir bei früherer Gelegenheit versäumt hatten, nämlich dem Besuche des Campo Santo von Bologna, der stattlichsten Todtenstadt in ganz Italien. Es liegt außerhalb der Stadt schon auf der letzten Abstufung des Apennin, ist aber mit der Stadt durch eine lange Arcade von 650 Bogen verbunden, die zu den größten Werken dieser Art gehört. Ich will jetzt nur erwähnen, welche Gestalt diese Nekropolis, die ihres Gleichen nicht hat, jetzt schon angenommen hat. Es ist weniger eine Todtenstadt, als ein Todtenpalast; ein einheitliches Gebäude aus geschlossenen und bedeckten Gallerien, welche viele Höfe umschließen. Die Särge sind in den Wänden der Gallerien untergebracht, einer über dem andern, und die Höhlen für sie mit Marmortafeln verschlossen, welche die Inschriften tragen. Dabei sind den Todten von Namen viele Marmorstatuen in Lebensgröße errichtet, so daß man durch ein Skulpturmuseum zu wandeln glaubt. Und ein solches ist dies Campo Santo auch in der That; eine Art permanente Ausstellung moderner Skulptur. Es hat sich in Folge dessen denn auch schon eine kleine Bologneser Bildhauerschule gebildet, deren Erstlingsleistungen für diesen Todtenpalast ausgeführt werden und dabei nicht blos auf Porträtstatuen beschränkt sind, sondern auch aus mannichfaltigen symbolischen Darstellungen, sei es in Gruppenform, sei es aus Basreliefs bestehend. Sie nimmt sich dabei die Mailänder Schule zum Muster. Es sieht das fast so aus, als wolle in Italien eine solche Kunstthätigkeit, wie sie in der klassischen Zeit der bildenden Kunst in Italien stattfand, und in jeder Italienischen Stadt von irgend welcher Bedeutung, vorzüglich in jeder Norditalienischen, durch eine besondere Schule vertreten war, langsam wieder aufblühen.

Als wir von der Todtenstadt von Bologna nach der Stadt zurückkehrten, mußten wir uns eingestehen, daß sie uns doch einen großen Eindruck in allen Richtungen gemacht hatte. An dergleichen ist wenigstens bei uns in Deutschland noch gar nicht zu denken: weder unsere Kirchengemeinden haben zu so großartigen Unternehmungen Muth und Geld, noch ist bei unserem Volke daran zu denken, daß die Einzelnen so viel für den Skulpturschmuck aufbringen und so guten Geschmack bei ihren Bestellungen an den Bildhauer entwickeln würden.

Die Bologneser Bildhauerschule ist noch ganz jung, aber alt anerkannt ist die Bologneser Musikschule und noch mehr das sachkundige musikalische Urtheil der Bologneser Bevölkerung. Neben Neapel steht Bologna hierin obenan in Italien. Wenn eine neue Oper ihre Probe durch das Publicum bestanden haben soll, muß sie zuerst im großen Teatro Comunale von Bologna zur Aufführung gelangt sein, und wenn eine noch unbekannte Sängerin sich in den Stand setzen will, überall auf Primadonnenrollen Anspruch zu machen, sucht sie es durchzusetzen, zuerst eine solche auf irgend einem Bologneser Theater zu singen, welches auch Opern aufführt. Die Ursache ist der nun schon siebzigjährige Bestand eben des Bologneser Liceo Filarmonico, einer höheren Musikschule, auf welcher auch Rossini erzogen worden ist. Durch dieses Liceo sind das Verständniß und der Geschmack für Musik in Bologna beständig gepflegt und aufrecht erhalten worden. Rossini hat auch, ehe er nach Paris zog, in Bologna ständig gewohnt, wo ihn die Musikfreunde aller Länder aufsuchten und ihn nicht selten in seiner muschelförmigen Kalesche auf dem Gemüsemarkte fanden, wo dieser Feinschmecker selber einzukaufen liebte. Auch 1836 kehrte er noch einmal von Paris nach Bologna zurück, und es theilt mit Mailand, Venedig und Rom den Ruhm, einige seiner Opern zuerst zur Aufführung gebracht zu haben.

Das Teatro Communale, welches nur in der Faschingszeit zu spielen pflegt, weil es sich dann in Bologna allein verlohnt, fanden wir noch geschlossen, aber drei der kleineren Theater hatten ihre Vorstellungen schon begonnen, von denen das eine auch Opern aufführte. Es war richtig wieder das erste Auftreten einer Primadonna-Candidatin angekündigt, und zwar einer jungen Deutschen Jüdin, in „Lucia di Lammermoor“. Da konnten wir nicht wegbleiben. In einem solchen Italienischen Theater zweiter Klasse kann man sich Decorationen und Costüme nicht bescheiden genug denken. Auch passen sie nur selten zu dem Stücke. Die Schotten in der „Lucia“ hatten zwar Schottische Mützen, sonst aber Rüstungen, welche offenbar den Römern in der „Norma“ entlehnt waren, sichtbar aus Pappe mit Silberpapier beklebt. Was die Decorationen eigentlich vorstellen sollten, war gar nicht herauszubekommen. Auf dergleichen kommt es aber dem Opernpublicum in Italien gar nicht an. Es kommt ihm auch auf die gewöhnlich keineswegs schlechte Truppe nicht an, sondern nur auf die S t e r n e. Dies mal bestand der Reiz darin, daß es sich um einen noch ganz unbekannten Stern handelte, und zwar einen Deutschen Stern. Ein solcher war aber grade zur Zeit durch die Erfolge der Sängerin Stoltz in den Italienischen Städten nicht schlecht empfohlen. Die Platea, d. h. Parterre und Parquet, und die Logen waren denn auch ziemlich gut gefüllt. Um eine Fremdenloge konnten wir aber trotzdem a n d e r K a s s e feilschen und erzielten dabei nicht geringen Abschlag. Die junge Sängerin ward mit Beifall begrüßt, noch ehe sie gesungen hatte, wahrscheinlich um sie zu ermuthigen. Dann ward es todtenstill, und — blieb todtenstill bis zu Ende des ersten Actes. Sobald der Beifall an einigen Stellen ausgeblieben war, wo Beifall hätte erfolgen müssen, merkte man es der jungen Sängerin an, daß sie sich ängstigte, und sie sang immer unsicherer und schwächer. Als die beiden Vorhänge zusammengerauscht waren, — in ganz Italien geht der Vorhang nicht herauf und herunter, sondern nach beiden Seiten auseinander und so auch wieder zusammen, welches viel schöner und natürlicher ist — trat der Regisseur vor und theilte mit, daß eine andere, schon bekannte Bologneser Sängerin, den Rest der Rolle singen werde. Der Beifall, mit welchem diese Mittheilung begrüßt wurde, war vielleicht das Todtengeläute für den Ehrgeiz der jungen Deutschen Jüdin, welche wenigstens die Bologneser Probe eben nicht ausgehalten hatte.

Mit unserer Rastzeit in Bologna waren wir mindestens ebenso zufrieden, wie mit derjenigen in Padua. Italien steht eben in der Mannichfaltigkeit der Reize seiner Städte, wie seines Landes überhaupt in der Welt ohne Nebenbuhler da. Man kann in jeder Stadt Italiens mit geschichtlichem Namen Rasttage ohne Bedenken machen, daß man nicht etwa etwas des Lernens Würdiges lernen, oder des Sehens Würdiges sehen werde. Dies gilt vom heutigen Leben und selbst der heutigen Bauart, wie von dem so viel inhaltsreicheren Leben der Städte dieses Landes im Mittelalter, wie endlich von den Erinnerungen und Spuren des Alterthums, so weit dies in die Localgeschichte hinein geht. In dem auch heute noch so lebenskräftigen Bologna ist nun freilich von Spuren des Alterthums sehr wenig oder nichts zu sehen, wie doch noch in Padua etwas der Fall war. Aber die Erinnerungen aus dem Alterthum sind kaum minder groß und noch heute weiß man ziemlich genau, wo die alte Bononia gestanden und wie weit sie sich erstreckt hat, als ihre Blüthe in Römischer Zeit stattfand. Ehe sie eine Römische Stadt war, war sie eine Gallische, des Stammes der Bojer, desselben Gallischen Stammes, der einst, in vorgeschichtlicher Zeit, wahrscheinlich im sechsten Jahrhundert vor unserer Zeitrechnung, von Westen kommend in Böhmen eingedrungen war und diesem Lande für ewige Zeiten seinen

5*

Namen gab. Und ehe die Bojer sich hier festsetzten, war es eine Etruskische Stadt gewesen, die Hauptstadt von ganz Nordetrurien und hieß damals Felsinum. Ihr Name Bononia aber war Gallisch und möglicher Weise derselbe, wie der Name von Bonn am Rhein. Auch Bononia liegt an einem Rhein, nämlich an dem vom Apennin herabströmenden den Pomündungen zueilenden Reno. Auch dies ist ein Gallischer Name, wie wahrscheinlich der des Rheines selbst. Da wir hier die alten Wohnsitze der Cisalpinischen und Cispadanischen Gallier kreuzen, soll nicht unerwähnt bleiben, daß ihre Spuren überall, wohin sie kamen, in der Aussprache des Italienischen bis heute hörbar sind, und zwar in Bologna kaum schwächer als in Turin. Sie lieben es, die Endung des weiblichen Reims zu verschlucken und sprechen das U wie Ue aus, so daß aus Uno, Uen wird, indeß ohne den nasalen Laut des Französischen un vor Consonanten. Die Venezianer und Paduaner übersetzen umgekehrt das italienische O in vielen Wörtern in ein volles Lateinisches U zurück und sagen z. B. mundo und secundo statt mondo und secondo. Man darf dergleichen nicht ganz unbeachtet lassen. Vielleicht ist es ebenfalls ein Beweis, daß die Veneter und Euganeer keine Norditalischen Gallier, sondern eigene Völkerschaften waren, mit den Italern und Etruskern jedenfalls näher verwandt als mit den Kelten.

Von Bologna nach Florenz.

(Der erste Blick auf das Arnothal. Pistoja. Prato. Die Täuschung des modernen Eindrucks von Florenz. Das Quaderpflaster und sein Ursprung. Die Privathäuser. Das Haus der Buonarotti. Größe von Florenz im Mittelalter. Haus der Alighieri. Das Haus des Macchiavelli. Spuren des Wachsthums von Florenz im Straßenplan. Ueber die Gründung von Florenz. Antiker Floradienst. Die Blumenmädchen. Mondscheinspazirgang in Florenz.)

Die Eisenbahn über den Apennin von Bologna nach Pistoja ist ein Wunderwerk der Eisenbahnbaukunst. Durch nicht weniger als zwanzig Tunnel hat man im Renothale bis zu dem großen Tunnel von fast drei Kilometern Länge hinauf zu fahren, der den Kamm des Apennins durchbricht und durch achtzehn Tunnel und über einen höchst großartigen Viaduct wieder hinab in das Arnothal. Der Blick von diesem Viaduct hinunter auf das breite Arnothal voll üppiger und sorgfältiger Cultur ist bezaubernd, lieblich und großartig zugleich. Man fühlt alsbald, daß man hier in Italien ist, in der ursprünglichen Bedeutung dieses Namens und in noch ganz anderem Sinne als im Pothale, nachdem man die Alpen überschritten hat. Bei den Unterhaltungen, welche die Fahrt ununterbrochen gewährte, merkten wir kaum, mit welcher Kälte wir bei vollem Sonnenschein zu kämpfen hatten. Das stattlich sich darstellende Pistoja mit 13,000 Einwohnern mußten wir diesmal, wie früher schon, bedauernd bei Seite liegen lassen. Es ist der Platz, in dessen Nähe Catilina und seine Schaar wie Männer auf dem Schlachtfelde starben, und seine Geschichte im Mittelalter ist hochbewegt und auch die Kunstthätigkeit des Mittelalters und der klassischen Zeit der Malerei hat sehenswerthe Schöpfungen in Pistoja hinterlassen. Den nächsten bedeutenden Platz im Arnothale, Prato, kannten wir schon aus einem früheren Besuche. Es ist ein neuer Ort mit 30,000 Einwohnern, mit Vieh- und Kornhandel, den ich einst gründlich untersucht hatte, um eine neue, blühende Italienische Stadt von gleicher Größe in ihrem geschäftlichen Leben mit dem verschütteten Pompeji zu vergleichen. Man muß eben auch volkswirthschaftlich die Paraphrasen schwer entzifferbarer culturgeschichtlicher Reste lesen. Wir waren von Bologna aus vier und eine halbe Stunde gefahren und waren Nachmittags noch vor Sonnenuntergang in Florenz, wo wir in unser gewohntes Quartier in der Via Panzano, nahe Santa Maria Novello und dem Bahnhofe, einkehrten und uns alsbald wie zu Hause fühlten.

Zu Hause — dies ist das richtige Wort für Florenz. Zunächst ist man umgeben von einer Architektur und auch einem Mobiliar, welche beide den Stempel tragen, daß sie entweder selber die Urbilder sind oder in ununterbrochener und unbeeinflußter Entwickelung aus den Urbildern herstammen, welche der ganzen modernen Baukunst und auch der modernen Möblirungskunst, die nur eine Unterabtheilung der Baukunst ist, zu Grunde liegen. Es ist vorzüglich Deutschen und Franzosen — aber niemals Italienern — häufig so ergangen, daß, als sie Florenz das erste Mal betraten, sie sich verwunderten, in eine so modern aussehende Stadt zu kommen. Auch mir ging es das erste Mal so. Aber ich ward rasch von meinem Wahn geheilt. Ich ging mit einem Florentiner Bürger spaziren, und um seiner vaterländischen Liebe etwas Verbindliches zu sagen, bemerkte ich zunächst, daß ich noch niemals ein so stolzes Straßenpflaster gesehen hätte und daß ich bedauerte, daß die Stadt Florenz diese gewaltige Anstrengung gemacht hätte, um sich der Rolle der Hauptstadt des neuen Italiens würdig zu zeigen, welche sie nun nicht beibehalten hätte. Das Pflaster auf Fußweg wie auf Fahrdamm besteht nämlich aus rechteckigen, sorgfältig behauenen Steinplatten von der Größe und Form der Granitplatten, welche wir in Berlin z. B. nur auf einem schmalen Theile des Fußweges unter großem Jammergeschrei derjenigen, die es zu bezahlen haben, anzuwenden pflegen.

Der Florentiner Bürger blieb stehen, sah mich groß an und wußte augenscheinlich nicht, was ich meinte. Wenn Sie dies Straßenpflaster meinen, bemerkte er endlich, so muß ich Ihnen sagen, daß es schon aus dem vierzehnten Jahrhundert stammt und daß wir eben nur die Last gehabt haben, es im Stande zu erhalten.

Jetzt war die Reihe an mich gekommen, ihn groß anzusehen. Die Täuschung, daß man Dinge, welche man in Florenz sieht, für viel neueren Ursprungs hält, als sie wirklich sind, hat übrigens fast Jeder durchzumachen, der Florenz zum ersten Mal sieht. Noch weit mehr, als von der Großartigkeit solcher communalen Einrichtungen, wie z. B. derjenigen des Straßenpflasters, gilt dies vom Baustile der Privathäuser. Anfangs hält man sehr viele Häuser für in einer ziemlich neuen Zeit gebaut, die doch schon Jahrhunderte auf dem Rücken haben. Man denkt anfangs nicht daran, daß der ganze moderne Baugeschmack, so wie auch die modernen Communaleinrichtungen uns aus Florenz gekommen sind. Eigentlich ist dies ja auch mit dem politischen Leben selbst der ganzen neueren Zeit der Fall. Als Florenz noch selbstständige Republik war und auch bis tief in die Zeiten der Herrschaft der Medici hinein, machte es eigentlich dem übrigen Europa Alles schon vor, was dieses während der letzten Jahrhunderte nachgemacht hat. Man hat deswegen

Florenz auch wohl schon das Ei der Europäischen Wiedergeburt genannt. Was den Häuserbau anbetrifft, so kommt dazu, daß die Florentiner, welche zugleich die Reinlichkeit lieben und in ihrer Stadt Alles, was alt ist, besonders achten, ihre Häuser stets in gutem, baulichem Zustande zu erhalten bemüht sind, für ihr sauberes Aussehen Sorge tragen und bauliche Veränderungen und Zuthaten für eine wahre Versündigung an ihrem stolzen Erbe halten würden. Die Einrichtung von Florentiner Häusern aus dem sechzehnten und selbst aus dem fünfzehnten Jahrhundert paßt aber auch noch ganz für das heutige Bedürfniß, welches eben sich in den bürgerlichen Häusern von einer Architektur entwickelt hat, welche im Wesentlichen der Florentiner Architektur des sechzehnten Jahrhunderts entstammt. Hiervon kann man sich am besten überzeugen, wenn man das Haus des Michel Angelo Buonarotti in der Via Ghibellina besucht, an welchem man mit gewissenhafter Genauigkeit nichts geändert hat und welches nach dem Tode des jetzigen Besitzers, noch immer eines Buonarotti, in den Besitz der Gemeinde übergeht, die es eigentlich jetzt schon rechtlich besitzt. Dort, wo auch noch Michel Angelo's Mobiliar unverändert seine Wohnung füllt, kann man sich überzeugen, daß man im sechzehnten Jahrhundert, als es in den Giebelhäusern unserer Norddeutschen Städte gar verschieden von heute aussah, in Florenz grade solche Wohnungen hatte, und sie auch in ähnlicher Weise mit Mobiliar ausgestattet hatte, wie wir sie heut zu Tage in Paris, Wien und Berlin haben.

Florenz ist nicht modern, wie wohl oberflächliche Beobachter von dort wenigstens bei einem ersten Besuche melden, sondern man hat dort eben zu entdecken, daß Alles, was modern ist, im Häuserbau, in Stadtanlage und Kunstgeschmack, Florentinisch ist.

Jener Spazirgang mit einem Florentiner Bürger, welcher mir zuerst die Augen über Vieles öffnete, was ich noch nicht wußte und was sich auch gar nichtwissen nicht die eigene Anschauung zu Grunde auch den ersten richtigen Begriff von der nz schon im frühen Mittelalter bei. Seine weit dieselbe von der Mauer umschlossen m am Schlusse des dreizehnten Jahrhunderts. aber neun Kilometer im Umfang, also be- s eine Deutsche Meile. Diese Mauer war weil damals schon mehr als zwei Drittel res außerhalb der älteren Mauer und der s vorstädtischer Anbau lagen. Die Mauer nicht viel umfangreicher gewesen sein, als hig war, wie sich noch aus kleinen Erzäh- enuto Cellini im sechzehnten Jahrhundert in ßten Lebensbeschreibung zu ergeben scheint, ch jetzt noch der Fall, trotzdem, daß sich auch jenseit jener Mauer aus dem Schlusse Jahrhunderts an die Stadt angesetzt haben. erone des Boccacio, dessen Schauplatz ein n Florenz und dem benachbarten Fiesole, tter von Florenz, ist — ein noch heute, wenn ht in der alten Gestalt, vorhandenes Land- ir aber vermuthen, daß der vorstädtische An- hon im vierzehnten Jahrhundert, wahrschein- er als heute, auch über die Mauer aus dem ehnten Jahrhunderts hinausging. Also war fünfhundert Jahren als Republik ungefähr heute ist, wenigstens in der Größe und viel ender in der Bevölkerung, welche in den epubliken des Mittelalters, wenigstens in ilen, gedrängter zu sitzen pflegte, als heute r Zeit des Dante Alighieri z. B. müssen om Range der Alighieri, welche wenigstens utend waren, in engen Gassen, in Häusern von nur zwei Fenstern Breite gewohnt haben. Denn Dante's Geburtshaus steht noch unberührt da in der Via S. Martino. Es ist längst Gemeindeeigenthum, jetzt unbewohnt und ohne Mobiliar. Es ist kenntlich gemacht durch die Inschrift „In questa casa dei Alighieri, nacque il divino poeta." Es ist sehr stolz, daß die Florentiner nicht für nöthig gehalten haben, den Namen des Dichters, den freilich der Familienname genug kennzeichnet, noch besonders hinzuzufügen. Es ist ja aber auch wirklich nicht nöthig. Ein junger Florentiner schilderte mir, mit welcher Andacht er jedesmal, wenn er vorübergehe, an den noch vorhandenen Thürklopfer fasse, den die Hand des jungen Dante so oft berührt haben müsse. In diesem Hause hatte aber seine verwittwete Mutter vermocht, ihm eine sehr gute Erziehung durch Lehrer von Namen geben zu lassen. Das Haus, beträchtlich kleiner als das Goethe-Haus in Frankfurt, an welchem man, wie gesagt, nichts rührt aus Pietät für die Erinnerung, möchte aber doch seinem Verfalle entgegen gehen, wenn man diesen Beschluß schließlich nicht ändert. Es sieht schon jetzt danach aus.

Auch das Haus des Macchiavelli auf der südlichen kleineren Seite der Stadt beweist wie dasjenige des Michel Angelo Buonarotti, daß die moderne Einrichtung der Häuser und Wohnungen in Florenz eben, und zwar ausnahmsweise in der Welt, *alt* ist.

Geht man noch weiter zurück in der Geschichte als bis in die Zeit der Entstehung des gegenwärtigen ummauerten Stadtumfangs, so zeigt der Straßenplan noch heute die Form von Florenz zunächst im frühen Mittelalter, wann es ein Viereck auf der Nordseite des Arno allein bildete, eingefaßt vom Quai des Flusses, von den beiden heutigen Brücken *Ponte alla Carraja* unten und *Ponte alle Grazie* oben und von der *Via dei Banci*, *Via del Fosso*, *Via S. Egidio*, *Via de Pucci*, *Via canto de Nelli*

Via del Giglio und wieder einer Via de Fossi, tausend Meter lang und etwa achthundert Meter breit.

Aber auch hierbei braucht man nicht stehen zu bleiben: in diesem Viereck steckt wieder, quer in demselben liegend, ein anderes, kleineres, welches vom heutigen Flusse etwas entfernt und ihm nicht ganz parallel war, welches die Altrömische Florentia umfaßte. Auch dieses ist noch heute im Straßenplane deutlich erkennbar, enthält den Mercato Vecchio, unzweifelhaft das kleine alte Forum, den Domplatz und den Platz der Signoria und bildet überhaupt den Mittelpunkt der heutigen Stadt. Wir kennen fast nur eine einzige Erwähnung der Altrömischen Florentia und zwar durch Tacitus. Es war eben ein ganz kleiner Provinzialort, der keine Etruskische Vergangenheit aufzuweisen hatte, wahrscheinlich ursprünglich ein Römisches Standlager, welches sich aber frühzeitig, wohl schon in der Zeit der Römischen Republik, in einen offenen Markt unterhalb von Fiesole verwandelte. Es ist eine Andeutung vorhanden, wonach dies nach Beendigung des Bürgerkrieges zwischen Marius und Sulla stattgefunden haben muß. Ein Arnohafen des Etruskischen Fäsolä, des heutigen Fiesole, welches oben in den Bergen liegt, ist es wohl kaum gewesen, denn jene erste Erwähnung von Florentia zur Zeit des Tiberius zeigt die Florentiner als beim Senate dafür petitionirend, daß keine Stromregulirungsarbeiten im Arnothal vorgenommen werden sollten, weil dieselben ihnen die Gefahr von Arnoüberschwemmungen bringen könne. Solche Petitionen, über welche Tacitus die Achsel zuckt, liefen damals aus vielen Theilen Italiens gegenüber den Meliorationsplänen des Tiberius ein, grade umgekehrt von dem, was heute geschieht. Ein Haupterwerb der alten Florentiner, wie auch der neuen, bestand wohl in der Gartenpflege, wie schon der Name der Stadt andeutet, und jene Furcht vor Ueberschwemmungen. Es hat auch darum gewiß nicht an einem Tempel der Flora gefehlt, und dann liegt die Vermuthung nahe, daß dieser Tempel sich in den Florentiner Dom, die Kirche der Madonna del Fiori, ode vielmehr dessen Battisterio, verwandelt hat. Die Flora wa eine ächt Römische, nicht den Griechen entlehnte Göttin, ein mit einem wirthschaftlichen Zwecke verbundene Gottheit, wi es einen Römischen Grenzgott, einen Silbergott u. s. w gab. Sie ward als junges Mädchen gedacht, also al Blumenmädchen, und soll, ähnlich wie die Acca Larentia ursprünglich nach der Römischen Legende ein Freudenmädche gewesen sein. Am ersten Mai ward in Rom das Fest de Floralia gefeiert und die Florentiner Blumenmädchen, welch alle Kaffeehäuser und Weinhäuser von Florenz täglich be suchen und den Stammgästen eine Blume in's Knopfloc stecken, sich das Trinkgeld erst am Monatsersten holen, sin weltbekannt und ihre Nachahmungen haben sich über gan Italien verbreitet. Ja, jetzt selbst bis nach Paris, Wie und Berlin. In Florenz nicht, aber in vielen andere Städten scheinen sie die Erinnerung an den legendarische Ursprung der Römischen Flora aufrecht erhalten zu wolle So ragt das Alterthum mit vielen Ablegern bis in unse Zeit hinein.

Als wir Florenz das erste Mal vor drei Jahren be suchten, war es ein Vollmondabend im Hochsommer. Scho die Kirche Maria Novello, welche Michel Angelo seine Brau — la sua fidanzaia — nannte, so ganz verschieden vo allen Kirchen, welche wir bis dahin gesehen, so — ja, wi soll man das nennen? — so modisch elegant und so knap im flachen Ornament mit ihrer zierlichen Kirchhofsmaue und deren schwarz gewürfelter Marmorbekleidung, hatten wi gefühlt, daß wir die Heimath eines ganz selbstständigen Geiste der Kunst betreten hatten. Als wir dann die Via Panzan abwärts bis auf den Domplatz geschritten waren und de bunte Glockenthurm des Giotto, die fast schreckhaft aus ihre Höhe herabschauende Riesenkuppel des Brunelleschi auf den

Dome und das achteckige, uralte Battisterio mit seinen weltberühmten Broncethüren, Alles im intensivsten Mondglanz, uns umgaben, standen wir wie gebannt von dieser Zauberpracht und flüsterten einander zu, daß wir so etwas noch nie gesehen und einen so gewaltigen Eindruck, trotz aller Schilderungen, Gemälde und Lichtbilder auch nicht erwartet hätten. Aber die Ueberraschung war damit nicht zu Ende. Wir gingen um den Dom herum, dessen gewaltiges Bild, durch grelle Schatten und Lichter impressiver gemacht, sich dabei unablässig reizend verschob und veränderte, jeweilig in die langen und breiten Straßen den Blick hinauswerfend, welche vom Domplatz nach Norden laufen, jetzt Via Cavour, Via Ricasoli und die dritte noch immer Via dei Servi genannt, alle mit Quaderplatten gepflastert, alle mit weißen palastähnlichen Häusern besetzt, deren im Mondlicht unabsehlich scheinende Reihen nur jeweilig ein brauner, düster und drohend aussehender wirklicher Palast aus dem vierzehnten Jahrhundert, jetzt noch mit Zinnen, wenn auch keinem Thurme mehr gekrönt, unterbrach. So erreichten wir endlich die südöstliche Ecke des Domes, von wo sein Gesammtanblick am gewaltigsten und von wo aus zugleich wieder der alleinstehende schlanke und hohe Campanile des Giotto und das Battisterio sichtbar werden. Schweigend waren wir fortgeschritten, bis wir auf diese Weise die Ecke der Straße Calzajoli, der Hauptverkehrsstraße von Florenz, die vom Dome nach dem Platze der Signoria führt, erreicht hatten. Auf diese strahlten die Gewölbe und Kaffeehäuser noch hell heraus und die städtische Abendbeleuchtung und der Strom der Menschen und Wagen, welche letzteren auf der Quaderbahn fast lautlos dahinrollten, gab uns, uns vom Drucke des Anblicks befreiend, den der Dom ausübt, die Worte wieder. Es giebt keine andere Stadt, sagten wir zu einander, welche man, wie so häufig geschieht, mit Florenz vergleichen kann, indem man von einem Elb Florenz spricht u. s. w. Auf dem

Platze der Signoria erwartete uns ein neuer ähnlicher Eindruck, nachdem wir diese kurze Straße durchschritten. Da stand vor uns, hoch emporragend, schräg drüben, mit Zinnen und auch noch mit seinem Thurme gekrönt, der auf dem Dache nicht in der Mitte, sondern keck nach der Seite zu steht, der Palast, in welchem die wechselnde Gesetzgebung der Republik aus unablässigen Parteikämpfen hervorging, und vor ihm, aber Alles mit absichtlicher Unregelmäßigkeit aufgestellt, der riesige David des Michel Angelo, die Gruppe des Hercules und Cacus von Bandinelli und, nahe der Mitte des Platzes, auf der nördlichen Ecke des Palazzo Vecchio, der aus dem Platze eine Ecke ausschneidet, der Neptunsbrunnen und das Reiterbild des Cosmo von Medici. Auch die Statuen in der offenen Loggia dei Lanzi, welche mit dem Palaste einen Winkel bildet, waren im Mondlicht noch erkennbar. Nachdem wir unsere Schritte zu diesem Winkel hinübergelenkt hatten, enthüllte sich derselbe als Zugang zu den beiden parallelen Gebäuden der Uffizii, welche mit ihren Arcaden einen schmalen Platz einschließen, welcher den Platz der Signoria mit dem Arnoquai, dem Lung' Arno, verbindet, steil auf diesen zulaufend. Am Arno aber ward das Mondscheinbild, indem hier zur Kunst, zur Architektur der Brücken und der Paläste und Häuser auf beiden Seiten des Arno noch die Natur mit ihren Bergen und Bäumen trat, und der Horizont sich weitete, erst recht zauberhaft und großartig. Ein Entschluß bleibt von einem solchen ersten kurzen Gange in Florenz in einer hellen Mondnacht im Juli fast unvermeidlich zurück, nämlich daß man diese Bilder nicht zum letzten Mal gesehen haben dürfe.

In Florenz.

(Die Kunstsammlungen. Die Gallerien in den Uffizien. Die Gallerien der Bildhauerwerke und älteren Gemälde. Die Tizianische Venus. Die mediceische Venus. Die Niobegruppe. Die Künstlerporträts. Die Kupferstichsammlung. Die Sammlung von Handzeichnungen. Die Gallerie Pitti. Der Pittipalast. Der Boboligarten. Goethe, den Tasso dichtend. Macchiavelli und Guicciardini. Vor dem Römischen Thor. Die Colli. Englische Colonie. S. Miniato. Michel Angelo als Vaterlandsvertheidiger. A. Dürer. Das Michel Angelo-Denkmal. Demidoff. S. Croce. Die Grabdenkmäler. Capelle Peruzzi. Haus des Michel Angelo. Das Bargello. Palazzo Vecchio. Battisterio. Akademie. Mosaikfabrik. Annunziata. Marko. Fiesole. Lippi und Bartolomeo. Palast Riccardi Giovanni dei Medici. S. Lorenzo. Mediceergräber. Abendmahl in Onofrio. Die Cascinen. Paläste. Abreise.)

Eben in Folge dieses Entschlusses waren wir denn auch schon wieder in Florenz. Das erste Mal waren wir einen vollen Monat geblieben und stets von Morgen bis Abend auf den Beinen gewesen, und hatten diese wundervolle Stadt doch noch nicht auskosten können. In ihrem Schatze an Gemälden steht sie in der ganzen Welt weit oben an und auch in ihren Bildhauerwerken hat sie, so weit es die Antike betrifft, nur Rom und Neapel neben sich, und so weit es die Bildhauerei des sechzehnten und siebzehnten Jahrhunderts betrifft, wiederum keine andere Stadt in der Welt. In der Baukunst aber hat sie den Ruhm, den außerdem nur noch Athen hat, Alles, was in ihr geschaffen worden, aus eigenem Geiste geschaffen zu haben, und darin das

Muster für die ganze Europäische Cultur gewesen zu sein. Auf diesem Gebiete kann höchstens noch Venedig einen verwandten Anspruch erheben, mit welchem es sich aber nur weit hinter Florenz aufstellen darf.

Hat man einen Begriff davon, welche aus Kunstsammlungen quellende Genüsse den Besucher in Florenz erwarten? Schlendern wir zuerst durch die Hauptgallerie in den Gebäuden der Uffícien und im Palaste Pitti, wo die lehrreichste und ohne allen Zweifel werthvollste Gemäldesammlung auf Erden mit einer vortrefflichen Sammlung antiker Skulpturen und auch einer Kupferstich- und Gobelintapetensammlung vereinigt ist, um die bildende Kunst in ihrer ganzen Mannichfaltigkeit vors Auge zu bringen. Wer sich längere Zeit in der Stadt aufzuhalten vermag, wird diesen Spazirgang, der ein recht gehöriger Spazirgang ist, auf der einen Seite des Arno beginnt und auf der anderen endet, keinen Tag versäumen. Geschieht dies im Sommer, so will ich ihm hierfür gleich einen guten Rath mitgeben. Halte er sich zwei Sonnenschirme, einen um hineinzugehen und den anderen um hinauszugehen. An den Thüren müssen die Schirme abgegeben werden, und da jeder Lust haben wird, den Spazirgang auch draußen in der Stadt auf derjenigen Seite des Arno fortzusetzen, wo er herauskommt, hat er ein Interesse, auch dort einen Sonnenschirm vorzufinden, denjenigen, den er am Tage vorher dort ließ. Nun blieb natürlich wieder ein Sonnenschirm auf derjenigen Seite zurück, wo er dies mal eintrat, und kann am nächsten Tage grade wieder so benutzt werden. Ueber den Fluß aber geht er im Schatten der langen Räume, in welchen die Sammlung aufgestellt ist.

Wenden wir uns nun zu dem Winkel, in welchem der schmale Platz zwischen den Arcaden der Uffícien an den Platz der Signoria stößt, und gehen wir zwischen den Ecken des Palazzo Vecchio und der Loggia dei Lanzi zu den Uffizien hindurch. Das Kunstmuseum hat eigentlich hier schon angefangen. Wir haben die modernen Bidhauerwerke auf dem Signorienplatze und die Antiken oder Nachahmungen der Antike in der Loggia dei Lanzi, diesem Skulpturmuseum in freier Luft, schon gesehen. Nun haben wir drei Treppen im linken Flügel der Uffizien empor zu steigen. Oben betreten wir zuerst eine lange und schmale Gallerie mit antikem Bildhauerwerk zur Rechten und Gemälden zur Linken. Die Gemälde sind historisch geordnet und fangen mit dem Anfange der modernen Malerei selbst an, mit Cimabue und Giotto, und diese hauptsächlich kunsthistorische Zusammenstellung, welche nur in den Fortschritt in Composition, Zeichnung und Farbe einzuweihen hat, bringt die ganzen ersten zwei Jahrhunderte in lehrreiche Zusammenstellung. Hauptgemälde kommen aber hier noch nicht zur Verwendung. Aus der Mitte dieses schmalen Ganges führt dann eine Thür links in den achteckigen Saal, welcher den Namen der Tribuna führt. Dieser hat wieder eine ganz andere Aufgabe, als diejenige der kunstgeschichtlichen Belehrung. Hier sind nur Hauptwerke der berühmtesten Meister zusammengestellt; des Rafael, des Michel Angelo, des Tizian, des Mantegna, des Andrea del Sarto, des Perugino, des Francia, des Fra Bartolomeo, des Correggio, des A. Caracci, des Paul Veronese, des Giulio Romano. Von Nichtitalienern sind nur Dürer, Rubens und L. van Leyden in diese Aristokratie der Malerei aufgenommen. Rafael ist nicht weniger als fünf mal vertreten. Besonders Dürer kommt mit einer Anbetung der drei Könige aus dem Wettkampfe sehr stolz heraus; aber den Vogel scheint mir Tizian mit seiner sogenannten Venus abgeschossen zu haben, welche offenbar keine Venus vorstellen soll, sondern wahrscheinlich das Porträt eines sehr schönen Weibes seiner Zeit, wie man sagt, der Herzogin Eleonore von Urbino, deren Porträt im Costüm, ebenfalls von Tizian, man noch einmal in Florenz begegnet. Daß man keine Venus im antiken Sinne vor sich hat, welche Tizian, wenn er gewollt hätte, sehr wohl zu behandeln verstanden hätte, begreift man alsbald, wenn man sich nur umdrehen will.

Denn in der Mitte des Saales steht die Venus von Medici, zwar nicht die beste, aber doch eine der besten antiken Nachbildungen der berühmten Aphrodite von Knidos des Praxiteles, welche im Brande Roms zur Zeit des Nero zu Grunde ging. Praxiteles hatte nichts Anderes darzustellen angestrebt, als die sinnliche Schönheit des Weibes in ihrer höchsten Vollendung und zwar in der verführerischen Stellung eines Weibes, die aus dem Bade steigt, und verschämt mit vor Busen und Schooß gehaltenen Händen in instinktartiger Bewegung selbst die Blicke von sich abzuwehren strebt. Bekanntlich hatte dem Praxiteles dazu die damals berühmteste Hetäre von Athen, die Phryne, als Modell gestanden. Die Phryne war, wie Praxiteles selbst, aus Thespiä in Böotien, und eine Zeit lang seine Geliebte. Er hatte theuer für das Modell zu bezahlen gehabt, nämlich mit der besten Statue, welche er in seiner Werkstatt hatte. Um zu erfahren, welche er selbst denn für die beste halte, hatte Phryne ihn vom Gastmahl mit dem Rufe aufschrecken lassen, daß sein Haus brenne und mit der Frage, welche seiner Statuen vor allen zu retten sei. So bekam sie heraus, daß dies der Satyr sei, welchen sie dann forderte und zu hohem Preise verkaufte. Auch dem Apelles stand diese berühmte Hetäre für ein Aphroditenbild Modell und verstand es, stets solche Bezahlungen dafür zu erzielen, daß sie Geld genug zusammenschlug, um ihrer Vaterstadt Thespiä in Böotien das Anerbieten machen zu können, sie wolle deren von Alexander zerstörten Mauern und Thore wieder aufbauen, wenn sie darauf schreiben lassen dürfe: Alexander, der König, hat sie umgeworfen, und Phryne, die Hetäre, hat sie wieder aufgebaut. Als sie dem Apelles Modell stand, oder als sie ihn vielmehr vielleicht erst dazu brachte, eine Aphrodite Anadyomene zu malen, löste sie ein noch viel grösseres Kunststück, als Männerblicke mit den Händen abzuwehren. Auf dem eleusinischen Feste badete sie sich in seiner Gegenwart und in der des ganzen Volkes in der See mit aufgelösten Haaren, und aus dem Wasser steigend, packte sie ihr langes Haar mit den Händen und rang das Wasser aus demselben, welches nun auf ihre Glieder hinab floß. So malte sie Apelles denn auch, und es war im Alterthum sein berühmtestes Bild: wenn auch nicht ihr wirkliches Bild, weder vom Meißel des Praxiteles, noch vom Pinsel des Apelles, ist uns doch der Ruhm ihrer vollständig künstlerischen Grazie übrig geblieben und wenigstens zahlreiche Nachahmungen der untergegangenen Statue des Praxiteles, von denen die Venus von Medici übrigens keineswegs die treueste ist.

Die Aphrodite von Knidos war keine Göttin mehr wie die Venus von Milo: ein Aphroditenbild, welches noch die *siegreiche* Göttin und Geliebte des Ares darstellte. Sie war nur noch ein Typus weiblicher Schönheit, war die erste plastische Darstellung des schon hier fast ganz nackten Weibes, wobei ein Salbengefäß andeutete, daß sie entweder ins Bad steigen wolle, oder dasselbe eben verlassen habe. Nachbildungen, welche sich genauer an das immer noch Götterstolz athmende Original gehalten haben, als die mediceische Venus, sind bis spät in die Römischen Zeiten hinein, eine von der anderen nachahmend, verfertigt worden. Die genauesten Nachahmungen besitzen wir wahrscheinlich in zwei Venusstatuen, von welchen sich die eine noch in Rom befindet, nämlich die capitolinische, welche ganz ausgezeichnete Bildhauerarbeit zeigt und wahrscheinlich aus Griechenland stammt, und einer Venus, die sich im Dogenpalast zu Venedig befindet und unzweifelhaft in der Römischen Kaiserzeit angefertigt ist. Die mediceische Venus ist *Griechische*

6*

Arbeit, wie die Inschrift zeigt, des Kleomenes, Sohnes des Apollodor, in Athen. Ihre Anfertigung ist wahrscheinlich um das Jahr 160 vor unserer Zeitrechnung anzusetzen, nach Beendigung des dritten Macedonischen Krieges, und sie mag schon durch Mummius nach der Schlacht von Leukopetra im Achäischen Kriege nach Rom gekommen sein. Wenigstens sprechen viele Gründe dafür, daß auch die Musen aus Thespiä, die Thespiaden, welche Mummius nach Rom brachte, von demselben Kleomenes verfertigt wurden. Die mediceische Venus ist eigentlich eine viel freiere, fast selbstständige Behandlung des zuerst von Praxiteles geschaffenen Typus. Sie ist jünger und in viel kleinerem Verhältniß dargestellt: der Rest von Gewand, welcher der knidischen Aphrodite verblieb, und dort eben erst herabfallend dargestellt war, und das Salbengefäß sind hier ganz weggelassen, und nur die abwehrende Stellung der beiden Hände vor der Brust und vor dem Schooße verblieben. Es ist also der Umstand weggelassen, das Bad, welches diese Stellung der Arme erklären soll. Nur ein Delphin scheint andeuten zu sollen, daß sie aus dem Meere empor steigt.

Das Urtheil über die sinnliche Schönheit der mediceischen Venus, welche doch tief unter der stolzen, selbstbewußten, man möchte sagen göttlich-lümmelhaften aber eben nicht sinnlichen Schönheit der Venus von Milo steht, bleibt natürlich Sache des persönlichen Geschmackes; aber es ist leicht, sich davon zu überzeugen, daß der Geschmack der meisten Männer in dieser Beziehung übereinstimmt. Sie ist wirklich ein nacktes sehr schönes Mädchen und weiter nichts, bei dessen Darstellung jeder individuelle Ausdruck vielleicht mit Absicht sorgfältig vermieden ist. Sie ist Typus der weiblichen Schönheit und hat weiter nichts sein sollen. Sie mag dieselbe Statue sein, von welcher eine Römische Ortssage, die aus dem frühen Mittelalter stammt, erzählt, daß sich ein junger Mann in sie verliebt und ihr spielend einen Verlobungsring auf den Finger gesteckt habe. Dieser Verlobungsring sei dann nicht wieder von ihrem Finger abzubringen gewesen, so daß sie den Verlobten festgehalten zu haben schien.

Aus dieser Römischen Localsage, welche die Rompilger im Mittelalter auch nach Deutschland schleppten, mögen dort die Sagen vom Tannhäuser im Venusberge entstanden sein, welche wieder an die zahlreichen Vennberge und zugleich an die etwas derb erotischen Poesien des Minnesängers Tannhäuser sich anlehnten. Unmittelbar an jene Römische Localsage, welche uns Malmesbury in seinen Englischen Königsgeschichten aufbewahrt hat, knüpft das Libretto für Herolds „Zampa, oder die Marmorbraut" an. Mit dem süßesten Zauber aber haben sie die Dichter unserer alten romantischen Schule ausgebeutet, vorzüglich Eichendorf in seiner Novelle „das Marmorbild", welches er im Bade von Lucca spielen läßt.

Das mediceische Venusbild ist in Rom im Porticus der Octavia aufgefunden, und zwar in eilf Stücken. Den Porticus der Octavia hat zwar erst Augustus erbaut, aber an der Stelle eines ganz ähnlichen, welchen Metellus im Jahre 149 vor unserer Zeitrechnung errichtet hatte. Mummius schaffte die Statuen aus dem auf Befehl des Senats zerstörten Korinth, so weit er sie nicht an den König von Pergamus verkaufte, im Jahre 146 vor unserer Zeitrechnung nach Rom, also grade nach Errichtung des ersten Porticus an der Stelle des Porticus der Octavia. Wahrscheinlich war das Bild der mediceischen Venus von Kleomenes auf Korinthische Bestellung gearbeitet, eben derjenigen Griechischen Stadt, wohin solch ein nur noch sinnlich schönes Venusbild am besten paßte. Alles dies stimmt gut zusammen. Die Statue hatte vergoldetes Haar, wovon noch die Spuren zu sehen sind, und bemalte Augen. Ihre Epidermis hat leider unter Polituren gelitten. Auch sind das größte Stück des einen Armes und die untere Hälfte des anderen nicht gefunden worden. Stand sie schon im Porticus des Metellus, so wird sie auch in denjenigen des Augustus, der nach seiner Schwester Octavia benannt wurde, übergegangen sein. Der Porticus verbrannte unter Titus, aber es blieb genug stehen, so daß hundertunddreißig Jahre später Septimius Severus und Caracalla ihn in der alten Form wieder herstellen konnten. Es wird also auch die Statue stehen geblieben sein. Erst im Jahre 1770 kam sie nach Florenz aus der Villa Medici in Rom. Es ist Gewicht darauf zu legen, daß diese Statue, welche in unserer Zeit, vor Allem im vorigen Jahrhundert, so großen Namen gewann, in den antiken Schriftstellern, die uns erhalten sind, keine Erwähnung fand. Sie muß also im Alterthum keineswegs als eine besondere Leistung betrachtet worden sein, wie doch noch die Thespiaden, welche wahrscheinlich derselbe Meißel schuf. Schon hieraus kann man schließen, wie unbedeutend die antiken Kunstschätze sind, die uns erhalten blieben, verglichen mit denjenigen, welche untergegangen sind, oder gar noch, und zwar hauptsächlich in Rom, im Schooße der Erde und des Tiberflusses der Wiederauferstehung harren.

Es ist schon in der Sammlung der Ufficien so viel der Aufmerksamkeit Würdiges an Bildhauerwerk wie an Gemälden zu sehen, daß vielleicht kein Einzelner, der es ernst nimmt, jemals damit fertig wird. Unter den Bildhauerwerken kann ich nur noch des Niobidensaales erwähnen, zu welchem der Eingang aus dem zweiten gegenüber liegenden Gange führt, in welchen man erst hinein gelangt, wenn man den ersten ganz bis zur Front am Lung' Arno durchschnitten hat, und dann rechtsum geschwenkt ist.

Niobe mit ihren Töchtern waren ein Lieblingsthema des Alterthums. In Rom fand sich mehr als eine Darstellung in Lebensgröße dieser tragischen Scene aus dem Homer und den Tragikern, nämlich das Originalwerk, aller Wahrscheinlichkeit nach von Skopas, welcher die zweite, jüngere Athenische Bildhauerschule eröffnete, und mehrere Nachahmungen dieses Originalwerkes.

Das Originalwerk des Skopas befand sich in Rom im Tempel des Apollo Sosianus, eines Götterbildes aus Cedernholz, welches, wie man aus dem Beinamen Sosianus schließen muß, von C. Sosius, Prätor und einem der Unterfeldherren des Marcus Antonius, im Jahre 34, wo er für die Eroberung von Cilicien und Syrien triumphirte, nach Rom gebracht wurde. Es befand sich nach Herrn Professor Starke wahrscheinlich in der Schola des Tempels. Den Tempel dürfte Sosius mehr als Siegesdenkmal wie als Tempel im Marsfelde gestiftet haben. Dies Alles ist natürlich bloße Conjectur aus dem Namen und ebenso, daß er die Niobegruppe des Skopas gleich mitgebracht habe, welche sich später, in Plinius Zeit, in diesem Tempel befand. Es ist aber allerdings nicht wahrscheinlich, daß das Siegesdenkmal eines Feldherrn, der noch in der Schlacht von Actium gegen Octavianus focht und mit Mühe dafür Verzeihung erhielt, später zur Aufbewahrung eines solchen Schatzes bestimmt worden sein sollte. Hätte Sosius die Niobegruppe des Skopas, oder auch des Praxiteles mitgebracht — denn Plinius erzählt, daß in Rom über den erfindenden Bildhauer die Meinungen zwischen beiden getheilt gewesen seien — so wäre anzunehmen, daß er sie in Cilicien gefunden habe. Ob sie in Rom im Giebelfelde des Tempels oder in einer Schola aufgestellt gewesen, welches Herrn Professor Starke sehr beschäftigt hat, ist übrigens vollständig gleichgültig; es handelt sich nur darum bei der ursprünglichen Gruppe, in welcher architektonischen Verbindung sie sich auf Griechischem Boden befand. Dies glaube ich aber als gewiß betrachten zu können, daß die Gruppe in Florenz, auch wenn man aus derselben einzelne Figuren ausscheidet, als nicht zur selben Gruppe gehörig, in keinem Tempel Giebelfelde gestanden habe, wie Welcker annimmt. Sie ist aber eben auch nicht das Originalwerk, sondern eine Nachahmung, welche wohl für eine Römische Domus in der Nähe des Lateran, in der via Labicana, wo sie gefunden wurde, angefertigt worden ist, und kann Abweichungen vom Originalwerk enthalten, welche dadurch möglich wurden, daß die Nachahmung eben von vornherein einen anderen Zweck bekam, als das Giebelfeld eines Apollotempels zu schmücken.

Die Griechische Niobesage in ihrer wahrscheinlichen mythologischen oder historischen Grundlage zu entziffern, ist noch Niemand auch nur annähernd gelungen. Sie weist auf Theben in Böotien, so wie auf den Berg Sipylos bei Magnesia in Kleinasien, in der Nähe von Smyrna, hin. Ihre Erwähnung im vierundzwanzigsten Buche der Ilias trägt alle Spuren eines späteren Einschiebsels in sich, welches unter anderem beweist, daß bei der Redaction der homerischen Gedichte unter Pisistratus eine Smyrnaische Lesart besondere Berücksichtigung fand. Am Berge Sipylos befindet sich in einer künstlichen Felsennische seit unvordenklicher Zeit ein angebliches Niobebild mit traurig niederhängendem Haupte, schon im Alterthume fast unkenntlich und doch heute noch verrathend, daß es eine sitzende, tief trauernde Frauengestalt sei soll. Es geht von ihm unter dem dortigen Volke noch heute die Sage, daß es Thränen weine, wenn der Schnee schmilzt. Ist es etwa der Schnee, der von den Geschossen des Apollo und der Artemis getroffen, von den Strahlen des Himmels getödtet, zusammen sinkt, den die Kinder der Niobe darstellen sollen? Selbst der Name Niobe, aus dem Griechischen sonst nicht erklärbar, scheint an Nix, den Schnee, anzuklingen, und könnte die Schneegesichtige bedeuten sollen. Doch ist mythologische Etymologie ein gefährliches Beginnen: lassen wir unsere Hände lieber davon. Eine besonders gute Nachbildung der Mustergruppe sind die Florentinischen Figuren nicht, sondern ziemlich oberflächlich gearbeitet. Aber auch in dieser Nachahmung erzwingt die ursprüngliche Conception unsere höchste Bewunderung. Die Laokoonsgruppe, welche doch eine ähnliche Scene, aber schon viel theatralischer behandelt, reicht bei Weitem nicht an dieses tiefste und großartigste Bildhauerwerk, von welchem wir überhaupt wissen.

Auf demselben Flügel der Säle in den Uffizien befindet sich der bekannte Saal, in welchem die Porträts aller Maler von Namen zusammengestellt sind.

Der Gang von den Uffizien über den Arno zum Palast Pitti ist selbst ein kunstgeschichtliches Museum, in welchem aus der Italienischen, Französischen, Deutschen und Englischen Kupferstecherei besonders charakteristische und frappante Erzeugnisse des Grabstichels zusammengestellt sind. Aber viel bedeutsamer noch ist die Sammlung von Handzeichnungen, unter welchen auch viele von den großen Malern des funfzehnten und sechzehnten Jahrhunderts. Zuletzt durchschreitet man eine Sammlung von mediceischen Familienbildnissen und eine Sammlung von Gobelins und gelangt dann in die Gemäldesammlung des Palastes.

Als Florenz noch Hauptstadt des Königreichs Italien war und der König Victor Emanuel im Palast Pitti wohnte, bildete dieser lange, am Ufer mehrfache Wendungen machende Gang über den Arno und die Gallerie der Uffizien seinen Weg nach dem Palazzo Vecchio auf dem Signorienplatze, wo früher das Italienische Parlament tagte. Solche Gänge, auf welchen sich der Landesfürst, vor Attentaten sicher, entweder in ein Parlament, oder in eine Kathedrale, oder im Alterthum auch in einen Tempel begeben konnte, sind eine alte Sicherheitsmaßregel, welche in der Italienischen Geschichte oft auftaucht. Den Beginn dürfte Caligula mit einem solchen auf hohen Bogen ruhenden Gange gemacht haben, welcher von den Kaiserpalästen nach dem Jupitertempel auf dem Capitol führte. Die Visconti in Mailand und mehrere andere Italienische Gewaltherrscher des Mittelalters ahmten ihm nach. Und obgleich die Herstellung des Ganges über den Arno, welcher erst in neuerer Zeit hergestellt worden ist, zum ostensiblen Zweck die Verbindung der Gemäldesammlungen in den Uffizien und in dem Palast Pitti hatte, ist es doch auch für rathsam erachtet worden, den Gang zugleich für die Sicherheit des neuen Königs von Italien zu verwerthen, welcher selbst übrigens keineswegs von dem Schlage derjenigen Fürsten ist, die sich vor Attentaten fürchten.

Die Gemäldesammlung in den sechs Hauptsälen des Palastes Pitti, welche von den Deckengemälden nach antiken Göttern benannt sind, ist wiederum eine solche, daß in der Welt nur wenig daneben zu stellen ist. Höchstens die Gemäldesammlung im Louvre und auf Trafalgar Square in London, und nicht einmal diese. Unter der Fülle der Schätze, welche sie birgt, seien nur die zwei Perlen erwähnt, nämlich die „Madonna della Seggiola" des Rafael, der wirklich allein in der Welt den göttlichen Ernst eines Welterlösers schon in einem Kinde darzustellen vermocht hat, und die „Bella" des Tizian, wiederum ein Porträt der Herzogin von Urbino, gleich seiner Venus, in welcher die malerische Darstellung des Menschen aber auch in jeder Beziehung zu ihrer Vollendung durchgedrungen ist. Hat er in seiner angeblichen Venus das Kunststück zu leisten vermocht, die Formen des nackten Körpers, vermöge der denkbar leisesten Schattirungen eines fast weißen Colorits und noch obenein auf weißer Unterlage ruhend, mit dem Eindruck der wärmsten Carnation zur Darstellung zu bringen, so hat er in dem Costümporträt derselben Dame das Fleisch, wie das Costüm mit kräftigen, wie es scheint fast nie verbesserten Pinselstrichen, ganz vollendet zu behandeln gewußt. Aber auch einen Landschaftsmaler ersten Ranges kann man hier erst recht würdigen lernen, nämlich Salvator Rosa, und vorzüglich bei seinen Hafenbildern sich überzeugen, daß auf diesem Gebiete ganz und gar e r der Erfinder war, und daß der Franzose Claude Lorrain und im gegenwärtigen Jahrhundert der Engländer Turner schließlich diesem Neapolitaner verdanken, was sie geworden sind.

Im unteren Geschoß des Palastes Pitti befindet sich jetzt eine Sammlung von Silbergeräth, in welcher auch Benvenuto Cellini vertreten ist. Verläßt man nun den Palast, so hat man hinter demselben den Boboligarten, berühmt wegen seiner Aussichten auf die Stadt von dem rückwärts gelegenen höheren Theile. Es sind nicht leicht Landschaftsbilder in der Welt aufzufinden, gleich schön im Vordergrunde durch den reichen Baumschlag, im mittleren Theile, wo das Landschaftsbild hier die schönste Stadt der Welt mit ihren Kuppeln, Thürmen und Zinnen zeigt, und im Hintergrunde, den die Apenninen bilden. Im Garten sind vier roh behauene Statuen aufgestellt, welche Michel Angelo für das Grabmal des Papstes Julius II. anzufertigen begann, ein Obelisk, der aus Rom von den Medici hierher gebracht ist, ein Neptunsbassin u. s. w. In diesem Garten vorzüglich hat Goethe seinen Tasso gedichtet, und es ist demselben auch anzumerken dergestalt, daß die Phantasie leicht die Gänge des Gartens mit dem Herzog von Este, dem Antonio, den beiden Leonoren und dem Tasso bevölkert, trotz Ferrara's.

Verläßt man den Palast und den Garten auf der vorderen Seite, so wird das Auge zunächst von der gewaltigen, felsengleichen, düsteren Façade des Palastes gefesselt. Die Altflorentinische Sitte, den Steinen, aus welchen die Paläste aufgethürmt sind, nicht m e h r Gewalt anzuthun, sie nicht m e h r zu behauen, als grade nöthig, um doch noch den Gesammteindruck einer ebenen Façade hervorzubringen, ist hier auf die Spitze getrieben: was man vor sich hat, erscheint wie ein roh, aber doch in geraden Linien behauener Fels. Dieser architektonische Kunstgriff erfordert viel Urtheil und feines Gefühl bei der Anwendung. Je größer die

Verhältnisse im Ganzen, desto weniger stören die Rauhheiten der Oberfläche, indem sie in dem Gesammteindruck verschwinden. Stören sie aber auch den architektonischen Gesammteindruck nicht, so wirken sie doch auf das Gefühl als Zeichen wilder Kraft und der unwiderstehlich siegreichen Herrschaft des Menschen auch über den am schwersten wiegenden Stoff. Den Stein haben der Fraß und der Rauch der Jahrhunderte, gleich Naturfelsen, auf allen Ecken und Kanten abgerundet und ihn tief gedunkelt. Beides erhöht nur die Gewaltigkeit und den Ernst des ganzen Eindrucks. Unwillkürlich denkt man an die Riesenkraft der Kyklopen, welchen das Alterthum diejenigen Bauwerke zuschrieb, die sich in unvordenkliche Zeit hinauf verloren und deren düsterer und ernster Eindruck ihm fremd geworden war.

Von dem Platze vor dem Palaste führt die Straße der Guicciardini zur alten Brücke und dem Haupttheile der Stadt zurück. Hier liegen das Haus des Guicciardini und das Haus des Macchiavelli neben einander. Macchiavelli ward dreizehn Jahre vor Guicciardini geboren und starb auch dreizehn Jahre vor ihm. Beide wurden achtundfünfzig Jahre alt. Ueber Macchiavelli's innere Wandlungen sind die Ansichten in verschiedenen Zeiten weit auseinander gegangen. Seinen „Fürsten“ sollte er geschrieben haben im Gegensatz zu seinen früheren aristokratisch-republikanischen Ansichten, weil er die Florentinische Freiheit verloren gab und nun den Weg zeigen wollte, wie die Medici oder ein anderes Italienisches Fürstengeschlecht die Herrschaft über ganz Italien gewinnen und es wenigstens vom Auslande unabhängig machen könnten. Ich glaube, daß es den Mann zu niedrig stellen heißt, wenn man ihm nur nationale Motive unterschiebt, so ehrenwerth dies auch gewesen sein würde. Er hat nicht blos für Italien, er hat, wenigstens im Alter, für die Welt überhaupt geschrieben, wie er denn ja auch wirklich außerhalb seines Vaterlandes noch größere Einwirkung ausgeübt hat, als in seinem Vaterlande. Es lag ihm daran, das mechanische Gesetz der Staatenbildung, welches ihm im vergeblichen Kampfe für die Florentinische Freiheit klar gemacht worden war, bis in seine äußerste Consequenz zu verfolgen. Im „Fürsten" geht er doch offenbar von dem Grundsatz aus, daß der Staat ein Gewaltgebild ist und gar nichts Anderes sein kann, und auch selbst, wenn er anfangs etwas Anderes ist, zuletzt dazu werden muß. Dies war sein Schluß aus den eigenen Erfahrungen in Florenz, so wie aus der Geschichte des alten Rom, dessen republikanische Verfassung er für die beste gehalten hatte, die es jemals gegeben hat, und welches doch unter die Herrschaft der Imperatoren gerieth. Gar nicht all zu lange, ehe er den „Fürsten" schrieb, hatte er noch versucht, den Mord des Julius Cäsar durch Brutus und Cassius zu rechtfertigen — in demselben Florenz, wo zweihundert Jahre vor ihm Dante, der Ghibelline, den Brutus und Cassius mit den Beinen zwischen den Zähnen des Satans für diesen Mord büßen ließ! Als Macchiavelli alle Hoffnungen in dieser Richtung aufgab, versuchte er, was er nun für unabänderlich hielt, doch mit dem Verstande zu bemeistern und als allgemeine Nothwendigkeit zu verstehen, und er hat dadurch zum Fortschritt der politischen Wissenschaft überhaupt eben so viel beigetragen, wie seine Vaterstadt durch die Verfassungskämpfe, die es dem ganzen übrigen Europa vormachte. Der um dreizehn Jahre jüngere große Geschichtsschreiber Italiens, sein Nachbar Guicciardini, hatte schon den Unterricht des Macchiavelli hierüber nicht mehr nöthig. Als nach der Ermordung des Alessandro dei Medici im Jahre 1536 die Florentiner die republikanische Verfassung wieder herstellen wollten, trat Guicciardini, dem Niemand Servilismus vorwerfen wird, allein dagegen auf, und seine Beredsamkeit hatte die Wahl des Cosimo dei Medici zum Großherzog zur Folge. Dieselben Erfahrungen und dieselben Gedanken bestimmten ihn hierzu, welche auch Macchiavelli bekehrt hatten.

Und nun, nach dem Besuche ihrer Häuser, ist es rathsam, noch einmal einen Blick auf den stolzen Palast Pitti zu werfen, welchen ein Florentiner Bürger dieses Namens im Uebermuthe des Reichthums, zu welchem er theilweis durch Geschenke der Signoria und der Medici gelangt war, im Jahre 1440 zu bauen begann, den Erbauer der Domkuppel, Brunelleschi, als Architekten verwendend. Macchiavelli selbst soll uns darüber berichten. In seinen „Florentiner Geschichten" erzählt er:

„Es wurde aber Luca (nämlich Pitti) von der Signoria und von Cosimo von Medici reich beschenkt, und die ganze Stadt folgte um die Wette diesem Beispiele, so daß man den Werth aller Geschenke auf 20,000 Ducaten schätzte. Darauf gelangte er in solches Ansehen, daß nicht Cosimo, sondern Messer Luca die Stadt regierte, und er selbst zu solchem Zutrauen, daß er zwei Bauten, einen zu Florenz, den anderen zu Ruciano, eine Miglie von der Stadt, begann, beide durchaus stolz und königlich; aber der in der Stadt war größer als irgend ein anderer, der bis auf diesen Tag von einem bürgerlichen Manne errichtet wurde."

Pitti aber brachte den Riesenbau doch nicht fertig. Die Stürme der Zeit gingen über ihn hin und er blieb hundert Jahr liegen. Dann aber vollendeten ihn die schon ganz fest im Sattel sitzenden Medici. Der üppige Bürger hatte für sie gebaut. So bauen Narren Häuser, wie Aristophanes sagt, und kluge Leute wohnen darin.

Genau was dem Pitti, ist auch dem Macchiavelli widerfahren. Er war der Narr, der in seinem „Fürsten" den Versailler Palast für die Bourbonen und viele kleine Versailles für die Italienischen und die Deutschen Fürsten des siebzehnten und achtzehnten Jahrhunderts gebaut hat, und das Aergste dabei ist, daß der Klügste unter ihnen, Friedrich der Große, noch obenein einen Anti-Macchiavel geschrieben hat. Diesen Rath seinen Fürsten zu geben, sagt Voltaire boshaft, hatte Macchiavelli vergessen.

Die Verlängerung dieser Straße über den Platz hinaus bis zum südlichen Römischen Thor heißt die Römische Straße und enthält zum Theil recht wohnliche Privathäuser, welche als besonders billig für eine Frühlings- oder Herbstvilleggiatur empfohlen sein mögen, denn für einen Winteraufenthalt ist man schon auf den sonnigen Lung' Arno verwiesen. Wir schlenderten auch jetzt im Spätherbst zum Thore hinaus wie früher so oft und schwenkten linksum nach den sogenannten Colli oder Hügeln, einem der beiden unbeschreiblich lieblichen regelmäßigen Spazirgänge von Florenz. Durch geschmackvolle Gartenanlagen geht es rasch empor, theilweis zwischen recht stattlichen Landhäusern mit wundervollen Aussichten über das Arnothal und die Stadt. Den Weg nicht mehr genau wissend, wendeten wir uns an eine Schaar sehr wohl gekleideter Knaben, welche aus der Schule in der Stadt zu kommen schienen. Sie sprachen das Italienische wie Fremde aus und wir entdeckten auch alsbald, daß sie unter einander Englisch sprachen. Nun fanden wir sie leicht bereitwillig, uns über Alles, was wir wissen wollten, Aufschluß zu geben. Die sämmtlichen Landhäuser auf den Colli sind Englischer Besitz und heißen auch Edith Villa, Rose Cottage oder so ähnlich, wie in den Vorstädten von London, oder in den Villeggiaturplätzen in England. Eine ganze Englische Colonie von Leuten, die nichts mehr zu thun haben und nun in Florenz den Rest des Lebens genießen und ihre Kinder erziehen, hat sich hier angesiedelt. Ich glaube wohl, wenn man es haben kann! Der Weg schwingt sich in leichten Windungen immer durch Parkanlagen mit Aussichten auf die Hügel zur Rechten und jeweilig auf das Arnothal zur Linken stets bergan, zuletzt an einem Tivoli mit Theater vorbei, welche aber im Winter geschlossen sind. Doch kann man auf der Höhe Rast machen und diniren, sogar gut diniren und das mit wundervoller Aussicht in dem Sommerrestaurant von Bonciani. Dann läuft der Weg immer weiter auf der Kante der Hügel hin bis zur Kirche S. Miniato, welche Michel Angelo, wie er Maria Novello seine Braut, so seine Liebste nannte. Diese Liebste hat er aber auch zu vertheidigen gehabt. Bei der Belagerung von 1529 beauftragte ihn der Rath mit ihrer Vertheidigung und er ließ ringsum Bastionen anlegen und das unersetzliche kleine Bauwerk durch Wollsäcke vor den feindlichen Kugeln schützen. Dies geschah wenige Jahre, nachdem Albrecht Dürer einen ähnlichen Auftrag des Rathes seiner Vaterstadt Nürnberg erhalten hatte und dann (1527) seine Schrift erschienen war: „Erstliche Underricht zur Befestigung der Statt, Schloß und Flecken." Damals befestigten Maler die Städte; jetzt malen zuweilen, wenigstens als Liebhaber, auch die Vaterlandsvertheidiger. Wie die Zeiten trotz aller Kriege doch friedlicher werden!

Aber an S. Miniato darf man nicht so schnell vorübergehen. Die Façade und das Innere sind gleich schön. Und dieser reizende Bau, edel Romanisch, ist schon im Anfang des eilften Jahrhunderts durch den zweiten Heinrich, Römischen Kaiser, begonnen worden. Die Façade ist wieder mit Marmor bekleidet, wie bei so vielen Florentinischen Kirchen, und auch diese Bekleidung ist alt. Uebrigens sind offenbar antike Säulen benutzt worden, welche jetzt Romanische Bogen tragen. Von dieser Kirche aus war lange Zeit hindurch der schönste Blick auf Florenz und das Arnothal und wäre es heute noch, wenn man nicht rechts, etwas unterhalb der Kirche, die große halbrunde Plattform geebnet und eröffnet hätte, welche das Denkmal des Michel Angelo im nächsten Jahre bei Gelegenheit seiner Säcularfeier zu tragen bekommen soll, denn von dieser Plattform aus ist jetzt die

Halbrundsicht noch schöner. Das Postament für die Statue fanden wir schon vor, geschmückt mit Copieen der vier Hauptfiguren, die der Meißel des Michel Angelo hinterließ auf den Mediceergräbern in der Kirche S. Lorenzo, und die sich hierzu vortrefflich eignen. Was Begas für das Schillerdenkmal erst hat schaffen müssen, hatte man hier unter Michel Angelo's eigenen Schöpfungen schon zur Verfügung. Mir wollte so erscheinen, als ob das Denkmal für den Platz, auf dem es stehen wird, eine Art von Riesenbalcon, der aus der Hügelkette in's Thal hinaustritt, im Rahmen einer der großartigsten Landschaftsbilder, die es überhaupt giebt, zu klein ausfallen würde; aber dies ist sogar beim Schillerdenkmal in Berlin der Fall wegen der Größe des Platzes, auf dem es steht, und der Höhe der öffentlichen Gebäude, welche denselben schmücken. Aber hieran ist nun einmal nichts zu ändern, wenn man nicht für Denkmäler an solchen Stellen zu dem Auskunftsmittel der Egypter, der Griechen und Römer greifen will und das auch in der Statue des heiligen Borromeus, in der Bavaria und im Hermannsdenkmal Nachahmung fand, nämlich zu Kolossalfiguren. Dies halten wir aber nicht mehr als passend für Denkmäler wirklicher Menschen und am allerwenigsten würde es für das Denkmal eines Bildhauers passend gewesen sein, der uns so sehr als Mensch bekannt ist mit allen seinen individuellen Tugenden und Schwächen. Wie würde sich auch eine Kolossalstatue mit seiner breit geschlagenen Nase ausgenommen haben? Eine zweite Frage wäre, ob man den Platz richtig wählte; man hat denselben nach dem Gebote der Geschichte und nach Michel Angelo's eigenem Geschmacke gewählt und ich glaube mit Recht. Wo er stehen wird, da war sein eingestandener Lieblingsplatz in Florenz, und dort hat er seine Vaterstadt und einen Kunstschatz derselben vertheidigt, der zu seinen liebsten gehörte.

Von hier kann man unmittelbar zum Ufer des Arno hinabsteigen. Man kommt dann in die Stadt durch das Thor S. Nicolo und geht am Arno entlang, wo die Florentiner dem Fürsten Demidoff zur Erinnerung an Alles, was dieser reichste aller Russen für Florenz gethan, einen Erinnerungsstein gesetzt haben. Ueber die Brücke alle Grazie kehrt man zum nördlichen Stadttheile zurück und kann hier gleich die große Begräbnißkirche S. Croce besuchen, das Pantheon oder die Walhalla der zahlreichen großen Dichter und Künstler, welche Florenz in der Geschichte vertreten.

Sie ist dasselbe für Florenz, was die Kirchen Giovanni e Paolo und dei Frari für Venedig sind. In der Mitte des geräumigen Platzes vor der Kirche steht das Standbild des Dante, errichtet 1865, grade kein Meisterstück der Bildhauerei. Aber auch in der Kirche selbst ist ihm ein Denkmal gesetzt, obgleich er ja nicht hier, sondern in Ravenna begraben liegt. Die Ravennaten haben den Florentinern wiederholt die Bitte abgeschlagen, ihnen seine Gebeine auszuliefern. Eine solche Bettelei durch eine Stadt um die Gebeine eines verdienstvollen Stadtkindes, welches sie selber verfolgt und verbannt hatte, fand nicht das erste Mal in der Geschichte statt, als es die Florentiner gereute, den größten Sohn ihrer Stadt vertrieben zu haben und seine Gebeine nicht zu besitzen. Auch die Athener hatten bei der Stadt Magnesia am Meander um die Gebeine des Themistokles zu betteln, welchen sie vertrieben hatten und welchen gar das von ihm besiegte Persien mit der Herrschaft über diese kleinasiatische Jonierstadt beschenkt hatte. Aber die Magnesier mußten die Gebeine des Themistokles zuletzt an die Athener herausgeben, und wie dergleichen nicht das erste Mal bei Dante's Gebeinen stattfand, hat es auch nicht das letzte Mal in der Geschichte stattgefunden. Jetzt eben betteln die Engländer um Byron's Gebeine bei seiner Familie für die Abtei von Westminster. Aber bis jetzt hat die Familie diese

Gebeine stolz verweigert. Einer von Shakespeare's Narren singt:

> Blow blow, thou winterwind
> Thou art not so unkind
> As man's ingratitude.

Nach dem Tode aber haben die Gebeine nichts von der Dankbarkeit, sondern höchstens diejenigen, welche die Dankbarkeit fühlen.

S. Croce ist eine sehr stattliche Grabkirche und übertrifft auch die Venezianischen weit. Ihr Bau ward im Jahre 1294 begonnen, aber erst im Jahre 1863 erhielt sie die gegenwärtige elegante Marmorfaçade. Die Kirche ist ein gewaltiger Bau, nicht weniger als 370 Fuß lang, bei einer Breite von 113 Fuß und des Mittelschiffes allein von 60 Fuß. Um diese Breite ohne all zu großen Aufwand zu ermöglichen, ist statt eines Gewölbes ein gewöhnlicher Dachstuhl angewendet worden. Auch ist aus gleichem Grunde beim Baue auf alle schmückende Zuthat verzichtet worden, in Folge deß die Kirche nur um so größer erscheint. Dafür schmücken sie die großen Grabdenkmäler aus Marmor, und nicht weniger als zwölf Capellen auf der Rückseite des Querhauses. Es ist eigentlich wieder ein Museum für Bildhauerei, wie in neuester Zeit das Campo Santo von Bologna und wie jetzt die Westminsterabtei in London in so hohem Grade geworden ist. Im Ganzen geht immer derselbe große Zug durch die Culturgeschichte, nämlich das Grab zur Stätte für Werke der bildenden Kunst in einem Stoffe zu machen, welcher das menschliche Leben weit überdauert, zu einer Stätte für die Baukunst und die Bildhauerkunst und auch für die Malerei, häufig im engen Anschlusse an die Baukunst. Er geht von den Pyramiden Egyptens bis zur Westminsterabtei, welche sich jetzt ganz in eine moderne Skulptursammlung verwandelt hat. Im Grabe werden auch die Künste von allen Zwecken frei, welche durch die

7*

Bedürfnisse des Augenblicks erzeugt werden. In der Ausschmückung des Grabes wird nur oder soll nur für die Geschichte gearbeitet werden, welche, im Verhältnisse zum Leben des Einzelnen, ewig ist.

Es sind in S. Croce Michel Angelo, der von Rom hierher gebracht wurde, durch seine Familie; Macchiavelli auf Staatskosten; der dramatische Dichter Graf Alfieri auf Kosten seines Weibes, der Gräfin von Albany, geb. Stolberg; der Fürst Corsini, welcher 1859 in London starb und die Nationalbewegung seit 1848 geleitet hatte, auf Staatskosten begraben und ihre Gräber mit großen Marmordenkmälern ausgestattet worden. An diese reiht sich, wie gesagt, das noch leere Grab des Dante, dessen namhafte Kosten schon im Jahre 1829 durch Nationalsubscription gedeckt wurden. Unter den Capellen ist vor Allem die Capelle der Banquierfamilie Peruzzi bemerkenswerth, weil sie mit Fresken Giotto's ausgemalt ist: Darstellungen aus der Geschichte Johannes des Täufers, vielleicht den in der Technik gelungensten, die er gemalt hat und die erst im Jahre 1840 unter der Tünche wieder zum Vorschein kamen und nun durch fünfundzwanzigjährige Arbeit vollständig bloßgelegt sind. Die Altflorentinische Familie der Peruzzi besteht bis heute. Ihr gegenwärtiger Vertreter ist der Sindaco Peruzzi, der zeitige Oberbürgermeister von Florenz, ein namhafter volkswirthschaftlicher Schriftsteller und bedeutender Redner, unter dessen Fahne sich die Italienische Freihandelspartei zu versammeln pflegt. In der unter seiner Aegide erscheinenden „Nuova Antologia" hat sie ihr wissenschaftliches Organ. Giotto hat aber auch das Altarbild der Kirche, eine Krönung der Maria, geliefert, in welchem er eine eben so große Herrschaft über zarten und innigen Gesichtsausdruck, wie sonst über dramatischen Effect zeigt.

Nahe bei S. Croce, an der Ecke der Straße Buonarotti und der Straße Ghibellina, ist Michel Angelo's Haus, von welchem ich schon gesprochen habe. Im siebzehnten Jahrhundert hat es die Familie mit Fresken und Bildern aus der Lebensgeschichte des Michel Angelo schmücken lassen und alle Gegenstände zu sammeln und aufzustellen begonnen, welche zu ihm in irgend einem persönlichen Bezuge stehen, besonders seine Möbeln. Später ist noch eine Sammlung von Römischen Antiken und Altflorentinischen Arbeiten dazu gekommen, zu welcher er selber den Grund gelegt hat. Unter den Modellen und Arbeiten von seiner Hand befindet sich auch ein nicht ganz vollendetes Marmorrelief: „Kampf der Lapithen und Centauren", aus seiner Jugend, aber zeigend, wie gut er den Geist der Griechischen Bildhauerei verstand.

Verfolgt man nun die Straße Ghibellina in der Richtung des Stadtmittelpunktes, so gelangt man an den Bargello, den ältesten Palast der Stadt, welcher im hohen Mittelalter den Sitz der ausführenden Regierung der Republik bildete, jetzt aber zur Errichtung des eigentlichen Localmuseums benutzt worden ist. Sein Director ist der Ritter Cavalcaselle, welcher mit dem Engländer Crowe die berühmte Englische Geschichte der Italienischen Malerei verfaßt hat, von welcher jetzt auch eine Deutsche Ausgabe erschienen ist. Ich mag bei dieser Gelegenheit bemerken, daß dem Ritter Cavalcaselle das ganze Verdienst des Inhaltes dieses epochemachenden Werkes gebührt, an welchem nur die stilistische Arbeit bei der Abfassung von dem Times-Journalisten herrührt.

Im Bargello sind wieder Statuen des Michel Angelo und auch des Giovanni da Bologna, von dem Ersteren ein sterbender Adonis, die Herbigkeit seines späteren Lebensalters verrathend, und ein Jüngling, der einen bärtigen Krieger besiegt; ferner sehr graziöse Broncen des Benvenuto Cellini, die Hauptsache. Aber auch an Fresken Giotto's fehlt es nicht. Hier befindet sich das Porträt des Dante in seinem fünfunddreißigsten Jahre, nach dem Leben gemalt, von welchem die meisten bildhauerischen Darstellungen des Dichters entlehnt sind.

Wenige Schritte vom Bargello kommt man wieder zum Signorienplatze und dem düster-imposanten Palazzo Vecchio zurück. Der Sitzungssaal der Signoria in demselben und später des Italienischen Parlamentes ist unter den späteren Medici wieder ausgemalt worden, nachdem ihn früher leider fast ganz untergegangene Cartons des Michel Angelo geschmückt hatten. An diesem Saale haftet eine Geschichte, wie kaum an einem anderen der Welt, die Geschichte der gedankenreichsten Volksbewegungen im ganzen Mittelalter. Der Saal selbst wurde geschaffen, noch während der Dominikaner Savonarola unbestrittener Volksführer und die in der Welt fast beispiellose Revolution gegen den Luxus, durch welche die Medici damals zum ersten Mal verjagt wurden, im Gange war. Der neue Verfassungsentwurf des Savonarola schloß die Errichtung eines großen Rathes von tausend Mitgliedern ein für die Wahlen zu den öffentlichen Aemtern, und hierzu war ein so großer Saal nöthig. Der geistliche Reformer, der eigentlich nur die Traditionen aus dem Urchristenthum im Römerreiche wieder aufnahm, muß sich schlecht auf den Parlamentarismus verstanden haben, denn von einer Berathung kann bei einem Rathe von tausend Mitgliedern kaum mehr die Rede sein. Es ist eben nur noch eine Wahlversammlung.

Vom Signorienplatze, auf welchem die Loggia dei Lanzi, dies Skulpturmuseum in freier Luft und das Bildhauerwerk auf dem Platze selbst immer von Neuem fesseln, kann man dann den Spazirgang, der in seiner Art ganz einzig ist, zum Dome fortsetzen und dessen im Sommer so kühles Innere betreten. Oder man bleibt vor Ghiberti's Thüren des Battisterio stehen, um diese aus Gypsabgüssen so allgemein bekannten Meisterwerke in dem feinen Broncenguß des Originals zu durchmustern. Die Straße Ricasoli führt weiter vom Dom nach der Kunstakademie und der Kirche und dem Museum von S. Marco. Die Engländerin Miß Evans, jetzt mit Lewes, dem Englischen Biographen Goethe's, verheirathet, welche unter dem Namen George Eliot schreibt, hat in ihrer Novelle „Romula“, welche in Florenz am Schlusse des sechzehnten Jahrhunderts, ungefähr zur Zeit des Savonarola spielt, viele Oertlichkeiten in Florenz, darunter auch den Platz von S. Marco, an welchem die Akademie, das Museum und die Kirche liegen, den Lesern ihrer Novellen so heimatlich zu machen gewußt, daß man nur auf sie verweisen kann, wenn man dasselbe zu thun beabsichtigt. In der Gemäldesammlung der Akademie ist der eigentliche Platz für denjenigen, der eine Vorstellung von der ganzen Bedeutung der Florentinischen Malerschule vor Rafael gewinnen will. Hier ist der Platz, um Ghirlandajo, Lorenzo del Credi, Fra Angelico, Filippo Lippi, Botticelli und vor Allen den nur so selten in den Gemäldesammlungen vertretenen Peruginischen Maler Gentile da Fabriano, in einer Anbetung der Könige, welche einst in Paris war und von welcher dort noch Theile sind, gründlich kennen zu lernen. Aber auch die etwas Späteren, Perugino, Masaccio, Fra Bartolomeo, sind hier ausgiebig vertreten, und so Verocchio, der Lehrer Leonardo da Vinci's, durch ein großartiges Bild der Taufe Jesu, auf welchem aber doch zwei Engel, welche Leonardo als Schüler hineingemalt hat, dergestalt hervorstechen, daß auch das ungeübteste Auge auf den ersten Blick davon getroffen wird, und daß man es begreift, wenn Verocchio, aus der Klaue den Löwen erkennend, nachdem er das Werk des Schülers gesehen, gar nicht mehr malen wollte und Bildhauer wurde.

An die Akademie stößt die königliche Florentiner Mosaikfabrik, oder Fabrik in Pietra Dura, welche mit der Römischen Mosaikfabrik noch allein diese aussterbende Kunst in der Welt aufrecht erhält. Während in Rom bekanntlich kleine

Glaswürfelchen, von welchen man dort mehr als tausend Farbennüancen bereit hält, auf einer Unterlage von Cement und Firniß an einander gesetzt werden, werden in der Florentiner Fabrik nur Halbedelsteine, wie Jaspis und Marmor und selbst Achat verwendet, welche in dünne Platten zerschnitten und dann auf Schiefer befestigt werden. Die einzelnen Stücke erhalten gleich die Form, welche die Zeichnung verlangt. Diese höhere und schwierigere Art der Mosaik, welche auch einen höheren Preis voraussetzt, wird weniger für kleine Schmuckgegenstände als für Tischplatten und dergleichen, ähnlich der Holzmosaik oder Marqueterie, verwendet. Man verfertigt aber in Florenz auch noch solche kleine Mosaiken für Broche, Brustnadeln und Ohrgehänge. Als Erfinder der Florentiner Mosaik gilt der große Architekt Brunelleschi, der die Domkuppel und den Palast Pitti erbaut hat. Er war einer der Florentiner, welche zu allen Arten mechanisch schwieriger Arbeit besonders geschickt waren, und deren giebt es bis heut zu Tage, wie auf der Goldschmiedsbrücke, dem Ponte Vecchio und in den Gewölben von Florenz sich sehr leicht entdecken läßt.

Unter den in der Sammlung der Akademie sonst sehr vollständig vertretenen Florentiner Stadtkindern fehlt unter den Malern einer der bedeutendsten, Andrea del Sarto, vielleicht weil in der Kirche Annunziata an einem Nachbarplatze desto Besseres von ihm zu sehen ist. Hier befinden sich, wenigstens in dem Klostergange vor der Kirche, die beiden berühmten Wandmalereien von ihm, die Madonna del Sacco, eine Darstellung der heiligen Familie auf der Flucht nach Egypten, in welcher Joseph auf einem Sacke sitzt, und eine Geburt der Maria, auf welcher er seine eigene Frau nebst ihren Freundinnen dargestellt hat, und welche uns das treue Bild einer Florentinischen Wochenstube im sechzehnten Jahrhundert giebt, mit Beobachtung auch der kleinsten Umstände. Sage man, was man will, die Maler, welche bei den Darstellungen der heiligen Familie sich treu an die eigene Zeit hielten, haben für die Culturgeschichte viel Lehrreicheres geleistet, als heut zu Tage diejenigen Maler, welche den Ehrgeiz haben, Scenen aus Palästina in der Zeit des Herodes geschichtsgetreu darzustellen, denn gewöhnlich verstehen sie dies doch nicht, und stellen im besten Falle nur Scenen aus Arabien in der Gegenwart dar. Den Malern des Mittelalters und der Renaissancezeit war die heilige Familiengeschichte das, was sie wirklich in der Religionsgeschichte bedeutete, nämlich eine Vergötterung des Familienlebens überhaupt, in welche sich allmählich der dem Polytheismus aufgepfropfte Monotheismus verwandelt hatte, und sie dachten dabei stets nur an das Familienleben ihrer Zeit, vermochten daher Darstellungen, die für den Kirchendienst bestimmt waren, höchst populär und wirksam zu malen. Die unbefleckte Empfängniß der Jungfrau Maria und selbst ihrer angeblichen Mutter Anna, die Heiligung ihres Mannes Joseph und selbst die der Büßerin Magdalena, welche als verliebt in Jesus dargestellt wird, waren darum Vorstellungen, welche durchaus in die Kirche des Mittelalters hinein gehörten, die eben eine Anbetung der menschlichen Familie schlechtweg war. Wenn der heilige Stuhl jetzt diese Glaubensartikel mit Eifer wieder aufzuwärmen versucht, handelt er nur nach tausendjähriger Erfahrung, dürfte jetzt aber trotzdem damit zu spät gekommen sein. Indeß steht es ja jetzt um den reinen Monotheismus kaum besser, als um den verkleideten Polytheismus, welcher im katholischen Cultus der heiligen Familie und der Heiligen überhaupt steckt.

An dem Platze von S. Marco, an welchen auch die Akademie stößt, liegen die Kirche und das gegenwärtige Florentinische Museum, wie es jetzt titulirt worden ist, früher das Dominicanerkloster von S. Marco. In diesem Kloster waren Fra Angelico da Fiesole, Fra Bartolomeo und Fra Savonarola Mönche, und hier übten die Dominicaner auf den alten Cosimo dei Medici den humanisirenden Einfluß aus, welcher aus den Mediceern ein vor allen anderen so verschiedenes, Kunst und Wissenschaft liebendes Fürstengeschlecht gemacht hat. Lorenzo dei Medici aber wohnte eine Zeit lang selbst in einer Zelle in diesem Kloster. Das Kloster ist mit allen seinen Zellen treu erhalten, aber jetzt in ein Museum verwandelt, welches hauptsächlich die Aufgabe hat, jenen ganz eigenthümlichen Maler, der innerhalb seiner Mauern malte, Fra Angelico da Fiesole, durch eine möglichst reichhaltige Zusammenstellung seiner Werke zu der ihm gebührenden Anerkennung zu bringen. Und er ist wirklich der christliche Maler κατ᾽ ἐξοχήν. Er hat die Poesie des katholischen Christenthums gefühlt und durch Farbe wiederzugeben gewußt wie kein Anderer. Seine Ordensbrüder Fra Filippo Lippi und Fra Bartolomeo sind neben ihm nur, was etwa Tieck und Schiller neben Goethe waren. Lippi ist dabei der Tieck und Bartolomeo der Schiller. In Lippi's Bildern, von welchen wir ein kostbares Exemplar im Berliner Museum haben, spielen dunkles Waldesgrün und blaue Blumen eine Hauptrolle, und seine himmlischen Gesichte gucken aus phantastischem Baumschlag heraus. In Bartolomeo's großen Altarbildern hat man stets eine ernst lebendige, aber posirte Scene aus dem großen Drama des Christenglaubens vor sich. Aber Fra Angelico versteht es, das Auge bald für unendlich süßen Reiz im ganz Kleinen, bald für goldenschimmernde, ahnungsvolle Fernen und das lobpreisende Heer der himmlischen Heerschaaren zu eröffnen. Sein Kunstsinn und sein Glaube müssen ein und dasselbe Gefühl gewesen sein. Sein Glaube strahlt aus seinen Bildern heraus, wie einst ein ähnlicher Glaube aus seines Ordensbruders Savonarola unwiderstehlichen Kanzelreden. Das Museum ist sehr reich an Bildern ersten Ranges des Fra Angelico, darunter hauptsächlich Fresken, welche er für das Kloster selbst gemalt hat. An der Spitze steht ein Fresco, Christus am Kreuz, auf der Rückwand des Capitelsaales, in welchem symbolisch die ganze Welt, vertreten durch die Marien, durch die Apostel und durch die Gründer der großen Mönchsorden, sich anbetend um den Gekreuzigten sammelt; ferner ein Fresco von ganz besonders innigem Ausdrucke, Dominico allein vor dem Gekreuzigten betend.

Die Zellen des Fra Angelico, des Fra Bartolomeo, des Fra Savonarola und des Lorenzo dei Medici sind noch alle in unverändertem Zustande vorhanden. Von der des Fra Filippo Lippi haben wir nichts zu sehen bekommen, wahrscheinlich weil er mit einem hübschen Mädchen aus vornehmer Florentiner Familie, einer Nonne, in Prato, wo er sie bei Ausmalung der dortigen Domkirche kennen lernte, schmachvoll davonlief.

Als wir das erste Mal in Florenz waren, verließen wir dies Museo Fiorentino di S. Marco beständig wie trunken von der ansteckenden Stimmung, die seine Fresken aushauchen. Man kann dann in der Richtung des Stadtmittelpunktes durch eine eben so schöne Straße zurückgehen als hinführte, durch die Straße Cavour: sie führt zuerst zum Palazzo Riccardi, welchen Cosimo dei Medici in der ersten Hälfte des funfzehnten Jahrhunderts erbauen ließ, einen wahren Musterbau des Altflorentinischen, vornehmen, bürgerlichen Baustiles. Die Medici bewohnten ihn, bis sie den Palast Pitti bezogen, und in seinen Sälen fand das künstlerische und wissenschaftliche Leben von Florenz im funfzehnten und sechzehnten Jahrhundert, welches die Medici nicht aus Politik, sondern vom Zuge der Zeit und vom Geiste des Ortes selbst angesteckt, mächtig förderten, seinen Mittelpunkt. Um diesen Palast rechts herum schwenkend, gelangt man auf den kleinen Platz S. Lorenzo, den Trödelmarkt von Florenz, aus welchem die Medici, die dort das

Geschäft einer Pfandleihe betrieben, ursprünglich hervorgingen. Auf diesen Platz hat man denn auch im Jahre 1850 das Reiterstandbild des Giovanni Medici, Capitano delle Bande Nere, gebracht, welches früher im Palazzo Vecchio stand. Es war derjenige Mediceer, welcher durch den Betrieb ausgedehnter Handelsverbindungen die Grundlage zum Vermögen der Familie legte. In Folge der verständigen Ansichten in der Steuerfrage, welche er in der Signorie vertrat, ward er zum Führer der demokratischen Partei im Volke. Er plaidirte nämlich für die Vermögenssteuer statt der Einkommensteuer und Klassensteuer, ganz im Sinne der heutigen Vermögenssteuer in den Staaten der Amerikanischen Union. Unter seiner Führung bildeten sich zuerst die geschlossenen Banden — bande nere — welche den herrschenden Geschlechtern die Gewalt des Volkes fühlbar machten. Sein Gesicht ist ein sehr merkwürdiges Gesicht, wenn auf die Züge der Statue, wie in Florenz doch wahrscheinlich, Verlaß ist. Es ist dem Bildhauer, den ich nicht kenne, gelungen, den Zügen einen ganz bestimmten und zwar sehr feinen Ausdruck zu geben, den ich nicht anders schildern kann, als daß dieser Mann an keine edlen Regungen im Menschenherzen glaubte, und doch selber das Gute wollte. Es fliegt ein Hauch von Verschämtheit über sein Gesicht, welches zugleich frivolen Zweifel ausdrückt. Man glaubt wirklich einen Pfandleiher vor sich zu sehen, mit den Erfahrungen eines solchen, aus welchem nichts desto weniger ein Menschenfreund geworden ist, und der sich des Beifalls schämt, den er dafür erntet. Von diesem Plätzchen gingen die Mediceer aus: an dieses Plätzchen stößt auch, wenigstens mit einer Ecke der Palast, in welchem sie zuerst als Herrscher thronten, und eben so die Kirche S. Lorenzo, ihre alte Pfarrkirche, in welcher sie auch begraben liegen. Sie stammt noch aus dem Alterthum, aus der Zeit der Kaiser

Arcadius und Honorius. Im Anfang des funfzehnten Jahrhunderts war sie so baufällig geworden, daß ein Neubau nicht mehr aufzuschieben war. Der Kirchspielsinsasse Giovanni dei Medici, von welchem ich so eben sprach, nahm sich desselben an, und zuerst leitete Brunelleschi den Bau. Cosimo bekümmerte sich weiter um das, was sein Vater begonnen, und holte zuletzt den Rath des jungen Michel Angelo ein. Beim Bau dieser Kirche geschah, wahrscheinlich auf Michel Angelo's Rath, der wichtige Schritt, welcher in der Geschichte der Baukunst als Hauptschritt bei der allmählichen Entstehung des Renaissancestils gilt; auf die Säulen ward wieder das Gebälkstück gethürmt, und erst von seinem Simse steigen die Bogen empor.

Doch kann ich nicht sagen, daß mir der Eindruck des Innern, verglichen mit den älteren Florentinischen Kirchen, durch diesen Rückgriff auf eine feste Regel des Alterthums, welche in dessen Gebäuden einen ganz anderen Sinn hatte, grade gewonnen zu haben scheint. Es ist dadurch Einfachheit ohne Grund geopfert worden.

Die an die Kirche angebaute berühmte Capelle mit den Mediceergräbern hat ihren besonderen Eingang von außen. Bei diesen Gräbern darf man sich von den Aufsehern keinen Augenblick von der Betrachtung der Schöpfungen des Michel Angelo abwendig machen lassen; was andere Bildhauer später hier geleistet haben, ist zwar zum Theil sehr großartig und prachtvoll, aber künstlerisch wenig werth. Hat man die alte Sacristei durchschritten, welche noch durch Brunelleschi und Donatello geschaffen wurde, und es allenfalls verlohnt einen Blick auf sie zu verwenden, so gelangt man in die neue Sacristei oder Capella dei Depositi, welche ganz und gar Michel Angelo's bauliche wie bildhauerische Schöpfung ist, und das bedeutendste, welches in dieser Art seit der klassischen Zeit von Athen gelang. Besonders die Gestalt der lieblich schlafenden Nacht, im ursprünglichen Marmor noch so sehr viel lieblicher als in Gypsabgüssen, zieht immer wieder zu sich hin, und man begreift es, daß ein Dichter jener Zeit ihr in schmeichelnden Versen zurief: „So erwache doch und rede!“ und daß Michel Angelo darauf, ebenfalls in Versen, antwortete: „Nein, schlafe weiter: sei froh, daß Du von all der Gemeinheit um Dich her nichts siehst und hörst.“

Von der Kirche S. Lorenzo führt die Straße Faenza nach dem Egyptischen und Etruskischen Museum, welches im ehemaligen Nonnenkloster S. Onofrio geöffnet ist für Eintrittsgeld. Im Refectorium dieses Klosters fand man vor dreißig Jahren unter dem Wandschmutz das große Fresco eines Abendmahles von hoher Schönheit. Man hatte früher nie von demselben gewußt und konnte auch über den Maler keinerlei Kunde erhalten. Als Peter von Cornelius es zu Gesicht bekam, behauptete er augenblicklich, daß es nach der ganzen Behandlungsweise und der Höhe des Kunstgeschmacks durchaus nur von Rafael herrühren könne. Man ward durch solches Urtheil stutzig und hat nun seit dreißig Jahren keine Mühe gespart, den wirklichen Maler dieses jedenfalls aus der Umbrischen Schule hervorgegangenen Abendmahlsbildes zu entdecken. Jetzt schwanken die Ansichten zwischen Perugino und Gerino von Pistoja. Das merkwürdigste ist, daß ein in Gotha befindlicher Stich aus dem Ende des funfzehnten Jahrhunderts, welcher das Abendmahl von S. Onofrio darstellen soll, ein ganz anderes Abendmahl darstellt, und hieraus ist wohl der Schluß erlaubt, daß dem gegenwärtigen Fresco auf dieser Stelle ein älteres vorherging. Indem man sich bemühte, der Sache auf den Grund zu kommen, hat man auch zu dem Auskunftsmittel gegriffen, sämmtliche Darstellungen des Abendmahls, die wir aus dem Mittelalter erhalten haben, in kleinen Copien zusammenzustellen, und diese Sammlung befindet sich ebenfalls in dem Egyptisch-Etruskischen Museum in S. Onofrio. Aber ist solch eine Sammlung lehrreich! So wie in der Geschichte der Gedanke fortschreitet vom Einzelnen zum Allgemeinen und zugleich auch vom Nebelhaften zum Bestimmten, so schreiten auch die Geschichtsphantasien in den Köpfen des Volkes und dem zufolge in den Köpfen der Künstler fort. Was für ein Abendmahl einst in Jerusalem stattgefunden, wenn dort überhaupt ein solches erstes Passahmahl stattgefunden, das nicht mehr jüdisch war, ist ziemlich gleichgültig. Aber die Abendmahlsbilder, welche sich meist in den Refectorien von Klöstern befinden, zeigen uns, was die Abendmahlsfeier im katholischen Christenthum, von Constantin bis Luther, bedeutet hat, und wie man sich das heilige Abendmahl der christlichen Legende vorstellte. Und sie zeigen uns, welchen Fortschritt die Malerei, vorzüglich in der dramatischen Darstellung, machte. Es kann aber wohl keinem Zweifel unterliegen, daß die Abendmahlsdarstellung, zu welcher der erste Ansatz schon in den Mosaiken enthalten ist, die Christus mit den Aposteln schon am Schlusse des vierten Jahrhunderts, z. B. in der Kirche des S. Pudenziana in Rom, darstellen, erst in Leonardo da Vinci's Abendmahl im Refectorium zu Maria delle Grazie in Mailand ihren Gipfelpunkt erreichte. Es ist sehr belehrend aus solcher Zusammenstellung zu sehen, wie diese unübertreffliche Schöpfung ganz allmählich aus dem Fortschritt der Phantasie und der Künstler erwachsen ist.

Ich wollte mich zwar beim Erzählen wenigstens von der Malerei möglich fern halten, aber grade in Florenz ist die Verführung gar zu groß. Nehmen wir an, es sei wie gewöhnlich bei solchen Rundreisen durch die Kunstschätze von Florenz, von welchen hier nur eine sehr unvollkommene Skizze gegeben ist, spät Nachmittag geworden. Dann ist es auch Zeit, einen Wagen zu nehmen und auf den Corso in die Cascinen zu fahren. Die Cascinen sind eine ehemalige großherzogliche Meierei mit großem öffentlichen Garten auf dem Nordufer des Arno, welcher vor dem westlichen Thore von Florenz beginnt. Wir lassen den Wagen auf einem Umwege über den großen Platz von Maria Novella fahren und dann durch die Straße Torna Buoni, in welcher die elegantesten Gewölbe von Florenz liegen, nach dem Lung' Arno. In der Straße Torna Biano fahren wir zuerst der Florentinischen Modekirche S. Gaetano vorbei und dann dem Palast Strozzi, welcher wohl am meisten von allen Florentiner Privatpalästen das aristokratische Gepräge trägt, bis auf die prachtvollen, ungeheuren, bronzenen Thürklopfer und die eisernen Spitzhüte längs des ganzen gewaltigen Baues, in welchen die Dienerschaft im Mittelalter die Fackeln auslöschte. Mit dem Palast Riccardi und dem Palast Rucellai ist dieser Palast, dessen elegantes Hauptgesims in unserer modernen Architektur wieder und wieder nachgeahmt wird, vielleicht der schönste in Florenz. Wir sind nun in das eigentliche Fremdenviertel gelangt. Wir erreichen den Lung' Arno bei der Brücke S. Trinita und dem Hause des Alfieri. Auf dem Lung' Arno fahren wir zuerst dem Palast Corsini vorbei, der patriotischen Familie gehörig, welche auf ein stolzes öffentliches Denkmal in S. Croce hinweisen kann. Bei der Brücke alla Carraja kommen wir aus dem alten Florenz heraus und in das neue hinein. An diesem Punkte drängen sich die Gasthöfe ersten Ranges, vorzüglich für Engländer, Amerikaner und Russen, und sehen dabei kaum wie Gasthöfe, sondern selbst wie Paläste aus. Je weiter wir westlich auf dem Lung' Arno vordringen, desto prächtiger und vornehmer wird das Aussehen der Häuser am Lung' Arno und in den Querstraßen. Hier ist aber großentheils wirklich Neubau. Besonders ins Auge sticht ein Palast, welchen sich die Schauspielerin

Ristori, jetzt mit dem Marchese Capranica in Rom verheirathet, hat bauen lassen. Es liegen hier mehrere der Theater und Politeamen, d. h. oben offenen Theater, von denen beiden Florenz nicht weniger als zwölf zählt. Bei der Einfahrt in den Park der Cascinen haben wir den zoologischen Garten und einige Sommer-Kaffeehäuser zur Rechten und fahren nun immer weiter längs des Arno hin. Es wimmelt von Wagen, denn der reiche Toscanische Adel ist vom Seebade in Livorno zurückgekehrt und kann den Corso, diese tägliche Unterhaltung der höheren Stände, auf welchen man sich nur in Italien versteht, auch nicht einen Tag entbehren. Der Park der Cascinen ist ein langer schmaler Park, und daß er so schmal ist, erhöht nur seinen Reiz. Denn während man die Lichtfülle auf dem Arno zur Linken hat, erblickt man zwischen den Bäumen hindurch den dunkelblauen Zug des Toscanischen Apennin. In der Mitte des Parks vor den stattlichen Gebäuden der Meierei, in welcher sich jetzt eine Kaffeewirthschaft befindet, ist ein freier Platz mit einer Musiktribüne, und hier halten die Wagen im dichten Gedränge und man stattet sich bei der Musik Besuche ab von einem Wagen zum andern. Man läßt ein Weilchen halten und fährt dann weiter. Am Ausgange des Parks kann man ein wunderbares Grabmal, schon im Freien, besuchen, welches einem reichen, jungen, Indischen Fürsten mit dem stolzen Titel eines Maharadschah — Großkönig — der in Florenz starb und es lieben gelernt hatte, wie Alle, die es kennen, seine Familie hier neuerdings errichtet hat. Es trägt eine Italienische, eine Englische und eine Hindostanische Inschrift. Nun kann man rechts abschwenken über die Felder der Kunststraße zu, welche von Florenz nach Prato führt. An dieser Kunststraße sind Schloß und Park des Russischen Fürsten Demidoff, den ich schon als Wohlthäter der Commune Florenz zu erwähnen hatte, des Besuches werth. Man sieht, Inder wie Russe haben es verstanden, den Aufenthalt in der Arnostadt, der den ganzen Menschen höher hebt, zu würdigen. Die Vorstadt und das Thor von Prato liegen ziemlich nahe bei der Barrière, welche in die Cascinen führt. Durch denselben Stadttheil geht es wieder dem Stadtmittelpunkte zu; wir wenden uns aber jetzt bei der Brücke der Carraja vom Arno links ab durch die Straße Vigna Nuova, um dem Palast Ruccellajo vorbeizufahren, welcher vom Erbauer der Façade von Maria Novello, Alberti, erbaut, einen Fortschritt zu reicherer Gliederung vermittelst Säulen in der Façade über die Paläste Riccardi, Pitti und Strozzi zeigt. Ich kann übrigens nicht sagen, daß dieser Fortschritt auf eine wirkliche Verschönerung hinausläuft und gebe ohne alles Bedenken dem Palast Strozzi, auch vor Riccardi und Pitti, den Preis. Aber weder die Kunstsammlungen, noch die Kirchen, noch die Paläste von Florenz möge man wähnen so leichten Kaufs erschöpfen zu können, als nothgedrungen in diesen Blättern auf einer bloßen Durchreise geschehen ist. Florenz ist eifersüchtig und verlangt, daß man seiner Schönheit lange huldigt und allein huldigt, ehe es vollständig so glücklich macht, als es zu machen vermag.

Auf der Centralstation bei Maria Novello betritt man die Stadt von Norden kommend, und man hat sie auch dort zu verlassen, um weiter nach Rom zu reisen. Thut man dies, wie wir gethan haben, mit dem Schnellzuge um achteinhalb Uhr Morgens, so hat man immer noch Zeit, noch einmal in Maria Novello hineinzugehen und sich in der so einfachen und doch eleganten, so strengen und doch so anmuthigen, so luftigen und doch nicht leeren Architektur dieser Perle unter den Florentiner Kirchen zu berauschen. Man hat auch noch Zeit, einen Blick auf die große, dunkle Madonna des Cimabue aus dem dreizehnten Jahrhundert in dieser Kirche zu werfen;

als sie gemalt worden war, der Stolz der Florentiner, welche sie in Procession durch ihre Straßen trugen, und doch nur das würdige Ende einer alten, noch an das Mosaik sich anlehnenden Kunst, welche einer neuen weichen sollte, als Giotto auf der Bühne der Kunstgeschichte erschien.

Verläßt man dann Florenz, so wird ihm Jeder, der ein fühlendes Herz für die Cultur hat, ein nicht bloß freundliches, sondern herzliches Lebewohl sagen, als der Stadt, in welcher sich die höchste Schönheit in der Welt und die einflußreichste Leistung mit der größten Bescheidenheit paart.

Von Florenz nach Rom.

(Im Arnothal. Die Abstammung der Etrusker. Arezzo. Die Polyhymnia in Cortona. Die Schlacht am Trasimenischen See. Perugia. Die Umbrische Malerschule. Assisi. Wie Goethe geprellt worden. Foligno. Das mitreisende Mittagbrod. Die Madonna von Foligno. Spoleto. Longobardische Wasserleitung. Terni. Narni. Die Brücke des Augustus. Der Tiberfluß. Der Soracte. Die Campagnalandschaft. Die Aurelianische Mauer. Die Diocletiansthermen. Auf dem Platze Capranica.)

Unter den drei Eisenbahnverbindungen, welche von Florenz nach Rom führen, über Livorno, über Siena und über Perugia, ist diejenige über Perugia, welche sich eine Zeit lang bis Foligno nahe am Apennin hält, landschaftlich weit aus die schönste. Im Coupé zweiter Klasse fanden wir Gesellschaft, welche uns grade paßte: Italienische Kaufleute, welche nach Neapel und Schweizer Damen, welche nach Catania in Sicilien wollten. Die Italiener sprachen auch etwas Deutsch, und die Schweizer Damen auch Italienisch. Es war ein sonniger, aber bitter kalter Morgen; nichts desto weniger hatte Niemand etwas dagegen einzuwenden, daß die Fenster des Wagens auf dem ganzen Wege offen blieben. Weder die Italiener, noch die Schweizer, noch auch die Engländer und Franzosen, sind so frostig wie man bei uns in Norddeutschland ist; sie alle ziehen es vor, frische Luft zu schöpfen, wo dies nur möglich ist. Die Bahn schwingt sich zuerst um die Nordseite der Stadt ganz herum, und berührt noch einen zweiten Florentiner Bahnhof, am Thore

S. Croce, im Osten der Stadt. Dann fährt man eine ganze Strecke nördlich des Arno durch gartenähnlich angebautes Land und behält den Toscanischen Apennin, ostwärts fahrend, zur Linken. Lange noch sieht man Fiesole, die alte Etruskische Mutterstadt von Florenz, hoch in den Bergen oberhalb Florenz. Das Arnothal, in welchem die Bahn fortläuft, macht endlich eine Biegung nach Süden und wird schmäler. In Pontasieve überschreitet man das Flüßchen Sieve, welches vom Hauptstock der Apenninen herunter in den Arno fließt. Hoch oben im Apennin liegt hier das Kloster Vallombrosa, in schön bewaldeter Landschaft, ein Hauptsommerausflug von Florenz aus. Das Arnothal wird nun eng und enger und die Landschaft schön und schöner. Der Arno durchbricht hier einen Quergebirgszug aus Kalk und die Eisenbahn thut es durch einen Tunnel. Wo sie das Arnothal wieder erreicht, kommt man in eine geognostisch sehr interessante Gegend, in welcher unablässig die Knochen vorsündfluthlicher Thiere, und auch noch vorhandener Thiere, aufgefunden werden, welche, wie die Tiger und Elephanten, viel südlicheren Breitegraden angehören. Das Geheimniß der klimatischen Veränderungen Europa's von tropischer Hitze zu fast polarer Kälte und dann wieder zu dem heutigen mittleren Wärmezustande ist bekanntlich noch immer nicht genügend gelöst, so viel man auch geforscht und darüber hinaus conjicirt hat.

Aber was bisher ein ethnologisches Geheimniß war, die Abstammung und Herkunft der Etrusker, ist dem großen (im gegenwärtigen Jahre leider verstorbenen) Kenner des Italischen Sprachstammes, Herrn W. Corßen, durch unendliche Mühen, welche er sich mit den Etruskischen Sprachdenkmälern an Ort und Stelle, während mehrerer Jahre, und mit der Etruskischen Sprache schon seit dem Knabenalter gegeben hat, endlich mit Bestimmtheit zu enthüllen gelungen. Die große bei unseren Sprachforschern nicht gewöhnliche

Objectivität und Bescheidenheit, welche diesen Forscher kennzeichnet, läßt ihn zwar gestehen, daß, was er entdeckt hat, von vorn herein von ihm vermuthet und gesucht worden ist; aber grade diese Aufrichtigkeit trägt dazu bei, den Verdacht zu beseitigen, daß er sich bei der Forschung von seiner vorgefaßten Vermuthung beherrschen ließ. Er hat also nicht blos entdeckt, sondern in seinem großen Werke über die Sprache der Etrusker auch mit allen üblichen Mitteln der Sprachwissenschaft bewiesen, daß die Sprache der Etrusker eine Sprache des Italischen Sprachstammes war, mit den Sprachen der Umbrer, Volsker, Latiner, Osker und Sabeller verwandt, und sich zu ihnen nur verhaltend wie die Sprache eines Stammestheiles, der längere Zeit von den übrigen getrennt lebte. Zugleich hat er durch Vergleichung der Funde im Etschthale, in Toscana und in Campanien bewiesen, daß die Etrusker, die sich selbst Rasena nannten, wie uns Livius erzählt, von Tirol, von Rhätien aus, in Italien eingedrungen sind, daß die mundartliche Verschiedenheit, welche die Funde im Etschthale von den Funden in Toscana aufweisen, nichts weiter als die Verschiedenheit derselben Sprache in verschiedenen Altersstufen ist, daß man also bei Botzen Altetruskisch gesprochen hat. Der Einbruch der Gallier in Norditalien am Ende des sechsten Jahrhunderts vor unserer Zeitrechnung hat dann die Etrusker, welche damals von den Alpen bis zum Apennin und südwestlich vom Apennin in dem von ihnen eroberten Lande der Umbrer wohnten, in zwei Theile aus einander geworfen und die alten Rasener bewahrten in den Alpenthälern diesen Namen als Rhätier, während sie südwestlich vom Apennin, von den Umbrern und Latinern Etrusker, d. h. wahrscheinlich Andersredende, genannt wurden. Von den Letzteren aber waren wieder die Etrusker in Campanien eine Colonie. Daß die Stammesverwandtschaft der Etrusker mit den übrigen Italischen Völkern nun nachgewiesen, hat auch deswegen prähistorische oder protohistorische, wie jetzt die nicht ganz glücklichen Modeausdrücke sind, also vorgeschichtliche oder frühgeschichtliche Bedeutung, weil es darauf hinweist, daß auch die übrigen Italer aus den Alpen, sei es nun über den Brenner oder über die Savoyer und Schweizer Pässe, oder über den Karst hinab nach Italien gekommen sein müssen.

Das hoch gelegene Arezzo, im Alterthum Arretium, eine der zwölf Bundesstädte der Etrusker, bekommt man schon früh zu Gesicht, und steigt dann durch mehrfache Tunnel zu der Hochebene empor, auf der es liegt. Es ist in jeder Beziehung lohnend, die Städte mit geschichtlichem Namen grade längs dieser Bahnen zu besuchen, aber sie sind sämmtlich im Winter recht kalt und vor dem Winter nach Süden fliehend, hatten wir diesmal dazu keine Zeit.

Fast noch mehr als Arezzo lockte jetzt die nächste Altetruskische Stadt, welche ebenfalls zum Zwölfbunde gehörte, Cortona, ganz auf einer Bergspitze gelegen, zum Besuch an, aber mehr noch als wegen ihres Museums Etruskischer Alterthümer und der Bilder in ihren Kirchen, darunter wieder drei von Fra Angelico da Fiesole, wegen eines wunderschönen Bildes aus dem Alterthume, dem einzigen, welches wir außer den Wandmalereien besitzen. Es ist eine Polyhymnia, auf eine Schieferplatte gemalt, welche manches Jahrhundert hindurch in einer Schmiede, ich weiß nicht welche Art von Schmuck bildete und erst vor wenigen Jahren ans Licht der Oeffentlichkeit gezogen und vor dem Untergang gerettet wurde. Alle, welche sie bisher gesehen, schütteln den Kopf und meinen, daß es denn doch um die Altgriechische Malerei, von welcher dies Bild herrühren muß, ganz etwas Anderes gewesen sein müsse, als wir nach den Wandgemälden allein vermuthet haben. Die Technik soll durchaus nicht hinter derjenigen der Zeit des Rafael zurückstehen und dabei ist die Haltung und der Gesichtsausdruck so lieblich, daß die Leute im Orte steif und fest glauben, die vielen Fremden, welche das Bild so lange und so aufmerksam anstarren, nämlich vor Allem die Maler, könnten sich von demselben nicht losreißen, weil sie sich in dasselbe alsbald verliebten.

Bald nach Cortona erreicht die Eisenbahn den Trasimenischen See. Die Bahn läuft an seinem Ufer hin, über das ganze Schlachtfeld hinweg, auf welchem Hannibal das Heer des Consuls Flaminius vernichtete. Ich habe noch kein Schlachtfeld gesehen, bei dessen Anblick es so rasch zu begreifen ist, warum die Schlacht so leicht gewonnen und so blutig verloren wurde. Bis heute hat sich an Ort und Stelle selbst die Ueberlieferung von den Blutströmen erhalten, die hier vor 2091 Jahren geflossen sind. Der Bach, der das Feld durchfließt, heißt der Blutbach, der Sanguinetto. Das Schlachtfeld liegt zwischen dem Ufer des Sees und einem Halbkreise von Hügeln, welche nur einen schmalen Eingang und Ausgang zu demselben zwischen sich und dem See lassen. Hannibal, das Arnothal heraufkommend, zog an dem Heere des Flaminius, welches ihn bei Arezzo erwartete, östlich vorbei, und konnte dies so weit unbemerkt thun, daß dem Consul keine Wahl blieb, als den kürzesten Weg nach Rom einzuschlagen, um sich ihm noch vor der Stadt entgegenwerfen zu können. Hannibal, von ausgezeichneten Kundschaftern aus der Landesbevölkerung selbst bedient, kannte den Platz am Trasimenischen See vorher und erreichte, indem er vordringend sich der Straße beständig näherte, welche die Römer auf dem Rückwege einschlagen mußten, den Halbkreis von Hügeln, ehe der Consul den See erreichte und besetzte die Hügel. Sein Sieg war schon durch den gelungenen von den Römern zu spät entdeckten Vorbeimarsch bei Arezzo erfochten; die Römer liefen nun in Hannibals Schlachtordnung wie in eine Hummerscheere hinein. Erst als er sie vollständig in derselben hatte, als der letzte Römer den ersten Engpaß zwischen dem Hügelhalbrund und dem See durchschritten hatte, und zugleich der erste aus dem zweiten

Engpaß, der ganz schmal ist, noch nicht heraus war, griff er zu, und ringsum von den Hügeln herabrückend, preßte er die Römer gegen den See. Es war des Morgens und nach der nothwendigen Correctur des Kalenders wahrscheinlich im April. Der See hatte die an ihn stoßenden Fluren mit dichtem Morgennebel bedeckt. Den hinteren Zugang, durch welchen die Römer gekommen waren, schloß die Karthagische Reiterei. Sechstausend Römer schlugen sich wirklich durch den vorderen Engpaß durch; aber dann ward auch dieses Loch verschlossen. Die überrumpelten Römer verloren bald ihre Hauptstärke, die taktische Ordnung: Triarier, Principes und Hastati geriethen durcheinander und die Einzelnen verloren ihre Cohorten und Manipel und fanden sich führerlos. Viele begannen in den See zu flüchten, bis ihnen das Wasser über die Schultern ging, weil sie aber auch dort nicht sehen konnten, wohin sie sich zu wenden hätten und von den Pfeilen und Schlendergeschossen getroffen wurden, kehrten sie lieber wieder zum Ufer zurück. Drei lange bange Stunden setzten die Römer mit zuletzt ganz aufgelöster Ordnung wild fechtend den Kampf im Nebel fort. Der Consul Flaminius, welcher sich wegen eines früheren Sieges über die Insubrischen Gallier bei Mailand eingebildet hatte, ein großer Feldherr zu sein und das Volk in Rom durch Reden auf dem Forum gegen die aristokratischen Heerführer der alten Schule bewegt hatte, ihm den Oberbefehl anzuvertrauen, ritt überall im Gewühl umher, ermahnend, man solle nur vom tapferen Gefechte, aber nicht von den Göttern Rettung erwarten. In solchem Kampfe seien die Sicherheit und die Hoffnung nur bei der Ausdauer und beim Muthe. Aber schon konnte ihn im Getümmel Niemand mehr verstehen. Ein Insubrischer Ritter — die Gallier bildeten seinen Haupttheil des Karthagischen Heeres — mit Namen Ducario, erkannte den Consul, sprengte über dicke Haufen auf ihn los, hieb seinen Waffenträger nieder und durchbohrte ihn mit der Lanze. Noch vermochten die in der Nähe befindlichen Triarier mit erhobenen Schilden zu verhindern, daß der Gallier dem gefallenen Consul die Spolien abnahm. Aber jetzt war die Flucht allgemein, welche die Fliehenden doch nicht zu retten vermochte. Funfzehntausend Römerleichen bedeckten das Schlachtfeld, während Hannibal nur funfzehnhundert Mann verloren hatte und dies meist Gallische Bundesgenossen. So erzählt Livius, dessen ganz ausgezeichneter, höchst dramatischer und militärisch genauer Schlachtbericht sowohl beweist, daß er das Schlachtfeld genau kannte, wie auch daß ihm sehr gute Quellen aus jener Zeit selbst, zweihundert Jahre vor ihm, zu Gebote gestanden haben müssen, und Gleiches ist aus dem Berichte des Polybius erkennbar. Den Zustand von Rom aber vor, bei und nach erhaltener Kunde von der Niederlage schildert er ungefähr, wie uns die Zeitungen denjenigen von Paris, nach Einlaufen der ersten Nachrichten von den Französischen Niederlagen in Elsaß und Lothringen, geschildert haben. Man lese es jetzt. Es giebt Geschichtsbilder, welche sich ewig wiederholen.

Bald nach dem Trasimenischen See erreichte der Zug Perugia, eine Stadt auch heute nicht ohne künstlerische Bedeutung, wie z. B. ihr Theater für gute Opernaufführung bekannt ist, und welche einst der eigentliche Sitz der Umbrischen Malerschule war: vielleicht der zartesten unter allen. Hier malte Gentile da Fabbriano, dessen Arbeiten jetzt sehr selten und von welchem wir ein sehr werthvolles Bild in der Akademie zu Florenz kennen lernten. Und später lehrte hier und malte hier sehr fleißig Peter Vanucci, genannt der Perugino, der Lehrer des Rafael. Die ziemlich große Stadt liegt malerisch auf einem Berge, welchen die Bahn in großer Krümmung fast umkreist. Erst hat man die Stadt ganz zur Linken, und dann wieder ganz zur Rechten, so daß man zuletzt beinahe verwirrt werden kann, glaubend, man fahre an zwei ähnlichen Städten vorbei. Es folgt dann wiederum auf einem Berge Assisi. Goethe, der hier den Wagen verlassen und einen Richtsteig eingeschlagen hatte, erzählt, wie man ihn als verdächtigen Menschen beinahe verhaftet hätte, und wie er seine Befreiung nur dem verständigeren Urtheil eines Individuums verdankte, welches freundlicher als die Anderen war. Offenbar haben ihn drei Strolche aus Assisi, welche ihn dort umher gehen und die Gebäude anstarren sahen, den leicht eingeschüchterten Touristen auf der ersten Tour witternd, draußen vor dem Thore um ein gehöriges Trinkgeld geprellt.

Bei Foligno ist kurze Rast für das Mittagsmahl. Wir machten hier die Bekanntschaft einer sehr nachahmungswerthen Einrichtung. Es wurden neben dem Bahnhofsrestaurant für ein Geringes, ich glaube für 2 oder 3 Francs, saubere Körbe mit einem vollständigen kalten Mittagessen: einem halben Huhn, etwas Schinken, Salat, Früchte und Brod, auch Pfeffer und Salz und einer kleinen Flasche Wein verkauft, welches man in den Wagen nehmen konnte, wenn man nur Besteck und Serviette hatte, oder die Fähigkeit, sich mit der beigefügten Holzgabel und Serviette aus Seidenpapier begnügen zu können. Die Neapolitanischen Kaufleute im Wagen verstanden dies vortrefflich.

Bei Foligno vereinigen sich die Bahnen von Florenz nach Rom und von Ancona nach Rom. Es sieht modern aus, fast wie eine kleine Fabrikstadt. Der große Kunstschatz, welchen es früher besaß, die Madonna da Foligno des Rafael, ist schon seit geraumer Zeit nach Rom in die vaticanische Gemäldesammlung gebracht worden. Aber sie hat doch ihren Heimatschein mitgenommen, denn auf dem Gemälde selbst ist die Stadt Foligno dargestellt und zwar mit einer Bombe, die hinein fällt.

Auf Foligno folgt Spoleto, wo eine großartige Wasserleitung die Stadt mit dem Gebirge, vor welchem sie liegt, über einen hohen Bogengang laufend, verbindet; wüßte man nicht gewiß, daß diese Wasserleitung von einem Longobardenherzog herrührt, so würde man sie für ein Werk der alten Römer halten. Die Römische Technik war eben unter den Westgothen, dem Exarchat und den Longobarden noch nicht ganz untergegangen. Uebrigens sind antike Tempel und Theater in einige Kirchen von Spoleto eingemauert.

Bei Terni hatten wir den malerischen Wasserfall, durch welchen es die Italienischen Landschaftsmaler und Kupferstecher in der ganzen Welt bekannt gemacht haben, diesmal links liegen zu lassen. Bei Narni beginnt die hohe Brücke, auf welcher Augustus die Flaminische Straße über den Fluß Nera geführt hat, an die Gewaltigkeit des antiken Rom zu erinnern. Zwischen Narni und Orte erreicht die Bahn den Tiberfluß. Bei Orte, welches hoch auf dem Tiberufer liegt, vereinigen sich zwei Bahnen von Florenz nach Rom, diejenige, welche über Arezzo, Perugia, Foligno und diejenige, welche über Siena und Orvieto läuft. Bald wird der dreiköpfige, einzeln stehende Soracte sichtbar und der öde und doch schöne, ganz eigenthümliche Charakter der Römischen Campagna beginnt. Ich habe wiederholt bemerkt, daß, von welcher Seite man auch kommt, sobald es in die Campagna hineingeht, es ganz still im Wagen wird. Dies ist auch der Fall, wenn man sich London nähert und in den Rauch hinein und zwischen die Häusermassen der Vorstädte kommt. Der Eindruck des Römischen Namens oder die heutige Bedeutung von Rom und auch der Papst können damit nichts zu schaffen haben; es ist eben der durchaus ernste Eindruck der Campagnalandschaft, welche auf alle Klassen von Reisenden wirkt. Ernst und doch landschaftlich schön und in den Formen des Bodens auch mannichfaltig, während die Bäume ganz und auch Häuser fast ganz fehlen, — dies ist nun einmal der Rahmen, in welchem man sich den Ursprung der Römischen Geschichte und auch wohl der Kirchengeschichte zu denken hat. Die Krümmungen des Tiberflusses berührt die Bahn mehrfach. Aber es dauert noch geraume Zeit, ehe man zur Rechten die Peterskuppel zu Gesicht bekommt. Sie verschwindet dann wieder hinter den Campagnahügeln, und erst ganz zuletzt wird die Aurelianische Mauer, und innerhalb der Mauern Trümmer sichtbar. Eine letzte Krümmung und man fährt von Südosten her durch die Mauer hinein und hat aus dem Bahnhof tretend einen Platz mit unfertigen Parkanlagen vor sich und moderne Häuser zur Linken, und schlechte Gebäude aus früheren Jahrhunderten zur Rechten, welche in die Diocletiansthermen hinein gebaut sind. Wir wählten uns diesmal eine Wohnung nicht in dem schon ziemlich gefüllten Fremdenviertel, sondern nahe dem Mittelpunkte der Stadt, dem Platze Colonna, wo die Antoninssäule emporragt, auch nahe dem Italienischen Parlamentshause im Monte Citorio, und nahe der Post, auf dem Platze Capranica aus, im Palaste Capranica, gegenüber dem gleichnamigen Theater. Auch das Pantheon ist hier ganz nahe und das Capitol, der Monte Pincio und die Peterskirche auf nicht gar zu weiten Wegen zu erreichen.

Ein erster Spazirgang in Rom.

(Heimatliches Gefühl in Rom. Die Fontana Trevi. Die Wasserfälle von Rom. Die antiken Wasserleitungen. Nach dem Herzen des antiken Rom. Das Forum des Trajan. Das Forum Romanum. Das Capitol und die Kaiserpaläste. Der Friedenstempel und der Tempel der Roma und Venus. Der Titusbogen. Der Konstantinsbogen. Im Flavischen Amphitheater. Ein bettelnder Priester. Das Bild des Amphitheaters bei seiner hunderttägigen Einweihung unter Titus. Eine Zukunftsphantasie. Der Triumphbogen des Titus. Die Schicksale der jüdischen Tempelheiligthümer.)

Rom, im November.

Noch stärker als in Florenz beschleicht Jeden in Rom jedesmal das Gefühl, daß man eigentlich hier zu Hause sei. Wenigstens ist es uns jedesmal, und bei jedem Besuch stärker, so ergangen, und daß es nicht blos uns so ergangen ist, haben wir sowohl von zahlreichen Bekannten erfahren, wie wir es auch in gedruckten Reisebriefen aus Rom gefunden haben. Adolf Stahr z. B. und seine feinfühlige Frau sagen ganz dasselbe, und Goethe hat es schon im vorigen Jahrhundert gesagt. Woher das? Bei Florenz habe ich mir die Erklärung zurecht gelegt, daß unser ganzer neuerer Kunstgeschmack ursprünglich aus Florenz stammt. Man bewegt sich dort unter den Urbildern alles Dessen, woran man im eigenen Hause gewöhnt ist. Die Häuser sind die klassischen Vorbilder unserer Häuser und die Möbel und das Geschirr die klassischen Vorbilder unserer Möbel und unseres Geschirres. In Rom ist das nicht so der Fall. Es ragt ein Italienisch-bäuerisches Element in Rom hinein, von welchem in Florenz nicht viel zu merken ist, und weiter nördlich noch weniger. Die zahlreichen Osterien von Rom, welchen in Florenz nichts Aehnliches an die Seite zu stellen ist, sehen aus, wie Wirthshäuser bei uns niemals aussehen. Sie sind grob und einfach ausgestattet und häufig befindet sich die Küche im Gastzimmer oder das Gastzimmer in der Küche — wie man will. Viele Wohnungen haben einen höchst veralteten Zuschnitt und die gewöhnlichen Häuser entbehren alles künstlerischen Schmuckes und zeigen keinerlei Stil in ihrer Construction. Dazwischen giebt es freilich viele Paläste, aber ihre Vorderseite steht häufig in einer dunklen und engen Straße, und man wird ihrer erst allmählich gewahr. Auf dem Corso und in einigen Straßen des Fremdenviertels, zwischen dem Corso und dem Spanischen Platze, giebt es Gewölbe für die Fremden, welche einladend genug aussehen, aber im Uebrigen sieht es in dieser Beziehung überall so aus, wie bei uns in einer Stadt zweiter oder dritter Klasse, und lange nicht so stattlich, wie in Mailand oder in Florenz. Von dem prachtvollen Quaderpflaster, durch welches Florenz jedem Fremden Bewunderung abnöthigt, ist in Rom nicht die Rede. Die Straßen sind mit ganz kleinen runden Steinen gepflastert, grade nicht schlecht, wenigstens nicht im Vergleich mit unseren Norddeutschen Städten, oder gar mit den Polnischen und Russischen, aber in Italien ist man fast überall schon an Besseres gewöhnt geworden. Von allen größeren Italienischen Städten, welche wir gesehen haben, kennt nur noch Mailand, welches von Steinbrüchen fern liegt, dieses Pflaster aus ganz kleinen runden Steinen, welches sich der Oberfläche eines Eierkorbes vergleichen läßt. Die Fußwege, wo dergleichen in der Straße schon vorhanden sind, sind äußerst schmal und deswegen zieht man es gewöhnlich vor, auf dem

Damme zu gehen, und sich erst auf den Fußweg zu flüchten, wenn in der engen Straße die Begegnung mit einem Wagen dazu nöthigt. Dies aber geschieht in den meisten Theilen von Rom unablässig, da in Rom verhältnißmäßig sehr viel gefahren wird. Denn nicht blos giebt es in der Stadt eine außergewöhnliche Zahl von Privatwagen, welche für alle Italienischen Familien von einigen gesellschaftlichen Ansprüchen, schon wegen des Corsofahrens, das vornehmste aller Bedürfnisse sind, dem fast jedes andere Bedürfniß geopfert wird, sondern es giebt auch, der zahlreichen und wohlhabenden Fremden wegen, eine ganz außergewöhnliche Zahl von Miets- und Platzwagen. Und noch mehr als dies Alles verengt das Fuhrwerk der Landleute aus der Campagna die Straßen. In der Campagna hält Alles Pferde, und Alles, was die Stadt vom Lande gebraucht, wird täglich zu Achse in die Stadt gebracht. Unablässig ist daher der Fußgänger in den engen und unregelmäßigen Straßen Roms genöthigt, bei Seite zu springen. Dies Alles klingt nicht grade einladend und doch! Warum will Jeder, der einmal in Rom war, stets wieder hin? Und warum giebt es so viele Fremde aller Völker Europa's, welche von Rom gar nicht wieder wegzubringen sind? In Rom selbst gilt als Ursache eben ein Zauber der Stadt, über welchen man sich den Kopf nicht zerbrechen müsse, weil man ihn doch nicht erschöpfend erklären könne. Dieser Zauberglaube hat die charakteristische Gestalt angenommen, daß das Wasser der Fontana Trevi an der unwiderstehlichen magnetischen Kraft von Rom Schuld sei. Welcher Fremde einmal aus der Fontana Trevi getrunken, von dem sagen alle Römer und in Rom eingewohnten Fremden, sobald er abreist, daß er unfehlbar bald wieder zurück kommen werde. Gewöhnlich geschieht es ja auch, und dann wird er mit dem lachenden Zuruf empfangen: Sehen Sie wohl, wir haben es Ihnen vorausgesagt! Uebrigens verlangt der Localaberglaube, daß, wenn man aus der Fontana Trevi trinkt, man aus Dankbarkeit eine Kupfermünze hinein werfe, damit man kein Unglück erlebe. Dies thun denn auch wirklich Viele; die Fremden natürlich nur zum Spaße. Es sind auch immer Knaben dort, um derlei Kupfermünzen wieder herauszufischen.

Die Fontana Trevi, im Jahre 1762 vollendet, mit einem kolossalen Neptun in der Mitte und Statuen der Fruchtbarkeit und Gesundheit, die Vorderseite eines großen Privatgebäudes bildend, ist mit einem Worte das Wahrzeichen des modernen Roms geworden, des Roms der Künstler, Gelehrten und Touristen, welche es unablässig von allen Theilen Europa's anzieht, und die den Aufenthalt in Rom gewöhnlich als den Höhepunkt ihres Lebens anzusehen gewöhnt sind. Dabei schöpfen sie nicht blos aus dem, was Rom jetzt ist, sondern tragen selber ihr Theil dazu bei und zwar ein recht wesentliches. Die Gesellschaft Roms und zwar nicht blos die nationale, sondern eben auch die internationale Gesellschaft Roms bildet einen wesentlichen Zug des heutigen Roms und trägt das Ihrige bei zu dem eigenthümlichen Dufte von Heimatlichkeit und Heiterkeit, welcher jetzt über jeden Winkel der zertrümmerten, aber augenscheinlich wirklich ewigen Welthauptstadt ausgegossen ist. Sie ist immer noch, auch jetzt, wo mit der Territorialherrschaft des heiligen Stuhles ihr zweites tausendjähriges Leben seinen Abschluß fand, die Welthauptstadt für Alle allseitig gebildeten Menschen. Sie strömen hier auf einem Flecke zusammen, auf welchem sie die Spaltungen der Gegenwart hinter sich gelassen haben, und im Schönen und Großen aller Zeiten und aller Länder schwelgen. Recht angemessen ist es, obgleich, wie es scheint, keineswegs Frucht vorheriger Ueberlegung, daß der Club der Deutschen Maler im ersten Stockwerk des Gebäudes, dessen Vorderseite das gewaltige Bildhauerwerk der Fontana Trevi und ihr dreifacher Wasserfall schmückt, seine Stätte aufgeschlagen hat. Jetzt ist dieser Club längst kein bloßer Malerclub mehr. Die Deutschen Bildhauer und Geschichtsforscher haben sich an ihn angeschlossen und auch alle Deutschen Familien thun es, wenigstens vorübergehend, welche nur als Touristen nach Rom kommen und eben so die auswärtigen Vertreter in Rom des Deutschen Reichs; die Deutschen haben aber auch andere Völker in ihren Club gezogen, darunter vor Allem Italiener selbst und eben so Skandinavier und Holländer.

Obgleich die Einwohnerzahl von Rom zweimalhundert und funfzig Tausend noch nicht übersteigt und seine Rolle als Hauptstadt von Italien zweifelhaft ist und ihm jedenfalls kein großes Gewicht giebt, läßt sich der Aufenthalt in Rom doch nur mit demjenigen in den allergrößten Städten Europa's vergleichen, und kann man in der Mannichfaltigkeit des Gebotenen nur London, mit seiner Ausschau über die ganze Welt, und vielleicht Wien, diesen gemeinschaftlichen Markt des bunten Völkergemisches von Oesterreich, ihm zur Seite stellen. Paris, Berlin und Petersburg sind viel zu sehr auf einen blos nationalen Gesichtskreis beschränkt und sind deßwegen auch viel früher ausgekostet. Aber um Rom auszukosten, reicht, wie man sonst wohl nur noch von London sagen kann, ein volles Menschenalter jedenfalls nicht aus, indem hier mit einer bunten Gegenwart eine Vergangenheit von Jahrtausenden, mit den Spuren, die sie aus allen Jahrhunderten hinterließ, zusammenwirkt. Als ein Dänischer Prinz Thorwaldsen bat, ihn mit allem Sehenswürdigen in der ewigen Stadt bekannt zu machen, antwortete Thorwaldsen: Königliche Hoheit, dazu bin ich nicht lange genug hier. Denn ich bin erst fünfunddreißig Jahre in Rom, aber unser Landsmann — hier nannte er einen anderen Dänen — ist schon vierzig Jahre in Rom; der möchte vielleicht dazu schon Bescheid genug wissen.

Was soll man auch nur zuerst sehen und worüber zuerst nachdenken, um sich zum Bewußtsein zu bringen, was man sieht? Da wir einmal vor der Fontana Trevi stehen, soll es diese sein. Ich weiß nicht, ob es grade dieser Wasserfall mitten in der Stadt selbst, oder ein anderer, denn es giebt noch ein paar solche, gewesen ist, von welchem erzählt wird, daß ein Deutscher Fürst, dem man ihn zeigte, nachdem er ihn eine Weile angestarrt, gewinkt habe und gesagt: nun ist es genug; ich danke schön. Man kann sich aber wohl denken, daß so etwas schon vorgekommen ist, wenn man sich an die Wasserfälle in Deutschen Schloßgärten erinnert, für welche das Wasser Wochen lang gesammelt wird, um dann fünf Minuten lang zur Ergötzung hoher Herrschaften über einen künstlichen Felsen zu stürzen. Haben wir doch lange genug in Potsdam einen königlichen Norwegischen Felsenbauer für solche Zwecke gehabt, der wirklich diesen amtlichen Titel im königlichen Haushalt führte. Jedenfalls kann dies Geschichtchen dazu dienen, einen Begriff von dem überraschenden Eindruck zu geben, welchen die Wasserfülle der öffentlichen Brunnen in Rom, die niemals versiegen, das erste Mal auf den Beschauer macht. Und doch sind von den vierzehn Wasserleitungen, welche dem antiken Rom Wasser zuführten, jetzt nur vier wieder und waren noch vor Kurzem erst drei wieder im Gange. Das Wasser der Fontana Trevi führt die antike Aqua Virgo der Stadt zu, welche Agrippa als der Zeit nach die sechste in Rom ausführen ließ, um seine großartigen Bäder auf dem Marsfelde, von welchem jetzt nur noch der Eingangsflur — dies nämlich ist das Pantheon — stehen geblieben ist, zu speisen. Diese Wasserleitung schöpfte das Wasser aus zweimeiliger Entfernung von Rom, war mit ihren namhaften Krümmungen grade drei Meilen lang, im Uebrigen unterirdisch und lief nur eine Viertelmeile über aufgemauerte Bogen. Sie ward zuerst durch Papst Nikolaus V. im Jahre 1450 wieder hergestellt; es haben aber noch drei spätere Päpste daran gebessert, zuletzt Gregor XIII. fünf Vierteljahrhunderte später.

Das großartige aber etwas schwülstige Bildhauerwerk der Mündung in der Stadt hat dann der Venezianer Rezzonico als Papst Clemens XIII. hinzufügen lassen. Die Italiener schreiben den Namen Trevi wohl dem Umstande zu, daß das Wasser aus drei Mündungen fließt, aber die Lage selbst scheint zu dem Schlusse zu berechtigen, daß hier nichts weiter als Trivia, der Dreiweg, vorliegt und daß der Name des Platzes älter als der des Brunnens ist. Im Alterthum war die Aqua Virgo berühmt, weil sie das beste, d. h. weichste Wasser für Badezwecke gab. Die alten Römer scheinen ihr Wasser gar nicht getrunken zu haben, während jetzt die Limonadenbuden, welche im Sommer den halbkreisförmigen Teich umgeben, zu beweisen scheinen, daß nicht blos die Fremden, die nach Rom zurückkehren wollen, sondern auch die einheimischen Römer dies Wasser sehr gern trinken; aber jetzt gilt es allerdings nicht mehr als das beste Trinkwasser in Rom, nämlich seit unter dem jetzigen Papste auch die Aqua Marcia wieder hergestellt worden ist, deren Wasser auch die alten Römer als das beste und kälteste Trinkwasser ihrer Stadt betrachteten. An vielen Weinschenken, Limonadenbuden u. s. w. liest man jetzt, daß in ihnen nur die Aqua Marcia zur Verwendung kommt. Es war dies die dritte Wasserleitung, welche in Rom im Jahre 144 vor unserer Zeitrechnung durch den Prätor Marcius Rex auf Senatsbefehl hergestellt wurde. Sie führte das Wasser von mehr als sieben Meilen weit her zur Stadt und lief volle anderthalb Meilen weit über Bogen. Vor der Aqua Marcia hatte es in Rom nur zwei Wasserleitungen gegeben, die Aqua Appia von Appius Claudius Cäcus, damals Censor, im Jahre 313 v. u. Z. erbaut, und die Wasserleitung des Anio Vetus, durch den Censor Curius Dentatus im Jahre 272 v. u. Z., in einem Laufe von mehr als zehn Meilen aus dem oberen Anio zur Stadt geführt. Bei diesen beiden älteren Wasserleitungen verfuhr man noch sparsam und vermied vor Allem so viel als möglich die Leitung über Bogen. Im Jahre 127 v. u. Z. ward die Aqua Tepula erbaut und dann zur Zeit Agrippa's die Aqua Julia und die schon erwähnte Aqua Virgo, welche zum Theil über einander weg, zum Theil in einander liefen. Durch Augustus ward die Aqua Alsietina oder Augusta erbaut für das rechte Tiberufer, und zu welcher später Trajan noch die Aqua Trajana fügte, welche unter dem Namen Acqua Paola wieder hergestellt ist und hoch oben auf dem Janicolo bei S. Pietro in Montorio in ein prachtvolles Wasserbecken sich ausschüttet. Doch die großartigsten Wasserleitungsbauten begann Caligula und vollendete Claudius, nämlich die Aqua Claudia, jetzt benutzt für die vierte neue Wasserleitung, die Acqua Felice, und den Anio Novus. Von der Aqua Claudia liefen schon zwei Meilen über Bogen und vom Anio Novus eine noch längere Strecke, wobei die Bogen für die letztgenannte Wasserleitung bis zu 110 Fuß hoch waren. Ihre imposanten Trümmer schmücken noch jetzt die Campagna. Septimius Severus und Alexander Severus nahmen in zwei Wasserleitungen, welche nach ihnen benannt wurden, diese großartigen Unternehmungen wieder auf, und dann sind noch Trümmer einer Wasserleitung vorhanden, welche den Namen Aqua Algentia trug und deren Erbauer uns unbekannt ist. Im Ganzen sind es vierzehn Wasserleitungen im Alterthum gewesen, von denen, wie gesagt, erst vier wieder hergestellt sind und dies nicht einmal vollständig. Und doch machen sie das heutige Rom zur Trinkwasser-reichsten Stadt der Welt. Aber was hatten diese Wasserleitungen auch zu leisten, als alle vierzehn noch der Stadt Wasser zuführten! Sie hatten eine Stadt mit Wasser zu versorgen, welche zeitweilig über zwei Millionen Einwohner zählte. Sie hatten darin öffentliche Brunnen zu speisen, die an allen Dreiwegen flossen. Sie hatten nach den Regionen-verzeichnissen, die auf uns gekommen sind, 1352 kleine Seen und Teiche voll Wasser zu erhalten und fünfzehn sogenannte Nymphäen, Quellengebäude, welche mit Kuppeln bedeckt waren. Sie hatten auch viele bedeckte Schwimmanstalten täglich mit frischem Wasser zu versehen und eben so Fischbehälter, von welchen noch großartige Exemplare in den Kaiserpalästen bloßgelegt worden sind. Dann aber folgen noch 856 Badeanstalten und darunter Thermen von so riesenhaftem Umfange, wie er uns noch in den Trümmern der Antoninusthermen und der Diocletiansthermen vorliegt. Besonders jene zahlreichen Seen und Teiche, aus deren Mitte Springbrunnen sprangen, müssen dem alten Rom ein ganz wunderbares Aussehen gegeben haben, welches wir uns nur mit Schwierigkeit vorstellen können, weil wir nichts Aehnliches mehr haben. Und dann noch Amphitheater, deren Arena voll Wasser gelassen werden konnte, Naumachieen, in welchen Seegefechte auf Wasserleitungswasser ausgeführt wurden. Ueberall war Wasser, um Römische Prachtbauten und bunte Römische Volksmassen im umgekehrten Spiegelbilde noch einmal zu zeigen. Durch die Siele aber floß all dies Wasser täglich wieder ab und durch die Wasserleitungen ward es täglich wieder erneut. Wenn ein alter Römer über die Eisenbahnen und Gaserleuchtungen der Neuzeit vor Staunen außer sich gerathen würde, würde es uns vielleicht nicht anders ergehen, wenn wir plötzlich in das antike Rom zur Zeit des Trajan oder des Alexander Severus zurück versetzt werden könnten und das Schimmern und Spiegeln der öffentlichen Gewässer in einer Stadt von zwei Millionen Einwohnern sähen, welche, mitten in der dürren Campagna wie eine Kreuzspinne auf einem Netz von vierzehn Wasserleitungen thronend, alle Lebensgenüsse in sich schlürfte.

Nach Abstattung des ersten schuldigen Grußes an die Fontana Trevi, dies allgemeine Wahrzeichen des heutigen Roms und seines fesselnden Touristenlebens, lenkte die einmal erweckte Erinnerung an die antike Größe der Stadt unsere Schritte nach ihrem antiken Herzen südlich vom Capitol, am Beginne der noch offen dastehenden Trümmerwelt. Die Wißbegier treibt schon deswegen dort hin, weil die Ausgrabungen unter Leitung des Commendatore Rosa jetzt im rüstigsten Fortgange begriffen sind. Durch enge und winklige höchst belebte Straßen geht es zuerst zum Forum des Trajan, welches noch ganz in das neue Rom hineingezogen ist. Etwa zwölf Fuß tiefer als das Pflaster der Straßen, die dasselbe wie Quais umgeben, berührt es mit den zahlreichen Stumpfen seiner Granitsäulen und der unverletzten marmornen Trajanssäule das Auge ganz fremdartig unter den Kirchen und Häusern der Neuzeit. Es soll das imposanteste aller Bauwerke des alten Roms gewesen sein. Wenigstens machte es diesen Eindruck noch auf die letzten Kaiser, welche Rom nur selten und ungefähr wie wir als neugierige Reisende besuchten. Von hier führt die schmale und dunkle Via di Marforio um den östlichen Abhang des Capitols herum zum Triumphbogen des Septimius Severus und das Forum Romanum, auf welchem die Ausgrabungen jetzt wieder im vollen Gange waren. Sie haben schon die größere Hälfte des Forum Romanum, nämlich seines Bodens, welcher zwanzig Fuß unter dem heutigen Boden liegt, frei gelegt und immerfort werden neue Funde von geschichtlicher Wichtigkeit gemacht, darunter hauptsächlich Basreliefs, auf welchen Stieropfer und Schweineopfer dargestellt sind. Wir gingen das Forum entlang in den einzelnen Säulen, die noch auf demselben emporragen, in den Bogen am Abhang des capitolinischen Hügels, welche das alte Capitol trugen, in den Trümmern des Saturnustempels, in den Kaiserpalästen, von welchen jetzt die Ausgrabungen auf dem palatinischen Hügel ein immer deutlicheres Bild gewähren, alte Bekannte begrüßend, und verließen es endlich, an den drei gewaltigen Bogen des Friedenstempels vorbei und den Resten des noch viel größeren Doppeltempels, welchen Hadrian der Roma und Venus errichtete, durch den zierlichen kleinen Titusbogen auf der Höhe im Südosten, um dann wieder zum Colisео, dem alten Flavischen Riesenamphitheater, hinab zu steigen, am Triumphbogen des Constantin vorbei, dessen von den Triumphbogen auf dem Trajans-Forum, welche verschwunden sind, geraubten Basreliefs beweisen, daß mit dem Siege des Christenthums unter Constantin die antike Bildhauerkunst in Rom gestorben war. Auch im Coliseo nehmen jetzt Ausgrabungen auf seiner Arena die Aufmerksamkeit in Anspruch, weil durch sie der Unterbau der Altrömischen Theater am größten Exemplare bloßgelegt wird, welchen man bisher blos aus dem kleineren Amphitheater in Puzzuoli bei Neapel kannte. Gewaltig wie der Oberbau, war hier auch dieser Unterbau, und mit immer wachsender Achtung stehen wir vor den Riesenleistungen des alten Rom auf dem Gebiete massiger Baukunst da. Auch hier wird man gemahnt, wie bei den Aquäducten, daß die Culturperiode vor der unsrigen nicht in allen Dingen unsere Ueberlegenheit zu bewundern hätte, sondern daß wir ihrer Größe fast gleiche Bewunderung schuldig sind. Als wir in den Gewölben des Coliseo und in den Ausgrabungen umher irrten, bettelte uns ein Priester im Schaufelhut an, wie dies dem Fremden in Rom jetzt häufig widerfährt. Er hatte sich den Platz ausgewählt, um hier den Fremden aufzulauern, denn wir bemerkten ihn auch später fast täglich dort. Die Italienische Regierung, sagte er und zwar Französisch sprechend, hätte ihm die Schule in der Nähe von Monaco weggenommen, von welcher er gelebt habe. Nun sei er nach Rom gekommen, weil hier die Pfarrer brodlosen Priestern wenigstens Etwas zu verdienen gäben, indem sie dieselben für sich Messen lesen ließen. Das brächte jedesmal einen Frank ein, aber käme keineswegs alle Tage vor, und es sei unmöglich, sich davon zu ernähren. Dies war nun zwar offenbar auf Franzosen oder Irländer berechnet, aber es ward mir wirklich schwer, obgleich ich ein Hugenotte bin, einen bettelnden Priester kurz abzuweisen. An ein Geldgeschenk war freilich bei mir nicht zu denken: ich schämte mich dazu viel zu sehr in seiner eigenen Seele. So lud ich ihn auf Italienisch ein, wenn er hungrig sei, in einer benachbarten Osterie mit uns zu frühstücken. Dies that er auch mit großem Vergnügen, und meine Neugier, mich einmal mit einem katholischen Priester zu unterhalten, der offen für sich selbst bettelt, um zu hören, weß Geistes Kind er sein möge, belohnte sich. Es war wirklich ein ganz gebildeter Mann, der wohl eine Schule gehabt haben mochte. Er erzählte mir, daß unter den katholischen Geistlichen in Rom die Rede gehe, man spiele nur mit auswärtigen Candidaten für die nächste Papstwahl, mit Manning, Leduchowsky oder gar einem Amerikaner, schließlich aber werde doch wieder ein Italiener gewählt werden; wer, darüber hätten schwerlich die Cardinäle schon ein Wort gewechselt, da sie es alle werden möchten. Wenn Pio IX. Jemand begünstige, würde es dem auch nichts helfen. Rom aber würde der heilige Stuhl gewiß nicht verlassen. Denn die Ewigkeit Roms und des heiligen Stuhles sei dieselbe; das Königreich Italien aber sei nur ein Modeartikel. Es war zwar nur ein bettelnder Priester, aber ein Beispiel seines Standes in Italien war er doch. Er erzählte mir auch, daß der gewaltige Unterbau des Colisco der Curie schon seit Jahrhunderten nicht unbekannt gewesen sei. Ausgrabungen habe man schon früher versucht, aber wieder zugeworfen, weil man bemerkt habe, daß fast alle Arbeiter an denselben erkrankten. Jetzt, wo das Grundwasser durch eine Dampfmaschine ausgepumpt wird, ist dies freilich nicht mehr der Fall. Dann ist eben die Zeit dafür gekommen, meinte mein Priester gleichmüthig.

Die Zeit ist vielleicht für noch ganz andere Dinge gekommen. Ich war auf das höchste Mauerstück des Colisco hinaufgeklommen, d. h. auf eine Höhe von hundertdreiundachtzig Fuß, etwa noch einmal so hoch wie das Berliner Schloß. Von dort übersah man das ganze Hauptstück der Trümmerstadt vom Capitol und den Kaiserpalästen und von den Tempeln und Basiliken des Forum Romanum bis zu den fernen Trümmern der Antonins- oder Caracallathermen. Hinab schauend in das Oval des Coliseo, versuchte ich, vor meiner Vorstellung den Anblick des mit Menschen gefüllten Flavischen Amphitheaters zur Zeit als Titus dasselbe durch hunderttägige Spiele einweihte, wieder herauf zu beschwören. Bekanntlich hatten 86,000 Menschen darin Platz, genau geordnet nach ihren Ständen im alten Römerreiche, und die Stände kenntlich gemacht durch die Kleidung und den Schmuck. Es muß dies ein gewaltiger Anblick gewesen sein und in jedem Anwesenden den Begriff der Majestas Populi Romani durch dessen sinnliche Darstellung zum Bewußtsein gebracht haben. Wie ein Römer jener Zeit politisch fühlte, wird für uns nur verständlich, wenn wir es ermöglichen, uns die Zahlen, die uns überliefert sind, an die Trümmer anlehnend, uns in sinnliche Vorstellungen zu übersetzen. Denke man sich nun diese Versammlung von sechsundachtzigtausend Menschen in ovalen Ringen emporsteigend; der höchste Ring mit einer langen Axe von 591 Fuß und einer kurzen Axe von 508 Fuß, also ungefähr so groß wie der Lustgarten in Berlin. Unten sitzt der Kaiser Titus auf einem thronartigen Sessel im faltigen Purpur und reich mit blitzendem Gold geschmückt, sechsundachtzigtausend Köpfe drehen sich nach ihm hin, um die Zeichen zu erhaschen, welche er für die Reihenfolge der Spiele giebt. Fremde Könige und Gesandten in bunten Trachten verschiedener Völker sitzen ihm zunächst, und dann in langer Reihe längs des untersten Ringes die Senatoren, die Vestalinnen, die Tempelpriester, die Collegien der Fetialen, der Pontifices und der Auguren.

Die meisten dieser Reichswürdenträger hatten zu Titus Zeit die purpurgefärbten Gewänder, welche durch ein Luxusverbot Nero's ihnen untersagt worden waren, wohl schon wieder angelegt, denn zu Domitian's Zeit wissen wir, daß sie sie wieder getragen haben. Auf den Sitzen hinter dem ersten Stande saßen die Ritter, gekennzeichnet durch ihre silbernen Sporen, und hinter diesen folgte die Masse der Bürger.

Die Frauen aber saßen noch weiter oben, die reicheren auf den Tragsesseln, auf welchen sie ins Amphitheater getragen worden waren, und aus denen ihre Sclaven die Tragstangen dann herausgezogen hatten. Ganz oben endlich stand dicht gedrängt das gemeine Volk. Auch wir gliedern ja das Theaterpublicum, aber nur durch die Verschiedenheit des Eintrittsgeldes, mit Ausnahme etwa der höfischen Gallavorstellungen in Residenztheatern, wo ähnlich verfahren wird wie im alten Rom. Um das halbe Rund des Theaters auf der südlichen Seite schwang sich das Schattendach aus Segeltuch, welches Masten trugen, die in der höchsten Umfassungswand vermittelst eiserner Klammern befestigt waren. Noch sind die Löcher sichtbar, in welchen diese Klammern gesteckt haben, aber sie selbst sind herausgerissen worden, da das Eisen für die Rüstungen und Waffen des Mittelalters zu nöthig und zu kostspielig wurde. Wie das Brausen des Meeres klang das Geplauder der Volksmasse in dem wiederhallenden Runde, welches so akustisch gebaut zu sein scheint, daß meiner Frau unten in der Arena keine Silbe von dem verloren ging, was ich von der höchsten Zinne ihr zurief. Durch das brausende Geplauder hindurch hörte man die Stimmen der Limonadenverkäufer, welche sich oben durch die Masse drängten, während die vornehmeren, unteren Reihen durch die Gänge, welche das Theater steil durchbrechen, mit Erfrischungen versorgt wurden, oder auch die im Innern rund umlaufenden Gänge zur Abkühlung und Erholung benutzen konnten. Endlich klangen Trompetenstöße und der Kaiser gab den Wink zur Vorführung, zuerst der Fechter und dann der wilden Thiere, welche letzteren bei jenen hunderttägigen Einweihungsvorstellungen eine Hauptrolle gespielt zu haben scheinen. Die Fechterpaare, von ihrem Lanista geführt, zogen grüßend am Kaiser vorüber, dem der Fechtmeister die bekannte Vorführungsformel zurief: „Heil Dir, Feldherr Cäsar; die, welche sterben müssen, bringen Dir ihren Gruß dar.“ Der Zug der wilden Thiere, welcher dies mal ganz ungewöhnlich lang war, und die in ihren Käfigen vorübergerollt wurden, dauerte vielleicht Stunden lang, denn es waren nach Suetonius nicht weniger als fünftausend zu zeigen. Die Amphitheater waren für die Römer zugleich auch, was für uns die Menagerien und zoologischen Gärten sind, und dienten sogar auch, wenn die Thiere getödtet waren, als Institute der Secirkunde und anatomischen Forschung. Als die Löwen vorüberziehend brüllten, lagerte sich das eigenthümliche beengende Gefühl, welches das Löwengebrüll zu erzeugen pflegt, über die ganze Volksmasse. Hier in diesem wiederhallenden Riesenrunde, mit der Majestät des Römischen Volkes, welche auf die Arena herabschaute, war der rechte Platz für das Löwengebrüll. Es klang dem Römischen Volke wie seine eigene drohende Stimme in der Welt erklang. Aber schon war, wenn auch vielleicht noch nicht zu Titus Zeit, eine Bewegung im Ausbruch unter dieser Volksmasse, bei welcher menschliches Mitgefühl den Nationalstolz überwog, und die zuerst dem Amphitheater und dann dem Römerreiche selbst ein Ende machen sollte.

Den Schluß jener hunderttägigen Spiele zu Titus Zeit, der, wenn er auch ein milderer Herrscher gewesen sein mag als die anderen, es vielleicht nur war weil er kürzer herrschte, bildeten Seekämpfe auf dem Wasser, welches die Aquäducte herbeiführten; Seekämpfe, in welchen der aus der klassischen Zeit Griechenlands auch allen Römern be=

kannte Krieg zwischen den Korinthern und Korkyräern dargestellt wurde, welcher zum großen Peloponnesischen Kriege der Anlaß ward. Die Römer machten es also, wie dies in neuerer Zeit wiederholt wieder geschehen ist, sie stellten bei derartigen Spielen auch Geschichte dar. Aber niemals Römische Geschichte; so wie kein Römischer Bürger in seiner Tracht auf die Bühne gebracht werden durfte, um der Würde des Römischen Volkes willen, so durften dergleichen Scheingefechte auch mit der Römischen Geschichte nichts zu thun haben, vielleicht schon wegen der Gefahr, den Parteigeist wachzurufen. Für die Römer war nur die Griechische Geschichte zugleich auch die Theatergeschichte; hatten sie das Theater und Alles, was dem ähnlich, von den Griechen überkommen, so nahmen sie auch ihre Stoffe und Trachten bei allen theatralischen Darstellungen aus dem Griechischen Leben und der Griechischen Geschichte. Rein Römisch waren nur die Fechterkämpfe mit ihrem fürchterlichen Ernst, oder vielleicht Etruskisch. Dann waren es aber auch von Alters her die Wettfahrten zu Wagen im Circus Maximus.

Dort oben vom Coliseo sah man ein so großes Stück, und zwar das Vornehmste und Lebendigste einst, wenn auch jetzt so öde, vom antiken Rom, daß man wohl Lust empfand, es mit seiner alten Pracht bekleidet und mit dem alten Leben gefüllt zu sehen. Dies ist freilich nicht möglich, aber wie, wenn die Zukunft, wenn auch vielleicht nur vorübergehend, doch noch hier ein Schauspiel bringen sollte, welches sich mit dem Verschwundenen mindestens ebenbürtig messen kann? Als ich da oben stand und beim Blick in das Coliseo hinein fiel mir ein, daß Italien ja noch keine Weltausstellung gehabt hat. Wenn die Zeit kommen wird, daß die Weltausstellung auf ihrer Rundreise durch die großen Culturstaaten auch nach Rom kommt, wo soll sie hier stehen? Ein besonderes temporäres Gebäude für sie nach dem Muster der Londoner, Pariser und Wiener würde unter den Ruinen von Rom und neben seinen Prachtbauten aus dem gegenwärtigen Jahrtausend, wie dem Petersdom und der Basilika von S. Paul, kaum am Platze sein. Aber warum nicht das Flavische Amphitheater dazu nehmen und es durch eine Vervollständigung durch Holz dafür herrichten? Oder da auch dies immer noch lange nicht groß genug, das ganze Forum Romanum noch dazu mit seinen Tempeltrümmern und seinen Nebenforen und vorzüglich mit dem gewaltigen Raume der Kaiserpaläste? Wenn aber auch alles dies noch nicht ausreichen sollte, so bleibt immer noch die lange unbebaute Strada di S. Gregorio, die vom Colisco durch den Constantinsbogen südwestlich führt und dann in die gleichfalls unbebaute Strada di Porta S. Sebastiano umschwenkend bis zu den Thermen des Caracalla reicht. Stelle man sich nur vor, was hier durch eine Weltindustrieausstellung vorübergehend hervorgezaubert werden könnte. Die Kaiserforen und das große Forum umgäbe man wieder mit Säulen, wenn auch nur aus Latten aufgezimmert und mit Stuck bekleidet, und die Kaiserforen und Basiliken würden mit Glas bedeckt. Man hat genug Ueberreste von dem zur Hand, was einst hier zu sehen war, um wenigstens das allgemeine Bild desselben wieder herstellen zu können. Hier wäre der Platz für Statuen, aber auch unter den Glasdächern für gewebte Stoffe, für Luxusartikel aus Metall und Steinen u. dgl. m. Mit Möbel und dergleichen könnten die im leichten Fachwerk wieder erstandenen Kaiserpaläste geschmückt werden, und vorzüglich mit der Gallerie der Gemälde. In dem wieder hergestellten Flavischen Amphitheater fänden die Musikaufführungen statt und in den Baumgängen, die nach den Caracallathermen führen, würden die Maschinen, Wagen und all dergleichen untergebracht. Die Thermen würden gleichfalls wieder hergestellt, und hier könnten die Schenkwirthschaften untergebracht werden. All dies würde schwerlich so viel kosten wie ein modernes

Ausstellungsgebäude nach dem Muster derjenigen zu London, Paris, Wien und Philadelphia. Und es hätte den Reiz, statt der Regelmäßigkeit die unbeschränkte Herrschaft zu lassen, einer Mannichfaltigkeit und Unregelmäßigkeit, deren Grundlage die Geschichte schuf, auch einmal ihr Recht zu geben. Man wandelte dann unter dem Neuesten umher, welches es giebt, und wandelte doch zugleich auch im antiken Rom umher, welches zum ersten Male die Welt, wenn auch nur die Welt seiner Zeit, vereinigte, und selber die erste Weltindustrieausstellung war.

Wie wäre das? Das antike Rom ist todt; aus seinen Gladiatoren sind höchstens Räuber geworden und auch diese sind jetzt im Verschwinden. Das kirchliche Rom ist auch im Sterben, denn seine Geistlichen legen sich schon darauf, wie wir gesehen haben, für sich selbst zu betteln. Beide Male, als es durch das Schwert herrschte und als es durch den Krummstab herrschte, war es doch immer ein kosmopolitisches Rom, ein Mittelpunkt der Welt. Als nationale Hauptstadt von Italien ist es bis jetzt nichts und wird auch trotz Garibaldi's nichts werden. Aber das künstlerische Rom lebt noch und zu ihm strömt noch immer die Welt zusammen. Es erwuchs im kirchlichen Rom und aus dem kirchlichen Rom, wie dieses im politisch herrschenden Rom und aus dem politisch herrschenden Rom. Eine Weltindustrieausstellung in Rom könnte nur zugleich eine Säcularfeier des Einzuges der Kunst in Rom am Schlusse des funfzehnten Jahrhunderts sein. Was für die Kirche die Kirchenväter, welche noch im Römischen Kaiserreiche lebten, bedeuten für die bildende Kunst unserer Zeit die großen Baumeister, Bildhauer und Maler, welche unter der Vollherrschaft der Kirche kurz vor dem Ausbruche der Reformation lebten. Simon Petrus, der wahrscheinlich niemals gelebt hat, ist jedenfalls nicht im Petersdom begraben, aber die Gebeine des Rafael Sanzio birgt unzweifelhaft das

Pantheon. Dieser heidnische Bau im christlichen Aufputz ist ja auch der passende Begräbnißplatz für den Maler, der seine Grazie der heidnischen Malerei in den Titusthermen entlehnte, um sie in den Wandmalereien des Vatican und in dem illustrirten Märchen vom Amor und der Psyche der Villa Farnesina zu so siegreicher Geltung zu bringen. In acht Jahren, im Jahre 1883 am 8. April, wird Sanzio's vierhundertjähriger Geburtstag sein. Ihn könnte Rom statt des kleinen Urbino, mit der Michel Angelofeier in Florenz wetteifernd, durch eine Weltindustrieausstellung feiern, in welcher auf Italienischem Boden naturgemäß die künstlerische Seite überwiegen wird. Derartiges träumend verließen wir das Colisео wieder. Als wir zurückkehrend den Titusbogen durchschritten, hielten uns die ausgezeichneten Basreliefs im Innern seines Durchganges fest. Ihr enger Zusammenhang mit den bedeutsamsten Vorgängen der Weltgeschichte ist auch ein gar zu merkwürdiger. Der Triumphbogen, welchen Roms Senat und Volk dem Titus zum Andenken an die Eroberung von Jerusalem und den Triumph, der ihm dafür gewährt wurde, errichten ließ, ist augenscheinlich erst fertig geworden, als Domitian schon herrschte. Denn unten stellt ein Basrelief die Entführung des Titus zum Himmel durch den Adler des Jupiter vor, d. h. seinen Tod. Eben hatte ich noch versucht, diesen angebeteten Imperator, welcher bei Lebzeiten die Liebe und Wonne des Menschengeschlechts genannt wurde, bei der Einweihung seines Riesenamphitheaters den Vorsitz führend, mir vorzustellen. Ich dachte an die närrische Geschichte vom Herrn Kan nit verstahn in Amsterdam, dessen Leichenzug dem Deutschen Handwerksburschen begegnete, nachdem dieser Handwerksbursche auf alle seine Fragen, wem dies und das Schöne in Amsterdam gehöre, die Antwort bekommen hatte: „Kan nit verstahn." So geht es mit allem Großen in der Welt zu Ende. Die Darstellung des Triumphzuges des Titus durch Rom in den

Basreliefs zu beiden Seiten des Durchganges, wenn auch stark beschädigt, läßt immer noch erkennen, daß wir hier ganz ausgezeichnete Bildhauerarbeiten vor uns haben, vielleicht die besten dieser Art aus Römischer Zeit, welche wir kennen. Sechs lebensvolle Pferde, breit gespannt, ziehen den Triumphwagen. Ihre Zügel führt Roma wie gewöhnlich in Gestalt eines Weibes. Eine Victoria krönt den Helm: Bürger und Soldaten gehen dem Wagen vorauf und folgen ihm. Aber das geschichtlich Merkwürdigste ist doch das Basrelief auf der anderen Seite, welches die Fortsetzung des Zuges darstellt. Hier führen bekränzte Soldaten gefangene Juden und tragen den goldenen Tisch, die Silbertrompeten und die sieben goldenen Leuchter aus dem Tempel des Salomo. Titus hatte sie nach Rom gebracht, wo sie im Friedenstempel als Trophäe bewahrt wurden. Als Rom christlich ward, wurden sie von Constantin dort gelassen. Die Westgothen müssen sie bei ihrer Plünderung Roms nicht gefunden haben, denn erst Genserich soll sie nach der furchtbaren Plünderung durch die Vandalen haben nach Afrika einschiffen lassen. Also ein Pommer schaffte die Heiligthümer Jerusalems von Rom nach Karthago! Von hier an schwankt ihre Geschichte. Nach den Einen sollen sie mit dem Vandalenschiff zu Grunde gegangen sein, in welches Genserich alle Hauptschätze packen ließ, die er aus Rom fortführte. Aber als Belisar dem Vandalenreiche ein Ende machte und Karthago eroberte, will er diese jüdischen Heiligthümer dort vorgefunden haben, brachte sie nach Konstantinopel, und sie spielten nun ihre Rolle in dem Triumphzuge von seinem Hause nach der Hagia Sophia, welchen ihm Justinian gewährte. Es war der letzte Triumphzug im Römischen Stile, von welchem man überhaupt weiß. Justinian aber soll dann die Jüdischen Tempelheiligthümer in die christliche Kirche nach Jerusalem haben schaffen lassen? Aber wo sind sie dort geblieben?

Im Jahre 637 unter Omar's Kalifat nahmen die Araber unter Abu Obeidah Jerusalem nach viermonatlicher Belagerung durch Capitulation mit den christlichen Behörden, für deren Beobachtung Omar selbst sein Wort einsetzte. Die Juden hielten es fast stets mit den Arabischen Eroberern. Haben sie ihre Tempelheiligthümer, wenn diese wirklich in der christlichen Kirche in Jerusalem vorhanden waren, nun zurückgefordert? Auch die Capitulation würde die Araber nicht abgehalten haben, sie bei dieser Forderung zu unterstützen, denn sie betrachteten die Mosaische Religion als die ehrwürdige Großmutter der ihrigen und Jerusalem als die heiligste Stadt nächst Mekka und Medina. Es wird also doch angenommen werden müssen, daß die Tempelheiligthümer mit jenem Vandalenschiffe zu Grunde gegangen sind, daß Belisar nur nachgeahmte in seinem Triumphe aufführte, oder — daß sie eben noch einmal verschwunden sind, um vielleicht noch einmal aufzutauchen. Heiligthümer sind zählebig und leben zuweilen so lange wie die Religionen, deren Heiligthümer sie sind. Die Religion des Moses aber ist die älteste, welche lebt; häufig aber findet man beim Titusbogen noch arme, alte Juden aus Nordeuropa, welche nach Jerusalem pilgern, um dort den Rest ihres Lebens von den Almosen, welche die Juden von allen Seiten nach Jerusalem schicken, zu leben, und an der „Mauer der Thränen" am Abhange des Berges Moriah zu weinen, welches geschieht, seit Julianus Apostata den Tempel wieder zu bauen versuchte, aber damit nicht fertig ward, und dann Jovianus den Bau von Neuem verbot.

Von der Höhe, auf der der Titusbogen steht, blickten wir wieder auf das Forum Romanum hinab. Aber dieser wichtigste Platz der ganzen Weltgeschichte verdient es wohl, daß man über seinen Ursprung und die Rolle, die er gespielt hat, sich ganz im Allgemeinen klar zu werden versucht.

Auf dem Forum Romanum.

(Die Musik und das Volksleben auf öffentlichen Plätzen in Italien. Warum die Italiener nicht spaziren gehen. Kaffeehaus und Weinschenke. Nothwendigkeit des Forum im Alterthume. Keine Glasfenster und keine Zeitungen. Die mündlichen Stadtgerüchte. Die Kaiseranekdoten und die Märtyrergeschichten. Die Kirche S. Stefano Rotondo und ihre Märtyrerbilder. Das Forum Romanum bei der Ermordung des Cäsar. Warum die Straßenrevolutionen aufgehört haben.)

Rom, 2. Januar 1875.

Seit alleräItester Zeit hat in Italien der Begriff Forum eine hervorragende Rolle im politischen Leben, wie im täglichen Privatleben gespielt. Die Sprachforscher belehren uns, daß „Forum" eigentlich nichts bedeute, wie „draußen" oder „vor der Thür" und daß die ursprüngliche Form des Wortes in der Indo-Europäischen Ursprache wahrscheinlich „Dwara" gewesen sei, welches noch heute im Littauischen der „Hof" heißt. Das Wort ist aber auch sonst, in ähnlicher Bedeutung, fast in allen Indo-Europäischen Sprachen erhalten. Die besondere Anwendung des Wortes im antiken Italien auf die politischen und commerciellen Mittelpunkte der Städte läßt sich aber noch aus dem Italienischen Leben der Gegenwart verstehen. Jeder bewohnte Ort bis zu kleinen Dörfern herab hat seinen freien Platz, auf welchem sich die Bevölkerung gegen Abend, wenn es kühl wird, versammelt. Es ist Gewohnheit so, ein besonderer Anlaß ist nicht nöthig. Die Leute thun nichts; sie stehen eben nur da oder bewegen

10*

sich gemächlich unter einander, sich einander beobachtend oder mit einander plaudernd. In größeren Städten spielt Musik; entweder geschieht dies auf Kosten der Gemeinde oder das Officiercorps der Nationalgarde oder irgend eines Linienregimentes sorgt Anstands halber dafür. Aber auch ohne Musik kommt das Volk: es scheint es nun einmal nicht lassen zu können; bezahlen will freilich der Einzelne durchaus nichts für die Musik; die Bezahlung muß aus irgend welchem gemeinsamen Säckel erfolgen, so daß sich der Einzelne wenigstens einbilden kann, daß er die Musik umsonst habe. Was würde man bei uns sagen, wenn außerhalb der Badeorte der Gemeindevertretung zugemuthet würde, allabendlich für Musik auf einem öffentlichen Platze zu sorgen? In Italien aber findet dies Jedermann ganz natürlich: die öffentliche Musik geht der öffentlichen Schule in Wichtigkeit fast voraus. Beiläufig ist diese Musik meist äußerst dürftig und unvollkommen, und gar nicht mit Demjenigen zu vergleichen, was bei uns geleistet werden würde, wenn dergleichen in Deutschen Landen Sitte wäre, und was in Badeorten entweder aus Gemeindemitteln oder aus dem Ertrage der Curtaxe wirklich geleistet wird.

Aber es ist auch gleichgültig, ob diese Musik vollkommen oder unvollkommen ist, denn, wie schon gesagt, wenn es auch gar keine Musik giebt, kommen die Leute doch. Sie haben es eben aus anderen Gründen nöthig. Jener öffentliche Platz in jeder Stadt und jedem Städtchen, welcher als der Erbe des antiken Forum betrachtet werden kann, ist der tägliche Gesellschaftssaal des Volkes, und auf demselben umher zu schlendern, ist die Italienische Form des Spazirengehens. Von einem Spazirengehen in unserem Sinne oder gar im Englischen, vielleicht meilenweit durch Wälder und Fluren und stets im Grünen, kann in Italien nicht viel die Rede sein. Im Sommer und bei Tage verbietet es der Sonnenbrand, und des Abends, auch wenn der Mond scheint, verbietet es die Furcht vor gesundheitsgefährlichen Ausdünstungen des Erdreichs. Dazu ist die Dämmerung in diesen niederen Breitegraden nur kurz und reicht für einen ernsthaften Spazirgang nicht aus. Das Spazirengehen muß daher auf gepflastertem Boden stattfinden und schnelle Rückkehr in die Wohnung muß stets dabei vorbehalten sein. Als Gesellschaftssaal des Volkes aber dient der öffentliche Platz, auf dem diese allabendlichen Versammlungen stattfinden, weil das Volk keine anderen Gesellschaftsräume hat, wenigstens keine solchen, in denen es plaudern kann. In den Kirchen und einst auch in den Tempeln, an deren Stelle die Kirchen entstanden sind, kann doch von Plaudern nicht die Rede sein und große Wirthshäuser, wie wir sie kennen, und in immer großartigerem Maßstabe schaffen, giebt es in Italien eben nicht und hat es niemals gegeben, eben weil das Forum und die Volkssitte, die ihm entstammt, wenn auch dieser antike Name jetzt fehlt, in der Concurrenz sie nicht aufkommen ließen.

Das aus dem Morgenlande über Venedig eingeführte Kaffeehaus, im Morgenlande wirklich neben dem Bade und der Barbierstube der Platz für die Volksgeselligkeit, ist ebenfalls schon in Italien nicht mehr, was es im Morgenlande ist. Theilweise ist die Zeitung in dasselbe eingedrungen und verbietet alle laute Unterhaltung, wie auch in den Prachtkaffeehäusern von Oesterreich und Frankreich, theilweise hat es sich, wie vorzüglich jetzt in Rom, in ein Speisehaus mit höheren Preisen für die Jugend der wohlhabenden Klassen verwandelt. Jene Sitte einer allabendlichen Versammlung, ohne Anlaß und Verabredung an bestimmtem Platze fand ja auch das Kaffeehaus bei seiner Einführung aus dem Morgenlande schon vor, und weit davon entfernt, sie ersetzen zu können, ist es derselben dienstbar geworden. Natürlich ist der öffentliche Platz, auf welchem die allabendliche Volksversammlung stattfindet, zugleich der beste Platz für die

Anlage von Kaffeehäusern, theils als Zufluchtsplätze im Falle des Regens, theils um Gelegenheit zu geben, dem Gewühle zuschauen zu können, ohne sich darin zu befinden und dabei noch andere Erfrischungen zu sich nehmen zu können, als die, welche auf dem Platze selbst von Limonadeverkäufern u. s. w. feil gehalten werden. Die Weinschenken sind aber in Italien am allerwenigsten Concurrenten für jene altherkömmliche Befriedigung des Geselligkeitstriebes auf öffentlichem Platze in freier Luft und doch in der Stadt selbst. Die Südländer trinken dazu nicht genug, und unter ihnen thut es nur die allerunterste Klasse, welche dann bei der Erhitzung durch geistiges Getränk nur gar zu leicht in gefährlichen Streit geräth und dadurch die Weinschenke unzugänglich für die anderen Gesellschaftsklassen macht. Die Weinschenke ist daher im Süden überhaupt, im Verhältniß zum nordischen Bier- und Weinhaus, ganz unentwickelt geblieben. Alles dies hat natürlich seine Ausnahmen: aber als Regel drängt es sich dem Blicke des Ausländers unvermeidlich auf.

Der Besuch des Forums als eine Volkssitte lebt also, wenn auch jetzt ganz formlos, noch heute in Italien fort, und dies giebt uns Gelegenheit, uns ein Bild zu verschaffen von dem, was das Forum einst war, als die Sitte des Zusammenkommens allabendlich in freier Luft auf einem wohlgepflasterten Platze, welchen das Bedürfniß immer passender dafür zurecht machte, noch viel dringlicher für alle diejenigen Bewohner der Italienischen Städte geboten war, welche nicht einen jener Palazzi des Alterthums, die ebenfalls bis heute ihre Nachfolger haben, eine Domus, mit innerem Forum, mit Atrium und Peristyl besaßen. Natürlich war aber dies stets nur eine verschwindende Minderheit. Aus der „Notitia" wissen wir z. B., daß gegen Ende der Kaiserzeit sich in der Stadt Rom 1797 Paläste oder Domus und 46,602 große Mietshäuser oder Insulä befanden, und in Pompeji können wir uns heute noch ein ziemlich genaues

Bild im Kleinen davon verschaffen, wie diese Wohnungsgruppirung ausgesehen habe. Die gesammte Bevölkerung jener Mietshäuser oder Insulä, und die aus den Palästen oder Domus, die Sklavenbevölkerung noch dazu, für welche letztere Atrium und Peristyl jedenfalls keine Erholungsplätze waren, sahen sich auf allabendliche öffentliche Geselligkeit in freier Luft auf städtischen Plätzen angewiesen, so weit sie daran theilnehmen konnten. Selbst das Bild der Pariser Boulevards und des Palais Royal, des Tuileriengartens und der Champs Elysées an Sommer-Sonntagen dürfte kaum ausreichen, uns eine Vorstellung von dem ungeheuren Gewühl zu gewähren, welches allabendlich auf dem Forum Publicum von Rom nebst den daranstoßenden Kaiserforen stattfand, nachdem die Stadt unter der Regierung Trajan's ihre größte Bevölkerungsziffer erreicht hatte.

Ich sagte, das Bedürfniß habe im Alterthum die große Masse des Volkes noch weit mehr auf solche tägliche Geselligkeit im Freien angewiesen als jetzt. Man wolle sich, um dies zu begreifen, nur einige — wie soll ich sagen — negative Culturbedingungen vergegenwärtigen, durch welche sich das Alterthum von unserer Zeit unterscheidet. Man kannte im Alterthum, und dies noch obenein sehr früh, nämlich zuerst in den Phönicischen Städten, zwar schon das Glas; aber man kannte noch nicht das weiße oder vielmehr das ganz farblos durchsichtige Glas. Es ist merkwürdig, daß die Erfindung desselben im Alterthum niemals gelang; aber es kann kein Zweifel mehr daran obwalten, daß dem so ist. Antikes Glas ist genug aufgefunden worden, aber darunter auch kein Stückchen farbloses. Hauptsächlich ist grünes Glas von nur geringer Durchsichtigkeit aufgefunden worden. Auch würde, wenn das farblose Glas schon entdeckt gewesen wäre, seine Verwendung zu Fensterscheiben gewiß nicht ausgeblieben sein, und diese würde sich wiederum aus der Literatur, wenn nicht unmittelbar aus dem Vitruvius ergeben, der noch obenein selbst doch eigentlich Glaser heißt: denn auch durch Glasblasen, das einzige Mittel, welches man im Alterthum kannte, um dünnere Glasflächen herzustellen, lassen sich Fensterscheiben herstellen. Aber von alle dem ist nicht die Rede. Das antike Glas war für den Gebrauch zu Fensterscheiben viel zu trübe und stand hierin dem Marienglase, welches die Natur selbst, aber nur in beschränkter Menge und in kleinen Stücken liefert, weit nach.

Das Alterthum kannte daher keine gläsernen Fensterscheiben, und dies ist von ganz entscheidendem Einfluß auf die Bauart der Häuser, der öffentlichen Gebäude sowohl, wie der Privathäuser gewesen. Der Gegensatz ist häufig bemerkt und mit Nachdruck betont worden, daß der antike Tempel, wie das antike Wohnhaus, den Kirchen und den Wohnhäusern der Neuzeit grade in einer Hauptsache diametral gegenüberstehen. Der antike Tempel war darauf berechnet, seinen Eindruck auf den Beschauer von außen zu machen: die Kirche, durch Fenstererleuchtung dazu in den Stand gesetzt, ist hauptsächlich darauf berechnet, architektonisch auf Diejenigen zu wirken, die sich im Innern der Kirche befinden. Hauptsächlich ist dies in Italien selbst der Fall. Dagegen zeigte das antike Wohnhaus, d. h. die Domus, der Palast, von außen fensterlos wie es war, dem Beschauer, eine kahle Mauer und entfaltete seine architektonische Pracht erst im Innern, rings um die Lichthöfe, welche ihm statt aller Fenster dienen mußten, und die auch das Regenwasser sammelten, das ja willkommene Gabe für die Wirthschaft, wie für die Zierpflanzen war. Es ist das Fensterglas und dieses allein, welches die Architektur so vollständig umgestaltet hat.

Aber auch auf das tägliche Leben konnte es einen ähnlichen Eindruck nicht verfehlen. Mit Recht hat ein geistreicher Schriftsteller über die Baukunst, der Engländer

Ruskin, bemerkt, wie man niemals vergessen dürfe, daß ein gewöhnliches Zimmerfenster eine doppelte Rolle zu spielen habe, nämlich Licht aus der Straße in das Zimmer hinein, und den Blick aus dem Zimmer auf die Straße hinaus zu lassen. Er unterscheidet aus diesem Grunde vom Zimmerfenster das Kirchenfenster, welches nur die erste Hälfte dieser Aufgabe zu erfüllen habe, und die Luke der Burg, bei welcher es nur auf die zweite Hälfte ankomme, und giebt dann an, in welcher Weise eine wirklich constructive Architektur den Unterschied eines Zimmerfensters, eines Kirchenfensters und einer Burgluke zum Ausdruck zu bringen habe. Doch, dies jetzt bei Seite, wird man sich jedenfalls hierbei daran erinnern, daß eine Bevölkerung, welche keine für alle Jahreszeiten eingerichteten Straßenfenster kennt, und sich nicht an dieselben setzen kann, um sich durch Beobachtung der Nachbarn zu unterhalten, einen noch viel stärkeren Drang fühlen muß, mit den Nachbarn draußen, also auf dem Forum, zusammen zu kommen.

Dann aber fehlten dem Alterthume, wie ja auch noch dem ganzen Mittelalter, natürlich die gedruckten Zeitungen. Was giebt es Neues in der Stadt und in der Welt? Wer dies wissen wollte, konnte es wiederum, wenn er nicht ein vornehmer Mann war, dem die Clienten, die er beschützte, es zutrugen, nur draußen erfahren. In den Straßen Roms reihten sich freilich, wie auch in den Straßen der übrigen Städte Italiens, Verkaufsläden an Verkaufsläden, jeweilig ein Barbierladen dazwischen, oder eine Garküche, oder ein Weinschank, in welchen die politische Unterhaltung nicht abriß, so lange sie offen standen. Von diesen aus wanderte dann die politische Neuigkeit von Ladenthür zu Ladenthür. Dazu brauchte sie aber zunächst viel Zeit und blieb ferner auch nicht, was sie ursprünglich war. Gewiß hat mit den grausigen Geschichten, welche uns besonders aus dem Rom der Kaiserzeit durch Geschichtsschreiber, die ihre Geschichten nach dem Hörensagen verfaßten, überkommen sind, der Umstand viel zu schaffen, daß diese Geschichten schon gleich anfangs von Mund zu Mund zu gehen hatten und dabei immer grausiger wurden, bis sie sich dann nach dem gewöhnlich gewaltsamen, von den Nebenbuhlern herbeigeführten Tode des einzelnen Imperators in unauslöschliche Volkserinnerungen verwandelten. Es hatte ja Niemand ein Interesse daran, das Andenken eines ermordeten Imperators zu schützen — weit eher das grade Gegentheil. Was mag auf diese Weise das Volk in Rom sich über die Wollust und Grausamkeit der Imperatoren, später über das schreckliche Märtyrerthum der Christen erzählt haben! Mit großer Mühwaltung haben die Geschichtsforscher heut zu Tage zunächst das Andenken des Tiberius von angeblichen Lastern zu reinigen, deren sich der vergrämte alte Mann in einem Alter von fast achtzig Jahren doch gar nicht schuldig gemacht haben **kann**. Sie werden wohl der Kannegießerei im Weinschank des Caupo entstammen, bei welcher die Menschen dasjenige, welches sie selbst thun würden, wenn sie thun könnten, was sie wollten, mit demjenigen verwechselten, was der Mann, der zum ersten Male in Rom thun konnte, was er wollte, nun wirklich that. Und indem die Geschichte von Munde zu Munde wanderte, ward sie dann noch in das Ungeheuerliche vergrößert und in das Fratzenhafte verzerrt. Auch die wahre Geschichte des Caligula, und selbst diejenige des Nero dürfte noch zu schreiben sein: aber bei der Verdunkelung, welche die Geschichte der Imperatoren durch Gerüchtesammler vom Schlage des Suetonius erfahren hat, der auf den Kitzel des Schrecklichen und Monströsen bei seiner Auswahl der Gerüchte speculirte, und selbst des **Tacitus**, welchen seine verhängnißvolle Aehnlichkeit im Schildern mit **Victor Hugo** uns denn doch jetzt mit größerem Mißtrauen lesen läßt, als unsere Väter uns gelehrt haben, dürfte diese Aufgabe keineswegs leicht sein. Gar aber erst die christlichen

Märtyrergeschichten, welche Gestalt haben sie angenommen in ihrem Laufe von Munde zu Munde durch die Gassen Roms und später in der Ueberlieferung von Geschlecht zu Geschlecht, bis der Sieg des Constantinus über den Maxentius nordwärts des Ponte Molle sie alle auf einmal legitimirte und zum verwerthbaren Schatze machte, aus welchem die Römische Kirche bis in unsere Zeit geschöpft hat! Es giebt in Rom eine Kirche, welche wahrscheinlich aus einem antiken Rundtempel des Faunus entstanden ist, Stefano Rotondo, auf dem Cölischen Hügel, in einiger Entfernung hinter dem Colisco gelegen. Sie ist unter Gregor XIII. ringsum im Innern mit wahrhaft scheußlichen Fresken ausgemalt worden, in welchen dargestellt ist, wie es den hauptsächlichen Märtyrern im alten heidnischen Rom ergangen ist, trotz der uns so genau bekannten Altrömischen Rechtspflege. Diese Fresken sind eine Art von Collectivdenkmal dessen, was man sich einst in Rom in den Barbierläden und Weinstuben zu erzählen pflegte, als es — die Feinde der Presse mögen sich das wohl merken — noch keine Zeitungen gab. Die Kirche ist ein Denkmal der Unvollkommenheiten, durch welche das alte Rom zu Grunde ging und ein neues entstand, mit dem wir noch heute zu schaffen haben. Der Wunsch ist schon ausgesprochen worden, daß diese gräßlichen Fresken, welche keinerlei künstlerischen Werth haben, doch übertüncht werden möchten. Nein! sie müssen erhalten bleiben, damit man auch später wisse, was Alles der Welt schon vorgelogen ist, was die Menschen sich selber vorgelogen haben, als es noch keine Zeitungen gab.

Doch versuchen wir jetzt, uns den Zustand der alten Hauptstadt der Welt, in der es also weder Fenster noch Zeitungen gab, und in der noch die Wahrheit persönlich vom Forum geholt werden mußte, in irgend einem erregten Augenblicke vorzustellen, wann wirklich ein außerordentlicher Schlag gefallen war, der bestimmend auf das Leben jedes ihrer Einwohner wirken mußte. Zu einer Zeit, als das Volk noch gewohnt war, es genauer mit seinen Erzählungen zu nehmen, lief die Kunde an einem Idus des März durch alle Gassen: Caesar occisus in senatu. Wie schwer der Name Cäsar geworden war, aus welchem später der höchste menschliche Titel ward, haben damals die engen Gassen der Stadt bis zu den fernsten Ausläufern der Siebenhügel hinaus gezeigt. Jeder Verkäufer trat aus seinem Laden und aus den Stockwerken der Insulä herab, und aus den Thüren der Domus hinaus kam das ganze Volk auf die Gassen, die es in ihrer Enge kaum faßten. Dann begannen von allen Seiten aus die Bewegungen nach dem Forum, hastiges Laufen in den entfernteren Stadttheilen, Schieben und Drängen in den mittleren: durch die brausende Masse flogen Schlagworte, welche vom Forum kamen und aus deren Widerstreit sich schnell jene Volksstimme bildete, welche man Gottesstimme genannt hat, wegen der unerklärlichen Plötzlichkeit, mit welcher sie laut wird, und wegen der unwiderstehlichen Gewalt, mit welcher sie durchdringt, so daß es jedem Einzelnen zum Bewußtsein gebracht wird, wie er dieser Stimme gegenüber gar keinen Einfluß und keine Macht mehr besitze, wer er auch immer sei. Einen Ansatz zu dem, was jetzt vor sich ging, hatte es schon einmal in Rom gegeben, nämlich als Cäsar den Rubicon überschritt, und der ganze alte Staat, die Adelsrepublik, war erschreckt davor aus Rom gegen Süden gewichen. Jetzt war die Leichenrede des Antonius für den ermordeten Cäsar, von welcher uns die Ueberlieferung blieb, vielleicht gar nicht mehr nöthig. Der Gedankengang in derselben, welchen Shakespeare mit so großer Meisterschaft dramatisch zu verwerthen verstanden hat, war eben der Gedankengang, welcher in der Volksmasse von selbst, ohne Zögern und unaufhaltsam durchbrach. Man muß sich nur vorstellen, welche politischen Parteiempfindungen schon von den gracchischen Unruhen her, dann aus den Bürgerkriegen und gegenseitigen Parteiverfolgungen, an deren Spitze die Namen des Sulla und Marius stehen, in der breiten Masse des Volkes von Rom abgelagert geblieben waren. Dazu kam das schon längst vorhandene, durch Cäsar beförderte Uebergewicht der Einwanderer aus den Italienischen Provinzen, ebenso wie aus Griechenland und dem Morgenlande in der Stadt. Die jenseit des Tiber wohnenden Juden, deren Beschützer er gewesen war, und die Norditaliener Gallischen Stammes, welche durch ihn das Lateinische Bürgerrecht erhalten hatten, auch die vorzüglich in allen reicheren Häusern als Hauslehrer für die Jugend verstreuten Griechen — für sie Alle waren die alten Institutionen der Römischen Republik entweder ein leerer Schall oder ein feindlicher Begriff, welcher dem Namen ihres Befreiers Cäsar gegenüber nicht ins Gewicht fiel. Und dieser Cäsar war im Senat, von den Senatoren *ermordet*! Es war das kosmopolitische Rom und das nationale Rom, welche ihre Kräfte an diesem denkwürdigsten Tage der Weltgeschichte auf dem Forum Roms mit einander maßen, eine Freihandelspartei, welche das Wohlsein Aller auf der Fahne führte, und eine Schutzzollpartei von allerengster Beschränkung, deren letzter großer Mann der ältere Cato gewesen war, während die Tochter des jüngeren, des letzten Römers der alten Zeit, die Frau des Führers der Mörder Cäsar's war.

Auf dem Forum wurden die Geschicke des alten Italiens entschieden. Sein später Reflex im täglichen Leben des heutigen Italiens wird eine solche Rolle nicht mehr spielen, wenn auch Klima und Gewohnheit ihn noch lange aufrecht erhalten werden. Die Landespolitik macht sich auch hier nicht mehr auf der Gasse. Zeitungspresse und Wahlen machen dem überhaupt und überall nach verhältnißmäßig kurzer Zeit ein Ende. Seit es in England eine *ernsthafte*

Zeitungspresse giebt, seit dem Ende des siebzehnten Jahrhunderts, ist von Gassenrevolutionen dort nicht mehr die Rede gewesen. Als die große Französische Revolution am Ende des achtzehnten Jahrhunderts ausbrach, gab es in Paris keine ernsthafte Zeitungspresse, und der Concordienplatz, die Boulevards und der Grèveplatz spielten wirklich noch eine dem Römischen Forum ähnliche Rolle. Frankreich hat seine Wege hauptsächlich deswegen nicht zu bessern vermocht, weil es ihm niemals gelungen ist, eine ernsthaft ihren Beruf ausfüllende Zeitungspresse zu schaffen. Vergleiche man nur die Französische mit der Englischen, um nicht zu Vergleichen einzuladen, welche interessirter aussehen würden.

Die Französische Zeitungspresse macht es sich mit dem Leitartikel, mit wenigen rühmlichen Ausnahmen, denn doch etwas gar zu leicht; auf die Correspondenz verwendet sie jedenfalls nicht ausreichende Mittel und vorzüglich nicht ausreichend vorgebildete Kräfte, um ein richtiges Bild von der Gesammtweltlage in die Köpfe ihrer Leser bringen zu können.

Auch in Wien und Berlin gab es, als dort große Volksdemonstrationen, deren Schauplatz die Plätze und Gassen der Stadt waren, entscheidend in das Geschick des Staates eingriffen, im Jahre 1848, noch keine Zeitungspresse, welche der Erwähnung werth gewesen wäre. Die Krankheit, an welcher die antike Cultur zu Grunde ging — beim Cäsarenwechsel in Rom spielte das Forum Romanum Jahrhunderte hindurch immer wieder seine alte Rolle — scheint von unserem Zeitalter, bei einem Volke nach dem anderen, als eine Jugendkrankheit überstanden zu werden, welche den Uebergang von einer unreiferen zu einer reiferen Lebensstufe der Völker begleitet.

Auf dem Capitol und im Pantheon.

(Das Reiterstandbild des Mark Aurel. Die theatralische Treppe. Die Wölfin. Der Palast Cafarelli. Eine Deutsche Kunstschule in Rom. Ara Coeli. Rossi. Die Jesuskirche. Verschwundene Statue Loyola's. Die Kirche sopra Minerva. Das Pantheon. Der Papst, sein Baumeister und Pasquino und Marforio. Ausgrabung vor dem Pantheon. Ein Taschendieb. Die geheimnißvolle Unterwelt. Rafael's Grab im Pantheon. Das Schattenspiel in der Kuppel.)

Rom, im November.

Das Forum Romanum mit all seiner gewichtigen Umgebung und auch mit den palatinischen Hügeln zu schildern, wird es erst Zeit sein, wenn die Ausgrabungen beendigt sein werden. Es ist hier so Vieles noch unbekannt, daß man sich noch wie in einem Irrgarten befindet. Und in jedem Jahre kommt viel Neues zu Tage, welches ältere Conjecturen wieder umwirft. Um vom Forum zur Stadt zu gelangen, kann man auch über das Capitol gehen. Von der alten Stiege ist zwar noch ein beträchtliches Stück vorhanden, aber sie führt nicht mehr zur alten Burg hinauf. Sie geht noch durch den Triumphbogen des Septimius Severus und endet dann beim Saturnustempel, welcher, obgleich eines der ältesten Bauwerke, noch in recht ansehnlichen Trümmern vorhanden ist und dessen Jonische Säulen noch ein beträchtliches Stück des Architravs tragen. Jetzt geht ein neuer Weg auf Bogen quer über das Forum und führt durch einen Seitenflügel auch zum Capitolsplatze empor. Oben im capitolinischen Museum der Skulpturen ist gar viel zu sehen, welches des Sehens würdig ist, und eben so im Palaste der Conservatoren, der als zweiter Seitenpalast dem Museum gegenüber liegt. Aber dies, wie so Vieles in Rom, verdient besondere Besuche, und seine Schilderung gehört kaum in eine flüchtige Reisebeschreibung. Aber dem bronzenen Reiterstandbild in der Mitte des Platzes geht gewiß Niemand, auch bei raschem Durchschreiten desselben, vorüber, ohne ihm einen Blick zuzuwerfen. Es ist das Reiterstandbild des Marcus Aurelius. Es verdankt seine Erhaltung im frühen Mittelalter dem Umstande, daß man es für dasjenige des Constantinus hielt. Der philosophische Kaiser, der ganz in die ernste und trübe Lebensauffassung der Stoa vertieft war, soll bei den Christen, die zu seiner Zeit wohl zuerst in geschichtlich beglaubigter Weise sich regten, die Hoffnung erweckt haben, daß sie ihn zum Christenthum bekehren könnten. Ob ihn die Schriften, die sie deswegen an ihn gerichtet zu haben scheinen, jemals erreichten, ist aber sehr zweifelhaft. Jedenfalls war er für Orientalisches Wesen nicht sehr begeistert. Er hatte bekanntlich lange in Wien gelebt und mit den Markomannen in Böhmen und den Quaden in Mähren Krieg geführt. Später besuchte er einst auch Jerusalem und schrieb von dort an seine Frau Faustina: „Oh, ihr Markomannen! oh, ihr Quaden! wie bitte ich euch ab, daß ich euch für schmutzig gehalten habe: um schmutziges Gesindel zu sehen, muß man nach Jerusalem gehen.“ Die Faustina, die er sehr geliebt haben muß, obgleich sie es keineswegs verdient zu haben scheint, hat übrigens die Ehre, zusammen mit ihm einen Tempel auf dem Forum bekommen zu haben, von welchem noch der Säulenumgang und die Inschrift vorhanden sind. Es geschah auf seinen eigenen Betrieb, daß sie zur Theilnehmerin seiner Göttlichkeit gemacht wurde. Vielleicht war es auch leerer Klatsch, welcher in Rom über ihre Sittlichkeit umlief, wie solcher vielen Frauen der Imperatoren angehängt wurde.

Mit dem Tode des Mark Aurel, von welchem uns weitaus die meisten Porträtköpfe unter allen Kaisern überkommen sind, der also im hohen Grade populär gewesen sein muß, was er auch verdiente, hat Gibbon seine große immer noch unübertroffene Geschichte vom Niedergang und Fall des Römischen Reiches begonnen. Für Gibbon war des Marcus ungerathener Sohn, Commodus, der seine Zeit zwischen vierhundert Mädchen und der Gesellschaft der Gladiatoren theilte und selber als Gladiator auftrat, der Anfang des Endes. Die communistische Volksbewegung, welche das wahre Geheimniß des Niedergangs von Rom ist und welche später die Gestalt der Römischen Kirche annahm, hat Gibbon als solches entweder noch nicht erkannt, oder wenn er es doch gethan haben sollte, wofür mancherlei Anzeichen vorhanden sind, hat er doch seinen Landsleuten und Zeitgenossen eine so rücksichtslos erscheinende Behauptung nicht zu bieten gewagt.

Vom Capitolsplatze führt eine Treppe mit niedrigen, breiten Stufen, der man gleich Michel Angelo als Baumeister anmerkt, in die Straßen der Stadt hinab. Von Michel Angelo rührt die ganze gegenwärtige Anordnung der Gebäude auf dem capitolinischen Hügel her. Sie ist theatralisch wie Specchi's Treppe auf dem Spanischen Platze, aber nicht mehr, als sich für die Stelle schickt. An der Treppe befindet sich ein Käfig mit einer lebendigen Wölfin, dem Wappenthier von Rom. Auf dem Capitol haust nämlich die Gemeindeverwaltung von Rom. Aus einer Gemeinde ging das Römerreich hervor und in eine Gemeinde ist es wieder zusammengekrochen. Aber immer noch steckt dieser vornehmsten Gemeinde der Welt etwas von ihrer Geschichte in den Gliedern. Die gemeinen Römer sind politisch durch aus noch immer etwas Anderes, als die anderen Italiener, unter denen sonst nur noch den Venetianern ihre Localgeschichte gleichwerthig mit der des neuen Italiens erscheint. Ein Mann aus dem Volke stand neben uns, als wir dem unruhigen Laufen der Wölfin im Käfig zuschauten. Er sah, daß wir Fremde waren. Es ist gar keine Wölfin, sagte er zu uns, glauben Sie es nicht; es ist eine Hündin. Hunde sind wir Alle, feige Hunde, und verdienen nicht Römer zu heißen.

Man kann auch, statt die Treppe hinab zu steigen, einen gewundenen Fahrweg wählen, dessen Seiten höchst geschmackvoll mit gewaltigen Aloën und anderen immergrünen Pflanzen geschmückt sind. Die große Fülle der immergrünen Pflanzen in Rom und auch in den Gärten der Villen vor seinen Thoren macht, daß man sich des Winters kaum bewußt wird, wenn nicht grade die Tramontana weht. Jetzt war es ganz warm in Rom, während es doch in Florenz schon bitter kalt gewesen war. Ueberhaupt haben wir von allen Seiten gehört, daß es im Winter in Rom niemals so kalt wird, wie selbst in Neapel, und daß es überhaupt die im Winter wärmste Stelle des Festlandes von Italien ist, die Riviera di Ponente bei Nizza nicht ausgenommen, und nur von den Küsten Siciliens hierin übertroffen wird. Von diesem Fahrweg aus bekommt man den Palast Caffarelli auf dem Capitol, grade über dem Trapejischen Felsen, zu Gesicht; hier wohnt jetzt die Deutsche Botschaft, nachdem Bunsen den Palast grade noch zur rechten Zeit für Friedrich Wilhelm IV. erworben. Jetzt ist er vollständig in den Besitz des Deutschen Reiches übergegangen. Ein Versuch Bismarcks, von Frankreich die Villa Medici auf dem Monte Pincio für eine Deutsche Kunstschule zu erwerben, nämlich als Theil der Kriegsentschädigung, ist an dem Stolze der Franzosen, wie man eigentlich hätte vorher wissen können, gescheitert. Es fehlt uns freilich noch in Rom eine solche Deutsche

Kunstschule, wie sie die Franzosen so schön in der Villa Medici haben. Aber es wird schon die Gelegenheit kommen, eine andere gleich schöne, wenn auch vielleicht nicht gleich schön gelegene Villa in Rom für diesen Zweck zu erwerben. Es wird die Zeit kommen, wo wieder Römische Nobili Lust haben werden, ihre Villen zu verkaufen, und dann müssen nur Reichsregierung und Reichstag bei der Hand sein.

Von der Capitolstreppe führt die Straße Ara Coeli tiefer in die Stadt hinein. Hier wohnt Rossi, dem wir die neuesten und reichhaltigsten Forschungen in den Katakomben verdanken. Er leitet die Ausgrabungen in den Katakomben noch. Sie sind Aufgabe des heiligen Stuhles geblieben und die Erlaubniß zu ihrem Besuche wird in der Kanzlei des Cardinalvicars gegeben. Aber wenn man den Geheimnissen der Katakomben — und es sind dies ja sehr große und sehr gewichtige Geheimnisse — ernsthaftere Theilnahme schenkt, thut man am besten, sich an Rossi selbst zu wenden, um ihn auf seinen Ausflügen in die Katakomben begleiten zu können. Er ist Tag ein und Tag aus dort und man muß schon früh auf den Beinen sein, um mit ihm gehen zu können. Die ganzen drei Treppen, welche zu seiner Wohnung führen, hat er mit Funden aus den Katakomben ausgestattet und man kann schon hier die Studien beginnen. Vor der Luft in den Katakomben wird man zwar viel gewarnt; wenn man aber nicht zum Fieber neigt, thut man wohl, sich nicht daran zu kehren. Nur muß man die Vorsicht gebrauchen, an keiner einzelnen Stelle all zu lange stehen zu bleiben, sondern sich in Bewegung erhalten. Wir haben viele Stunden in den Katakomben zugebracht, aber keine nachtheilige Wirkung davon empfunden. Auch wird man wohl im Sommer vorsichtiger sein müssen als im Winter.

Die Straße Ara Coeli, welche nach der merkwürdigen Kirche auf dem Capitol so heißt, die an der Stelle des Altars der Götter des blauen Himmels steht und haupt-

11*

sächlich des Tempels der Juno, führt zur Jesuskirche. In den Höfen und Fluren vieler Paläste und Häuser in dieser Gegend von Rom, die überhaupt zu den interessantesten gehört, strotzt es von Funden aus dem Alterthum, Basreliefs von Sarkophagen und Brunnen. Der Palazzo Mattei zeichnet sich besonders dabei aus. Die Jesuskirche gehört zu den am prächtigsten ausgeschmückten in Rom und ist eine Hauptbühne für die jesuitische Beredsamkeit. Man wird sie fast auch immer gefüllt finden, vorzüglich von den Italienischen Frauen der höheren Stände. Ein wirklich wunderlicher Heiliger liegt hier begraben, natürlich nicht Jesus, sondern Ignatius von Loyola. Sein Grab ist ein wahres Prachtstück. Es hat Säulen von Lapis Lazuli und vergoldeter Bronce. Zwei Statuen stellen Gott Vater und Christus vor und zwischen sich haben sie eine große blaue Weltkugel aus einem einzigen Stück Lapis Lazuli, dem größten, von dem man weiß. Der Heilige liegt unten in einem Sarkophag von vergoldeter Bronce. Im vorigen Jahrhundert schmückte sein Grab auch seine lebensgroße Statue ganz aus gediegenem Silber. Als Clemens XIV. Ganganelli den Jesuitenorden aufhob, verschwand diese Statue. Der Heilige ging wieder hinaus, wahrscheinlich in eine Amerikanische Münzstätte, und zog dann in Form silberner Säulendollars unter dem Volk umher, um es zu bekehren. Die Jesuiten verstehen es schon, ihren Heiligen zu verwenden. Geht ihnen Alles gut, so kommt er wohl eines Tags von seiner frommen Pilgerfahrt auch wieder, d. h. es wird wieder Silbermünze zu seiner Statue eingeschmolzen. Oder, da die Silberwährung aus der Welt verschwinden zu sollen bestimmt zu sein scheint, warum nicht auch Goldmünze? Dieser Heilige ist ein Schatz, der nach den Umständen eingerichtet sein muß.

Von der Jesuskirche führt eine kurze Straße nordwärts, ich glaube, sie heißt die Jesusstraße, nach der Kirche über der Minerva, wie sie mit heidnischem Namen benannt ist, weil sie auf dem Unterbau des Minervatempels des Pompejus steht. Der Platz vor dieser Kirche ist ein Hauptmittelpunkt des Fremdenlebens, nicht, weil die Fremden in dieser Gegend wohnen, sondern weil sich hier ein großer Wagenhalteplatz und ringsum viele gute Speisehäuser, wenigstens der zweiten Klasse, befinden. An diesem Platze liegt auch ein großer, viel besuchter und wirklich empfehlenswerther Gasthof, fern von den Gasthöfen im eigentlichen Fremdenviertel, welcher dem Jesuitenorden gehört, das Albergo della Minerva. Die Kirche auf der Minerva sieht von außen, obgleich groß, unscheinbar genug aus, denn sie zeigt ganz nackte Mauern aus Ziegeln, ohne allen architektonischen Schmuck. Aber durch eine der drei Thüren tretend, wird wohl Jeder dem maßvoll schönen und eleganten Innern seine Bewunderung zollen. Der erste Eindruck ist, daß man sich nach Florenz zurück versetzt glaubt und sich auf einmal des großen Gegensatzes zwischen Römischer und Florentinischer Kirchenarchitektur bewußt wird, ganz zum Vortheil der letzteren. Es verleiht diesem Gegensatz noch besondere Schärfe, wenn man, wie wir, von der maßlos prächtigen und wenn auch zwar nicht geschmacklosen, aber mit Deckenmalerei, mit Schmuck aus buntfarbigem Stein und mit Vergoldung überladenen Jesuskirche kommt. Die Kirche S. Maria sopra Minerva ist die einzige gothische, Florentinisch-Gothische Kirche Roms und gegen das Ende des dreizehnten Jahrhunderts wahrscheinlich von demselben Baumeister entworfen, der den unwiderstehlichen Reiz von S. Maria Novello in Florenz geschaffen hat. Sie ist in den Jahren 1848 und dann noch einmal 1855 ausgebessert und mit Maß und Geschmack neu ausgemalt worden. Die dunklen, schlanken und spiegelblanken Granitpfeiler geben vorzugsweise dem Innern seine ausnehmende Eleganz, aber es strotzt auch außerdem von Kunstwerken ersten Ranges. Ein Christus, von Michel Angelo noch in ziemlich jungen

Jahren lebensgroß in Marmor ausgehauen, steht vor dem Altare: leider hat man ihn später mit einem Broncegewand verunziert. Die Namen der älteren Florentiner Maler, wie Filippo Lippi und Angelico da Fiesole, auch diejenigen der Schulen von Siena und Perugia, darunter der Perugino, sind durch ihre tief religiösen und eben so tief poetischen Pinselleistungen vertreten. Eine ganze Anzahl von Päpsten, meist Toscanischen Stammes, darunter die beiden Medici, die auf dem heiligen Stuhl gesessen haben, haben hier ihre Grabmäler. Ueberhaupt ist diese Kirche, in welcher auch Angelico da Fiesole begraben liegt, eigentlich eine Florentinische, trotzdem daß die Florentiner in Rom noch ihre eigene als solche anerkannte Kirche haben, welche theilweise von Michel Angelo am Tiberfluß bei der eisernen Brücke erbaut worden ist. Die Kirche der S. Maria sopra Minerva ist mit einem Dominicanerkloster verbunden, welches in Rom die bedeutendste Bibliothek nächst der vaticanischen besitzt. Im Kloster wohnt jetzt der General der Dominicaner, und es ist vor der Aufhebung dadurch geschützt, daß es eben Hauptkloster eines doch kosmopolitischen Ordens ist.

Die kurze Straße der Minerva, schon sehr belebt, führt dann auf den Pantheonsplatz vor das Pantheon, als Kirche S. Maria della Rotonda getauft. Es ist das einzige in brauchbarem Zustande erhaltene antike Bauwerk in Rom. Ueber seine Verwendung im Alterthum ist man nicht ganz klar, obgleich es unzweifelhaft mit den großen Thermen des Agrippa zusammenhing, welche an dasselbe stießen. Wahrscheinlich diente es als eine Art Eingangsflur zu diesen Thermen, in welchem die Badenden vor oder nach dem Bade, Jeder vor dem Standbilde seiner besonderen Schutzgottheit, ihre Andacht verrichten konnten. Die großen Gottheiten standen in Nischen des kreisförmigen Raumes im Innern und Julius Cäsar war auch eine dieser Gottheiten. Der Name Pantheon für dasselbe ist schon antik und taucht in der That schon ein halbes Jahrhundert nach unserer Zeitrechnung, etwa achtzig Jahre nach seiner Erbauung, auf. Auch die antiken Schriftsteller erwähnen dieses Gebäudes, welches als erster großer Kuppelbau allgemeine Aufmerksamkeit erregte, ziemlich häufig, so wie auch seiner Reparaturen, welche schon unter Domitian, Trajan, Septimius Severus und Caracalla nöthig wurden. Seine Kuppel ist übrigens bis heute in der Welt die größte geblieben, und welche die flachste Spannung hat. Dabei besteht sie nicht aus geschnittenen Steinen, sondern aus Gußmasse, und war einst mit vergoldeten Bronceziegeln gedeckt, welche indeß schon in der Mitte des siebenten Jahrhunderts nach Konstantinopel geschleppt wurden. Als dies geschah, hatten die in Konstantinopel residirenden Kaiser, denen Rom noch oder vielmehr wieder gehörte, sie schon dem heiligen Stuhle geschenkt und Papst Bonifaz IV. hatte sie im Jahre 610 mit großer Feierlichkeit von den heidnischen Teufeln, als deren Wohnung sie vorher galt, exorciren lassen und zur Kirche eingeweiht, welche alsbald mit einem besonderen Cardinalstitel, einem Palaste und einem Domcapitel bedacht wurde. Die Kirche, von den alten Göttern, mit Einschluß des Julius Cäsar, gereinigt, ward nun allen christlichen Heiligen geweiht und bei dieser Gelegenheit das Römisch-katholische Fest Allerheiligen gestiftet. Das ist doch ein Bau, der Geschichte hat! Leider sind dem frommen Eifer die wahrscheinlich ausgezeichneten Bildhauerwerke, mit welchem das Augusteische Zeitalter das Pantheon nicht blos im Innern, sondern auch auf dem Spitzdach und Pediment seines gewaltigen Säulenvorbaus geschmückt hatte, zum Opfer gefallen. Dafür hat Papst Urban VIII. Barberini durch den letzten Baumeister des Petersdoms Bernini zwei kleine Glockenthürme auf den Vorbau setzen lassen, welche das Ganze jetzt sehr verunstalten. Zugleich ließ er die bronceenen Röhren aus der Vorhalle nehmen, welche im Alterthum hier angebracht waren, um die Kuppel zu stützen, und daraus durch Bernini die großen Schlangensäulen gießen, welche das Dach über dem Hauptaltar des Petersdomes tragen. Was dann noch von der antiken Bronce übrig blieb, ward zu Kanonen für die Engelsburg verwendet. Aber dies war den Römern doch zu stark. Sie ließen es den Barberini, so wie seinen Bernini bald entgelten. Pasquino, an welchen die Pasquille geklebt wurden, die von ihm den Namen der Pasquille haben, und Marforio, ein anderer Torso in Rom, den das Volk zu gleichem Zwecke zu verwenden pflegte, begannen nun ihre spaßige, aber dabei bitterböse Unterhaltung. Quod non fecere barbari, fecere Barberini — was die Barbaren nicht gethan, thaten die Barberini, also die Barbärleins — bemerkte Pasquino. Marforio aber war der Meinung, daß Bernini seine eigenen Eselsohren dem Pantheon aufgesetzt habe. Wie wird es damals um die beiden Torsi an ihren Straßenecken voll hämisch lachender Römer gestanden haben.

Und siehe, da stand wieder ein Menschenknäuel, zwar nicht lachender, aber neugierig auf den Boden herabschauender und dabei eifrig mit einander flüsternder Leute aus dem Römischen Volke. Der Platz und die Straßen vor und rings um das Pantheon sind, wie dies überall in Rom der Fall, im Laufe der Jahrtausende, vorzüglich wohl durch den Niederschlag aus den Tiberüberschwemmungen, dann aber auch durch den lange Zeit hindurch niemals weggeräumten Bauschutt beträchtlich erhöht worden. Da das Pantheon nach antiker Beschreibung auf fünf Stufen stand, von welchen nichts mehr zu sehen war — der Boden steigt im Gegentheil ringsum in die Höhe — so schloß man, daß man hier das antike Pflaster mit großer Leichtigkeit werde erreichen und die Stufen bloßlegen können. Die Ausgrabungen, die man vor dem Pantheon in Angriff genommen hat, haben denn auch bald die Stufen und das alte Pflaster — hier scheint es sehr sauberes Quaderpflaster gewesen zu sein bloßgelegt. Aber man fand auch große Skulpturstücke, ganze Basreliefs, meist Opfer darstellend und dergleichen mehr, und findet deren noch immer. Da grade hier eine der belebtesten Stellen von Rom, reißt das Menschengewühl um das Geländer der Ausgrabungen nicht ab. Man kann dabei bemerken, welches hohe Interesse auch das gemeine Volk von Rom an den Ausgrabungen nimmt, welche ihm, wenigstens stellenweise, verrathen, was es unter den Füßen hat. Es hat denn auch eine ganz mysteriöse Ehrfurcht vor der Unterwelt seiner Stadt. O. laggiù. laggiù! sagte mir, die Augenbrauen in die Höhe reißend, ein Arbeiter, den ich fragte, was es da unten zu sehen gäbe, etwa als meinte er, da unten sind fürchterliche Geheimnisse. Eben als er zu mir sprach, steckte mir ein junger Bursche von etwa sechzehn Jahren die Hand in die Brusttasche, um mir die Geldtasche herauszuziehen, auf das Gedränge vertrauend. Der Arbeiter ergriff blitzschnell den Arm des jungen Diebes und fuhr ihn mit finsterem Blick an: Anche tu sei un scavatore? – Du auch bist ein Ausgräber? – Der Junge machte ein so verschmitzt gleichgültiges Gesicht, daß es uns Beide zum Lachen brachte und wir ließen ihn laufen, während ein Fleischer aus seinem Laden herüberrief: Ho veduto. Signor.

Man hatte einen Zugang zum Pantheon stehen lassen, durch den wir nun in dasselbe eintraten. Den Eingang schließen noch heute antike Thürflügel mit starkem Bronceblech beschlagen; vielleicht das älteste Specimen einer Thür. In den Götternischen stehen jetzt Altäre, und man hat wohl des architektonischen Gesammteindrucks willen für nöthig gehalten, die Nischen zwar wieder mit Statuen, aber mit Statuen aus Pappe zu schmücken. Auf dem dritten Altare links steht eine kleine Madonnenstatue von Lorenzetto, auf Rafael's eigenem Wunsch. Denn an dem Pfeiler hinter dieser Nische ist Rafael Sanzio begraben, und eine Inschrift unterrichtet den Beschauer, daß für seine Gebeine, welche anfangs in großer Eile versenkt worden und fast verloren gegangen seien, später Sorge getragen ist. Ein reizendes lateinisches Epigramm auf seinem Grabe sagt, daß, als Rafael lebte, die schaffende Kraft selbst gefürchtet habe von ihm besiegt zu werden, und daß, als er starb, sie fürchtete, selber zu sterben. Außer Rafael Sanzio ist übrigens noch eine ganze Anzahl von Malern im Pantheon begraben.

Lange sieht man sich in den unteren Räumen der Kirche nicht um. Immer will der Kopf in die Höhe, nach der inneren Höhlung des Kuppelgewölbes. Da oben geht Etwas vor sich, dessen Reiz man alsbald fühlt, welches man sich aber nicht so bald zum Bewußtsein bringt. Die einzige Erleuchtung des gewaltigen innern Raumes ist durch die mittlere Oeffnung des Kuppelgewölbes, welche einen Durchmesser von sechsundzwanzig Fuß hat. Sie ist offen, ohne alles Glasdach, und ist natürlich immer so gewesen:

Und des Himmels Wolken schauen
Hoch hinein.

Es thun es aber auch die Sonne, der Mond und die Sterne, und so schickt auch der Himmel, wenn es regnet, seinen Regen herein. Wenn die Sonne herein scheint, oder auch nur, wenn es der sonnenerhellte Himmel thut – und sie thun es seit 1902 Jahren, haben es also an 694,230 Tagen gethan — erscheint das Lichtbild der Oeffnung wieder als Schein auf der inneren Höhlung der Kuppel, oder auf der cylindrischen Wand des Gebäudes. Das Lichtbild wandelt im Laufe des Tages um die eine Hälfte der Rundung herum, im Winter im kleineren und flacheren Bogen, im Sommer im größeren und tieferen. Befindet sich die Sonne im leichten Nebelschleier oder im ganz dichten Wolkenschleier, so zerstreuen sich natürlich ihre Strahlen und das centrale Lichtbild wird auf beiden Seiten, rechts und links, von schwächeren Seitenlichtbildern begleitet, welche sich vom centralen Lichtbild aus allmählich in den Schatten verlieren.

Das Lichtbild aber ist kein Kreis, wie die Oeffnung selbst, sondern ein Eirund, weil die Sonne ja stets schräg hinein scheint, und solche sind auch die Seitenlichtbilder. Des Morgens und des Abends, beim niedrigeren Stande der Sonne, fällt ihr Lichtbild mit seinen Seitenlichtbildern noch ganz auf die gewölbte innere Decke der Kuppel. Diese innere Decke aber ist cassetirt, d. h. mit vertieften sphärischen Vierecken verziert, welche auf ihrer Grundfläche wieder mit erhöhter Ornamentik versehen sind. Nun bitte ich den Leser, welcher etwas Geometrie versteht, mir aufmerksam zu folgen. Durch die Ränder der Cassetten und durch die Ornamentik in ihrem Innern wird das Lichtbild der Sonne oder des Himmels, welches durch die Oeffnung auf das Innere der Kuppel fällt, in seinen Rändern gebrochen und zwar, da die Sonne sich unablässig fortbewegt, beständig anders gebrochen. Der obere Rand der Cassetten, welche vom Lichtbild getroffen werden, wirft einen Schlagschatten in die Cassette hinein, anfangs schmäler und blasser, dann breiter und tiefer und schließlich wieder schmäler und blasser. Die gebogenen Seitenränder der Cassette bekommen Schlagschatten, welche nach dem umgekehrten Gesetze wachsen und abnehmen. Sie sind anfangs breit, werden dann schmäler, verschwinden für einen Augenblick beide und werden dann wieder breit. Der untere Rand der Cassette aber bleibt erhellt, so lange die Lichtbilder ihm vorüberziehen, erst schwächer von den Seitenlichtbildern, die dem Hauptlichtbild vorausgehen, dann stärker vom Hauptlichtbild selbst, und dann wieder schwächer von den Seitenlichtbildern, die dem Hauptlichtbild folgen. Um das Ornament aber auf der Grundfläche der Cassette geht sein Schatten unten herum, erst länger und schwächer, dann kürzer und tiefer und dann wieder schwächer und länger. Es giebt ein „Schattenspiel an der Wand", welches sich unablässig verändert, sowohl nach der Stunde des Tages, als nach dem Wolkenbilde des einzelnen Tages am Himmel.

Es ist ein wunderbar fesselndes Schattenspiel, und selbst einem sehr geübten Mathematiker würde es schwer werden, die erzeugten Licht- und Schattengestalten, welche die Projection des Scheines der Oeffnung mit ihren Seitenscheinen auf eine Krümmung von gegebener Curve mit Cassetten von gegebener Formtiefe und Abstand erzeugt, nach dem Stande der Sonne am Tage und ihrem Stande im Jahre zu berechnen. Ich kann nur sagen, daß jeden Augenblick ein wunderbares und stets schönes Kuppelschattenspiel herauskommt. Die Kuppelwölbung scheint ihr eigenes Licht- und Schattenleben zu leben und hat es schon durch 694,230 Tage, die Schalttage nicht gerechnet, jeden Tag in neuer Form durchlebt, mag ihr nun Jemand zugesehen haben oder nicht.

Wenn der Tag vorüber, beginnt der Mondschein ein ähnliches Spiel, wie der Sonnenschein bei Tage. Und dazu kommen noch die Sterne, welche ihre eigene Zeit haben, wenn der Mond nicht scheint und keine Wolken am Himmel sind.

Es liegen Beweise dafür vor, daß im Alterthum das Pantheon seinen Namen bekam, nicht blos, weil zu allen großen Göttern in ihm gebetet wurde, in Rom natürlich hauptsächlich zum Jupiter und zum Mars, sondern weil man es als ein irdisches Bild des Himmels überhaupt mit allen seinen Wandlungen betrachtete. Die Römer, welche zum Baden gingen oder vom Baden kamen, werden seine Kuppel mit ihren Schattenspielen auch als Sonnenuhr benutzt haben, an welche sie ja gewöhnt waren, und die Gewohnheit lehrte sie dann auch die Kuppel des Pantheon als solche zu benutzen. Dieselbe war ihnen also ein künstlicher, auf die Erde herabgezogener Himmel.

Sie war ihnen wohl auch ein Wetterglas, denn wenn es durch die Kuppelöffnung hinein regnete, konnten sie sehen, daß sie unter diesem stattlichen Schutzdach den Regen abzuwarten hatten, und dies gleich mit ihrer Andacht verbinden.

Am Pantheonsplatze befindet sich ein vortreffliches Speisehaus, recht Italienisch-nationalen Charakters, Rosetta genannt. Man findet dort stets Gesellschaft von Italienischen Regierungs- und Gerichtsbeamten und Officieren, aber auch von Deutschen Gelehrten und Künstlern. Sollte mir ein Leser auf meinem Wege gefolgt sein, so mag er sich dort ausruhen und erfrischen und sich die Käsesuppe und die Maccaroni und die Rindfleischschnitte vom Roste und den Chiantiwein aus dünner Korbflasche schmecken lassen und noch ein Stück Fruchttorte — Crustata — hinterher essen. Er wird es nicht bereuen.

Im Italienischen Parlamente.

(Der Platz Capranica. Der Mann der Ristori. Die Piazza Colonna. Die Säule des Mark Aurel. Bescheidenheit dieses Kaisers. Eintrittsgeld zur Säule seit unvordenklicher Zeit. Der Corso. Der Monte Citorio. Das Amphitheater des Statilius Taurus. Der Monte Giordano. Antike Unterbaue und Säulen in modernen Häusern. Der Obelisk auf dem Monte Citorio. Die Zeitungsverkäufer. Die Italienische Presse. Vorliebe der Römer für Klatsch und Schauergeschichten. Im Italienischen Abgeordnetenhause. Die Geschäftsordnung und eine geographische Schwierigkeit. Mancini, die Regierung und Nicotera. Der Kampf des Secutor mit dem Retiarius.)

Rom, im Januar.

Vom Pantheonsplatze und dem Gasthaus Rosetta führt eine ganz kurze Straße zu der Wohnung zurück auf dem Platze Capranica, im Palast Capranica, welche wir gemietet hatten. Es ist dies eine sehr centrale Lage in Rom, aus welcher alles Sehenswürdige auf den durchschnittlich kürzestem Wege erreicht werden kann, in dieser Beziehung viel vortheilhafter als der Spanische Platz, welcher das gewöhnliche Hauptquartier der Touristen des Auslandes bildet. Aber es ist nicht ganz leicht, in dieser Gegend eine gute möblirte Familienwohnung zu bekommen, welche auch für Fremde aus dem Norden bequem eingerichtet wäre. Da das Abgeordnetenhaus so wie das Senatshaus ganz in der Nähe, ist indeß für Italiener der höheren Stände, welche möblirte Wohnungen gebrauchen, hier gesorgt, und mit dieser Fürsorge muß man schon zufrieden sein. Die möblirten Wohnungen entsprechen aber auch dem im Preise. Im ganzen übrigen Rom aber muß man auf Ziegelfußböden der Zimmer ohne Teppiche gefaßt sein und mit unvollkommenen Heizungseinrichtungen. Auf dem kleinen Platze Capranica befindet sich auch ein gleichnamiges Theater, in welchem zuweilen klassische Italienische Stücke zur Aufführung gebracht werden. Dies Theater wie der Palast gehören dem Marchese Capranica, welcher die Schauspielerin Ristori geheirathet und dadurch seine Vermögensumstände wesentlich verbessert hat. Wenige Schritte führen von hier nach der Piazza Colonna, dem Platze der Säule, einem Hauptpunkte von Rom. Hier erhebt sich auf dem Platze die Antoninssäule, die Nebenbuhlerin der Trajanssäule und ganz nach ihrem Muster gearbeitet. Schon in den ganz dunklen Zeiten der Stadt, im frühen Mittelalter, ward sie von einem benachbarten Kloster, wie Herr Gregorovius in seiner Geschichte Roms im Mittelalter erzählt, dadurch ausgebeutet, daß man für Geld Rompilger auf der Treppe in ihrem Innern zu ihrem Gipfel hinaufsteigen ließ, um von dort das großartige Landschaftsbild der ewigen Stadt in Trümmern bewundern zu können. Ihr Gipfel wird noch heute zu diesem Zwecke bestiegen.

Der Römische Senat ließ diese Säule dem Imperator Mark Aurel zur Feier seiner Siege über die Markomannen an der Donau errichten. Aber als sie fertig dastand, widmete sie der bescheidene Mark Aurel seinem Adoptivvater, dem Imperator Antoninus Pius. Sie besteht aus achtundzwanzig über einander gethürmten Marmorblöcken, welche das enge Treppenhaus durchbohrt. Ringsum in der Schneckenlinie laufen Basreliefs wie bei der Trajanssäule. Die Bildhauerarbeit an denselben ist schon geringer wie bei denen der letzteren, und man kann deutlich sehen, daß man die Basreliefs der Trajanssäule im Stile nachzuahmen versucht hat, aber eben nicht mit großem Erfolge. Schon von Hadrian's Zeiten an ging es mit der antiken bildenden Kunst bergab. Im Sommer dient der Platz der Säule während der Abendkühle für die öffentliche Musik, welche im Winter des Nachmittags im Garten des Monte Pincio spielt, der dann das Ziel der Corsofahrten bildet. Es liegen daher gute Kaffeehäuser am Platze der Säule und auch glänzende Liqueur- und Bierhäuser, deren Zahl in Rom in jüngster Zeit sehr stark zugenommen hat: aber nur die höheren Gesellschaftsklassen suchen die Orte auf, wo es Liqueur und Bier giebt. Die große Volksmasse ist durchaus dem sehr starken Weine treu geblieben, welcher in der Nachbarschaft von Rom wächst und in zahllosen Osterien verschenkt wird. Den Platz der Säule streift der Corso, diese schnurgerade, aber schmale Hauptstraße Roms, welche vom Venezianischen Platze unter dem nördlichen Abhange des Capitols bis zur Porta del Popolo, dem Thore des Volks, im Norden läuft.

An den viereckigen Platz der Säule schließt sich nordwestlich der unregelmäßige Platz an, Monte Citorio genannt, welcher nun einen großen politischen Namen erhalten hat, weil das Italienische Abgeordnetenhaus im Palaste des Monte Citorio seinen Sitz erhalten hat. Als Bernini in der Mitte des siebzehnten Jahrhunderts diesen Palast erbaute, stieß er bei der Grundlegung überall auf ungeheure, wirr über einander liegende Säulen und Säulentrümmer und Stücke von Bogen. Schon damals vermuthete man, daß hier das Amphitheater des Statilius Taurus gestanden habe, das älteste von Rom, gleich nach der Schlacht von Actium errichtet und das einzige steinerne Amphitheater in Rom, bis Vespasian sich an den Bau des Flavischen Riesen-Amphitheaters machte. Auf Bernini, welchen wir schon beim Pantheon die antiken Bauwerke mißhandeln sahen, und auf seine Zeitgenossen machte dies aber gar keinen Eindruck und er baute den Palast oben auf die Trümmer, von ihnen nehmend, was er beim Bau gebrauchen konnte. Als das Italienische Abgeordnetenhaus in den Palast verlegt und derselbe dafür eingerichtet wurde, pflasterte man auch den Platz vor demselben neu und regelte den Wasserabfluß. Beim Aufgraben der Erde zu diesem Zwecke kamen überall gewaltige liegende Säulen zum Vorschein, die man aber liegen lassen mußte, weil sie theilweis unter dem Palaste steckten. Was jetzt mit gewissem Rechte ein Monte heißt, war im Alterthum nicht einmal der leiseste Hügel. Die heutige namhafte Erhöhung ist ganz aus dem Zusammenbruch jenes Amphitheaters entstanden, aus welchem man im Mittelalter sich Baumaterial geholt haben wird, wie aus dem großen Flavischen Amphitheater. Es giebt mehrere solche aus Trümmern entstandene Hügel in Rom, dessen heutige Straßen doch fast nur das antike Marsfeld bedecken, auf welchem es im Alterthum keinerlei Bodenerhöhung gab. Nahe der Engelsbrücke befindet sich z. B. der noch höhere Monte Giordano, jetzt bedeckt von dem weitläufigen Palaste Gabrieli und einer Anzahl Gassen mit einer ganzen Menge kleiner Häuser. Was unter diesem steckt, weiß man gar nicht, vermuthet es nicht einmal. Und es muß, nach seiner Höhe und Breite, recht viel darunter stecken. Wo man aber auch noch im neuen Rom die Erde etwas tiefer aufzugraben hatte, hat man Fragmente von Säulen und anderen Architekturstücken gefunden und die Keller vieler Häuser bestehen augenscheinlich aus antiken Unterbauen. So gewaltig war das antike Rom, daß man ein Jahrtausend hindurch aus seinen Trümmern bauen konnte, und dies bei der regen Baulust und den großen Bauten im päpstlichen Rom zur Zeit seiner Höhe im späten Mittelalter, und doch mit den Trümmern niemals fertig ward. Der Palast, in welchem wir wohnten, stand auch auf einem antiken Unterbaue, von welchem ein ganzes Stück aus dem jetzt schräg abfallenden Boden geradlinig hervorragte. Es war merklich, daß einst Säulen auf demselben gestanden hatten, und eine dieser Säulen, welche stehen geblieben sein muß, ward in den Palast eingemauert, denn sie guckte im zweiten Stock aus der Wand in die Zimmer hinein. In der Piazza di Pietra, dem Steinplatze, ganz nahe unserem Hause, sind sogar eilf mächtige Korinthische Säulen sichtbar in die Vorderwand des Gebäudes eingemauert, in welchem sich das Landzollamt befindet. Die Reisehandbücher schreiben dieselben zuweilen einem Neptunstempel zu; ich habe aber nach ihrer Form und Arbeit keinen Zweifel, daß sie zu den Bauten der Antonine gehören und wahrscheinlich im Forum des Imperators Antoninus Pius die Seitenfront eines Tempels bildeten, der ihm selber geweiht war. Aus den Kaisern wurden die Volksgötter, als es mit dem alten Götterglauben zu Ende zu gehen begann, und sie blieben es, bis ein unsichtbarer Gott ihre Stelle einnahm.

Auf dem Monte Citorio steht jetzt ein Egyptischer Obelisk, welchen Papst Pius VI. von einer anderen Stelle des Marsfeldes, wo er im Winkel stand, dort hinbringen ließ. Er ist neunzig Fuß hoch, aus einem Stück, wie Obelisken immer, und die Hieroglyphen auf demselben von vortrefflicher Arbeit. Man weiß, daß ihn Augustus aus Hierapolis nach dem Marsfelde in Rom bringen ließ.

Auf dem Monte Citorio eben so wie auf der benachbarten Piazza Colonna, dem Platze der Säule, treiben die Zeitungsverkäufer ihr Wesen. Auch sieht man gewöhnlich Gruppen, welche, lebhaft gesticulirend, politisiren. Am meisten von der Volksmasse schien mir das Schmähblatt „La Capitale" gekauft zu werden, dessen Herausgeber Sonzogno übrigens früher in Mailand ein Oesterreichischer Angeber*) war.

---

*) Er ward seitdem in Rom ermordet.

Nächstdem hatte wohl die „Libertà", gleichfalls ein Blatt für einen Soldo, aber gemäßigter Farbe, d. h. ministeriell, den größten Verkauf. Auch in den Kaffeehäusern werden die Zeitungen zum Kauf angeboten. Ich weiß nicht, warum sich diese Sitte des Einzelverkaufs, welche in Frankreich, Italien, Oesterreich und Rußland die Hauptrolle beim Zeitungsvertrieb bildet und in England und Amerika ausschließlich zur Geltung kommt, im Deutschen Reiche durchaus nicht recht einbürgern will. Die verkäufliche Auflage der Zeitungen kann dadurch nur verstärkt werden, und sie vergrößern dann ihre Anstrengungen im Werben um den größeren Leserkreis. Freilich werden dazu nicht immer diejenigen Mittel angewendet, welche dazu beitragen, den Journalismus gehaltvoller zu machen. Die Französische Presse, um deren Versorgung mit Nachrichten aus dem Auslande es sehr schlecht bestellt ist, und die ganz auf eine telegraphische Correspondenz verwiesen ist, welche immer etwas von der Regierung abhängt, schmiedet wohl gar eigene Sensationstelegramme, die sich dann nachher als unwahr herausstellen, aber die beim Einzelverkauf vielleicht nicht mehr demselben Leser in die Hände gerathen. Die Englische legt der Berichterstattung über geheimnißvolle Criminalfälle, welche in England alsbald großen Einzelverkauf zu erzielen pflegt, deßwegen zu großes Gewicht bei. Die Italienische ist indeß in allen diesen Fällen noch sehr reservirt geblieben. Jetzt noch gleich schlecht aus dem Auslande unterrichtet wie die Französische, geben sich wenigstens die großen und theuren Italienischen Zeitungen Mühe, besser unterrichtet zu werden. Nur die kleineren Blätter, wie eben die „Capitale", legen sich des Einzelverkaufs wegen auf den Klatsch, auf verläumderischen und zuweilen recht absurden Klatsch. Es ist arg, was sie dabei im Schimpfen leisten; bei dem Temperament unserer Staatsanwälte wäre an dergleichen in Deutschland nicht zu denken,

12*

selbst wenn das Publicum, was, dem Himmel sei Dank, nicht der Fall, daran Geschmack fände. Es werden in Rom auch Schauergeschichten verkauft, in welchen wahrhaft gräuliche Missethaten entweder der Nepotenfamilien und der Geistlichkeit, oder von der anderen Seite der Staatsmänner des Tages erzählt werden. Sie sind alle nicht wahr. Es scheint, daß die Suetone und gierige Leser für sie in Rom nicht aussterben wollen.

Der Neapolitanische Deputirte Petrucelli della Gattina, der mein Correspondent aus dem Italienischen Unabhängigkeitskriege war, als ich in London eine Englische Zeitung redigirte, verschaffte uns Eintrittserlaubniß für die Tribüne des Abgeordnetenhauses, welche wir mehrmals benutzt haben. Es ist stets großer Zudrang des Publicums vorzüglich aus den Wahlbezirken im Vorzimmer des Abgeordnetenhauses, um die Abgeordneten daselbst zu sprechen. Es ist Dinte, Feder und Papier daselbst, damit man sein Anliegen und seinen Namen aufschreiben und durch einen der Bedienten des Hauses in dasselbe schicken kann. Wenn dieser wieder herauskommt, ruft er den Namen laut auf und giebt Bescheid, ob und wann der Abgeordnete kommen werde. Dies ist genau wie in Paris, während man in London, wo die Bedienten nicht ins Haus dürfen, irgend ein hineingehendes Mitglied bitten muß, dem Collegen zu sagen, daß man ihn sprechen wolle, und wer es wolle.

In Rom reißt im Vorzimmer des Abgeordnetenhauses das laute Geplauder der Abgeordneten mit ihren Besuchern, unter denen sich viele Damen befinden, niemals ab, wie auch in Paris, und sie setzen sich dabei auf die zahlreich vorhandenen Canapees. In den Lobbies des Ober- und Unterhauses in London dagegen wird nur geflüstert und Alles stehend abgemacht. Dagegen befinden sich in London in beiden Lobbies Schenktische für Wein und Biscuit, an welchen stehend man plaudern kann, während in Paris und Rom nichts der Art vorhanden ist.

Der Sitzungssaal selbst ist neu und in ziemlicher Eile hergerichtet, und wenigstens für die Tribünen von eben so schlechter Akustik wie unser altes Abgeordnetenhaus in Berlin. Wir kamen grade ins Haus bei der Discussion der Frage, ob man auf die Sicilianischen Abgeordneten, welche der furchtbaren Stürme wegen nicht von der Insel wegkommen konnten, warten solle oder nicht. Da die Regierung das Ausnahmepolizeigesetz, d. h. kurzweg eine Art von Belagerungszustand für die Insel Sicilien schon angemeldet hatte, schien es mir wenigstens durchaus passend zu warten.

Die Sicilianischen Abgeordneten gehören sammt und sonders, wie auch der größte Theil der Neapolitanischen, zur Opposition: die Opposition forderte daher, daß man warte und die Regierungspartei weigerte sich. Von der Opposition sprach zuerst Mancini sehr lebhaft, aber mit natürlicher, nicht declamatorischer Lebhaftigkeit. Wer es war, der ihm von den Regierungsbänken antwortete, konnte ich nicht erfahren; aber es war jedenfalls ein guter Redner, der im Parlamentarismus zu Hause war. Nun folgte auf Seiten der Opposition Nicotera, der Abgeordnete von Salerno. Auf der Damentribüne sagten die Italienischen Damen meiner Frau, daß man allgemein in Rom ihn für den kommenden Ministerpräsidenten hielte: diese Italienischen Damen schienen großen Antheil an der Politik überhaupt zu nehmen, indem sie sich, sobald sie erfuhren, daß wir Deutsche waren, auch über die Parteiverhältnisse in Berlin unterrichtet zeigten.

Nicotera ist ein schwarzhaariger, krausköpfiger Südländer, dessen Gesicht etwas Negerhaftes hat. Als er sich erhob, schwieg alsbald das beständige Gemurmel des Hauses, und so zeigte sich allerdings, daß man seinen Worten besonderes Gewicht beilegte. Er sprach langsam und mit großer Ruhe, aber sehr laut und bediente sich lediglich logischer Waffen, welche in Vergleichungen mit hypothetischen

Fällen ihre ironische Spitze hatten. Für mich sprach er ganz überzeugend und die Rede hatte zur Folge, daß der Gegenstand vertagt, zunächst aber mit den Wahlprüfungen fortgeschritten wurde, was doch auch ein Geschäft ist, welches eine so weit unverfälschte Zusammensetzung des Hauses zur Voraussetzung hat. Aber hiergegen wehrte sich die Opposition vergeblich. Dieses erste Gefecht zwischen der Regierungspartei und der Opposition kam mir ganz so vor, als hätte ich nicht einem parlamentarischen Drama beigewohnt, sondern einem Gefechte des Secutor mit dem Retiarius, „des Verfolgers" mit dem „Netzmann" im Amphitheater des Statilius Taurus, über dessen Trümmern das Italienische Parlament jetzt seine Sitzungen hält. Die Opposition war der „Verfolger", der in voller Rüstung mit geradeaus gehaltenem Schwerte auf den Gegner eindringt, und die Regierung der „Netzmann", welcher zurückweichend auf den Augenblick lauert, wo er sein Netz dem „Verfolger" überwerfen und dann von seinem Dreizack Gebrauch machen kann.

Nach dem Petersdom.

(Die Arbeitseinstellung des Papstes. Kirchliche Rechnung. S. Luigi dei Francesi, Claude Lorrains und Bastiats Grab. Die Paläste Madama und Giustiniani. Der Platz Navona. Der heilige Dreikönigsabend. Fastnachtsball im Freien. Die Agneskirche. Die Kirche des heiligen Augustin. Die Kirchenfülle in Rom. Die Engelsbrücke. Die Engelsburg. Kampf der Gothen und Griechen. Der Petersdom von Außen. Der Petersdom im Innern.)

Rom, im Januar.

Nach dem Petersdom geht man wohl wöchentlich einmal in Rom, am häufigsten am Sonntage, weil dann gewöhnlich in einer der Capellen musikalische Messe mit Gesang ist. Die Arbeitseinstellung des Papstes hat Rom um mancherlei sonst gewohnte Genüsse gebracht, und Fremde, die sich in das päpstliche Rom schon eingelebt hatten, klagen wohl noch heut zu Tage darüber: aber das Römische Volk selbst, dem Papstthume stets feindlich, hat sich leicht genug darin gefunden, mit Ausnahme etwa einiger hochadeligen und hoch vornehmen Familien, zu deren Familienerinnerungen auch Päpste gehören, die aus ihnen hervorgegangen sind. Diese halten noch zum heiligen Stuhle, und jeweilig hält Pio Nono auch ermahnende und berathende Ansprachen an ihre jungen Sprößlinge, denen er vorzüglich ans Herz zu legen pflegt, daß sie sich entweder dem Diplomatenstande, oder dem Militärstande widmen sollen, um der bedrängten Kirche besonders nützlich werden zu können. Sie könnten die Diplomatie und die Kriegskunst immerhin auch in Staaten erlernen, welche mit dem heiligen Stuhle jetzt grade nicht auf dem Freundschaftsfuße zu stehen schienen. Man sieht, der Papst hofft viel vom geduldigen Ausharren seiner Freunde, und das ganze Kirchenregiment thut es mit ihm. Sie denken eben: kommt Zeit, kommt Rath. Alles Irdische, wie sie aus anderthalbtausendjähriger Erfahrung schöpfen, ist oft sehr rasch vergänglich, wenn es für den Augenblick auch noch so hell glänzt: nur was himmlisch ist, und darunter verstehen sie die nicht blos noch Unabhängigkeit, sondern ganz unumwunden nach Weltherrschaft strebende Römisch-katholische Kirche ist ewig. Was aber jetzt in Deutschland und Italien verloren gehen mag, hoffen sie jedenfalls vorläufig in den Spanisch redenden und selbst in den Englisch redenden Ländern jenseit des Oceanes zu gewinnen. Man darf sich nicht wundern, daß mit solchem Schlachtplane bei ihnen an Compromissen mit ihnen nicht zu denken ist. Gewöhnlich fährt man nach dem entfernten Petersdome, jenseit des Tiber, weil der Weg durch enge, winklige Gassen unangenehm erscheint, aber es belohnt sich schon, wenn man ihn auch mal zu Fuße geht. Man braucht ja nicht grade den allernächsten Weg zu nehmen. Wir gingen gern, zuerst wieder über den Pantheonsplatz und dann rechts ab nach der Mitte des Platzes Navona. Man kann dabei an der eleganten kleinen Kirche S. Luigi dei Francesi vorbeigehen, oder, da es wirklich eine Französische Kirche ist, an der Eglise de S. Louis de France. Es giebt für viele Europäische Nationen solche Nationalkirchen in Rom, auch eine Deutsche, eine Flamändische u. s. w. Aber diese Französische wird besonders sauber und in sehr gutem Zustande erhalten, weil eben Frankreich dahinter steht, welches immer noch ein freundschaftliches Verhältniß zu Rom hat. Frankreich ließ diese Kirche im Jahre 1589 erbauen, und zwar mit ziemlich großem Luxus, dreischiffig mit jonischen Säulen aus sicilischem Jaspis.

Domenichino hat auch zwei Fresken hineingemalt: sonst haben sich vorzüglich Französische Maler an der Ausschmückung betheiligt. Häufig sind Musikaufführungen in dieser Kirche und der Platz vor derselben ist dann voll Equipagen, denn es ist eine Römische Modekirche und zwar nicht blos für Franzosen. Wir freuten uns, in der Kirche eine vortreffliche Copie von Rafaels Cäcilie in Bologna zu finden. Die Franzosen haben nämlich aus der Cäcilie eine Art Nationalheilige für sich selbst gemacht, und ihr zu Ehren finden auch die Musikaufführungen statt. Die Kirche birgt das Grab des großen Französischen Landschaftsmalers Claude Gelée, genannt Claude Lorrain. Es war eigentlich ein Pastetenbäcker aus dem im siebzehnten Jahrhundert schon in Frankreich einverleibten Toul in Lothringen, war aber aus Unlust am Handwerk aus der Lehre gelaufen und als Bedienter eines Flamändischen Malers mit nach Rom gegangen. Dort rieb er nun Farbe für seinen Herrn, machte sich aber auch durch Pastetenbacken liebes Kind bei allen Malern und lauschte ihnen dabei ihre Kunst ab. Es ist erstaunlich, in wie kurzer Zeit er noch ganz ohne Schulung es zu bedeutenden Leistungen auf der Leinwand brachte. Als der Maler Sandrart sich seiner angenommen und ihm nur etwas Unterricht gegeben hatte, schwang er sich in wenigen Jahren zum beliebtesten Landschaftsmaler seiner Zeit empor, ward bei Fürsten und Edelleuten Mode und erzielte Preise wie nie zuvor ein Maler. Seine Motive nahm er sehr häufig aus der nächsten Nachbarschaft von Rom, und wer viel Bilder von Claude Lorrain gesehen hat, hat viel von der Umgebung Roms gesehen und von ihrem ganzen Zauber, noch ohne dagewesen zu sein. In den See- und Hafenbildern strebte er dem Salvator Rosa nach, erreichte ihn aber doch wohl nicht. Als wir die Kunstschätze musterten, sagte meine Frau plötzlich zu mir: „Weißt Du, daß Du auf dem Grabe Bastiats stehst?“ Ich schrak förmlich zurück, denn es sind mir wenig volkswirthschaftliche Schriftsteller so ans Herz gewachsen, wie dieser diamantklare und diamantscharfe Franzose. Ich stand wirklich auf seinem Grabstein, der in den Boden eingelassen ist. Die Französische Nationalversammlung von 1848–1849, der er angehörte, hat ihm den Grabstein setzen lassen, auf welchem die Familie voll Freude versichert, daß Bastiat das letzte Sacrament genommen und im Glauben gestorben sei. Hierfür hat wohl der Pfarrer von S. Louis de France gesorgt; indeß wenn auch nicht sehr wahrscheinlich, ist es doch möglich. Was Bastiat, der leider zu früh starb, im Leben gewesen ist, beweisen die vielen stillen Freunde, die er in Paris hinterließ und welche in ihrer Verehrung für ihn fast einer Apostelschaar gleichen. Und solche Freunde, die ihn dabei nie gesehen hatten, hatte er auch in vielen fremden Ländern, in England, in Deutschland, in Spanien, in Italien und in Rußland und wer weiß, wo sonst noch. Ich selbst habe einen großen Theil der Deutschen Uebersetzung seiner volkswirthschaftlichen Harmonien geliefert, und gar frohe Stunden bei der Arbeit verbracht. In Frieden hat man zwar seine Asche nicht ruhen lassen, aber dafür hat er Samen in der Welt ausgestreut, der nicht vergänglich ist.

Gleich auf den kleinen Platz vor der Kirche S. Louis de France folgt ein anderer kleiner Platz, Madama genannt, von Katharina de Medici, welche sich hier einen Palast erbauen ließ, noch ehe sie Königin von Frankreich wurde. Dieser Palast ist auf der Stelle und auf einem Theile des Unterbaues der Thermen des Nero errichtet, welche im alten Rom zwar zu den kleinsten gehörten, aber mit ausgezeichneten Kunstwerken besonders geschmückt waren. Alexander Severus ließ diese Thermen im dritten Jahrhundert erweitern beim Bau des Palastes Madama und des benachbarten großen Palastes Giustiniani, der ebenfalls auf dem Unterbau der Thermen steht, und es ward eine große Menge von

Marmorskulpturen gefunden, welche anfangs im Palast Giustiniani aufgestellt waren, nun aber zum großen Theile dem Vaticanischen Museum einverleibt sind. Die Gemäldesammlung dieses Palastes kam gleichzeitig großen Theils in das Berliner Museum. Ganz in der Nähe liegt auch das Gebäude der Römischen Universität und das Senatshaus. Ueberhaupt drängen sich öffentliche Gebäude in diesen heiteren und auch ziemlich eleganten Gegenden Roms. Ein kurzer Zugang führt von hier auf den Platz Navona, einst der Circus Agonalis des Domitian, der Circus für Ringkämpfe, dessen ins Unkenntliche zu dem sinnlosen Wort Navona verstümmelter Name jetzt als Circo Agonale wiederhergestellt ist. Es ist wohl der stattlichste und regelmäßigste Platz im neuen Rom und hat noch ganz genau die Form der Arena des Circus. Papst Innocenz X. hat ihn durch Bernini mit drei großen Springbrunnen schmücken lassen, durch welche früher der mit einer Ballustrade eingefaßte Platz unter Wasser gesetzt werden konnte, ganz wie eine antike Naumachie. Dann watete das Volk zur Belustigung darin umher, oder fuhr wohl mit Kähnen darin umher. Dies wird wohl auch in den Naumachien des alten Rom zur Volksbelustigung gedient haben, nachdem die Vorstellung vorüber war. Der Platz dient als Markt schon seit mehr als vier hundert Jahren, am Dreikönigstage, auch als dasjenige, was bei uns der Weihnachtsmarkt ist. Man darf den Dreikönigstag auf dem Platze Navona nicht versäumen, wenn man die verschiedenen Phasen des Römischen Volkslebens kennen lernen will, in welchen die lärmende Lustigkeit des Mittelalters, in regelmäßige Zeiten und regelmäßige Formen geordnet, wie sie war, noch immer üppig ausschlägt, wie sonst etwa nur in den Belgischen und Holländischen Communalfesten. In den Marktbuden auf dem Platze werden am Dreikönigsabend Kinderspielsachen verkauft. Darunter ganz hauptsächlich lärmende Instrumente: Pfeifen, Trompeten

Trommeln, Knarren und jetzt auch — Berliner Waldteufel. Die Väter und Mütter, welche diese ohrenzerreißenden Musikinstrumente für ihre Kinder einkaufen, haben es nun aber wohl niemals lassen können, zunächst selber damit Lärm zu machen, indem sie auf dem Platze umhergingen. Dann ist dies allgemeine Mode geworden und vom höchsten bis zum niedrigsten Stande strömt jetzt alle Welt am Dreikönigsabend nach dem Navonaplatze, um dort mit den Kinderinstrumenten bis nach Mitternacht zu lärmen. Gegen Mitternacht wird der Lärm so groß, daß er uns in unserer keineswegs ganz nahen Wohnung, in ein ununterbrochenes Brausen zusammenschmelzend, nicht schlafen ließ. Die Cafés am Platze und die Osterien in seiner Nähe bleiben dann die ganze Nacht offen. Uebrigens mag die Ursache zu diesem Volksfestleben viel tiefer stecken als in der Geschichte der Römisch-katholischen Kirche. Es giebt überall in der gemäßigten Zone eine Volksfestlichkeit, ähnlich dem christlichen Weihnachtsfeste, in welches sich in Nordeuropa ganz offenbar das Germanisch-heidnische Julfest oder Radwendefest, d. h. Wendekreisfest verwandelt hat. Es handelt sich um den Wendepunkt der Sonne vom Sinken zum Steigen und dieser wird überall als eine natürliche Ursache zur Freude mit Lärm gefeiert. Der Winter, welcher weicht, soll durch den Lärm ganz vertrieben werden. Alle diese Festlichkeiten folgen dem 22. December, der Wintersonnenwende, um wenige Tage. Der Weihnachtstag, der Neujahrstag und der Dreikönigstag, mit welchem jetzt das katholische Kirchenjahr beginnt, sind alle drei derselbe Feiertag. Er fiel später nach der Sonnenwende, je nachdem man erst später an der Verlängerung der Tage gemerkt hatte, daß sich die Sonne gewendet hatte. Am spätesten fiel im Süden, wo die Wiederverlängerung der Tage ohne genaue Messung erst am spätesten merklich, das Fest, welches wir heute den Dreikönigstag nennen, in der That um ganze vierzehn Tage später als die wirkliche

Sonnenwende. Der ursprüngliche südliche Name des Dreikönigstages ist der Griechische Epiphania, welches im heidnischen Griechisch einfach eine Gotteserscheinung bedeutet. Die Sonne, der Gott, der zu verschwinden drohte, war wieder erschienen und die Freude über diese Thatsache, die man doch nicht mit vollständiger Gewißheit vorherwissen konnte, drückte sich im gemeinsamen, lärmenden Jubel und in gegenseitiger Beschenkung aus. Die Menschheit war dankbar, weil sie sich wieder gerettet fühlte. Der Heiland war ihr eben erschienen. Und aus Morgenlande kamen, mit dem Morgensterne, die Weisen, die es ihr verkündeten. Das Christenthum hat dies nur aus dem uralten Adonai-Cultus im Morgenlande aufgenommen und sich dann in allen Ländern, über welche es sich verbreitete, desselben ganz natürlichen Sonnenwendefestes für seinen eigenen Kirchenkalender, seine eigene Mythologie und seine eigenen Zwecke bemächtigt. Ueberall im Norden ward damit der Mythus von einer wohlthätigen Himmelsfrau, nämlich dem Himmelslichte, verknüpft. Die Germanen nannten sie Bertha, Berchda oder Brechta, nämlich die Leuchtende oder Prächtige, oder auch Hulda oder Holda, welche später im Gespensterglauben in die Frau Holle zusammengeschrumpft ist. Die Germanische Form des Mythus drang mit der Völkerwanderung auch in Italien ein, und hier ward dann aus dem Namen des Epiphaniafestes der Name der Frau Befana gemacht. Wenn man die Kinder in Italien, und vorzüglich in Rom, am Epiphaniafeste beschenkt, läßt man die Geschenke von der Frau Befana kommen. Die Kinder beschenkt man aber eben zu dieser Zeit überall, weil das neue Jahr eben ein Kind ist, weil die Zukunft, die wieder gesichert ist, hauptsächlich den Kindern gehört, weil Adonai der Herr, d. h. das Leben der Welt, als Kind wieder neu geboren ist.

Der Platz Navona spielt seine Rolle aber auch im Römischen Carneval. In diesem hat er seinen besonderen

Abend und wird dann vermittelst Lampenfestons und Musikchöre in einen Ballsaal für die Masken verwandelt. Dann geht es wieder auf ihm gar närrisch und lustig zu: vielleicht nicht so sehr viel anders, als es schon im antiken Rom auf diesem Platze der Ringspiele zugegangen sein mag.

Von den drei Springbrunnen, mit welchen Bernini auf Befehl des Papstes Innocenz X. den Platz schmücken mußte, verdient nur der größte, mittlere, auf welchem die Donau, der Ganges, der Nil und der La Platafluß durch Kolossalfiguren dargestellt sind, irgend welche Aufmerksamkeit. Der Nil hat sein Haupt verhüllt, als Strom der Geheimnisse, oder um, wie Bernini spottend bemerkte, die Façade der Kirche Agnese nicht zu sehen. In dieser Kirche, welche auf dem antiken Circusgewölbe steht, in welchem Agnes ihr Märtyrerthum erlitten haben soll, erfuhren wir, daß das Hauptfest dieser jungen und jungfräulichen Heiligen, der Schutzheiligen der Keuschheit, welches Fest in ihrer berühmten anderen Kirche vor dem Thore stattfindet, über den Katakomben, in welchen sie begraben liegt, am 21. Januar bevorstände.

Wir verließen nun den Platz, um zunächst die dicht nördlich bei demselben gelegene Kirche des heiligen Augustinus zu besuchen, in welcher schönen und an Gemälden reichen Kirche ein wunderthätiges Marienbild noch immer bei den Frauen aus dem gemeinen Römischen Volke im Geruche besonderer heilkräftiger Wirksamkeit steht. Man merkt dies gleich auf der Treppe dieser Kirche, wo kleine Weihgeschenke, darunter Wachsmodelle der erkrankten Gliedmaßen, welche geheilt werden sollen, von zahlreichen Händlern verkauft und von den Frauen noch ziemlich lebhaft gekauft werden. Dies Madonnenbild an der Wand dicht bei der Thüre strahlt im Schmucke werthvoller Juwelen und ist beständig mit Lichtern erleuchtet. Die Weihgeschenke werden ringsum aufgehängt und es strahlt in diesem Winkel förmlich von

Vergoldung. Die Kirche selbst ist 1483 erbaut, dreischiffig im Gothischen Stile und trägt eine Kuppel, die älteste im päpstlichen Rom. Am meisten anziehend unter den Malereien ist ein Frescobild des Propheten Jesaias an einem der Pfeiler, welches von Rafael herrührt. Rafael hat hier in kraftvoller Zeichnung mit Michel Angelo zu wetteifern versucht und Michel Angelo's eigenen hohen Beifall erhalten. Aber eben nur die Zeichnung ist noch rafaelisch, es ist aufgefrischt worden, und dabei sind seine Farben ganz verloren gegangen. Das Madonnabild des Hochaltares wird dem Apostel Lukas zugeschrieben, welches stets bedeutet, daß solch ein Bild von den Griechen, die vor den Türken flüchteten, aus Konstantinopel mitgebracht worden ist. In der Byzantinischen Malerei, welche Handwerk war, blieb der Name des Meisters niemals aufbewahrt: so wurden in Italien, wo man sich daran gewöhnt hatte, bei allen Bildern einen Meister zu nennen, die Bilder Byzantinischer Herkunft, als von unbekannten Malern stammend, sämmtlich dem Lukas zugeschrieben, besonders da es fast unmöglich ist zu entscheiden, welcher Zeit jedes einzelne dieser Bilder angehört.

Von hier führt die Straße Coronari nach der Engelsbrücke. Kirchen und Kirchlein von Interesse liegen auch hier in großer Fülle rechts und links, aber wenn man nach dem Petersdome eilt, hat man keine Neigung sich in ihnen aufzuhalten. Sonst kann man in Rom, wenn man in Besuchen seiner Kirchen Unterhaltung findet — und sie gewähren durch ihre verschiedene Geschichte, ihre Architektur, die Bildhauerwerke und Gemälde, mit denen sie geschmückt sind, und auch durch die Gedenktage die in ihnen gefeiert werden, und oft mit feinem Geschmack gefeiert werden, sehr viel und sehr bedeutsame Unterhaltung — ein ganzes Jahr auf Besuche verschiedener Kirchen verwenden. Will man dies, so muß man sich eines liturgischen Jahrbuchs bedienen, wie es deren in verschiedenen Sprachen giebt.

Aber freilich hat die Beendigung des päpstlichen Regimentes und die Arbeitseinstellung des Papstes jetzt sehr störend in den Speisezettel von christlichen Festlichkeiten eingegriffen, welche diese liturgischen Jahrbücher in Aussicht stellen. Das kirchliche Spinnengewebe ist eben auch in seinem Mittelpunkte, in Rom, beträchtlich zerrissen worden.

Sobald man auf die Engelsbrücke tritt und den gelben Tiberfluß unter den Füßen schäumend hat, tritt der große Gang der Weltgeschichte wieder so ernst mahnend an die Seele heran, wie auf dem Capitol, dem Forum mit der Curie und den Kaiserpalästen und auf den Zinnen des Colosseum. Grade aus hat man die Engelsburg, das Hadriansgrab, als Brückenkopf und zur Linken ragt die Peterskuppel über die Häuser. Der seltsame Stumpf des Hadriansgrabes, welcher so lange Zeit hindurch den gewaltigen Citadellenthurm der Engelsfestung und den Zufluchtsort der Päpste in ihren Nöthen bildete, ist durch einen der seltsamsten Kämpfe ein solcher Stumpf geworden, als heute nur noch vom Hadriansgrabe vorhanden ist. Die Gothen stürmten das Kaisergrab, welches zugleich Brückenkopf war, und die Griechen vertheidigten es, indem sie die Fülle von Marmorsäulen und Marmorstatuen, von welcher das Grab strotzte, auf die Angreifer herabwarfen. Statt der Kanonenkugeln flogen Marmorköpfe und Marmorcapitäle herunter. Dieser Vorgang ist ein recht charakteristisches Bild der wilden Zeiten, welche in dem armen Italien mit dem Erlöschen des Römerreiches begannen. Es war eine für die Welt kostspielige Vertheidigung, nach der Zerstörung Aquileja's durch Attila und der Plünderung Roms durch die Vandalen wohl die größte, die dritte Versündigung an den Kunstschätzen, an der Culturblüthe des Alterthums. Wenn die Moskauer und die Pariser ihre eigenen Städte nicht angesteckt hätten, um Feinde sich abzuwehren, würden wir uns heute vielleicht dem Vertrauen hingeben können, oder es wenigstens doch zu können glauben, daß dergleichen niemals wieder vorkommen werde. Wir können es leider nicht.

Der nördliche Stadttheil auf dem rechten Tiberufer mit dem Petersdome heißt der Borgo, der südliche Trastevere. Es ist der Wahlbezirk, welcher Garibaldi ins Italienische Parlament gewählt hat, also unter allen Deutschen und Italienischen Wahlbezirken der animoseste gegen die Römisch-katholische Kirche. Und grade hier ist ihr Hauptquartier aufgeschlagen! Die Wahlzettel für Garibaldi fanden wir noch an alle Häuser, Klöster und Kirchen der trasteverinischen Stadttheile angeklebt, ja an den Vatican selber. Nur der Petersdom war davon frei: ich weiß nicht aus welcher Ursache. Vielleicht aus architektonischer Achtung.

Denn noch immer ist der Petersdom ein Gegenstand des Stolzes der Römer, auch der gar nicht kirchlich gesinnten. Die Schönheit seiner Architektur, die ja sehr viele Fehler hat, bewirkt dies weniger, als die Großartigkeit seiner Verhältnisse und die solide und maßvolle Pracht seiner inneren Ausschmückung. Der Eindruck auf den Beschauer von außen wird diesem gewaltigen Baue nicht gerecht. Das weit vorgeschobene hohe Langhaus läßt die Kuppel versinken und verschwinden, nach Maßgabe, als man dem Eingange näher tritt. Auch die Façade nach dem Platze, welche nur den Querdurchschnitt des Langhauses vertritt, erscheint, wegen der kolossalen Größe ihrer einzelnen Theile, der Thüren, Fenster und Säulen, mit denen man sie unwillkürlich mißt, ohne für diese Theile selbst noch einen Maßstab zu haben, kleiner als sie ist. Erst wenn man ganz nahe herangetreten ist und die Fußgestelle und Schafte der Säulen und die Thüren und Fenster unmittelbar vor sich hat und nach dem Maße des eigenen Leibes zu schätzen im Stande ist, kommt man zum Bewußtsein der Größe dessen, welches man, es nur aus weiterem Abstande betrachtend, sich kaum bringen konnte für etwas anderes zu halten, als was man schon früher gesehen hatte. Tritt man aber gar in die Kirche hinein, so weiß man augenblicklich, daß man sich in dem vornehmsten und großartigsten Bauwerk des Jahrtausends befindet. Man merkt dann auch, daß Heroen der Kunst, wie Rafael Sanzio und Michel Angelo Buonarotti, bei dem ursprünglichen Entwurfe zu dieser Kirche im Rathe gesessen haben, und die Ausführung des Entwurfes jeder in seiner Zeit überwacht habe. Man fühlt sich wie in einer anderen schöneren Welt. Der Steinspiegelglanz der Säulen, Wände und selbst des Fußbodens, die cylindrisch gewölbte Decke, die ungeheure Höhe des mächtigen Kugelgewölbes der Kuppel über dem Beschauer, der den Kopf weit zurückzuwerfen hat, um die Riesen-Mosaikbilder der vier Evangelisten zu betrachten, unter welchen der Eine, ich weiß nicht mehr, ob Lucas oder Johannes, eine Schreibfeder von funfzehn Fuß Länge hält, alles dies wirkt auf das Gemüth mit einer Majestät, die dabei doch heiter und anmuthig ist. Statt der Oelbilder in anderen Kirchen finden sich hier überall nur Nachahmungen der großartigsten Gemälde, die es giebt, so der Transfiguration des Rafael, in spiegelnder Mosaik; der Stein, die Bronze und das Gold sind eben hier zur Alleinherrschaft erhoben und die größte Schönheit des Pinselstrichs könnte in einem solchen Raume keinen Eindruck mehr machen. Das scheinbar Weichste im Stoff, dem der Blick begegnet, sind die Bildhauerwerke der Papstgräber in weißem Marmor, bei welchem die Kunst des sechzehnten, siebzehnten und achtzehnten Jahrhunderts sich bemüht hat, wie sie es liebte, den Faltenwurf der Gewänder aus weißem oder buntem Marmor, oder auch die Wolken aus weißem Marmor, den einen wie weich niederfließend, die anderen wie luftig geballt darzustellen. Selbst der Stand des Thermometers in der Kirche, welcher mit dem Stande des Thermometers draußen fast gar keinen Parallelismus mehr hat, da den ungeheuren Luftblock im Innern Mauern von beispielloser

Stärke von der äußeren Temperatur ganz abschließen, scheint anzuzeigen, daß man plötzlich in eine andere Welt getreten sei. Es wird auch wohl selten vorkommen, daß ein Fremder bei seinem ersten Besuche aus dieser Centralkirche der Römisch-katholischen Christenheit bald wieder herauskommt, und hierzu ist nicht einmal nöthig, daß er die Einzelnheiten genau durchmustert.

Zuerst wird er vielleicht nur wahllos und bequem darin umherschweifen, welches auf einem Raume von zweihundertvierzehntausend Quadratfuß Rheinisch schon an sich geraume Zeit in Anspruch nehmen kann.

Nach dem Esquilin.

(Die Ignatiuskirche. Kircher. Maria in Via Lata. Eine Christentaverne. Der Venezianische Palast. Der Berberfang. Der Corsowettlauf. Ursprung aus dem Lupercusfest. Der Marforio. Pasquill und Presse. Das Trajansforum. Ulpianische Bibliothek. Vorlesungen im alten Rom. Die Advocatenberedsamkeit. Gekrönte Dichterknaben. Die Kirche der Pudentiana. Maria Maggiore. Ein gefälliger Geistlicher. Zwei Träume stimmen überein. Anfang und Ende der Mosaik. Das uralte Marienbild. Die Kirche der heiligen Praxedis. Eine lange Straße. Der Platz Barberine. Beim Carlin.)

Vom Pantheon läuft die Straße des Seminars ostwärts nach der großen Kirche des heiligen Ignaz. Einige kurze Gassen führten von unserer Wohnung in diese Straße hinein. Die Jesuskirche, in welcher der Stifter der Gesellschaft der Jesuiten begraben ist, ist nur ihre Römische Modekirche; die Ignatiuskirche ihr eigentliches Hauptquartier. Der Maler Domenichino hat zur Zeit Gregor's XV. den Entwurf zu dieser Kirche gemacht, oder eigentlich zwei Entwürfe, unter welchen die Jesuiten dann auswählten und den gewählten nach ihrer Weise verbesserten, d. h. sie brachten den schon in der Entstehung begriffenen Spanischen Rococostil hinein, an welchem ihre meisten Kirchen in Europa so leicht erkennbar sind. Schön ist dieser geschnörkelte Stil also nicht; aber diese große Kirche ist es doch. Der Italienische Grundentwurf des Domenichino ist eben darin noch nicht verwischt. Reich und glänzend, wie alle, ist diese Jesuitenkirche mit doppelten Reihen von Korinthischen und Römischen Säulen im Innern. Sie enthält das Grabmal Gregors XV. Das Römische Colleg oder die besondere Römische Jesuitenuniversität hängt mit ihr zusammen. Sie enthält auch das von dem berühmten Kircher zusammengebrachte Museum. Er war ein Kurhesse des siebzehnten Jahrhunderts, zuerst Professor in Würzburg und später Professor der Mathematik am Jesuitencollegium in Rom. Er stand durchaus auf der Bildungshöhe seiner Zeit und kann in der Universalität seiner gelehrten Bildung als Vorläufer eines Deutschen von ganz anderem Schlage, nämlich von Leibnitz, betrachtet werden. So gab er ein allgemeines Sprachenlexikon heraus, vermittelst dessen man, wie er stolz auf dem Titel behauptet, sich mit den Menschen aller Zungen unterhalten könnte. Mit der Koptischen Sprache gab er sich besondere Mühe und scheint sich schon an der Entzifferung von Hieroglyphen versucht zu haben. Zugleich war er ein erfindungsreicher Physiker und stellte aus Planspiegeln solchen großen weittragenden Brennspiegel wieder her, wie ihn Archimedes angewendet haben muß, um die Schiffe vor Syrakus in Brand zu setzen. Die Jesuiten versuchten damals ernsthaft, sich der ganz legitimen Herrschaft über alle Wissenschaften zu bemeistern, grade zu der Zeit, als die Stürme des dreißigjährigen Krieges deren Licht wenigstens in Deutschland ganz auszulöschen drohten. Das Museum, welches er wohl hauptsächlich zum Zwecke seiner Vorlesungen zusammenbrachte, ist denn auch eine Sammlung von großer Mannichfaltigkeit, in welcher fast alle Studienzweige bedacht sind.

Wenige Schritte vom Jesuitencolleg mündet die breite Straße, in welcher es steht, in die Straße des Corso. An der Ecke befindet sich eine kleine Kirche, genannt S. Maria in Via Lata: der gegenwärtige Bau rührt aus dem Jahre 1660 her, aber der frühere, schon oft reparirte Bau, an dessen Stelle er emporstieg, war aller Wahrscheinlichkeit nach die älteste christliche Kirche Roms und wirklich schon zur Zeit Constantins erbaut. Jetzt ist nichts Besonderes darin zu sehen; aber ihr kirchengeschichtlicher Werth bleibt ihr ja doch. Die Ueberlieferung behauptet, daß die Kirche an der Stelle erbaut worden sei, wo sowohl Peter als Paul in Rom gewohnt hätten; aber dies stimmt nicht mit anderen Ueberlieferungen, und die Curie, welche recht gut weiß, daß weder Peter noch Paul jemals in Rom waren und vielleicht überhaupt nicht existirt haben, ist daher klug genug, kein besonderes Gewicht darauf zu legen. Was sich aber vielleicht aus dieser Ueberlieferung schließen läßt, ist, daß hier vor Constantins Zeit eine hauptsächlich durch Christen besuchte Taverne stand, von derjenigen Art, welche, wie uns Ammianus Marcellinus erzählt, allnächtig vom Lärmen des Parteigezänkes wiederhallten: eben eine socialdemokratische Taverne, in welcher einer der Begräbnißclubs tagte, aus denen die Christensecte hervorging.

Verfolgt man nun die Straße des Corso aufwärts bis zum Venezianischen Platze und dem Venezianischen Palaste, so schreitet man fast nur durch Paläste, unter welchen der Palast Doria zur Rechten mit einer der größten Privatsammlungen von Skulpturen und Gemälden in Rom der bedeutendste ist. Eilen wir ihnen vorüber. Nur der Venezianische Palast selbst an dem Platze, der den Schluß der Straße des Corso bildet, möge für einen Augenblick unsere Aufmerksamkeit fesseln. Er ist jetzt Sitz der Oesterreichischen Gesandtschaft, und einst wohnte der Gesandte des alten Deutschen Reiches darin, so lange dieses Reich noch bestand. Vor Venedigs Fall war es der Palast der Republik Venedig in Rom. Im funfzehnten Jahrhundert ließen ihn die Borgia für sich selbst erbauen, und sein großartiges düsteres Aussehen, ganz im Stile einer mittelalterlichen Burg mit Zinnen, scheint zu der geheimnißvollen Familiengeschichte dieses Spanischen Hauses, welches den heiligen Stuhl erklimmte, zu stimmen. Im sechzehnten Jahrhundert schenkte es Papst Pius IV. der Republik Venedig, ein Mailänder dunkler Herkunft, von großer Strenge, der in Rom keineswegs geliebt wurde. Hier ist man wieder in jenen hoch interessanten Theil von Rom am Nordabhange des Capitols gelangt, welcher nicht blos von antiken Erinnerungen strotzt, wie das Forum am südlichen Abhange, sondern auch von mittelalterlichen. Und dabei sieht es hier so vornehm schön und zugleich doch auch so einladend wohnlich und heimatlich aus. Auf dem Venezianischen Platz mündet der nördliche Auslänfer der Marforiostraße, genannt Ripresa dei Barberi. Sie soll so nicht von den Barbaren, sondern von den Berberhengsten heißen, welche man früher zu dem Pferderennen durch den Corso im Carneval verwandte. Hier wurden sie nämlich am Schluß ihres Laufs wieder aufgefangen. Ehe noch Pferde zum Wettlauf verwendet wurden, nämlich im frühen Mittelalter, mußten die Juden laufen, die sich dann von dieser Frohn dadurch lösten, daß sie statt ihrer selbst Pferde stellten. Und ehe im christlichen Rom die Juden laufen mußten, liefen freiwillig im heidnischen Rom die Junggesellen am Lupercusfeste, dem eigentlichen Localfeste des antiken Rom, aus welchem der Carneval hervorgegangen ist. Keine geringeren Leute liefen mit, als z. B. Marcus Antonius, welchen Cäsar dabei bat, seine Frau Kalpurnia zu berühren, damit sie guter Hoffnung würde. Dies war der Aberglaube gewesen, als der Lauf noch in ältester Zeit dem Gotte Pan galt und als die Priester seines Heiligthums auf dem palatinischen Hügel, des Lupercal, nackt, nur mit einem Ziegenfell um die Lenden bekleidet, am Lupercusfeste in der Stadt umherliefen und alle unfruchtbaren Weiber, die sich ihnen deswegen in den Weg stellten, mit

Dicht bei der Stelle, wo einst die Pferde des Carnevalwettlaufs abgefangen wurden, welche nur ein brennender Schwamm unter dem Schwanze und das Gejauchze des Volkes zum Laufen trieb, stand früher oder lag vielmehr der Torso, welcher Marforio genannt wurde, das kolossale Bild eines Flußgottes, wahrscheinlich des Rheines, welches dem Carcer Mamertinus, etwa dem Militärgefängniß, gegenüber aufgestellt war. Jetzt ist dies Bildhauerwerk ins capitolinische Museum geschafft worden. An dieses Bild wurden früher die boshaften Antworten auf die boshaften Fragen angeklebt, welche an einem anderen antiken Torso, an einer Straßenecke nahe dem Platze Navona, dem Pasquino, angeklebt wurden. Solcher boshaften Zwiegespräche durch Pasquille, welche im Mittelalter die satyrische Presse, etwa den Kladderadatsch, ersetzten, gab es in Rom mehrere. Waren Pasquino und Marforio etwa Schulze und Müller, welche sich hauptsächlich über Bauten unterhielten, wie ich schon bei Bernini's „Ausbesserung" des Pantheon erwähnte, so fiel einem anderen kolossalen Torso, einer weiblichen Marmorbüste, gleichfalls in der unmittelbaren Nähe des Venezianischen Palastes, auf dem Platze vor der Marcuskirche hinter demselben, eine noch viel gefürchtetere Rolle zu. Das Volk nannte sie Madonna Lucrezia und ihre Zwiegespräche mit dem Abbate Luigi, gleichfalls einem Torso, welcher sich in der Nähe des Platzes Navona und des Pasquino befindet, hatten hauptsächlich menschliche Schwächen zum Gegenstand, welche sich die regierende Geistlichkeit zu Schulden kommen ließ.

Das Pasquill, wesentlich ein Erzeugniß des Römischen Lebens, des antiken wahrscheinlich eben so wohl wie des Lebens im Mittelalter, ist jezt mit der Entstehung einer freien Presse auch in Rom vollständig verschwunden. Welche ungeheure Rolle der Maueranschlag im antik Römischen Leben spielte, können wir noch an den Hauswänden des wieder aufgegrabenen Pompeji bemerken, welche vorzüglich zahlreiche Wahlplacate, wie man sagen muß, obgleich dieselben nicht auf die Mauer geklebt, sondern mit Röthel auf dieselben geschrieben sind, aufweisen. Es scheint dabei freilich an Censur in dem Gemeinwesen, von dessen Censoren die Censur ihren Namen hat, nicht gefehlt zu haben, denn boshafte Angriffe auf den Gegencandidaten kommen in diesen Wahlplacaten gar nicht vor. Man muß aber bedenken, daß grade bei Wahlplacaten die Urheberschaft am schwersten zu verhüllen ist und viel anderes als Wahlplacate konnte in dem kleinen Pompeji kaum vorkommen. Im antiken Rom aber rissen die Libelle, entweder Mauerausschriften oder beschriebene Zettel, welche ausgestreut wurden, kaum jemals ab, von der Zeit der Gracchen an, d. h. von der Revolution an, und wahrscheinlich die ganze Imperatorenzeit hindurch. Es strotzt von Anzeichen dafür in den Lateinischen und Griechischen Schriftstellern. Man legte die Libelle besonders gern in die Orchester der Theater, damit gleich ein so großes Publicum als möglich darauf aufmerksam wurde und sie gleich im Theater von Hand zu Hand gehen konnten. Den Unterschied, welchen die Zeitungspresse in die Weltgeschichte gebracht hat, kann man sich kaum genug bedeutsam und weit verzweigt vorstellen.

Vom Venezianischen Platze links abbiegend, kommt man zunächst wieder am Trajansforum vorüber, an welchem zwei kleine Kuppelkirchen stehen, del Nome di Maria und Maria di Loreto, ohne besondere Bedeutung. Desto grösseren Anspruch auf Beachtung haben alle Einzelnheiten des Trajansforums. Was man in der Tiefe vor sich hat, ist eigentlich nur eine auf diesem Forum stehende Basilika, an deren nördlichem Ende sich die Trajanssäule befindet. Erst südöstlich von der Basilika lag das eigentliche Forum, mit einem Reiterstandbild des Trajan in der Mitte. Eine hohe halbkreisförmige Umfassungsmauer schloß dasselbe im Südosten ab. Von dieser Mauer steckt noch ein Stück in den Häusern, die sich hier angebaut haben. Dies Mauerstück zeigt zwei Stockwerke und im unteren sehr unverkennbar kleine Verkaufsläden, wie auch Spuren solcher noch auf verschiedenen Stellen des Forum Romanum entdeckbar sind. Wahrscheinlich wurden alle Kaiserforen zugleich als Bazars benutzt, und trugen wenigstens einige Miete ein. Die Basilika diente zugleich als Markthalle und Gerichtshof für die Marktrechtsprechung. Mit dem Ganzen war auch die ulpianische Bibliothek verknüpft, über deren Zweck und Benutzung, wie über die der öffentlichen Bibliotheken in Rom überhaupt, wir noch nicht genau genug Bescheid wissen. Jedenfalls hat man die Schriften an Ort und Stelle lesen müssen und es wird eine zahlreiche Dienerschaft hierdurch nothwendig geworden sein. Ob die Kaiser, von denen derartige Stiftungen ausgingen, auch für ihre finanzielle Erhaltung dauernd gesorgt haben und in welcher Weise dies geschehen ist, wissen wir ebenfalls nicht. Die antike Literatur ist auffallend arm an finanzgeschichtlichem Inhalt, verglichen mit der Literatur der Gegenwart. Zu Trajan's Zeit waren die Vorlesungen, durch die Schriftsteller selbst, vorzüglich durch die Dichter der Werke, welche sie herausgeben wollten, noch außerordentlich im Schwange, obgleich diese Sitte ihren Höhepunkt wohl zur Zeit des Domitian fand. In den Satyren des Juvenal und des Martial sehen wir, daß wenigstens in den Bibliotheken keine Einrichtung für solche Vorlesungen gewesen sein muß. Denn im Sommer lasen sie in öffentlichen Säulenhallen, auch wohl in Bädern und Theatern; im Winter aber hatten sie irgend ein Mietshaus dazu zu mieten und mußten sich auch die Sitzbänke für Leihgeld verschaffen, ohne daß sie Eintrittsgeld nehmen konnten, weil ihr Publicum es mehr als eine Gefälligkeit und ein Opfer betrachtete, denn als einen Genuß, wenn es ihnen zuhörte. Hatten sie irgend einen wohlhabenden Gönner, so überließ ihnen dieser wohl für eine solche Vorlesung ein leer stehendes Haus, welches er nicht vermieten konnte, weil der Stock an seinen Wänden fraß, wie Juvenal boshaft bemerkt. Das Leihgeld für die Bänke — in Rom wurden also Möbeln zu Gesellschaften für Geld verliehen, wie jetzt in Berlin — hatte aber der Vortragende selbst zu bezahlen, wie Juvenal klagend weiter fortfährt. Zu Anfang des vorigen Jahrhunderts fand in London und Paris Aehnliches statt. In Rom hatten die Schriftsteller hauptsächlich die Advocaten zu beneiden, deren Beredsamkeit auf dem Forum und in den Basiliken ganz andere Früchte trug und zu einträglichen Aemtern im Staate führte. Als die Basilika auf dem Trajansforum dem Verkehr eröffnet wurde, werden in ihr noch dieselben berühmten forensischen Redner das Publicum entzückt haben, welche in dem glänzend geschriebenen Dialoge des Cornelius Tacitus über den Verfall der Beredsamkeit in Rom auftreten, und denen er die Lobpreisung der Reden aus Cäsar's und Cicero's Zeit in den Mund legt. Diesem Dialog zu Folge war in Rom die Beredsamkeit hauptsächlich dadurch heruntergekommen, daß sie zuviel gelehrt wurde und nicht natürlich floß, wie in der alten Zeit. Das ist doch sehr wahrscheinlich. Die Römer hatten sich zu sehr den Spruch Wagner's zu Nutz gemacht, daß ein guter Comödiant einen Pfarrer — und warum nicht auch einen Advocaten? — lehren könne. Es ward damals im Senate und in den Gerichtshöfen so stark gesticulirt und declamirt, daß Tacitus den hochkomischen Ausdruck gebrauchen kann, die Redner seiner Zeit sängen und tanzten eigentlich ihre Reden. Dies käme aber davon, daß sie das Reden in Rednerschulen erlernten, statt sich wie die Alten den besten Redner der Zeit zum Muster zu nehmen und ihm auf Schritt und Tritt nachzugehen: so hätten die Alten auch nicht das Fechten in der Fechtschule, sondern eben nur in der Schlacht erlernt. Jetzt übe man sich aber im Reden über imaginäre Themata in imaginären Geschichtslagen.

Man kann sich das Bild des Lebens auf dem Trajansforum und in der Basilika des Trajans recht gut vorstellen, weil wir grade aus dieser Zeit so reichhaltige Sittenschriftsteller in Prosa und in Versen besitzen. Die Bibliothek saß voll Leute in der Toga, welche lasen. In ihren Räumen waren Bildsäulen der berühmteren Schriftsteller aufgestellt mit Kasten in ihrem Fußgestelle, wie solche Bildsäulen bis auf uns gekommen sind, in welchen ihre Schriften lagen. Das war kein so übler Gedanke und könnte eigentlich noch heute nachgeahmt werden. Es ersetzte zum Theil den Catalog. Wenn ein Leser sich bei einem anderen Rath erholte, wo er sich wohl z. B. über eine wenig bekannte Steinart unterrichten könnte, konnte der andere antworten: „Geh' doch drüben zum Cajus Plinius, er weiß über alles dies Bescheid." Unter den Säulengängen stand vielleicht der dreizehnjährige Knabe Lucius Valerius Pudens, aus Histionum, welcher im Jahre 110 den capitolinischen Dichterpreis erhielt, also einer der vielen antiken Vorgänger des Petrarca, und declamirte einem Knabenkreise Lateinische Verse eigener Mache vor. Die Lorbeeren des noch jüngeren Römischen Knaben Quintus Sulpicius Maximus ließen ihm keine Ruhe. Dieser hatte schon unter Domitian im Jahre 94 den capitolinischen Preis in Griechischer Dichtung durch ein halbes Hundert Hexameter gewonnen, welche seine freudetrunkenen Aeltern auf seinen vor wenig Jahren aufgefundenen Grabstein einmeißeln ließen, so daß wir jetzt urtheilen können, daß die Verse wirklich nicht schlecht sind. Sie enthalten eine Scheltrede des Zeus an Apollo, weil er dem Phaeton seinen Wagen anvertraut hat. Die Aeltern aber bemerkten, daß sie die Verse hier einmeißeln ließen, damit man urtheilen könne, daß nicht etwa Gunst dem Knaben seinen Lorbeerkranz verschafft habe. Hinten, wo der Prätor Gerichtssitzung hielt, donnerten die Advocaten ihre Reden herunter und zwischendurch ging das Marktgeschäft in der Basilika und bediente sich dabei der Maculatur wie heute. Auf der einen Seite war noch der Text des Buches zu lesen, zu welchem das Blatt gehört hatte, das nun bei seiner letzten Verwendung angelangt war. Im alten Rom waren die Bücher nämlich nur auf einer Seite beschrieben. Die andere Seite war in den Schulen zu den Schreibübungen der Kinder benutzt worden. Dann erst wurden Sardellen darin eingewickelt. Draußen auf der anderen Seite des Forums befanden sich Buchläden und hauptsächlich Trödelläden, auch eine Schreibstube, in welcher das Publicum, welches nicht schreiben konnte, seine Briefe zugleich abfassen und schreiben ließ. Die Barbierstuben lagen mehr bei den Bädern und eben so die Schenken mit Glühwein, welcher im alten Rom eine große Rolle gespielt haben muß, nebst noch anderen Plätzen für das lustige Leben. Doch wird auch alles dies die Nachbarschaft der Foren mit ihren Basiliken wie auch der Theater und Amphitheater aufgesucht haben. Die natürliche Lebhaftigkeit und Lust am Lärmen des Italienischen Volkes füllte aber Basilica und Forum mit ununterbrochenem Gebrause, wie es in Rom bei seiner etwa auf ein Zehntel verringerten Einwohnerzahl jetzt nur bei ganz außerordentlichen Gelegenheiten vorkommt.

Jenseit des Trajansforums steigen die Straßen in die Höhe, zunächst auf die Höhe des Quirinalischen Hügels. Zur Linken führt die Quirinalstraße auf seine höchste Stelle, den Monte Cavallo, vor dem ehemaligen Sommerpalast der Päpste, gegenwärtig Palast des Königs Victor Emanuel. Hier stehen die beiden kolossalen Rossebändiger, die Zeussöhne Castor und Polydeukes vom Aufgange zum Parthenon in Athen, und von ihnen aus bietet sich eine der schönsten Aussichten über Rom. Aber dies mal ist unser Weg ein anderer, gradeaus nach Osten. Die schnurgrade und auch breite Straße S. Lorenzo in Paneperna senkt sich hier vom quirinalischen Hügel herab und steigt dann immer noch schnurgrade zum viminalischen und esquilinischen Hügel wieder empor: den Schluß des Prospectes bildet die große Kathedrale S. Maria Maggiore, bei welcher der Hauptneubau von Rom beginnt. Ehe wir diese Kirche erreichen, lockt uns eine Straße links ab zur Kirche der Pudentiana, welche das schönste und interessanteste aller christlichen Mosaiken aus dem Alterthume enthält.

Diese kleine Kirche hat Frankreich jetzt wieder herstellen und mit einer sehr geschmackvollen Façade versehen lassen. Die Arbeiten schreiten im Innern wie im Aeußern noch immer fort. Sie wetteifert mit der Kirche S. Maria in Via Lata um den Ruhm, die älteste christliche Kirche in Rom zu sein. Erwähnt wird ihrer indeß erst am Schlusse des fünften Jahrhunderts. Die Legende verknüpft den Apostel Petrus auch mit ihr. Hier soll der Senator Pudens gewohnt haben mit seinen Töchtern Praxedis und Pudentiana, welcher den Apostel Petrus zuerst bei sich aufgenommen hätte. Hier wird die Verknüpfung mit Petrus wohl wieder bedeuten sollen, daß sich hier die Erinnerung an ein Christenconventikel in einem Privathause vor der Zeit Constantins erhalten hat. Im Innern der Kirche ist alsbald zu sehen, daß man Dinge vor sich hat, welche beträchtlich älter sind als der Schluß des fünften Jahrhunderts, und daß die Kirche wirklich aus einem Privathause der vornehmeren Klasse entstanden ist. Die Marmorsäulen seines Peristyls stecken noch sichtbar in den Pfeilern der Kirche. Das großartige Mosaik der Tribune aber muß durchaus aus einer Zeit stammen, in welcher man noch besser zu zeichnen verstand, als am Schlusse des fünften Jahrhunderts der Fall war. Es stellt Christus mit den zwölf Aposteln zu seinen Füßen dar und ist wohl die älteste Composition dieser Art, welche dann allmählich in die typischen Abendmahlsbilder überging. Von der späteren Steifigkeit der Figuren ist hier noch keine Rede; auch der lebendige und dramatische Ausdruck der Gesichter beweist, daß hier ein Zeichner thätig war, in welchem der Geist der antiken Kunst noch nicht ganz erloschen war. Aber der interessanteste Umstand ist, daß der Hintergrund eine Landschaft zeigt voller Tempel und anderer Gebände, welche nach mehr als einem Anzeichen nur die Landschaft im alten Rom sein kann, die man von dem Hause aus sah. Durch diese Gegend lief im alten Rom der Vicus Patricius, d. h. die Herrengasse, eine Gasse voll stattlicher Domus oder Paläste. Es scheint uns also wirklich ein Bild dieses Vicus Patricius aufbewahrt, wenn auch nur in groben Umrissen und den nicht zutreffenden Farben eines Mosaik. Aber das Bild entspricht ganz der Vorstellung, die wir uns nach den Schriftstellern zu bilden haben. Da wir auch einen Stadtplan des alten Rom, wenigstens große Stücke desselben, angefertigt zur Zeit des Septimius Severus, aufgefunden in der Unterkirche von SS. Cosmo e Damiano, unzweifelhaft dem alten Rundtempel der Penaten von Rom, und jetzt in die Treppe des capitolinischen Museums eingemauert besitzen, so wäre es nicht ganz unmöglich mit der Kunde, die man sonst von den öffentlichen Bauten in Rom hat, und mit Hülfe des Beispiels von Pompeji für die Privathäuser, so wie unter Beachtung der Anweisungen des Vitruv eine solche Reliefdarstellung des ganzen alten Rom herzustellen, wie sie die Türkische Regierung neulich für die Wiener Weltausstellung vom heutigen Konstantinopel aufnehmen ließ. Wäre es in Wahrheit auch keine Darstellung, so gäbe es uns doch eine Vorstellung.

Auf dem ganz nahen Gipfel des esquilinischen Hügels, und zwar auf weitem Platze, auf welchem die Planirungs- und Pflasterungsarbeiten jetzt mit Macht vor sich gehen — der Hauptneubau in Rom lehnt sich hier an — steht die Kathedrale der Maria Maggiore, eine der ältesten, größten und vornehmsten der sieben Kathedralen Roms, und zu den vieren gehörig, welche eine sogenannte heilige Thür haben, die nur alle fünfundzwanzig Jahre, am Jubeljahre, geöffnet werden. Auf dem Platze vor derselben steht ein Egyptischer Obelisk aus rothem Granit, aber ohne Hieroglyphen und nur dreiundvierzig Fuß hoch, welchen der Imperator Claudius nach Rom bringen und vor dem Mausoleum des Augustus am Tiberflusse aufrichten ließ. Erst Papst Sixtus V. ließ ihn im sechzehnten Jahrhundert hierher schaffen.

Die Kathedrale der Maria Maggiore ward, aber noch nicht in der gegenwärtigen Form, im Jahre 352 angelegt, als Constanz Imperator und Liberius Papst war: zehn Jahre vor dem Regierungsantritte des Julianus Apostata, der fast die ganze Zukunft des Christenthums in Frage stellte. Denn man hat daran zu denken, daß zur Zeit, als er selbst sich wieder zum Heidenthum bekannte und gleichzeitig die Priester der alten Götter nebst dem Opfercultus und die Athenische Philosophenschule, die ihn erzogen hatte, begünstigte, höchstens erst die Hälfte, und kaum das, der Unterthanen des Römischen Reiches Christen waren. Aber in der Stadt Rom, die damals von den Kaisern schon verlassen war, bildeten die Christen hauptsächlich in der breiten Volksmasse wohl schon unzweifelhaft die Mehrheit. Diese Kathedrale hat ihre eigene Wundergeschichte. In der Nacht vom 4. zum 5. August sollen der Papst Liberius und der Römische Patrizier Johannes Beide geträumt haben, daß auf dem Gipfel des esquilinischen Hügels Schnee herabfalle, welcher einen ganz bestimmten Platz bedecke. Der fromme Patrizier Johannes soll am Morgen zum Papste geeilt sein, um ihm seinen Traum mitzutheilen, und darauf antwortete ihm der Papst — wie ich jetzt einschalte — mit schneller Fassung des Geistes, ihm, dem Papste, habe ganz dasselbe geträumt. Ein augenscheinlich hoher Geistlicher mit feinem Gesicht, welchen ich über den Eingang zur Kathedrale befragte, und der sich alsbald mit uns in eine Unterhaltung einließ, war so weit in seiner Erzählung gekommen, und als er gewahr ward, daß wir über die Uebereinstimmung der beiden Träume lächelten, aber nichts sagten, lächelte er auch und sagte auch nichts. Es sind feine Burschen, diese Italiener, fein im augenblicklichen Verstehen, und eben so fein im Benehmen, welches sie gleichfalls augenblicklich den Umständen anzupassen wissen. Es war eine Pause in unserem Gespräche entstanden. Und der Schnee? unterbrach ich endlich das Schweigen. Der Geistliche fuhr fort: Der Papst Liberius und der Patrizier Johannes kamen nun Beide zusammen an diesen Ort, und siehe, da lag der Schnee, grade so weit, als die Kirche jetzt den Boden bedeckt. Sie bauten also die Kathedrale, welche daher Basilica Liberiana oder S. Maria ad Nives genannt wurde. Und der Patrizier Johannes gab das Geld zum Bau? fragte ich. Der Patrizier Johannes gab das Geld zum Bau, war die Antwort, und es trugen noch viel andere fromme Christen dazu bei, weil ihnen der Patrizier Johannes mit so gutem Beispiele voranging. Wenn in Rom im August Schnee fällt, und gar zwei, ein Papst und ein Patrizier, die Nacht vorher davon träumen, so muß doch wohl die heilige Maria mindestens dabei im Spiele sein. Gewiß war sie das sagte ich wieder lächelnd, und er lächelte ebenfalls wieder. Und nun hatten wir einen sehr gefälligen und höflichen Begleiter bekommen, welcher uns das Innere der Kathedrale und alle ihre Sehenswürdigkeiten und deren sind sehr viel und sehr große, eifrig zeigte und mit Sachverständniß erklärte. Die Kathedrale, wie sie jetzt steht, wenigstens in den Hauptstücken des Bauwerks, ist schon im Jahre 432 durch Papst Sixtus III. errichtet, als Valentinianus III. Kaiser war und seine Mutter Placidia, die Tochter Theodosius des Großen, welche den Bruder des Alarich, den Adolf, hatte heirathen müssen, und in ihrer Jugend Königin der Westgothen in Arles gewesen war, und dann wieder den Constanz heirathen mußte, für den Sohn die Regierung in Ravenna führte. Afrika war grade damals an Genserich verloren gegangen und der Hunnische Einbruch war schon im Anzuge, so wie die Plünderung von Rom selbst durch die Vandalen. Man muß bedenken, was es bedeutet, daß bei einem solchen Zustande des Reiches man in Rom noch an den Neubau einer großen Kathedrale denken konnte, für welche Fülle immer noch in Rom vorhandenen Reichthums dies spricht, und für welche Ablenkung des Volksgeistes in Rom von weltlichen auf geistliche Dinge.

Denn in dieser Kathedrale ward etwas geleistet. Sie ist dreischiffig, dreiundfunfzig Schritte breit und hundertzweiunddreißig Schritte lang, allerdings etwas niedrig, aber imponirt doch beim Eintritt gewaltig. Ihr reicher architektonischer Schmuck ist freilich meist erst im gegenwärtigen Jahrtausend dazu gekommen, aber es sind doch darunter Mosaiken vorhanden, welche aus dem Jahre 1295 stammen, einst die Façade schmückten, jetzt aber im Innern auf einer Gallerie angebracht sind.

Zu diesen führte uns unser gebildeter geistlicher Führer zuerst, fein herausfühlend, was wohl am meisten unsere Aufmerksamkeit fesseln würde. Denn diese Mosaiken stammen grade aus der Zeit, in welcher Cimabue in Florenz zuerst mit dem Pinsel malte, und es in seinen Gemälden noch sichtbar blieb, daß die moderne Malerei eigentlich aus dem steifen Stil, den die Mosaiken angenommen hatten, hervorging, und ihn beibehielt, bis Giotto sie ganz davon befreite. Im Alterthume ging umgekehrt die Malerei den Mosaiken voraus, und noch lange, etwa bis ins achte Jahrhundert hinein, blieb es in der schwungvolleren Zeichnung der Mosaiken sichtbar, wie wir so eben in der Kirche der Pudentiana gesehen hatten, daß man in den Mosaiken der Malerei nachstrebte. Diese Mosaiken aus dem dreizehnten Jahrhundert: Christus, Maria, Paulus, Jacobus, Johannes,

Petrus und Andreas, und unter ihnen der Traum des Papstes Liberius und des Patriziers Johannes, so wie ihre gemeinschaftliche Absteckung der Kirche auf dem gefallenen Schnee, zeigen zuerst die Mosaik, nach dem sich neben derselben schon wieder die Malerei erhoben hat, und so thun es auch einige Mosaiken in der Apsis der Kathedrale aus dem Jahre 1295. Daneben hat man zur Vergleichung an dem Triumphbogen hinter dem Hochaltar Mosaiken aus dem fünften Jahrhundert, welche aber im gegenwärtigen restaurirt worden sind, und auf dem Hauptaltar selbst ein fast ganz geschwärztes Bild der Maria, nach der Legende von Lucas gemalt, also aus Konstantinopel, welches schon Papst Gregor I. als wunderthätiges, Krankheit verscheuchendes Bild im Jahre 590 an der Spitze einer Procession durch die Stadt trug, und welches im Jahre 1837 in ähnlicher Weise vom ganzen Klerus getragen die Cholera und im Jahre 1860 die Kriegsgefahr verscheuchen sollte. Da steht es nun, wenigstens immer noch gut als Material für die Geschichte der bildenden Kunst, unter Mosaiken seiner eigenen Zeit, wie unter Mosaiken aus der Zeit, da die Mosaik der Malerei wieder zu weichen begann. Denn daß es schon zu Gregor I. Zeit vorhanden war, ist unzweifelhaft und geschichtlich. Wenn es nur nicht gar so dunkel und unkenntlich geworden wäre. Aber man hat doch hier in derselben Kathedrale, welche schon in der Zeit der Völkerwanderung entstand, Proben der bildenden Kunst aus dem Anfang und Ende des siebenhundertjährigen Zeitraumes vor sich, als diese Kunst wie in einem Starrschlaf zu liegen schien und nur die „goldprangende Blume der Barbarei“, die Mosaik auf ihrem Grabe blühte.

Da in dieser Kathedrale zahlreiche Päpste begraben sind und vorzüglich Philipp IV. von Spanien viel Luxus auf sie verschwendet hat, ist ihre vollständige Durchmusterung fast eben so fesselnd wie diejenige des Petersdomes. Die

14*

Eindrücke im Einzelnen wiederzugeben, wäre aber auch eben so zeitraubend wie bei jenem größten und prachtvollsten Tempel der katholischen Christenheit. Als wir uns von unserem geistlichen Führer verabschiedeten, nannte er mich zu meinem starren Erstaunen plötzlich bei Namen. Ich erinnerte mich nicht, ihn jemals irgend wo gesehen zu haben. Deutsch sprach er nicht, aber außer dem Italienischen auch Französisch. Als ich ihn fragte, woher er mich kenne, antwortete er: nur hier von Rom. Seinen Namen sagte er nicht. Wir hatten also wohl ein Beispiel vor uns von dem berüchtigten Römischen Stadtklatsch. In Rom scheint man an öffentlichen Orten gleich alle Fremden nach allen anderen Fremden zu fragen.

In der nächsten Umgebung von Maria Maggiore befinden sich noch mehrere Kirchen, darunter die Kirche der heiligen Praxedis, Schwester der heiligen Pudentiana, im Jahre 822 von Paschalis I. erbaut und dann 1450, 1832 und zuletzt 1869 reparirt. Hier strotzt es von Mosaiken, theilweise Mosaiken auf Goldgrund, aus dem neunten und zehnten Jahrhundert. Man hat die Mosaikzeit ungefähr in ihrem Mittelpunkte rings um sich her; es zeigen sich aber auch antike Säulen und antikes Gebälk. Zwei Sarkophage sollen die Gebeine der beiden Heiligen Praxedis und Pudentiana enthalten, und noch andere Sarkophage diejenigen zahlreicher Märtyrer. Im Mittelschiffe wird eine Brunnenmündung gezeigt, in welcher die heilige Praxedis das Blut der Märtyrer gesammelt haben soll. Hier greift die Legende also verwegen auf die allerältesten angeblichen Christenverfolgungen zurück — entweder diejenige zu Neros Zeit, von welcher gar nicht die Rede sein kann, oder diejenige zu Domitians Zeit, welche aber keine Christenverfolgung, sondern höchstens eine Judenverfolgung war, und darin bestanden zu haben scheint, daß Domitian die Juden unerbittlich zur Judensteuer heranzog und zugleich die im

Osten weit verbreitete und in Rom eingedrungene, ursprünglich aus Egypten stammende Unsitte, welche in der päpstlichen Sängercapelle bis in unsere Zeit hinein am Leben erhalten ward, straffällig machte, sie allerdings wohl mit der Todesstrafe heimsuchend. Uebrigens ist es doch gut, sich grade hier daran zu erinnern, daß wir uns noch vor Kurzem auf dem Trajansforum einen jungen Sprößling der Senatorenfamilie Pudens, die wohl bestanden haben wird, in das Gedächtniß zu rufen hatten, der den capitolinischen Preis für eine heidnische Jugenddichtung gewann. War die Familie wieder zum Heidenthume bekehrt oder hatte sie sich gespalten? Darüber wie im Uebrigen über diese Familie selbst schweigt die Geschichte und wird sie wohl immer schweigen.

Der große Platz von Maria Maggiore liegt grade in der Mitte der weitaus längsten schnurgraden Straße von Rom, welche von S. Croce im äußersten Südosten bis zur Höhe der Treppe auf dem Spanischen Platze läuft. Sie ist länger als die große Friedrichsstraße in Berlin, in der That volle 12,000 Fuß lang. Allerdings ist sie nur auf ihrer nordwestlichen Hälfte, zwischen Maria Maggiore und dem Spanischen Platze, wo sie die Straße der vier Brunnen heißt, auf beiden Seiten mit Häusern besetzt, und auf dieser ganzen Strecke geht sie bergauf und bergab: vom esquilinischen Hügel herunter und den viminalischen wieder hinauf, dann vom viminalischen herunter und den quirinalischen hinauf; dann vom quirinalischen herunter und den pincischen Hügel hinauf. Ihren Namen hat sie von vier Eckbrunnen an ihrer Kreuzung mit der gleichfalls langen Straße der Porta Pia, noch auf der Höhe des quirinalischen Hügels. Steigt man von hier hinab, so gelangt man an den Platz und Palast Barberini, einem Platze, welcher sich jetzt eben so zu einem Mittelpunkte des Deutschen Touristen und Künstlerlebens gestalten zu wollen scheint, wie bisher der Spanische Platz der Mittelpunkt des fremden Lebens im Allgemeinen war. Der Platz Barberini hat dabei den Vorzug, dem Eisenbahnhofe und dem Neubau beträchtlich näher zu liegen als der Spanische Platz, und schon sind stattliche Gasthöfe auf dem Wege vom Eisenbahnhofe nach dem Platze Barberini entstanden, und auch in den neuen Häusern in seiner Nähe werden jetzt möblirte Wohnungen für Fremde eingerichtet. Kurz ehe man diesen Platz auf der Straße der vier Brunnen erreicht, befindet sich auf der linken Seite das allen Deutschen Künstlern bekannte Deutsche Speisehaus des Carlin, dessen Küche recht billig und dabei keineswegs schlecht ist, und wo man stets Gesellschaft von Deutschen findet, darunter vorzüglich Deutsche Damen, welche sich auf die Malerei gelegt haben, und für welche der Deutsche Club an der Fontana Trevi nur ausnahmsweise zugänglich ist, dies nämlich an sogenannten Damenabenden. Das Geplauder bei Carlin, wo man Schilderungen dessen austauscht, was man gesehen, ist stets unterhaltend, und braucht auch kein großes Ceremoniell mit gegenseitigen Vorstellungen gemacht zu werden, da die Fremden in Rom sich ohne große Gefahr alle untereinander für anständige und gebildete Leute ansehen können. Kaum hatten wir unsere Sitze eingenommen, so wurden wir auch schon daran erinnert, daß es der 21. Januar, der Agnesentag sei, und daß es am Nachmittage in der Kirche der heiligen Agnes vor der Mauer etwas Besonderes zu sehen gäbe. Die Ausfahrt nach Tische ward also beschlossen; Platzwagen befinden sich auf dem Platze Barberini beständig.

Die heilige Agnes in Rom.

(Die Legenden der heiligen Agnes. Ihr Tod unter Diocletian. Das Lupanar im Circus Agonalis. Vor der Porta Pia. Die Kirche Agnese fuori le mura. Das Fresco im Cönobium des Klosters. Durchfall und „wunderbare“ Rettung des Pio nono. Die Katakomben und Inschriften bei der Kirche. Malerische Reize der Agnesfeier. Ueber den Namen Agnes. Agnes nach einer Volkserzählung erfunden als Gegenstück zur Vesta.)

Rom, 22. Januar.

Der 21. Januar ist der Agnestag in der Römisch-katholischen Kirche. Es ist ein Erinnerungstag an eine Märtyrin, welchen das Volk von Rom und in Folge dessen auch die Römische Geistlichkeit mit besonderer Vorliebe festhält, während es doch sonst beim Italienischen Volke um die Erinnerung an die Märtyrer immer schlechter bestellt zu werden beginnt. Die dreizehnjährige Agnes soll den Märtyrertod in Rom im Jahre 303, beim Beginne der Diocletianischen Christenverfolgung, erlitten haben, wie es dem Jahrestage nach erscheint, noch vor dem Bekanntwerden des Diocletianischen Edicts. Einige Kirchenschriftsteller schreiben die erste Redaction der Legende, welche dem Volksmunde entnommen zu sein scheint, dem Bischof Ambrosius von Mailand zu, wodurch diese Redaction ungefähr in das Jahr 380 verlegt werden würde. Hören wir zunächst die Legende: Agnes war Römerin aus patrizischer Familie, ein junges Mädchen von nur dreizehn Jahren. Der Sohn des Stadtpräfecten Symphronius liebte das Mädchen hoffnungslos, worüber er bis zum Tode schwermüthig wurde. Der Vater bestürmte Agnes, seinen verschmachtenden Sohn zu heilen, und sie entdeckte ihm, daß sie Christin sei. Auf ihre Weigerung, der Vesta zu opfern, ließ sie der erbitterte Präfect in ein Gewölbe des Circus Agonalis führen, wo, wie bei allen Schauspielhäusern Roms, sich Hetären aufzuhalten pflegten. Aber unsichtbare Engel verschleierten das zarte Mädchen mit ihrem lang herabströmenden Haar. Himmlische Lichter trieben die eindringenden Begleiter des Verliebten aus dem Gemach, und der Sohn des Präfecten sank auf der Schwelle entseelt zu Boden. Auf Bitten des Vaters von der Jungfrau wieder ins Leben zurückgebracht, eilte er nun durch die Straßen Roms mit dem begeisterten Anruf des Christengottes. Jedoch die heidnischen Priester verurtheilten Agnes als Zauberin zum Tode; die Flammen zwar theilten sich mitleidsvoll um sie her, doch der Henker erwürgte sie. Die Legende sagt, daß dies am 21. Januar 303 geschehen sei.

Die Kirche erzählt dann noch von einer Schwester der Agnes, Emerentia, welche ein Jahr und wenige Tage später gleichfalls den Märtyrertod durch Steinigung erlitten habe. Die ursprüngliche Legende weiß aber von derselben nichts.

Schon gegen Ende des vierten Jahrhunderts, zur Zeit des Kaisers Honorius, gab es eine Katakombenkirche der heiligen Agnes vor dem Romentanischen Thor, in unmittelbarer Nachbarschaft des runden Mausoleums, welches die Gruftcapelle der Töchter des Kaisers Constantin, Helena und Constantia, enthielt.

Eine zweite Kirche der heiligen Agnes ward ebenfalls schon frühe auf der Stelle selbst, am Circus Agonalis des Domitian, erbaut, wo die Legende spielt, und zwar aus dem Material des Circus und mit Benutzung des Lupanars, in welchem das Wunder stattgefunden haben soll, als Kellergeschoß.

Der Agnestag war diesmal ein Tag verhältnißmäßig recht guten Wetters. Anfangs wehte zwar der Scirocco und es gab jeweilig Regenschauer; aber am Nachmittage klärte sich das Wetter vollständig auf und war so warm, daß man keines Ueberziehers bedurfte. Dies pflegt, im mittleren Italien, nur in Rom und der Campagna vorzukommen. Auch in Neapel wird es im Januar doch kälter. Man muß sonst bis Sicilien gehen, um der Januarkälte zu entfliehen.

Am Nachmittage war denn auch dies mal recht lebendige Bewegung auf der Romentanischen Straße, vor der Porta Pia, wie jetzt das Romentanische Thor heißt. Der Vespergottesdienst, mit Chorgesang in Santa Agnese fuori le mura, derjenigen Kirche, welche die Katakombenkirche der heiligen Agnes schon unter Papst Honorius I., im Anfange des siebenten Jahrhunderts, ersetzt hat, war die Ursache dieser Bewegung.

Eine Fahrt vor die Porta Pia ist stets ein recht genußreicher Römischer Ausflug, auf welchem sich dem Blicke und der Erinnerung mancherlei bietet. Im Innern der Stadt führt die Fahrt von der Piazza Barberini aus den viminalischen Hügel aufwärts, mit den barberinischen Gärten zur Linken und den sehr zerstörten und durch eingeflickte Bauten ganz unkenntlich gemachten Diocletianthermen zur Rechten, zuletzt an den neuen Bauten und Straßenanlagen vorüber, in welchen Rom sich für die Rolle einer modernen Hauptstadt zurecht zu machen versucht. Diese Bauten, an der einen Stelle große, unschöne und unpraktische Mietskasernen, an einer anderen Stelle fast eben so unzweckmäßige Villenbauten, in welchen sich die Italienisch Deutsche Bank zu ihrem Schaden versucht hat, um doch auch die Mode mit zu machen, bringen freilich einen recht unbefriedigenden Eindruck hervor. Die Porta Pia selbst ist dasjenige Thor, durch welches die königlich Italienischen Truppen in die Stadt gedrungen sind, auch dasjenige, auf welches es die Garibaldiner bei ihrem Versuche, sich der Stadt zu bemächtigen, abgesehen hatten. Gar nicht lange vorher hatte Pius IX. einen durchgreifenden Neubau vorgenommen, um das Thor und die rechts und links anstoßenden Theile der Mauer für die Vertheidigung besonders in Stand zu setzen.

Jetzt ist in das neue Mauerwerk außerhalb des Thores eine Marmortafel eingefügt, von der Römischen Nationalgarde gewidmet, mit den Namen der Italienischen Soldaten, welche bei dem Angriffe auf das Thor gefallen sind, und nahe dem Thore, in der Stadt, steigt so eben der Neubau des Italienischen Kriegsministeriums empor. Uebrigens ist Rom von dieser Seite aus wiederholt genommen worden. Schon der erste Eroberer Roms, Alarich, drang mit seinen Westgothen durch die der Porta Pia unmittelbar nahe gelegene Porta Salara ein.

Vor dem Thore ist die wohlgepflegte und, was hier selten, auf beiden Seiten mit erhöhten Fußwegen eingefaßte Straße rechts und links von vornehmen Villen umgeben, deren gewaltig hohe Mauern anfangs keinen Blick in die Ferne und nur selten in die großen Gärten der Villen selbst verstatten. Die Straße indeß, welche zuerst auf dem Kamme der östlichen Hügel fortläuft, senkt sich später, und nun tritt gerade aus das Sabiner-Gebirge und zur Rechten das Albaner-Gebirge vor den Blick, und die Römische Campagna entfaltet ihren ganzen, eigenthümlich großartigen und ernsthaften Charakter. Die Kirche Agnese fuori le mura befindet sich etwa zwanzig Minuten vor dem Thore, zur Linken der Straße, die sich hier etwas erweitert. Sie liegt in einem kleinen Gebäudecomplexe, in dessen Hof man zunächst eintritt, an welchen ein kleiner Garten mit guter Fernsicht nach Norden stößt. Zur Rechten an diesem Hofe befindet sich das Cönobium, wo Pius IX. am 14. April 1855 das Unglück hatte, mit einer ganzen Gesellschaft aus dem oberen Stocke in den unteren hinab zu stürzen, da der Boden unter der Last der Versammelten brach. Ein großes Fresco, durch das offene Fenster von außen sichtbar, stellt diesen Vorgang dar und zwar so, daß derselbe in Zukunft, wenn dergleichen wieder möglich wird, alsbald als ein neues Wunder verwerthet werden kann, und zwar als ein Wunder, dessen Gegenstand nicht, sondern dessen Urheberin dies mal die heilige Agnes war. Pius IX. nämlich und die ganze Gesellschaft, unter der sich auch zwei Französische Generale befanden, kamen trotz des nicht geringen Sturzes ziemlich unbeschädigt unten an. Auf dem Gemälde zeigt Pius, dessen übrigens im Allgemeinen schlane Züge hierbei, wie es schon oft vorgekommen sein mag, in salbungsvoll andächtige Falten gelegt sind, seinen Leidensgefährten sehr theatralisch, daß er unverletzt geblieben sei. Hoch oben deutet eine Erscheinung der heiligen Agnes, nach ihrem Mosaik in der Kirche copirt, an, daß es ihr Schutz sei, der das Wunder zuwege gebracht habe. Man hat aber doch nicht unterlassen, auch den von oben herabhängenden schweren Teppich darzustellen, welcher dadurch, daß er den Sturz etwas aufhielt, ehe er vollständig nachgab, die Gewalt des Falles brach und auf diese Weise den irdischen Schutz leistete, welcher das Wunder erklärt.

Es war, wie gesagt, am 14. April 1855, daß diese Katastrophe stattfand. Am 18. December 1854 hatte Pius IX. die Bischöfe und Prälaten veranlaßt, das Dogma von der unbefleckten Empfängniß Mariä anzunehmen, und damit die Reihe der dogmatischen Reformen begonnen, welche sein Pontificat unsterblich machen sollten. Es könnte nun später einmal auch eine andere Auslegung seines Unfalles und seiner

Rettung in der Kirche der heiligen Agnes stattfinden, welche er zum ersten Male nach der siegreichen Durchführung jenes Dogmas besuchte. Der Unfall könnte als eine Warnung der jungfräulichen Heiligen ausgelegt werden, daß das neue Dogma keinen festen praktischen Boden unter den Füßen habe. Davon, daß auch zwei fromme Französische Generale diesen Durchfall des Papstes und seiner ganzen Gesellschaft, der sich jetzt drollig genug im Gemälde ausnimmt, mitgemacht haben, soll nicht einmal die Rede sein.

Zur Kirche selbst führt ein abschüssiger Gang oder eine Treppe mit breiten Marmorstufen hinab. An den Wänden dieses Ganges sind rechts und links viele altchristliche Inschriften aus den Katakomben angebracht, welche sich an das Grab der heiligen Agnes unter der Kirche anschließen. Ein Stein mit einer Wiedergabe der Legende, in welcher dieselbe übrigens auf das Gerücht im Volksmunde zurückgeführt wird – fama refert – und die mit einer Anrufung der Heiligen durch den Papst Damasus, Zeitgenossen des Ambrosius, endet, bildet den Schluß.

Die Kirche selbst ist klein von Raum, aber von graziösen Verhältnissen, und legt gutes Zeugniß für die Baukunst des siebenten Jahrhunderts ab. Sie hat zwei Säulenstellungen über einander, welche Römische Rundbogen tragen. Der Kleinasiatische Marmor und Porphyr, so wie die Arbeit an den unteren Säulen zeigen, daß dieselben aus einem an der heidnischen Architektur begangenen Raube stammen. Das große, halb kreisförmige Mosaik der Tribüne zeigt unverkennbar den Stempel des siebenten Jahrhunderts, noch nicht ganz Byzantinisch steif, aber doch schon sehr fern von solch antik-lebendiger Körperzeichnung, wie sie noch in den Mosaiken der großen Basilica von Maria Maggiore und demjenigen der kleinen Kirche der Pudentiana, im vierten Jahrhundert erbaut, zu finden sind. In der Mitte steht Agnes in reich verzierter Gewandung, welcher Gott Vater von oben her den Kranz reicht, zu ihren Füßen das Richtschwert und hervorbrechende Flammen. Rechts und links stehen der Papst Honorius I., welcher der Heiligen eine Abbildung ihrer Kirche überreicht, und irgend ein Bischof der Zeit. Von der Papstkrone ist noch nichts sichtbar; auch fehlt beiden der Heiligenschein.

Nachdem Pius IX. mit seiner Gesellschaft jenen Durchfall gemacht hatte, ließ er die Kirche wieder herstellen und Wandgemälde im Stile desjenigen, welches das ihm widerfahrene Wunder darstellt, anbringen. Man kann nicht sagen, daß dieselben die Kirche besonders schmücken.

Wir fanden die letztere bei dem schönen Wetter schon ziemlich gefüllt, das Mittelschiff mit Waisenhausmädchen, deren schwarze Kleidung und weißer, lang herabfallender Kopfputz vortrefflich in das Bild paßten. Es wimmelte von Geistlichen, meist in weißen, mit breiten Spitzen besetzten Pallien.

Die feuerrothen Vorhänge der Fensterreihen in der Emporkirche wurden zugezogen, und das Abendsonnenlicht, welches auf der einen Seite durch sie hindurch schien, verbreitete einen rothen Schimmer von wahrhaft zauberischer Wirkung über alle diese weißen Gewänder und Schleier und über die ganze bunte und von Gold funkelnde Kirche. Die Züge der Geistlichen und Chorsänger, den sanft sich senkenden Treppengang herabziehend, gewährten perspectivische Bilder, wie sich nur die Römisch katholische Kirche, und zwar hauptsächlich in Rom selbst, auf solche versteht. Die überall in der Kirche angebrachten Wachslichter wurden angezündet, die Orgel fiel ein, und endlich brach aus ungesehener Stelle der Chorgesang los, in welchem sich vorzüglich eine Sopranstimme von großer Reinheit und Stärke hervorthat, welche aber nicht dem Mustapha angehörte, der jetzt allein aus der alten Capelle des Peter in Rom übrig geblieben ist. Römische Edelfrauen erschienen, denen die Bedienten bis in die Kirche folgten. An den Stufen des sich breit und unregelmäßig herabsenkenden Treppenganges saßen Englische Mädchen im Touristencostüm mit der Aquarellmappe auf dem Schooße, und versuchten wohl das außerordentliche Schauspiel von Lichtern und Farben auf das Papier zu bringen. Als wir die Kirche verließen, fanden wir uns von Bettlern und Bettlerinnen umringt, dieser unvermeidlichen, eben weil zur Römischen Kirche gehörigen, und ihren Ursprung und ihre Entwicklung erklärenden Kehrseite der klerikalen Schaustellungen. Sie waren alle der Meinung, daß die heilige Agnes ihnen das Recht erworben habe, etwas zu bekommen. Auf der Straße dagegen standen die Equipagen in langer Reihe, und die letzten Strahlen der sinkenden Sonne vergoldeten oben die hohen Mauern der Parks. Es befindet sich in der Nähe eine für Rom verhältnißmäßig großartige Gartenosterie, jetzt mit jungem, süßem Wein vom Albaner Gebirge. Dort ließ sich über die Legende von der heiligen Agnes und ihrer Schwester, die neben ihr begraben liegt, der heiligen Emerentia, von der aber dieselbe Legende nichts weiß, etwas nachdenken. In den Katakomben, welche sich an ihr Grab schließen, das auf dem Acker liegen soll, der ihren angesehenen Aeltern gehört hat, scheinen noch viel mehr „Töchter", den Inschriften nach zu schließen, und verhältnißmäßig viel mehr Frauen als Männer begraben zu sein. Der Name Agnes kommt sonst im Alterthum nicht vor. Zwar ist er Lateinisch, denn er wird Lateinisch declinirt, Genitivus: Agnetis. Auch leitet ihn die Kirche von Agnus, das Lamm, ab. Ein Lamm ist das Sinnbild der Heiligen, und am Morgen desselben Tages waren in ihrer Kirche vor dem Thore zwei Lämmer geweiht worden, deren Wolle dazu bestimmt ist, erzbischöfliche Pallien daraus zu weben, welche zu diesem Zweck nach der Weihe an das Capitel im Lateran abgeliefert worden waren. Dies giebt die Lämmer dann an den Papst, der aber nicht, wie das Volk in Rom sich erzählt, sie aufißt, sondern einem Nonnenkloster überweist, welches sie großfüttert und dann nach der Schur im Refectorium verzehrt.

Aber von Agnus Agnes abzuleiten, das ist wenigstens nicht alt-Lateinisch, wenn es auch die Sprache bei der Namenbildung im vierten Jahrhundert so genau nicht mehr nahm. Das Griechische war durch die Griechische Literatur und die Griechischen Sclaven und Illyrier, die in Rom damals eine Hauptrolle spielten, in die Lateinische Namenbildung eingedrungen und aus dem Griechischen Agnos, das noch keusche Lamm, läßt sich weit besser Agnes bilden, als aus Agnus. Es ist auch nur die Griechische Sprache, welche in ihrer Sinnbildnerei den Begriff der Unschuld und Keuschheit mit dem Lamme in Verbindung gebracht hat, und das Christenthum hat dieselbe Sinnbildnerei aus dem Griechischen geschöpft. Die Legende hat für die Unschuld und Keuschheit eine besondere Heilige zurecht gemacht, welche ihre Bedeutung gleich in ihrem Namen trug. Dieser Name war vielleicht niemals ein Name, jedenfalls nicht der Name des jungen Mädchens, deren Schicksal die Legende erzählt; er war ein Begriff. Die Keuschheitswächterinnen unter den Göttinnen des Alterthums machten für das Christenthum eine solche Heilige und eine Legende für dieselbe nothwendig. Diese mußten da gesucht werden, wo die Keuschheit nicht die Regel, sondern die Ausnahme ist, im Lupanar. Irgend welches Volksgerede ist natürlich dabei benutzt worden. Bei allen christlichen Legenden war es Klugheitsgebot für die Geistlichkeit, welche ihnen die kanonische Würde zu ertheilen hatte, abzuwarten, bis das Volk wenigstens irgend etwas zutrug, was für eine Legende brauchbar war. Es ist bedeutsam, daß Agnes in der kirchlichen Ueberlieferung hat gezwungen werden sollen, der Vesta zu opfern. Dies hat die Eifersucht der christlichen Redactoren der Legende auf die immer noch verehrte und wirksame Vesta, welcher eben durch diese Legende der Krieg gemacht werden sollte, erfunden. Sei nun Ambrosius oder sei der Papst Damasus selbst, welcher sich auf die Märtyrerausnutzung besonders gut verstand, oder sei irgend ein dritter Bischof an der Zurechtmachung der Legende betheiligt gewesen, so hat, wie bis auf den heutigen Augenblick zu sehen, ihr Urheber jedenfalls gewußt, was er that.

Der palatinische Hügel.

(Straßenverschlingungen. Sehenswürdiges auf Weg und Steg. Die Goetheschenke in dem Marcellustheater. Volksbild auf dem Platze Montanara. Die antiken Römischen Theater. Die Piere Leone im Marcellustheater. Niebuhr in Rom. Die Cenci-Tragödie. Moderne Zweifel. Der Porticus der Octavia. Romulus und Remus. Die Cloaca Maxima. Tiber und Tiberinsel. Angeblicher Tempel der Vesta und Tempel der Pudicitia. Das Haus des Crescentius. Der Mund der Wahrheit. Die Kirche Georg in Velabro. Der Triumphbogen der Geldwechsler. Der Janus Quadrifons. Die Kirchen S. Teodoro und Maria Liberatrice. Die Kaiserpaläste auf dem Palatin.)

Im Südwesten und Süden des Pantheon ist das Straßengewirr Roms mehr als gewöhnlich verschlungen und spottet aller Beschreibung. Wer sich auf diesem Wege nach der Trümmerstadt durchschlagen will, das Capitol zur Rechten umgehend, thut am vernünftigsten, entweder einen Wagen zu nehmen, oder wenn er zu Fuß gehen will, es mit einem guten Stadtplan in der Hand zu thun, und denselben wo möglich gar nicht aus dem Auge zu lassen. Aber dann verliert man vielleicht manche unerwarteten für die Erinnerung besonders angenehmen Eindrücke, und man muß ja nicht immer vernünftig sein. Im Rom findet man schon Sehenswürdiges, wohin man auch gerathen mag und hat nur zu bestätigen, was Goethe empfand, nämlich, daß es ihm, je länger er blieb, desto schwerer wurde von seinem Aufenthalte in Rom Rechenschaft zu geben; denn wie man die See immer tiefer finde, je weiter man hinein gehe, so ginge es auch ihm in Betrachtung dieser Stadt. Und so ist es seitdem, oder vielmehr vorher wie nachher, allen denkenden Menschen ergangen. Ein paar tausend Jahre Geschichte, welche ihren Zauber voll über diese Stadt ausgegossen haben, nicht blos für die Erinnerung, sondern auch für heutigen mannichfaltigen Genuß, sind nun einmal durchaus keine Kleinigkeit. Die heutige Stadt ist noch ebenso unerschöpflich, wie ihre Geschichte, die ja ihres Gleichen nicht hat.

Häufig, wenn wir aufs Gerathewohl das Gassengewirr durchwandert hatten, fanden wir uns schließlich auf dem kleinen Platze Montanara angelangt, vor der geschwärzten Ruine des Marcellustheaters, welche dabei ganz mit Häusern aus allen Jahrhunderten verbaut ist. Es war, als zöge uns eine unsichtbare Macht dorthin. Goethe scheint es ganz ähnlich ergangen zu sein, denn im Marcellustheater befand sich die Osterie, welche er am häufigsten besucht hat. Beim Aufenthalt in Rom vor drei Jahren fanden wir sie noch im vollen Gange, aber in diesem Winter war sie geschlossen, entweder um neugebaut zu werden, oder um ganz einzugehen; Auskunft hierüber hat uns Niemand gegeben. Diese Osterie hatte das Wirthshauszeichen zur Glocke — Campanella. In ihrem Vorderzimmer hatte König Ludwig von Baiern eine Marmortafel anbringen lassen, mit der Inschrift, daß sich Goethe in den Jahren 1787 und 1788 in dieses Weinhaus zu begeben pflegte oder vielmehr, wie es mir wenigstens vor der Erinnerung schwebt, in d i e s e m Weinhause. An diesem Sprachfehler könnte freilich nicht der König, sondern blos der Italienische Steinschneider Schuld sein, und was ihn am entschuldbarsten macht, ist, daß er in Goethe's Munde selber nicht ganz unmöglich gewesen wäre. Was jetzt aus der Tafel geworden ist oder was draus werden soll, weiß ich nicht. Mir scheint aber, daß wenn man das Haus in der Straße des Corso in welchem Goethe gewohnt hat, mit einer Denktafel bedachte, die Tafel König Ludwigs in dem

Weinhause, in welchem unser großer Dichter häufig einsam geträumt haben mag, es eben so wohl verdient, nicht wieder verloren zu gehen und unter die Römischen Alterthümer zu gerathen, welche spätere Zeiten noch vorfinden werden. Eine andere Osterie in den Bogen des Marcellustheaters, neben der Campanella, ist noch offen und scheint sich lebhaften Zuspruchs von Seiten der Campagnarden zu erfreuen, welche den Markt auf dem Platze Montanara besuchen. Dies beweisen auch zwei öffentliche Briefschreiber, welche rechts und links von ihrer Thür sitzen, und immer ist solch ein Campagnarde, auf seinem Pferde vor der Thüre haltend mit quer über dem Sattel gelegtem Spieße, zu sehen, welcher sich aus der Schenke ein Glas Wein herausbringen läßt und beim Trinken mit den Lippen schmatzt. Das aber giebt ein Bild wie gemacht für einen Teniers, Ostade oder Wouvermanns. Denke man sich dazu die ganz rundlich abgegriffenen Steine der Arkaden des Theaters, geschwärzt vom Rauche der Schmieden, welche sich in ihnen eingenistet haben, wohl weil sie feuersicher sind, bei welchen Schmieden die Campagnarden ihre Reit- oder Wagenpferde beschlagen lassen; denke man sich dazu einen Markt mit saftig grünen Kohlköpfen, mit grüngelben Melonen, mit großen feurigen Orangen und mit grünen Römischen, nicht gelben Citronen, und hinter diesen verkäuflichen Schätzen breitschultrige, schönbrustige, sonnengebräunte Höferinnen von Trastevere, welche mit lauten und sonoren Stimmen eine allgemeine Marktunterhaltung führen, und denke man sich noch allerhand buntes, nicht gleich auf den ersten Blick verständliches, Volksleben dazwischen, so hat man ein ächt Römisches Straßenbild, wie es in so vollständiger Zusammensetzung und so unverfälschter Urspünglichkeit, freilich auf dem Platze Montanara noch sicherer zu finden ist, als an irgend einer anderen Stelle von Rom. Bei den beiden Schreibern auf der Straße vor der Weinschenke, welche natürlich Brillen auf der Nase tragen, vielleicht weniger aus Bedürfniß, als um sich ihren gewerblichen Anstrich zu geben, steht hier eine alte Frau, welche mit dem Schreiber über den Brief beräth, den sie ihrem Sohne nach einer Kaserne in Palermo schreiben will, und der Schreiber legt sein Gesicht in Falten voll älterlichen Wohlwollens und älterlichen Ernstes; dort gesticulirt lebhaft ein schöner aber zerlumpter Bursche dem Schreiber etwas vor, der dabei jeweilig zu ihm aufblickend, seine Noten zu nehmen scheint, wie ein Auscultator beim Verhöre, aber doch nur einen Brief in einem Liebesgezänke zu concipiren scheint. Drüben im Winkel, vor der Bilderbude, haben zwei Schaufelhüte eine wohlgekleidete Bürgersfrau zwischen sich, welche ein großes colorirtes Bild des Pio IX. kaufen will und augenscheinlich wissen möchte, ob es auch gut getroffen ist. Nun ist das Bild gekauft, und sie führen sie mit vielen Complimenten zu einem Fiacre, in welchem sie, mit dem umrahmten Bilde auf dem Schooße, davon rasselt. Die Schaufelhüte sprechen zu dem Fiacrekutscher; die Wohnung der Bürgersfrau werden sie sich wohl gemerkt haben. Jetzt drehen alle übrigen Fiacrekutscher ihre Köpfe nach der Mündung der Straße des Mundes der Wahrheit, denn es kommt ein langbeiniger Engländer, mit dem Hut ganz rückwärts auf dem Kopfe, und den aufgeschlagenen Murray in der Hand, in welchem er liest. Den Murray und jetzt auch den Bädeker kennen alle Fiacrekutscher und alle Kirchenbettler in Rom am rothen Einbande und wissen, was er bedeutet, wenn man ihn in der Hand hält. Man sollte sich darum die Reisehandbücher für Rom besonders binden lassen, etwa schwarz mit einem großen silbernen Kreuz darauf; dann lassen einen Fiacrekutscher und Bettler zufrieden, weil sie dann annehmen, daß hier nichts zu holen ist. Jetzt sind die Fiacrekutscher alle in Bewegung gerathen; sie fahren auf den Engländer zu, ihm quer vor die Füße und rings um ihn herum, und er kann vor ihnen nicht weiter. Sie sprechen alle gleichzeitig auf ihn los, und auf jeden Wagen sitzt schon hinten ein Junge, um die Thür auf und zu zu machen. Der Engländer geräth in Verwirrung, stolpert über einen Korb mit Gurken und setzt sich in ihn hinein. Nun ist die Lust der Trasteverinerinnen am Scherzen nicht zu halten und Zurufe vom ganzen Markte mischen sich mit den Vorschlägen, welche die Fiacrekutscher dem Sohne Albions, der ruhig auf seinen Gurken sitzen bleibt, wetteifernd zuschreien. Nun kannst Du endlich einen Bräutigam im Korbe nach Hause tragen — rufen die Hökerinnen ihrer Collegin zu. Fahren wir nach den Caracalla-Thermen, nach den Katakomben von S. Sebastiano! ermuntern ihn dazwischen die Fiacrekutscher. Aber er weist sie zurück und steht auf, und nun bürsten ihn die Jungen. Er kommt herüber nach dem Marcellustheater; aber es hilft nichts, sie folgen ihm alle. Es scheint nach seiner weißen Halsbinde und seinem wohlrasirten Gesichte ein junger Prediger der Hochkirche zu sein. Jetzt steht er am Mauerwerk des Marcellustheaters und betastet aufmerksam die Löcher, aus welchen die Eisenklammern herausgerissen sind. Aber schon hat ein Junge seine Schuhputzbank herbeigebracht und bemächtigt sich seines einen Fußes, um ihm den Stiefel zu putzen. Ein Andrer macht sich an das andere Bein und bürstet ihm das Beinkleid. Da stolpert der Engländer noch einmal und stemmt sich mit den Händen und dem Murray gegen das Mauerwerk und bleibt so stehen, während die Jungen immer darauf los bürsten. Es ist ein sehr komisches Bild und rechts und links sind die Schmiede aus ihren Werkstätten getreten, um zuzusehen mit dem Hammer oder auch dem glühenden Eisen in der Hand. Jetzt erschallt Militärmusik; Bersaglieri, Scharfschützen, mit herabfallenden Büschen von Hahnenfedern auf ihren breitkrämpigen aufgeschlagenen Hüten, ziehen über den kleinen Platz, und der hoch aufgeschossene Karabiniero, der das Straßenleben beherrscht, schafft ihnen Luft. Die Jungen ziehen nun meist hinter ihnen her und es wird ruhiger auf dem Platze, nachdem auch die Hökerfrauen ihre sieben Sachen zusammengeräumt haben. Der Engländer aber storchbeint in das Theater hinein und wir folgen ihm nach.

Dieser bröckelnde und geschwärzte Bau, jetzt ganz mit Läden und Häusern und auch einem Palast im Innern beklebt, war einst das vornehmste Theater für Schauspiel und Ballet in Rom. Es enthielt 20,000 Sitze für Zuschauer. Wir würden dies heute für unpraktisch halten, da die menschliche Stimme auf der Bühne von so Vielen und in einem so großen Raume kaum mehr verstanden werden kann. Es war aber keineswegs das größte Theater für Schauspiele, von welchem wir Kunde haben. Das älteste, noch hölzerne Theater in Rom des Aemilius Scaurus soll 80,000 Zuschauer, also fast so viel wie das Flavische Amphitheater gefaßt haben, in welchem doch nur gesehen und nicht gehört wurde. Das Theater, welches demnächst Pompejus im Marsfelde nicht gar zu weit von diesem Marcellustheater errichten ließ, soll für 40,000 Zuschauer Platz gehabt haben. Auch s e i n e Trümmer sind noch vorhanden und stecken in einem Halbrund von Häusern der Gegenwart, durch welches seine Größe genau ausgedrückt wird. Die größten Theater der Gegenwart in Italien, das Theater della Scala in Mailand und das Theater S. Carlo in Neapel, enthalten das eine nur 3600 Sitze und das andere 3500. Auch die ganz neuen großen Theater in Moskau, in Paris und in den Amerikanischen Großstädten bleiben mit der Anzahl ihrer Sitze in der Nähe dieser Zahl. Und dabei kann man doch keineswegs sagen, daß auf die einzelnen Sitze in den modernen Theatern viel Raum verschwendet ist, die Russischen etwa ausgenommen, in welchen die Sitze im Parquet aus beweglichen Lehnstühlen bestehen; auch sind ja diese großen modernen Theater oben fest geschlossen und deswegen vermuthlich von besserer Akustik, als die stets oben offenen großen

Theater des Alterthums. Im Alterthum bedeckte man mit festem Dach eben nur die kleinen Theater, von welchen wir in Pompeji ein Beispiel haben, welches unmittelbar neben dem großen offenen steht, mit diesem verbunden und nur im Winter benutzt wurde. Wie haben wir uns das Räthsel dieser großen, oben offenen Theater des Alterthums zu erklären? Sie können beim Schauspiel nicht vollständig gefüllt gewesen sein, und wenn es doch geschehen ist, müssen die hinteren und oberen Sitzreihen mit der Gesticulation zufrieden gewesen sein und damit, daß sie nur einzelne, besonders betonte Worte aus der Rede erhaschten, und das Stück wahrscheinlich auswendig kannten. Daß die Maske, die Persona, d. h. die Maske für Durchschall, welche uns aus ihren bildhauerischen Darstellungen bekannt ist, das Ihrige zu großer Verstärkung des Tones beigetragen habe, wissen wir. Aber daß die Rede dadurch deutlicher wurde, läßt sich doch kaum glauben. Es muß also, um der Verständlichkeit der Rede willen, sehr stark und sehr gut mit dem ganzen Körper gesticulirt worden sein, denn die Maske verbarg ja auch das Mienenspiel und außerdem muß die Akustik, welche durch Wiederhallplatten verstärkt wurde, eine viel bessere gewesen sein, als wir sie jetzt verstehen, wo ihre Technik eigentlich wenig ausgebildet ist. Ich kenne nur ein einziges Beispiel einer so vollendeten Rücksicht auf die Akustik beim Baue, daß die menschliche Stimme einen so großen Raum verständlich zu füllen vermag, wie in den antiken Theatern. Und dies Beispiel gehört dem siebzehnten Jahrhundert an: es ist die Paulskathedrale in London. Diese aber ist ja bedeckt und das Hauptgeheimniß ihrer so vortrefflichen Akustik ist, daß das Hauptschiff verhältnißmäßig so sehr schmal ist. Sir Christopher Wren scheint aber überhaupt den Schall besser zu berechnen verstanden zu haben, als wir es heute verstehen. Dies beweisen die sogenannten Flüstergallerien in der Paulskathedrale, auf welchen man flüsternd nichts desto weniger über den Querdurchschnitt des Baues hinweg verstanden wird. Auch im Sheldontheater der Universität in Oxford, welches ebenfalls Sir Christopher Wren erbaut hat, kann man die Beobachtung machen, daß er von der Akustik mehr verstanden hat, als wir jetzt davon verstehen. Er war eben nicht blos Baumeister, sondern auch Professor der Mathematik und Astronomie. Schon im Pantheon aber hatten wir Gelegenheit zu bemerken, daß man im Alterthume die unvollkommene Geometrie, welche man beherrschte, mannichfaltiger und geistreicher anzuwenden verstand, als dies heut zu Tage geschieht. So wenig wir Theater bauen können, in welchen 20,000 Zuschauer das Gespräch zu hören vermögen, hat Schinkel es verstanden, bei seiner Nachahmung des Pantheonkuppelgewölbes im Eingangssaale des Berliner Museums ein ähnliches Schattenspiel hervorzubringen, und hat sich mit Farben behelfen müssen, wo doch Licht und Schatten die wahrscheinlich nicht von ihm verstandene Hauptsache waren.

Zwischen dem Pompejustheater und dem Marcellustheater lag noch das Theater des Cornelius Balbus, dessen Stelle jetzt der Palast Cenci einnimmt. Dies faßte nur eilftausend Sitze, war also das kleinste im alten Rom und doch immer noch über dreimal so groß als jetzt das allergrößte.

Nun etwas zur Geschichte des Marcellustheaters. Sein erster Erbauer war der berühmteste Mann der ganzen Weltgeschichte, nämlich Julius Cäsar. Er brachte es aber nicht weit, da seine Ermordung dazwischen kam. Unter den Bürgerkriegen, welche das Triumvirat des Octavianus, Antonius und Lepidus zu führen hatte, und dem Bürgerkriege zwischen Octavianus und seinen beiden Mittribunen, blieb der Bau liegen. Erst nach der Schlacht von Actium nahm ihn Octavianus, der nun bald Augustus hieß, wieder auf und baute achtzehn Jahre daran. Im Jahre dreizehn vor unserer Zeitrechnung war er damit fertig und widmete es nun dem Andenken seines Neffen Marcellus, von welchem es den Namen behielt. Nachdem das Theater fertig geworden und durch ein Fechterspiel eingeweiht war, versäumte Augustus, welcher das Schauspiel, vorzüglich das Altlateinische Lustspiel, sehr liebte, selten die Vorstellungen, und las oder schrieb auch niemals auf seinem Sitze im Theater wie die Gelehrten Julius Cäsar und später Marcus Aurelius. Im Theater hielt er überhaupt streng auf ein gemessenes Betragen des Publicums wie der Schauspieler. Als er einen Ritter im Theater trinken sah, sagte er zu ihm: Wenn ich trinken will, gehe ich nach Hause. Dir nimmt auch Niemand Deinen Platz weg, antwortete der Ritter mit Geistesgegenwart. Einen Schauspieler ließ er peitschen, weil derselbe bei einer anzüglichen Stelle mit dem Finger auf einen angesehenen Mann in der vorderen Sitzreihe hingewiesen hatte und nun das ganze Publicum nach demselben hinschaute. Da haben wir die antike Lebhaftigkeit der Gesticulation beim Spiele und zugleich ein Stück antiker Theatercensur, welche vor den Zeiten Augustus' noch viel strenger gehandhabt worden war. Als Augustus erlaubt hatte, daß die Toga, das Würdekleid der Römischen Bürger, auf die Bühne gebracht wurde, faßte der Senat einen Beschluß, der das alte Verbot wieder herstellte und Augustus fügte sich diesem Beschlusse augenblicklich. Er verbot aber auch, daß das Publicum im Theater einen dunkeln Mantel über der Toga trage: unter ihm waren alle Vorstellungen Galavorstellungen, wie sie es für das Parquet und die Logen in den großen Londoner Theatern noch sind. Hernach riß immer mehr Freiheit ein, vorzüglich unter Titus und Trajan: nur Domitian stemmte sich dagegen. Es wurden zuerst Pausen eingeführt, damit das Publicum sich erfrischen könne, und zuletzt erfrischte man sich im Theater selber wie im Circus und im Amphitheater. Der Beifall bestand in Kußhänden, dem Darsteller zugeworfen, wovon sich in Italien bis heute Spuren erhalten haben. Grade das Marcellustheater ward auch dazu benutzt, dem Publicum Naturmerkwürdigkeiten vorzuführen, welchen Augustus große Theilnahme schenkte und welche in Folge deß von allen Zeiten des Reiches an ihn geschickt wurden, Riesen und Zwerge, menschliche und thierische Mißgeburten, und zuletzt Geißeln, welche die Parther oder wilde Völker gestellt hatten. In den Tagen, wann es früh dunkel wird, ward das Theater durch Fackelkränze erleuchtet, welche von oben herunter gelassen wurden. Also auch unsere Kronleuchter hatten schon ihre Vorgänger.

Da das hölzerne Theater des Scaurus, welches übrigens sehr prächtig gewesen sein soll, einem Brande zum Opfer fiel, schon ehe das Marcellustheater erbaut wurde, gab es in Rom nur die drei erwähnten steinernen Theater und dabei blieb es. Später trat das Theater immer mehr hinter das Amphitheater und den Circus zurück und lebte erst wieder etwas auf, als durch Honorius in christlicher Zeit die Fechterspiele ganz verboten wurden. Aber es ist nicht viel Gutes von diesem späteren Theater zu sagen: der Tanz spielte darin die Hauptrolle, und es scheint auch in päpstlicher Zeit rein zu einem Tempel der Sinnlichkeit geworden zu sein. Unser Theater, welches ganz aus den kirchlichen Darstellungen hervorging, hat mit dem antiken Theater keinerlei geschichtlichen Zusammenhang.

Jetzt ist im Innern des Marcellustheaters von seiner antiken Herrlichkeit gar nichts mehr zu sehen. Es hat sich im Innern ein Schuttberg gebildet und auf diesem steht, was man einen Palast nennt. Es ist zuletzt durch Kauf an die Orsini gelangt, welche es von den Savelli kauften, in deren Besitz das Marcellustheater von den Piere Leone überging, die es im eilften Jahrhundert als feste Burg benutzten, als ganz Rom mit derartigen festen Burgen, d. h. Räuberhöhlen, der Barone bedeckt war, welche seine Trümmer dazu verwandten. Die Baronsfamilie Piere Leone, deren einer bis auf den heiligen Stuhl gelangte, waren Juden aus dem benachbarten Ghetto, deren Name – Löwenstein – aus dem Hebräischen übersetzt ward, wie unser gleichlautender Judenname. Es ist dies vielleicht das älteste Beispiel einer Adelsfamilie jüdischen Stammes, den der Papst Piere Leone selber niemals verheimlichte. Sie hatten zu den gewaltthätigsten der Barone gehört und waren zu ihrem Ansehen wahrscheinlich durch die Festigkeit der von ihnen besetzten Trümmer des Marcellustheaters und die Hülfe der Juden des Ghetto gelangt. Die Bühne des Theaters, von welcher nichts mehr vorhanden, lag nach dem Tiberflusse zu. Die Cavea oder das Zuschauerhalbrund bestand aus drei Stockwerken, das untere im Dorischen, das jetzt noch in zwölf Bogen aus der Erde ragende im Jonischen und das obere verbaute im Korinthischen Stile.

In dem Palaste der Orsini im Innern wohnte Niebuhr als Preußischer Gesandter und es ist seiner Geschichte Roms deutlich anzumerken, welche Studien er täglich in der Nähe machte. Es ist von hier nur wenig Schritte zum Eingang einer Höhle im capitolinischen Berge, von welcher ihm ein Mädchen in der Gasse erzählte, daß die schöne Tarpeja auf einem Haufen goldenen Geschmeides darin sitze. Niebuhr hielt dies nicht für eine Erzählung, welche sich aus Gesprächen mit modernen Gelehrten gebildet habe, sondern für unmittelbare Localüberlieferung aus dem Alterthume, welche nur mittelalterliche Gestalt angenommen habe. Dies ist aber doch eine sehr gewagte Annahme.

Die schöne Tarpeja rief uns ins Gedächtniß, daß wir uns ganz nahe dem Palaste Cenci befänden, in welchem das furchtbare Trauerspiel der schönen Cenci – la bella Beatrice Cenci – wie sie allgemein beim Römischen Volke heißt, gespielt hat. Schön ist den Italienern, bei Frauen, auch ein Synonym für unglücklich: darum reden sie von der schönen Tarpeja und der schönen Beatrice. Aber die unglückliche Beatrice Cenci war wirklich schön, wie wir aus ihrem Portrait mit dem weißen turbanartigen Kopfputz in der Gallerie des Palastes Barberini wissen, welches der Kupferstich und der Steindruck ja über ganz Europa verbreitet hat und welches fälschlich dem Guido Reni zugeschrieben wird. Unser Weg zum Palaste Cenci führt uns durch das Ghetto, welches nicht mehr durch Thore abgeschlossen ist, dessen abstoßender Schmutz aber noch den des Prager Ghetto und der Unterrocksgasse – petticoat lane – in London weit übertrifft. Es kostet wirklich Selbstüberwindung, sich hier durchzuarbeiten und grade hier und anstoßend im Tiberfluß sind Hauptkunstschätze des Alterthums gefunden worden und werden im Fluß noch immer gefunden. Die Nachbarschaft der drei Theater und zahlreichen Portiken und des Capitols und des Forums erklärt es und vielleicht auch die sammelnde und bergende Thätigkeit der Juden. Der Palast Cenci bietet nichts Sehenswürdiges: nur das furchtbare Trauerspiel, dessen Bühne er war, verleiht ihm Anziehungskraft. Am Schlusse des sechzehnten Jahrhunderts war der Baron Francesco Cenci, ein entarteter Wüstling der allergewaltthätigsten Art, welchen der Volksmund schon des Mordes seiner eigenen zwei ältesten Söhne beschuldigte. Seine schöne Tochter beklagte sich über seine Zudringlichkeit beim Papste Clemens VIII. und bei anderen Mitgliedern der Familie und flehte um Schutz gegen ihren Vater; vergeblich. Im Jahre 1598 ermordete ein notorischer Bandit, Marzio, den Francesco Cenci im Schlafe, ward aber dabei ergriffen und gab auf der Folter Beatrice als Anstifterin des Mordes an. Im Jahre 1599 ward Beatrice mit dem Beil und ihr jüngerer Bruder als Mitschuldiger mit Keulenschlägen hingerichtet. Der Papst zog das ganze Besitzthum der Familie Cenci ein und gab es der Familie Borghese. Die Untersuchungen neuerer Criminalisten haben aus den Acten aber bis zur Evidenz wahrscheinlich gemacht, daß Cenci seine älteren Söhne nicht ermordet und vor Allem, daß Beatrice an der Ermordung ihres Vaters keinen Antheil hatte. Dem gefolterten Banditen Marzio waren seine Antworten durch die Fragen in den Mund gelegt worden. Die furchtbaren Vorgänge haben sich jetzt in dunkle Vorgänge verwandelt, und kein anderer Fingerzeig bleibt übrig, als die zwei kleinen aber inhaltsschweren Worte: cui bono?

Rückkehrend zum Marcellustheater durch die Fischereistraße, la Pescheria, sehen wir in nur wenig Entfernung zur Linken die Trümmer des Porticus der Octavia. Sie waren früher schwer zugänglich, können aber jetzt ohne all zu große Unannehmlichkeit besucht werden, den Fischgeruch ausgenommen. Innerhalb dieser Säulenhalle standen Tempel des Jupiter und der Juno und hier ist es, wo die Statue der Venus gefunden wurde, welche nun die Mediceische heißt. Der Geschichte des Porticus habe ich bei Gelegenheit dieser Statue, die nun in Florenz steht, schon Erwähnung gethan.

Von dem kleinen Platze Montanara führt die Straße des Mundes der Wahrheit, dem Flusse parallel, weiter südlich zu einem der allermerkwürdigsten Winkel von Rom und wahrscheinlich demjenigen, wo unter dem Abhange des palatinischen Hügels der alterälteste Anbau unten am Tiberflusse stattfand, noch ehe oben auf dem Hügel die urbs quadrata des Romulus angelegt wurde. Auf den Abhang verlegt nämlich die Sage die Hütte des Faustus und den Ficus Ruminalis, den Feigenbaum, an welchem die schwimmenden Säuglinge Romulus und Remus gelandet sein sollen. Die Bedeutung der Sage liegt hier in dem Namen selber ziemlich klar vor. Der Tiberfluß hieß ursprünglich Rumo, schlechtweg Strom, dasselbe wie das Griechische Rheuma und eigentlich auch das Deutsche Strom, wie Corßen tiefgreifend bemerkt. Romulus hieß also Strömling, Schiffer, und Remus ist der Lateinische Name des Ruders. Hier also hatten sich Leute vom Lateinischen Gebirge, von Alba Longa, angesiedelt, und zwar unter Campagnahirten, um Schifffahrt auf dem Tiberflusse zu treiben. Von dem Namen des Stromes, Rumo, wurden sie Rumani oder Romani, d. h. Stromleute genannt. Da der Tiberfluß die Niederung zwischen den Hügeln regelmäßig überschwemmt, wurden sie genöthigt, sich mit ihren Wohnungen auf den nächsten Hügel, den palatinischen, zurückzuziehen und hier ward Rom erbaut, zuerst als ein bloßes viereckiges Pfahlwerk, ein Palatium, welches wieder dasselbe Wort wie im Deutschen ist. Das Schiffergewerbe und der politische Zweck der Befestigung mögen dabei in Conflict gerathen sein, und hieraus die Sage von der Tödtung des Remus durch den Romulus. Das Ruder mußte dem Speere nachstehen.

Aber nicht blos in jener allerältesten Zeit, aus welcher uns nur Namen vorliegen, die wir auszulegen haben, so gut wir können, hat dieser Winkel eine culturgeschichtliche Bedeutung für die Welt im Allgemeinen gespielt. Als die Stadt auf dem palatinischen Hügel sich ausdehnte und mit anderen Städten oder Pfahlwerken, die auf dem capitolinischen Hügel und dem quirinalischen Hügel lagen, zusammenwuchs — der letztere Ort hieß, wie Niebuhr glaubt, Quirium; dieser Name dürfte aber nach geschehener politischer Vereinigung niemals ausgesprochen werden — ward es nöthig, die unbebaute Niederung zwischen diesen Hügeln vom Wasser zu befreien. Es ward die Cloaca Maxima erbaut, welche das Forum zu entwässern hatte und hier mündet. Sie steckt noch ganz unversehrt in der Erde und treibt sogar eine Mühle, in deren Keller man sie besichtigen kann. Wir ließen uns dies nicht entgehen und fanden sie in dieser frühen Winterzeit fast bis zur Gewölbedecke mit Wasser gefüllt. Ihre Mündung in den Fluß, der jetzt ebenfalls hoch gefüllt war, trat nur grade noch mit dem allerobersten Theile des Gewölbebogens aus dem Wasser. Hier ist also die allerälteste Cloake in der Welt, mit dem allerältesten Tonnengewölbe, ungefähr drittehalbtausend Jahre alt, und gleich neben ihrer Mündung die älteste steinerne Brücke Roms, die palatinische Brücke, welche Scipio Africanus vollendete. Diese Brücke — ponte rotto — blieb Jahrhunderte lang zerbrochen und ist erst neuerdings wieder hergestellt worden durch Erbauung einer Kettenbrücke.

Von der Brücke genossen wir ein höchst malerisches Strombild, welches durch die ungewöhnliche Höhe und den gewaltigen Schuß des Wassers im Strome noch besonderen Reiz erhielt. Der Strom, jetzt aber auch ganz gelb von der weiter oben aufgewühlten Erde, trieb mit ganzen Bäumen, welche er im Winter aus dem Gebirge herab bringt. Die kleine Tiberinsel oberhalb der Brücke, selbst durch Brücken mit beiden Ufern verbunden, dient den Malern mit Recht als ein Hauptstudienobject für die Landschaftsmalerei.

Dicht bei der Brücke stehen die beiden kleinen antiken Tempel, welche eine Grille des Schicksals uns fast vollständig erhalten hat, während in Rom so viel große Tempel zu Grunde gingen. Der eine ist rund im höchst eleganten Säulenkranz und heißt gewöhnlich der Vestatempel, ist ein solcher aber gewiß nicht und hat eine uns ganz unbekannte Bedeutung. Jetzt deckt ihn ein Holzdach und eine Säule fehlt. Etwas mehr bekannt ist uns der andere, rechteckige, mit vorn und hinten je vier und an den Seiten je sieben Jonischen Säulen. Wir wissen, daß die Römischen Edelfrauen jeweilig diesen Tempel, der mit der Römischen Localsage in Verbindung gestanden haben muß, zu besuchen hatten. Dicht an der Brücke steht, aus antiken Bauwerkstücken zusammengeflickt, das malerische Haus des Crescentius aus dem zehnten Jahrhundert mit langer, schwer entzifferbarer Inschrift, das Haus jenes Führers der Römer, welcher Otto III. zu vertreiben und Rom mit dem Byzantinischen

Reiche zu vereinigen strebte. Otto III. ließ ihn hängen, nachdem sich Crescentius mit sammt der Engelsburg, laut Italienischer Darstellung, gegen ein Versprechen persönlicher Sicherheit ergeben hatte. Dafür soll aber die Wittwe des Crescentius die Genugthuung gehabt haben, Otto, welcher auch seinerseits in der Engelsburg vom Volke belagert wurde, und der ihr später den Hof machte, durch Gift aus der Welt geschafft zu haben. Das Volk hat nur ein verschwommenes Andenken an Crescentius bewahrt und nennt sein Haus, ihn mit dem späteren berühmten Tribunen verwechselnd, das Haus des Cola di Rienzi.

Der Platz in der Nähe der Brücke heißt wie die Straße, die zu ihm führt, Platz des Mundes der Wahrheit, und hat diesen seltsamen Namen erhalten von einer Kirche, welche gegenüber an diesen Platz stößt und den Kirchennamen S. Maria in Cosmedin führt. Diese Kirche steht an der Stelle eines antiken Tempels, von welchem zehn Säulen in ihre Vorhalle eingemauert und noch sichtbar sind. In der Vorhalle der Kirche ist nämlich auch eine große, kreisrunde Brunnenmaske in flacher Scheibenform eingemauert, welche sehr kenntlich die mit einem Gesichte versehene Mondscheibe darstellen soll. Der Mund ist geöffnet, und da man durch denselben ganz hindurchgreifen kann, ist ersichtlich, daß hier das Brunnenwasser herausfloß. Das Volk erzählt sich aber, diese Scheibe habe im Alterthume dazu gedient, die Hand in den Mund hinein zu stecken, wenn man etwas eidlich bekräftigen wollte. Daher bekam der Mund den Namen der Mund der Wahrheit. Es ist sehr übereilt, wie Gelehrte gethan haben, dies als ein bloßes Volksmärchen zu behandeln. Der Platz des Mundes der Wahrheit nimmt einen Theil des antiken Rindermarktes ein. Auf einem Rindermarkte liegt es nahe zu beschwören, daß ein zum Verkauf gestelltes Rind nicht an heimlichen Gebrechen, z. B. der Klauenseuche leide. Im Alterthume schwor man auch beim Monde, als der das Verborgene sieht. Der Rindermarkt überdauerte das Heidenthum, und es kam eine Zeit, wo der Mondbrunnen nicht mehr floß; der antike Aberglaube überdauerte ebenfalls das Heidenthum und schlüpfte in die Auffassungen der Christen hinein. Als das Brunnenwasser nicht mehr floß, kann man wohl die Hand in die Oeffnung des Mundes gesteckt haben, wenn man beim Monde schwören wollte. Die Päpste wünschten dies zu unterdrücken und ließen darum die Brunnenmondscheibe in die Vorhalle der Kirche schaffen. Wenn man nun doch noch bei derselben schwor, schwor man eben beim Christengotte.

Der antike Tempel, der ganz in die Kirche hineingebaut wurde, denn auch ihr Mittelschiff wird von zwanzig seiner Säulen getragen, war einer der allerältesten Roms. Es war ein Tempel, den Göttern der Feldfrucht geweiht, der Ceres, für das Getreide, und dem Liber und der Libera für den Wein. Eine Hungersnoth im Jahre 596 vor unserer Zeitrechnung, also vierzehn Jahre nach Vertreibung der Könige, veranlaßte seinen Bau ganz folgerichtig auf den Märkten für Nahrungsmittel am Flußufer. Als er abgebrannt war, bauten ihn Augustus und Tiberius wieder auf, und aus diesem Wiederaufbau stammen die Säulen, die man sieht. Es war der Tempel der Aedilen Roms, ursprünglich der Marktaufseher. Nach diesem Aedes — Aedes heißt auch Tempel — erhielten sie wahrscheinlich ihren Namen Aedil. Die Kirche an seiner Stelle soll nach der Legende sogar schon aus dem dritten Jahrhundert stammen; aber dies ist unmöglich, weil damals noch keine Kirchen erlaubt waren. Nachweisbar ist ihre Geschichte rückwärts nur bis ins achte Jahrhundert, aus welchem ihr Glockenthurm unzweifelhaft stammt.

Derartiges bietet die Nachbarschaft noch viel. So die Kirche S. Georg in Velabro, d. h. in einer Straße, welche mit einer Decke überspannt gewesen zu sein scheint, wie ein

Theater, also in einer Passage oder Gallerie, wie wir heute sagen würden, wo statt der Leinwanddecke das Glas eingetreten ist. Diese Kirche ward im vierten Jahrhundert gegründet und wieder stecken nicht weniger als sechzehn antike Säulen, zum Bau verwandt, in ihrem Innern. Neben dieser Kirche steht ein kleiner Triumphbogen, dessen Inschrift uns erzählt, daß die Geldwechsler des Marktes ihn dem Imperator Septimius Severus errichtet hätten, weil er Ruhe dem Lande verschafft habe und in Folge dessen der Handel blühe. Alles dies liegt in der Richtung auf das Forum Romanum zu; noch etwas weiter aufwärts in dieser Richtung steht ein größerer Triumphbogen, fast quadratisch und mit vier Fronten und zwei im rechten Winkel sich kreuzenden Durchgängen. Dieser muß also ringsum frei gestanden haben, auf einem Platze, auf welchem man sich in beiden Richtungen bewegte. Da er in seinem oberen Stockwerke ein Gemach zeigt, haben ihn die Alterthumsforscher für eine Art Börse gehalten: dies ist wohl kein ganz richtiger Ausdruck. Dem Alterthume fehlte es nicht an Börsen; in den Chalkidiken, von welchen eines in Pompeji und sogar ziemlich vollständig erhalten ist, haben wir unzweifelhaft eine Art von Gewerkshäusern und Börsen im Sinne der Einrichtungen unseres Mittelalters anzunehmen. Aber der Janus Quadrifons auf dem Rindermarkte, dem Forum Boarium, für eine Börse viel zu klein, bedeutete wohl eher ziemlich genau dasselbe, welches wir heut zu Tage auf unseren großen Viehmärkten finden, zuerst dem Musterviehmarkt Neu Smithfield in London und dann auch dem Berliner Viehmarkte, nämlich einen Platz für die Beaufsichtigung des Viehmarktes ringsum und für Abschluß von Verträgen an einem Punkte, von wo aus das Vieh obrigkeitlich identificirt werden konnte. Der Verkehr unterliegt nicht ganz und gar persönlicher Willkür: er folgt wirthschaftlichen Gesetzen, deren Spiel sich in der Geschichte wiederholt, wenn die wirthschaftlichen Verhältnisse bei gleicher Stufe angekommen sind, und Rom war zwar nicht ganz so groß wie London, aber doch immer noch größer zur Zeit des Septimius Severus als das heutige Berlin.

Noch weiter in der Richtung auf das Forum Romanum zu, unter dem Abhange des palatinischen Hügels nach Nordwesten, liegt neben der Straße und tiefer als dieselbe die Rundkirche S. Teodoro, welche schon unter Gregor I. im sechsten Jahrhundert erwähnt wird und gleichfalls einen kleineren antiken Tempel verschlungen hat, und nahe bei derselben die Kirche S. Maria Liberatrice, bei welcher dasselbe hier unzweifelhaft mit einem Vestatempel geschehen ist. Das Forum Romanum wird auf diesem Wege wieder erreicht, und rechts umbiegend kann man nun längs seiner interessanten, aber genügender Erklärung noch immer harrenden Trümmer zu dem Eingange der Treppe gelangen, die zu den Trümmern der Kaiserpaläste auf dem palatinischen Hügel hinaufführt.

Auch hier gelangt man auf einen mit mächtigen Trümmern bedeckten Boden, auf welchem noch viele Räthsel zu lösen und die Ausgrabungen noch im vollen Gange begriffen sind. Aber kaum ist bei schönem Wetter ein gleich fesselnder Ort in der Welt für träumendes oder plauderndes Spazierengehen zu denken. Man hat die breite Kuppe des palatinischen Hügels in einen Park verwandelt, nicht mit künstlichen, sondern mit ächten Ruinen auf Schritt und Tritt, den Ruinen derjenigen Gebäude, in welchen so lange die Weltherrschaft gethront hat, und in welchen sich kaum ein Stein befindet, der nicht in der Weltgeschichte seine Rolle spielt. Der Cavaliere Rosa, welcher jetzt allen Ausgrabungen in Rom, mit Ausnahme der Ausgrabungen in den Katakomben, vorsteht, hat überall Tafeln anbringen lassen, welche seine Ansicht angeben von dem, was in den einzelnen Orten Geschichtliches vorgegangen ist, und die

Belegstellen aus dem Livius, Vellejus Paterculus, Tacitus, Suetonius, Dio Cassius und Anderen wiederholen. Vorzüglich an Donnerstagen, wo die Kaiserpaläste ohne besondere Erlaubniß dem Publicum offen stehen, reißt der Strom der Besucher aus dem In- und Auslande nicht ab, und so viel wir bemerken konnten, bilden Englische und Amerikanische Damen dabei einen Hauptbestandtheil und zeigen eine nicht geringe Vertrautheit mit der ganzen Römischen Geschichte. Rings um den Hügel, wo immer man sich seinem Rande nähert, öffnen sich malerische Aussichten auf Theile von Rom, auf die Campagna mit ihren zertrümmerten Wasserleitungen und Gräben, auf die Schlangenwindungen des Tiberflusses und auf die blauen Berge, welche die Campagna umrahmen. Noch wird das Haus des älteren Tiberius gezeigt, des ersten Mannes der Livia, und der Gang, durch welchen Augustus aus seinem Palaste mit Livia zuerst verkehrte. Es wird die Stelle gezeigt, wo Vitellius von der Tafel aus dem Kampfe seiner Anhänger mit den Angreifern und dem Brande des Jupitertempels auf dem Capitole zusah, und auch das Schloßtheater, in welchem Nero selber als Schauspieler auftrat, aus prunkvollen Zimmern unterhalb des Zuschauerraums kommend, in welchen er mit seinen Freunden während der Vorstellung tafelte. Vieles ist noch ungewiß, aber die Zeit wird nicht ausbleiben, wo Alles klar sein wird, und dann wird der Aufenthalt in Rom und der wiederholte Besuch seiner Ruinen, unter welchen die Kaiserpaläste der anziehendste Punkt sind, zum regelmäßigen Geschichtsunterrichte derjenigen Bevölkerungsschichten der ganzen Welt gehören, welche reisen können.

Nach dem Gianicolo.

(S. Andrea della Valle. S. Maria della Pace. Rafaels Sybillen. Campo del Fiore. Der farnesinische Palast. Die sistinische Brücke. Trastevere und die Longara. Die farnesinische Villa. Rafaels Zaubername. Der Menschenstrom an Tagen des erlaubten Eintritts. Apulejus. Das zweite und das achtzehnte Jahrhundert. Das Märchen von der Liebe der Psyche und des Cupido. Michel Angelo's Visitenkarte. Aussichten vom Gianicolo. Die Acqua Paola. Die Villa Doria Pamphili. Die Columbarien an der aurelischen Straße. S. Maria in Trastevere. Ein entflohener Papagei. Ein Maskenball.)

S. Andrea della Valle ist eine große schöne Kreuzkirche von vortrefflichen architektonischen Verhältnissen, und einer besonders eindrucksvollen Kuppel, am Schlusse des sechzehnten Jahrhunderts, in dem dicht bevölkerten und belebten Stadtviertel, dessen Mitte das Pantheon bildet, an Stelle einer älteren Kirche erbaut. Diese Kirche wird noch sehr besucht; besonders suchen sie auch die Fremden auf wegen der kolossalen Frescobilder der vier Evangelisten, mit welchen Domenichino die vier Pfeiler bemalt hat, welche die Kuppel tragen. Auch das Gewölbe der Apsis hat Domenichino ausgemalt und man lernt ihn hier als Maler von großartiger Conception und correcter Ausführung schätzen. Diese Malereien werden aber auch als das Höchste angesehen, welches er hinterließ. An einer Straßenecke, der Kirche gegenüber, befindet sich der Torso, welchen das Volk Abbate Luigi nennt, welcher, wie ich schon erwähnt habe, in früheren Jahrhunderten Pasquillunterhaltungen mit der Donna Lucrezia auf dem Platze S. Marco führte, die für die höhere Geistlichkeit so unangenehm waren. Jetzt findet man sehr viel Kirchenthürenbettler an dieser besuchten Kirche, wie auch an den Thüren der benachbarten Kirche S. Maria della Pace, in welcher neu vermählte Ehepaare die erste Messe hören. Auch nach dieser Kirche zieht es den Strom der Fremden, weil sie die bekannten Sybillen von Rafaels Pinsel birgt. Die ganze Stadtgegend zeichnet sich durch mehrere Theater und zahlreiche gute Speisehäuser aus, so daß man sich hier häufig mit Freunden aus dem Römischen Fremdenbesuch begegnet. Von Andrea della Valle weiter westlich liegt der Römische Blumen- und Gemüsemarkt, das Campo del Fiore, und auch die allerdings ganz verbaute Ruine des Pompejustheaters. Kreuzt man das Campo del Fiore, so gelangt man zum farnesinischen Platz und Palaste, einem der schönsten und stattlichsten Paläste Roms, von welchem Michel Angelo ein großes Stück gebaut hat. Leider ist das Baumaterial theilweise dem Colosseum, theilweise dem Marcellustheater entnommen; dergleichen galt damals noch nicht für Barbarei. Michel Angelo scheint aber doch ein gewisses Gefühl der Erkenntlichkeit für den antiken Baumeister des Marcellustheaters gehegt zu haben, denn er baute die beiden unteren Hallen des Hofes im Palaste nach dem Muster der Säulengänge des Marcellustheaters, deren Steine er dazu benutzte. Der Palast ist durch Erbschaft an die Könige von Neapel gekommen, und 1862, nach seiner Vertreibung, bezog ihn König Franz. Jetzt hat er ihn vermietet, ich glaube, an die Französische Regierung, und zu den berühmten Fresken im Palaste, theilweise von Anibale Caracci und theilweise von Domenichino, sämmtlich Griechische Mythen darstellend, konnten wir keinen Zutritt erhalten. Die farnesinische Villa und der farnesinische Garten liegen auf dem anderen Ufer des Tiberflusses, dem Palaste gegenüber, der gleichfalls fast bis zum Tiberflusse reicht. Hierhin lenkten wir diesmal unsere Schritte, zuerst über die sistinische Tiberbrücke, welche nicht weit entfernt liegt. Ehe man die Tiberbrücke erreicht, kommt man zu einem schönen Brunnen im Italienischen Renaissancestil aus dem Anfange des siebzehnten Jahrhunderts, und sein Rauschen mahnt erfrischend an den überall ausgestreuten Brunnenreichthum Roms. Die sistinische Brücke ward im funfzehnten Jahrhundert an Stelle der antiken aurelischen Brücke erbaut, welche im achten Jahrhundert zerstört ward. Von hier aus kann man die nördliche Spitze der Tiberinsel erblicken. Die Brücke führt nach dem nördlichen Ausgange des Stadttheils Trastevere, welcher seine eigenen zum Theil noch vorhandenen Mauern und Thore hatte, und von der leoninischen Stadt mit dem Petersdom, zu welchem die Engelsbrücke führt, durch offenes Feld getrennt war, welches nun mit Palästen und Villen bebaut und in die neueste Umfassungsmauer eingeschlossen ist. Longara hieß dieses Feld, und so heißt noch die lange, grade Straße, welche, meist mit Palästen besetzt und längs dem Flusse hinlaufend, Trastevere mit der leoninischen Stadt verbindet. Der Name wird wohl nicht von Ara, der Altar, sondern vielleicht von Arare, Pflügen, abgeleitet sein und somit dasselbe wie Longacre in London bedeuten. Auf die Longara führt aus Trastevere ein altes Thor, und dann erreicht man gleich rechter Hand die farnesinische Villa, zu welcher der Eingang durch den wohlgepflegten Garten geht. Die Villa ist nur an zwei Tagen im Monat, dem Anfang und der Mitte, dem Publicum geöffnet. Dann aber findet man die Straße vor dem Eingange ganz mit Wagen gefüllt, und der Menschenstrom durch ihre Zimmer reißt nicht ab. Die Zauberkraft des Namens Rafael bringt sie alle hierher; es wird aber auch hier etwas Außerordentliches geboten: Rafael hat die Decke und den oberen Theil der Wände des Speisesaales mit seinen berühmten Fresken ausgemalt, welche eine Illustration zum Märchen des Apulejus von der Liebesgeschichte der Psyche und des Cupido bilden. Ehe man sich dem Genuß dieser Fresken ergiebt, wird man das antike Märchen, welches sie episch darstellen, sich vor dem Gedächtniß wachrufen. Apulejus verdient es wohl, daß man hier an ihn kaum weniger denke, als an den Italienischen Malerfürsten. Das Märchen, welches er schrieb, ist kein antiker Mythus, sondern eben ein Märchen mit moralischer Nutzanwendung, ganz und gar vom Schriftsteller unter Benutzung einiger älterer Stoffe selbstständig zusammengesetzt und etwa in der Art der Märchen unseres Musäus behandelt. Oder vielmehr hat Musäus vom Apulejus gelernt. Es bildet eine episodische Erzählung in dem Romane des Apulejus, der wiederum ein Roman in moderner Art ist, betitelt: „Der goldene Esel." Apulejus ist eine ganz eigenthümliche Figur unter den Lateinischen Schriftstellern des zweiten Jahrhunderts. Er stammte von wohlhabenden Aeltern aus Karthago oder dessen Nachbarschaft, wo er zu Hadrians Zeit geboren ward, und sprach ursprünglich nicht Lateinisch, sondern Griechisch. Er studirte zuerst in Karthago selbst und dann in Athen, welches damals seine Nachblüthe hatte, die Hadrians Vorliebe für diese Stadt anstieß, und die der reiche Redner und Prinzenlehrer Herodes Atticus pflegte. Lateinisch lernte Apulejus erst in Rom, wohin er sich begeben hatte, um sich für die Advocatur vorzubereiten. Später erkrankte er auf einer Reise nach Alexandrien, längs der Nordküste von Afrika im Oea oder Tripolis, und heirathete hier eine Wittwe, Pudentilla, noch reicher als er selbst, deren Sohn ihn als Gastfreund in das Haus eingeladen hatte. Die Verwandten derselben klagten ihn an, wahrscheinlich um ihr Erbtheil besorgt, daß er das Herz dieser Wittwe durch Zauberkünste gewonnen habe, und seine Vertheidigung gegen diese Anklage besitzen wir noch. An einem Vorwande für diese Anklage fehlte es nicht, denn er hatte sich auf seinen Reisen überall, wo es sogenannte Mysterien gab, etwa nach dem Muster der Eleusinischen Mysterien, in dieselben aufnehmen lassen und beschäftigte sich, trotz seiner unzweifelhaften Verstandesschärfe und seines beißenden Witzes, sein ganzes Leben lang mit der Magie. Diese Schriftstellerfigur des Alterthums macht uns fast den Eindruck, als ob wir einen Schriftsteller des vorigen Jahrhunderts vor uns hätten, einen Philosophen, der dabei Freimaurer oder Rosenkreuzer war, und doch einer gesunden satirischen Ader nicht entbehrte. Das zweite Jahrhundert nach Christus hat überhaupt mit dem achtzehnten mancherlei Aehnlichkeit. Das Märchen, welches er seinem Romane einverleibte, liest sich, wie gesagt, ganz wie ein Märchen des Musäus, nur daß es nicht, wie diese, Volksmärchen nachgebildet, sondern selbstständig erfunden ist, und wie Herder wenigstens meinte, zarter und vielseitiger, als irgend eine andere Erzählung, welche jemals in der Welt erfunden worden ist. Es beginnt ganz wie ein Märchen des Musäus: Es waren einmal in irgend einem Lande ein König und eine Königin; diese hatten drei Töchter, alle drei von ausgezeichneter Schönheit. Aber die beiden ältesten waren doch nur so schön, daß es für möglich galt, daß menschliche Lobpreisungen ihrer Schönheit gerecht werden könnten. Dagegen war die Schönheit der jüngsten dergestalt über alles Maß, daß es nicht für möglich galt, bei der Armuth der Menschensprache, ihre Schönheit zu schildern oder gar ausreichend zu loben. Da hat man doch ganz den Anfang unserer Märchen. Die Menschen strömen nun von allen Nachbarreichen herbei, um einen Anblick der berühmten gar nicht zu beschreibenden weiblichen Schönheit zu erhaschen. Sie wird ihnen eine neue Venus, und die Altäre der Venus in Knidos, Paphos und in Cythera selber werden vom Volke verlassen und die Asche auf ihnen wird kalt. Darob entbrennt maßlose Eifersucht in der Brust der Venus. Sie, deren Schönheit den Paris entflammt hatte, so daß er ihr den

Apfel gab, um welchen auch Juno und Minerva mit ihren stolzen Schönheiten buhlten, soll einer Sterblichen weichen, welche das Volk zu einer neuen Schönheitsgöttin erhebt? Sie kann es nicht ertragen: Krieg ohne Rast bis zur Vernichtung mit der verhaßten Nebenbuhlerin wird ihre Losung. Der Tod derselben genügt ihr nicht; nein, sie muß sich in einen Unwürdigen, in das abscheulichste aller Wesen verlieben, um an der Lächerlichkeit zu Grunde zu gehen. Sie kann es ja zu Stande bringen, denn wofür hat sie ihren gefiederten Knaben, der Nachts in den Häusern der Menschen umherspäht, und mit seinen Pfeilen überhaupt nichts als Unheil und Verderben anrichtet? Sie liebkost ihren Cupido und bedeckt ihn mit Küssen und nimmt ihm das Versprechen ab, der Psyche — so heißt die gefährliche Schönheit ohne Gleichen — einen Pfeil ins Herz zu senden, welcher sie in einen Solchen verliebt mache, der der Liebe am allerunwürdigsten sei. Cupido, von der schmeichelnden Venus diesen Auftrag erhaltend, ist die erste der Illustrationen zu diesem Märchen, an welcher sich Rafael versucht hat. Unterdeß wird Psyche von einem ganz unerhörten Schicksal heimgesucht. Während ihre älteren, ebenfalls schönen, aber in der Schönheit ihr nicht zu vergleichenden Schwestern in benachbarten Königen schnell Ehemänner finden, wagt sich an Psyche kein König oder Königssohn und auch sonst Niemand heran. So schön war sie, daß es ganz jenseit menschlicher Hoffnungen lag, eine solche Schönheit zum Eheweibe zu bekommen. Das Uebermaß der Schönheit, welches sie in den Augen aller Menschen zu einer Göttin erhob, verurtheilte sie zur Einsamkeit. Die betrübten und rathlosen Aeltern wandten sich nach allen Seiten, um endlich einen Ausweg aus diesem ganz unerhörten Verhältniß zu finden. Das Orakel des Milesischen Apoll, welcher hier übrigens in Lateinischen Distichen spricht, worauf Apulejus selbst mit feiner humoristischer Wendung aufmerksam macht, nimmt den betrübten Aeltern den letzten Trost und deutet ihnen an, daß Psyche nicht für die Erde, sondern für den Himmel da sei, daß sie auf keinen sterblichen Schwiegersohn rechnen könnten, sondern den wilden und erbarmungslosen Uebelthäter dazu bekommen würden, welcher mit Fittichen alle Himmel durchflöge, mit Flamme und Eisen alle ihre Theile treffe, vor dem Jupiter selbst zittere, der alle Götter erschrecke, der die Flüsse erstarren mache, und auch die stygische Finsterniß nicht verschone. Die Aeltern sollten die Psyche nur im Sterbeschmuck auf den Gipfel eines Felsens setzen und entsagend ganz aufgeben. Das Orakel spricht es also gleich aus, wie Venus durch ihre Bosheit sich selber in das Fleisch geschnitten habe. Psyche, welche ihre Aeltern selbst beredet, sie dem unbeugsamen Willen der Götter zum Opfer zu bringen, wird nun, nachdem sie dem unsichtbaren und unbekannten Gemahle anverlobt ist, nach der göttlichen Weisung auf eine einsame Felsenspitze geführt und dort von allem Volk allein gelassen. Dies geschieht in einem Begräbnißzuge, in welchem sie selber, fromm in ihr Schicksal ergeben, ihrer eigenen Bahre folgt. Cupido aber, sobald er ihrer gewahr wird, verliebt sich selbst in sie und in seiner Freude und in der Verwirrung, die er plötzlich über sich gekommen fühlt, zeigt er sie den göttlichen Richterinnen über Schönheit, den Grazien. Irgend Jemandem zeigen will und muß ein Verliebter die Schönheit, in welche er sich verliebt hat, und wem anders, als den Grazien, kann Cupido die Psyche zeigen, die er doch seiner Mutter Venus nicht zeigen darf? Dies ist das zweite Bild, mit welchem Rafael das wunderbare und wunderliebliche Märchen zu illustriren versucht hat. Er hat überall nicht die menschlichen, sondern die himmlischen Vorgänge aus dem Märchen herausgegriffen und auch durch den allen gemeinsamen blauen Hintergrund auszudrücken versucht, daß es sich nicht um körperliche, sondern um Luftgebilde handle. Cupido, durch die Grazien in seiner Liebe bestärkt, entführt Psyche, welches, wie hier zu bemerken ist, die Seele heißt. Nur Nachts kommt sie mit ihrem Gatten zusammen, welcher sie gewarnt hat, sie möge niemals nach seinem Aussehen forschen. Ihre neidischen Schwestern bereden sie aber doch dazu. Man findet dies ja in manchen Märchen des Mittelalters wieder. Als Psyche zu diesem Zweck eine Lampe angezündet hat, fällt ein heißer Oeltropfen auf Cupido und weckt ihn. Cupido flieht, und Psyche irrt unglücklich umher. Venus hat nun die Vermählung ihres Sohnes erfahren und wendet sich an ihre alte Nebenbuhlerin Juno und an Ceres, welche sich auf das Suchen versteht, weil sie beständig die Proserpina sucht, ihr die Psyche suchen zu helfen. Beide weigern es; die Eine aus beleidigtem Stolz und Rachsucht, und die Andere, weil sie mit dem Suchen ihrer eigenen Tochter schon genug zu thun hat. Diesen Vorgang hat Rafaels drittes Bild abgegeben. Nun fährt Venus auf ihrem Taubenwagen zu Jupiter, und dies giebt das vierte Bild. Sie bittet Jupiter, ihr den Merkur als Helfer beim Suchen zu überlassen. Dies giebt das fünfte Bild. Jupiter gewährt ihr die Bitte und Merkur fliegt aus, um Psyche zu suchen; das sechste Bild stellt ihn fliegend dar. Fein ist, daß die Göttin der Schönheit und Wollust nicht selber zu suchen versteht und sich deswegen an die Göttin der Hausfrauen, an die Göttin des Ackerbaues und besorgte Mutter und an den Gott des Handels wendet. Nachdem Psyche gefunden ist, wird sie von Venus durch Aufgaben scheinbar unmöglicher Leistungen gequält, wie Aschenbrödel in unserem Volksmärchen, welches übrigens auch aus dem Alterthum, aus dem Griechischen stammt. Das Aussuchen von Erbsen befindet sich unter diesen Aufgaben, wie beim Aschenbrödel. Psyche löst alle diese Aufgaben, weil sie sonst im Himmel nur Freunde hat. Zuletzt muß sie eine Urne mit Unterweltswasser aus der Unterwelt holen, und dies hat wieder Rafael im siebenten Bilde illustrirt. So kurz Apulejus diese Höllenfahrt der Psyche geschildert hat, so malerisch und lebendig ist es ihm gelungen, und wir haben in ihr aus der Zeit, welche ziemlich in der Mitte zwischen Homer und Dante liegt, eine Unterweltsfahrt in Prosa geschildert, welche sich immer noch neben den entsprechenden Theilen der Odyssee und der göttlichen Comödie sehen lassen kann. Rafaels Bild reicht hier an die Schilderung in Worten bei Weitem nicht heran. Psyche bringt der verblüfften Venus die Urne: dies ist das achte Bild. Unterdeß ist der von Venus eingesperrte Cupido seinem Gefängnisse entflohen und flüchtet sich zu Jupiter, von welchem er Psyche zum Gemahl erbittet. Mit wohlwollendem Lächeln küßte ihn Jupiter und gewährt ihm seine Bitte: das neunte Bild. Nun wird der Götterbote Merkur ausgeschickt, um die Götter zur Versammlung zusammen zu rufen, damit sie über die Sache entscheiden. Diese Versammlung stellt das eine Deckenbild dar. Sie entscheiden sich dafür, daß Amors künftige Frau zuerst unsterblich gemacht werden müßte. Merkur wird nun zur Erde herabgeschickt und holt Psyche herauf. Wiederum durch Rafael in einem Bilde illustrirt. Endlich stellt das andere Deckenbild das Hochzeitsmahl dar, mit welchem die Götter die Verheirathung der Psyche mit dem losen Schelm vergnügt feiern, der sie alle gequält hat.

Rafaels Pinsel ist hier an den großartigsten, mannichfaltigsten und schwierigsten Stoff gerathen, den wohl je ein moderner Maler zu behandeln hatte. Leider haben die meisten dieser Fresken von den Unbilden der Zeit stark gelitten; nur das zweite ist verhältnißmäßig sehr gut erhalten. Der blaue Hintergrund, hier eine Hauptsache, ist, wie an einzelnen, tiefblauer gebliebenen Stellen zu sehen, ganz im Allgemeinen beträchtlich verblaßt und im Gegensatz dazu erscheint die Fleischfarbe röther und derber, als sie wohl ursprünglich auf dem dunkeln Hintergrunde erschien. Aber auch die Figurenzeichnung ist für die hier gestellte Aufgabe zu fleischig und muskulös und zu wenig ätherisch. Meiner Meinung nach hat Rafael die Phantasiebilder, welche der antike Schriftsteller auf das Papier zauberte, nicht erreicht. In ganz untergeordneten, antiken Wandmalereien ist besonders das Fliegen der Götter viel schwungvoller und begreiflicher dargestellt. Man sieht, daß sie ohne Anstrengung fliegen, weil sie eben der Schwerkraft nicht unterthänig sind. Vergleicht man unsere ganze Malerei mit dem Wenigen, was wir von der antiken haben, so macht sich alsbald merkbar, daß in unserer Malerei Märtyrerbilder eine bedeutendere Rolle gespielt haben als Götterbilder. Was wäre aus unserer Kunst geworden, wenn an ihrer Wiege statt des alten und neuen Testaments und der Hagiologie, der Heiligenkunde, eine Mythologie, wie die Griechische, gesessen hätte? Und Rafael ist unzweifelhaft noch derjenige Maler Italiens, dessen Crayon und Pinsel für solche Aufgaben noch am meisten geeignet war. Van Eyk und Memling haben — wie soll man sagen — märchenhafter gemalt, wie auch Fra Angelico und Filippo Lippi, aber die Art ihrer Märchenphantasie paßte erst recht nicht für antike Phantasiebilder und ist uns jetzt vielleicht fremder geworden als diese, natürlich eben dadurch, daß Rafael und Michel Angelo, so gut sie es verstanden, auf die Antike zurückgriffen.

Apulejus aber, das beweist diese Illustration zu seinem Märchen, verdiente wirklich größere Pflege in der Gegenwart, als ihm zu Theil wird. Seine duftige und funklige Schreibweise, der der etwas fremdartige Anstrich seines Lateinischen, welcher bei einem Fremdgeborenen erklärbar ist, keinen Abbruch thut, sondern umgekehrt Würze verleiht, läßt sich etwa mit dem Deutsch in Chamisso's „Peter Schlemihl" vergleichen, dem der ursprüngliche Französische Verfasser auch noch anzumerken ist, und der doch ein Deutsches Volksbuch ersten Ranges ward. Wie wäre es, wenn einer der Deutschen Dichter der Gegenwart, die ja mit duftigem Stile noch besser vertraut sind, als einst Ernst Schulz in seiner „Bezauberten Rose“, die aber in Betreff der Erfindung ganz hülflos dazustehen pflegen, sich an eine Uebersetzung oder Wiedergabe dieses in der Erfindung ganz unübertrefflichen Märchens des Apulejus in Versen machte? Herder hat ja bei Zeiten darauf hingewiesen und der Herausgeber hätte dann gleich die Fresken Rafaels, um es mit Illustrationen in Farbendruck zu versehen. Das wäre wieder einmal ein poetisches Weihnachtsgeschenk!

In dem Zimmer, welches an den Speisesaal stößt, befindet sich noch ein Fresco des Rafael, der Triumphzug der Galathea, die auf einer Muschel übers Meer getragen wird, umgeben von Liebesgöttern, schilfhaarigen Nereiden und blasenden Tritonen. Hier, kann man sagen, hat Rafael der antiken Phantasie genügt: es ist eine seiner holdesten Schöpfungen. Ein kolossaler Kopf in einem Halbrund soll von Michel Angelo mit Kohle gezeichnet worden sein, als er seinen hier arbeitenden Freund besuchen wollte und nicht bei der Arbeit fand, als Beweis, daß er da gewesen wäre, als unverkennbare Visitenkarte. Wenn dem so, hat er seinen Zweck nicht erreicht, denn jetzt streiten sich die Kunstgelehrten darüber, ob er nicht doch von Peruzzi sei.

In der Villa Farnesina sorgt die anregende Kraft dieser Fresken stets für lebhafte Unterhaltung unter dem Publicum, mag man sich schon kennen oder nicht, und gewöhnlich wird sie beim Auf- und Abgehen im Garten noch fortgesetzt. Wir kehrten nun durch das erwähnte Thor zurück und stiegen auf vortrefflicher, gewundener Kunststraße den Abhang des Gianicolo empor, auf welchem an dieser Stelle einiger Neubau vor sich geht. Wundervolle Blicke über Rom öffnen sich, sobald man die Höhe erreicht hat. Es scheint, daß man hier einen botanischen Garten anlegt. Die Straße führt zum Thore S. Pancrazio. Noch vor dem Thore zur Linken rauscht der gewaltige Brunnen der Acqua Paola. Sein

Marmorwerk nimmt sich stattlich genug aus. Aber man hat sich hier dies ziemlich leicht gemacht. Man hat einfach zersägte Säulen aus den Trümmern eines der Kaiserforen, des Forum des Nerva, dazu verwendet. Dies geschah noch im Anfange des siebzehnten Jahrhunderts. Die Verbrecher am alten Rom waren hauptsächlich die Römer selbst, oder doch wenigstens die päpstliche Regierung und die Nepotenfamilien.

Außerhalb des Thores und unweit desselben befindet sich der Eingang zur Villa Doria Pamphili. Zu dieser Villa gehört einer der größten Privatparks vor den Thoren Roms. Nächst dem Park der Villa Borghese, vor der Porta del Popolo, dem Volksthore, ist dies wohl der besuchteste der Römischen Privatparks. Montags und Freitags findet ein förmlicher Wagencorso in demselben statt. Diese größeren Privatparks bei Rom haben landschaftlich alle etwas Gemeinsames. Sie sehen ganz anders aus, als Parks irgend wo anders; es ist eben sehr unverkennbar, daß es Parks auf dem Campagnaboden sind; dessen braune Dürre im Herbst reicht bis in diese Parks hinein. Ihre Hauptzierde bilden Pinien und riesengroße Aloës. Die Villa Doria Pamphili — man nennt nämlich auch den Park Villa — ist besonders reich an beiden. Es befindet sich ein ganzer Pinienhain darin, während man sonst die Pinie gewöhnlich nur als einzeln stehenden Baum antrifft. Viele Wege sind mit Aloës eingefaßt, immer eine dicht neben der andern, so daß sie eine Hecke bilden. Es giebt hier aber auch eine hübsche Gallerie mit Aussichtshalbrunden, von welcher aus sich Aussichten auf den Petersdom eröffnen, welche häufig wiedergegeben sind. Aber auch in der Richtung des Meeres, welches man zuweilen sehen können soll, und vorzüglich auf das Albaner Gebirge hat man aus anderen Punkten des Parkes genußreiche Fernblicke. Die antike Via Aurelia kreuzt den Boden dieses Parks und zu ihren Seiten hat man, wie aus allen Straßen, die aus dem antiken Rom führten, Begräbnißstätten, Aschenkrüge in Columbarien gefunden. Eine darunter zeigt Malereien aus dem Kreise der bekanntesten Griechischen Mythen. Auch im Palaste selbst ist eine ziemlich gute Antikensammlung und seine Außenwände sind mit Basreliefs geschmückt, unter welchen sich antike befinden. Als wir die Villa verließen, begegneten wir einer Anzahl junger Priester in rothen Röcken, welche sich durch Rom führen ließen. Im Vorbeigehen bemerkten wir, daß sie Deutsch sprachen.

Unser Weg führte uns durch Trastevere zurück, wo wir noch eine der sehenswürdigsten Kirchen Roms sahen, die übrigens alle — und es sind ihrer mehr als hundert und funfzig — sehenswürdig sind; es war dies S. Maria in Trastevere, oder die Kirche zum heiligen Oelquell. Es soll hier nämlich, als Jesus in Bethlehem geboren ward, ein Oelquell, also doch wahrscheinlich ein Naphtaquell oder Petroleumquell, aus dem Boden hervorgebrochen sein. Schon unter Alexander Severus, behauptet die Kirche, sei hier ein Gotteshaus gegründet worden, worunter wohl eines der Privatconventikel der Christen zu verstehen ist, ähnlich demjenigen, aus welchem die Kirche der Pudentiana hervorgegangen ist. Dies ist nicht unmöglich; wenn man nur nicht von einer wirklichen Kirche reden will, welche, als ein Judentempel, noch dem Staatsverbote unterlag. Es sind viele Anzeichen vorhanden, daß die Christensecte sich auszubreiten begann, als durch den phantastischen Orientalen, den Kaiser Elagabalus, Orientalische Cultur und Orientalische Sitten in Rom überhaupt neuen Anstoß erhielten. Die milde Gesinnung seines achtungswerthen Adoptivsohnes, Alexander Severus, der ihm auf den Thron folgte, ist bekannt, und die erste wirkliche Christenverfolgung scheint dann unter dem rohen und gewaltthätigen Maximinus stattgefunden zu haben, einem riesenhaften Deutschen, auf dessen Anstiften wahrscheinlich Alexander Severus im Lager ermordet wurde.

Eine gesetzlich im Gange befindliche christliche Kirche in Trastevere, wo im Alterthum die Juden wohnen mußten, wird erst am Ausgange des fünften Jahrhunderts erwähnt; der Bau der gegenwärtigen Kirche ward im Jahre 1140 begonnen, und die Kirche, welche ziemlich groß ist, 1198 eingeweiht. Es konnten noch immer 22 Säulen aus antiken Tempeln genommen werden, um das Mittelschiff dieser dreischiffigen Kirche zu tragen. Diese Säulen sind aus verschiedenen Tempeln verschiedener Götter genommen und Jahrhunderte lang schauten von den Capitälen stolz lächelnde Köpfe des Jupiter, pausbäckige Bacchusköpfe und der egyptische Harpocrates, d. h. Horus, das Kind, mit dem Finger im Munde, auf den christlichen Gottesdienst herab. Im Jahre 1870, also noch grade vor Feierabend, ließ Pio Nono dem ein Ende machen und die Capitäle erbarmungslos abmeißeln. Zugleich ist diese sehenswerthe Kirche voll schöner Mosaiken, darunter auch einige unzweifelhaft antike, von welchen eines mit Wasservögeln ganz vortreffliche Arbeit zeigt. Eine prachtvolle Decke aus vergoldetem Schnitzwerk mit Gemälden rührt von Domenichino her. Trotz ihrer Unregelmäßigkeiten ist über das Innere, wie über die erst in neuerer Zeit hergestellte Vorhalle der Kirche große Eleganz ausgegossen. Die Stelle, an welcher der Oelquell hervorgebrochen sein soll, ist im Querschiffe der Kirche durch lateinische Aufschrift bezeichnet.

Draußen auf der Straße hatten wir noch die Unterhaltung, eine Jagd der Trasteverinischen Jugend auf einen Papagei mit anzusehen, der sich auf das Dach einer kleinen Kirche geflüchtet hatte. Als der Sacristan ihm kriechend ganz nahe gekommen war, flog der kluge Vogel weg und nun brach die Menge unten auf der Straße in lärmenden Jubel und ungeheures Geplapper aus; der Papagei aber ließ sich neckend auf ein benachbartes Dach nieder und schaute auf die nachziehende Menge herunter, als wenn ihr Geplapper seine ganz besondere Theilnahme erregte. So mögen sie hinter der Krähe oder dem Raben hergezogen sein, welcher zur Zeit Domitians auf dem Capitol sich zeigte und dabei beständig auf Griechisch rief: „Alles wird noch gut werden." Schade, daß dieser Papagei nicht auch etwas sprechen konnte; in Rom wäre es auch heute gleich ausgelegt worden. Damals aber erschien am nächsten Tage ein Maueranschlag auf dem Forum, welcher sagte, nur, weil der Rabe nicht schreien konnte: „Alles ist gut", schrie er: „Alles wird gut werden"; und so ist es auch gekommen, fügt Sueton hinzu, seine große Klatschgeschichte schließend, welche er schrieb, als Hadrian ihn zu seinem geheimen Oberkanzleirath — Magister Epistolarum — gemacht hatte.

Es war unterdeß dunkel geworden und schon hatten vereinzelte Masken in den Straßen den bevorstehenden Carneval angekündigt. Auf der Trasteverinischen Seite der Sistinischen Brücke liegt das Politeama Romano: Politeama nennt man im modernen Italien eigentlich ein Theater ohne Dach, ein Sommertheater, so weit den antiken Theatern ähnlich. Jetzt werden aber viele dieser Sommertheater bedacht, um auch im Winter benutzt werden zu können. So das Politeama Romano. Hier hat man bald daran gedacht, daß man es in Rom ja zur Carnevalszeit einträglich verwenden könne. Es war für den Abend ein Maskenball in diesem Politeama angezeigt und diesen ließen wir uns nicht entgehen, um so mehr, als wir beschlossen hatten, Rom schon mitten im Carneval zu verlassen. Das Eintrittsgeld zu diesem schon früh beginnenden Maskenball betrug nur eine Lira. Maskirung war auf diesem Balle nicht obligatorisch. Man konnte auch im einfachen Straßenanzuge hinein und dies benutzten außer uns ziemlich Viele. Den gut erleuchteten Saal dieser großen Bretterbude, denn das ist es eigentlich, umgaben Verkaufsbuden und Lotteriebuden. Dies führt sich ja theilweise auch schon in Berliner Theatern und Concertsälen, wenigstens im sogenannten Tunnel ein. Die Masken

17*

waren hier alle, was wir Charaktermasken nennen: sogenannte Domini und Fledermäuse bildeten sehr die Ausnahme. Die harmlose Lustigkeit der Italiener an solchen Orten ist ansteckend. Die Römer vorzüglich und außer ihnen auch noch die Venezianer und die Mailänder verstehen sich nun einmal auf den Carneval und wir verstehen es immer noch nicht recht, auch nicht auf dem Kölner, Leipziger und Hamburger Fasching. Das Hauptgeheimniß ist: sie betrinken sich nicht und sie haben Grazie bis in die untersten Stände hinunter. Uebrigens geht es jetzt in Italien, welches merklich ernster geworden ist, mit dem Carneval bergab. Nur in Rom und Venedig, welche sich beide so vorzugsweise dazu eignen, weissagt man ihm in Italien noch eine längere Zukunft. Wir nahmen an einem Tische auf der Bühne des Theaters Platz, wo Kaffee zu bekommen war. An demselben Tische saß eine Familie aus den gebildeten Ständen in eleganter Maskirung, als Fledermäuse. Es waren drei Damen darunter. Nun schleppte der Sohn aus dem Saale unmaskirte Studenten herbei, welche mit den Damen ein Gespräch begannen. Die Damen, mit piepender Stimme sprechend, hielten dabei wirklich und zwar durch geraume Zeit mit viel Witz den Charakter von Fledermäusen aufrecht, welche durch die Fenster der Studenten guckten und aufpaßten, ob sie auch arbeiteten. Sie arbeiteten aber nicht, sondern gingen statt dessen in die Theater und Kaffeehäuser, und da guckten die Fledermäuse auch hinein und flögen auch manchmal pfeilgeschwind und lautlos quer durch, ohne daß man sie bemerte. Natürlich waren sie von ihrem Bruder über die Persönlichkeiten instruirt und sagten den jungen Leuten Dinge, welche man sich nicht sagt, wenn man nicht maskirt ist. Die Studenten aber wehrten sich tapfer und trieben schließlich die Damen etwas in die Enge. Es ging Alles dabei leicht und liebenswürdig zu. Als das Geplauder beendet war, sprangen die Studenten auf und verabschiedeten sich als Cavaliere, um Anderen Platz zu machen. Jedenfalls eignet sich die Italienische Sprache besser als die unsrige zu höflicher Neckerei. Es gehört aber auch Rom dazu mit seinem Volksgewirr aus den gebildeten Ständen ohne Gleichen. Es war eine schöne Mondnacht; als wir nach Hause gingen, begegneten wir schon sehr zahlreichen Masken und sahen dergleichen auch in Osterien sitzen. Und doch sollte der eigentliche Carneval, aus dessen Mitte wir herauszureisen beschlossen hatten, um Italien überhaupt bei Zeiten für den Orient verlassen zu können, erst beginnen.

Die appische Straße und ihre Katakomben.

(Der Circus Maximus. Die Caracallabäder. Die Kirche des Nereus und Achilleus. Die Gräber der Scipionen. Der Triumphbogen des Drusus. Die appische Straße. Die Marssteige. Die Calixtkatakomben Die Katakomben der Domitilla. Ihr öffentlicher Eingang. Ein dunkler Punkt in der Kirchengeschichte. Die Frage der christlichen Anfänge in Rom. Die unterirdische Basilica. Die Sebastianskatakomben. Grab der Cäcilia Metella. Die langen Reihen der heidnischen Gräber. Weshalb Katakomben? S. Johann im Lateran und die Basilica S. Paul. Trümmer, Gräber und Carneval.)

Der Sonntag ist in Rom für die Fremden der eigentliche Katakombenbesuchtag. Es war der Sonntag vor der amtlichen Eröffnung des Carneval, welchem damit das ganze Rom mit allen seinen Straßen als Feld für seine Tollheiten überlassen wird, übrigens unter überall angeklebten polizeilichen Vorschriften. Nach diesen sind keine Masken erlaubt, welche geistliche Trachten oder Uniformen des Heeres darstellen. Dies mag grade jetzt sehr nöthig sein. Da es während der Nacht geregnet hatte, war zu den Katakomben vor den Thoren zu Fuße nicht mehr hinaus zu kommen. An schönen Mietschaisen fehlt es in Rom durchaus nicht; nur während des Carnevals selbst sind sie stets sämmtlich für die Corsofahrt belegt und nehmen auch kein anderes Geschäft an. Am Sonntag der Carnevalswoche sind sie aber noch zu Fahrten vor die Thore zu haben.

Wir rollten nun am Vormittage, bei Straßenschmutz aber schön gewordenem Wetter, in südlicher Richtung dahin, zunächst wieder nach dem Platze des Mundes der Wahrheit. Von hier aus führt der Weg weiter, unter dem südwestlichen Abhange des palatinischen Hügels, entlang der Niederung zwischen dem palatinischen und dem aventinischen Hügel, welche einst gänzlich der Circus Maximus füllte. Jetzt ist die Stelle mit Salat bepflanzt und trägt eine städtische Gasanstalt, auch befindet sich der Friedhof der Juden auf derselben. Es sind gar keine Baureste von demselben übrig. Doch kann man, an der Abgrenzung der Felder durch neuere Mauern, von Palatin oder Aventin herabblickend, noch seine ganze Gestalt erkennen. Der Etruskische fünfte König von Rom, Tarquinius Priscus, der auch die Cloaca Maxima bauen ließ, legte ihn zuerst an. Später erweiterten ihn Cäsar und Trajan und brachten ihn auf nicht weniger als 385,000 Zuschauersitze. Dies ist doch ungeheuer und spricht wieder für die starke Bevölkerung des antiken Rom, wenigstens zu Cäsars und hauptsächlich zu Trajans Zeit. Ganz fremd ist mir die Vorstellung einer solchen Menschenmenge im Kreise um eine Rennbahn nicht. Denn ich habe wiederholt dem Derbytage des Wettrennen von Epsom beigewohnt und mehr als das Doppelte dieser Menschenzahl, nach dem von ihr bedeckten Boden berechnet, die dortige Rennbahn zwischen grünen Hügeln umstehen und umlagern gesehen. Das Ziel der großen Römischen Rennbahn war an ihrem Ende nach dem Platze des Mundes des Wahrheit und dem Tiberflusse zu und hier befanden sich die Schranken der Richter. In seiner Mitte lief durch die ganze Länge des Rennplatzes die spina, die Mauer, welche die Hinfahrt der Wagen von der Rückfahrt trennte, und auf ihr, an ihren beiden Enden, standen die metae, die Säulen, nach welchen die Wagenlenker zu zielen hatten. Wie heute die Englischen Jockeys durch die Farben ihrer Kappen, waren die Wagenlenker durch die

Farben ihrer Tuniken unterschieden. Die Farben waren aber feste Parteifarben, ursprünglich zwei, weiß und roth, dann vier, indem blau und grün hinzukamen, und später sind noch mehrere Parteifarben hinzugekommen aber wieder verschwunden, so daß jene vier allein übrig geblieben waren, als sich auf dem Hippodrom von Konstantinopel die Circusparteien in politische Parteien verwandelten. Beim Zuschauen der Circusspiele waren Männer und Frauen gemischt: man saß und stand auch und beobachtete nicht das in den Theatern und theilweise selbst in den Amphitheatern mit ihrem schreckhaften Ernste gebotene Decorum.

Die Via dei Cerchi, welche die Stelle des Circus Maximus vom palatinischen Hügel trennt, führt zu einem Dreiwege, auf welchem sie mit der Strada di S. Gregorio, welche zwischen dem palatinischen und dem cölischen Hügel vom Forum und Colosseum heraufkommt, zusammentrifft, um dann in die breite Straße der Porta di S. Sebastiano überzugehen. Nur ganz einzelne Häuser, Werkstätten oder Osterien, stehen noch an diesen Straßen. Man dringt hier tief in die Ruinenstadt hinein und es wird einsam. In den Straßen stehen Bäume, und auf den Hügeln liegen vereinzelte Kirchen, Klöster und Landhäuser, unter welchen auf dem cölischen Hügel die schöne Villa Matei zu bemerken ist, welche einst die Prinzessin Marianne gekauft hatte. Rechts von der Straße zum Sebastiansthore liegen die Trümmer der Antoninsthermen oder Caracallathermen, in welchen die Ausgrabung schon viel werthvolle Kunstschätze zu Tage gefördert hat und noch immer vor sich geht. Verlieren wir uns in ihre ungeheuren endlosen Säle, jetzt ohne Dach. Man hat die Mosaiken der Fußböden schon ganz bloß gelegt und zwar nicht vollständig wieder hergestellt, denn das wäre unmöglich, aber mit einfachem modernen Mosaikpflaster ergänzt und die großen erhaltenen antiken Mosaikstücke durch Geländer geschützt. Es ist eine Eingangshalle erkennbar, das Tepidarium, das Calidarium und das Frigidarium. Von den einzelnen Badesitzen, wie sie im Alterthum hießen, und deren diese Bäder nicht weniger als 1600 zählten, ist leider nichts mehr erkennbar. Ein Garten war mit den Bädern verbunden, nebst einer Rennbahn und einem Turnübungsplatz. Die Gebändereste, welche den Garten umgeben, liegen in verschiedenen Weinbergen und harren noch der Ausgrabung. Zu den Bädern gehörte auch eine Bibliothek. Es scheinen diese Bäder die allergroßartigsten in Rom gewesen zu sein, wenn auch vielleicht nicht ganz so geschmackvoll wie die Titusbäder, früher das goldene Haus Nero's, in der Nachbarschaft des Colosseums. Von den Bädern des Agrippa, deren Eingangshalle das Pantheon bildete, ist leider nichts mehr vorhanden, da hier der allerbevölkertste Theil der Stadt entstanden ist. Die Diocletiansbäder, nahe dem Bahnhof, und im Alterthum dem prätorianischen Lager, waren im Flächenraum ungefähr eben so groß wie diese antoninischen Bäder, aber es sind keine Reste gleichen Ranges davon übrig geblieben, und was davon noch zu sehen, zeigt, daß ihre Architektur viel tiefer stand.

Die Bäder, welche der wilde und rücksichtslose Brudermörder Caracalla vollendete, der bis zur Raserei Tapfere, wie ihn Macchiavelli bezeichnet, sind eine Leistung für das öffentliche Wohl, welche man ihm kaum zugetraut haben würde. Auch sein Portraitkopf im capitolinischen Museum, im Ausdruck des Eigensinns und der Schärfe ganz dem daneben stehenden seines Vaters Septimius Severus ähnlich, spricht nicht für große Rücksicht bei diesem Kaiser auf das Wohlbefinden des Volkes. Aber die Stadt Rom scheint ihren Griff auch auf ihre wildesten oder stolzesten Kaiser wie Caracalla und Diocletian schon behalten zu haben, denn alle beeiferten sich wenigstens, für sie etwas zu thun. Die Nischen in den gewaltig dicken Mauern dieser Bäder, einst sämmtlich mit feinstem Bildhauerwerk geschmückt, ihre Mosaikfußböden, welche sich auch unter dem Wasser fortsetzten, die ungeheure Weite ihrer Säle müssen sie zu einer der prachtvollsten Räumlichkeiten gemacht haben, in welcher jemals Menschen weilten. Es bleibt noch ein ganzes Stück Straße übrig bis zu dem dunklen Sebastiansthore in der aurelianischen Mauer. Unmittelbar vor den Caracallabädern an der Straße steht die Kirche der Heiligen Nereus und Achilleus, an der Stelle und mit Benutzung eines alten Isistempels erbaut. Näher dem Thor hat man im vorigen Jahrhundert das unzweifelhafte Grab der Scipionen entdeckt, bei welchen auch der Dichter Ennius sein Grab fand. Der wohlerhaltene Sarkophag des ältesten der hier begrabenen Scipionen, der im Anfange des dritten Jahrhunderts vor unserer Zeitrechnung Consul war, ist von hier nach dem Vatican geschafft, aber durch eine Nachahmung ersetzt worden. Hier konnten schon Gräber erbaut werden, denn hier hatte die appische Straße schon begonnen, als Rom noch auf die alte Mauer des Servius Tullus beschränkt war und ihr Hauptthor, die Porta Capena, noch weit rückwärts lag. Dann folgen, immer noch innerhalb der aurelianischen Mauer, Trümmer eines Triumphbogens für Drusus, den Sohn der Livia. Schon hier wimmelt es von Columbarien, von noch heidnischen Gräbern, welche die appische Straße, die beliebteste Gräberstraße von Rom, fast bis zum Albaner Gebirge und zu einer Entfernung von nicht viel weniger als zwei Deutschen Meilen auf beiden Seiten säumen. Hat man endlich vor dem Thore die alte appische Straße, welche links abläuft, erreicht, so zeigt sich ein schwer zu beschreibender und in der Welt nur einmal vorhandener Anblick. Die Trümmer von großen Gräbern, auch von einem Circus, dem Circus des Maxentius und endlich von befestigten Plätzen des Mittelalters, zu welchen die Trümmer verwandt sind, bilden eine ganz unerhörte Landstraßeneinfassung und drängen sich sogar immer dichter, je weiter man sich von den Stadt entfernt. Zwischen den Trümmern hindurch blickt man auf die weite, wellige Campagna hinaus, mit dem blauen Sabinergebirge als Schluß, und hat dabei das Albanergebirge vor sich. Es geht zuerst in das Thal eines Baches hinab, auf einem Stück der Straße, der im Alterthum den stolzen Namen der Marssteige führte, weil die Bürger Roms am häufigsten hier zum Kriege auszogen. Dann geht es unter einem Eisenbahnstrang hindurch und drüben wieder hinauf, und bald ist man in die schnurgerade alte appische Straße eingelenkt. Hier werden zuerst die nach dem Papst Calixtus genannten Katakomben erreicht und nun steigt man mit der nöthigen Erlaubniß vom Cardinalvicar des Papstes auf freiem Felde durch eine Grube in diese ausgedehntesten aller Katakomben hinein, bekommt angezündete Kerzen und hat einem Führer zu folgen. Die ältesten christlichen Katakomben, zu welchen wir bald kommen werden sind dies nicht. Die des Calixt wurden erst in der Gegenwart durch Commendatore Rossi entdeckt, unter der Herrschaft Pius IX. Ein kleines Haus auf dem Felde, mit dreifacher Ausbauchung der Mauer im Halbrund, erkannte derselbe als das Oratorium oder Bethaus des Calixtus, der unter Elagabal Bischof der Römischen Christen war und welches unter dem Namen: „Bethaus in der Sandgrube" im Buche der Päpste erwähnt wird. Er bewog dann Pius IX., es nebst dem Felde anzukaufen und hier Ausgrabungen machen zu lassen, welche alsbald zur Entdeckung der ältesten Papstgräber führten, welche wir besitzen. Es sind die Päpste Anteros, Lucius, Fabianus und Eutychianus, die hier begraben sind, nebst Sixtus II., welcher in den Katakomben selber den Tod als Märtyrer erlitt. Alle diese Päpste gehören dem dritten Jahrhundert an; nur muß man sich nicht vorstellen, daß es mehr als anerkannte Parteiführer der Christen in Rom, unter dem Namen Episcopus, Aufseher, gewesen sind. Im vierten Jahrhundert, nachdem die christliche Religion zur

Religion der Kaiser geworden war, versah Papst Damasus, der Haupturheber des Heiligencultus, die Gräber des Sixtus und Anderer mit Inschriften, in welchen sowohl sein eigenthümlicher Stil, als sogar die geschnörkelten Buchstaben, welche sein Geheimschreiber für Inschriften erfunden hatte, deutlich herauszukennen sind. Diese Katakomben müssen das ganze dritte Jahrhundert hindurch und auch noch im vierten und wahrscheinlich auch noch später als regelmäßiger Kirchhof im Gange gewesen sein, denn man hat schon nicht weniger als 160,000 beigesetzte Todte darin gezählt. Ihre Gänge bilden einen wahren Irrgarten von ungeheurer Ausdehnung, von welchem schon ein Plan erschienen ist. Sie sind durchweg wirklich christliche Katakomben, denn vorzüglich das Bild des guten Hirten, ein untrügliches Merkmal des Christenthums, findet sich fast in allen Gängen wieder. Die Gänge in all diesen Katakomben sind so schmal, daß zwei Personen häufig nicht neben einander gehen können, und um weniges höher als Menschenhöhe. Sie sind auch nicht ganz eben, sondern gehen leicht auf und ab und ebenfalls leicht gekrümmt. Die Särge sind in die Wände eingelassen, gewöhnlich dreifach übereinander. Inschriften, welche die Namen geben und auch das Alter, sind sehr häufig, und der gewöhnliche Zusatz ist: in pace, in Frieden. Dieser gilt ebenfalls für ein sicheres Zeichen des Christenthums. Alles in Allem sind die Katakomben von einem modernen Italienischen Campo Santo nicht sehr verschieden, ausgenommen, daß sie ganz unterirdisch sind. Die Calixtkatakomben sind aber nicht diejenigen, welche die Wißbegier am meisten anregen. Es sind dies die Katakomben der Heiligen Nereus und Achilleus, auch Katakomben der Domitilla genannt, deren Eingang sich ein beträchtliches Stück hinter den Calixtkatakomben, gleichfalls in freiem Felde, befindet. Auch zu ihnen führt eine breite ausgegrabene Treppe hinab, und wir scheuten es nicht, ein ziemlich weites Stück Weges über die feuchten Felder zu gehen und auch Zäune zu übersteigen und schwimmende Feldwege zu überschreiten — welche das Campagnavieh in üblen Zustand versetzt hatte --- um zu ihrem Eingang zu gelangen.

Man muß bedenken, daß die Calixtkatakomben die unterirdischen Beweise für das Vorhandensein des Christenthums in Rom nur aufwärts bis zur Zeit des Elagabalus bringen, d. h. bis zum ersten Viertel des dritten Jahrhunderts. Die Domitilla aber, welche zum Flavischen Kaiserhause selbst gehörte, und deren Hausmeister die Verschnittenen Nereus und Achilleus gewesen sein sollen, soll die Frau des Flavius Clemens gewesen sein, des Vetters des Domitian, welchen Domitian hinrichten ließ „eines geringen Verdachtes" wegen, wie Sueton sagt. Dabei nennt die Kirche den angeblichen Papst zu Domitians Zeit Clemens I. Domitilla aber soll von Domitian auf eine Insel verbannt worden sein, wie dies in Rom für mißliebige Prinzessinnen üblich und die Kirche behauptet wieder, daß ihre Hausmeister, Nereus und Achilleus, in einer Christenverfolgung durch Domitian den Märtyrertod erlitten hätten.

Es ist dies eine sehr dunkle Geschichte und wie es scheint, der Kirche selber dunkel. Denn obgleich sie an der Behauptung einer Christenverfolgung unter Domitian festhält, und am Märtyrerthum ihres angeblichen Papstes Clemens, wagt sie es nicht, dafür auf die Angaben des heidnischen Schriftstellers, betreffend den Tod des Flavius Clemens, zurückzugreifen.

Nun hat man neuerdings einen Thorweg zu diesen Katakomben der Domitilla entdeckt, welcher von einem tiefer liegenden Seitenwege ebenerdig und, seiner Bauart nach, im Alterthume auch ganz öffentlich in dieselben hineingeführt hat. Man hat sich bald nicht gegen die Ueberzeugung verschließen können, daß hier der Eingang zu einem vornehmen Erbbegräbnisse vorlag, möglicher Weise eines Zweiges der

Flavischen Familie. Diesen alten Eingang, der jetzt dem Lichte ausgesetzt ist, erreicht man jetzt zuletzt, wenn man den Stufengang hinabsteigt, der auf der anderen Seite in diese Katakomben führt. Neben der Stelle, wo der Stufengang hinabführt, war übrigens, wenige Monate ehe wir diese Katakomben besuchten, durch die Ausgrabung eine ganze stattlich mit Marmor ausgestattete und mit beschriebenen marmornen Grabsteinen versehene unterirdische Begräbniß-Basilica an das Tageslicht gebracht worden, welche aus späteren Jahrhunderten stammen muß. Auf dem Wege zwischen dem antiken Eingange zu diesen Katakomben und der unterirdischen Basilica, nämlich auf dem Wege zwischen den Gräbern unter der Erde, dürfte der Zeitpunkt des ersten Auftauchens wirklich christlicher Wahrzeichen in den Katakomben von Rom zu entdecken sein: nahe dem antiken Eingange habe ich nichts als Bilder, die auf den jüdischen Gottesdienst und die jüdische Ueberlieferung Bezug haben und wie sie auch in den jüdischen Katakomben bei Rom vorkommen, zu entdecken vermocht, z. B. Daniel in der Löwengrube. Weiter vom antiken Eingange, nach Maßgabe als diese Katakomben ausgedehnt wurden, stellen sich dann auch christliche Wahrzeichen, wie der gute Hirt, ein. Der Zeitpunkt, wann dies zuerst geschehen, das Christenthum also zuerst in Rom Fuß faßte, werden die Geschichtsforscher wohl hier zu entscheiden haben. Auch in diesen Katakomben, wo zuerst jüdische Hausbediente des Flavischen Hauses, nach der Eroberung von Jerusalem durch Titus nach Rom gebracht, begraben worden sein mögen, sind später sehr viel Todte beigesetzt worden.

Die jüdischen Katakomben liegen ein Stück weiter aufwärts zur Linken der appischen Straße, schräg gegenüber den christlichen Sebastians-Katakomben, welche zu allen Zeiten den Rompilgern geöffnet waren und über deren Eingang eine Kirche erbaut worden ist, zuerst im sechsten Jahrhundert, mit Benutzung von sechs antiken Granitsäulen aus Grabmälern, und dann im siebzehnten erneut.

Nahe den jüdischen Katakomben und auf derselben Seite liegen, von der appischen Straße wenig entfernt, die Reste des Circus des Maxentius. Die Kaiser haben mehrere Circus vor den Thoren Roms fast in allen Richtungen erbaut, als ob man bei der wachsenden Ausdehnung der Stadt für die verschiedenen Vorstädte, wie in modernen Großstädten, habe besondere Vergnügungsplätze schaffen wollen.

Noch weiter hinaus liegt das berühmte Grab der Cäcilia Metella, rund, auf viereckiger Grundlage und oben mit zierlichem Friese versehen. Es hat fünf Ruthen im Durchmesser. Der steinreiche Triumvir Crassus ließ seiner Frau jenes Namens dies Grab erbauen, welches als kleineres Vorbild für das Hadriansgrab, die Engelsburg, gedient zu haben scheint. Wie dieses ward das Grab der Cäcilia Metella im Mittelalter zum Hauptthurm einer Burg benutzt, deren Trümmer, zu denen auch eine Kirche gehört, ringsumher und auf beiden Seiten der Straße liegen. Von nun an drängen sich die Trümmer förmlich. Wir befanden uns jetzt sichtbar auf der ächten alten appischen Straße, deren altes Pflaster stellenweise zu Tage liegt. Noch weiter vorwärts kommt man ganz auf dieses Pflaster. Unter der Fülle der Grabtrümmer auf ihren beiden Seiten werden viele Basreliefs und Inschriften sichtbar, deren Studium Tage erfordert. Zur Linken sieht man die Trümmer einer großen antiken Villa. Zwischen den Trümmern hindurch fällt der Blick auf die Bogenreihen der Aqua Marcia und der Aqua Claudia, welche eine Strecke lang die Campagna parallel durchlaufen, obgleich die eine vom Albanergebirge, die andere vom Sabinergebirge herabkommt. Es ist eine nicht blos ganz eigenthümliche, es ist eine wahrhaft hehre Landschaft, jetzt winterlich braun, auf welche wir durch die

Grabtrümmer längs der Straße hinausblickten. Die Reihen der Grabtrümmer möchte ich, wenn der Vergleich nicht gar zu unschön wäre, schadhaft gewordenen Zahnreihen vergleichen. Wir folgten der alten appischen Straße bis zu einem hohen Grabe, der Basaltthurm, Tor die Selce genannt, weil die Araber einen Thurm auf ihm errichtet haben, aus dem Basalt oder der Lava, von welchem ein breiter Strom, der vom Albanergebirge herabkommt, die Straße durchschneidet. Noch immer hören hier die Grabtrümmer nicht auf, sondern setzen sich noch ein paar Miglien weiter längs der Straße fort, bis zum zehnten Meilenstein, also bis zu zwei Deutschen Meilen vom Thore. Ist man schon über die Fülle der Christengräber in den Katakomben vor diesem einen Thor erstaunt gewesen — und außer ihnen giebt es hier ja auch jüdische Katakomben und Katakomben der Mithrasverehrer — so machen die endlosen Reihen der heidnischen Römergräber einen noch viel gewaltigeren Eindruck. Man beginnt übrigens dabei zu begreifen, wie es wenigstens bei Rom mit Nothwendigkeit zu unterirdischen Begräbnißplätzen kommen mußte. Sie hatten einen wirthschaftlichen Grund. Auf der Oberfläche war der Boden für ein Begräbniß, auch wenn es sich nur um ein Columbarium handelte, mit Reihen von kleinen Nischen für kleine Aschenkrüge, zu theuer geworden, oder sie mußten überirdisch schon zu weit hinausgelegt werden. Die in Rom zugezogenen fremden Bevölkerungstheile, welche hauptsächlich den ärmeren Klassen angehörten, konnten die Kosten nicht mehr erschwingen. Sie thaten sich also in Gesellschaften, in Begräbnißclubs, nach den verschiedenen geduldeten Religionen sich bildend, — und geduldet waren eigentlich alle, auch die christliche — zusammen und kauften den Grundeigenthümern das Recht zu Begräbnißplätzen unter der Erde ab, nebst einem Eingange, von welchem dann unterirdische Gänge zu den unterirdischen Gräbern führten. In den Katakomben von S. Alessandro, anderthalb Deutsche Meilen vor der Porta Pia, liegen uns Beweise für das Vorhandensein von Begräbnißclubs mit jährlichen Beiträgen und eigenen jährlichen Festlichkeiten vor. Eine Religion aber, welche, wie die christliche, an der leiblichen Wiederauferstehung fest hielt, deren Gedanke wahrscheinlich aus Egypten stammt, und sogar glaubte, daß Rom und die ganze Welt mit ihm sehr bald zu Grunde gehen und das tausendjährige Reich des Messias sehr bald beginnen werde, welche daher an dem Begräbniß des unverbrannten Leibes festhalten mußte und für die Todten mehr Platz gebrauchte, war noch weit mehr als die Anderen genöthigt, ihre Zuflucht zu unterirdischen Gräbern zu nehmen.

Beim Tor di Selce machten wir Kehrt und fuhren dann bis zur Stadt zurück, wo unfern dem Kirchlein des Nereus und Achilleus eine Straße links abläuft, welche nahe der Mauer nach dem Thore S. Giovanni und der großen Kathedrale S. Giovanno in Laterano führt, die an dem weiten Platze innerhalb dieses Thores liegt. Auf dem Platze steht wieder ein Obelisk und zwar aus Heliopolis, dem Sonnengott Ra geweiht, durch den König Thutmoses von Theben, welcher die Hysos auch aus Unteregypten und Heliopolis vertrieb. Die Kathedrale von S. Johannes im Lateran war ursprünglich die eigentliche Kirche Roms, die Kirche der Bischöfe von Rom und führt bis heute den Titel „Mutter und Haupt aller Kirchen der Stadt und des Erdkreises". Sie ist unter den Kathedralen von Rom der Größe und Pracht nach, bei einer Länge von 384 Fuß im Innern und 164 Fuß Breite, jetzt die Dritte, nur übertroffen vom Petersdom und der Paulus-Basilica außerhalb der Mauer, welche nach dem Brande von 1823 fast ganz neu, einem prunkvollen Marmortanzsaale gleichend, wieder hergestellt worden ist. Auch die Johannes Kathedrale im Lateran ist hauptsächlich im siebzehnten und achtzehnten Jahrhundert, nach dem damaligen Zeitgeschmacke, mit großer Pracht fast ganz neu gebaut worden. Diese beiden südlichen Kathedralen Roms hat man als Museen der Kirchengeschichte behandelt, die Paulskathedrale durch eine Sammlung christlicher Alterthümer, die meist den benachbarten Katakomben entnommen sind und durch die Reihe der Bildnisse sämmtlicher Päpste, welche um ihr ganzes Längsschiff herumläuft, und die Johanneskathedrale durch ein förmliches christliches Museum in dem mit ihr verbundenen Lateranspalaste, zu welchem auch eine Gemäldegallerie und altchristliche Inschriften und Bilder aus den Katakomben gehören, von Rossi geordnet, um für das Studium der Geschichte des Urchristenthums in Rom zu dienen. Die Kolossalstatuen der zwölf Apostel schmücken diese Riesenkathedrale. Ihre nächste Umgebung ist sehr reich an Skulpturfunden aus dem Alterthum gewesen, darunter die Niobegruppe, welche, wie schon erwähnt, in einem Weinberge der benachbarten Via Labicana gefunden wurde. Der Palast des Lateran hat seinen Namen von einer reichen Altrömischen Familie, welcher Constantin denselben abkaufte, um hier die Metropolitankirche der neuen Religion, welche er hauptsächlich aus Staatsklugheit ergriff, erbauen zu lassen.

Unsere Musterung dieser Prachtkirche und des christlichen Museums im Lateran schloß eine Fahrt, auf welcher uns sonst nichts als Grabtrümmer und Menschengebeine begegnet waren, in denkbar erhabenster landschaftlicher Umgebung, und mit denkbar wichtigsten geschichtlichen Erinnerungen.

Und am nächsten Tage sollte die bunte Lust des Carneval losbrechen!

In Rom stoßen sich so gegensätzliche Eindrücke auf die

Menschenseele, wie wohl nirgendwo sonst. Höchstens wenn jemals Paris seine Rolle ausgespielt haben und auch, wozu übrigens jetzt schon ein Ansatz war, eine Trümmerstadt aufweisen sollte, werden es unsere Nachkommen mit ähnlichen Empfindungen besuchen können, wie wir heute Rom. Bei London kann ich mir aber einen kommenden Untergang eben so wenig vorstellen, wie — und das vielleicht noch weniger — einen Londoner Carneval.

Der Römische Carneval.

(Die Straße des Corso am Morgen. Ein Gang durchs Fremden viertel. Andrea delle Fratte. Die Propaganda Fidei. Der Spanische Platz. Specchi's Treppe zur Höhe. Die tanzenden Modelle. Trinita de Monti. Der Gang auf der Höhe. Die Villa Medici mit der Französischen Akademie. Der Garten oder die Passegiata des Monte Pincio. Die Piazza del Popolo. Ihre vier Kirchen. Der Carneval auf der Straße des Corso. Flucht in das Café di Roma. Der Ueber muth der „nordischen Fremdlinge". Am Abend. Das Leben in den Osterien. Der Hexentanz beim Magnesiumlicht.)

Ein immer noch kalter aber sonnenklarer Morgen eröffnete dies mal den Carneval. Wir waren früh auf den Beinen und nahmen dies mal das Frühstück im Café di Venezia auf dem Venezianischen Platze. Das Morgengeschäft mit Milch, Eiern und Südfrüchten füllte noch die Straßen. Dergleichen wird alle Morgen in die Häuser gebracht. Aus den Cafés tragen auch die Kellner auf dem Kaffeebrette, mit weißem Tuche bedeckt, fertiges warmes Frühstück über die Straßen in die Häuser. Dies geschieht übrigens auch in ganz Rom mit dem Mittagessen. Der starke Fremdenbesuch hat es wohl eingeführt. Die Bettler und Bettlerinnen, welche meist in dem ärmlichen Stadtviertel zwischen dem Forum und Maria Maggiore wohnen, der im Alterthume berüchtigten Gasse Subura, in welcher Antonius Nachts umher zu schweifen liebte, zogen vorüber, um sich auf ihre Posten zu begeben, dies mal wohl nicht die regelmäßigen an den Kirchthüren, sondern irgend wo in der Nähe des Corso, um Wagenschläge zu öffnen. Wir gingen nun den Corso in der Richtung des Thores hinauf. Wo immer vor Kirchen oder anstoßenden Plätzen Gelegenheit dafür, waren Brettergerüste für Zuschauer mit roth-beschlagenen Bänken aufgeschlagen. Auch die Balcons der Häuser, und sie fehlen an keinem, waren für Zuschauer eingerichtet und mit herausgehängtem Teppich verziert, welches doch die einfachste und zugleich schönste Art festlicher Straßenausschmückung ist. Auf dem Säulenplatze an der Antoninssäule standen Volkshaufen schon so früh am Morgen. Von hier an drängen sich die Cafés auf dem Corso: das Café Colonna, Café Cavour, Café Nuovo, Café Nazionale, Café Convertite, Café Suisse, Café Concordia, Café Carlo, und schließlich das Café di Roma, das vornehmste in Rom. Dazwischen liegt auch, nahe dem Säulenplatze, das feinste Bierhaus — Birreria — von Rom, mit Wiener Bier; aber von den Italienern eigensinnig Birreria Prussiana genannt, in welchem es sehr gutes Mittagessen giebt. Bald hinter diesem Bierhause schwenken wir nun rechts ab, da noch manche Stunde hinzubringen ist, bis die Carnevalslustigkeit auf dem Corso beginnt. Eine kurze Querstraße bringt uns auf den Platz S. Silvestro in Capite. Dies ist eine sehr alte Kirche mit einem Vorhofe voll merkwürdiger Reste aus dem Alterthume; wir gehen ihr aber, eben so wie dem stattlichen Palast Chigi mit einer guten Antiken- und Gemäldesammlung jetzt vorüber. Jenseits des Platzes erreichen wir die Kirche Andrea delle Fratte, ein Renaissancebauwerk, in welchem Angelica Kaufman, Maler Müller und R. Schadow begraben liegen. Das Grabmal Schadow's ist von unserem ausgezeichneten Bildhauer E. Wolff. Diese Malergräber zeigen, daß es schon eine Kirche des Fremdenviertels ist. Nördlich derselben erreichen wir das Collegium der Propaganda Fidei, die Hauptmissionsanstalt der Römisch-katholischen Kirche, mit einer Druckerei, welche den mannichfaltigsten Schatz von Typen in der Welt enthält. Diese Anstalt bedeutet für die Römisch-katholische Kirche der Gegenwart, wenigstens in deren eigener Anschauung, vielleicht mehr als der Griff auf die Staaten und Volksmassen in Europa, welche ihr jetzt zu entschlüpfen drohen. Die Heerde, auf welche sie für die Zukunft rechnet, hat entweder schwarze Haut mit wolligem Haar, oder kupferfarbene mit langem schlichtem Haar, oder auch gelbe Haut und schräg liegende Augen. Um diese Heerde der Zukunft zusammenhalten zu können, ist sowohl ein unfehlbarer Papst, wie eine göttliche Mutter des Heilands nothwendig, und sie wird diese Glaubenssätze keinem Europäischen Interesse mehr opfern. Gleich nach diesem großen Missionscolleg der Römischen Kirche erreicht man den unregelmäßigen Spanischen Platz, den Mittelpunkt der Touristengesellschaft aus allen Ländern, welche sich hier fast täglich trifft und dabei auch wohl kennen lernt, und in dieser Beziehung eben so gut oder vielleicht noch mehr ein Weltmittelpunkt, wie die Römische Kirche dies für den Petersdom in Anspruch nimmt.

Jetzt fanden wir den Platz noch ziemlich menschenleer und so auch die Straße Condotti, welche von der Mitte des Spanischen Platzes senkrecht auf die Straße des Corso zuführt. Hier liegen alle älteren Gasthöfe ersten Ranges und auch die Verkaufsgeschäfte, welche der Fremde hauptsächlich aufsucht, für plastische Arbeiten, für Goldschmuck, für Römische Mosaiken und für Photographien aus Rom. Hier liegen auch die beiden Speisehäuser ersten Ranges von Spillmann und von Nazari, und die eine der beiden Deutschen Buchhandlungen, die Buchhandlung von Spithöver aus dem katholischen Rheinlande.

Der Limonadier in der Mitte des Platzes hatte schon

geöffnet. In geistlicher Tracht sahen wir den Abbate Liszt an uns vorübergehen, dessen gealterte Züge, mit tiefem Ernst angeflogen, jetzt eine schlagende Aehnlichkeit mit Herrn Mommsen aufweisen.

Die Treppe des Specchi und de Sanctis fließt förmlich wie alle öffentlichen Treppen, die wir in Italien gesehen haben, von der Kirche Trinita de Monti und dem Obelisken, der vor ihr steht, auf den Platz herab, welchen außerdem ein Brunnen von Bernini, schwülstig und geschmacklos wie fast Alles, welches er schuf, und die Säule der unbefleckten Empfängniß schmückt, welche Pio IX. 1851 zur Feier des Sieges dieses Dogmas im Kirchenconcil hat errichten lassen. Im Alterthume bedeckte den ganzen Platz das Wasser einer Naumachie des Domitian und wurden hier Scheinseegefechte zwischen vergoldeten und bunt bewimpelten Dreiruderern ausgefochten.

Als wir die hundertundfünfundzwanzig Stufen der malerisch decorativ gebauten Treppe erstiegen hatten, bot sich uns ein Anblick dar, wie man ihn wieder nur in Rom haben kann. Im Hintergrunde stieg die Kuppel des Petersdoms empor. Grade vor uns konnte man die Straße Condotti in ihrer ganzen Länge durchblicken, und schon ließ sich erkennen, daß auf der Straße des Corso, welche sie quer durchschneidet, das Carnevalsleben im Beginn war. Unter uns aber auf einer Plattform der Treppe tanzten Malermodelle aus dem Neapolitanischen in ihrer bunten, durchaus künstlerischen Volkstracht, die auch noch schön bleibt, wenn sie schmutzig ist, ihren localen Tanz. Es waren zwei Männer und zwei Mädchen, die Männer im spitzen, breitkrämpigen Hut, die Mädchen mit dem weißen, viereckigen Tuche über dem Kopfe, welches das gebräunte Gesicht in einen so unübertrefflichen Rahmen faßt: die Männer in der Sammetjacke mit Kniehosen und hohen Strümpfen und die bunte Schärpe um den Leib geschlungen, die Mädchen im rothen Miederbusto und blaßgrünen oder blaßblauen Rock, mit schweren silbernen Ohrgehängen, silberner Brustkette mit Medaille und einem silbernen Pfeil, welcher das Kopftuch auch auf dem Hinterkopfe eckig emporhält. Sie tanzten, obgleich Niemand ihnen zusah als wir, also dies mal aus rein carnevalistischer Lust am Tanze. Eine alte Frau schlug dazu ein Tamburin mit Schellen und die Tänzer selbst schlugen Castagnetten. Früher pflegte die Spanische Treppe unten voll von Bettlern zu sitzen, welche den Spanischen Platz plünderten, und oben voll von Modellen, zur Auswahl für die Maler. Jetzt hat sie die Polizei von Bettlern geräumt und die Modelle sind den Malern nachgezogen, nach dem Platze Barberini, an dessen Ecken sie auf Bestellungen zu warten pflegen. Den Tanz auf der Spanischen Treppe aber haben sie aufrecht erhalten. Und es sind graciöse Tänze, diese Tänze zu Vieren. Bald stemmen die Männer die Arme in die Seite, bald halten sie sie mit den Castagnetten über dem Kopfe empor. Wechselweis schwingen sie einander die Mädchen zu, haschen sie und lassen sie wieder los, die Mädchen immer mit den Armen in der Seite und den Kopf etwas nach vorne neigend, während die Männer ihn vor- und zurückwerfen. Weder Contretanz noch Menuet hält die Vergleichung mit diesen wechselreichen Italienischen Tänzen aus.

Von der Kirche Trinita dei Monti führt ein breiter, mit Bäumen bepflanzter Weg zwischen Gartenmauern und dem Abhange des Hügels fort, der hier so steil wird, daß die Dächer der Häuser bis dicht an den Weg herantreten und durch Brücken Verbindungen der Dächer mit dem Wege hergestellt werden konnten. Diese Brücken machen die Wohnungen unter den Dächern für das Touristenpublicum sehr brauchbar, denn diesem kommt es in Rom ja hauptsächlich auf die sonnigen Winterspazirgänge auf dem Kamme des pincischen Hügels an. Eine Strecke weiter gelangt man an die Villa Medici, welche Frankreich erworben hat, um, von allen anderen Staaten darum beneidet, hier seine Römische Maler- und Bildhauerakademie unterzubringen. Die Zöglinge bewohnen die große Villa und haben den Genuß eines Gartens, dem kaum etwas Gleiches in der Welt an die Seite zu stellen ist. Die Akademie hatte Ferien, aber der Französische Portier ließ uns in den Garten hinein. Der Garten nimmt die ganze Gipfelbreite des pincischen Hügels von dem Wege am Rande nach der Stadt zu bis zur aurelianischen Mauer ein.

Der Garten war ganz einsam und tiefe Stille herrschte in ihm wie in der Villa. Nur fern her vom Corso herüber begann man schon das Brausen des Carnevaltreibens zu hören. Antike Basreliefs sind in der Gartenseite der Villa eingemauert, und wo die Baumgänge gegenüber die aurelianische Mauer erreichen, sind einzelne Statuen, Antiken oder Nachbildungen von Antiken aufgestellt. Hier schaut man von hoch herab auf den großen Park der Villa Borghese hinunter, welcher vom Volksthore bis zu dem jetzt zugemauerten pincinischen Thore den ganzen Raum vor der aurelianischen Mauer bedeckt, nur einen öffentlichen Fahrweg längs der Mauer übrig lassend. Am größten Theile des Parks unten hat die Gartenkunst wenig gethan: es ist der unberührte Campagnaboden mit einzelnen Bäumen. Dieser Vordergrund der weiten Landschaft, welche der Blick hier zu umfassen beginnt, gleicht auffällig den Landschaften auf den Bildern der älteren Malerschulen vor Tizian. Zur Rechten scheint den Garten eine hohe Terrasse abzuschließen, aber die Treppe, welche zur Seite auf ihre Plattform führt, führt zugleich zu einem anderen höher gelegenen Theile des Gartens. Dieser ist weniger gepflegt und zeigt nur dichte, oben sich wölbende Baumgänge von immergrünen Eichen. Der mittlere Gang führt zu einem Belvedere, zu welchem sechzig Stufen hinaufführen. Hier ist man schon beträchtlich hoch und ringsum entfaltet sich ein wunderbares, zugleich ernst eindrucksvolles und zugleich liebliches Panorama. Man sieht über die ganze Campagna hinweg bis zum Sabinergebirge, auf dessen Abhange bei dem klaren Wetter Tivoli auch dem bloßen Auge erkennbar war. Man sieht im Süden das Albanergebirge und Rocca di Papa, das Dorf, welches malerisch vom Monte Cavo, dem Gipfel des Albanergebirges, herabhängt; dazwischen sieht man die Stadt mit ihren zahlreichen Kuppeln und Glockenthürmen, und in ihrem entferntesten Theile die Ruinen der Kaiserpaläste auf dem palatinischen Hügel. Man sieht den Tiberfluß und ganz fern, nahe seinem Ufer, den seltsamen Scherbenberg ziemlich spitz hervorragend, welcher lediglich aus den Scherben aufgethürmt erscheint, welche in den Zeiten der Republik und etwa bis Domitians Zeit hier abgelagert werden mußten, einen Hügel, welcher höher ist, als alle die ursprünglichen sieben Hügel Roms, nämlich 150 Fuß hoch. Man sieht jenseit des Tiberflusses die Hügelkette des Janiculus und der vaticanischen Höhe, und vor derselben den Petersdom in all seiner imponirenden Größe mit den beiden halbkreisförmigen Säulengängen, welche er wie umfassende Arme nach der Stadt auszustrecken scheint. Man sieht hiervon getrennt und weiter nördlich auf derselben Seite des Flusses die noch höhere Hügelkette, welche mit dem Monte Mario beginnt. Den Fluß kann man aufwärts verfolgen bis zum Ponte Molle. Am Schlusse der Vorstadt vor dem Volksthore und noch jenseits dieser Brücke kann man bis zu dem Schlachtfelde sehen, auf welchem Constantin den Maxentius schlug und damit das Christenthum über das Heidenthum obsiegte. Weiter in der

Ferne aber, ganz im Norden, zeigte der einzelne Berg Soracte seine drei Spitzen, und haben wir den Blick nun nach Osten zurückgewendet, so erkennen wir mit jetzt schon geübterem Blicke den noch mit Schnee bedeckten Hochstock des Apennins, welcher hinter dem Sabinergebirge sich wie leichtes weißes Gewölk in den Himmel hinein zeichnete.

Hier beschlossen wir, Rom für dies mal Lebewohl zu sagen, und bestimmten mit festem Entschluß unsere Abreise auf den nächsten Tag. Wie viel bleibt immer noch zu sehen, auch wenn man schon so Vieles gesehen zu haben glaubt, und wie wenig von dem, was man gesehen hat, vermag man Anderen zu schildern! Der Leser hat mit einigen flüchtig skizzirten Ausflügen in die ewige Stadt nach verschiedenen Richtungen zufrieden sein müssen, weil es doch unmöglich gewesen sein würde, Alles zu erzählen, was aus einem Aufenthalte von dies mal wenig mehr als zwei Monaten zu erzählen war. Unser Lebewohl war ein herzliches und freundliches; wer dies Lebewohl doch niemals zu sagen brauchte! Aber in Rom kann nur der Fremde ganz leben, der mit dem Leben heiter abschließen und weiter gar nichts mehr will.

Wir verließen die Villa Medici und wandten uns nun dem öffentlichen Garten auf der Nordspitze des pincischen Hügels zu, dem täglichen Stelldichein der eleganten Welt Roms an Wintertagen, dem Zielpunkte der Nachmittags-Corsofahrten, für welche hier das Concert in freier Luft stattfindet. Man hat diesen Garten jetzt mit den Büsten aller berühmten Schriftsteller, Denker, Staatsmänner, Maler, Bildhauer und Musiker Italiens versehen; sie stehen längs aller seiner stattlichen Baumgänge und rings am Rande des Gartens, welcher mit einer Seite an den Garten der Villa Medici stößt, mit zweien an die Stadtmauer, von deren Höhe er ebenfalls auf den Park der Villa Borghese herabschaut, und mit der vierten an die große Treppe und an die Rampen für Wagen, welche zur Stadt und zwar hier zum Volksplatze wieder herabführen.

Die Mitte des eirunden Volksplatzes, von welchem drei Hauptstraßen auseinanderstrahlend in die Stadt hineinführen, genau wie vom Platze Belle Alliance in Berlin, schmückt wieder ein Obelisk. Augustus brachte ihn nach Besiegung des Antonius aus Heliopolis in Egypten und ließ ihn im Circus Maximus aufrichten, Sixtus V. hierher bringen. Vier Kirchen liegen am Platze, zwei zu beiden Seiten des Thores, zwei zu beiden Seiten des Corso, und unter den beiden Kirchen am Thore befindet sich Maria del Popolo, mit ausgezeichneten Gemälden und mit Mosaiken aus Rafaels Entwürfen geschmückt, welche uns mehrmals Stunden lang festgehalten hatten. Aber dies mal hatten wir keine Zeit mehr dafür. Arglos schlenderten wir in die Straße des Corso hinein, warfen noch einen Blick auf das Goethehaus mit der Tafel, aus welcher die Italiener jetzt schließen, daß auch wir unseren Dante haben. Dann aber hieß es gar hurtig sein. Schon waren alle Fenster mit Menschen besetzt und reihenweise standen die Menschen längs der Häuser. Von allen Seiten hagelte es Confettacci und der Damm lag schon ganz voll davon und war so weiß, als ob es wirklich gehagelt hätte und der Hagel nicht schmelzen wollte. Ohne die schützende Maske, jetzt meist von feinem Drahtgeflecht, und ein Costüm, dem der Confettaccihagel nichts schadete, den Corso entlang zu gehen, war schon nicht mehr möglich, selbst nicht ihn auch nur zu kreuzen. Mit Mühe und schon ganz mit Gipsstaub bedeckt erreichten wir das Café di Roma, das nächste. Wir fanden es ganz voll Deutscher, welche den Spaß des Confettacciwerfens nicht satt bekommen konnten, und sich wo möglich noch mehr daran betheiligten als die Römer selber, es auch durch jeweilige Ausflüge auf die Straße noch kecker herausforderten. Ueberhaupt sind es die Fremden, welche sich jetzt auf dem Carneval am muntersten und schadenfrohesten geberden. Den Balcon über dem Café hatten sechs Engländerinnen gemietet, welche sich ganze Säcke von Confettacci hatten anfahren lassen, und gegen diese führten nun die Deutschen im Café hauptsächlich den Belagerungskrieg, zogen aber entschieden den kürzeren Theil, da man beim Hinaufwerfen nicht so gut treffen kann wie beim Hinabwerfen. Und die Engländerinnen bedienten sich sogar dabei großer Hohlschaufeln. Das ist doch aber Nordisches Uebertreiben einer Lustbarkeit, bei welcher die Italiener ursprünglich stets Maaß zu halten wußten. Aber dies war zu der Zeit, als noch nicht mit Confettacci aus Gips, sondern mit wirklichem Confetti, mit Zuckererbsen geworfen wurde, welche für die Kinder und die Armen bestimmt waren, die sie auflasen. Diese sollten auch etwas vom Carneval haben. In Rom erzählt man, daß die Confettacci erst aufgetaucht seien, seit die Fremden so regelmäßig zum Carneval zu strömen pflegten, und daß nur diese ihn in dieser Beziehung verdorben hätten. Auch soll in Venedig, dessen Carneval als der geistreichste in Italien gilt, und der hauptsächlich in Zeitcaricaturen und persiflirten Localfiguren Ausgezeichnetes leisten soll, von dergleichen nicht die Rede sei. An drei Plätzen der Straße des Corso sind Musikchöre aufgestellt, welche den ganzen Carneval hindurch die Auf- und Abfahrt der mit Masken besetzten Wagen mit Musik begleiten.

Seinen Reiz gewann dieser Römische Carneval erst am Abend. Die Masken gehen dann von einer Osterie in die andere, und nun beginnen die Unterhaltungen in dem Stile, wie ich sie schon aus dem Maskenballe im Politeama Romano erzählt habe. Auf einem Plätzchen nahe unserer

Wohnung überraschte uns noch ein nächtiger Hexenritt auf Besen und ein Hexen- und Teufelstanz zur Musik einer Drehorgel. Zeitweilig ward das Bild von einem Fenster aus mit Magnesiumlicht beleuchtet. Es schienen mir nach dem guten Geschmacke, mit welcher die ganze Aufführung vor sich ging, Maler zu sein, welche eine benachbarte Osterie zu ihrem Hauptquartier während des Carneval gemacht hatten. Mit diesem letzten Bilde gingen wir schlafen.

Von Rom nach Neapel.

(Kälte bei der Fahrt. Durch die Trümmer von Gräbern und Wasserleitungen. Weichbild der antiken und der modernen Großstädte. Das Albanergebirge. Castell Gandolfo und Velletri. Oelbaumwälder. Graues Rindvieh. Campagnahirten und Fanne. Das Saccothal. Die Austrockung des Fucinersees. Garibaldi's Vorschlag einer Tiberregulirung. Das Volskergebirge und der Apennin. Gebirgslandschaften am Wege. Cagni. Anagni. Frosinone. Ceccano. Ceprano. Aquino. San Germano. Das Kloster Monte Cassino. Der letzte Apollotempel. Benedict und die Benedictiner. Das Garigliano- und Volturnothal. Die Terra dei Lavoro. Capua. Das Schloß von Caserta. Der Vesuv. Die Bucht von Neapel im Abendsonnenschein.)

Die Fahrt von Rom nach Neapel ist stets entzückend, auch mitten im Winter. Beiläufig muß man nicht wähnen, daß es in Unteritalien keinen Winter gebe. Schnee bekommt man genug zu sehen, wenn er allerdings auch nur auf den Bergen liegen bleibt. Und wenn auch die Sonne während der Tagesmitte warm genug scheint, um den Ueberrock überflüssig zu machen, ist es des Morgens und Abends doch wieder kalt genug, um sich seiner zu freuen.

Die Fahrt durch die südliche Campagna von Rom auf das Albanergebirge zu bringt den Reisenden von vornherein — wie soll ich es ausdrücken — in eine gewisse historische Stimmung. Die Trümmer, zur rechten und zur linken Seite in diese tiefernste Landschaft hineingestreut, wollen gar nicht aufhören, und alle weisen nach der alten Welthauptstadt. Denn entweder sind es Trümmer von Wasserleitungen, welche ihre Brunnen speisten und zum Theil bis heute speisen — und grade diese, mit ihren endlosen, grün überwucherten Bogenreihen drängen sich dem Blicke am meisten auf — oder es sind Trümmer von Grabdenkmälern, welche die großen Straßen, die nach Rom führten, meilenweit einfaßten; oder es sind auch Trümmer von Rennplätzen, welche außerhalb ihrer Thore lagen, oder endlich Trümmer von Landhäusern wohlhabender Bürger des antiken Roms, denen ihr Geschäft nicht erlaubte, mit ihrem Landaufenthalte allzu weit von der Stadt weg in das Waldgebirge hinauszurücken. So sehr verschieden von einer modernen Großstadt hat die antike Welthauptstadt nicht ausgesehen; dies ist ein Eindruck, welchen man aus ihrer Umgebung noch weit stärker mit sich nimmt, als aus demjenigen, was innerhalb der aurelianischen Mauer heute noch von ihr zu sehen ist. In der That ist draußen auch mehr stehen geblieben als innerhalb der Mauer. Von draußen das Baumaterial für Neubauten zu holen, war eben zu weit und jedenfalls überflüssig, so lange noch innerhalb der Mauer so viel derartiges Baumaterial zu haben war, als man wollte. Das moderne Rom ward mit dem antiken Rom niemals, auch nur innerhalb der Mauer fertig; wozu sollte es mit seinen Zerstörungen auch noch vor die Thore hinausgehen? Was dort zerstört worden ist, haben wirklich entweder die Barbaren zerstört, wenn sie Rom belagerten, und nicht die Römer selbst, oder der Burgenbau im Mittelalter ist dafür verantwortlich zu machen, oder auch die Campagnabauern und die aristokratischen Besitzer der großen Latifundien in der Campagna haben sich daran versündigt, vielleicht bis in das gegenwärtige Jahrhundert hinein.

Vom Albanergebirge umfährt man den westlichen Ausläufer und braust dann südlich von demselben dahin, so daß man das Albanergebirge zur Linken und zuerst den nördlichen Abhang des Volskergebirges zur Rechten hat. Graue Oelbaumwälder, sorgsam gepflegt, ziehen sich von Castelgandolfo, von Albano bis nach Velletri abwärts bis zur Eisenbahn. Campagnabauern, das langhaarige Ziegenfell um die Lenden geschlagen, so daß man dabei nicht umhin kann, an die Faune und Satire des Alterthums zu denken, bilden die menschliche, graues Rindvieh mit ungeheuren, weit auseinander stehenden Hörnern die thierische Staffage der Landschaft.

Endlich tritt die Bahn in das Thal des Flüßchens Sacco, welcher nach Süden fließt, um später mit dem aus dem Fucinersee kommenden Liris den Garigliano zu bilden, welcher jenseit der ehemaligen Neapolitanischen Grenze ins Meer fällt.

Beiläufig ist der Fucinersee grade jetzt wieder Gegenstand einer der großen Meliorationen, in welchen sich unsere Zeit gefällt, nicht selten blos, weil Leute von sich reden machen oder auch Actien auf den Markt werfen wollen, und nicht, weil die Meliorationen schon so unbedingt nöthig wären. Der Fürst Torlonia in Rom, zugleich auch Bankier daselbst, hauptsächlich für vornehme Engländer, läßt diesen See nämlich austrocknen, theils um seinen Boden zu verwerthen, theils um die ungesunde Luft, die Malaria, welche er über seine Umgebung verbreiten soll, aus der Welt zu schaffen. Wegen dieser letzteren löblichen Absicht hat ihm König Victor Emanuel denn auch schon eine öffentliche Auszeichnung gewähren müssen. Die Fürsten Torlonia gehören zum verhältnißmäßig neuesten Theile desjenigen hohen Adels, welcher den Beitrag des Kirchenstaates zum Gothaischen Almanach bildet.

Bei dieser Gelegenheit mag in Erinnerung gebracht sein, daß, wie es scheint, diese neuen Lorbeeren des Hauses Torlonia den alten Garibaldi nicht schlafen gelassen zu haben scheinen. Auch er ist jetzt nach Rom gekommen, und zwar zum ersten Male nach fünfundzwanzig Jahren, nicht, wie man erwartete, mit dem unbeugsamen Entschlusse, die Regierung, welche er ja haßt, über den Haufen zu werfen (was ihm auch wahrscheinlich nicht gelingen würde), sondern mit einem großen Meliorationsprojecte. Er will nämlich den Tiberstrom ganz neu regulirt und die Campagna dadurch entwässert haben. Natürlich soll es der Staat bezahlen, und wenn es zehn Millionen koste. Er hat deswegen auch schon bald nach seiner Ankunft und noch in den letzten Tagen des Januar eine Audienz bei Victor Emanuel gehabt, und in den diplomatischen Kreisen Roms raunt man sich deswegen mit Zufriedenheit zu, daß der immerhin noch unbequeme alte Revolutionär endlich einen seiner würdigen Zweck für den Rest seines Lebens gefunden habe. Ob er dabei auch an ein neues agrarisches Gesetz gedacht habe, welches verhindern würde, daß nicht Einzelne den Vortheil einstreichen, für welchen der öffentliche Säckel in Anspruch genommen werden soll, bin ich außer Stande, Ihnen zu verrathen. Aus früheren Zeiten weiß ich nur, daß Garibaldi's starke Seite die Volkswirthschaft, auf die er sich jetzt werfen zu wollen scheint, eben nicht ist.

Im Thale des Sacco braust nun der Zug einher, mit Gebirgen zur Rechten und Linken, welche etwa die Höhe des Riesengebirges erreichen. Das Gebirge zur Linken ist der Hauptstrang der Apenninen selbst und zeigte sich mit frisch gefallenem, blendend weißem Schnee bedeckt, einem Niederschlage der Tramontana oder des Nordwindes, der den ganzen Tag hindurch wehte, trotz des Sonnenscheins Kälte in alle Glieder gießend, aber zugleich für Landschaftsbilder mit ausgedehnter Fernsicht, mit scharfen Umrissen und wahrhaft prachtvollen Farben sorgend. Die alten Städte Cagni und Anagni, die, wie alle sehr alten Städte Italiens, die Bergkuppen bedecken, flogen in ziemlich großem Abstande von der Bahn langsam am Blicke vorüber, und das bewegliche Panorama vor den Wagenfenstern ward immer schöner. Bei Frosinone, welches sich, auf seiner Höhe hingelagert, malerisch zackig von der Schneewand des Apennin abzeichnete, schien das Landschaftsbild einen Gipfelpunkt der Schönheit zu erreichen: aber immer wieder vergaß man über den späteren Landschaftsbildern die früheren. Bei Ceccano trug der Spiegel des Sacco, welcher hier zwischen der Bahn und dem Städtchen fließt, und den eine elegante Brücke überspannt, das Seinige zum Reichthum des Bildes bei, dessen Hintergrund hier die dunklen Volskerberge bildeten. Es folgt die ehemalige Grenzstation Ceprano, wo jetzt nicht mehr der Mauth, sondern des Mittagessens wegen angehalten wird. Weiter unten fließt der Liris mit dem Sacco zusammen, und die Landschaftsbilder im breiten Thal des Garigliano ließen jetzt alle früheren vergessen, bis endlich nach noch einer Stunde, an Aquino vorbei, welches der Benedictiner Thomas, der Doctor Angelicus der katholischen Kirche, der rücksichtsloseste Vertheidiger der Oberherrschaft des Papstthums, berühmt gemacht hat, die Station St. Germano erreicht ward, über der hoch auf dem Felsgebirge das gewaltige Benedictinerkloster Monte Cassino, das älteste und vornehmste Kloster der ganzen Römisch-katholischen Christenheit, liegt. Und rings um die hier schon erweiterte Thalebene zeigt sich eine Gebirgslandschaft, welche an Schönheit ihres Gleichen auf Erden sucht, ähnlich dem Thalkessel von Botzen, nur wegen der ganz südlichen Vegetation, die sich auch im Winter geltend macht, so sehr viel reizvoller auch im Einzelnen.

Dort oben, wo das gewaltige, jetzt in eine Erziehungsanstalt verwandelte Kloster lag, stand einst ein Apollotempel, der letzte wirklich fungirende Tempel des antiken Götterglaubens, den es in der Welt gegeben hat. Noch im Anfang des sechsten Jahrhunderts, als Benedict von Subiaco bei Rom sich hierher, wie die Kirche erzählt, vor der Verführung

19*

durch Römische Hetären flüchtete, fand er die Landleute der Umgegend mit Opfern im Apollotempel beschäftigt. Es gelang diesem ernsthaften Eiferer, die Flamme auf dem Altar des Apollo für immer zu löschen; der Tempel wurde umgestürzt und seine Säulen zum Bau der Klosterkirche verwendet. So wie diese Säulen, haben die Benedictiner auch den Rest von Wissenschaft, der aus dem Alterthum noch gerettet war, zu bewahren und zu verwenden verstanden, und können darum den Anspruch erheben, wenigstens historisch nicht mit den übrigen Mönchsorden in einen Topf geworfen zu werden.

Hinter St. Germano verengt sich das Thal wieder, auf dessen Sohle die Eisenbahn läuft, und wird wüster und wilder. Der Weg führt über einen niedrigen Paß, welcher das Thal des Garigliano mit demjenigen des Volturno verbindet, der vor Capua vorbeifließt. Dieser Paß führt in das üppige Gefilde von Campanien hinein, eine vollständige Ebene, fruchtbar und angebaut, wie diejenige von Magdeburg, nur daß der Boden hier zwei Ernten im Jahre trägt und außer der Feldfrucht noch Bäume und Weinranken, die sich von Baum zu Baum winden. Unter den Bäumen befinden sich übrigens auch viele Pinien, seltsamer Weise: denn sie haben hier eigentlich nichts zu thun, nicht einmal ein Stützpunkt für Weinranken zu sein. Doch tragen sie zum Reichthum des Landschaftsbildes nicht wenig bei. Bewahrt man sie, wie in England und ja auch im Dessauischen die Feldeichen, nur um der landschaftlichen Schönheit willen? Dazu will nicht recht der Name terra di lavoro stimmen, welcher im Volksmunde für das Campanische Gefilde aufgekommen und jetzt in ganz Italien gang und gäbe geworden ist. Es ist eigentlich ein seltsamer Name: „Land der Arbeit!“ Wo die Arbeit so einträglich ist, wie eben auf dem Boden Campaniens, grade da sollte man doch erwarten, daß das Volk weniger an die Arbeit als eben an ihre Einträglichkeit gedacht und den Namen von dieser entnommen hätte. Ist es vielleicht, weil in wilder Zeit der Ackerbau fast überall sonst in Italien zum Stillstand gekommen war, und der Acker zur Trift ward, nur an dieser allereinträglichsten Stelle nicht?

Unmittelbar vor Capua überschreitet die Bahn den ziemlich breiten Volturno, den namhaftesten Fluß in ganz Unteritalien, auf langer Holzbrücke und läßt dann das neue, wie das alte Capua zur Linken liegen. Vom alten Capua stehen noch beträchtliche Trümmer eines Amphitheaters, welche für die einstige Größe der Stadt zeugen; denn es ist nächst dem Colosseum das größte in Italien. Die Stadt soll aber auch einst 300,000 Einwohner gezählt haben. Auf Capua folgt das Schloß der Bourbonen, Caserta, ganz solch ein großes, ungemüthliches und unwohnliches Schloß, wie alle jene Residenzschlösser auf unserer Seite der Alpen, in welchen das achtzehnte Jahrhundert seinen schlechten Kunstgeschmack, seinen unpraktischen Hochmuth und seinen ungesunden Gesellschaftsbau zum architektonischen Ausdruck gebracht hat.

Das Schloß paßt nicht nach Italien hinein, obgleich es ein nicht unfähiger Italienischer Baumeister, Vanvitelli, gebaut hat, der es freilich im Jahre 1752 auf Befehl König Karls III. so bauen mußte, wie es eben ist. Es gehört so wenig nach Italien hinein, wie die Bourbonen, die es bauten, und die denn auch zuletzt in wahrhaft lächerlicher Weise aus dem Lande hinausgebracht worden sind. Gar nicht fern von diesem Schloß, am Ufer des Volturno, hat der letzte König von Neapel bei unseren Lebzeiten seine erste und letzte Schlacht gegen den König von Italien geschlagen. Sie hat bekanntlich trotz seines noch so stattlichen Heeres nicht lange gedauert.

Endlich schwenkt die Bahn, welcher der schneebedeckte Apennin stets zur linken Seite geblieben ist, nach rechts der Küste zu. Zur Rechten ist zeitweilig ein einzeln stehender Berg sichtbar geworden, mit einem weißen Wolkenmützchen auf dem Kopfe, obgleich sonst keine Wolke am Himmel zu sehen ist. Das Mützchen hängt ihm schief zur Seite herunter, grade wie ein Neapolitanischer oder Venezianischer Fischer seine lange Mütze trägt. Daran ist aber nur der Nordwind, die Tramontana, schuld. Würde der Wind aufhören zu wehen, so würde sich die Mütze alsbald aufrichten und zuletzt in eine schlanke Pinie verwandeln, mit hoch oben sich weit und flach ausbreitender Krone. Vor drei Jahren wohnte ich einen ganzen Monat am Fuße des Vesuvs in Pompeji und kenne allen möglichen Kopfschmuck, den er sich wechselnd aufzusetzen liebt, nur nicht den feuerfarbenen; den hatte er grade damals abgelegt. Jetzt wird er wohl nichts im Schilde führen: denn sein Wölkchen sieht gar zu unschuldig und müßig aus. Aber man kann es freilich niemals mit Sicherheit wissen. Die Bahn erreicht Neapel auf der Südostseite, nach dem Vesuv zu. Man fährt durch dünn zerstreute Vorstädte, an großen Kirchhöfen — campi santi — auch an Arbeitshäusern — case operaie — vorüber. Kaum ist man aus dem Bahnhof getreten, so wird man vom Lärmen der Neapolitaner umschwirrt, einem Lärmen, der eben anders ist, als anderer Leute Lärmen.

Die Abendsonne schwebte über dem Meere, mit schon röthlich angehauchtem Lichte, an vollständig wolkenfreiem Himmel. Als unser Wagen längs der Marine dahin fuhr, entfaltete die Bucht von Neapel ihre ganze Zauberpracht vor dem Blicke, welches sie grade dann zu thun pflegt, wenn die Sonne sich ihrem Untergange naht. Die Häuser Neapels und seiner langen Vorstadtreihe, welche sich am Ufer der Bucht gen Südosten zu herumschwingt, Portici, Resina, Torre del Annunziata und Torre del Greco, glänzten in fast rosenfarbenem Schimmer des Abendlichts. Hinter diesen Vorstädten stieg doppelköpfig und hoch der Vesuv empor, vollständig dunkelviolett gefärbt, mit leichtem Uebergang in Braun. Weiter hinten schimmerte Castellamare ähnlich am Fuße des ebenfalls dunklen Monte S. Angelo. Der Contrast zwischen dem glänzenden Schnee auf dem Kopfe des Monte S. Angelo, welcher fast so hoch ist, wie die Schneekoppe, und dem schmutzigen Wolkenmützchen des Vesuv war recht augenfällig. An den Monte S. Angelo schloß sich, heller gefärbt als dieser Berg, die Hochebene von Sorrent, am Punto della Campanella, dem einstigen Vorgebirge der Minerva, steil ins Meer abstürzend. Dann folgte noch weiter rechts Capri, gleich einer ungeheuren steinernen Sphinx, welche aus dem Meere hervor getaucht ist. Durch den Mastenwald im Handelshafen und im Kriegshafen von Neapel zeigte sich aber die mit Landhäusern jetzt wie einst im Alterthum besäete Landzunge des Posilipp, Ischia, Procida und Nisida schon vor dem Blicke verbergend. Ueber das Häusermeer von Neapel hinweg leuchtete oben, noch im vollen rothen Sonnenlichte, das Castell von S. Elmo, während unten, vor der Stadt im Meere, das Castell Ovo dunkel und in unförmlicher Gestalt lagerte.

Mit solchem Eindruck fängt jeder Aufenthalt in Neapel an. Was sonst in der Stadt zu sehen ist, werde ich ein ander Mal erzählen.

Druck: Faber'sche Buchdruckerei (A. & R. Faber) in Magdeburg.

Ein Winter

in

Italien, Griechenland und Konstantinopel

von

Julius Faucher.

Zweiter Band.

Magdeburg 1876.
Verlag der Faber'schen Buchdruckerei
A. & R. Faber.

Inhalts-Verzeichniß.

Februar in Neapel.

(Die Touristenbewegung in Italien. Die Deutschen und die übrigen Touristen. Der Corso Vittorio Emanuele. Die Grotte des Posilippo. Die Bucht von Bajä und die Bucht von Neapel. Die Mergellina und die Villen. Der Garten der Villa Nazionale. Limonade und Gefrornes bei Gefrierpunkt. Carlino und Carlo. Das Pulcinelladrama. Maskenball nach Mitternacht.)

Ich denke mir, daß ein Tag Leben, Leben im Februar, im heutigen Neapel, mit dem, was die Stunde bringt, für den Deutschen Leser nicht ohne Interesse sein wird. Schon deswegen darf man dies annehmen, weil die Zahl der Deutschen Wintertouristen, denen man in ganz Italien begegnet, so gewaltig in der Zunahme begriffen ist. In diesem Winter ist der Strom derselben so groß gewesen, daß es fast fraglich zu werden beginnt, welche Nation den zahlreichsten Beitrag zu dieser Touristeninvasion stellt. Bisher war dies ohne allen Zweifel und weitaus die Englische und Anglo-Amerikanische. Im Ganzen ist sie es unbedingt auch noch jetzt; aber in Mailand und an den Norditalienischen Seen, noch mehr in Venedig, endlich in Rom treten jetzt die Deutschen Touristen, auch die Deutschen Wintertouristen, als sehr ernsthafte Nebenbuhler der Angelsachsen auf. Die Zahl der Russischen Wintertouristen ward von den Deutschen längst in ganz Italien mit Ausnahme der Plätze an der Riviera di Ponente, Nizza, Monaco, Mentone und St. Remo überflügelt. Aber dort findet sich jetzt beinahe auch Alles, was in Italien an Russischen Besuchern für einen längeren Winteraufenthalt zu finden ist. Im ganzen mittleren und südlicheren Italien kann neben den Angelsachsen von beiden Seiten des Oceans nur noch von Deutschen gesprochen werden, denen sich in Rom noch eine kleine Anzahl von Dänen und Schweden anschließt. Franzosen scheinen im Winter gar nicht nach Italien zu kommen. Südwärts von Rom stehen sich nur noch der Angelsächsische und der Deutsche Tourist als Nebenbuhler für die vermietbaren Wohnungen und die Gasthofs-Accommodation gegenüber. Die Engländer und Amerikaner, allerdings noch immer die größte Zahl und die besten und regelmäßigsten Kunden haben dabei den Vortheil, daß bis jetzt Alles, was in diesem Zweige auf Eleganz und Comfort Anspruch macht, ganz und gar für sie zugeschnitten ist. Sie sind eben überall die Pioniere, und man kann nicht anders sagen, die eben sehr geschickten Pioniere für das ganze Touristenleben gewesen. Für uns Deutsche dagegen ist überall noch sehr unvollkommen gesorgt, und diejenigen Deutschen, welche nicht Lust haben, sich den Angelsächsischen Touristen anzuschließen, thun, wenn sie mit Familien reisen, in Italien am Besten daran, sich die eigentlich nationalen Italienischen Gasthöfe der besseren Klasse aufzusuchen, auch ihre Wohnungen da zu wählen und ihre Einkäufe da zu machen, wo Italienische Reisende der besseren Klasse ihnen das Beispiel geben. Eine Ausnahme in dieser Beziehung bilden nur die schon erwähnten, hauptsächlich von Deutschen aufgesuchten Städte und Gegenden Oberitaliens und etwa Rom. Auf diese Angelegenheit werde ich wohl noch später einmal zurückkommen.

Zur Schilderung des Februarlebens in Neapel wähle ich den letzten Sonnabend. Nachdem am Tage vorher die feuchte und warme Luftströmung aus Südwest und die kalte und trockene Luftströmung aus Nordost hartnäckig mit einander gekämpft, und dieser Kampf zu wiederholten Malen Schnee- und Hagelschauer auf die Erde gesendet hatte, fand der Sonnabend Morgen den Nordost, der hier auch vento di terra genannt wird, als vollständigen Sieger vor. Die Sonne goß ihr Licht ungetrübt auf die Küsten der Bucht; aber es war doch, von der strahlenden Wärme, wohin dieselbe traf, abgesehen, empfindlich kalt, und der ganze Kegel des Vesuvs erglänzte von Schneestreifen, welche, vom Gipfel aus in den Rinnen sich strahlenförmig verbreitend, ihm fast das Ansehen eines weißen Federbusches gaben. In Neapel geht man keinen weiteren Weg zu Fuß, wofür die Stadt nicht gemacht ist. Dafür ist das Platzfuhrwerk außerordentlich zahlreich und billig, und die Carrozzellen, wie hier die öffentlichen Einspänner heißen, verhältnißmäßig recht gut. Das Pferd ist klein, aber munter und kräftig, und das offene Wägelchen, welches wie die Russischen Droschkys nur zwei Sitze hat, ist zwar eng, aber die Sitze sind stets gut gepolstert, mit reinlichem Ueberzuge aus blauem Tuch. Das Wägelchen, wie das Geschirr des Pferdes sind überreich mit Messingblechbeschlägen versehen, welche stets blank geputzt sind und im Sonnenschein lustig funkeln. Der Kutscher, oft noch ein halber Junge, ist gewöhnlich höchst geschwätzig, was Fremde doch gar nicht ungern haben müssen, weiß auch ziemlich gut Bescheid, und läßt es dafür auch freilich bei Fremden kaum jemals unversucht, trotz des Tarifes sein Schnittchen zu machen, ist aber in dieser Beziehung, im Vergleich mit früherer Zeit, durch die geordneteren Polizeizustände der Gegenwart beträchtlich gezähmt worden. Der Tarif hat hier billigere Sätze, als in irgend einer anderen Großstadt, selbst Petersburg nicht ausgenommen, und kann sie haben und muß sie sogar haben. Die einfache Fahrt im Innern der Stadt kostet nur 60 Cts., also nach dem jetzigen Stande der Mark in Italienischem Gelde 4,6 Groschen. Die Stunde bei Tage kostet 150 Cts., also 1 Mark 1 Groschen

1*

3 Pfennig, und dabei geht die Fahrt meist bergauf und bergab, und die Carrozzellen schleppen sich doch jedenfalls nicht so langsam einher, wie die Berliner Droschken zweiter Klasse. Auf ihre Zahl aber mag man daraus schließen, daß die Nummer der meinigen 2200 und einige 80 war.

Wenn man das Haus beim höchsten Stande der Sonne verläßt, um doch im Freien so viel Wärme als möglich zu genießen, kann man in jetziger Jahreszeit seine Spazirfahrt, wenn man will, über mehr als fünf Stunden ausdehnen, bis das einbrechende Dunkel, die Kälte und der Hunger es erzwingen, daß man die übliche Zeit für das Mittagbrod um $5\frac{1}{2}$ Uhr inne hält. Für das Mittagbrod ist jetzt in allen besseren Gasthöfen und auch in einigen feineren Kaffeehäusern durch eine table d'hôte, Italienisch tavola rotonda, gesorgt, welche in der Regel in Neapel 4 Lire oder 3 Mark kostet, den Tischwein stets eingeschlossen und hierfür recht gut ist. In den Trattorien, hier ausschließlich „ristorante“ genannt, von denen es vorzüglich in der Via Romo, früher Toledo, wimmelt, alle im ersten Stock belegen, kann man für 3 Lire, also 22,5 Groschen, von 4 Uhr an bis spät Abends fast ebenso gut essen, oder auch, wenn man will, nach der Karte.

Die am meisten entzückende Fahrt, unmittelbar aus Neapel heraus, führt etwa vom Museum aus auf dem Abhange der Hügel hin, welche Neapel im Nordwesten umgeben und zuletzt in den Höhenzug der Landzunge des Posilippo auslaufen. Diese neu angelegte, ausgezeichnete Fahrstraße hat den Namen des „Corso Vittorio Emanuele“ bekommen. Sie läuft in leichten Windungen sanft auf und ab und man hat bei der Fahrt stets den westlichen Theil des Häusermeeres von Neapel im Auge, in den Rahmen subtropischer Vegetation gefaßt, welche dem Landschaftsbilde gar sehr zum Vortheil gereicht; tief unten zur Linken und hinter den Häusern steigt der blaue Spiegel der Bucht empor, von Dampfschiffen und Fischerkähnen belebt und durch die Halbinsel von Sorrent und weiter hinaus durch die Felseninsel Capri abgeschlossen. Die Fernsichten wurden ein wenig durch Wäsche gestört, welche in ungeheurer Menge zu beiden Seiten der Kunststraße zum Trocknen aufgehängt war. Aber wo kommt einem in Italien die zum Trocknen aufgehängte Wäsche nicht in den Weg! Sie hängt quer über alle schmalen Seitengassen der Städte hinweg zur Zeit, wenn der Sonnenstrahl seinen Weg in die Gasse findet, was er stets nur für sehr kurze Zeit thut. Sie wird auf allen Balkonen entfaltet, und grade in Neapel hat beinahe jedes Fenster seinen Balkon. Sie schmückt endlich auch die flachen Dächer der himmelhohen Häuser Neapels, und diese sind offenbar der allerbeste Trockenplatz. Denn da Niemand jemals heizt, sondern nur kocht, kann von Rauch nicht viel die Rede sein.

Der Corso Vittorio Emanuele senkt sich am äußeren Ende wieder zum Strande hinab und erreicht denselben an der Stelle, wo auch der große westliche Quai von Neapel, die „Chiaja", welche am Ufer entlang den öffentlichen Garten der Villa Nazionale, einst Reale, birgt, ein Ende nimmt. Man kann an dieser Stelle grade noch einen Blick auf diesen weltberühmten Spazirgang der Touristenwelt werfen, welcher in der Mitte des Tages stets von den elegantesten Damentoiletten schimmert. Zur Weiterfahrt kann man dann die Marzellina wählen, längs der Bucht wiederum auf dem Abhange des Posilippo bis zur Spitze dieser erhöhten Landzunge, oder man kann durch den Vorort Piedigrotta und den 500 Meter langen Felsentunnel der Grotta des Posilippo, welche zuerst jedenfalls schon unter Augustus, vielleicht aber noch bedeutend früher angelegt worden ist, nach Fuori Grotta und dem ganzen Complex von Ortschaften an der nordwestlich gelegenen Bucht von Pozzuoli fahren. Dort erinnern Cumä, Pozzuoli selbst, einst Puteoli, endlich Bajä nicht blos durch ihre Namen, sondern auch durch sehr mannichfaltiges und mächtiges Getrümmer von Tempeln, Bädern, Amphitheatern, Villen u. s. w. zugleich an das allerälteste Eindringen der — Griechischen — Cultur auf Italienischen Boden und an den höchsten Glanz und die größte Ueppigkeit der ganzen antiken Cultur überhaupt unter den Römischen Imperatoren der beiden ersten Jahrhunderte unserer Zeitrechnung. Hier befinden sich auch die phlegräischen und die elysäischen Felder und die Hundsgrotte — kurz, man hat am Strande der Bucht des alten Bajä eine wahre Blumenlese von Erinnerungen an antike Geschichte und Sage beisammen, wie sie in ganz Italien nicht wieder zu finden ist, und die malerische Schönheit der Bucht und ihrer Umgebung kann sich zugleich vollständig mit derjenigen der Bucht von Neapel selbst messen. Einst war für die Villeggiatur der vornehmen Römer die Bucht von Neapel und die Ortschaften an derselben, Neapel, Herculaneum, Pompeji, Stabiä und Surrentum, eigentlich nur ein Appendix für Bajä und seine Bucht; der Felsentunnel und die Grotte des Posilippo hatten die Aufgabe, diese Villeggiatur-Plätze zweiter Klasse mit denjenigen erster Klasse an der Bucht von Bajä in Verbindung zu bringen, welche für manches Römische Vermögen zu theuer geworden sein mögen. Vielleicht sehen wir uns diese Denkmäler der üppigsten Cultur des Alterthums später einmal an. Zunächst aber haben die Lebenden das Vorrecht. Auf dem Abhange der Landzunge des Posilippo nach der Bucht von Neapel zu ist der Villenbau heut zu Tage im Gange. Sowohl die Italiener selbst, wie auch die Nordeuropäer haben Antheil daran genommen. Eine der schönsten Villen hat sich z. B. der Claviervirtuose Thalberg erbaut, welche zu Terrassen aufgethürmt zur Rechten der Straße liegt. Es ist mir aber schon früher und auch jetzt aufgefallen, wie nicht verschwiegen werden darf, daß zahlreiche begüterte Familien aus Nordeuropa, von der

Schönheit Neapels hingerissen, sich zum Villenbau verführen ließen, um nach einer kurzen Reihe von Jahren die Villa, in der sie ewig zu wohnen gedachten, wieder zu verlassen und dann die, wie es scheint, schwierige Aufgabe zu lösen, diese Villen wieder an Andere zu verkaufen. Neapel muß also auf die Dauer verwöhnte und rastlose Leute nicht befriedigen. Für Diejenigen, welche beides nicht sind, sind die Gelegenheiten zum Ankauf hier daher nicht schlecht.

Die Fahrt bis zur Spitze der Landzunge, und vorzüglich zurück, gewährt fortwährend noch viel schönere Ausschau, als die Fahrt auf dem Corso Vittorio Emanuele. Bei der Rückfahrt hat man Neapel selbst, im Abendsonnenschein erglänzend, seine Vorstädte vor dem Vesuv bis Torre dell' Annunziata und den Vesuv selbst, endlich das Gebirge auf der Landzunge von Sorrent nebst Capri beständig in Sicht. Es ist von dieser Seite aus, daß die meisten der vorhandenen Aufnahmen der Bucht von Neapel durch den Pinsel und die Camera Obscura stattfinden. Die Fahrt läßt man dann am besten, wie ich es that, an einem Eingange der Villa Nazionale enden, um noch vor Tische etwas Concert im Freien und den Spazirgang unter dem Gewühle der eleganten Touristenwelt mitzunehmen.

Nach dem späten Mittagstisch bleibt nur noch wenig Zeit bis zum Theater. Der Regel nach verbringt man dieselbe im Kaffeehause. Auf dem Wege dorthin werden die offenen Limonadenbuden, viel besucht selbst zu dieser gewöhnlich kältesten Tagesstunde dieser entschieden kältesten Zeit des Jahres, jedem Nordländer auffallen. In Rom waren die Limonadenbuden noch in voriger Woche sämmtlich geschlossen. Eben so wird in Kaffeehäusern auch jetzt fast eben so viel Eis, nämlich steif gefrornes Kaffee-Eis, mit größerer Vorliebe als heißer Kaffee genossen. Die Neapolitaner, welche ihre Zimmer niemals heizen, selbst wenn die Wärme unter den Gefrierpunkt sinkt, scheinen zu glauben, daß man die Kälte am besten bekämpft, wenn man sich nur selber recht gehörig abkühlt. Die Temperatur war wirklich dem Gefrierpunkt ganz nahe — in der That weniger als ein Grad Wärme — als ich sie am vergangenen Sonnabend so viel Limonade trinken und so viel Eis essen sah. An das Eis wenigstens gewöhnen sich zuletzt auch die Touristen.

Die Theater spielen hier um diese Jahreszeit zwei mal täglich. Einmal von 5 bis 8 und einmal von 8½ bis 11½. Ich wählte diesmal das kleine Theater Carlino, so genannt als Diminutivum zum großen Theater Carlo, noch immer dem größten Theater der Welt, wenigstens in so fern es die meisten Zuschauer faßt. Das Theater Carlino ist in der Nähe des Molo und des Handelshafens gelegen und ursprünglich wohl auf das seefahrende Volk berechnet gewesen. Aber von diesem Volke, den Seeofficierstand ausgenommen, ist jetzt im Theater Carlino nicht viel mehr die Rede. Die Matrosen ziehen das benachbarte Theater Fenice vor, wo meist die Operetten von Offenbach und le Coq aufgeführt werden.

Das Theater Carlino ist, was es immer war, ein Altneapolitanisches Pulcinell-Theater, aber weitaus das vornehmste seiner Art geblieben, und König Victor Emanuel ist jetzt, wenn er sich in Neapel aufhält, sein häufiger Besucher. Das ganze Haus ist nach meiner Schätzung nur acht Meter breit und sechzehn Meter lang, natürlich ohne die Bühne. Es giebt darin nur ein erstes und zweites Parquet und zwei Logen-Halbringe. Jede Vorstellung wird nur durch ein einziges Stück gebildet, in welchem Bedingung ist, daß die Figur des Pulcinella darin vorkommt. Für das Theater Carlino müssen diese Stücke besonders geschrieben werden, da in diesem, jetzt nur für das gebildete Publicum bestimmten Pulcinella-Theater der Pulcinella selbst keineswegs mehr die Hauptperson des Stückes bildet, sondern in den Hintergrund tritt, auch die Improvisation, in den Pulcinella-Theatern niederen Ranges die Hauptsache, nur ausnahmsweise vorkommen kann. Das Theater Carlino hat es sich jetzt zur Aufgabe gestellt, das Neapolitanische Volksleben, und zwar der höheren wie der niederen Stände, indem es die Sitten geißelt, darzustellen. Ridendo castigat mores — steht denn auch als Devise auf seiner Decke. In den Stücken sprechen die höheren Stände Italienisch, d. h. Toscanisch, die unteren Stände aber die sehr abgeschliffene, silbenzerstörende Neapolitanische Stadtmundart, in welche außerdem eine große Menge Spanischer Ausdrücke, vorzüglich Schimpfwörter, gemischt sind. In ihrer ganzen Structur und Behandlung gleichen diese Stücke am meisten und sogar sehr stark der Berliner Posse, wie denn überhaupt die Aehnlichkeit zwischen den Neapolitanern und den Berlinern, der allgemeine Nationalunterschied in Rechnung gebracht, eine sehr große ist.

Das Stück, welches wir sahen, lief darauf hinaus, daß ein pfiffiger und unverschämter Bedienter, welcher stark an die pfiffigen und unverschämten Sclaven der Griechischen Comödie erinnert, mit der Kammerjungfer verschworen, die Familie einer reich gewordenen Bürgerswittwe, nämlich Mutter und Tochter, vor der Verheirathung mit zwei adligen Schwindlern schützt, wobei er zuletzt den Sohn selbst in das Complot bringt. Auf die Tochter hat es der Bediente, ächt Italienisch, wie es in Deutschland aber freilich unmöglich, selbst abgesehen und ihr Herz auch erobert. Daneben läuft der Brautstand der Kammerjungfer mit dem Pulcinella, welcher ebenfalls der Dienerschaft wenigstens affiliirt ist. Der Pulcinella, diese älteste aller festen Italienischen Theatermasken, und eben den Neapolitaner bedeutend, trägt sich weiß und weit, mit über dem Gürtel sich bauschender Tunica; sein Gesicht birgt eine schwarze Halbmaske mit krummer, weit hervorspringender Nase, und auf dem Kopfe hat er eine spitze Mütze von weißem Filz. Es gehört zu seiner Rolle, daß er ganz rauh und heiser spricht, weil die gemeinen

Neapolitaner in Folge ihres ewigen Geschreies wirklich solche Stimmen haben. Seine Witze müssen es stets zweifelhaft lassen, genau wie die Irischen Bulls, ob sie ihm von der Klugheit oder von der Einfalt eingegeben sind. Er wird gehörig herumgestoßen und läßt dafür auch gegen die anderen Personen seine handgreiflichen Späße los. Der Bediente staffirt ein beständig betrunkenes, altes Ehepaar aus der Volkshefe als einen Amerikanischen Admiral und seine Frau aus, welche dann in burleskester Weise als helfende Maschinengötter fungiren. Die Intrigue, auf welche bei diesen Stücken nichts ankommt, ist sehr lose geknüpft, und die Episoden sind die Hauptsache. Unter diesen schienen mir zwei recht glücklich erfunden und wurden von der entschieden befähigten Truppe mit einer in einander greifenden Lebendigkeit zur Darstellung gebracht, welche auch unsere besten Schauspielertruppen nicht zu leisten vermögen, und welche auch in Paris nicht besser fertig gebracht worden wäre. Die eine ist die Parodie einer Neapolitanischen Abendgesellschaft mit Klavierspiel und Gesang, mit welcher das Stück eröffnete. Ganz Italien widerhallt jetzt von dem Rufe der Primadonna Stoltze, und die Gesellschaft mußte sich natürlich über die Stoltze unterhalten, obgleich kein Mensch derselben wußte, was diese nun eigentlich sei, ob eine Sängerin, oder eine Tänzerin, oder eine Schauspielerin, was dann einen großen Zank verursachte, da Jeder behauptete, er wisse, was er wisse, aus bester Quelle. Endlich mischte sich auch noch der Pulcinella in den Zank und behauptete, die Stoltze wäre ein Kroatengeneral. Die andere Episode war ein neckisch vom Pulcinella zusammenbestelltes Ständchen von lauter Neapolitanischen Straßenmusikanten, mit den verschiedensten Instrumenten, von denen Jeder das einzige Stück spielte, welches er spielen konnte. Auch diese Straßenscene mit obligatem Weiberzank und Geschrei der aufgeweckten Nachbarn wurde vortrefflich gespielt; aber hier reichte meine Kenntniß der Neapolitanischen Mundart nicht aus, um dem Strom der Schimpfworte bei diesem Sängerkrieg auf der Straße folgen zu können.

Ich kann nur sagen, daß wir das Theater Carlino, welches von einem sehr anständigen Publicum besucht war, höchlich befriedigt verließen. Es war nun 11½ Uhr geworden, und Punkt 12 Uhr sollte der erste große Maskenball im Theater S. Carlo beginnen. Die Maskenbälle beginnen hier immer erst um 12 Uhr und schließen, wenn der Morgen über dem Vesuv heraufdämmert. Als wir um 12 Uhr in den gewaltigen Saal traten, waren wir fast noch allein. Auch füllte sich derselbe niemals vollständig, und die Masken blieben unter der Masse der gewöhnlichen Anzüge — nicht etwa Abendtoiletten, sondern die gewöhnlichen Tagesanzüge — in verschwindender Minorität. Nur in den Logen zeigten sich einige Damentoiletten. Es ist die Municipalität, welche diese großen Maskenbälle, gegen beiläufig sehr geringes Eintrittsgeld, veranstaltet, und danach sehen sie denn auch aus. Daneben finden sich zwar auch Maskenbälle mit etwas mehr Anspruch in anderen Theatern; aber im Ganzen kann man ohne Bedenken behaupten, daß es mit dem alten Carneval in Neapel aus ist. In Rom, wo wir noch die ersten Tage der Faschingswoche auf dem Corso zu sehen bekamen, hat sich der Carneval noch kräftiger am Leben erhalten, und dasselbe soll in Mailand und Venedig der Fall sein, wo der Carneval ebenfalls hauptsächlich auf die Straße verlegt wird. In allen diesen drei Städten nehmen Deutsche und Engländer einen Hauptantheil daran, als an etwas, das für sie neu ist. Unter den Italienern schläft diese alte Volkslustbarkeit, die sich aus dem Lupercalienfest im antiken Rom entwickelte, jetzt sichtbar ein oder ist schon eingeschlafen. Aus dem Maskenball im Carlotheater kann ich nichts erzählen, was interessiren oder unterhalten würde. Es war ein Haufe gleich costümirter, rother Teufel da, darunter einige verkleidete Frauen, welche sammt und sonders so schlecht tanzten und sich so steif und träge einherschleppten, daß in mir der Verdacht entstand, es seien die Subalternbeamten der städtischen Verwaltung, welche Freibillets erhalten hatten, unter der Bedingung, sich zu costümiren, damit doch irgend Jemand costümirt sei. Eine Engländerin war da, sehr geschmackvoll als Spanischer Cavalier costümirt, welche sich durch ihr mächtiges blondes Haar als Tochter Albions verrieth. Da ich sämmtliche Herren des Festcomités mit ihr tanzen sah, die doch meist Stadträthe waren, so konnte ich den Verdacht nicht los werden, daß es die Tochter des Gasanstaltsbesitzers sei, welcher die Nacht in Tag zu verwandeln gehabt hatte, und nicht wohl umhin konnte, seine Tochter auf den Ball zu schicken. Ein großer und beleibter Herr im Domino, dem Alles aus dem Wege ging, war offenbar der Bürgermeister. Schon um 2 Uhr suchten wir unsere Zimmer auf, und wenn wir geträumt haben, was ich nicht mehr weiß, ist es sicher mehr vom kleinen Carlino, als vom großen Carlo gewesen.

Das Leben, die Kirche und der Tod in Neapel.

(Ein neues Deutsches Bierhaus. Die Italienischen Officiere. Ihr Mantel und die Toga der antiken Römer. Die Neubauten in Neapel. Das Lavapflaster. Die Dominicanerpredigt im Dom. Die Kostspieligkeit der Kirchenausschmückung. Das fließende Blut des heiligen Januarius und die Lavaströme des Vesuv. Aus der Kirche auf den Kirchhof. Der Kirchhof der Wohlhabenden und der Armenkirchhof. Das große Landarmenhaus Karls III. Begräbnisse und Belustigungen mit Musik. Eine Todtenprachtstadt. Die Italienischen Gräber der Gegenwart und in den Katakomben. Der Kirchhof und der Vesuv. Die Perspective auf den Viehmarkt und die Schlachthäuser. Die Germanen von diesseits und jenseits des Meeres. Das todte und das lebendige Neapel.)

Neapel, im Februar.

Es ist hier noch immer kalt, recht kalt, viel kälter als gewöhnlich in dieser Jahreszeit. Dies hört man hier von allen Seiten. Ein Trost aber ist, daß alle Zeitungen und Briefe erzählen, es sei im nördlichen Europa verhältnißmäßig noch viel kälter. Hier kann man doch im offenen Wagen fahren und sogar vor einzelnen Kaffeehäusern im Freien sitzen, wenn man nur den Ueberrock nicht ablegt, z. B. vor der ganz neu eröffneten Bierhalle von Dreher aus Wien in der Nähe der Strada di Chiaja. Ihre Eröffnung scheint ein Ereigniß für Neapel gewesen zu sein, denn der Ring der Neugierigen, welcher das kleine Gärtchen mit Marmortischen umsteht, hält schon manchen Tag hindurch aus und will sich nicht verlaufen. Und doch ist nichts weiter zu sehen als Deutsche und auch Italiener, welche Wiener Bier trinken. Freilich strahlt des Abends die Erleuchtung des kleinen Locals und des Vorgärtchens einladender in die Nacht hinaus, als dies auch die am besten beleuchteten Kaffeehäuser Neapels aufweisen. Bei den Italienern besseren Standes ist übrigens das Wiener Bier jetzt hohe Mode. Vorzüglich Officiere sind fast immer zu finden, wo es Wiener Bier giebt. Es sind meist recht bescheidene junge Leute, welche häufig auch ein wenig Deutsch radebrechen können, das sie wohl noch in Oesterreichischen Diensten gelernt haben, denn es ist fast immer Wiener Deutsch. Familiengeselligkeit und auch Dienstpflichten scheint es hier nicht allzuviel für sie zu geben, denn bei Tage sieht man sie fast immer müßig umher spaziren, und zwar meistens einsam, und des Abends findet man sie, eben so einsam, in den Kaffeehäusern. Jetzt, nun sie ihren graublauen faltigen Mantel tragen, können sie bei dem Beobachter leicht eine eigenthümliche Gedankenverbindung erzeugen. Sie scheinen nämlich gewöhnt, den rechten Zipfel des Mantels über die linke Schulter zurückzuwerfen. Der rechte Arm kommt dabei aus dem Mantel heraus und rafft dessen weiche Falten auf. Das ist grade so, wie die alten Römer mit der Toga umsprangen, und so sehen sie denn bildhauerisch auch aus wie antike Römer, nur in graublauem Tuch und mit der Officiermütze auf dem Kopfe. Man kann doch nicht gut annehmen, daß sie dies etwa den Statuen in den Museen nachmachen. Ich glaube vielmehr wirklich, es steckt ihnen im Blute und dies Togaspielen mit dem Mantel ist erblich. Freilich könnte auch das Klima zur Erklärung dieser Gewohnheit beitragen, jetzt wie einst. Die Sonne scheint jetzt wohl schon warm genug, aber die Luft ist darum immer noch kalt, und wenn sie stoßweise weht, wie sie es jetzt thut, weht sie sogar recht kalt. Da ist denn ein Mantel oder eine wollene Toga, welche man, nur einen Arm freimachend, in Falten über die Schulter werfen oder auch wieder fallen lassen kann, ein Kleidungsstück, welches dem rasch wechselnden Bedürfniß genau angepaßt ist.

Um elf Uhr nahmen wir eine Carrozzelle und fuhren nach dem Dom. Es sollte daselbst der Dominicaner Decantendis aus Bologna, einer der besten Kanzelredner Italiens, predigen, und zwar zum ersten Male. Der Weg geht durch den Toledo, jetzt Strada di Roma, wie denn überhaupt alle Namen Spanischen Ursprungs jetzt ausgemerzt werden, und dann durch eine schnurgrade und höchst belebte, aber sehr enge, unter verschiedenen Namen zuletzt in die Strada del Duomo führende Straße Alt-Neapels, welche in jüngster Zeit beträchtlich verbreitert und mit neuen Häusern besetzt worden ist. Dieses Werk ist ungefähr zur Hälfte ausgeführt; wenn es fertig ist, wird eine dem Toledo ähnliche, höchst stattliche Straße die Mitte des östlichen, alten Neapels vom Cavourplatze bis zum großen breiten Meeresquai durchschneiden. Sie war sehr nöthig.

Neapel hat nächst Florenz wohl das stolzeste Straßenpflaster der Welt, nämlich nur riesenhafte, wohlgefügte und glatt behauene Quadern. Auch seine breiten Quais und diese neuen breiten Straßen prangen mit diesem selbst hier kostspieligen Pflaster.

Zu den größten Kirchen Italiens gehört der Dom des heiligen Jannarius in Neapel eben nicht, und auch zu den schönsten nicht, aber doch verdient er es, daß man sich in ihm etwas genauer umsieht, was nach der Predigt geschehen soll.

Die letzten Noten des Chorgesangs verhallten eben, als wir eintraten, und nun bestieg der berühmte Kanzelredner, ein unansehnliches Männlein in mittleren Jahren —

ich hätte beinahe gesagt — die Rednerbühne. Denn Kanzelberedsamkeit war seine Beredsamkeit durchaus nicht, sondern etwas viel bedeutenderes, ungefähr dasjenige, was wir in Parlamenten zu hören gewohnt sind, oder in Volksversammlungen, zu denen ein Mann von Bildung spricht. Er sprach zu einem ziemlich zahlreichen Publicum, welches um die Kanzel herum auf den vermieteten Stühlen aus Herren und Damen der gebildeteren Stände und zum Theil auch aus Englischen und Deutschen Touristen bestand. Diese umgab dann ein Ring stehender, augenscheinlich lernbegieriger Schaufelhüte, und erst weiter hinten füllten die Weiber der unteren Klasse Neapels die öffentlichen Bänke und haben wahrscheinlich von der ziemlich hoch gehaltenen Ansprache, welche im reinsten Italienisch stattfand, nicht viel verstanden, obgleich es derselben an geschickten populären Wendungen keineswegs fehlte. Für den Redner war übrigens seine Rednerbühne besonders zurecht gemacht worden; damit man ihn nicht blos hören, sondern auch sein Mienenspiel und seine lebhaften Gesticulationen sehen konnte, war die Blendung durch die oberen Kirchenfenster für das ihm nähere Publicum dadurch beseitigt worden, daß ein großes Stück schwarzen Zeuges von oberhalb der Kanzel quer durch die Kirche gespannt war. Sie thun dies in Italien immer, wenn eine Predigt in Aussicht steht, auf welche besonderes Gewicht gelegt wird. Es ist zugleich ein Fingerzeig für das Publicum.

Das eigentliche Thema des Redners, welches er nun durch eine ganze Reihe von Tagen behandeln wird, war ein Ausfluß der Zeitlage. Er hatte es sich zur Aufgabe gestellt, der Römischen Kirche die Ehre zu geben gegen alle einzelnen von ihr abtrünnigen Secten. Er stützte sich dabei in dieser ersten Ansprache auch nicht im Geringsten auf ein in der Vergangenheit abgeleitetes Recht, sondern nur auf Zweck und Zukunft. Er argumentirte nicht historisch, sondern nur logisch. Er kritisirte zuerst den protestantischen Gedanken einer unsichtbaren Kirche. Die von Jesus gegründete Kirche, in welche der heilige Geist ein für alle mal hineingegossen worden sei, sei eine irdische Schöpfung und müsse sichtbar und greifbar sein. Sie müsse als Kirche selbstständig organisirt sein, denn wenn sie das nicht wäre, würde eigentlich durch Jesus gar nichts geschaffen worden sein. Sie müsse von der vergänglichen Staatsbildung der Welt ganz unabhängig sein, denn von den Staaten abhängig, würde sie mit diesen vergänglich sein. Als die Apostel die Kirche nach dem Befehle des Herrn geschaffen, hätten sie dieselbe in der damaligen politischen Hauptstadt der Welt geschaffen, wenn auch der Anstoß von einer Provinz und einem besonders bevorzugten Volke gekommen sei, zu welchem Gott selbst schon durch Moses gesprochen habe. Es habe dies die Bedeutung gehabt, daß sie als eine katholische, eine kosmopolitische Kirche gegründet worden sei. Sie sei deswegen doch zugleich auch die Römische Kirche geblieben und die Römische Kirche, das heiße eben die katholische Kirche. Ein besonderer Priesterstand, der vom Laienstande ausgeschieden, sei aber für ihr Dasein eine Nothwendigkeit. Dieser Stand bilde das Knochengerüst und Nervensystem des Leibes Christi, dessen leibliche Unsterblichkeit in der unsterblichen Kirche Roms ihren Ausdruck finde. Die Kirche sei aber da, um alle Menschen in diesem Leibe zu vereinigen, nicht aber um sie zu trennen. Alle Trennungen von der Kirche, selbst wenn auch noch so gewissenhaft scheinenden Regungen entsprungen, seien daher verdammungswürdige Häresie; denn sie höben den Zweck auf, zu welchem die Kirche gegründet sei.

Während der Redner dies entwickelte, hatte der Cardinal-Erzbischof von Neapel, noch zwei andere Cardinäle und einige Bischöfe die Chorstühle in der Apsis des Domes besetzt, aufmerksam zuhörend, und der Redner begann von nun an in sehr sichtbarer Weise sich an diese anwesenden Kirchenfürsten zu wenden, welche ihn wahrscheinlich hatten kommen lassen und nun sehen wollten, wie der Versuch ablaufen würde.

Der Dominicanermönch ging nun dazu über, die einzelnen, der Römischen Kirche abtrünnig gewordenen Secten der Reihe nach durchzugehen. Er begann mit der Griechischen Kirche und behandelte den Patriarchen in Konstantinopel als einen von den Griechischen Kaisern aufgestellten Scheinpapst, durch welchen sie versucht hätten, unumschränkte Macht über ihre Unterthanen in Griechenland zu behalten, nachdem Italien unter Führung des Papstes ihr unberechtigtes Joch abgeschüttelt hätte. Er wies zugleich auf die noch unirten Griechen hin, als Zeichen des Gängelbandes, durch welches die Griechische Kirche an die Römische geknüpft sei, in deren Schooß sie doch einst zurückkehren werde. Dann kamen die Protestanten an die Reihe, Lutheraner wie Calvinisten. Er behauptete, daß die Reformatoren durch Verwerfung der Tradition und durch Nichtanerkennung des Priesterstandes sich und ihre Heerden nur um das schützende kirchliche Band gebracht hätten und nun einer immer weiter um sich greifenden Zerklüftung verfallen seien, welche zuletzt bei der vollständigen, religiösen wie sittlichen Schrankenlosigkeit des Einzelnen ankommen werde. Dabei hätten sie auch im entferntesten nicht gewußt, was sie thaten, denn sie hätten ja nur für die eigentlichen politischen Urheber der Reformation, für die weltlichen Machthaber, die Kastanien aus dem Feuer geholt. Vorzüglich Calvin, welcher doch eigentlich ein religiöser Zelot gewesen sei, und zwar der überspanntesten Art, und den Servet bei lebendigem Leibe habe verbrennen lassen, sei der größte Narr gewesen. Mit besonderem Ingrimm gedachte der Redner dann wiederholt des zweizüngigen Heinrich VIII. von England und der Elisabeth als politischer Verfolger der Kirche, indem er dabei seine Ausdrücke mehr mit Vorbedacht für etwa anwesende Engländer zu wählen schien. Die große Zahl der Secten innerhalb des Calvinismus ging er dann, wie mir schien, mit großer Vollständigkeit durch, von den Puseyiten beginnend und mit den Congregationalisten endigend. Die Socinianer, Unitarier und Quäker fanden dann noch besondere Erwähnung, die Mormonen aber, was mir auffiel, nicht. Schließlich kam er auf die Altkatholiken zu sprechen, als Ungehorsame gegen die Concilsbeschlüsse. Hier erhob sich seine Stimme und seine Redeweise, sonst ziemlich gleichmüthig fließend, ward bitterer als vorher. In diesem Abfall, sagte er, war die Hand des Feindes selber thätig, nämlich der kosmopolitischen Freimaurerei. Die harmlosen Freimaurer scheinen nun einmal durchaus den allgemeinen Sündenbock für die Römischen Schriftsteller und Kanzelredner abgeben zu müssen! Wahrscheinlich verstehen sie aber unter Freimaurerei ganz etwas Anderes, als diese ist. Sie scheinen darunter die gesammte Bewegung der Geister in Europa zu verstehen, welche darauf hinausgeht, auf sittlichem Gebiete die Wirksamkeit des Glaubens durch wissenschaftliches Verständniß zu ersetzen.

Der Erfolg des Redners bei der Mehrheit seiner Zuhörerschaft, besonders bei der anwesenden jungen Geistlichkeit, war sichtbar. Freilich kann dies in der Kirche kein Applaus beweisen, aber es gab einen Maßstab, den ich anzulegen nicht verfehlt habe. Ich ging am anderen Tage wieder hin und sah mir die Zuhörerschaft bei der zweiten Missionspredigt an. Die Zahl des den besseren Ständen angehörenden Publicums und vorzüglich der Schaufelhüte war beträchtlich gewachsen. Auch der Cardinal-Erzbischof von Neapel war wieder zugegen. Der Kirchenbesuch der unteren Klasse dagegen war derselbe geblieben oder hatte eher abgenommen. Man schien den Redner darauf aufmerksam gemacht zu haben, daß er auch für den ungebildeten

Theil der Zuhörerschaft etwas bieten müsse, denn dies mal legte er Gewicht darauf, daß die Reformatoren nicht wie die Apostel ihren Beruf durch Wunder hätten beweisen können. Ob dies nun aber wirklich gezogen hat, kann ich nicht sagen; bei denjenigen schwerlich, für welche die Predigt am vorhergehenden Tage ausschließlich berechnet war.

Also dahin fühlt sich die Römische Kirche in ihren geistigen Spitzen jetzt getrieben, auch von der Kanzel herab ihr wahres Ziel, die geistige Weltherrschaft in der Zukunft, ohne daß dabei den Mitteln Gewicht beigelegt würde, zu verkünden. Sie ist wieder zur Ecclesia militans geworden und darf sich daher nicht wundern, auch so behandelt zu werden. Es berührt mich selber eigenthümlich, daß mir zu diesem Blicke in die große Geisterbewegung der Zeit grade bei Bildern aus dem sorglosen und heiteren Neapel Gelegenheit ward. Was wirklich in der Zeit steckt, drängt sich eben dem Blicke überall auf.

Der Dom des heiligen Januarius, welcher bekanntlich ein Bischof von Benevent war, der den Märtyrertod unter Diocletian im benachbarten Puzzeoli erlitten haben soll, ist zwar nicht besonders schön oder groß, aber jedenfalls mit außerordentlichem Aufwande ausgestattet. Eine einzige Capelle, welche die Stadt im siebzehnten Jahrhundert dem heiligen Januarius gewidmet hat, weil durch das Flüssigwerden seines Blutes im sechzehnten Jahrhundert die Pest von der Stadt vertrieben sein soll, hat zwei Millionen Mark gekostet, die durchbrochene bronzene Thür dieser Capelle allein 120,000 Mark. Die Capelle ist geschmückt mit Statuen von Silber und Bronze; die Bilder derselben sind auf versilbertes Kupfer gemalt und ihre Wände mit dem kostbarsten Marmor bunt getäfelt. Der ursprüngliche Dom des Bisthums Neapel bildet ebenfalls eine Capelle des jetzigen Doms, welcher im Anfange des vierzehnten Jahrhunderts erbaut ist. In einer unterirdischen Kirche, welche größtentheils mit höchst eleganten, antiken Säulen und Marmorreliefs, den Tempeln entnommen, geschmückt ist, steht der Sarg des heiligen Jannarius. Die beiden Fläschchen, mit dem Blute des Heiligen gefüllt, welches eine Römische Dame bei seiner Hinrichtung aufgefangen haben soll, werden hinter dem Hochaltar der oben geschilderten Prachtcapelle aufbewahrt und an den Tagen, an welchen das Wunder der Flüssigwerdung dieses Blutes nach dem Kirchenkalender erwartet wird, nebst den silbernen Statuen in Procession in die benachbarte Kirche St. Chiara getragen. Dies Wunder spielt noch immer hierselbst bei den unteren Volksklassen seine Rolle, vorzüglich wenn ein Vesuvausbruch, wie zuletzt im Jahre 1872, der anfangs Neapel selbst zu bedrohen schien, dem Volke die Besinnung raubt. Jener Ausbruch fand grade im Anfang Mai statt, und der erste Mai-Sonntag ist einer der Tage, an welchem das Blut flüssig werden muß, wenn es für die Stadt kein Unglück geben soll. Natürlich ward es damals flüssig und jener Vesuvausbruch nahm auch schließlich ein Ende wie jeder andere, nach dem er übrigens genug Schaden angerichtet und bekanntlich auch mehrere Menschenleben, hauptsächlich neugieriger Englischer Touristen, Männer und Frauen, gekostet hatte. Man darf nur an die Vesuvausbrüche, in den Augen der ungebildeten Volksklassen doch selbst ein Wunder, und an die aus der Erde kommenden Feuerflüsse der Lava denken, welche nachher erstarren, um zu begreifen, daß das Wunder der Flüssigwerdung eines vor anderthalb Jahrtausenden eingetrockneten Blutes beim hiesigen Volke immer noch Glauben findet.

Aus der Kirche auf den Kirchhof -- so leitet die Gedankenverkettung fast von selbst den Schritt. Das große Campo Santo Nuovo von Neapel liegt nordöstlich von der Stadt auf dem Abhange der Hügel, welche sich vom Schlosse auf Capo di Monte gegen das Stück Ebene senken, das den

Vesuv von Neapel trennt. Es ist dasjenige Campo Santo, für die ganze große Stadt bestimmt, auf welchem man für sein Geld begraben wird. Der Armenkirchhof ist davon getrennt und jetzt wohl noch das großartigste Beispiel der schauerlichen Einrichtung von 366 Sammelgräbern von brunnenartiger Tiefe, jedes mit einer großen Steinplatte geschlossen, welche immer wieder am selben Jahrestage emporgehoben wird, damit die an diesem Tage hinausgebrachten Armenleichen in die Grube des Tages zu den übrigen versenkt werden können. Wenn die Vorstellung eines solchen Begräbnisses zurückstößt, so mag hier daran erinnert werden, daß das vorige Jahrhundert, welches diesen Armenkirchhof schuf, in dergleichen Dingen überhaupt nicht zartfühlend gewesen zu sein scheint, auch außerhalb des bis in unsere Zeit hinein noch nach der Weise des achtzehnten Jahrhunderts regierten Neapolitanischen Königreichs. Auch in Wien ist Mozart, für dessen Begräbniß seiner Wittwe die Mittel fehlten, in ein solches Sammelgrab versenkt worden, so daß alle irdischen Ueberreste von ihm verloren sind!

Der Weg nach den Kirchhöfen führt an dem großen Landarmenhause vorbei, welches König Karl III. in der Mitte des vorigen Jahrhunderts, ebenfalls nach der Auffassung jenes Jahrhunderts, als Riesendenkmal seiner Menschenliebe zu errichten vermeinte. Sein Anblick, so stattlich sich auch der gewaltige Bau vorzüglich in der Front ausnimmt, führt zu einer fast eben so zurückstoßenden Gedankenverbindung, wie der Anblick des Armenkirchhofes, und beide verknüpfen sich zu einem höchst traurigen Bilde von der Menschenliebe des vorigen Jahrhunderts. Hier im Leben, dort im Tode, sieht man die Persönlichkeit vollständig mißachtet, zu unterschiedslosen Massen zusammengeworfen und nach kümmerlicher, freudeloser und unfreier Existenz, nach einem Leben, von dem schwer zu sagen wäre, wozu es gelebt worden, in einen Tod eingehen, der keine persönliche Spur übrig läßt.

Und neben dergleichen Armenhäusern und dergleichen Armenkirchhöfen hat uns das achtzehnte Jahrhundert jene riesigen Paläste des Absolutismus hinterlassen, deren kostspielige Herstellung fast wie ein Hohn auf die allgemeine Volksarmuth jener Zeit aussieht, und welche dabei heute, da alle praktischen Rücksichten bei ihnen dem Ausdrucke des Stolzes geopfert sind, fast zu gar nichts mehr gebraucht werden können. Auch das große Landarmenhaus in Neapel, für Arme aus dem ganzen Königreiche bestimmt, hat allein schon in der Vorderfront, welche theils vier, theils fünf Stockwerke zeigt, ungefähr 366 Fenster, wie jener Kirchhof Sammelgräber. Unwillkürlich bringt man das trostlose Leben hinter jedem dieser Fenster mit einem der trostlosen Gräber zusammen, in welchen solches Leben zu verschwinden bestimmt ist.

Grade auf dem Wege nach den Kirchhöfen ist von irgend welcher Trostlosigkeit des Neapolitanischen Volkes übrigens am allerwenigsten zu merken. Auf der Landstraße, welche oben auf der Hügelreihe hinläuft, folgt eine Weinschänke der anderen und aus mehr als einer hörten wir muntere Musik erschallen, meist Melodien aus Lecoq's „Tochter der Madame Angot". Denn in allen größeren Städten Italiens hört man immer nur die allerneueste Musik. Die großen Drehorgelfabriken in Neapel und in Parma bemächtigen sich der neuen Melodien alsbald, und in den Städten geben die Drehorgeln den Ton an. Was sie bringen, wird alsbald vom ganzen Volke der Städte nachgeträllert und nachgepfiffen oder auch mitten in der Nacht und ohne alle Rücksicht auf die Schläfer mit lauter, gewöhnlich sonorer Stimme und fast ohne Ausnahme ganz richtig im Tone nachgesungen.

Draußen auf dem Lande freilich leben die alten, nationalen Cantilenen noch mächtig fort, und vorzüglich hier um Neapel herum begegnet man selten einem Fuhrmanne auf einsamer Landstraße, der nicht das Ohr des Fremden durch eine solche, gewöhnlich etwas schwermüthige Cantilene in Moll fesselt, welche sich von den Melodien unserer Volkslieder gar charakteristisch unterscheidet.

Das Völkchen, welches in den Weinschänken am Wege jubelte, schien meistens aus Familien zu bestehen, welche ein Mitglied zum Kirchhofe gebracht hatten. Die Romanischen Völker haben ja sämmtlich die Sitte, die Franzosen nicht minder als die übrigen, unmittelbar auf ein Begräbniß ein fröhliches, geselliges Mahl folgen zu lassen, um durch dasselbe sofort aus aller traurigen Grübelei herauszukommen. Es wird dabei versucht, dem Verstorbenen, so wie dem Todesfalle selbst noch die bestmöglichste Seite abzugewinnen, und der Trost besteht darin, daß sich alle Betheiligten dann hierbei bescheiden.

Das Campo Santo Nuovo von Neapel ist eine gar prachtvolle Todtenstadt, der wir in ganz Deutschland auch entfernt nichts Aehnliches an die Seite zu stellen haben. Der Kirchhof gleicht einer großen Stadt mit labyrinthischem Straßennetze, an welchem große und hohe Familienbegräbniß-Capellen und Denkmäler mit einer wahren Verschwendung von Marmor aufgerichtet sind. Man kann bis mitten hinein fahren, doch übernimmt dann ein Mönch aus dem kleinen Capuzinerkloster, welches sich auf dem Kirchhofe selbst befindet, für ein Trinkgeld gern die Führung. Das Trinkgeld wird, wie man sich bald überzeugt, hier wirklich zu seinem angeblichen Zwecke verwendet, doch bleibt der Zustand des Mönches ein ernster, dem Platze angemessener, mehr zur Einsilbigkeit als zur Geschwätzigkeit geneigt. Den eigentlichen Eingang zum Kirchhofe bildet ein viereckiger, mit Säulen umgebener Vorhof, an welchem sich viele Familienbegräbnisse befinden. Es ist in Italien immer mehr Mode geworden, die Todten in solchen Höfen und in vollständig bedeckten, mit Bildsäulen und Büsten erfüllten Hallen unterzubringen. Das größte und stattlichste Campo Santo von ganz Italien, eine Anlage der neuesten Zeit, dasjenige von Bologna, von ungeheurer Ausdehnung und fast ganz überdacht, ist jetzt schon ein wahres Museum der modernen Italienischen Plastik, welche hier wieder wie einst in den öffentlichen Brunnen der Städte, eine praktische Anwendung gefunden hat, bei welcher wirklicher Kunstgeschmack immerhin eine sehr viel größere Rolle spielt als bei den Steinmetzarbeiten, mit welchen wir unsere Kirchhöfe zu schmücken pflegen, und die ihre Werkstätten gewöhnlich unmittelbar am Wege zum einzelnen Kirchhofe haben. In Wien und in München hat man den Italienischen Vorbildern in dieser Beziehung wenigstens etwas nachgeeifert, ist aber doch noch weit davon entfernt, die Vorbilder erreicht zu haben. Auf dem offenen, als Garten behandelten und mit Cypressen und Taxusbäumen bepflanzten Kirchhofe fallen am meisten die stattlichen Gassen ins Auge, welche mit den großen Capellen der Brüderschaften in geschlossener Reihe besetzt sind, wie die Gassen einer Stadt mit Wohnhäusern. Die Italiener sind sich seit den Zeiten der christlichen Katakomben im heidnischen Alterthum in der Behandlung des Begräbnisses gleich geblieben. Noch heute bilden sich Brüderschaften mit jährlichen Beiträgen für diesen Zweck; noch heute mauern sie, wie damals, die Särge in niedrigen, gewölbten und über einander liegenden Wandnischen ein und mahnen dann an die Todten durch Wandinschriften. Der Preis, welcher für die letzte Ruhestätte zu bezahlen ist, die damit für ewige Zeiten geschützt sein soll, ist billig; hier in Neapel beträgt er nur 5 Lire für das Meter Areal, wozu dann noch die Kosten für den Aufbau kommen, über welche jeder Einzelne oder jede Brüderschaft nach eigenem Ermessen und Vermögen entscheidet.

Ueberall auf diesem Campo Santo bieten sich dem Blicke durch die Grabesbauten und das Cypressen- und

Buchsbaumgrün hinaus die entzückendsten Landschaftsbilder. Der Vesuv, von den Städtegräbern von Herculaneum und Pompeji umgeben, stimmt gut zu der Gedankenverkettung, welche sich an solcher Stelle von selbst macht. Was aber nicht so gut dazu stimmt, ist der große neue Viehmarkt mit Schlachthäusern, welcher sich unten in der Ebene, grade zu Füßen des Campo Santo, wie auf einem Uebersichtsplane dem Auge darstellt. Doch kann man ja dabei an den trotz aller Wandlungen unversieglichen Strom des Lebens denken für welchen auch die Fleischnahrung einer großen Stadt eine so wichtige Rolle spielt.

Getrennt vom großen Campo Santo Nuovo liegt der protestantische Kirchhof, welcher hier in Neapel theils wegen der Größe der Stadt, theils wegen ihrer Anziehungskraft für Ausländer vielleicht zahlreicher besetzt ist, als in irgend einer anderen Italienischen Stadt. Engländer, Deutsche und Schweizer spielen dabei die Hauptrolle. Alles, was im Leben Englisch sprach, ruht auf der linken Seite des Hauptganges, wo die Inschriften der Gräber nur die Englische Sprache reden; Alles, was Deutsch sprach, Deutsche wie Schweizer, ruht auf der rechten Seite dieses Ganges, so daß der Gang dem Oceane gleicht, welcher die Germanen des Festlandes von den Germanen der Inseln und der anderen Welttheile scheidet.

Als wir nach der Stadt heimkehrten, hatte die kalte Tageszeit, welche hier im Februar schon um 4 Uhr, auch bei vollem Sonnenschein, einzukehren pflegt, schon begonnen. Es war ein überraschender Contrast zu dem großartigen, theilweise auch so erschreckend düsteren, todten Neapel, welchen das lustige und lärmende lebendige Neapel bot, mit seinen dichten Menschengruppen, welche die fahrenden, bunten Hanswurste und die Marktschreier in seinen Straßen umringten.

Eine Wirthshausreise durch Pompeji.

(Der Weg nach Pompeji. Portici. Die Maccaronifabriken. Die Schlösser in Resina. Die Ausgrabung von Herculaneum. Ueber eine internationale Ausgrabungscommission. Die Korallenindustrie von Torre del Greco. Gasthöfe an der Landstraße bei Pompeji. Eintritt in Pompeji. Das Straßenpflaster. Die Gypsausgüsse der Todten im Museum. Das Gebäude der Augustalen auf dem Forum. Das Haus des Meleager. Das Herculaner Thor und die Augustusvorstadt. Die Villa des Diomedes. Das Weinhaus des Ronus Campanus. Das Quartier des flotten Lebens. Die möblirt vermieteten Häuser. Das Forum Triangulare. Die sogenannte Gladiatorenkaserne und die Theater.)

Pompeji, im Februar.

Ich schreibe Ihnen heute aus Pompeji. Wir sind mit der Eisenbahn hierher gefahren; aber da ich den Weg oft genug, und noch vor wenigen Tagen wieder, zu Wagen und zu Fuß gemacht habe, wollen wir der Unterhaltung auf dem Wege halber dies nun auch zusammen thun. Es geht längs der Meeresküste nach Südosten durch eine Reihe von Ortschaften, welche sich hier zwischen dem Fuße des Vesuvs und der Küste in ununterbrochener Reihenfolge als entferntere Vorstädte an Neapel anschließen. Zuerst geht es durch Portici, aus dem Aufstande des Majaniello genugsam bekannt. Schon hier, wie auf dem ganzen Wege, machen sich die Maccaronifabriken bemerklich durch lange Reihen jener beliebten Speise, welche vor den Thüren, über wagerechte Stöcke gehängt, an der Sonne trocknen. Dann folgt Resina, mit einem ehemaligen Bourbonenschloß, durch welches man hindurch fährt, und noch einem Sommerschloß in seiner Nähe, dessen sehr schöner Garten auf erhöhter Terrasse, mit prachtvollen Aussichten auf die Bucht, sich bis nahe ans Meer erstreckt. Ein Theil von Resina und dem darauf folgenden Torre del Greco stehen grade über dem verschütteten Herculaneum, und haben es bisher unmöglich gemacht, dessen vollständige Ausgrabung in Angriff zu nehmen. Unmöglich wäre dieselbe sonst keineswegs. Denn wenn auch Herculaneum nicht, wie Pompeji, blos durch vulcanische Asche verschüttet ist, sondern durch einen Lavastrom, oder doch durch den Bimsstein, welchen derselbe brachte, und wenn es auch viel tiefer als Pompeji unter der gegenwärtigen Oberfläche liegt, so brechen sich doch seine lockere Lava, wie der noch viel leichtere Bimsstein ohne große Schwierigkeit. Jetzt aber kann der darauf liegenden, dicht bewohnten Stadttheile und Schlösser wegen nur unterirdisch und im Dunkeln vorgedrungen werden, und dabei ist große Vorsicht nöthig. Die Ausgrabungen in Herculaneum, welche wir jetzt bei Seite lassen wollen, sind aber noch viel lohnender gewesen als die in Pompeji. So unbedeutend sie noch sind — eigentlich sind nur das Theater und fünf bessere Häuser bloß gelegt — haben sie doch schon feinere Kunstschätze und überhaupt werthvollere Gegenstände zu Tage gefördert, als die von Pompeji. Vor allem aber haben sie, was in Pompeji gar nicht der Fall, zahlreiche Manuscripte zu Tage gefördert, welche zwar verkohlt sind, aber sich immer noch, wie durch ein sinnreiches Verfahren im Nationalmuseum vor den Augen des Publicums fortwährend geschieht, aufrollen und zum größeren Theile noch lesen lassen. Ich zweifle nicht, daß auch für Herculaneum die Zeit kommen wird, wo die Ausgrabungen mit Kraft werden in Angriff genommen werden, vielleicht mit internationaler Kraft. Und wenn ihnen auch die Bourbonenpaläste zum Opfer fallen müßten, wäre dies immer noch kein großer Schaden. Denn ihr architektonischer Werth ist nur gering, und jedenfalls wäre ein Buch des Livius oder des Tacitus mehr werth für die Welt, als ein Bourbonenpalast. Bis jetzt läßt sich freilich mit den Italienern über internationale Hülfe bei den Ausgrabungen und internationalen Anspruch an ihre Früchte noch gar nicht reden. Die Zeit wird aber nicht ausbleiben, wann sie in dieser Beziehung wieder eben so zahm geworden sein werden wie früher.

An Resina schließt sich Torre del Greco unmittelbar an. Hier ist man auf der Fahrt dem Vesuv am nächsten, unmittelbar unter der Krateröffnung. Torre del Greco ist jetzt der Hauptsitz der Korallenbearbeitung. Statten wir dem größten Korallenlager des Grossisten Mazza einen flüchtigen Besuch ab. Das Lager enthält für mehr als 100,000 Frcs. Werth roher oder in Perlenform geschnittener Korallen, welche die letzte Feile und Anordnung dann in Neapel erhalten. Jetzt ist in der Mode die dunkelrothe Koralle ganz in den Hintergrund getreten, da sie sich, mit Ausnahme einer ganz dunkeln Spielart, allzu häufig vorfindet. Die Koralle von heller Mennigfarbe, man kann sie fast als Fleischfarbe beschreiben, ist die am meisten gesuchte und darum theure. Wenn die daraus gefertigten Perlen von der Größe sind, welche für einfache und doppelte Damenhalsschnüre am besten paßt, kann sie einen Preis von 120 Mark für die Unze, also ungefähr ein Drittel mehr als den Preis des Goldes erzielen, und zwar im Großhandel. Vor einigen Jahren war der Preis sogar noch höher. Der Preis der besten Halsketten stellt sich, wenn aus fehlerlosen Korallen dieser Art hergestellt, etwa auf 1500 Mark, der eines vollständigen Schmuckes, wie sie übrigens nur in Paris hergestellt werden, bis auf 7500 Mark. Doch kann man in Neapel in den soliden Geschäften von Morabiti und Casalta am Märtyrerplatze und von Gugliardi für 300 Mark schon sehr stattliche Halsbänder aus fehlerfreien Korallen kaufen. Dort sind durchaus feste Preise: überall sonst in Neapel muß man aber scharf handeln, etwa ein Drittel und die Hälfte bieten, und auch dann kann man noch zu theuer bezahlen. Dabei ist große Vorsicht nöthig; denn fehlerhafte Korallen pflegen in Neapel mit gleichfarbigem Siegellack geschickt verputzt zu werden; dies verdeckt die Fehler oder Unregelmäßigkeiten oder die Flecken wohl für einige Tage, dann aber löst sich der Lack ab und der Schaden kommt häßlich zum Vorschein. Im Großgeschäft sind die Perlen, ungefähr nach dem Werthe geordnet, auf Stränge der festesten Rohseide gezogen, welche an beiden Enden durch dicke Knoten verfestigt sind.

Je weiter man in Torre del Greco vordringt, desto karger und ärmlicher werden die Häuser. Man merkt, daß so nahe unter dem Vesuv, von welchem ein alter Lavastrom neben dem anderen herabsteigt, doch kein rechter Muth zu kostspieligeren Bauten mehr vorhanden ist, welche gegen Vesuvausbrüche doch nicht versichert werden können. Für eine kleine Strecke an der Straße hören die Bauten ganz auf.

Die nächste Ortschaft, Torre dell' Annunziata; gleich Torre del Greco mit eigenem kleinen Hafen versehen, ist ein kleiner Handelsplatz mit Getreide, vorzüglich mit Maiskolben. Auf den flachen Dächern ihrer Speicher und Häuser werden die Maiskolben an der Sonne getrocknet. Es ist einer der kleinen Handelsplätze für die breite und überaus fruchtbare Ebene des canalisirten Flüßchens Sarno, welches vorzüglich in der Geschichte des Mittelalters, von Totilas' Zeit an, so oft bei Kämpfen eine bedeutsame Rolle gespielt hat.

Hinter Torre dell' Annunziata gabelt sich die Kunststraße. Der Zweig längs des Meeres führt nun weiter nach Castellamare und der Nordwestküste der Halbinsel von

Sorrent. Der Zweig zur Linken führt in einer Viertelstunde nach Pompeji, dann weiter über Scafati, Nocera, Cava und Vietri nach Salerno oder nach Amalfi auf der Südostküste der Halbinsel von Sorrent. Grade eben so gabelt sich auch die Eisenbahn, welche rechts bis Castellamare führt und so weit die älteste im ehemaligen Königreiche beider Sicilien ist. Der linke Flügel dagegen führt jetzt über Salerno hinaus bis Contursi und ist noch in einer langsamen Fortsetzung begriffen, durch welche eine Verbindung auch auf der Italienischen Westküste zwischen Neapel und der Meerenge von Messina hergestellt werden soll.

Demjenigen, der von Torre dell' Annunziata kommt, stellt sich Pompeji zunächst als eine niedrige Erhebung vor, auf welcher einzelne weißstämmige Birken verstreut stehen. Auf der Landstraße erreicht man die Ausgrabungen bei einem einzeln stehenden Gasthofe an derselben, dem Gasthofe „Zum Diomedes", welcher den Ausgrabungen Namen und Nahrung verdankt. Es folgen noch zwei solche Landstraßengasthöfe, der Gasthof des „Rafaele" und der Gasthof „Zur Sonne", welche beide dem Stabianerthor von Pompeji gegenüber liegen und von deren Fenstern aus man den vollen, höchst eigenthümlichen Anblick eines Theils von Pompeji hat. Es ist dem Touristen durchaus zu empfehlen, sich von den Neapolitanischen Führern und Kutschern nicht bereden zu lassen, in den Gasthof „Zum Diomedes" einzukehren, welcher sie alle besticht. In der Zimmereinrichtung sind alle drei Gasthöfe gleich primitiv: die beiden zuletzt genannten, „Rafaele" und „Sole", sind es allein auch in den Preisen. Dabei lassen die Mahlzeiten, vorzüglich im „Sole", dem Hauptquartier der Deutschen, nach den Umständen beurtheilt, wenig zu wünschen übrig; und fast immer besteht dort die am Mittagstisch vorgefundene Gesellschaft: Archäologen, Geschichtsforscher, Architekten, Bildhauer und Maler — aus den unterhaltendsten Landsleuten.

Unser Erstes war wieder, und soll es nun auch mit dem Leser sein, einen ganz kurzen Spazirgang durch die jetzt schon recht ausgedehnte Ruinenstadt zu machen, von welcher schon mehr als zwei Fünftel an das Tageslicht gebracht sind. Ich will zuvor bemerken, daß meine Wahl des Weges sich auf sehr genaue, schon in früheren Jahren während eines Aufenthalts von einem ganzen Monat erworbene Kenntniß stützt und daß ich schon bei jener früheren Untersuchung Dinge im Auge hatte und Maßstäbe anlegte, welche unseren Antiquaren gewöhnlich ziemlich fern stehen. Auf dieselben werde ich auch jetzt Rücksicht nehmen.

Wir wählten diesmal den gewöhnlichen Haupteingang neben dem Gasthof „Zum Diomed", das sogenannte Seethor, die Porta Marina. Eine kleine Treppe führt zu einem Gartenwege empor, den zwei hohe, grüne Wälle einfassen. Man hat diesen Eingang mit großen Aloëpflanzen verziert, welche in Italienischen Villen und Kirchhöfen häufig die sehr schützende Hecke für die Rasenflächen bilden. Wo der Gang sich plötzlich nach rechts windet, hat man das lange gewölbte Thor und die steil in denselben emporsteigende Stadtstraße vor sich. Sie ist hier, wie in ganz Pompeji, mit großen unbehauenen Lavablöcken unregelmäßig und zum Theil recht holperig gepflastert. Die überall tief eingedrückten Räderspuren müssen das Fahren eher erschwert, als erleichtert haben. Das antike Straßenpflaster, welches übrigens auch in der Via Sacra zu Rom fast ganz dasselbe ist, möge gleich hier abgefertigt sein. Bei seiner Ausbesserung pflegte man dieselben Steine entweder umzudrehen, wenn sie noch eine zweite brauchbare Fläche hatten, oder verlegte sie auf eine andere Stelle, so daß die Räder die eingedrückte Spur nicht mehr trafen. An vielen Stellen in Pompeji ist sichtbar, daß dies geschehen. Die sehr schmalen Fußwege waren recht hoch, bis zwei Fuß und mehr, über dem Fahrdamm erhöht, der als Regel nur für einen Wagen Raum bot. Die Fußwege waren mit einer Kante aus behauenen Steinen eingefaßt. Um von einem Fußwege zum anderen hinüberzuführen, dienten hohe und breite Schrittsteine, einer oder zwei, in den breitesten Straßen auch drei, wo dann die Wagen an einander vorbeifahren konnten. Es scheint, daß das Municipium, also die Stadtgemeinde, nur für die Pflasterung des Fahrdammes und die Einfassung der Fußwege sorgte. So weit die Fußwege selber gepflastert waren, scheinen die Hausbesitzer selbst dafür gesorgt zu haben. Denn hier findet man stellenweise ein verschiedenartiges Pflaster aus ganz kleinen Steinen. So liegt das Verhältniß ja auch in vielen Deutschen Städten, während in England die Gemeinde Fußweg wie Fahrdamm, wenn einmal geschaffen, in Stand erhält. Auch im Seethor von Pompeji läuft ein anfangs sehr hoher Fußweg, zu welchem man von unten auf Stufen emporsteigen muß, neben dem Fahrweg einher. Noch im Thore selbst befindet sich der Eingang zum Museum von Pompeji, einem langen und schmalen, niedrigen, von oben erleuchteten Saal. Hier fesseln die Gypsausgüsse der zuletzt gefundenen Todten, sechs an der Zahl, in Glaskästen aufgestellt, zuerst den Blick. Diese Gypsausgüsse sind ein sehr glücklicher Gedanke gewesen. Sobald bei der Ausgrabung in der Asche ein Loch sichtbar wird, welches fast stets darauf schließen läßt, daß eine organische Form hier von der Asche umhüllt worden ist, dann, durch Zersetzung zerstört, den Raum hohl ließ, welchen sie ausfüllte, wird die Ausgrabung an dieser Stelle unterbrochen und der Aufseher herbei gerufen. Dieser meldet den Fall alsbald bei der Centralverwaltung an Ort und Stelle, welche dann entscheidet, ob die Gypsgießer, welche sich ebenfalls an Ort und Stelle befinden, ans Werk gehen sollen. Knochen, welche in der Höhlung mit besonderen Drahtwerkzeugen aufgesucht werden, entfernt man nach Möglichkeit, aber mit größter Vorsicht, durch das Loch, und der Guß beginnt. Bis jetzt ist noch jeder Guß besser gelungen, als die früheren. Der jüngste, erst vor einem halben Jahre hergestellt, hat eine so vollendete Statue des Sterbenden ergeben, daß sich der berühmteste Bildhauer ihrer nicht zu schämen brauchte. Es ist ein Mann von 50 Jahren und darüber, mit ganz unverkennbarem Römergesicht, wie wir es aus den Büsten der Imperatorenzeit kennen. Er ist vornüber auf den Boden gesunken — beiläufig bemerkt, nahe beim Stabianerthor, durch welches wohl der Hauptzug der Fliehenden ging — und lag in gekrümmter Haltung mit der Stirn auf dem Pflaster. Der Ausdruck des Gesichts, der ganz makellos aus dem Guß hervorgegangen ist, scheint ruhige Ergebung in sein Schicksal anzudeuten. Das Gewand war bei der Flucht augenscheinlich um die Hüften gewickelt, und bildet hier eine dicke Anschwellung, der man noch ansehen kann, daß sie von Zeug herrührt. Die zahlreichen, ganz nackten Theile des Körpers – die Verschüttung fand bekanntlich am 24. August 79, einem sehr heißen Tage statt — können nicht besser modellirt werden, als sie aus dem Gusse hervorgegangen sind. Das eine Bein scheint convulsivisch gebogen. Später hat man auch den Gypsabguß eines Hundes erhalten, den bisher einzigen, der aber im Museum von Pompeji noch nicht ausgestellt ist. Nächst den Todten sind wohl das Interessanteste im Museum die neuerdings gefundenen Küchengeräthschaften, welche Manches enthalten, was uns bisher nicht bekannt war.

Das Seethor mündet oben in eine kurze Straße, welche dann in wenig Schritten auf das Forum Civile führt. Dieses ist mit den sämmtlichen öffentlichen Gebäuden, welche es umgeben: dem sogenannten Venustempel, der Basilica, den drei Gerichtshöfen, der sogenannten Schule, der Börse, der Curie der Decurionen oder Stadtverordneten, dem Gebäude der Augustalen, und dem Jupitertempel, der am allgemeinsten bekannte Theil von Pompeji, und wir könnten es hier ganz übergehen, wenn nicht das Gebäude der Augustalen, um dessen Bedeutung am meisten gestritten worden ist, zu einem Besuche besonders einlüde. Dasselbe ist zuerst für ein Pantheon, dann für einen öffentlichen Rindermarkt nebst Schlachthaus, dann für einen dem Municipium gehörigen Gasthof zur Aufnahme angesehener Reisender und endlich, wie auch neuerdings von Herrn Overbeck unterstützt worden, für ein Vestaheiligthum gehalten worden, verbunden mit einem Prytaneum, in welchem verdiente Bürger auf Stadtkosten gespeist wurden. Wie man sieht, sind also hier die Alterthumsforscher in ihren Conjecturen etwas sehr weit aus einander gegangen, wie sie denn überhaupt über Neunzehntel aller öffentlichen Gebäude des Alterthums uns noch keinen erschöpfenden Aufschluß zu geben vermocht haben. Der Name eines Gebäudes der Augustalen ist davon hergeleitet, daß sich auf der Hinterwand dieses großen Gebäudes ein um fünf Stufen erhöhtes, augenscheinliches Heiligthum befindet, in welchem sich in zwei Nischen Standbilder der Livia, der Gemahlin des Augustus, und seines Sohnes Drusus befanden, während man von dem Hauptbilde in der Mittelnische nur einen Arm fand, der eine Weltkugel hielt. Und die Augustalen werden dann auch wohl die wirklichen Inhaber dieses Gebäudes gewesen sein. Angesehene Einwohner von Pompeji haben sich, wie die Inschriften beweisen, bis zur Zeit der Verschüttung mit Stolz als Mitglieder der Brüderschaft der Augustalen bezeichnet. Diese Brüderschaft von Verehrern des Julischen Kaiserhauses, welche später nur die Erinnerung an Augustus und seine Familie festhielt, dürfte sich in allen kleineren Municipien allmählich ungefähr in dasjenige verwandelt haben, was bei uns die Freimaurer bedeuten. Das stattliche Gebäude am Forum war ihr Festlocal. Hiermit stimmt Alles, was heute zu sehen ist, genau. Rechts vom Heiligthum der Familie des Augustus befindet sich in einem Receß ein langer dreiflügliger Herd oder Anrichtetisch, von welchem aus die Speisen servirt wurden. Links vom Heiligthum öffnete sich ein ähnliches Gemach auf den Hof mit einer erhöhten und überwölbten Nische, in welchem vielleicht der regierende Kaiser religiöse Verehrung genoß. An dieses letztere stößt, an die Seitenwand angebaut, eine kleine Plattform, etwa drei Fuß über dem Boden, bei welcher ich gleich das erste Mal an ein kleines Orchester von drei Musikern denken mußte, welche bei den Festlichkeiten darauf Platz fanden. Die inneren Wände des Gebäudes sind vielfach mit mythologischen Malereien geschmückt, welche sich auf Essen und Trinken beziehen.

An der einen Seite des Vierecks zogen sich bedeckte, aber nach vorn geöffnete Räume hin, in zwei Stockwerken über einander, die oberen wahrscheinlich durch eine außen angebrachte hölzerne Galerie zugänglich. Es wird dies eine Reihe kleiner Triklinien gewesen sein, eins für jede Familie, deren Hausherr zu den Augustalen gehörte und die gemeinschaftlichen Kosten tragen half. Doch eilen wir weiter, um wenigstens einige größere Privathäuser zu sehen.

Westlich und nördlich vom Forum und auf der ganzen Seite der Stadt gegen den Vesuv hin, was die höher gelegene Seite ist, finden sich die guten Häuser in großer Zahl. Die Straße, welche jetzt die Mercurstraße genannt wird, ziemlich breit und ohne alle Läden, und welche in den Hauptstraßenzug der Stadt, von der Stadtmauer auslaufend, steil einsetzt, scheint einer der Hauptsitze der wohlhabenderen Bewohner gewesen zu sein. Wir betreten zuerst das allerletzte Haus zur rechten Hand, jetzt das „Haus des Meleager" genannt, eines der stattlichsten Privathäuser in Pompeji. In demselben hat offenbar ein erfolgreicher Kornhändler gewohnt; denn er hat Sorge dafür getragen, daß man dies gleich beim Eintritt wisse. Man sieht dort in einem kleinen Wandgemälde Mercur, welcher der Ceres einen Beutel mit Geld überreicht. Wie eng sich doch der Götterglaube des Alterthums an das wirkliche, praktische Leben schloß! In dem

Hause dieses Kornhändlers muß es übrigens hoch hergegangen sein. An seinen Peristyl mit Garten, in welchem sich eine großartige, inwendig blau angestrichene Piscina befindet, ein Fischteich mit Springbrunnen, weniger zum Zierrath als für die Tafel, stößt ein sehr geräumiger, mit grellen Farben ausgemalter Gesellschaftsraum, welcher nach vorn offen ist, und an diesen schließt sich dann wieder ein bedeckter Speisesaal an, nicht etwa von der Größe eines gewöhnlichen, für höchstens neun Personen berechneten Trikliniums, sondern ein ganz bedeutender Speisesaal, groß auch in unserem Sinne, und groß genug, daß er allenfalls auch als Tanzsaal hätte benutzt werden können. Die Küche befindet sich in einem kleinen Hofe, hinter diesem der Speisesaal. Waren wir vorher in der Freimaurerloge der Provinzialstadt, so befinden wir uns jetzt bei dem Geheimen Commerzienrathe, welcher die Honneurs der Stadt ganz für sein eigenes Geld gemacht hat, und zu dessen Abendgesellschaften eingeladen zu werden von den Städtern selbst als besondere Ehre und Unterhaltung angesehen wurde. Rasch weiter schreitend, kehren wir nach dem Hauptstraßenzuge zurück und verfolgen seine mehrfach umbiegende Linie bis aufwärts zum Herculaner Thor, welches uns ein gutes Bild von einem antiken Stadtthor giebt, wie in unserem Mittelalter stets für die Vertheidigung eingerichtet. In der ausgedehnten, immer noch gepflasterten Augustusvorstadt vor diesem Thor gehen wir zwischen halbkreisförmigen und wegen des Regenschutzes zum Theil auch überwölbten Ruhebänken und zwischen Familiengrabmälern, wie sie sich in den Vorstädten aller Italischen Städte im Alterthum vorfanden, hindurch. Aber auch an Privathäusern fehlt es nicht ganz, eben so wenig an Verkaufsläden für Speise und Trank, kenntlich an den stets mit Marmor belegten Ladentischen, in welche große thönerne Gefäße eingelassen sind, und zum Theil mit kleinen marmornen Etagèren versehen, auf welchen gewähltere Getränke in Flaschen aufgestellt waren.

Hier hat man das pusillum frigidum, das kalte Schnäpschen, zu suchen, von welchem uns das Wandgekritzel in den kleinen Schänken Pompeji's erzählt. Auf halbem Wege erreichen wir zur Rechten einen unverkennbaren Viehmarkt, mit Vorrichtungen zum Anbinden des Viehes und der Pferde, neben dem eine große Schlächterei zu liegen scheint. Endlich weiter abwärts zur Linken befindet sich der Eingang zur berühmten Villa des Arrius Diomedes. So ist sie im Jahre 1770 nach der Inschrift eines gegenüberliegenden Familiengrabmals getauft worden, aber ganz gewiß ohne allen Grund. In derselben hat gar kein Pompejaner, sondern allem Anscheine nach zeitweilig ein Großweinhändler oder Großweinbergpächter aus Rom gewohnt, welcher das utile mit dem dulce verband und, als es sein Geschäft für ihn nöthig machte, eine große Kellerei für die aufgekauften Vesuvweine in Pompeji anzulegen, die Gelegenheit benutzte, um zugleich eine Sommervilla für sich selbst an diese dafür modische Bucht zu schaffen. Denn das Gebäude der Villa als einer solchen ist nur klein und ziemlich unscheinbar ausgestattet; der Weinkeller dagegen, als solcher noch durch die Amphorenlager an seinen Wänden kenntlich, ist ungeheuer groß, läuft um den ganzen, ungewöhnlich großen, viereckigen Garten unter dem erhöhten Peristyle desselben herum und ist mit regelmäßigen Reihen von Kellerluken versehen, um die Küferarbeit in demselben zu erleichtern. Kein anderer Keller in Pompeji, auch die Keller der Stadtweinschänken nicht, zu denen wir noch kommen werden, ist diesem großen und rationell angelegten Keller, zu welchem ein eigener Gang von der Straße hinabführt, auch nur entfernt ähnlich, und es ist gar nicht daran zu denken, daß auch der allerreichste Privatmann jenes Zeitalters sich ein solches Weinlager gehalten haben sollte, wie dieser Keller faßte. Alle Anzeichen aber sprechen dafür, daß derselbe regelmäßig nichts weiter als Wein enthielt, der denn auch darin gefunden ward. In der Villa haben eigentlich nur das Schlafzimmer der Herrschaft, welches durch Fenster im Halbkreise erleuchtet ist, und die damit in Verbindung stehenden Badeeinrichtungen Anspruch darauf, für eine Familie oder vielleicht einen einzelnen Mann aus dem wohlhabenderen Stande bestimmt gewesen zu sein. Die Leiche des Hausherrn ist mit etwa 300 Mark Gold- und Silbergeld und dem Hausschlüssel im Garten nahe der Hinterthür gefunden worden: ein Diener daneben. Im Keller allein hat man sechzehn Todte, und in der ganzen Villa dreiunddreißig gefunden. In den Keller mögen Nachbarn hinein geflüchtet sein. Die Todten in der übrigen Villa beweisen, daß ihre Bewohner sich um die Spiele im Amphitheater, während deren die Eruption stattfand, nicht gekümmert hatten: der vereinzelte Fluchtversuch des Hausherrn mit einem einzelnen Diener, daß er an den übrigen Bewohnern der Villa wenigstens kein Familieninteresse hatte. Der große Garten und die geräumigen Aussichtsterrassen, die sich vorfinden, so wie das zahlreiche, im Hause verunglückte Personal scheinen fast anzudeuten, daß dieses Großweinhandelsgeschäft auch mit einer Sommerwirthschaft für Pompeji verknüpft war.

Wir kehren nun in die Stadt zurück, und zwar durch dasselbe Thor, zuerst bis zum Gebäude der Augustalen, von wo aus wir die Straße in östlicher Richtung verfolgen. Sie führt bis in die große Stabianerstraße, welche südlich zum Stabianerthore und der Stabianervorstadt führt. Aber so weit wollen wir sie nicht verfolgen. An der Ecke der letzten Quergasse zur Rechten vor der Stabianerstraße, einer Gasse, welche man Gasse der Lupanare getauft hat, weil sich ein unzweifelhaftes, jetzt für das größere Publicum verschlossenes Lupanar darin befindet, fesselt uns eine größere Taverne oder ein Weinhaus, offenbar für die jeunesse dorée der Stadt bestimmt, mit einem offenen Schänkraume an der Ecke, in welchem ein steinerner Tisch auf rundem Fuße steht. Auch dieses Weinhaus hat einen für ein bloßes Weinhaus schon ziemlich stattlichen Keller, aus welchem ein Gang schräg aufwärts bis in das Atrium führt, während der Eingang zum Keller sich in jener Nebengasse befindet, die bis zum Niveau des Kellergeschosses hinabreicht. Man ist im Stande gewesen, dieser Taverne nach den aufgefundenen Anzeichen wieder ein Schild zu geben: es war einst die Taverne eines gewissen Nonus Campanus.

Die Ecke gegenüber hat ein Laden mit Herrengarderobeartikeln eingenommen, in welchem Dinge gefunden worden sind, die nur in Paris und unter der Hand in solchen Geschäften verkauft werden. Gegenüber, in der Augustalenstraße, befand sich noch eine Taverne für wohlhabende junge Leute, die des Edo, zu welcher ebenfalls ein vollständiges Wohnhaus mit Atrium und Peristyl verwendet worden ist. Eine dritte Taverne dieser Art befindet sich nicht fern von beiden in der Stabianerstraße. Alle diese drei Tavernen liegen den Ausgängen der neuen Thermen nahe und hängen wahrscheinlich mit der Sitte der Römer zusammen, nach genommenem Bade, wenn sie das abkühlende Frigidarium verließen, Glühwein und zwar in Gesellschaft zu trinken. Wir verfolgen nun die Gasse der Lupanare abwärts und können nach vielen Anzeichen nicht umhin, zu bemerken, daß wir uns im Pompejanischen Quartiere des „flotten Lebens" befinden. Die Garküchen und Barbierläden drängen sich hier in der Nähe der neuen Thermen, für deren Besuch wir jetzt keine Zeit haben, da die Untersuchung Römischer Bäder schon für sich ein ganzes Feuilleton in Anspruch nehmen würde. Ehe wir den hinteren Ausgang aus den Bädern in der Gasse der Lupanare erreichen, wollen wir doch oberflächlich in ein Haus hineinblicken, das Haus des Siriacus, eines Decurionen oder Stadtverordneten in Pompeji, welches uns einen Hauptnahrungszweig der Stadt kurz vor ihrem Untergange ziemlich deutlich in Erinnerung bringt. Es ist dies ein Doppelhaus mit zwei Atrien und zwei Küchen, wie deren schon mehr als vierzig ausgegraben sind, darunter eines, das sogenannte des Castor und Pollux in der vornehmen Mercurstraße. Diese Doppelhäuser waren zweifellos während der Badezeit an Römische Badegäste möblirt und jeweilig auch wohl mit Bedienung vermietet. Pompeji war herunter gekommen und selbst seine Stadtverordneten griffen zu diesem Auskunftsmittel, welches man in den Englischen Seebade-städten grade wieder so findet, wo dann auch die angesessene Familie sich in das Kellergeschoß zurückzieht und die besseren Räume den Mietern überläßt.

Der Gassenstrang setzt sich fort bis zum Forum Triangulare am Südrande des höheren und älteren Theiles der Stadt, mit prachtvoller Aussicht auf einen Theil der Bucht und das südliche Gebirge. Hier war offenbar der Platz zum Luftschöpfen und Spazirengehen. Hier stand auch eine halbkreisförmige Ruhebank mit Sonnenuhr und der Griechische Herculestempel. Auf breiter und stattlicher Treppe steigt man von hier zu der sogenannten Gladiatorenkaserne und den beiden Theatern, dem größeren offenen und dem kleineren bedeckten herab, die neben einander liegen.

Die Gladiatorenkaserne ist so genannt worden, weil man in diesem großen, von Schlafzimmern in zwei Geschossen umgebenen Peristyl außer sechzig Todten eine Menge von Gladiatorenwaffen fand. Dies rührt aber nur davon her, daß zur Zeit des Vesuvausbruchs grade Fechterspiele im Amphitheater stattfanden. Hätte der Ausbruch zu anderer Jahreszeit stattgefunden, so hätte man vielleicht Schauspielermasken gefunden. Die Gladiatoren und Schauspielertruppen und anderes fahrendes Volk dieser Art konnten auf Gastfreundschaft bei ihren Berufsreisen nicht rechnen, und auch die wenigen Gasthöfe, welche man bis jetzt in Pompeji fand, reichten für diese Art Reisende nicht aus. Die Municipalitäten sorgten also für ihr Unterkommen, wie das Morgenland in seinen Karawanseraien und das östliche Rußland ganz ähnlich in den sogenannten Nummerhöfen. Dieser antike Karawanserai schließt sich unmittelbar an beide Theater und an das Forum Triangulare an, wo sich wohl die Taschenspieler und Jongleure sehen ließen, und besondere Ausgänge führen aus dem Karawanserai unmittelbar in alle drei.

Das fernliegende Amphitheater entstand wahrscheinlich erst später. Auch zum Besuche der Theater haben wir vorläufig keine Zeit mehr. Der Leser muß jetzt mit einer Art Weinhausreise durch Pompeji zufrieden sein; denn schon ist die Stunde gekommen, wo drüben vor dem Stabianerthor, welches dicht bei den Theatern liegt, der Mittagstisch des Gasthofs „Zur Sonne“ daran mahnt, diese Weinhausreise in aufgefrischter, fast zweitausendjähriger Erinnerung zu beendigen.

Die Bucht von Bajä.

(Das Grab Virgils. Die Grotte des Posilippo. Die Italienischen Unterweltsjagen. Cumä. Pozzuoli. Serapistempel. Die Säulen als geologische Denkmäler. Das Amphitheater. Die Thermen, vom Volke zu Tempeln gedichtet. Die Solfatara. Der Monte Nuovo. Der Luceriner und der Averner See. Virgil und Agrippa. Die Trümmer von Bajä.)

Neapel am 25. Februar.

Der versprochene Besuch der Bucht von Bajä hat nun stattgefunden. Dem Leser müssen wir eine schnelle Fahrt zumuthen, auf welcher von dem Vielen, das zu sehen, nur der Schaum abgeschöpft werden kann. Denn die Tage sind nur kurz, und lange ehe die Sonne ins Meer taucht, wird es schon wieder bitter kalt. Die kleinen Carrozzellen, wie schon gesagt, sind aber offen.

Es geht von dem Punkte, an welchem die Chiaja und die Merzellina fast im rechten Winkel zusammenstoßen, zuerst eine kurze Straße aufwärts, mit Häusern niederer Klassen und Weinschänken besetzt, bis zum Eingang der großen Grotte, welche das Vorgebirge des Posilippo durchbohrt. Aber ehe wir in dieselbe hinein fahren, haben wir noch auf das Grab Virgils zu achten. Es ist ein antikes Columbarium, zu welchem man die Felsen hinauf und über den Eingang zur Grotte hinweg zu steigen hat. Daß dieses Columbarium wirklich die irdischen Reste Virgils berge, hat nur eine

Localsage zur Stütze, deren Vorhandensein sich indeß bis in das früheste Mittelalter hinauf verfolgen läßt. Es ist kein Grund anzunehmen, daß diese Localsage aus bloßer Conjectur entstanden sei. Die hiesige Gegend war stets ziemlich dicht bewohnt, und was an Bildung und wirklich antiker Ueberlieferung sich auch in der dunkelsten Zeit zu erhalten vermochte, war stets in dieser Nachbarschaft vertreten. Grade die Erinnerung an Virgil blieb aber in Italien stets höchst volksthümlich. Seine Verse waren auch dem Volke bis tief in die christlichen Zeiten hinein geläufig und blieben es, so lange dem Volke noch das Lateinische neben der erst spät ihre besondere Form gewinnenden Italienischen Volkssprache verständlich war. Die christliche Kirche selbst hatte es deswegen schon frühzeitig, bald nach Constantin, für nöthig erachtet, sich mit dem Heiden Virgil zu versöhnen. Sie hatte ihn sogar zu einem der Propheten des Messias gestempelt, einige überschwängliche Verse dazu benutzend, in welchen er die Geburt eines Sohnes seines Gönners Asinius Pollio gefeiert hat, und die sich allenfalls auf einen Messias deuten lassen. Eine sehr frühe Kirchenlegende erzählte auch, daß der Apostel Paulus nach seiner Ankunft im benachbarten Puteoli, jetzt Pozzuoli, das Grab besucht und Thränen auf demselben vergossen habe, ausrufend: „Welchen Mann würde ich aus Dir gemacht haben, wenn ich Dich noch aufgefunden hätte, Du größter der Dichter!“ Nach antikem Bericht wurde Virgil auf seinen eigenen Wunsch an der Landstraße zwischen Neapolis und Puteoli begraben, was also historisch feststeht. Die Stelle wird in diesem Bericht nur innerhalb des zweiten Meilensteines verlegt. Man weiß aber nicht mehr genau, von welchem Punkte aus die Meilensteine vermessen waren. Der jetzt bezeichnete Ort könnte daher auch stimmen. Der Localsage ist ihr Recht also nicht zu bestreiten, obgleich allerdings bemerkt werden muß, daß es antike Gräber genug an allen diesen Landstraßen, welche die Doppelbucht von Misenum bis Surrentum einfaßten, gegeben hat, um es zu ermöglichen, daß sich die Localsage auch an irgend ein erstes Bestes heften konnte, welches passend erschien. Aber ich glaube wirklich, daß man sich bei dieser Localsage, eben weil sie einmal vorhanden ist, beruhigen kann, und daß die Dichter unseres Jahrtausends, welche nach diesem Grabe wallfahrteten und, wie Petrarca und Delavigne, Lorbeerbäume daselbst pflanzten, kein falsches Grab geschmückt haben.

Die Grabstätte, zu welcher es ein ganzes Stück bergauf und dann wieder bergab geht, zeigt ein kleines Kuppelgewölbe, in welchem sich aber zehn Nischen für Aschenkrüge befinden. Da Virgil sehr an seiner Familie hing, seinen Halbbruder auch zu einem seiner Erben einsetzte, ist es gar nicht unwahrscheinlich, daß Mitglieder dieses Seitensprosses sich die Ehre nicht nehmen ließen, im Mausoleum ihres berühmten Verwandten beigesetzt zu werden. Eine Inschrift soll noch im vierzehnten Jahrhundert vorhanden gewesen sein und wird in jener Zeit ausführlich citirt, sieht aber in ihrer Fassung schon stark nach dem Gelehrtenlatein der Verse des Mittelalters aus, in welchem man die classische Kürze affectirt nachzuahmen versuchte. Sie ist leider vom Friese verschwunden, man weiß nicht wann und wie, was eigentlich seltsam ist, und durch eine neue ersetzt worden, welche der älteren einige Worte entlehnt. Ein kleiner protestantischer Kirchhof schließt sich an das Columbarium an. Nun in die Grotte hinein! Von diesem etwa zehn Minuten langen Tunnel durch den Felsen kann man in Deutschland sich eine Vorstellung im Kleinen verschaffen in dem modernen Tunnel, welcher, unmittelbar aus Salzburg herausführend, die Nagelflüh des Mönchsberges durchsetzt. Wie dieser, ist die Grotte des Posilippo Tag und Nacht mit Gas erleuchtet, und dies ist hier um so mehr nöthig, als die von außen höchst malerischen Mündungen hier so weit von einander entfernt sind, daß sie zwar die eine von der anderen her noch sichtbar bleiben, aber doch kein brauchbares Licht mehr durch die ganze Länge des hohen und schmalen Tunnels zu senden vermögen. Der Verkehr, welcher unablässig durch diese Grotte braust, ist sehr lebhaft und in Folge des Wiederhalls in derselben noch lärmender als er lebhaft ist. Das nicht abreißende Gerassel der Wagen vom Lande klingt in der Grotte wie dumpfer Donner. Aber noch mehr Lärmen als die Wagenräder und Pferdehufe machen die Menschen. Wenn der Neapolitaner durch diese Grotte geht oder fährt, so kann er es nicht unterlassen, zu schreien oder anderen Lärmen zu machen, mit der Peitsche zu knallen u. s. w. Schreien muß er zwar überhaupt, wo er sich auch immer befindet, und wenn der Leser plötzlich an die Stelle versetzt würde, an welcher ich jetzt schreibe, würde er sich zuerst vielleicht mit beiden Händen nach den Ohren fahren und begreifen, welche Mißlichkeit es hat, in Neapel ein Feuilleton zu schreiben. Aber sobald der Neapolitaner seine Grotte im Posilippo betritt, schreit er noch viel ärger als sonst, wenn auch ganz für sich allein, nur um an dem Wiederhall seinen Spaß zu haben. Seit nun schon fast 2000 Jahren hat er diesen Spaß nicht satt bekommen. Denn die Grotte ist zuerst schon zur Zeit der Römischen Republik angelegt worden. Damals muß sie freilich, verglichen mit jetzt, nur sehr unvollkommen und unbequem gewesen sein, und noch zu Nero's Zeit scheint man wenigstens an einzelnen Stellen, wie sich aus Seneca und Petronius ergiebt, sich haben bücken zu müssen, um durchzukommen. Erst Alphons I. von Aragonien und Karl V. haben der Grotte durch Tieferlegung ihres Bodens ihre jetzige beträchtliche Höhe und ihr vortreffliches Pflaster aus Lavablöcken verschafft und ungefähr in ihrer Mitte seitwärts eine Capelle anlegen lassen, in welcher der Passant, ähnlich wie in den Brückencapellen des Mittelalters, sein Dankgebet dafür anbringen kann, daß er die erste Hälfte glücklich hinter sich hat, und seine Bitte an

Gott, daß ihm auch in der zweiten kein Unglück widerfahren möge.

Draußen vor der Grotte liegt die ziemlich bedeutende Ortschaft Fuori di Grotta, welche noch eine Vorstadt von Neapel ist, bestehend aus Weinschänken, Kaffeehäusern und Häusern, welche von Arbeitern bewohnt sind, die in der Stadt zu thun haben. Ich glaube, ich fand die meisten ihrer Weiber und Kinder vor den Thüren, wo die letzteren sich damit unterhielten, daß sie mit Orangen in der Weise spielten, daß das Eine eine Orange ins Weite rollt und nun die Anderen danach zielen. Wer nicht trifft, dessen Orange bleibt liegen und wird nun selbst zur Zielscheibe. Wer trifft, bekommt die Orange, die er trifft und seine eigene dazu wieder. Es ist genau das „Bowling" der Engländer, aber mit Orangen. Sie kosten indeß jetzt, nun ihre Ernte grade vorbei, nur zwei Groschen das Dutzend. Es ist zu bemerken, daß das hiesige ausgezeichnete Pflaster aus Lavablöcken, welches sich bis in die entferntesten Vorstädte ausdehnt und welches auch alle kleineren Städte hier aufweisen, dergleichen Spiele auf der Straße allein ermöglicht. Zuweilen holten sich die vor den Hausthüren sitzenden Mütter ihren Jungen heran, nahmen ihn beim Kopfe, um an ihm einen Säuberungsact zu vollziehen, welcher, glaube ich, hier für die Frauen ein Zeitvertreib und jedenfalls leider sehr oft nöthig ist.

Das ebene Land an der Bucht von Bajä war nun erreicht. Die Felder sind bedeckt mit einzeln stehenden Bäumen, und die jetzt welke Weinranke hängt von Baum zu Baum. Von Fuori di Grotta aus breitet sich ein Straßenfächer in der Ebene aus. Alle vier Straßen dieses Fächers führen zu interessanten und entzückend gelegenen Plätzen; eine kann man ja aber doch nur einschlagen. Gewöhnlich fährt man nach Pozzuoli auf einem Umwege, am See von Agnano, einem alten Krater vorbei, um die antiken Schwitzbäder von S. Germano, denen vulcanische Fumarolen die zum Theil fast den Siedepunkt erreichenden Wasserdämpfe mit Kohlensäure und Schwefelwasserstoff zuführen, und die berühmte Hundsgrotte mitzunehmen, in welcher die auf dem Boden lagernde Kohlensäure Kerzen auslöscht und Hunde in etwa drei Minuten erstickt. Hier geräth man zuerst auf den Boden der Italienischen Unterwelts-Sage, welche, wahrscheinlich aus Griechenland durch Cumä, die älteste Griechische Colonie in Italien, eingeführt, ihren Sitz in dieser ganzen Gegend hat, und zwar sehr begreiflicher Weise. Denn die an der Bucht von Bajä dicht sich drängenden alten Vulcane, welche mit dem Vesuv in Südosten in keiner Verbindung zu stehen scheinen und als feuerspeiende Berge seit unvordenklicher Zeit erloschen sind, entwickelten schon im grauesten Alterthume dieselbe ununterbrochene fortdauernde Nebenthätigkeit, welche wir noch heute an ihnen bemerken. So scheint die Hundsgrotte zu den charonischen Gruben zu gehören, welche nach Plinius einen Verderben bringenden Dampf aushauchten. Der Bergkegel Astruni hinter dem See von Agnano ist ebenfalls ein erloschener Vulcan, dessen sehr weiter Krater jetzt in einen Jagdpark verwandelt ist mit einem kleinen Jagdschloß an seinem Rande. Aber wir mußten, um den Tag am besten ausnützen zu können, den kürzesten Weg nach Pozzuoli verfolgen, eine vortreffliche Landstraße, welche, in schnurgerader Richtung die Ebene durchschneidend, zuerst bis Bagnoli am Meeresufer führt. Von dort an zeigt sich, einen leicht erhöhten Vorsprung ins Meer malerisch krönend, Pozzuoli, und das Küstenstück mit der vornehmsten Villeggiatur des Römischen Alterthums beginnt. Die Spuren der verschwundenen Villa-Prachtbauten bemerkt man alsbald an den Abhängen der Trachytlavafelsen, welche von nun an die Küste einsäumen. Welche Erinnerungen drängen sich aber beim Anblick dieses ganzen Stückes Küste bis zum Vorgebirge

Misenum, in welches es ausläuft, zusammen! Hier haben die Dichter des Alterthums ihre elysäischen und phlegräischen Felder gesucht: hier waren die Pforten des Tartarus; auf dieser Bühne ließ der „holde Wahnsinn“ der Dichtung den Odysseus und Aeneas erscheinen. Auch Herakles war hier und Dädalus, und die Titanen haben hier mit den Göttern gekämpft. Dann stiegen jenseit jener Hügelkette, in Cumä, Griechisch Kyme, schon mehr als 1000 Jahre vor unserer Zeitrechnung, zum ersten Male Hellenische Männer aus Kyme im Asiatischen Aeolien und aus Chalcis in Euböa in Italien ans Land, um dort zu bleiben. Unter beständigen Kämpfen mit den noch culturlosen Eingeborenen wuchs die fern vom Heimatlande entlegene Hellenenstadt nichts desto weniger kraftvoll genug, um ihrerseits Colonien aussenden zu können, zu welchen wir Pozzuoli dort vor uns und Neapel hinter uns zu zählen haben, und selbst Messina weit im Süden. Dann folgt die Erinnerung an die Etrusker, die in der Nachbarstadt Fuß faßten, und das schon gealterte Cumä dergestalt bedrängten, daß nur ein Seesieg der mächtigsten Bundesgenossen der Stadt, der Syrakuser, über diese Bedränger sie zu retten vermochte. Endlich fällt sie doch in die Gewalt der umwohnenden Osker, welche ihre Einwohner als brauchbare Sklaven verkauften. Und schließlich überschattet die Macht Roms Alles zusammen, Griechen, Etrusker und Osker, um auf dieser ältesten Culturstätte Italiens noch viel strahlenderen Glanz zu entfalten, als dieselbe je zuvor gesehen hatte. Hier entstand die gewaltige Sommerresidenz nicht blos Römischer Cäsaren, sondern auch aller derjenigen Römer, welche Geld genug hatten, um darin oder irgend wo in der Nachbarschaft von Misenum bis Surrentum wohnen zu können.

Sobald man sich Pozzuoli nähert, laufen Leute neben dem Wagen her, welche sich als Führer anbieten durch die ganze Landschaft mit allen ihren Wundern, welche letztere sie mit großer Zungenfertigkeit aufzuzählen wissen. Natürlich kümmerten wir uns nicht um sie, und dies wird Niemand thun, welcher es gern hat, Dasjenige, was wirklich des Sehens werth ist, auf seine eigene Weise zu sehen.

Das neue Pozzuoli mit seiner breiten Hauptstraße, den flachen Dächern auf den heiteren Häusern, den Durchblicken auf den kleinen, im Alterthum so berühmten Hafen macht einen recht wohnlichen und einladenden Eindruck. Der erste Gang des Touristen wird hier wohl stets nach den Trümmern des Serapistempels sein, welche neben ihrem archäologischen Interesse vorzüglich seit Sir C. Lyells Epoche machendem, großen geologischen Werk auch für die Geschichte der Erdkruste und nicht blos der Menschen, welche sie bewohnen, so bedeutsam geworden sind. Dieser Tempel liegt dem Meere ganz nahe, nur durch wenige Häuser davon getrennt. Alles was von ihm noch übrig, ist schon in der Mitte des vorigen Jahrhunderts durch Ausgrabung für den Blick bloßgelegt. Es muß ein ganz stattlicher Tempel gewesen sein, ungefähr vierzig Meter lang und fast ebenso breit. Die Säulen, welche man bei der Ausgrabung im vorigen Jahrhundert fand, wurden, während man sie doch hätte stehen lassen sollen, wo sie waren, nach Caserta geschafft und dort bei dem innersten Ausbau des Schlosses verwendet — eine Rohheit, durch welche sich das achtzehnte Jahrhundert der Rücksichtslosigkeit des Mittelalters in Rom in dieser Beziehung vollständig gleich stellte. Aber die drei Säulen der Vorhalle, welche für die Geologen so interessant geworden sind, stehen noch an Ort und Stelle. Sie sind aus Kalkstein, der mit grünen Glimmerschichten durchsetzt ist, sogenanntem Zwiebelstein. An allen drei Schaften zeigt sich in einer Höhe von zwölf Fuß über dem Boden und zwar in gleicher Höhe ein etwa zwei Fuß breiter Ring von kleinen Löchern, welche nur die Bohrmuschel in den Stein gebohrt haben kann. Die Säulen sind also vorübergehend bis zu mindestens vierzehn Fuß Höhe unter dem Meeresspiegel gewesen. Dabei muß der untere, nicht angebohrte Theil ihres Schaftes in irgend welchem Erdreich gesteckt haben und so für die Bohrmuschel nicht zugänglich gewesen sein. Hier haben wir also eine sehr zuverlässige Chronologie für die säculare Hebung und Senkung des Landes gegenüber dem Meere vor Augen, auf welche vor allem Sir C. Lyell die geologische Forschung mit so großem Nachdruck aufmerksam gemacht und dann zu so einleuchtenden Erklärungen des Länderreliefs auf der Erde benutzt hat; denn dieser ganze Tempel stand mit Gewißheit um das Jahr 500 noch über der Erde und mit großer Wahrscheinlichkeit noch länger. Die Hebung der Küste aber muß, wie actenmäßig hier ermittelt worden ist, spätestens um das Jahr 1500 begonnen haben und ist seitdem, wie jetzt der Augenschein lehrt, recht rasch, wahrscheinlich stoßweise vorgeschritten. Und jetzt, seitdem man, durch das Phänomen dieser Bohrmuschelringe hoch über dem Meeresspiegel aufmerksam geworden, sich Mühe gegeben hat, diese Vibrationen des angeblich festen Landes sich nicht mehr unbeobachtet und vorzüglich ungemessen vollziehen zu lassen, weiß man, daß die Küste schon wieder sinkt. Man weiß auch schon, daß sie dies langsamer thut, als sie dann wieder steigt; nur schwanken die Messungsresultate der verschiedenen Beobachter noch ziemlich stark. Wenn die höchste Annahme von sieben Millimetern jährlich Recht hat, wie wahrscheinlich ist, würde die Küste seit dem sechsten Jahrhundert sieben Jahrhunderte haben sinken müssen, damit die Bohrmuschelringe in die Säulenschafte kommen konnten, oder noch etwas länger, da der Tempelboden doch immer noch etwas über dem Meeresspiegel erhöht gewesen sein muß. Der tiefste Punkt ist also wohl im funfzehnten Jahrhundert erreicht worden, von wann dann wieder die stoßweise und schnellere Hebung begann. Dies würde zugleich am besten mit der Erhebung des benachbarten Monte Nuovo

4*

stimmen, welche unter Begleitung einer Eruption im Jahre 1538 erfolgte.

Nach den Trümmern dieses also doppelt merkwürdigen Serapistempels üben diejenigen des Amphitheaters die größte Anziehungskraft aus, welche in mancher Beziehung besseren Aufschluß über die Einrichtung eines Amphitheaters für seine mannichfaltigen Zwecke gewähren, als die übrigen Trümmer von Amphitheatern in Italien. Schon die Größe desselben, welches mehr als 30,000 Sitze gefaßt hat, ist von besonderer Bedeutung für die antike Villeggiatur an dieser Bucht. Es ist zugleich dasjenige Theater, bei welchem es gelungen ist, den schönsten und am besten erhaltenen Unterbau zu Tage zu fördern, welcher eine deutliche Einsicht in die Art und Weise verstattet, wie für die Thierkämpfe die Löwen und Büffel in die Arena gebracht wurden, und wie für die Schiffsgefechte die Arena mit Wasser aus der Wasserleitung gefüllt wurde. Man sieht alsbald, daß es nicht blos ein für den Ort ganz ungewöhnlich großes, sondern auch besonders vornehmes Amphitheater war, in welchem es nicht darauf ankam, wie großen Aufwand die Spiele in demselben verschlangen, und dessen gewaltiger Unterbau nicht viel weniger gekostet haben mag, als der Bau über der Erde. Es war eben kein Amphitheater blos für Puteoli, sondern auch für Bajä und für die ganze vornehme Villeggiatur an der Küste. Es hatte auch seine große kaiserliche Loge, in welcher z. B., wie Dio Cassius erzählt, Nero mit seinem Gaste, dem Könige Tiridates von Armenien, den Spielen zusah, wobei der Armenier, durch die Thierkämpfe als leidenschaftlicher Jäger in Aufregung gebracht, von der Loge aus zwei Büffelstiere mit demselben Wurfe seines Jagdspeers getödtet oder verwundet haben soll. Es war also das Amphitheater der kaiserlichen Sommerresidenz, welches nach der Erbauung des Colosseums durch die Flavischen Kaiser in Rom dasselbe im Sommer ersetzte und ihm im Range ungefähr gleich stand, nur daß die gewaltigen, oberen Zuschauerringe des Colosseums, in Rom für die Volksmasse nöthig, hier fehlten. Uebrigens wird auch grade jetzt im Colosseum ein solch gewaltiger Unterbau, mit welchem die ganze Arena unterwölbt war, frei gelegt, wie wir ihn hier in Pozzuoli seit lange kennen. Schon aufwärtsgehend zum Amphitheater kommt man an vielen bedeutenden Trümmern von Ziegelbauten vorbei, welche wohl sämmtlich zu öffentlichen Bädern dienten. Die Leute bezeichneten sie uns, wie gewöhnlich, als Tempel, Tempel des Neptun, Tempel der Diana ꝛc. Wer einmal wohlerhaltene Reste antiker öffentlicher Bäder gesehen hat, wie diejenigen des Titus und des Caracalla in Rom, oder die Bäder in Pompeji, wird sich in diesem Punkte nicht leicht mehr täuschen. Tempeln gehörten diese Trümmer gewiß nicht an. Mit Thermen aber scheint der ganze Küstenstrich dicht bestreut gewesen zu sein. Vom Amphitheater kamen wir immer weiter aufwärts ohne zu viel Steigens zum alten Krater der Solfatara oder des Schwefellochs, dessen vulcanische Thätigkeit in Ausbrüchen von Gas besteht, das mit Wasserdampf vermischt ist, aus vielen kleinen Oeffnungen strömt und festen Schwefel absetzt. Die Wände der Spalten, aus welchen das Schwefelwasserstoffgas hervorbricht, welches sich dann bei der Berührung mit der Luft zersetzt, sind mit Schwefel beschlagen, welcher in regelmäßigem Betriebe gewonnen wird, aber doch keine bedeutende Ausbeute ergiebt, wie etwa auf dem Aetna. Man fühlt sich etwas unsicher, wenn man über dem ziemlich ebenen Boden dieses Kraters hinschreitet: denn unter dem Schritte scheint der Boden zu hallen, als wäre er hohl. Dem ist aber nicht so. Es ist nur das poröse Gestein, welches so hallt und nichts desto weniger eine feste Unterlage bildet.

Auf der Straße hinter Pozzuoli, welche sich immer in der Nähe der Küste hält, hat man zuerst jenen im Jahre 1538 entstandenen Monte Nuovo vor sich und zur Rechten den

Monte Barbaro, der sich auf den phlegräischen Feldern erhebt. Die antiken Reste an der Landstraße drängen sich nun immer dichter und werden theilweise auch im Meere sichtbar. Vor dem Monte Nuovo trennen sich die Straße nach Cumä und die Straße nach Bajä. Die erstere müssen wir für diesmal liegen lassen. Weiter nach Bajä immer längs der Küste der Bucht lief der Weg zunächst über einen Damm, welcher den kleinen Luciner See vom Meere trennt. Dieser kleine See sieht nur aus wie ein Norddeutscher Strandsee mit Nehrung: er ist aber ebenfalls ein längst erloschener Krater. Nördlich dicht an ihn stößt der Averner See, im classischen Alterthume so verhängnißvollen Namens, den aber jetzt zu besuchen wir keine Zeit mehr haben. Dort, so fabelte einst das Alterthum, ging es schnurstracks in die Unterwelt hinab. Auch dieser See ist ein alter Krater, und seine große Tiefe, die das Senkblei zeigt, seine düsteren Ufer und das verderbliche Gas, welches er einst ausgehaucht haben soll, und das die Vögel tödtete, die über ihn hinflogen, mag ihm seinen bösen Namen verschafft haben. Avernus ist latinisirtes Griechisch und hieß eigentlich „Vogellos". Die Cumäer brachten die Kunde von diesem See nach Griechenland, wo die rege Einbildungskraft der Griechen dann daraus machte, was aus ihm in der Dichtung geworden ist.

Virgil läßt seinen Aeneas hier in die Unterwelt hinabsteigen, durch die an diesem See gelegene Grotte der Sibylle von Cumä. Aber als Virgil sein modisches Epos schrieb, welches ziemlich deutlich auch darauf berechnet war, seinen Hauptlesern, den Badegästen von Bajä, Unterhaltung durch epische Belebung der Landschaft zu verschaffen, in welcher sie weilten, und die er selber so liebte, daß er sich darin begraben ließ, war sein Zeitgenosse Agrippa grade damit beschäftigt, den Averner See durch Verbindung mit dem Luciner See und mit dem Meere in ein Zubehör des großen Römischen Kriegshafens zu Misenum zu verwandeln. Durch die Erhebung des Monte Nuovo ist diese Verbindung ganz zerstört worden, und ein in neuerer Zeit gemachter Versuch, sie wieder herzustellen, ist nicht fortgesetzt worden. Endlich zeigen sich am flachen Strande die Trümmer von Bajä dem Blicke. Kommt man von dieser Seite, so zieht zuerst ein gewaltiger, achteckiger Ziegelbau mit acht großen Fenstern, unmittelbar am Meere gelegen, den Blick auf sich. Das Volk hat ihn wieder „Tempel der Venus" getauft: sobald man ihn aber etwas näher untersucht und die daran anstoßenden Kellereien und Oefen gesehen hat, so weiß man auch, daß es ein Saal war, der zu einer großen Badeanstalt gehört hat. Wahrscheinlich war es das Frigidarium oder kalte Bad. Weiter aufwärts befindet sich in einem Weinberge eine andere große Ruine, von Außen ein Achteck, im Innern eine Rotunde, welche ebenfalls ein Frigidarium war. Noch sind Reste der Wasserleitung deutlich erkennbar, welche demselben das kalte Wasser zuführte. Hiervon etwa zweihundert Schritte entfernt befindet sich ein noch größerer Kuppelbau, mit Rundöffnung oben, wie das Pantheon in Rom, und einem Durchmesser von beinahe anderthalbhundert Fuß im Lichten, also auch ungefähr eben so groß wie jenes. Auch dies war ein zu einer Badeanstalt gehöriges Frigidarium, wie die vielen Aufkleidekammern und Aufkleidenischen beweisen, die in dasselbe münden. Während ich diese Trümmer untersuchte, war mir ein immer wachsender Schwarm von Weibern, arbeitslosen Schiffern und Fischern und Jungen gefolgt, welcher mir lästig genug geworden wäre, wenn die Gegenstände vor mir meine Aufmerksamkeit nicht so ganz in Anspruch genommen hätten. Also von drei großen Badeanstalten waren hier noch wenigstens die Frigidarien vorhanden, und zwar Frigidarien von welchen Dimensionen! Man hat viel müßige Gelehrsamkeit ausgekramt, um durch

Conjectur zu finden, welchen geschichtlich bekannten Römern die Villen gehört haben mögen, von welchen diese Badeanstalten Theile bildeten. Es ist schon selbst ganz haltlose Conjectur, daß sie Theile von Privatvillen waren; es waren sämmtlich öffentliche Badeanstalten, und zwar für Geld, wie die Bäder in Rom. Die Villen hatten sich natürlich zuerst um das Seebad gruppirt, für welches der feine Sand den Strand hier besonders eignet. Dann wollte das Römische Publicum, welches sich eigene Villen gebaut hatte und nun länger blieb, als das Seebad erforderte, auch seine gewohnten Bäder haben, und die Kaiser sorgten dafür, wie in Rom, aber gegen Bezahlung. Schließlich bildete sich der ganze Landstrich nicht blos an der Bucht von Bajä, sondern auch an der Bucht von Neapel zu einem einzigen großen Rom im Sommer aus, wo die vornehme Römische Gesellschaft und selbst die Mittelklassen wo möglich noch mehr sich gehen zu lassen gewohnt waren, als in Rom selbst. Wie es Seebäder gab und Thermen, so waren ja grade hier auch Schwefel- und andere mineralische Bäder möglich. Scheveningen und Ostende, Wiesbaden und Baden-Baden, Karlsbad und Teplitz waren hier auf einen Punkt zusammengedrängt, und dazu hat man noch große Paläste des kaiserlichen Hofes, unter denen Alexander Severus den prächtigsten hergestellt haben soll, zu zählen. Der Ruf der Frauen gewann grade nicht, wenn sie Bajä besuchten; „sie kam als eine Penelope, und ging als eine Helena“, singt der Satiriker Martial von Einer. Schon Cicero fürchtete sich vor der Nachrede, nachdem er Bajä besucht hatte. Die architektonische Pracht aber, wie noch überall die Trümmer zeigen, und der Kleiderluxus müssen unermeßlich gewesen sein.

Und heute! Das ganze Volk, welches mir auf Tritt und Schritt folgte, steckte in Lumpen und war weder gekämmt noch gewaschen. Im Gasthofe hatten sie, während ich allein umher suchte, meine Bestellung absichtlich mißverstanden ausgeführt, um eine schwindlerische Rechnung machen zu können, gegen die ich nur deswegen nichts einwendete, weil in Italien doch kein unerschwinglicher Satz heraus kommt, und man in so kleinem Orte Conflicte zu scheuen hat. Doch eilten wir, die Osteria Regina sobald zu verlassen als möglich. Auch neigte sich die Sonne schon stark, und es ward bitter kalt. Im Fluge ging es zurück, zuerst an der Küste hin, mit prachtvollem Blicke auf Capri, auf Nisita und den Posilippo: dann wieder quer über die Ebene bis Fuori di Grotta und in die Grotte des Posilippo. Die Sonne ging eben unter und schien in diese Grotte hinein, und was sie nur beim Untergehen und nur im Februar thut, quer durch die ganze Grotte hindurch, deren Felsen im vermischten Lichte der Gaslaternen und des Abendsonnenstrahls, welcher ihre feuchte und unregelmäßige Fläche streifte, wie metallisch glänzten. Es ward dunkel, ehe wir zu Hause eintrafen: denn so tief im Süden ist die Dämmerung kurz. Die Bucht von Bajä übrigens verdient mit der Mannichfaltigkeit, welche sie bietet, nicht blos einen, sondern viele Besuche.

Von Neapel nach Korfu.

(Schneegestöber im tiefen Süden. Quer über die Halbinsel. Benevent. Foggia. Die große Italienische Schafstrift. Der Golf von Manfredonia. Barletta. Die geheimnißvolle Kaiserstatue. Trani. Wohlhabendes Ansehen des Landes. Oelbäume, blühende Mandelbäume und immergrüne Eichen. Das Schlachtfeld von Cannä. Bisceglie, Molfetta, Giovinazzo, Bitonto und Bari. Mola, Polignano, Monopoli, Fasano, Ostuni. Anklänge an Griechenland. Oelhändler, Landspeculanten und Deutsche Handelsreisende. Brindisi. Gasthöfe und Hafen. Der Lloyddampfer. Auf See. Die Akrokeraunischen Berge in Albanien. Einfahrt in das Binnengewässer hinter Korfu. Der Pantokrator. Kassiope. Carneval in Korfu.)

Im März.

Das hätte ich nicht gedacht, daß wir im Anfang März von Neapel aus südlich, oder doch wenigstens südöstlich vordringend, gradewegs in Schneegestöber hineinreisen würden, und doch ist es so geschehen. Es soll das Jahr aber auch, selbst für Italien, in dieser Beziehung ein ganz ausnahmsweises Jahr sein. Mag sein: nur hat sich der Wintertourist dann auch recht sehr zu merken, daß solche Jahre auch vorkommen können, wenn auch nur ausnahmsweise natürlich. Dann hat er sich eben der Last zu unterziehen, für solche ausnahmsweisen Fälle auch Winterpelze mit sich zu nehmen, so lästig es sein mag und in Wahrheit ist. Wir haben keine mitgenommen und dafür recht tüchtig gefroren. Doch, da nun einmal nichts daran zu ändern ist, so schweigen wir am besten davon. Nur eins: in Brindisi sagte mir der Agent des Oesterreichischen Lloyd, wenigstens nach Griechenland Pelze mitzunehmen, sei immer gut: Schnee gäbe es dort manchmal bis in den April hinein, auch wenn der Januar ganz warm gewesen sei. Ich muß gestehen, daß mir das neu war. Aber der Mann war vier Jahre lang dort, und als Agent des Oesterreichischen Lloyd hat er gewiß kein Interesse, den Wintertouristen einen Schrecken einzujagen. Hoffentlich werden sie auch keinen bekommen, sondern eben höchstens Pelze mitnehmen.

Aus Neapel fuhren wir noch im Sonnenschein ab, und so lange es Tag blieb, blieb alles verhältnißmäßig recht gut. Die Landschaft von Neapel bis Caserta kennen wir schon: von Caserta ab ostwärts wird es öder und gebirgiger. Das Gebirge ist fast ganz kahl und entfaltet keine Formen, welche im Gedächtniß sitzen bleiben. Das Gedächtniß heftet sich von selbst mehr an die nebelhafte, mit wilden Kriegsfahrten erfüllte Vergangenheit der Landschaft, in welcher Saracenen, Normannen, Deutsche, Spanier und zuletzt Franzosen unter einander und mit den Neapolitanern um die Herrschaft ihres schönen Landes kämpften. Als wir Benevento erreichten, war es schon ganz dunkel geworden, und von der Stadt, welche im Alterthum, dann im Mittelalter als Hauptstadt eines Longobardischen Herzogthums und endlich in der Neuzeit eine geschichtlich so bedeutende Rolle spielte, obgleich sie stets verhältnißmäßig klein blieb, und von ihren namhaften Ruinen aus dem Alterthum, besonders dem berühmten Triumphbogen nichts mehr zu sehen. Und tief dunkel blieb es nun bis Foggia, so daß wir uns nur vorstellen konnten, daß wir schließlich durch die weite Ebene von Apulien, die Campagna von Foggia, dahinrollten, diese weitaus größte Schaftrift von Italien, auf welcher drittehalb Millionen Stück Schafe auf wechselnder Winterweide in der Ebene und Sommerweide in den Bergen nach dem Vorbilde der Mancha in Spanien ernährt werden.

Foggia ist eine rasch jetzt aufblühende Landstadt von ungefähr 38,000 Einwohnern. Sie sieht schon ganz anders aus wie die hohen und engen Neapolitanischen Städte der Westküste. Sie hat niedrige Häuser und breite Straßen und man merkt es dem Volke auf den Straßen an, daß sie Markt und Mittelpunkt für die Landbevölkerung der Apulischen Ebene, hauptsächlich für die Schafzüchter geworden ist. Noch vor funfzig Jahren war der Ort ein kleines, als Bettler- und Räubernest verrufenes Städtchen, in welchem das Messer bei allen Raufereien seine blutige Rolle spielte. Von einem Gasthofe war damals gar nicht die Rede, wie es denn überhaupt von hier aus weiter südlich um Gasthöfe noch sehr unvollkommen bestellt ist. Noch im vorigen Jahre fand ein Römischer Freund z. B. in Otranto gar keinen Gasthof und mußte bei Privatleuten sein Unterkommen suchen. In Foggia dagegen nimmt die Zahl derselben fortwährend so rasch zu, daß die Fingerzeige der Reisehandbücher alsbald unbrauchbar werden. Indem wir dem Reisehandbuche bei der Wahl des Gasthofs folgten, fielen wir noch gehörig hinein, um am anderen Morgen zu sehen, daß wir uns schon viel besser hätten unterbringen können.

Der zweite Tag brachte uns von Foggia bis Brindisi. Das Land bleibt durchweg eben; man sieht die Bergkette nur in weiter Ferne. Von Foggia läuft die Bahn zunächst auf das Meer zu, welches sie beim Golf von Manfredonia, und zwar zuerst bei der seichten Lagune und Saline von Barletta erreicht. Dieser Golf wird durch die Landzunge von Gargano gebildet, auf welcher sich die vereinzelte Bergkette von Gargano erhebt, welche dem Reisenden lange zur linken Hand sichtbar bleibt. Zuerst wird die Hafenstadt Barletta erreicht, jetzt schon mit über 28,000 Einwohnern. Diese, wie alle nun rasch auf einander folgenden Hafenstädte bis Brindisi, hat ein recht wohlhabendes Ansehen, und rascher, wirthschaftlicher Fortschritt ist auch hier anzumerken. Hier steht die Bronzestatue eines Byzantinischen Kaisers, von noch ganz meisterhafter Arbeit, vorzugsweise sehr dünn im Guß, durch welchen die zerstörende Einwirkung der Temperaturveränderungen vermieden worden ist. Erst neuerdings ist man vorzugsweise in Paris zu so dünnem, übrigens schwierigen Guß wieder zurückgekehrt, durch welchen die in Folge der Wärme entstehende Ausdehnung der Oberfläche und der inneren Theile, welche die Sprünge in alte Bronzefiguren zu bringen pflegt, gänzlich beseitigt wird. Es ist zweifelhaft, welchen Byzantinischen Kaiser die Statue dargestellt habe. Die Ortsüberlieferung sagt, daß es der Kaiser Heraclius sei. Dessen Statue habe in Konstantinopel ein Erzgießer Namens Polyphobos angefertigt, und zwar erst im siebenten Jahrhundert, und der Guß einer so kolossalen Statue bei so großer Dünne des Metalls sei in jener Zeit viel bewundert worden. Bei der Erstürmung Konstantinopels durch die Kreuzfahrer und Venezianer habe der alte, halb blinde Sieger, der Venezianische Doge Dandolo, die Statue, gleich den Pferden auf der Marcuskirche, als ein Wunderwerk für Venedig mit Beschlag belegt und zu Schiffe nach Italien führen lassen: das Schiff sei aber bei Barletta gestrandet und die Statue in den Uferschlamm versunken. Die Barlettaner hätten sie dann später herausgefischt und auf ihrem großen Platze am Hafen aufgestellt, grade wie sich die Bremer einer Statue des Gustav Adolf — aber freilich durch friedlichen Vertrag — bemächtigt haben, welche die Stadt Gothenburg in Schweden für sich selbst in Italien bestellt hatte, und welche dann durch Schiffbruch in der Nordsee verunglückt war. Die Barlettaner fügen aber hinzu, daß sie jetzt ein gutes Recht an die Statue hätten, weil ihr Erzgießer Albanus Fabius die Beine und Hände des Kolosses und die Kugel mit dem Kreuze auf seiner Hand, welche durch den Schiffbruch zu Grunde gerichtet waren, wieder hergestellt habe. Daß eine

Ausbesserung stattgefunden habe, ist sichtbar, nichts desto weniger erklären viele Italienische Kunstkritiker diese Erzählung für ein Märchen und behaupten, daß die Statue den Kaiser Constantin darstelle und in der Zeit der Saracenischen Einfälle in Italien vielleicht aus Neapel oder Benevento nach Barletta gerettet, dort aber dann nicht nach Konstantinopel eingeschifft worden sei. Sie stützen sich dabei auf die Schwierigkeit des Gusses, welchen man im siebenten Jahrhundert auch in Konstantinopel nicht mehr habe leisten können; ferner auf die Kugel mit dem Kreuze in der Hand des Kolosses, welche doch nur bedeuten könne, daß es der Römische Kaiser sei, der die Weltherrschaft des Christenthums gegründet habe; endlich auf die Abwesenheit des starken Backen- und Kinnbartes, mit welchem sonst grade Heraclius dargestellt zu werden pflegte. Wieder Andere haben deswegen den frommen Kaiser Theodosius in dieser räthselhaften Statue suchen zu müssen geglaubt. Das Portrait stimmt aber weder mit dem Gesichte des Einen noch mit dem des Anderen, wie wir dieselben einerseits aus der Reiterstatue des Constantin in der Peterskirche, andererseits aus Münzen kennen. Es wird doch wohl der Kaiser Heraclius, nur mit abgeschnittenem Barte, sein, wodurch er ein etwas verändertes Aussehen bekommen hat. Die bescheidene Erzählung der Barlettaner spricht ja auch eigentlich für sich selbst. Wäre es Constantin, so würde die Kunde davon in Barletta sich unzweifelhaft erhalten haben. Man konnte eben noch in Konstantinopel besser gießen, als wir bisher angenommen haben.

Auf Barletta folgt Trani, eine Hafen- und Ackerbaustadt, welche durchaus wirthschaftlich gedeihen muß, denn sie hat sich in neuester Zeit mit wirklich recht stattlichen Landhäusern umgeben. Sie zählt jetzt ca. 25,000 Einwohner, und noch andere gut bevölkerte Landstädte, wie Corato mit über 26,000 Einwohnern und Ruvo mit

15,000 Einwohnern, liegen im Umkreise von wenigen Stunden. Trani hieß im Alterthume Turenum und war ursprünglich die Hauptstadt des Volksstammes der Peucetier. Seine erste Blüthezeit fiel in die Zeit der Herrschaft der Normannen und auch später des Hauses Anjou, wo sie sich als Hafen für selbstständigen Handel aus dem Morgenlande emporschwang. Den Hafen verschüttete endlich die Eifersucht des mächtigen Venedig: er wird aber jetzt wieder ausgebessert und neuer Eigenhandel hat sich eingefunden. Wenn jetzt die politische Einheit Italiens Alles wieder gut machen soll, was seine politische Zerrissenheit verschuldet hat, ist noch Vieles der Art wieder gut zu machen.

Von nun an ging es fortwährend durch Haine von Oliven und von blühenden Mandelbäumen, jeweilig untermischt mit prachtvollen Exemplaren der immergrünen Eiche, des Ilex. Wäre das Wetter nur nicht immer rauher geworden, bis es zuletzt, schon im März und so tief südlich, regelmäßig schneite! Das Schneegestöber barg alle ferner liegenden Theile der Landschaft dem Blicke vollständig. Von dem berühmten Schlachtfelde von Cannä, an einer Krümmung des Ofanto, noch in der Nähe Barlettas, war schon nichts mehr zu sehen gewesen. Hier, wo am Abend 70,000 Römerleichen das Schlachtfeld bedeckt hatten, während Hannibal von seinen Mietstruppen nur 6000 Mann eingebüßt hatte, hatte das Zünglein an der Waage des Weltenschicksals einst wirklich geschwankt, und wäre Roms Muth damals überhaupt zu erschüttern gewesen, so wäre Europa schon damals, statt erst spät durch das Christenthum, unter morgenländischen statt unter Römischen Einfluß gerathen. So wie das Wetter war, blieb dem Reisenden keine andere Unterhaltung möglich, als mit den bizarren Stämmen der alten Olivenbäume und dem ewig neu überraschenden Wunder der noch ohne alle Blätter so früh schon in rosenfarbener Pracht über und über blühenden

Mandelbäume unmittelbar am Wege, dem dazwischen schimmernden und flimmernden Meere und den blendend weiß getünchten Häusern der an der Bahn sich hier drängenden Hafenstädte. Das Alterthum betrachtete den Oelbaum als das werthvollste Geschenk der Götter. Zugleich ist er aber auch in der unermeßlich wechselvollen Plastik seiner Stämme, wenigstens wo er alt geworden, vielleicht der bizarrste aller Bäume. Bald sieht ein Olivenstamm aus wie ein Mensch, der auf die Knie gefallen ist; bald wieder wie ein Mensch, der eine Last auf den Schultern trägt; bald endlich wie einer, der seine Krone auf erhobenem Arme über dem Kopfe trägt. Bald sind zwei Stämme zu einem zusammengewachsen und sehen aus wie zwei aneinander gestemmte oder mit einander ringende Menschen. Wenn man dahinfahrend allmählich einnickt, mit schon schläfrigem Auge seitwärts blinzelnd, glaubt man sich unter schwarze Gespenster versetzt, welche allerhand unbegreifliches Zeug mit einander treiben. Und dazwischen ist der Mandelblüthenschnee hineingestreut wie ein zauberischer Gruß aus einer anderen Welt. Es folgen sich nun schnell Bisceglie mit ca. 21,000, Molfetta mit über 26,000 Einwohnern, Giovinazzo mit 9000 Einwohnern, Bitonto, einst ganz Griechisch, mit 24,900 Einwohnern, endlich, der Platz für das Mittagessen und der Haupthandelsplatz an der ganzen Südostküste, Bari mit 50,500 Einwohnern. Nun ich im Stande bin, diese Reisebilder schon auf Griechischem Boden aufs Papier zu bringen, weiß ich, daß alle Hafenstädte der Italienischen Südostküste nicht mehr ein rein Italienisches, sondern schon ein Griechisches Gepräge tragen. Man kann sagen ein fast Morgenländisches, wenigstens in den flachen, niedrigen, stets glänzend weiß getünchten Häusern mit verhältnißmäßig wenig Fenstern. Bari hat mehrere schöne Kirchen und auch viel geschichtliche Erinnerungen von Gewicht; zugleich ist es nächst Venedig und Ancona die bedeutendste Handelsstadt auf der ganzen Italienischen Ostküste und ein Anlaufsplatz wenigstens für die Italienischen Dampfschiffe. Es verdient schon einen eigenen Besuch. Aber der Schnee und die Kälte trieben unerbittlich weiter. Es ging vorbei an Mola mit 12,000 Einwohnern, an Polignano, an Monopoli, einer ansehnlichen Stadt schon mit Griechischem Namen, deren zahlreiche und stattliche Kirchthürme nicht wenig einladend winken, die aber nur gegen 20,000 Einwohner hat. Es folgen noch Fasano mit 14,800 Einwohnern und Ostuni, beide durch gewaltige Oelbaumwälder und unzählige kleine Landhäuser geschmückt und aus der Ferne von höchst modernem Aussehen. Die ganze Landschaft von Barletta bis hier trägt das Aussehen neuen landwirthschaftlichen Gedeihens und in dem Wagen der Eisenbahn reißt das Geschäftsgeplauder der Landspeculanten und Oelhändler, theilweis auch Deutscher Handelsreisenden, meist aus Frankfurt a. M., welche aber eingeständlich hier nur die billigste und schlechteste Posamentirwaare absetzen, nicht ab. Endlich, im Dunkel des Abends, verlor die Landschaft den Schmuck der Bäume ganz und ward vollständig kahl, wie bei uns, wenn man sich der Nordsee nähert. Dabei ging der Wind immer kälter und schärfer. Schon in voller Nacht erreichten wir Brindisi, wo das Dampfschiff des Oesterreichischen Lloyd für Korfu zu besteigen war. Der Bahnhof liegt noch weit vom Hafen und den Gasthöfen, schon ist aber der Strang nahezu fertig, welcher den Eisenbahnwaggon mit dem Dampfschiff verbinden wird.

Das Dampfschiff, Smyrna genannt, welches um 12 Uhr Nachts nach Korfu in See gehen sollte, war noch gar nicht von Triest und Ancona gekommen, da, wie wir später hörten, eine heftige Bora das Auslaufen aus dem Hafen von Triest verzögert hatte und ein heftiger Nordwind, wie wir selber erfahren hatten, den ganzen Tag hindurch im Adriatischen Meere gestürmt hatte. Nach eingezogener

Erkundigung auf der Agentur des Lloyd waren wir zufrieden, noch eine Nacht am Lande in Betten schlafen zu können. Das Schiff kam indeß noch in der Nacht und setzte seine Abfahrt auf 9 Uhr des nächsten Morgens fest. Ich nehme die Gelegenheit wahr, um Denjenigen, welche die etwas sehr hohen Preise im Englischen „Albergo delle Indie" zu scheuen haben, das „Albergo d'Europa" zu empfehlen. Es ist zwar auch nicht ganz billig, aber Kost und Betten sind gut. Um 9 Uhr Morgens stachen wir in See. Der Nordwind stürmte noch immer und die See ging hoch. Bei vollem Sonnenschein blieb es den ganzen Tag hindurch — es war der 6. März — auf dem Deck wie in der Kajüte empfindlich kalt. Die Dampfschiffe des Oesterreichischen Lloyd empfehlen sich durch bequeme Einrichtung und vorzüglich durch ganz vortreffliche Kost. In der ersten Kajüte fanden wir außer uns nur Engländer und Amerikaner, fast gleich viel Herren und Damen. Südlich von Italien bilden die Touristen, welche anderen Nationen angehören, nur einen ganz verschwindenden Bruchtheil derselben. Hier muß man berücksichtigen, daß eine eigene Englische Dampferlinie, die berühmte und vortreffliche Peninsular und Oriental Compagnie, von Venedig aus denselben Weg fährt und doch auch in der Kajüte des Lloyd nur Englisch gesprochen wurde, weil die Lloyd-Gesellschaft etwas billiger und gleich gut fährt.

Ungefähr bis 12 Uhr behielten wir, unter dem heftigen Winde langsam vordringend, die Italienische Küste der Meerenge von Otranto fern in Sicht. Zuletzt verschwand sie hinter den hoch sich aufthürmenden Wellen. Nach 2 Uhr wurden zuerst vorwärts zur Linken die schneebedeckten Gipfel der Akrokeraunischen Berge in Albanien sichtbar. Sie lagen aber augenscheinlich noch in weiter Ferne. Gegen 6 Uhr zeichnete sich auch der Umriß des nördlichen Gebirges auf Korfu schattenhaft auf dem Horizonte vor uns ab. Deutlicher markirten sich die beiden kleinen Inseln Fano und Merlera. Endlich ging es, immer im Dunkel, die Meerenge zwischen dem nördlichen Gebirge von Korfu, welches die Griechen der Gegenwart Pantokrator nennen, die antiken Griechen aber Istone nannten und der felsigen Küste von Albanien hinein, schon beim strahlenden Sternenlicht und auf ruhigem Wasser. Zur Rechten, auf der Korfuotischen Küste, ließen sich die Ruinen der Veste Kassope des Mittelalters erkennen, erbaut auf dem Platze der Altgriechischen Stadt Kassiope. Zur Linken machten sich, auf der Türkischen Küste, drei Leuchtfeuer hintereinander bemerklich und ein ganz nahes markirte die Einfahrt in das Binnengewässer zwischen dem sichelförmigen Korfu und der steilen und öden Küste von Albanien. Im Hafen der Stadt Korfu selbst, wo wir kurz vor 9 Uhr eintrafen, hatten wir erst auf die Erlaubniß zur Ausschiffung zu warten, welche kraft des überängstlichen Griechischen Quarantänegesetzes der wachthabende Arzt zu ertheilen hat, der nicht wach zu sein braucht, wenn nicht gerade ein Postdampfschiff erwartet wird, welches das unsrige nicht war. Er war aber wach und nach einer halben Stunde konnten wir uns ausschiffen, welches in der mondlosen Nacht über ein weites Stück Wasser und bei dem immer noch wehenden Winde und der Masse Reisegepäck, nicht gerade leicht zu bewerkstelligen war; auch, wie ich bemerken muß, nicht gerade billig. Als wir dann endlich auch die Griechische Zolluntersuchung durchgemacht und das verschlossene Gitterthor der Stadt Korfu mit allen unseren Habseligkeiten passirt hatten, befanden wir uns plötzlich — mitten im Griechischen Carneval. Da der Griechische Kalender um volle 12 Tage hinter dem Gregorianischen Kalender einherschleppt, fällt natürlich auch der Griechische Carneval um 12 Tage später als der Italienische. Auf der großen Promenade der Stadt Korfu, welche auch heute noch durch grüne Plätze und durch gute Kunststraßen sehr

5*

stark an eine Englische Seebadestadt erinnert, war noch Alles, theilweis in selbstverfertigten Costümmasken, auf den Beinen. Es war dabei schwer, die Costümmasken von den zahlreich vorhandenen bunten Nationaltrachten der Griechen und Albanesen zu unterscheiden. Von unsern Fenstern im Gasthof der bella Venezia aus, welches an der Hauptpromenade liegt, konnten wir dem bunten Treiben fast noch bis Mitternacht zuschauen. An der Gasthofstafel ward wieder, wie auf dem Schiff, von den zahlreichen Wintergästen, Herren, Damen und Kindern, neben etwas Italienisch, nur Englisch gesprochen. In unserem stattlichen, mit Teppichen, Flügel und allem modischen Mobiliar versehenen Salon aber blickten die ernsten und gemüthlichen Züge unseres Deutschen Kaisers aus umrahmtem Oelbild auf uns nieder und wir erfuhren, daß wir in einem Gasthof eingekehrt waren, welcher sich der besonderen Protection des Deutschen Kronprinzen rühmen kann.

Was am nächsten Tage und hernach hier selbst zu sehen war — und es war wirklich nicht ganz wenig — erzähle ich im Nächsten.

Spazirfahrten in Korfu.

(Annehmlichkeit und Sicherheit von Korfu. Gefahren in Albanien. Die Schicksale der Jonischen Inseln im gegenwärtigen Jahrhundert. Gute Wege auf Korfu. Die Deutschen Kaufleute daselbst. Die Korinthenfrage. Die Stadt Korfu. Denkmal des Marschall Schulenburg. Spuren der Venezianischen und Englischen Herrschaft auf der Insel. Das Grab des Menekrates. Der Strandsee. Kalychiopulos. Das alte Korkyra. Sein Hafen. Das „Schiff" des Odysseus. Die Quelle der Kressida oder der Nausikaa. Mädchen in der Quelle waschend. Auf Korfu wahrscheinlich reiner Griechenstamm. Das Innere der Insel. Griechische Lieder. Besteigung des Berges von Santa Dekka. Blick auf das Jonische Meer.)

Im März.

Mehr als eine Woche haben wir uns nun in Korfu aufgehalten. Es ist eine recht genußreiche und zum Theil auch lehrreiche Zeit gewesen. Korfu ist wirklich eine sehr geeignete Station, um sich für das übrige Griechenland, die Europäische Türkei und Kleinasien vorzubereiten. Mit der Sprache hat selbst der Jäger, so wie der Cultur- oder Naturforscher, welche doch mit dem eigentlichen Volke zu verkehren haben, hier noch keine Schwierigkeiten. Der größte Theil des Volkes spricht oder versteht doch Italienisch. Dabei sind die Gasthöfe, schon so lange Zeit hindurch von den Englischen Beamten und Touristen gepflegt, vortrefflich und nicht ganz so theuer, wie in den östlicheren Theilen des Morgenlandes.

Die höheren Stände verstehen auch Englisch und zuweilen sogar Deutsch. Das letztere kann von Griechischen Familien gesagt werden, welche als Kaufleute in Triest und Wien ihr Schäfchen aufs Trockene gebracht haben und sich dann hier nach Korfu zurückziehen, um in einem Landhause zu leben. Das Leben auf der Insel ist ganz sicher, wofür die Polizei gesorgt hat, welche noch die Engländer in Ordnung gebracht haben. Drüben von Albanien kann man dies allerdings nicht mit gleicher Bestimmtheit sagen. Vorzüglich der Jäger entgeht selten der Bettelei um Schießpulver, welche, wenn der Bettler wie gewöhnlich bewaffnet ist, fast den unbehaglichen Beigeschmack einer Drohung erhält. Bettler, welche drohen, sind die Grundlage aller Straßenräuberei. Die Insel Korfu ist fast in allen Richtungen von ausgezeichneten Fahrwegen durchkreuzt, welche die Engländer, wie die alten Römer, alsbald überall anlegen, wo sie hinkommen. Da diese Wege sämmtlich aus Mitteln der Insel hergestellt sind, so ist ihre Anlage anfangs wohl nicht ohne einigen sanften Zwang abgegangen, welchen die Gegenwart Britischer Truppen unterstützte. Der erste Lord-Obercommissarius, Sir Thomas Maitland, welcher seine der Form nach übrigens constitutionelle Regierung im Jahre 1817 antrat, lebt im Gedächtnisse des Volkes wegen seiner jeweiligen energischen Willkürlichkeit in Sachen der Polizei und der Wege immer noch als König Tom fort.

Lassen Sie mich etwas aus der neueren Geschichte der Ionischen Inseln erzählen. Ich beschränke mich auf das laufende Jahrhundert. Als die Selbstständigkeit Venedigs im Jahre 1797 so ruhmlos unterging, übertrug der Friedensvertrag von Campo Formio die Ionischen Inseln der Französischen Republik. Die Franzosen besetzten die Inseln auch, wurden aber bald von einer vereinigten Russischen und Türkischen Expedition vertrieben. Aus dieser ersten Französischen Beschlagnahme ist nichts übrig, als ein paar Mörser, welche jetzt als Prellsteine dienen und immer noch die Inschrift: „égalité et fraternité“ tragen. Nach Vertreibung der Franzosen kamen der Czar und der Sultan überein, die Jonischen Inseln als besonderen Staat unter Oberhoheit der Pforte anzuerkennen, etwa wie jetzt Serbien und die Wallachei. Aber bald ging es auf den Inseln gar böse her. Unter der harten und kaltblütigen Herrschaft Venedigs hatte das Volk niemals gelernt, sich selbst zu regieren, und durch die Franzosen der Republik waren seine Köpfe nur in Verwirrung gebracht worden. Bald waren alle Inseln gegen die eigene gemeinschaftliche Regierung im Aufstande, und dann auch jede dazu noch gegen ihre Localregierung. Die Form, welche diese Aufstände annahmen, war der Privatmord. Zuletzt gab es fast täglich einen solchen Mord auf der einen oder der anderen Insel. Der junge Staat war zur Frühlings-Tag- und Nachtgleiche des Jahres 1800 von Rußland und der Pforte sich selbst überlassen worden. Schon im Jahre 1802 konnten die Jonier ihre eigene Freiheit nicht mehr aushalten, und die wohlhabenderen Klassen schickten einen Abgesandten an den Czar, mit der Bitte, ihnen eine neue Verfassung zu geben, welche immer er wolle, und vor Allem Russische Truppen auf die Insel zu schicken. Der Czar willfahrte ihrem Wunsche und bevollmächtigte Mocenigo von Zante, einen Abkömmling der bekannten Venezianischen Dogenfamilie, eine neue Verfassung und vorzugsweise eine neue Verwaltung auf den Inseln einzurichten. Schon 1803 und dann 1806 kamen die Reformen des Mocenigo, welche sich etwas an die alte Venezianische Behandlung der Insel anlehnten, zur Ausführung. Aber nur ein Jahr später hatte Rußland, im Frieden von Tilsit 1807, die Jonischen Inseln, welche es doch eigentlich gar nicht besaß, an das Französische Kaiserreich abzutreten, welches sie schlechtweg einverleibte. So gingen in jener Zeit Völker mit sich selbst um, und so ward mit ihnen umgesprungen. Die neue Herrlichkeit dauerte wieder nur zwei Jahre. In den Kriegen zwischen England und Oesterreich auf der einen Seite und Frankreich auf der anderen Seite, während der Jahre 1809 und 1810, nahmen die Engländer sämmtliche Inseln bis auf Korfu den Franzosen wieder ab. Korfu selbst hielt sich bis zum vollständigen Sturze Napoleons. Die Stadt ist eben eine durch die Oertlichkeit außerordentlich begünstigte Festung. Ludwig XVIII. lieferte Korfu alsbald nach seiner Einsetzung in Paris an die Engländer aus. Diese waren auf allen Inseln, zuletzt auch in der Stadt Korfu selbst, mit Freudengeschrei empfangen worden. Am 5. November 1815 endlich ward zwischen Rußland, Oesterreich, Preußen und Großbritannien der Vertrag geschlossen, durch welchen die Ionischen Inseln dem Namen nach wieder für einen unabhängigen Staat erklärt wurden, jedoch unter Englischem Schutze; in der That aber wurden sie zu einem Besitzthum der Englischen Krone gemacht. Denn der König von Großbritannien als Protector ward ermächtigt, die Inseln mit Englischen Truppen zu besetzen und sich durch einen Lord-Obercommissarius vertreten zu lassen, welcher die Gesetze und die Verwaltung handhaben sollte, wobei die Ausarbeitung einer Verfassung einer constituirenden Versammlung vorbehalten blieb.

Sir Thomas Maitland rief diese Versammlung im Jahre 1817 zusammen, und dreißig Jahre lang sind die Ionischen Inseln nach der damals zu Stande gekommenen Verfassung, welche dem Englischen Commissarius sehr große praktische Macht ließ, man kann nicht anders sagen, mit wirthschaftlichem Erfolge regiert worden.

Erst in den bewegten Jahren 1848 und 1849 brachte der Zug der Zeit Neues auch in die Ionische Verfassung von 1817. Der damalige Lord-Obercommissarius, Lord Seaton, hielt es für angezeigt, unbeschränkte Preßfreiheit mit geringerer Verantwortlichkeit als in England selbst, sehr ausgedehntes Wahlrecht und Abstimmung bei den Wahlen durch Ballot einzuführen. Er behielt nur die auswärtigen Angelegenheiten des Staates und die Verwaltungszweige der Polizei und Gesundheitspflege unter seinem eigenen Griffe, so wie er sich auch ein Veto für alle Handlungen des Senats und der Volksvertretung vorbehielt. Von nun an begannen aber Reibungen zwischen den Joniern und der Englischen Regierung, welche auch zu Conflicten führten. Schon 1852 war es bei den Engländern beschlossene Sache, sich des unbequem gewordenen Besitzes schrittweise zu entledigen. Zuerst führten sie die Griechische Sprache als amtliche ein, statt der Italienischen, welche bis dahin als solche gedient hatte und welche noch bis heute von allen gebildeteren Joniern gesprochen wird. Dann schlossen sie einen Vertrag Ende März 1864, welchen auch der Kaiser der Franzosen und der Czar von Rußland unterzeichneten, mit dem Könige von Griechenland, kraft dessen die Königin von England unter Erfüllung gewisser Bedingungen von Seiten der Jonier dem Protectorat über die Jonischen Inseln entsagte. Die Geheimgeschichte des letzten Thronwechsels in Griechenland ist noch zu schreiben. Es ist zu bemerken, daß in jenem Vertrage die Versorgung der von England benutzten Jonischen Regierungsbeamten und eine besondere Jonische Civilliste von 10,000 Lstrl. ausgemacht wurden. Der Wunsch der Einverleibung mit Griechenland ward dann von der Jonischen Volksvertretung ausgesprochen. In dem Vertrage wurden aber ferner, was jetzt vielleicht von Wichtigkeit im Sinne zu behalten, Korfu nebst der benachbarten kleinen Insel Paxo zum neutralisirten Gebiet für ewige Zeiten erklärt, eine Bestimmung, gerechtfertigt durch die vereinzelte Lage beider an der Osmanischen, nicht an der Griechischen Küste. Die beiden Deutschen Mächte nahmen indeß keinen Theil an dem Vertrage, obgleich wenigstens Oesterreich in erster Linie dazu berufen gewesen wäre.

Dies zur neueren Geschichte der Jonischen Inseln und Korfu's insbesondere. Seit unserer Landung haben wir uns, von schönem, wenn auch kühlem Wetter begünstigt, auf der Insel und unter ihrer Bevölkerung mehrfach umgesehen. Allgemein trat uns, wenigstens bei den unteren Ständen, eine Art von Bedauern entgegen, daß es mit dem Englischen Protectorat ein Ende genommen habe. Dies ist eigentlich um so auffälliger, als die Engländer Alles, was sie auf die Inseln verwandten, auch aus den Inseln selbst genommen haben. Sie haben sie augenscheinlich zu regieren verstanden. Es wird jetzt hier allgemein darüber geklagt, daß es seit 1864 mit den Inseln nicht recht vorwärts wolle. Das Meiste in wirthschaftlicher Beziehung thun jetzt Deutsche auf den Inseln ansässige Kaufleute. Sie haben sich des Korinthenhandels, so wie des Handels mit den sehr guten Weinen der Inseln und des westlichen Peloponnes mit Kraft angenommen und zu diesem Zwecke in eine Actiengesellschaft vereinigt und namhafte Weinpressen und Kellereien für den Export angelegt, welche sich auf Patras im Peloponnes befinden. Dies hat zuletzt auch die Griechen nicht schlafen lassen. Auch sie haben eine Actiengesellschaft zu diesem Zwecke gegründet und fabriciren selbst Schaumweine. Es wird hier allgemein Deutscher Sprit, als der reinste, zur Weinverschneidung verwendet, und schon mehrfach habe ich den Wunsch nach einem Handelsvertrage mit Deutschland hier äußern hören, durch welchen einerseits der Deutsche Eingangszoll auf Korinthen, andererseits der Griechische Eingangszoll auf auswärtigen Sprit herabgesetzt werde. Der Abschluß eines solchen Handelsvertrages würde in der That keine Schwierigkeit bieten, da Griechenland für jede Vermehrung seiner Korinthenausfuhr, als seines Hauptexportartikels, mit welchem es auch ganz allein die Märkte versorgt, fast alles zu gewähren bereit ist. In Deutschland aber hat der Eingangszoll auf Korinthen noch die unsinnige Höhe von zwölf Mark für den Centner, das heißt ungefähr eben so viel, wie sie am Ursprungsorte kosten. Es werden jetzt 170 Millionen Pfund Korinthen jährlich ausgeführt. Hiervon gehen aber Dreiviertel allein nach England, wo die Korinthen in keinem Backwerk oder süßen Pudding fehlen. Korinthen aber sind doch keine Colonialwaare wie Kaffee oder Thee, von möglicher Weise ganz unproductivem Verbrauche. Sie sind ein zuckerhaltiges, also wohlthätig wirksames, ächtes Volksnahrungsmittel, worin sie sich denn auch in England längst verwandelt haben. In Deutschland aber stockt es mit ihrem Absatze noch gar sehr wegen des zu hohen Preises. Dabei wirft der Eingangszoll als Einnahmequelle noch sehr wenig ab, und von irgend welchem protectionistischen Interesse, wenn dies noch zu erwähnen ist, kann bei Korinthen, welche schon hier in Korfu als zu nördlich nicht mehr gedeihen, doch gar nicht die Rede sein. Würde der Eingangszoll von zwölf Mark etwa auf zwei Mark herabgesetzt, so würde er wahrscheinlich in wenigen Jahren schon eben so viel einbringen wie jetzt. Der Verbrauch süßer Speise, welcher ja auch unserem Zucker zu gute kommt, würde sich dann rasch in eine solche Volksgewohnheit verwandeln, wie er in England ist. Die kleine, sehr süße Zwergtraube, welche die Korinthen liefert, gedeiht aber erfahrungsmäßig nur am Golf von Lepanto und auf den Jonischen Inseln Kephalonia, Zante und St. Maura, auch in Ithaka, welche unmittelbar vor diesem Golfe liegen. Und da auch nur wir in Norddeutschland den ganz reinen Kartoffelsprit liefern, welcher sich am besten für die Weinverschneidung eignet, so ließe sich ein solcher Handelsvertrag ganz im Geiste der modernen Handelspolitik schließen, welche von verschiedener Zollbehandlung der Waaren nach ihrem nationalen Ursprunge nichts mehr weiß.

Die Stadt Korfu, mit ihren beiden Vorstädten Kastriades und Manduchio, zählt jetzt über 25,000 Einwohner. Es mischen sich in ihr die Italienische und Griechische Bauart der Häuser. Ihr die Aufmerksamkeit am meisten in Anspruch nehmender Punkt ist wohl das alte Castell auf zwei Felsköpfen am Strande, von welchem Stadt und Insel ihren Byzantinischen Namen, Koryfo, die beiden Köpfe, erhielten. Es liegt von der Stadt durch eine Esplanade und einen weiten Exercierplatz vollständig getrennt. Die Venezianer haben dasselbe in ihrer Zeit wahrhaft furchtbar befestigt, so wie die Stadt überhaupt. Die Festungswerke tragen überall als Basreliefs den geflügelten Löwen von S. Marc. Vor dem Castell auf dem Platze haben die Venezianer dem Deutschen Marschall Schulenburg sogar noch bei seinen Lebzeiten ein Marmorstandbild errichtet, zum Danke für die erfolgreiche Vertheidigung der Stadt im August 1716 gegen die Türken, welche mit 30,000 Mann das Meer gekreuzt, die Insel besetzt und die Stadt eng blokirt hielten. Kurz vor dem Sturme machte Schulenburg an der Spitze der Venezianischen Garnison, welche aus Deutschen, Slawoniern und Venezianern bestand, mit der Fahne in der Faust einen Ausfall und zwang durch blutiges Ringen die Türken zum Rückzuge, deren Admiral und General dafür in Konstantinopel mit der seidenen Schnur bedacht wurden. Kurz vorher hatte Sultan Achmed III. den Venezianern den Peloponnes entrissen, welchen sie nach seiner Eroberung durch Morosini fast dreißig Jahre hindurch behauptet hatten.

Schulenburg war ein sehr fähiger Soldat, unter Prinz Eugen erzogen, welcher im Kriege zwischen Karl XII. von Schweden und August dem Starken von Sachsen selbst dem verwegenen jungen Alexander des Nordens Achtung einzuflößen verstanden hatte. Jene Belagerung von Korfu durch die Türken war deren letzter Versuch, ihre Herrschaft weiter nach Westen auszudehnen.

Wie der geflügelte Löwe von S. Marc an die Venezianische, so erinnert auf dem Castell eine ehemals protestantische, jetzt Griechische Garnisonkirche, welche vollständig im Stile eines Dorischen Tempels aufgeführt ist und dem Castell fast Aehnlichkeit mit der Akropolis von Athen giebt, an die Englische Herrschaft.

Die Engländer merkt man überhaupt sehr stark noch in der Stadt und auf der ganzen Insel. Zunächst wimmeln noch alle Gasthöfe von ihnen (aus Nordeuropa sind sonst nur Deutsche Touristen neben ihnen zu finden); dann aber haben sie in der Stadt für sanft ansteigende Rasenplätze, von Häuserterrassen gekrönt, ganz wie in London gesorgt, und Schafheerden weiden diese Rasenplätze ab, ebenfalls wie in London. Die Insel aber ist, wie kein anderes südliches Land, von vortrefflichen Fahrwegen und Fußwegen Englischer Constructionsart durchkreuzt, so daß der Besucher aus Nordeuropa auf dieser ersten Station des Morgenlandes in dieser Beziehung noch nichts vermißt. Die Rasenplätze erstrecken sich noch weit vor die Stadt hinaus, das Glacis ihrer Befestigung bildend. Einer der schönsten, die Stadtesplanade in einer Platanenanpflanzung fortsetzend, läuft eine Strecke zwischen der Vorstadt Kastriades und dem von einer steinernen Brustwehr eingefaßten Meeresstrande hin. Dieser bildet den Hauptanziehungspunkt für die täglichen Spazirfahrten und Spazirgänge der Korfuoten und der Fremden. Gleich zur Rechten dieser Wiese befindet sich das antike Grab des Menekrates, welches aus der Erde ausgegraben worden und daher, trotz der mannichfachen Belagerung Korfu's noch ganz unversehrt ist. Es ist ein kleiner, überall geschlossener Rundbau, mit schwerem Kuppeldach aus sehr großen, unbehauenen Steinen. Die Inschrift zu entziffern, ist mir nicht gelungen, da sie zum Theil sehr undeutlich und verwischt ist. Ich kann daher nicht sagen, ob der Name Menekrates, welcher deutlich ist, sich auf den närrischen Arzt Philipps von Macedonien bezieht, oder nicht. Man hat das Grab in ein Eisengitter eingeschlossen. Wo man in derselben Richtung Ausgrabungen versucht hat, ist man übrigens auf Fragmente von antiken Skulpturen und Gebäuden gestoßen. Auch läßt Thukydides kaum einen Zweifel daran übrig, daß das Altgriechische Korkyra erst hier begonnen haben muß und dann die ganze übrige Halbinsel bedeckt hat, welche zwischen dem Meere und dem mit demselben in Verbindung stehenden Strandsee Kalychiopulos sich erstreckt. Diese ist jetzt ganz mit sehr alten Oelbäumen von den wunderlichsten Formen bewachsen und enthält auch ein Casino des Königs mit Park, der dem Publicum geöffnet ist. Auf einem Felsvorsprunge, der fast über dem Meere schwebt, erheben sich hier die Trümmer eines kleinen Dorischen Tempels, von welchem aus sich ein gar wunderschöner Blick über das Meer hinweg auf die schneebedeckten Berge der Albanischen Küste eröffnet. In dem Oelwalde zeigen sich an mehreren Stellen die Spuren verschanzter Lager, welche wohl von den Türken bei ihrer letzten Belagerung von Korfu herrühren. In einem Dörflein, das in der Mitte liegt, konnten wir einen Trunk Schafmilch bekommen. Von hier aus eröffnete sich wieder der Blick auf den See von Kalychiopulos, welcher unzweifelhaft der von Thukydides genannte Hylläische Hafen von Korkyra war. Mitten in der Einfahrt zu diesem alten Hafen steigt aus dem Meere ein seltsam geformter, unbewachsener Felsen auf, welchen man auf Korfu in Concurrenz mit einem anderen Felsen draußen im Meere das Schiff des Odysseus genannt hat, in Erinnerung an das Schiff, auf welchem die Phäaken den Odysseus nach Ithaka schafften und welches dann, nach der Odyssee, von Poseidon aus Rache in einen Felsen verwandelt wurde. Ich glaube indeß weit eher, daß, wenn der Verfasser der Odyssee wirklich Korfu dabei im Sinne hatte, mit dieser Sage der Doppelfelsen gemeint war, auf dem jetzt in der Stadt das alte Castell steht. Dieses sieht wirklich grade einem antiken Schiffe, nur einem sehr großen, ähnlich.

Wir besuchten dann auf der Inlandseite des alten Hylläischen Hafens die vom Volke so genannte, reich sprudelnde,

Quelle der Kressida. Die Gelehrten von Korfu haben aber für die Engländer eine Quelle der Nausikaa daraus gemacht. Hier soll Odysseus, mit dem Baumzweige seine Nacktheit verbergend, sich schüchtern bittend der Phäakischen Königstochter genähert haben, welche die Hauswäsche in Gruben trat, die sich mit dem Quellwasser füllten, und hier sollen ihre Mägde vor dem wilden Anblick des Fremden geflohen sein. Als wir die Quelle erreichten, siehe da standen wieder zwei Korfuotische Mädchen mit nackten Beinen im herabfließenden Wasser der Quelle auf dem Sandboden; die eine trat Wäsche, und die andere spülte Salat. Es waren beides entschieden hübsche Mädchen, nur mit sonnengebräunten Gesichtern, denen das weiße Kopftuch und die Griechische Bauerntracht vortrefflich stand. Als sie sich von einer ganzen Gesellschaft, die aus elegantem Wagen stieg, beobachtet sahen, lachten sie stolz verlegen, beantworteten Zurufe aber mit keinem Wort. Fast alle Mädchen auf dem Lande, welche wir bisher gesehen haben, groß, robust, aber dennoch feingliederig, zeigen eine markirte Aehnlichkeit mit der Venus von Milo, nicht etwa mit der mediceischen oder capitolinischen. Es muß hier, wenigstens auf dem Lande, noch ein ganz reiner Griechenstamm wohnen; womit sollte er auch gemischt sein? Die Slawische Ueberfluthung ist nie nach hier gedrungen. Die Spuren der Venezianischen und Englischen Herren und ihrer Soldaten, so wie was der Handel an Fremden hierher brachte, das Alles ist in der Stadt sitzen geblieben. Mit den Albanesen mag vorzüglich in früherer Zeit Blutmischung stattgefunden haben. Dies ist aber ein mit den Griechen verwandter und ihnen ähnlicher Volksstamm, die wilde Urpflanze, mit welcher die cultivirte nur immer wieder aufgefrischt wird.

Wir fuhren noch weiter in das Innere der Insel hinein, auf die südliche Gebirgskette zu, zu welcher die Fahrstraße etwa bis zur halben Höhe emporführte. Fortwährend ging es durch Oelbaumwald, wie denn Alles auf der Insel, was nicht nackter Kalkfels ist, mit Oelbaumpflanzungen, Weingärten, auf welchen die Reben ohne Stöcke, Gitter oder tragende Bäume, wie in Italien gebräuchlich, reihenweise in den Boden gepflanzt und wohl geschneitelt sind, wie im südlichen Frankreich, endlich mit Cactuspflanzungen für die Carmeszucht zur Gewinnung der Carmoisinfarbe bedeckt ist. Das Oel, von übrigens ziemlich geringer Qualität, ist indeß hier die Hauptsache. Im Dorfe zu den zehn Heiligen, Deka hagioi, gewöhnlich aber halb Italienisch, Santa Decca genannt, nahm der Fahrweg ein Ende. Meine Frau blieb hier auf grünem Plan bei dem Kaffeehause, in dem die Bevölkerung versammelt war, sitzen, ließ sich die Oelpresse zeigen, und von den Bauern, die in ihrem Sonntagsstaate waren, Griechische Lieder vorsingen. Sie sangen sie vielstimmig, mit guter Harmonie, aber von Melodie war nicht viel herauszuhören. Es waren keine Volkslieder, sondern offenbar in den Griechischen Kirchen erlernte, aber ohne Worte gesungene, theilweise leise gebrummte Gesänge. Wir Männer stiegen die Bergkette hinauf bis auf den höchsten Gipfel. Oben lag ein ärmliches Kloster, vor dessen Thüren wir von den Feldarbeitern und Hirten, die dort zu thun hatten, angebettelt wurden. Der höchste Gipfel ist nahezu 3000 Fuß über der Meeresfläche. Der Blick schweift von hier aus über die ganze Insel, nur im Norden durch den Pantekrator, den höchsten Berg auf der Insel, dem Brocken an Höhe gleich, begrenzt. Der südliche Gebirgszug, auf welchem wir standen, trennt zwei Culturgebiete mit ihren Oelbaumwäldern und Weingärten von einander, zwischen welche hier und da malerische Dörfer, ganz aus gewachsenem Stein erbaut und weiß getüncht, hinein gestreut sind. Ostwärts zeigte sich der breite Spiegel des Gewässers zwischen der Insel und dem Festlande, einem großen Landsee gleich, von stattlichen, vielgestaltigen Bergen umgeben und von den dreieckigen Segeln der Fischernachen belebt. Die Stadt mit ihren Festungswerken und dem zweiköpfigen Felsencastell am Strande war deutlich sichtbar. Südlich verlief die Insel in eine sandige Landzunge, hinter welcher wieder ganz kleine Felseninselchen aus dem Meere emportauchten. Westlich schimmerte das Jonische Meer, auf dem die Sonnenlichter tanzten und lächelten bis in unabsehliche Ferne hinaus. Nordwestlich schien es uns fast, als könnten wir die Italienische Küste bei Otranto wie einen dünnen Streifen erkennen. Doch kann es auch bloßes Trugbild der Meeresoberfläche gewesen sein. Unsere Gläser reichten nicht aus, uns Gewißheit darüber zu verschaffen. Der steile Weg abwärts war beschwerlich, da der Fuß keine andere Stütze als loses Gestein fand, welches durch die Wirkung des Wassers und den Tritt der weidenden Thiere vom Kalksteinfelsen abgebröckelt war. Wir waren recht müde, als wir den Wagen wieder bestiegen, der nun, blitzschnell der Stadt zueilend, uns der dicht besetzten und in fünf Sprachen — Englisch, Französisch, Deutsch, Italienisch und Griechisch — fröhlich plaudernden Abendtafel zuführte. Morgen aber soll uns ein Griechisches Dampfschiff zu den südlicheren Jonischen Inseln und dem Griechischen Festlande führen.

Von Korfu nach Patras.

(Die Griechische Dampfschiffahrt und ihre Schwierigkeit. Nach Kephalonia. Argostoli. Griechische Abgeordnete und Studenten. Vorliebe der Griechen für die Deutsche Sprache. Verbreitung derselben unter ihnen. Erinnerung an König Otto. Anblick und Zustand von Kephalonia. Der Berg Elato. Die Insel Zante. Der Peloponnes. Die Schlacht von Lepanto. Die Akarnanischen Berge und der Panachaikos. Patras. Volksleben in Patras. Die Deutschen Kaufleute. Der Korinthenhandel und der Weinhandel. Besuch der großen Deutschen Weinkelterei.)

Athen, 23. März.

Die nationalen Dampfschiffsverbindungen Griechenlands gewähren zwar die Gelegenheit, einen großen Theil des Landes zu besuchen, — und zwar einen Theil dazu, welcher landschaftlich, geschichtlich und auch in Betreff des heutigen Volkslebens ganz besonders anziehend ist — aber bequem ist diese Gelegenheit keineswegs. Die Hauptschuld an ihrer großen Unbequemlichkeit trägt der Umstand, daß der Isthmus von Korinth nicht durchstochen ist. Die Packdampfschiffe setzen jetzt zwar zwei mal wöchentlich den Isthmus mit dem Westen wie mit dem Osten in Verbindung, aber wenn ungünstiges Wetter die Schifffahrt entweder auf der einen oder auf der andern Seite verzögert, ist der Anschluß nicht mehr sicher und wird dann gar nicht mehr mit demselben Schiff versucht, sondern bleibt auf das nächste Schiff, d. h. auf eine halbe Woche später verschoben. Das Schiff, welches uns aus Korfu weiter führen sollte, war in Folge eines Sturmes um ein paar Stunden zu spät eingetroffen. Seine Wiederabfahrt, die des Nachmittags um 5 Uhr stattfinden muß, war damit zunächst um einen ganzen Tag hinausgerückt worden. Dann konnte es aber den Isthmus doch nicht mehr an dem Wochentage erreichen, an welchem die von der Dampfschifffahrtsgesellschaft eingerichtete Verbindung zu Wagen über den Isthmus stattfindet. Das ganze System der in einander greifenden Verbindungen war damit in Unordnung gebracht. Es kehrte nun nur bis Patras zurück, wo die Passagiere für zwei Tage auszuschiffen waren, um dann auf ein Localschiff überzugehen, welches nur die Orte am Golf von Korinth mit einander und mit dem Isthmus verbindet, und hierauf nach seiner Bequemlichkeit den Rest der halben Woche verwendet. Uns lag hieran nichts, weil der Weg ja so sehr viel Sehenswürdiges bietet. Dem Geschäftsreisenden aber ist zu rathen, sich, wenn er in bestimmter Zeit in Athen sein muß, doch lieber ganz und gar der Schiffe des Oesterreichischen Lloyd zu bedienen, welche, den Peloponnes umschiffend, bis Syra gehen, von wo dann wieder ein Dampfschiff im Anschluß die Verbindung mit dem Piräus herstellt. Die Schiffe des Lloyd sind außerdem viel größer und in allen Beziehungen behaglicher eingerichtet.

Die Fahrt von Korfu bis Kephalonia nahm schon allein die ganze Nacht in Anspruch. So lange man auf Deck blieb, hatte man bei dem hellen Mondenschein des Südens die Bergketten von Albanien zur Linken, theilweis noch mit Schnee bedeckt, und die beiden Inseln Paxo und Antipaxo zur Rechten. Ich zog es bald vor, zu schlafen, um für den nächsten Tag besser gerüstet zu sein. Das Morgenlicht weckte uns auf der Rhede von Argostoli in Kephalonia. Hier kamen einige Abgeordnete von Kephalonia an Bord, um die gegenwärtige Volksvertretung in Athen vollzählig machen zu helfen, welche noch immer nicht beschlußfähig ist.

*6

Auch Studenten schifften sich ein, Juristen und Mediciner. Es war keiner unter diesen Herren, welcher nicht außer der eigenen Sprache entweder Englisch, Deutsch, Französisch oder Italienisch sprach, so daß sich bald eine allgemeine Unterhaltung zwischen ihnen und den Touristen aus Europa, wie merkwürdiger Weise die Griechen selbst das übrige Europa außer der Balkan-Halbinsel zu nennen gewohnt sind, uns Deutschen, Deutsch-Oesterreichern und den Engländern, anzuspinnen vermochte. Aber Deutsch zu sprechen scheinen die zahlreichen Griechen, welche es können, jetzt ganz besonders zu lieben und sich etwas darauf einzubilden. Die Mediciner haben es meist in Wien, die Philologen in München oder Leipzig erlernt. Die meisten der Abgeordneten sahen ungefähr so aus, wie die Abgeordneten bei uns. Man kann deutlich sehen und auch bald durch die Unterhaltung bestätigt finden, daß in Griechenland dieselbe Gesellschaftsklasse in die Vertretung gewählt zu werden pflegt, wie in Deutschen Landen: Landgutsbesitzer von gewissem Bildungsgrade, Richter und Advocaten, Mitglieder des Lehrerstandes, Journalisten und größere Industrielle. Es ist meine Sache nicht, mich hier viel mit Politik zu befassen; aber ich will doch nicht die Bemerkung unterlassen, daß mir Griechenland nicht all zu weit von einer neuen Umwälzung zu sein scheint, einem neuen Sturm im Glase Wasser, wie die vorige. Dem jungen Könige ist es bis jetzt durchaus nicht gelungen, sich Achtung bei den Politikern des Landes zu verschaffen. Es scheint fast zum Schlagwort geworden zu sein, daß man König Otto's Weggehen jetzt bedauert; es seien nur Englische Intriguen im Lande gewesen, welche seinem Regimente ein Ende gemacht hätten, weil er der nationalen Sache zu sehr ergeben gewesen sei. Er sei England unbequem geworden, und das Griechische Volk habe sich Sand in die Augen streuen lassen. Der gegenwärtige König werde bald selber Lust haben, wieder fortzugehen u. s. w. Die jungen Männer schienen hierüber ganz einstimmig zu sein: die Abgeordneten waren natürlich vorsichtiger.

Von Kephalonia gewannen wir erst den vollen Anblick, nachdem wir die Rhede von Argostoli, ihrer kleinen Hauptstadt, welche in einer Bucht auf der Südwestküste liegt, eine geraume Zeit verlassen hatten. Diese größte der Jonischen Inseln ist zugleich die höchste. Ihr höchster Berg, Elato, im Mittelalter der „schwarze Berg" genannt, erhebt sich bis zur Höhe von 5000 Fuß und zeigt um den Gipfel herum noch etwas Schnee. Einst trug derselbe auf seiner Spitze einen Zeustempel, dessen Altar noch im Anfange dieses Jahrhunderts erkennbar war: seit dem Erdbeben aber ist auch dieser unter einem Steinhaufen verschwunden.

Auch Kephalonia ist, wie Korfu, von den Engländern mit ausgezeichneten Landstraßen versehen worden. Hier hat sich Sir Charles Napier, welcher einst Unter-Gouverneur oder „Resident" in Kephalonia war, verewigt, derselbe heftige Schotte, später Admiral und Mitglied des Unterhauses, welcher während des Krimkrieges das Britische Geschwader in der Ostsee befehligte, die Alands-Inseln nahm und Helsingfors angriff, sich aber an Kronstadt doch nicht wagte. Er errichtete auf Kephalonia auch Malthéser-Colonien mit Musterwirthschaften, über welche er in seinem Buche über Colonien berichtet hat.

Im eilften Jahrhundert bemächtigte sich Robert Guiscard, der Normannische Gründer des Königreichs Neapel, in seinem Krieg gegen das Griechische Kaiserreich der Insel Kephalonia, wo er aber mitten in seinen Erfolgen starb.

Vom Meere, vom Süden aus gesehen, bietet der Berg Elato, welcher auf seinen Abhängen dunkle Pinienwälder trägt, einen gar majestätischen Anblick. Es ist eine gewaltige Felsmasse, wie überhaupt die ganze Insel Kephalonia. Ithaka, welches ostwärts von Kephalonia liegt, scheint vom Meere aus gesehen mit demselben zusammenzuhängen, wie denn auch die Odyssee, welche Kephalonia nach ihrem damaligen Hauptort Samos nennt, die politische Zusammengehörigkeit beider Inseln betont. Beide Inseln zeichnen sich jetzt durch vortrefflichen Wein, so wie durch den Anbau der Zwergtraube aus, welche die Korinthen-Rosinen liefert. Ueber diese letzteren Weiteres aus Patras. Als der beste Branntwein im ganzen Morgenlande wird der Rosolio von Kephalonia angesehen. Wir hatten Proben von allen diesen Producten auf dem Schiffe, für die nationale Gewerbeausstellung bestimmt, welche am 1. Mai in Athen eröffnet werden wird. Eine andere Leistung Kephalonia's sollten wir noch später kennen lernen.

Sobald das Schiff die Rhede von Kephalonia verläßt, erblickt man im Süden die Insel Zante, welche einen niedrigeren Bergzug trägt als Kephalonia und durch ihre lieblichen Berg- und Thalformen, sowie durch die schöne und wohlbevölkerte Hauptstadt, an malerischer Bucht gelegen, an Korfu erinnert. Auch ist Zante wegen seiner Lieblichkeit und seiner schönen Vegetation in den Griechischen Gewässern noch berühmter als Korfu. „Zante, Zante, Fiore di Levante!“ singen die Italienischen Seeleute, wenn sie diese Insel zu Gesicht bekommen. Auch auf ihr wird die Zwergtraube in großer Fülle angebaut; aber noch berühmter ist ihr Blumenreichthum. Sobald das Schiff auf der Rhede vor Anker lag, fand sich dasselbe von zahlreichen Booten umdrängt, welche zu unserem Ergötzen darum kämpften, welches zuerst an die Schiffstreppe anzulegen vermochte. Das Geschrei und der Eifer dabei waren ächt Griechisch. Hätte der Capitän nicht zuletzt Ordnung gestiftet, namentlich wegen der neuen Passagiere, die an Bord wollten, so wäre kein einziges jemals an die Schiffstreppe gelangt; denn eines stieß immer das andere davon weg. All diese Boote schimmerten von großen Blumensträußen, für den Verkauf auf dem Schiffe oder als bestellte Geschenke nach Athen bestimmt. Bei der gegenwärtigen Kälte war dies ein frühzeitiger Blumenflor, viele Wildblumen darunter, von fast tropisch glühend rothen oder glühend gelben Farben. Aber die Verkäufer brachten auch ein Product von Zante an Bord, welches sonst wohl selten auf dem Meere zum Verkauf angeboten wird, nämlich weißen Gesichtspuder von Reismehl.

Wiederum stiegen hier Abgeordnete an Bord, welche nach Athen gingen. Unter ihnen waren auch solche, welche die Nationaltracht trugen: die bunten, gestickten, bis zum Knie hinauf reichenden Kamaschen, aus welchen am Fuße die Sporen heraussahen, den bei der „Gentry" stets sauber weiß gewaschenen, reichgefalteten, weißen Unterrock, die Fustanella, auch das Griechische Jäckchen, welches auf der Brust nicht schließt und mit Gold= und Silberstickerei besetzt ist, und endlich auf dem Kopfe das kleine Griechische Männerfez.

Nun wendete sich das Schiff und fuhr auf das Festland des Peloponnes los, welches schon geraume Zeit wenigstens in den Bergzügen sichtbar gewesen war. Es ist der südwestliche Ausläufer der Achajischen Küste, welcher zuerst nahe gebracht wird und ein sandiges Vorgebirge mit den Trümmern des mittelalterlichen Schlosses Clarence oben und einem Oertchen unten am Strande zeigt. An der Stelle dieses Ortes lag einst die Hafenstadt Kyllene, welche noch zum alten Elis gehörte.

In nordöstlicher Richtung weiter dampfend, hielt nun das Schiff auf das niedrige Vorgebirge Papa zu, einst das Vorgebirge Araxos genannt und die Grenze zwischen Elis und Achaja bildend. Der Blick auf die Inseln im Süden, Westen und Norden ward hier besonders schön und mannichfaltig. Hinter uns war der Umriß von Zante noch sichtbar, desto blaßblauer aus dem dunkelblauen Meere heraustauchend, je mehr wir uns davon entfernten. Dagegen ward zur Linken die gewaltige Erhebung von Kephalonia und das daneben liegende Ithaka, welches beträchtlich niedriger ist, wieder dunkelblauer und hob sich schärfer vom Himmel ab. Rechts, weiter nach vorn, sah man über breites Gewässer bis zu den blasser sich abzeichnenden Bergen der Insel Santa Maura oder Leukadia durch. Näher tauchten die kleinen Felseninseln der Echinaden aus dem Meere empor, und vorne in Sicht waren die Bergketten von Akarnania, welche hier den Achelous, in sichtbar eingeschnittener Thalsenkung, zum Meere entsenden. Ringsum wimmelt es von den bedeutsamsten Erinnerungen der Sage und Geschichte, die letztere abwärts bis zur Schlacht von Lepanto, in welcher Don Juan von Oesterreich, der Sohn der Liebe Karls V. und der schönen Barbara von Regensburg, zum ersten Male die Türken ernsthaft zur See schlug. Und dies erinnerungsreiche Stück Land und Wasser entzückte zugleich durch ewig wechselnde, vorherrschend blaue Landschaftsbilder, wie sie in Europa wohl nur noch am Golf von Neapel mit ähnlichen Erinnerungen der Sage und der Geschichte und etwa am Bosporus zu finden sind.

Nachdem wir das Vorgebirge Papa umfahren, ging es in gerader Linie mit den Akarnanischen und Aetolischen Bergketten zur Linken und der Achajischen Bergkette, dem Panachaikon, 6300 Fuß hoch und schneegekrönt, vorwärts zur Rechten, auf Patras zu, dessen Rhede noch vor Sonnenuntergang erreicht wurde. Rückwärts aber verblaßten mehr und mehr die zackigen Formen der westlichen Griechischen Inselwelt, der wir nun Lebewohl zu sagen hatten.

In Patras vergißt man alsbald das alte Griechenland ganz und findet sich in das neue, in das politische, wie in das wirthschaftliche wie mit einem Zauberschlage versetzt. Patras, obgleich schon in der ältesten Geschichte Achaja's eine Rolle spielend, und der Denkmäler aus derselben wenigstens nicht ganz entbehrend, scheint sich schon zur Zeit der Gründung des Römischen Imperatorenreiches in eine

Industrie- und Handelsstadt fast moderner Art verwandelt zu haben. Augustus machte es nach der Schlacht von Actium zu einer Römischen Colonie, und Strabo fand es in blühendem Zustande und eine namhafte Bevölkerung daselbst vor, welche sich von einem Gewerbfleiße ernährte, der auf den Export nach Westen angewiesen war. Anderthalb Jahrhunderte später besuchte es Pausanias, der bekannte, übrigens ziemlich ungebildete Verfasser eines Reisehandbuchs durch Griechenland, für vornehme Römer zur Zeit des Kaisers Marc Aurel geschrieben. Die Ebene, vorzüglich in Elis, war damals mit Baumwollpflanzungen bedeckt, und Patras selbst eine Baumwollenweberstadt, wie heut zu Tage die Städte in Lancastershire, in welcher die weibliche Bevölkerung die männliche um das Doppelte übertraf. Dies klingt eigentlich doch sehr wenig antik und scheint zu beweisen, daß die wirthschaftlichen Verhältnisse, wenn man mit Jahrtausenden rechnet, keinen so großen Umschwung erfahren haben, wie man wohl anzunehmen liebt. Aber dies alte Patras lag ausschließlich auf der leichten Bodenerhebung, welche noch heute seine Ueberreste trägt. Noch erhebt sich dort, auf der Stelle ihrer alten Akropolis, das Schloß von Patras, und eine Altstadt schließt sich daran, in welcher sich noch die Stelle der alten Agora erkennen läßt. Aber seit Griechenland seine Unabhängigkeit errang, hat sich ein neues Patras unmittelbar am Strande gebildet, mit geraden, breiten Straßen und viereckigen, mit Bäumen bepflanzten Plätzen, ähnlich den Englischen, oder noch besser den ganz neuen Amerikanischen, ja den Californischen Städten. Es sind jetzt keine Baumwollenpflanzungen mehr, welche die Stadt ernähren, sondern Felder, welche mit (Korinthen-) Weinstöcken besetzt sind, jetzt ohne Laub und nur durch die niedrigen, dicken und knorrigen Holzstämme der Weinstöcke kenntlich, welche in endlosen, schnurgraden Reihen aus den Feldern empor starren. Der Westgriechische Korinthenbau und Korinthenhandel, dessen Mittelpunkt und Hauptmarkt Patras bildet, hat schon jetzt ein nicht geringes, wirthschaftliches Gewicht, trotz oder wohl besser grade wegen des stets sinkenden Preises der Korinthen, welche innerhalb eines Vierteljahrhunderts auf den halben Preis zurückgegangen sind, und der Genuß dieses Gerichtes wird noch bedeutend zunehmen nach der Maßgabe, als die Zolltarife der großen Culturstaaten von den veralteten Posititonen gereinigt werden, durch welche Volksnahrungsmittel entweder als Delicatessen, als Südfrüchte, oder als Colonialwaaren mit einem Zollsatze belastet geblieben sind, welcher die Ausdehnung ihres Verbrauchs so sehr erschwert. Der Kampf für Handelsfreiheit hat noch viel Gutes in der Welt zu leisten.

Es war ein gar reges Volksgetümmel, welchem wir in Patras von den Stühlen und Tischen vor den Kaffeehäusern zuzuschauen hatten. Hier überwog die kleidsame Griechische Nationaltracht vollständig den Europäischen Kleiderschnitt. Nur ließ sich nicht sagen, daß sie grade durch sehr reinliche Exemplare vertreten war. Der Kaffee war schon nach Morgenländischer Art bereitet, d. h. mit dem sehr fein gestoßenen Satze darin, dem der Streuzucker beigemischt wird, und hatte den vollen fetten und würzigen Geschmack einer Art Chocolade von Kaffee: natürlich wird keine Milch dazu gegossen, wie ja auch in Italien. Dafür bedeckt ihn ein röthlich brauner Schaum, der vom Oelgehalte der stets frisch gebrannten Kaffeebohne herrührt. Dieser Morgenländische Kaffee, von welchem die Tasse nur 10 Pfennige kostet, giebt vom Kaffee überhaupt einen ganz anderen, eigentlich viel höheren Begriff, als wir bei unserer Kochart davon bekommen können. Man trinkt ihn in dem Kaffeehause zu allen Tageszeiten, mitten zwischen den anderen Mahlzeiten, ohne alle Rücksicht auf dieselben, eigentlich blos, um dort sitzen zu können und etwas zu haben, was ruhig stimmt und man mit Behagen schlürft. Die Hauptstraßenlinie von Patras, dem Strande parallel, welche die Flaggen fast sämmtlicher Consulate schmücken, zeigt außer den Kaffeehäusern, den Läden mit Türkischem Tabak, einigen Restaurants und beiläufig sehr ungenügenden Gasthöfen eine hell mit Gas oder Petroleum erleuchtete Reihe von großen Wein- und Branntweinschänken, von Frucht- und Gemüsegewölben und von Läden mit den Morgenländischen Confitüren, von welchen hier hauptsächlich Lukumia verkauft wird, ein durchsichtiger Teig von Gummi, Zucker und Rosenwasser, der zum Kaffee genossen wird. Die beste Lukumia soll in Kephalonia angefertigt werden, und Proben derselben für die Gewerbeausstellung waren auch auf unser Schiff gekommen.

Der nächste Tag war wieder recht kalt in Berücksichtigung des Breitegrades, unter welchem wir uns befanden. Dieser Tag ward ganz der Kenntnißnahme des Wein-Exportgeschäfts von Patras gewidmet. Es war dazu eine Fahrt über Land nöthig. Die Kellerei und Weinpresse der Deutschen Actiengesellschaft für Achajischen Weinbau und Weinexport befindet sich jenseit des kiesigen Bergstromes Levka, auf einer Anhöhe am Fuße des Panachaikon. Hierher hat die Gemeinde von Patras eine kleine Chaussee bauen lassen, die älteste auf dem Peloponnes. Es ist der Anfang der Chaussee, welche einst nach Olympia und den Deutschen Ausgrabungen daselbst führen wird. Die Herren Claus und Hamburger, Begründer des Weinbaues für den Export und des Wein-Exportgeschäftes für Patras, führten uns selbst in ihrem Wagen nach diesen ansehnlichen Kellereien und Keltern, welchen sich mir bei der außerordentlichen Schmackhaftigkeit der hiesigen trocknen wie süßen Weine und ihrer Billigkeit noch große Aussichten zu eröffnen scheinen. Die Herren Claus und Hamburger, resp. aus Lindau und aus Konstanz am Bodensee stammend, waren früher der eine Bairischer, der andere Preußischer Consul, noch vor der

Gründung des Reiches den Deutschen Norden und Süden auf diese Weise freundschaftlich vereinigend. Jetzt ist Herr Hamburger Deutscher Reichsconsul, während Frankreich sein Consulat, vielleicht aus Mangel eines geborenen Franzosen, auf Herrn Claus übertragen hat. Die Weinkellerei am Gebirge hat zuerst Herr Claus auf eigenem Boden schon vor 25 Jahren anzulegen begonnen und es ist dieselbe erst in neueren Zeiten mit Hülfe seiner Geschäftsfreunde in Deutschland, welche zu diesem Zwecke zu einer Actiengesellschaft zusammengetreten sind, zu ihrer jetzigen beträchtlichen Ausdehnung gebracht worden. Zur Kelterung der besten Weine werden Zwergtrauben verwendet, deren großer Zuckergehalt es ermöglicht, süße Malvasier für den Damenverbrauch ohne Zuthat von Zucker herzustellen. Doch werden auch Weine in der Art des Xeres, des Canarienweins und des Marsala hergestellt, wie sie sich besonders für den Verbrauch in England und Amerika eignen, endlich Weine aus Deutschen und Französischen Traubenarten, die sich den Pfälzerweinen und sogar den Rheingauweinen nähern. Der durchschnittliche Preis aller dieser Weine an Ort und Stelle stellt sich auf ungefähr 1 Mark die Flasche. Sie werden in Kisten von drei Dutzend auch nach Hamburg und Bremen exportirt. Sie bewahren ihre volle Süße etwa fünf Jahre hindurch. Zur Verschneidung mit Branntwein, durch welche die Süße auch für längere Zeit erhalten bleibt, kann nur noch theilweise Zuflucht genommen werden, weil anderweitig der Wein in England, dem Hauptverbrauchslande, dem höheren Zollsatze unterliegen würde, von welchem der alkoholreichere Wein dort getroffen wird. Zur Verschneidung wird ausschließlich hochreiner Sprit aus Berlin von Wrede, oder aus Hamburg verwendet. Die Etiquetten der Flaschen tragen stets die Angabe des wirklichen Ursprungsortes und bezeichnen selbst das Xeresartige Product als Achajischen Sherry, den Marsala als Achajischen Marsala.

Von den Einheimischen wird der für den Export bestimmte Wein, als zu theuer und nicht durch Zusatz von Harz für den nationalen Geschmack zusagend gemacht, niemals getrunken. Wenn die Trauben gekeltert sind, werden sie noch einmal mit Wasser und Harz behandelt und rother Wein für den einheimischen Verbrauch daraus gewonnen, der natürlich sehr billig ist. Die Träbern werden auch zur Mostbranntweinfabrikation für den einheimischen Verbrauch verwendet. Und nachdem sie alles Dies geleistet, sind sie noch für die Düngung der Weinberge brauchbar. Sie werden bis ans Ende rationell ausgenutzt.

Der Golf von Korinth.

(Die Meerenge zwischen Rhion und Anti-Rhion. Schönheit des Golfs von Korinth. Der Parnaß aus der Ferne. Naupaktos (Lepanto). Gefangene Räuber. Aigion. Projectirte Eisenbahn. Eine tausendjährige Platane. Die reichste Bauerfrau von Griechenland. Das versunkene Helike und Boura. Die Bucht von Delphi. Scala. Der Wälderfraß der Ziegen. Eine Caravane von Kameelen. Läden für Alles und Schänken in Scala. Piséban. Die Bergjäger. Pifferari. Griechische Studentengesänge. Auf dem Meere in der Mondnacht. Lutraki bei Korinth. Akrokorinth. Der Helikon. Fahrt über den Isthmus. Leichtigkeit der Durchstechung des Isthmus).

Athen, den 25. März.

Es war ein zwar immer noch kalter, aber doch schöner Morgen, beiläufig am 20. März, als wir auf einem ganz kleinen Localdampfer in Patras für den Golf von Korinth in See stachen. Dieser kleine Dampfer war jetzt überfüllt, sowohl auf dem vornehmsten Platze, wie auf dem Vorderdeck. Auf dem ersten Platze hatten sich jetzt schon sieben Abgeordnete zur Volksvertretung in Athen, theilweis von ihren Frauen begleitet, aus den Stationen, welche unsere Dampfschifffahrt berührt hatte, angesammelt. Die Griechischen Männer der höheren Gesellschaftsschicht, mit welchen wir bisher überhaupt in Berührung gekommen sind, zeigen durchgängig gute Durchschnittsbildung und weltmännisches Betragen. Das Letztere war bei dem Gedränge auf dem Schiff und in der Cajüte höchst nöthig.

In etwa einer halben Stunde hatten wir die Meerenge erreicht, welche den inneren und eigentlichen Golf von

Korinth vom äußeren scheidet. Diese Meerenge ist nur etwa 1500 Meter breit und auch wohl schon die kleinen Dardanellen genannt worden, da sie in Seekriegen wiederholt eine ähnliche Rolle gespielt hat wie die großen Dardanellen. Es sind die beiden Vorgebirge Rhion und Anti-Rhion, in welchen die Küste von Hellas und die vom Peloponnes hier so nahe zusammentreten. Rhion heißt das Vorgebirge auf Peloponnesischem Ufer, Anti-Rhion dasjenige auf dem Ufer von Hellas. Beide Vorgebirge werden von jetzt verfallenen Burgen mittelaltriger Bauart gekrönt, von welchen die eine die Burg von Morea, die andere die Burg von Rumelia heißt, ähnlich dem Rumelischen und dem Anatolischen Schloß an der engsten Stelle des Bosporus. Hat man die Meerenge hinter sich, so liegt der innere Golf von Korinth gleich einem ringsum geschlossenen Bergsee der Schweiz oder Norditaliens vor dem Blicke ausgebreitet. Ich kenne alle diese Seen, kann aber keinen einzigen an Schönheit und Großartigkeit dem Golf von Korinth gleichstellen; selbst die Erinnerung an den Comersee verblaßt vor diesem gewaltigen Bilde. Zur rechten Hand, im Peloponnes, zog sich noch immer die mächtige Bergkette des Panachaikon hin; vorwärts zur Linken aber schimmerte noch aus ziemlicher Ferne der Schneekoloß des Parnassus hinüber und gewährte jetzt ganz das Bild der Schweizerischen Hochalpen im Sommer. Dieser erhabene Wohnsitz Apolls und der Musen sah jetzt etwas frostig aus und soll den größten Theil des Jahres hindurch so aussehen. Seine bekannte Zweiköpfigkeit war schon aus weitester Ferne bemerkbar, sobald der Blick ihn zuerst entdeckte. Noch aber ging die Fahrt näher dem Peloponnesischen Ufer dahin und schwenkte dann erst hinüber, dem Hafenstädtchen zu, welches die Griechen „Naupaktos" im Alterthum nannten und noch heute nennen, den Namen nur zuweilen in Epactos verstümmelnd, während die Italiener Lepanto daraus gemacht haben. Die schon erwähnte Schlacht von Lepanto hat ihm einen Namen auch in der neueren Geschichte verschafft, während dieser Hafen schon im Peloponnesischen Kriege als Hauptstation der Athener eine so große Rolle spielte. Von der ummauerten Stadt, welche etwa wie ein kleines Algier im Dreiecke den Bergabhang hinaufsteigt und oben von einer Festung nebst Gefängniß gekrönt ist, ist jetzt nur noch der unterste Theil bebaut und bewohnt. Aber noch sind die vier Quermauern auf dem Abhange über einander sichtbar, welche sie früher in fünf Stadttheile schieden, die durch Thore mit einander verbunden waren. Das Gefängniß aber umschließt jetzt, wie man uns auf dem Schiffe erzählte, hauptsächlich eingefangene Banditen. Auf beiden Seiten der Stadt zeigten sich Weinberge und Olivenpflanzungen, in deren Mitte einige ganz neue, recht einladend aussehende Landhäuser standen. Ein sandiger Strand bei der Stadt machte es für uns denkbar, daß sich einst vielleicht an dieser Stelle ein besuchtes Seebad bilden wird.

Das Schiff kreuzte nun wieder zur Peloponnesischen Küste nach Aigion, wie der antike Name des Ortes jetzt gesetzlich wieder hergestellt ist, nachdem es Jahrhunderte hindurch, und zwar schon aus Byzantinischer Zeit her, Vostizza, Garten oder Viehweide, genannt worden war. Es ist wieder ein Hauptort für den Korinthenbau und Korinthenhandel und soll die allerbesten Korinthen liefern. Der Hafen ist tief und überhaupt besser als der von Patras. Englische Korinthenhändler haben sich auch hier, wie in Patras, angesiedelt; auch die Deutschen dehnen jetzt ihr Geschäft nach hier aus. Man sieht es dem Orte an den zahlreichen Neubauten an, daß er in lebhaftem Aufblühen begriffen ist. Die Griechen tragen sich jetzt mit dem Plan, Patras und Vostizza durch eine Eisenbahn mit Athen zu verbinden. Noch wissen sie aber nicht, woher das Geld dafür kommen soll. Die Englischen Kaufleute in Patras und Vostizza rechnen auf die Londoner, die Deutschen auf die Berliner Börse. Es scheint mir, daß beide große Geduld werden haben müssen. Die Griechische Regierung soll zu einer Zinsgarantie bereit sein. Aber wer garantirt für die Griechische Regierung? Vorläufig hat man die Linie von einem Englischen Ingenieur vermessen lassen. Als man demselben in Patras scherzhaft bemerkte, daß, wenn die Eisenbahn zu Stande käme, den Briganten das Brot genommen würde, erwiderte er in begreiflicher Mißstimmung über die dortigen Gasthöfe, daß die Briganten dann wahrscheinlich Gasthöfe an der Eisenbahn anlegen würden. In Aigion oder Vostizza giebt es noch gar keinen Gasthof, sondern nur einen morgenländischen Khan, d. h. ein öffentliches Gebäude für die Unterbringung von Reisenden, welche keine Gastfreunde in der Stadt haben. Er soll aber noch ganz erträglich sein, was für Reisende nach Griechenland zu beachten sein dürfte; denn Aigion ist kein schlechter Punkt für Ausflüge in den nördlichen Peloponnes.

Man zeigte uns dort eine mehr als tausend Jahr alte Platane mit ungeheurem, ganz hohlem Stamme, welche im Unabhängigkeitskriege zuweilen als Gefängniß dienen mußte. Sie soll eigentlich gerade so alt wie der Islam sein und ist nun, seit der Islam in Griechenland nichts mehr zu sagen hat, im Absterben begriffen. Doch dehnen sich ihre Aeste noch bis 50 Meter weit vom Stamme aus. Noch eine andere locale Merkwürdigkeit bekamen wir an Bord, nämlich eine kräftige Bauersfrau mit dem Griechischen Fez auf dem Kopfe, schwarz, wie die älteren Frauen in Griechenland dasselbe zu tragen pflegen, aber höchst keck auf die Seite geschoben. Dabei trug sie ein schwer seidenes Kleid Europäischen Schnittes, welches gewaltig breite Glieder durchschimmern ließ. Ein junger Mann und zwei junge Mädchen, modisch gekleidet, brachten sie im Nachen an das Schiff, wo sie den ersten Platz bestieg. Die Athenischen

Studenten an Bord flüsterten unter einander und theilten uns dann mit, daß diese Frau, eine Wittwe, für jedes der beiden Mädchen eine Mitgift von einer Million Franken oder Drachmen bereit habe; sie sei die reichste Frau im ganzen Peloponnes und habe den werthvollen Grundbesitz, der die Grundlage ihres Vermögens bilde, ihrem Manne schon selber mitgebracht. Es sei alles Boden erster Klasse für Zwergtrauben. Wir haben nicht bemerkt, daß sie sich auf dem Schiffe mit irgend Jemand in Unterhaltung einließ, als allein mit dem Capitän. Man sagte uns, daß sie nur Griechisch spräche, während ihre Töchter wahrscheinlich schon Englisch, Deutsch, Französisch und Italienisch parliren: denn grade Aigion ist durch eine gute Mädchenschule bekannt.

Vor dieser alten Hauptstadt des Achaiischen Bundes, welche in die Stelle von Helike trat, als dasselbe bei einem Erdbeben ins Meer versank, kreuzte das Dampfschiff wiederum den Golf von Korinth, der sich nun immer breiter ausdehnte, nach dessen nördlichen Gestaden. Man fährt dabei der Stelle, an welcher Helike einst versank, noch ziemlich nah vorüber. Die Sage von Vineta ist eben nur Sage, und der etwas besser beglaubigte Untergang von Stavoren im nördlichen Holland war ein Ereigniß, welchem erst später die Ueberlieferung von Mund zu Mund eine Bedeutung und Größe beilegte, die es in Wirklichkeit nicht hatte. Aber Helike und das nahe dabei gelegene Boura waren beides vornehme Achäer-Städte, welche im Jahre 373 vor unserer Zeitrechnung, kurz vor der Schlacht von Leuktra, zur Zeit, als die Griechische Literatur in voller Blüthe stand, vor den Augen eines beobachtenden und wissenschaftlich auf das Tiefste angeregten Geschlechtes mit ihren beiden großen und berühmten Poseidon-Tempeln so tief in den Boden versanken, daß wenigstens da, wo Helike einst stand, das Meer eindringen und die stattlichen Gebäude der Achäerhauptstadt in seinen Schooß aufnehmen konnte. An solcher marksteinlosen Stelle einer untergegangenen namhaften Stadt vorüberzufahren, ruft ganz eigenthümliche Gedankenverkettungen wach. Die Cultur hat die Stellen, wo sich das Meer und der große Vulkan= und Erdbebengürtel, welcher vom Toscanischen Meere bis zum Archipelagus läuft, einander treffen, schon frühzeitig und bis heute mit besonderer Vorliebe aufgesucht. Die besten Theile von Sicilien, Unter-Italien, Griechenland und der Westküste Kleinasiens fallen auf diesen Gürtel. Für unser Studium bietet er heute das blaue Wunder des wiederaufgegrabenen Pompeji, so wie Herculaneums, welches diesem in der Wiederauferstehung noch folgen wird, dar. Wenn wir schon von so vielem plötzlichen Culturuntergang wissen, der auf diesem Gürtel stattfand, wie viel Aehnliches mag in ganz alter Zeit geschehen sein, von dem wir geschichtlich nichts mehr wissen, von dem Meer und Land aber doch noch Spuren in ihren Tiefen bergen? Je mehr das Menschengeschlecht lebend in die Zukunft vorwärts dringt, desto weiter dringt sein Wissen rückwärts in die Vergangenheit. Die Vorstellung von Dem, was unsere Nachkommen sein werden, ist kaum erhebender als die Vorstellung von Dem, was sie von der Vergangenheit wissen werden.

Dies mal hatte das nächste Ziel der nach rechts und nach links stets abschweifenden Fahrt einen gar klangvollen Namen — Delphi. Zwar ist von Delphi selbst nur noch wenig zu sehen, und was noch davon zu sehen ist, liegt drei Stunden weit zu Pferde landeinwärts, hoch in den Bergen, den Vorbergen des Parnassus. Aber jedenfalls kamen wir doch an das breite Thal von Phocis, in dessen höchstem Theile das Orakel und der Sitz der Amphiktyonen lag, und konnten uns ein Bild von der Wanderung der Rath Suchen

Barbaren, welche die Tempelschätze von Delphi anlockten, in späteren Zeiten machen.

Zwei Seitenbuchten dringen, ungefähr von der Mitte des Golfs von Korinth aus, nördlich in das Land ein, der Golf von Salona, oder jetzt wieder wie im Alterthum „Amphissa", und der Golf von Aspraspitia. In dem ersteren lief das Schiff zunächst bei der kleinen Hafenstadt Galaxidi an, welche auf der ganzen westlichen Küste Griechenlands die meisten Schiffe stellen soll, dann in dem neu erstandenen Dorfe Scala, im innersten Winkel dieser Seitenbucht gelegen, von wo aus die Wege nach Salona oder Amphissa und nach den Ueberresten von Delphi hoch oben auf den Felsen führen.

Erschreckend öde sieht das ganze Land um diese Bucht her aus. Auf allen Höhen ist der Wald schon seit Jahrhunderten verschwunden. Nachdem er einmal zerstört war, haben die Ziegen, welche die jungen Baumsetzlinge und Schößlinge auffressen, ihn niemals wieder aufkommen lassen. Von Menschen, Feldern, Vieh ist nichts zu sehen, von Häusern, unter denen die Erdbeben aufgeräumt haben, nur hier und da trübselige Trümmer, und auch diese fast nur auf den zwei oder drei kleinen Inseln, welche in der Bucht vor der Küste liegen. Galaxidi selbst blieb lange hinter einem Vorsprunge für uns versteckt; man sah lange nur die Spitzen der Masten, und als es endlich zum Vorschein kam, wies es sich als eine für die Rolle, die es in der Schifffahrt spielt, eigentlich recht unbedeutende Hafenstadt aus. Dann ging es quer hinüber nach Scala, wo das Schiff schon um 3 Uhr Nachmittags eintraf, aber bis 2 Uhr in der Nacht vor Anker liegen bleiben sollte, um nicht zu früh nach Korinth für den Anschluß über den Isthmus zu kommen. Das Aussteigen auf der Landungsbrücke in Scala war sehr beschwerlich. Sie war ganz voll Waarenballen gepackt, darunter auch viele Ballen grober Teppiche, welche mit unserem

Fahrzeuge verschifft werden sollten. Die Waaren waren theilweise aus der Türkei, aus dem inneren Thessalien, nach diesem Einschiffungsplatze gebracht worden, und zwar, was mir eine handelsgeographische Neuigkeit war, soweit es diese westliche Provinz betrifft, durch Kameele. Eben sahen wir deren noch mehrere, welche Waarenballen gebracht hatten und dafür nun andere zurücknahmen, sich wieder auf den Rückweg machen, hinter einander gehend und mit Stricken eines am anderen befestigt, wie in den Caravanen des Ostens. Ich hatte sonst immer gehört, daß der Transport durch Kameele sich nicht weiter westlich ausdehnt, als bis zur Westküste von Kleinasien. Es waren Kameele des Arabischen Stammes mit nur einem Höcker, welche vor uns mit kleinen gravitätischen Schritten, ich muß wirklich sagen, nicht ohne Eleganz, einhertrabten.

Scala ist ein neues Dorf mit geradlinigem Straßenplane, in welchem alle Häuser im Pisébau ausgeführt sind, aus getrockneten Erdwürfeln. Es soll noch die sicherste Bauart für den Fall von Erdbeben sein, wie ein solches auch dies Dorf vor 20 Jahren über den Haufen warf. Wenn ein solches Haus einen dünnen Kalküberzug erhält, sieht es fast aus wie ein Backsteinhaus; aber keineswegs haben alle solche Häuser hier zu Lande einen Kalküberwurf. Der größte Theil des Dorfes schien mir außer Wein- und Branntweinschänken und kleinen Kaffeehäusern, nur aus solchen Verkaufsgeschäften für Alles zu bestehen, wie sie unter dem Namen „Stores“ in den Amerikanischen Neusiedelungen zu finden sind. Es gab aber auch Niederlagen von Fabriken des Ortes, unter welchen eine Seifenfabrik, die aber nur für das Inland und die Türkei arbeitet, besonderen Rufes genießen soll. Im Dorfe ist eine Kirche, aus einem ganz kleinen Saale mit Stehplätzen an den Wänden für die Männer und einem besonderen Raume für die Frauen, wie überall auf dem Gebiete der Griechischen

Kirchengemeinschaft. Wir traten hinein und fanden die Popen oder Griechisch „Papaden“ näselnd die Liturgie aus dem Buche absingen: sonst war außer uns Niemand in der Kirche. Dasselbe Dach bedeckt neben der Kirche auch die Dorfschule, die aber am Sonnabend Nachmittag geschlossen war.

In den Branntweinschänken ward Mastixbranntwein verschänkt, welcher über ganz Griechenland verbreitet ist; dieser, wie der mit Harz versetzte Wein, ist für Europäer schwer trinkbar. Außerdem gab es in all diesen Schänken Volksgerichte zu essen: gebratene Muscheln und Seefische, Tintenfische, auch etwas in Oel gebratenes Fleisch. Zum Glück gab es auch einfaches, höchst kräftiges und schmackhaftes Dinkelbrot mit Anis wie in Süddeutschland, und außerdem ließ in den Kaffeehäusern der Kaffee nichts zu wünschen übrig.

Den Ausflug nach Delphi mußten wir diesmal aufgeben, weil kein Wagen zu haben und für die Wanderung zu Fuß die Zeit bis zum Dunkelwerden uns zu knapp zugemessen war. Das einzige Reitpferd, welches zu haben war, belegte ein Oesterreichischer Officier aus der Schiffsgesellschaft mit Beschlag, welcher Delphi auch wirklich erreichte, aber erst um Mitternacht zurückkehrte und uns dann erzählte, was er gesehen hatte und was ihm begegnet war. Darunter fehlte nicht ein Besuch bei einem ehemaligen Banditen, welcher durch Verrath, an zwei Genossen verübt, sich Verzeihung von der Regierung erwirkt hatte und der dem Oesterreicher vorzüglich durch seine große männliche Schönheit imponirt hatte.

Das lebendige Treiben, welches wir in Scala vorfanden, rührte hauptsächlich von der Ablösung her, welche durch unser Schiff mit der Wache der sogenannten Bergjäger in Scala vorgenommen wurde. Es ist dies eine nicht zum regelmäßigen Heere gehörende Truppe, welche nach der bekannten Ermordung der Engländer in Marathon errichtet wurde und im Frieden zur Säuberung des Landes von den Banditen verwendet wird. Sie besteht aus vier Bataillonen von 1000 Mann, deren Zahl im Kriege durch Wiedereinziehen der Entlassenen auf zwölf erhöht werden kann. Die Leute tragen die Griechische Tracht und den Fez und sind mit einem kurzen Seitengewehr und einer Büchse bewaffnet. Sie trugen in dieser kalten Jahreszeit den kurzen grauen Filzmantel mit herabhängenden Aermeln, welcher im Winter zur Nationaltracht gehört. Mit den Exercitien in Reih und Glied machen sie es sich augenscheinlich sehr bequem, stehen dabei auch groß und klein durcheinander. Das Absuchen der unwegsamen Bergbezirke, auch bei Nacht, welches ihnen obliegt, ist keine leichte Arbeit. Die Umgegend von Delphi wird als ein besonders unsicherer Bezirk behandelt, da hier die Türkische Grenze sich dem Golf von Korinth am meisten nähert. Die abgelöste Wache ward nun in unserem Fahrzeuge eingeschifft, wo sie dann einförmige, aber harmonische Weisen sangen und sich auch von wandernden Neapolitanischen Pifferari unterhalten ließen, die zu ihrem Dudelsackgeblase tanzten.

Als wir auf das Schiff zurückkehrten, war eine prachtvolle Vollmondnacht bald angebrochen. Auf Bitten der Damen setzten sich die Griechischen Studenten zusammen und sangen schulgemäß Quartette, Liebeslieder und Kriegslieder, auch Klagelieder, welche sämmtlich ein Dichter auf der Insel Kephalonia gedichtet und ein dortiger Gesanglehrer componirt hatte. Die Musik klang weder der Italienischen, noch der Deutschen, weit eher der Slawischen ähnlich, und vorzüglich die Mollaccorde eines Klageliedes auf ein verstorbenes Kind gaben das Gefühl wehmüthiger Trauer süß und schön wieder. Der Quartettgesang war leise, aber kaum waren seine ersten Accorde erklungen, als die Bergjäger auf dem Vorderdeck schwiegen und aufmerksam zuhörten. Spät erst in dieser schönen Mondnacht, in welcher der breite, schneebedeckte Gipfel des Parnaß vom Lande geisterhaft herüberschimmerte und das Meer in der Bucht den rothen Schein der Fackeln wiederspiegelte, mit welchen die Fischer nächtlichen Fischfang trieben, suchten wir unsere Lager in den Cajüten auf.

Als wir geweckt wurden, war es schon heller Morgen und wir befanden uns im Hafen von Lutraki, etwas nördlich von Korinth, an der schmalsten Stelle des Isthmus gelegen. Auch hier ist eine nicht unbedeutende Ortschaft mit geradlinigem Straßenplan entstanden. Vor uns zur Rechten erhob sich jetzt der gewaltige abgestumpfte Kegel von Akrokorinth, 1900 Fuß hoch und nach allen Angaben die schönste und geschichtlich bedeutsamste Ausschau in ganz Griechenland gewährend. Am nördlichen Ausgange der Landenge aber erhob sich der Helikon, die Bergkette fortsetzend, zu welcher auch der Parnassus gehört. Wagen erwarteten uns schon, und die Cajütenpassagiere rollten bald in ihnen dem östlichen Ufer des Isthmus zu. Die gute Kunststraße führte durch Waldlandschaft, mit Fichten, immergrünen Eichen und Oelbäumen geschmückt. Auf ihrem höchsten Punkte erhebt sich die Landstraße nicht viel höher als 100 Fuß über den Meeresspiegel und die ganze Fahrt dauert kaum drei viertel Stunden. Die Leichtigkeit einer Durchstechung des Isthmus drängt sich dem Reisenden von selbst auf, der eben so viel Zeit dadurch verloren hat, daß der Isthmus noch nicht durchstochen ist. Dieses Werk scheint mir jedenfalls bedeutsamer, als der keineswegs leichte Bau einer Eisenbahn von Athen bis Patras. Halten wir hier inne, um uns im Nächsten weiter in Gegenwart und Zukunft des Landes und des Gewässers umzusehen, welche die denkbar stolzeste Vergangenheit in so kleinem Rahmen haben.

Vom Isthmus nach Athen.

(Die Lage des Isthmischen Heiligthums. Die Oertlichkeit und die Erzählung vom Morde des Ibikos. Die Räubersagen des Isthmus. Versuche im Alterthum zur Durchstechung des Isthmus. Die Rolle Korinths in solchem Falle. Periander und Nero. Der Isthmische Wall. Kalamati am Saronischen Busen. Megara. Aegina und Salamis. Die Schlacht von Salamis. Anblick des Piräus. Die Eisenbahn. Schnee in Athen.)

Athen, 28. März.

Auf dem Wege über den Isthmus von Korinth, auf welchem sich eine Stelle befindet, von welcher man auf beide Meere herabblicken kann, auf das Jonische, welches im Golfe von Korinth bis hierher reicht, und auf das Aegäische oder den Archipelagus, welches im Saronischen Golf an den Isthmus herantritt, ist die größte geschichtliche Denkwürdigkeit wohl der Ueberrest des Isthmischen Heiligthums, in welchem die Panhellenischen Feste gefeiert wurden. Die Spuren der Mauer, welche dies Feld umgab, sind noch deutlich zu erkennen. Die Länge des Feldes beträgt mehr als 600 Fuß; die Breite ist verschieden, scheint stellenweise 300, stellenweise aber auch 600 Fuß betragen zu haben. Innerhalb dieser Mauer befand sich der Poseidontempel, die Rennbahn und andere Festgebäude. Die Entfernung von der östlichen Küste, vom Saronischen Golf, beträgt etwa 1000 Meter. Diejenigen Festbesucher also, welche aus Westen kamen wie Ibikus, hatten einen viel weiteren Weg über den Isthmus zu dem Festplatze zu machen, als diejenigen, welche aus Osten kamen, und mußten wirklich den Fichtenwald von Meeresfichten oder Isthmischen Fichten durchschreiten, in welchem Ibikus von den Räubern erschlagen sein soll. Auch viele Kraniche nehmen wirklich bei ihrer Wanderung nach Südosten, nämlich nach Egypten, ihren Weg über die engste Stelle des Isthmus von Süditalien kommend, so daß die Griechische Erzählung, welche Schiller zu seiner Ballade benutzt hat, genau mit den Naturverhältnissen stimmt, wie sich dieselben noch heute beobachten lassen.

Räuber suchten den Isthmus ja schon zur sagenhaften Zeit des Theseus heim, welcher seinen Weg von Trözene nach Athen zu Lande über den Isthmus ausdrücklich mit dem Zwecke unternahm, den Isthmus von Räubern und Ungeheuern zu säubern. Damals mag die Verbindung zu Lande zwischen dem Peloponnes und Hellas noch von größerer Wichtigkeit gewesen sein, als die Verbindung zur See, und es hatte sich wohl bei den Griechen des Alterthums die Erinnerung an die erste Grundlage des Culturfortschritts, den gesicherten Handel zu Lande, in der Sage erhalten, welche den Sohn des Königs von Athen und der Tochter des Königs von Trözene für die Sicherheit der Landhandelsstraße zwischen den beiden Städten Athen und Trözene zuerst sorgen ließ. Beiden Städten, welche also ursprünglich Landhandelsstädte gewesen zu sein scheinen, war es gemeinsam, daß sie in einiger Entfernung von der Küste angelegt worden waren, welche in allerältester Zeit aus Furcht vor Seeräubern beim Städtebau gescheut wurde; beide legten sich erst nachträglich Häfen am Meere selbst zu:

Athen den Piräus, die Munychia und das Phalerum: Trözene seinen Hafen Pogon gegenüber der Insel Calauria. Die Insel Aegina verhielt sich in der Lage und Bedeutung zu Trözene ungefähr wie die Insel Salamis zu Athen.

Beide Inseln, Aegina wie Salamis, konnten wir schon vom höheren Theile des Weges über den Isthmus aus sehen, aber doch noch in ziemlicher Ferne. Auch der Saronische Golf, im Alterthum der Golf von Aegina genannt, zeigte sich von Bergen umgeben, wie der Golf von Korinth, nur ragten diese Berge weniger hoch empor und die stärkere Bewegung des Wassers und die offene Aussicht nach Südosten ließen hier die Täuschung nicht aufkommen, daß man einen bloßen Landsee vor sich habe, welche beim Golfe von Korinth so nahe lag.

Waren auf dem Isthmus von Korinth einst Räuber, welche übrigens bis heute auf demselben vorkommen, ein Hinderniß für den Landhandel, so ist jetzt der Isthmus selbst ein recht ernsthaftes Hinderniß für den Seehandel, und unserer Zeit, welche den Isthmus von Suez durchstochen hat, ziemt es, auch diesen Isthmus nicht mehr zu lange auf die Durchstechung warten zu lassen. Ist dieselbe auch weder so nöthig, noch würde sie jemals so nützlich sein können, wie die Durchstechung des Isthmus von Suez, so ist ihre Ausführung dafür auch um so viel leichter.

Das Alterthum versuchte auch diese Durchstechung, wie es, und zwar schon sehr frühzeitig die Herstellung einer Wasserverbindung zwischen dem Mittelländischen und dem Rothen Meere versucht hat. Periander, der Tyrann von Korinth, welchen Einige zu den sieben Weisen Griechenlands zählen, dachte zuerst daran, und zwar wahrscheinlich unmittelbar angeregt und in Nachahmung des Aegyptischen Königs Necho, welcher sich zuerst an die Ausgrabung eines Canals zwischen dem Nile und dem Rothen Meere machte.

Hätte Periander sein Vorhaben auszuführen vermocht, so würde dies vielleicht der Geschichte Griechenlands, ja der Weltgeschichte überhaupt eine andere Wendung gegeben haben. Dann wäre vielleicht Korinth, statt Sparta's und Athens an die Spitze Griechenlands getreten, und statt sich unter einander zu zerfleischen, und zuletzt von Macedonien unterjocht zu werden, hätten die Griechischen Freistaaten die alte Welt nicht blos intellectuell, sondern auch politisch beherrscht. Später versuchten die Griechen den fehlenden und stets empfindlich vermißten Canal durch eine ebene Rollbahn, den Diolkos, auf welcher wenigstens kleine Schiffe, auf Rollen gestellt, über den Isthmus hinweggezogen werden konnten, zu ersetzen. Es sollen noch Spuren derselben aufgefunden sein. Zuletzt aber lag ihnen mehr daran, die Brücke nach dem Peloponnes, welche der Isthmus für Feinde bildet, durch Befestigung zu schließen und die Spartaner thaten dies schon beim Eindringen des Xerxes in Griechenland durch ein Erdbollwerk quer über den Isthmus, das aber gänzlich verschwunden ist, und von dem ja auch Thucydides im Peloponnesischen Kriege nichts mehr erwähnt.

An den Versuch, einen Canal durch den Isthmus zu stechen, machten sich erst wieder die Römer, und zwar Nero, welcher auf der westlichen Küste, auf dem Golfe von Korinth beginnend, wirklich vier Stadien, d. h. etwa den achten Theil, unmittelbar neben jenem Diolkos fertig brachte. Es war jedenfalls ein Mann der großen Unternehmungen in baulicher Beziehung, wie ja auch sein Neubau Roms beweist. Die Nachricht von der Meuterei des Vindex in Gallien veranlaßte ihn, die Einstellung der Arbeiten zu befehlen, und bis zu seinem baldigen Sturze und Tode hatte er keine Zeit mehr für die Sache. Es ist auffallend, daß wenigstens Vespasian sein Werk nicht wieder aufgenommen hat. Vielleicht war er dazu zu sparsam, wie Nero's Unternehmungslust zu verschwenderisch war, und das Flavische Amphitheater in Rom, welches für die Popularität der Flavier sorgen sollte, fraß die Mittel auf, die er sonst für diesen Canal verwendet hätte.

Auch die Römer ließen den Durchstich auf sich beruhen, dessen Beginn jetzt zwar noch sichtbar, aber kaum als Vorarbeit brauchbar ist, und fanden sich genöthigt, statt dessen wieder an die Vertheidigung des Peloponnes durch eine Befestigung des Isthmus zu denken, gegen das Eindringen der Barbaren aus Nordeuropa. In der Mitte des dritten Jahrhunderts brachte der Imperator Valerianus den Wall fertig; da ihn später Justinianus und im Jahre 1415 die Byzantiner gegen die Türken ausbesserten, auch die Venezianer nach seiner Zerstörung durch die Türken im Jahre 1463 ihn wieder herstellten, eine zweite Zerstörung durch die Türken aber nur theilweise war, ist von diesem Walle noch genug zu sehen. Die nördliche Einfassung des Isthmischen Heiligthumes bildete einen Theil desselben.

Auch jetzt noch wäre es nicht unmöglich, durch Herstellung eines Canals ohne Schleusen dem ganzen Handelsverkehre im Archipelagus und im Jonischen Meere und zugleich dem Neugriechischen Städtebau einen ganz anderen Schwung und ein anderes Gesicht zu geben. Die politische Hauptstadt, welche sich die Griechen in Athen gegeben haben, ist trotz ihres guten Hafens im Piräus keineswegs die commercielle Hauptstadt des Landes. Im Osten hat sie diese Rolle an die Insel Syra und ihre Stadt Hermupolis abtreten müssen, im Westen an Patras. Beide sind aber nur halbe und einseitige commercielle Existenzen. Nur auf dem Isthmus, denselben von der Ostküste bis zur Westküste bedeckend und von einem Canale, der auch größere Schiffe durchläßt, durchschnitten, könnte die Stadt entstehen, in welcher Hermupolis und Patras so zu sagen vereinigt wären. Sie wäre dann die hoffnungsreichere Erbin des antiken Korinth, welches, an sumpfiger Stelle gelegen, jetzt zu einem kleinen Dorfe verödet ist. Politisch sieht es zwar grade jetzt wieder verwirrt und bedenklich genug in Griechenland aus, aber wirthschaftlich geht es an allen Punkten trotzdem vorwärts, und es könnte sein, daß das ebene Land auf dem Isthmus, welches jetzt noch sehr wenig kosten mag, einst hohe Preise erzielt.

Kalamaki, ein neues Dorf an der Stelle des antiken Schönus gelegen, sieht wieder so Amerikanisch aus wie Scala und Lutakri am Golf von Korinth. Hier bestiegen wir ein gutes und bequem eingerichtetes Räderdampfschiff der Griechischen Dampfschifffahrtsgesellschaft, das beste ihrer ganzen Flotte, mit welchem auch der Hof zu reisen pflegt. Es ging nun vorbei an Megara, dessen Lage und Ueberreste an der Küste sichtbar wurden, und der ganz öde scheinenden Insel Salamis. — Zur Rechten hatten wir die bergige Insel Aegina. Ein weites Rund von Bergen auf dem festen Lande begrenzte den Horizont bis auf die Oeffnung im Südosten. Jetzt wurden alle Ferngläser auf dem Decke auf die Akropolis gerichtet, welche hinter Salamis hervorkam. Das Parthenon war deutlich zu erkennen. Nun sah man links in die Bai von Salamis hinein, zwischen der Insel und dem Festlande. Auf jenen Hügeln standen die Athener, die Greise, die Weiber und die Kinder und schauten angstvoll auf das Schiffsgetümmel herab, welches das ganze Gewässer zwischen der Insel, auf die sie sich geflüchtet hatten, und dem Strande am Piräus füllte. D. h. dies thaten sie vor nun fast drittehalbtausend Jahren. Jetzt waren die Hügel ganz leer. Mit bunten Wimpeln und Segeln, von blitzenden Bewaffneten dröhnend, waren die Perserschiffe geschwommen gekommen, und das Geschrei der Barbaren erfüllte die Luft. Dazwischen tönte von den

Griechenschiffen in einförmiger Weise der Paian: „Zeus und Athene, ihr Retter seid mit uns.“ Dann ward ein Schiff der Perser nach dem anderen in den Grund gebohrt und die Meereswoge warf zerbrochenes Schiffsgebälk und Todte an das Vorgebirge Colias, wie noch dem Pausanias erzählt wurde, etwa drei Kilometer vom Eingange des Piräus. Als die Sonne hinter Salamis unterging, war von der ganzen Perserflotte nichts mehr zu sehen. Solch Ende nimmt irdische Herrlichkeit. Froh aber zogen die Greise, Weiber und Kinder, welche nun nicht in die Sklaverei nach dem Euphrat geschleppt waren, in ihre zerstörte Stadt ein.

Am Ufer, rings um die weite Wasserfläche des Piräus, sieht es modern, etwas unfertig, aber doch ziemlich stattlich aus. Wir fuhren nach der Stadt, statt mit der Eisenbahn, der einzigen, welche es noch in Griechenland giebt und wohl für lange Zeit geben wird, im offenen Wagen, um die meist durch zwei Mauern geschlossene Strecke zwischen der Stadt und dem Hafen gleich so gut als möglich zu sehen. Eine Menge Dampfschornsteine zur Rechten und Linken zeigen, daß Athen sich jetzt bestrebt, auch eine Fabrikstadt zu werden. Es hat sich unter Anderem auf die Möbeltischlerei im Großen verlegt, und Basiliades im Piräus hatte sich schon im vorigen Jahrzehnt einen nicht ganz geringen Absatz am Mittelländischen Meere erobert. Der Ackerbau scheint aber selbst auf der Attischen Ebene nicht sehr weit vorgeschritten zu sein. Die ganze, schon jetzt ziemlich schlecht gewordene, Landstraße bis Athen ist mit Weißpappeln bepflanzt, fast den einzigen Bäumen, die man außerhalb der Stadt noch sieht. Der östliche, vornehmere Theil mit dem Schlosse, der Universität, dem Museum, überhaupt vielen öffentlichen Gebäuden, meist an breiten, mit Bäumen bepflanzten Boulevards gelegen, hat eine unverkennliche architektonische

Aehnlichkeit mit den neuen Stadttheilen von München. Die älteren Theile des Neubaues erinnern an die Außentheile von Moskau. Der älteste, Türkische Theil unmittelbar unter der Akropolis, meist von Albanesen bewohnt und ärmlich, sieht noch eben sehr Morgenländisch aus. In Athen kamen wir in arge Kälte und Schneefall hinein; noch jetzt, unmittelbar vor Ostern, sind die Berge Hymettos und Lykabettos bei der Stadt fast bis zum Fuße herab mit Schnee bedeckt.

In Athen.

(Eine Gefahr für den Deutsch-Griechischen Vertrag, betreffend die Ausgrabungen in Olympia. Die Stadttheile von Athen. Die älteren Kirchen. Gewölbe. Die Nationaltracht. Die Griechische Kugelschnur, wahrscheinlich eine Zählmaschine. Die Hadriansstadt. Das Olympieion. Der Ilissos. Die Quelle Kallirrhoe.)

Athen, 1. April.

Athen hat während der vergangenen Woche eine kleine politische Krisis durchgemacht, welche sich theilweise sogar vom Abgeordnetenhause auf die Straße fortsetzte. Es drehte sich dabei eigentlich nur um eine Geschäftsordnungssache; aber hier, wo der Parlamentarismus noch in den Kinderschuhen steckt, behandelt man solche wohl gar als Verfassungssache. Beinahe wäre der Staatsvertrag mit Deutschland, betreffend die Ausgrabungen in Olympia, an einer Unmöglichkeit, die Zustimmung der Griechischen Volksvertretung dazu zu erhalten, an diesem Geschäftsordnungszank gescheitert oder doch ins Ungewisse verzögert worden. Das Hemmniß ist aber nun, Dank dem eingeholten Rathe fremder Parlamentarier, hinweggeräumt. Die Kammer tagt und hat den Vertrag in zwei noch rückständigen Lesungen, welche sich am Freitag und Sonnabend rasch einander folgten, genehmigt, und schon am Sonntag ist er mit der Unterschrift des Königs nach Berlin abgegangen. Was übrigens Griechischerseits gegen diesen Vertrag hätte eingewendet werden können, ist mir niemals erfindlich gewesen. Wir Deutschen wollen zunächst fünfzigtausend Thaler auf Ausgrabungen in Olympia verwenden. Was wir finden, verbleibt den Griechen dauernd als Eigenthum: nur dürfen wir während eines Zeitraumes von fünf Jahren Gypsabgüsse, Zeichnungen u. s. w., mit Ausschluß Anderer, davon nehmen und haben Anspruch auf unzweifelhafte Doubletten, die wir aber wieder nicht ausführen dürfen, sondern eben nur für unser hiesiges archäologisches Institut bekommen. Dabei scheinen die Griechen dies so zu verstehen, daß eine Doublette nur vorliegt, wenn erwiesen ist, daß sie von demselben Künstler herrührt. Und möglicher Weise wird in Olympia gar nichts gefunden. Eigentlich wollen wir also nur für die Welt im Allgemeinen und ihre Kenntniß vom Alterthum sorgen. Uebrigens haben die Griechen dies begriffen, und ihre Volksvertretung hat die Lächerlichkeit nicht auf sich geladen, überhaupt Einwendungen gegen den Vertrag zu machen.

Jetzt will ich den Leser etwas in Athen und Umgebung spaziren führen. Zunächst möge dies im neuen Athen geschehen: lange Zeit gebraucht man dazu nicht. Und doch kann man Athen jetzt keineswegs mehr als eine Stadt bezeichnen, in welcher es sich nicht angenehm leben ließe. Nur fehlt dem neuen Athen aber auch all und jeder demselben charakteristische Zug. Der älteste Theil, ein Albanesisches Dorf, wie man sagen muß, mit ziemlich schmutzigem Bazar, oder Kram- und Gemüsemarkt, trägt noch immer die Züge einer armen Morgenländischen Landstadt. An diesen Theil schließt sich ein etwas besser gebauter, der wieder ganz Deutsch-Slawisch aussieht, einer halb Deutschen Stadt in Polen, im nordwestlichen Rußland, oder auch im östlichen Theile Oberschlesiens ähnelnd. Diesen Theil umgiebt dann wieder ein dritter, der neueste, mit breiten Straßen oder baumbepflanzten Boulevards, mit anspruchsvollen, aber nicht schönen Landhäusern und schon recht vielen öffentlichen Gebäuden, als da sind: Schloß, Museum, Polytechnikum (diese beiden noch im Bau), höhere Töchterschule, Abgeordnetenhaus (ebenfalls noch im Bau), Kasernen u. s. w. Die älteren öffentlichen Gebäude, aus der Zeit König Otto's, sind die Schöpfungen von Münchener Baumeistern, darunter einige von Klenze, und wollen architektonisch nicht viel bedeuten, obgleich sie, wie z. B. das Schloß, welches eigentlich ein recht kahles und plumpes Machwerk ist, theilweise aus Marmor hergestellt sind. Besseres haben in allerneuester Zeit die beiden Hansen aus Kopenhagen geleistet. Vorzüglich würde die Universität und noch mehr das Museum, welches nach Hansens Zeichnung jetzt von einem hiesigen Deutschen Baumeister ausgeführt wird, beide ungefähr in Schinkelsnen-Hellenischem Stile, in jeder Hauptstadt Europas die Blicke auf sich ziehen.

Die älteren Kirchen in der Stadt, noch aus Byzantinischer Zeit stammend und ursprünglich außerhalb der Stadt gelegen, sind sämmtlich ganz auffallend klein und niedrig, aber sonst ganz gute Beispiele des Byzantinischen Baustiles. Unter den neueren ist hauptsächlich die ebenfalls ziemlich kleine Kathedrale zu erwähnen, welche König Otto auf eigene Kosten und, wie man angiebt, nach eigenem Entwurfe im Byzantinisch sein sollenden Stile aufführen ließ.

Verkaufsläden, sehr bescheiden in Ausschmückung, Mobiliar und Inhalt, vertheilen sich in großer Zahl über die ganze Stadt, den allerneuesten Theil ausgenommen, welcher vom Hauptboulevard den unteren sanften Abhang des Berges Lykabettus hinansteigt. Besonders zahlreich sind die Verkaufsläden für Tabak mit dem Ladentisch nach der Straße heraus, in welchen hauptsächlich Türkischer Tabak und Cigarretten, wie überall im Morgenlande, feil geboten werden. Außer diesen wimmelt es von Speise- und Weinhäusern, welche in der Mehrzahl zugleich Gasthöfe für die unteren

8*

Klassen sind. Eine solche Wirthschaft heißt Xenodocheion, d. h. „Aufnahme für Gäste". Dann folgen die Kaffeehäuser, welche hier aber auch nicht den geringsten Anspruch auf Eleganz machen, dafür aber desto voller sind und meist recht guten Morgenländischen Kaffee, mit den feingemahlenen oder feingestoßenen Bohnen als Bodensatz, verschänken, die Tasse für nur zehn Lepta, d. h. für noch nicht acht Decimalpfennige. Demnächst sind die Haarschneider- und Barbierläden zu erwähnen, ebenfalls sehr zahlreich, aber noch anspruchsloser. Gewölbe, in welchen Eßwaare aller Art, mit Ausnahme des frischen Fleisches, zum Verkauf steht, heißen Pantopoleia, d. h. Läden für Alles. Natürlich finden sich auch die in allen Europäischen Städten gewöhnlichsten Verkaufsläden vor, nur daß die Geschäftstheilung hier viel weniger ausgebildet ist und ein und dasselbe Geschäft sich mit viel mannichfaltigeren Artikeln befassen muß. Das einzige ganz eigenthümliche Geschäft, hier in Athen nur in sehr beschränkter Zahl vertreten, ist der Hellenenschneider, wie er sich ausdrücklich auf seinem Schilde nennt. Er verfertigt nur die Hellenische Nationalkleidung, die offene gestickte Jacke, den weißen reich gefalteten Unterrock oder Fustanella, die hohen, meist rehgelben oder schmutzig weißen Kamaschen, die noch den beschuhten Fuß bedecken, und hält den kurzen, aber weiten Mantel aus grauem, grob wollenem Zeuge oder Filz und den rothen Männer-Fez mit der goldenen Troddel feil. Den Fez tragen übrigens auch Frauen, welche sich im Uebrigen nicht Hellenisch kleiden, und zwar tragen die jungen ebenfalls einen rothen Fez, den sie schief auf den Kopf setzen, so daß ihnen der Beutel mit der Troddel über das eine Ohr fällt, die älteren einen ähnlichen dunkeln Fez. Die unteren Stände, so weit sie nicht wirkliche Arme sind, die sich in Lumpen hüllen, tragen sich auch hier noch meist Hellenisch, aber auch Männer der höheren Gesellschaftsklasse aus Patriotismus, vorzüglich solche aus den Provinzen, welche als

Abgeordnete oder sonst zu einem politischen Zwecke hier anwesend sind. Im Abgeordnetenhause zählte ich bei einer Anwesenheit von fünfundachtzig Abgeordneten funfzehn in Hellenischer Tracht und selbst der alte Ministerpräsident Bulgaris trug wenigstens den Fez. Eine Volksmasse in Athen sieht durch die Beimischung der Hellenischen Trachten immer noch recht bunt aus.

Sonst giebt es in Athen durchaus nichts Eigenthümliches, das sich etwa von hier als Andenken mitnehmen ließe. Auf einen Hellenischen Anzug, welcher, wenn man damit Staat machen will, recht theuer ist, wird wohl kein Fremder für diesen Zweck verfallen.

Die Griechen der Gegenwart machen zuweilen den Versuch, irgend einen Zusammenhang zwischen der Altgriechischen Tracht und dieser Neugriechischen herausklügeln zu wollen. Es kommt aber dabei nichts heraus, was sich sehen lassen könnte: die Griechen des Fanar in Konstantinopel haben von dieser Tracht nie etwas gewußt. Sie ist mit den Albanesen nach Griechenland und zum Theil auch nach den Inseln erst in Türkischer Zeit gekommen. Es ist eine leichte Umgestaltung der heutigen Albanesischen Kleidung, deren ich schon aus Korfu erwähnte. Athen selbst war ja geraume Zeit hindurch ein rein Albanesischer Ort.

Noch eins, ehe ich mich vom neuen Athen für diesmal verabschiede, um mich zum alten zu wenden. Man sieht sehr häufig in der Hand der Griechen aller Stände eine Kugelschnur, die einem Römisch-katholischen Rosenkranze sehr ähnlich ist. Sie bedeutet aber durchaus nichts der Art. Sie ist ein bloßes, den Griechen eigenthümliches, Spielwerk, mit dessen Handhabung zwischen den Fingern sie sich wohl zu beruhigen suchen, wenn es nicht durch Tabak geschehen kann. Vielleicht ist sie ein Mittel, das Rauchen los zu werden. Wann diese Sitte aufgekommen, habe ich bisher nicht ermitteln können. Sollte dieser unkirchliche Rosenkranz nicht zuerst als Rechenmaschine gedient haben, wie man ja im ganzen Osten, von der Deutsch-Russischen Grenze an bis zu den Küsten Chinas, sich verschiedener Rechenmaschinen bedient, in denen mit Kugeln gezählt wird?

Ich habe es über mich gebracht, mich eine ganze Woche in Athen aufzuhalten, ohne auf die Akropolis zu steigen, um mich nicht in Dingen, welche zuerst zu erledigen waren, stören zu lassen. Aber ich muß gestehen, daß ich den gewaltigen, mit Mauern, Thürmen und den schönsten und bedeutungsvollsten Trümmern der Welt gekrönten Felsen von den Straßen der Stadt aus niemals zu Gesicht bekam, ohne den Blick auf ihn gerichtet zu halten, so lange ich ihn sah. Noch heute beherrscht die Akropolis, wenigstens landschaftlich und architektonisch, die jetzt nordwärts zu ihrem Fuße hingelagerte Stadt, wie sie dieselbe im Alterthum beherrschte, als sie noch rings von derselben umgeben war. Die Schwenkung um die Akropolis herum nach Norden begann die Stadt wohl schon in der Altgriechischen Zeit zu machen, als der niedrig gelegene Stadttheil Kerameikos, das Töpferviertel, eine glänzende Vorstadt bildend, durch ihre Thore in nordwestlicher Richtung hinausquoll. Der Römische Imperator Hadrian baute dann in östlicher Richtung an den Ufern des Baches Ilissus an die alte Stadt eine zweite neue an. Der steinreiche Redner und Lehrer der Beredsamkeit, Herodes Attikus aus Marathon, welcher unter dem Imperator Antoninus Pius in Athen lebte und dessen Adoptivsöhne und Nachfolger L. Verus und Mark Aurel, den Philosophen auf dem Thron, erzog und der Athen überhaupt auf seine Kosten wieder verschönte, bedachte dabei mit Vorliebe auch diesen neuen Römischen Stadttheil. Dahin, wo derselbe an die alte Stadt sich anschloß, wollen wir unsere Schritte zuerst richten. Von dem Platze vor dem Schlosse aus, an welchem sämmtliche Gasthöfe erster Klasse liegen, nehmen wir unseren Weg südwärts längs der neuen Boulevards. Eine kurze Strecke kommen wir noch an schönen, neuen Häusern vorüber und schließlich an der Russischen und der protestantischen Kirche. Dann wird der Blick frei und wir haben das steinige Thal des Ilissus und die Hügel jenseits jenes Baches quer vor uns. Eine gewaltige, wie man deutlich sieht, künstlich hergestellte rechteckige Plattform, welche die Trümmer des Olympieions oder großen Zeustempels trägt und noch nördlich des Ilissus liegt, zieht nun den Blick alsbald mit Macht auf sich. Ehe wir diese Plattform erreichen, haben wir durch ein kleines Thor oder Triumphbogen Altrömischer Bauart zu schreiten, welchen Hadrian errichten ließ zum Andenken daran, daß hier seine Neubauten begannen. Er trägt Griechische Inschriften auf beiden Seiten über der Durchfahrt. Die nach der Akropolis schauende sagt: „Dies ist das Athen des Theseus, die frühere Stadt." Die nach dem Olympieion schauende Inschrift aber sagt: „Dies ist des Hadrian, und nicht des Theseus, Stadt."

Beiläufig war die letztere Inschrift, wenigstens theilweise, eine kleine Lüge des wegen seiner Eitelkeit verrufenen Hadrian. Das Olympieion wenigstens hat er zwar vollenden lassen, aber der größte Theil desselben war schon lange vor ihm erbaut. An diesem riesigen Zeustempel ist mit langen Unterbrechungen während einer Zeit von nicht weniger als 650 Jahren gebaut worden, also noch länger, als am Kölner Dom gebaut sein wird, wenn er endlich einmal fertig dasteht. Die Grundfläche dieses Tempels war aber auch kaum kleiner, als diejenige des Kölner Doms. Sie betrug nämlich 60,000 Quadratfuß, bei einer Länge von 354 und einer Breite von 170 Fuß. Und hierbei sind die Stufen, auf welchen der Tempel gleich allen antiken Tempeln stand, noch nicht einmal mit gerechnet. Dann enthielt derselbe 124 große Säulen von 55 Fuß Höhe und $6\frac{1}{4}$ Fuß Durchmesser an der Basis in seinem Porticus und Peristylen. Die Abacus über den Säulen waren Würfel mit Seiten von $8\frac{1}{2}$ Fuß.

Ungeheure Blöcke, wie heute noch zu sehen, bildeten den Architrav. Ein einziger derselben wiegt 350 Centner, die auf eine Höhe von mehr als 60 Fuß gewunden werden mußten.

Von jenen 124 großen Säulen stehen jetzt noch 15, nachdem die 16. bei einem Sturme vor zwanzig Jahren — solche Stürme kommen hier häufiger vor — umgeworfen worden ist. Es sind sämmtlich vortrefflich gearbeitete Exemplare des Korinthischen Säulenmodells, mit Capitälen allerfeinster Arbeit und in der Composition à jour behandelt, welche nimmermehr zur Zeit Hadrians hätten hergestellt werden können. Dazu war die Steinmetzarbeit, wenigstens in Rom selbst, damals schon viel zu roh geworden. Man darf nur das Hadrianische Thor in der Nähe vergleichen, so erkennt man alsbald, daß dieselbe Zeit, welche dieses Thor erbaute, diese Capitäle nimmermehr schaffen konnte, eben so wenig wie ein Steinmetz des achtzehnten Jahrhunderts das Straßburger Münster oder den Magdeburger Dom fertig gebracht hätte.

Der Bau des Athener Olympieions hat etwas Geheimnißvolles. Schon Pisistratus begann dasselbe in der zweiten Hälfte des sechsten Jahrhunderts vor unserer Zeitrechnung und zwar in all seiner Größe; aber so wie es im Einzelnen ausgeführt gewesen zu sein scheint, kann es, ungleich dem Kölner Dome, jedenfalls damals nicht geplant worden sein. Der Bau blieb liegen, nachdem die Pisistratiden theils ermordet, theils vertrieben worden waren, vielleicht aus Mangel an Mitteln, vielleicht auch aus Tyrannenhaß der Athener. Im nachfolgenden Jahrhundert verwandten sie alle ihre Mittel auf die architektonische Ausschmückung der Akropolis, vorzüglich auf die architektonischen Juwele der Welt, auf das Parthenon und die Propyläen. Erst Antiochus Epiphanes, derselbe König von Syrien, welcher den Kampf für den antiken Polytheismus gegen den jüdischen Monotheismus begann und es mit den Makkabäern zu thun bekam, nahm den Bau des Athenischen Olympieions wieder auf. Wahrscheinlich rühren die Säulen, welche man noch jetzt sieht, aus seiner Zeit her. Dies fand 174 vor unserer Zeitrechnung statt. Dann folgte wieder ein langer Stillstand des Baues. Als Sulla Athen einnahm und plünderte, nahm er Säulen dieses Tempels mit sich nach Rom. Schwerlich waren es Exemplare der hohen Säulen, die man jetzt noch sieht, sondern kleine Säulen, nicht aus Marmor, sondern aus kostbarerem Stein, Porphyr oder Jaspis, zur inneren Ausschmückung bestimmt und noch unverwendet in der Bauhütte bereit liegend. Dann versuchte Octavianus Augustus nach der Schlacht von Actium als Herr der Welt den Bau zu vollenden, und zwar that er es mit großem Eifer und Ernst, und die Griechischen Fürsten in Asien, welche er dazu antrieb, ließen es, um ihm gefällig zu sein, ebenfalls an Eifer nicht fehlen, so lange er lebte. Aber nach seinem Tode kam der Bau wieder zum Stillstand, und erst Hadrian beendigte dann denselben. Es haben also nur Alleinherrscher, welche sich wahrscheinlich als irdische Abbilder des höchsten Himmelsgottes betrachteten, an diesem gewaltigen Zeustempel gearbeitet, um welchen sich das Athenische Volk selbst nicht viel gekümmert zu haben scheint. In Pisistratus, in Antiochus Epiphanes, in August und in Hadrian liegt ein gemeinsamer Zug, der eines culturfreundlichen Absolutismus, welcher den Himmel auf die Erde zu versetzen sucht und den unumschränkten Herrscher zum Gott machen möchte. Als Hadrian den Zeustempel vollendete, stand es um den Zeuscultus überhaupt schon sehr fraglich. Damals hat Niemand mehr in diesem Athenischen Riesentempel des Zeus in demselben Geiste gebetet, wie einst in dem beiläufig viel kleineren Zeustempel zu Olympia in Elis, der die erhabenste Schöpfung des Phidias barg, gebetet worden war.

Wann die Zerstörung des Tempels begonnen habe, wissen wir nicht. Wir können nur schließen, daß sie dem Umstande zuzuschreiben ist, daß derselbe viel zu groß war, um sich in eine christliche Kirche für das klein gewordene Athen verwandeln zu lassen. Der heidnische Glaube schützte ihn nicht mehr und der christliche nahm diese Pflicht nicht auf sich, sah den Tempel also sicher als eine gräuliche Gespensterhöhle an, welche die Nachbarschaft unsicher machte. Sein Marmor mag einige Zeit lang noch als Marmor angesehen worden sein, den man nach Konstantinopel oder sonst wohin verschiffen konnte, wo Marmor für Kirchenbauten gebraucht wurde. Es war nur schlimm, daß der Marmor zu diesem Zwecke erst mit großer Mühewaltung nach der Küste geschafft werden mußte, welche eine Deutsche Meile weit entfernt ist. Für die unmittelbare Nachbarschaft aber, welche bald keinen Marmor mehr gebrauchte, war der Marmor des Olympieions doch immer Kalkstein. In den Kalkofen ging es zuletzt vielleicht mit dem größten Theile des Olympieions, während andere kleine Tempel in Athen noch lange des Schutzes genossen, welchen ihnen wenigstens in der Byzantinischen Zeit eine Christenkirche gewähren konnte, die sich in ihre Mauern einnistete, um die Baukosten zu sparen. Schließlich aber fand sich das Christenthum doch auch in den Trümmern des Olympieions ein, in seinen letzten kleinen Trümmern, welche nun die Alterthumswissenschaft längst in ihre Obhut genommen hat. Das kleine Kirchlein „des heiligen Johannes unter den Säulen" hat unter denselben gestanden, bis es von der Forschung hinweggeräumt wurde. Noch länger als das Christenthum hat der Islam auf einer der Säulen in Gestalt eines Einsiedlers, also eines Styliten, gehorstet, bis in die Zeit der Photographie hinein: denn noch giebt es ältere Bilder, welche sein elendes Nest oben auf der Säule zeigen. Der Stylit pflegte einen Korb am Stricke herab zu lassen, welchen ihm die Ehrfurcht des Volkes, auch des christlichen, vor seiner Selbstpeinigung mit Nahrung füllte. Endlich kam der Korb nicht mehr herab, und man hatte hinauf zu steigen, um ihn sterbend herunter zu schaffen. Wenn Diogenes seine Tonne nach dem unfertigen Baue des Olympicions rollte, ist ihm schwerlich in den Sinn gekommen, daß er noch grade an dieser Stelle einen so trübseligen Nachfolger in der Weisheit der Entsagung bekommen würde, obgleich die Indischen Büßer, welche Alexander mitbrachte, ihm wenigstens bei seinem späteren Aufenthalte im hohen Alter in Korinth, wo er mit Alexander zusammentraf, wohl einen Vorgeschmack von der christlichen und muhammedanischen Ascese geben konnten.

Der Bach Ilissus fließt fast unmittelbar unterhalb des Olympicions und bildete in dieser Jahreszeit einen ganz malerischen Wasserfall. Weiter abwärts führt eine stattliche, moderne steinerne Brücke über diesen Bach und hart an derselben fließt der berühmteste Springquell des alten Athen, die Kallirrhoe, das Schönwasser, später auch Enneakrunos genannt, d. h. der neunfache Quell, weil man ihn in neun Röhren gefaßt hatte. Er gab das beste Trinkwasser im alten Athen, welches im Uebrigen auf gegrabene Brunnen angewiesen war. Er heißt noch Kallirrhoe und hat noch sehr erfrischendes Trinkwasser. In den Tempeln des alten Athen wurde dasselbe ausschließlich gebraucht.

Auf der Brücke des Ilissus, von welchem aus sich recht liebliche, wenn auch kleine und ganz baumlose Landschaftsbilder aufnehmen lassen, wollen wir diesmal Kehrt machen, wie man es muß, wenn man die Akropolis besteigen will. Dieser vielleicht interessanteste Spaziergang in der Welt möge aber für den nächsten Brief aufbehalten bleiben.

Die Akropolis.

(Die Stätte des alten Athen. Das Dionysostheater. Das Odeum des Herodes Attikus. Eingang zur Akropolis. Die Treppe. Die Propyläen. Radspuren des Panathenäen-Festes. Erechtheum und Parthenon. Wirkung der Bombenexplosion. Marmortrümmer. Ueber die Griechischen Baustile. Die Ausschau aus der Akropolis.)

Athen, 6. April.

Mit demselben Wege beginnend, welchen ich am Schlusse meines vorigen Briefes verfolgte, kann man auch am bequemsten, nämlich zu Wagen, bis an den kürzesten Aufgang zur Akropolis gelangen. Verfolgen wir ihn aber lieber zu Fuß, wobei man mehr sehen und vorzüglich besser untersuchen kann.

Es geht diesmal vom südöstlichen Schlusse der halbkreisförmigen Athenischen Boulevards rechts ab, wobei man, zuerst an ärmlichen Häusern vorbei, bald hinter die Akropolis gelangt, nämlich von der heutigen Stadt aus gedacht. Augenscheinlich sollen die Boulevards hier fortgesetzt werden, nota bene wenn das nöthige Geld dazu vorhanden sein wird. Es geht nun unmittelbar in die ältesten und wichtigsten Theile des antiken Athens hinein, welche südlich von der Akropolis nach dem Meere, den Häfen und den Mauern zu lagen, die die Stadt mit den Häfen verbanden. Es geht, ungleich dem neuen Athen, in ein recht unebnes Hügelland hinein. Zur Rechten hat man den mächtigen Felsen der Akropolis, auf sanfterem Erd- und

Schuttabhange sich erhebend, zur Linken, etwas ferner, zuerst den Hügel des Museion, welcher dem Akropolis-Felsen selbst in der Höhe ziemlich nahe kommt und sich wiederholt in neueren Zeiten, bei den Belagerungen Athens durch die Venezianer und durch die Griechen während des Aufstandes, als für die Akropolis gefährlich erwiesen hat. Diesen Hügel des Museion krönt noch jetzt ein seltsames Denkmal, von dem man aus der Ferne nicht recht weiß, was zu machen, und welches eine Inschrift als das Denkmal des Philopappus ausgewiesen hat, eines Syrers, welcher im Jahre 105 nach unserer Zeitrechnung in Athen starb und dort die Aemter eines Kampfrichters und Chorführers bekleidet zu haben scheint: damals wahrscheinlich Ehrenämter, welche an reiche und wohlthätige Fremde übertragen wurden, die sich in der Stadt niedergelassen hatten. So launenhaft bewahren zuweilen Monumente das Andenken unbedeutender Menschen, welche sonst sich kein Monument in der Geschichte selbst zu setzen vermochten. Dort oben wird an einen Commerzienrath erinnert, während von Aristoteles wenigstens kein steinernes Monument vorhanden ist. Auf dem südlichen sanfteren Theile des Abhanges der Akropolis mahnt zuerst das Theater des Dionysos, des Bacchus, es genauer in Augenschein zu nehmen. Wo dies berühmte Theater, das eigentliche Staatstheater von Athen, gelegen haben müsse, hatte man zwar schon seit geraumer Zeit mit großer Gewißheit zu schlußfolgern vermocht; aber es ist doch erst das Verdienst unserer Landsleute Curtius, Bötticher und Strack gewesen, dasselbe und zwar im Jahre 1862 zuerst wirklich ans Tageslicht zu fördern. Nun dies vollständig geschehen, finden wir uns im Besitze eines Griechischen Theaters, welchem kein anderes an geschichtlicher Wichtigkeit, und zwar an politischer wie an literargeschichtlicher auch nur entfernt nahe kommt. Es war schon freilich im Alterthume nicht mehr ganz so geblieben, wie es ursprünglich war, als es im Jahre 500 vor unserer Zeitrechnung zuerst hergerichtet wurde, um das erste Trauerspiel des Aeschylus darauf zur Aufführung zu bringen, und wie es aussah, als die Gestalten der Dramen des Sophokles und des Euripides über seine Bühne gingen. Zuerst ward demselben durch den Redner Lykurgus im Jahre 340 eine definitive architektonische Gestalt gegeben, als schon die Zeit der großen Tragiker vorüber war und die Komödien des Menander und seiner Schule die Bühne beherrschten. Lykurgus, der auch Finanzminister von Athen war und die Staatseinnahmen außerordentlich zu erhöhen verstand, war zugleich für patriotische Zwecke außerordentlich freigebig aus dem öffentlichen Säckel und schmückte nicht blos das Staatstheater aus und vollendete seine innere Einrichtung, sondern brachte es auch als Gesetz durch, daß dem Aeschylus, dem Sophokles und dem Euripides bronzene Statuen gesetzt wurden. Er war ein Freund des Demosthenes, dessen erster Olynthischer Rede, in welcher die Aufhebung der Unentgeltlichkeit des Theatereintrittes empfohlen wird, es vielleicht anzumerken ist, daß er dabei einen Freund zu schonen hatte, welcher zugleich ein allzu warmer Theaterfreund war. Nachdem Griechenland seine Unabhängigkeit an die Macedonier verloren hatte, beschränkte sich der Patriotismus des Lykurgus nothgedrungen auf seine leidenschaftliche Fürsorge für das Athenische Staatstheater, eben dieses Dionysos-Theater, als dessen Präsident, oder wie wir sagen würden, Staatsintendant er im Jahre 323 gestorben ist. Dann scheint das Theater mehr als 400 Jahre hindurch unverändert geblieben zu sein, bis der Imperator Hadrian unter dem Vielen, was er für Athen that, auch eine Erneuerung des Staatstheaters für nöthig hielt. So wie es jetzt aufgedeckt worden, ist es in der Hauptsache unzweifelhaft nach dem Nachweis der sehr zahlreichen Inschriften das von Hadrian erneuerte Theater. Es ergiebt sich aber ebenfalls aus einer

Inschrift, daß ungefähr zur Zeit des Diocletian ein gewisser Phädrus wenigstens die Bühne noch umgebaut hat. Dies mag damit in Zusammenhang stehen, daß in der Orchestra des Theaters eine Zeit lang auch Römische Thierkämpfe stattgefunden haben, wie die Mauer zu beweisen scheint, welche die vordersten Sitze zu schützen hat. Hiernach gewann das Schauspiel, welches ja auch unter den christlichen Imperatoren fortdauerte, über die Thierkämpfe die Oberhand, und wahrscheinlich mußte die Bühne zu diesem Zwecke wieder hergestellt werden.

Dies alles ändert aber nichts daran, daß wir in den Ruinen des aufgedeckten Dionysos-Theaters diejenigen des ältesten und vornehmsten Theaters vor uns haben, und zwar, wie das Bild dieses Theaters auf einer Römischen Medaille beweist, welche vor Hadrians Zeit geprägt ist, ohne wesentliche Aenderung des Grundplanes und der Einrichtung zu des Lykurgus Zeit, als man sich gewiß noch an die Sitten und Gebote aus der Zeit des Aeschylus hielt. Ja mehr! Ehe überhaupt an dieser Stelle ein steinernes, stehendes Theater errichtet wurde, hat sich hier wahrscheinlich das hölzerne Theater des Thespis befunden, des Vaters der ganzen Schauspielkunst, welcher die persönliche Rolle in die sonst nur den Chor kennende dramatische Poesie einführte und die Maske erfand, zunächst damit er selber mehr als eine Rolle spielen konnte. Wahrscheinlich ist dies, weil das Theater, wie seine ganze Nachbarschaft, eben dem Dionysos oder Bacchus, heilig war und Thespis aus Ikaros in Attika, dem Hauptsitze der Bacchusverehrung, nach Athen kam, um dort Spiele zu geben, welche sich aus dem Bacchusdienste entwickelten.

Das Dionysos-Theater in Athen ward das allgemeine Modell für die zahlreichen Theater, welche rasch in der ganzen Griechischen Welt emporwuchsen, als einmal Stücke für sie geschrieben wurden. In ihm ist die ganze Einrichtung eines Theaters überhaupt erst, und zwar wahrscheinlich allmählich erfunden worden, da ja noch das Modell fehlte, dem es selber nachgeahmt hätte werden können.

Also, wenn ein rechter Theaterfreund mich jetzt in dessen Trümmer begleitet — Hut ab! Hier ist etwas recht Großes zum ersten Male in die Welt getreten.

Das Koilon, Lateinisch die Cavea, Deutsch der Hohlraum, nämlich der Zuschauerraum steigt den Abhang der Höhe empor, aus welcher der Felsen der Akropolis hervorragt, und zwar nahe dessen südöstlicher Ecke. Dem zu Folge hatten die Zuschauer das Gesicht ziemlich gerade aus nach Süden gewendet und erblickten über die Bühne hinweg den Meeresspiegel, welchen hier der Hügel des Museion noch nicht verdeckt. Dreizehn Verbindungstreppen durchschnitten die Halbkreise von Sitzen, von unten nach oben. Es scheint zwanzig solcher Halbkreise von Sitzen gegeben zu haben. Daß die Verbindungstreppen gerade dreizehn an Zahl betragen, wird als ein Beweis betrachtet, daß sie erst unter Hadrian auf diese Zahl gebracht worden sind, welcher den zwölf Stämmen Athens, welche das Theater in dieser Theilung besetzten, einen dreizehnten hinzufügte, der seinen eigenen Namen trug. Der unterste, natürlich kleinste Halbkreis von Sitzen besteht aus marmornen Ehrensesseln, einst Proëdrien genannt, für die Priester sämmtlicher Tempel Athens und für die Inhaber der höheren Staatswürden. Sie sind noch sehr gut erhalten und aus dem Marmor des Berges Pentelikos in Attika, aus welchem auch das Parthenon und die Propyläen gebaut sind. Jeder dieser Sessel trägt vorn unterhalb des Sitzes, da wo die Beine den Sessel bedeckten, den Titel, aber nicht den Namen des Inhabers. Es ist den Schriftzügen anzusehen, daß sie erst aus der Zeit Hadrians herrühren; aber eben so ist bei verschiedenen Sesseln deutlich zu erkennen, daß eine frühere Inschrift weggemeißelt und dann erst die letzte darauf gesetzt ist. Zusammen sind es siebenundsechzig solcher Ehrensessel: fünf vor jedem Stammesabschnitt, nur je sechs vor den beiden äußersten Stammesabschnitten zur Rechten und zur Linken. Die Priestersessel, welche sich auf dem rechten Flügel befinden, nehmen etwas mehr als die Hälfte ein; die der höheren Staatsbeamten, vorzüglich der Richter, befinden sich auf dem linken Flügel. Es sind sämmtlich Armsessel, nicht unähnlich den curulischen Sesseln der Römer. Aber es ist Sorge dafür getragen, daß zwischen jeden zwei Armlehnen der im übrigen wie auf einer Bank neben einander gereihten Sessel sich ein Zwischenraum von ungefähr einem halben Fuß befindet, so daß die Arme sich nicht einander anstoßen konnten, ja nicht einmal ihre Bekleidung. Die Sitze selbst sind nach hinten vertieft, so daß es sich sehr bequem auf denselben sitzen läßt. Aber wenn es regnete, mußte sich das Wasser in der Vertiefung ansammeln. Um dasselbe abzuleiten, diente seitwärts je eine Rinne, mit hierzu ausreichender Vertiefung durch den vorderen Theil des Sitzes eingeschnitten. Dies scheint aber doch noch nicht genug gewesen zu sein; denn es ist in jedem Sessel noch ein zweiter Canal durch den erhöhten vorderen Theil des Sitzes, gerade in dessen Mitte, nach unten durchgebohrt.

Der mittelste erhöhte und sehr prunkvoll geschmückte Sessel ist als derjenige des Bacchuspriesters bezeichnet, welcher also im Theater wenigstens als der Vornehmste galt, etwa als der Wirth, bei welchem die Anderen nur zu Gaste waren. Ich habe schon erwähnt, daß die ganze Gegend auf dem Südabhange der Akropolis fast bis zur Ebene hinab dem Bacchus geheiligt war. Der Bezirk hieß Lenäum, d. h. Kelterplatz. Neben dem Theater, welches also hier mit als bacchischer Festplatz behandelt wurde, enthielt dieser Platz auch das Odeum des Perikles, also etwa die Liederhalle, unmittelbar neben dem Theater. Jetzt sind aber keine sichtbaren Spuren von demselben mehr vorhanden. Die

Ursache ist, daß dieselbe ganz außer Gebrauch kam, als Herodes Attikus, der wohlhabende Beredsamkeitslehrer, dessen ich schon erwähnte, am anderen westlichen Ende des Südabhanges der Akropolis eine neue Liederhalle bauen ließ, die größte, die es je in Griechischen Landen gegeben hat. Sie scheint mit dem Theater durch einen bedeckten Gang hoch oben verbunden gewesen zu sein. Es ist nicht recht klar, zu welchem Zwecke. Dieses Odeum, welches Herodes Attikus zum Andenken an seine verstorbene Frau Regilla erbaute, hat sich in sehr stattlichen Trümmern erhalten. Es hatte gegen die Straße eine Façade von drei Römischen Bogenstellungen, welche zum Theil noch stehen. Statt der Bühne hatte es nur eine erhöhte Plattform für die Sänger, wie wir sie in unseren Liederhallen haben. Die feinen bacchischen Basreliefs, durch ausdrucksvolle Karyatiden getrennt, welche die Vorderwand der Bühne des Dionysos-Theaters nach dem Orchester und dem Zuschauerraume zu schmücken, fallen hier weg. Auch fehlen natürlich die zwei tiefen Gräben unter der Bühne, welche im Theater für Handhabung der Maschinerie bestimmt waren. Auch sind keine besonders geschmückten Theatersitze und keine Vertheilung derselben nach Rang und Beruf zu bemerken. Die Odeen scheinen also mit den Theatern im öffentlichen Leben des alten Griechenlands nicht im gleichen Range gestanden zu haben.

Hinter diesem Odeum schwenkt der Fahrweg von der breiten Südfronte der Akropolis zu ihrer schmalen Westfronte herum und steigt den sanften Abhang zu derselben hinan. Dabei enthüllen sich zur Linken des Fahrwegs, dem Hügel des Museion folgend, der flachere Felsen des Pnyx, der Hügel des Nympheum und zuletzt, unmittelbar vor der Akropolis und mit derselben durch einen niedrigen Rücken verbunden, die Felsplatte des Areopag, die Stätte des unter diesem Namen so berühmten Gerichtshofes. Zwischen diesen

Höhen aber dehnt sich, jetzt vom jungen Grase schimmernd grün, die Fläche aus, welche die Agora enthielt, die das für Athen war, was das Forum für Rom. Wohin man nur blickt, tauchen unvergleichliche Geschichtsbilder vor der Erinnerung auf. An allen diesen Hügeln sieht man auch deutliche Spuren der Felsbearbeitung, welche mit dem zusammenhing, was auf ihnen stand oder vor sich ging. Viele Räthsel sind freilich dabei noch zu lösen. Noch haben wir keine Zeit und Lust, uns dabei aufzuhalten. Allzu mächtig zieht die Akropolis an, deren heiliges Gebiet wir nun durch einen gewölbten Bogengang betraten, der aber nicht aus dem Alterthume stammt. Hinter einem Vorplatze mit köstlicher Aussichau wird uns dann ein Gitterthor geöffnet, und an dem Hause der wachthabenden Beamten vorüber erreichen wir ein paar formlose Stufen, welche in den groben röthlichen Marmor gehauen sind, aus dem der Akropolis-Felsen besteht. Sie führen auf die große Treppe der Propyläen hinauf. Der Anblick derselben bricht plötzlich auf uns herein, und zwar mit einer Macht, die man gefühlt haben muß, um sie zu begreifen. Daß das Brandenburger Thor in Berlin ihnen nachgebildet und jetzt, wo es durch Strack seine beiden Seitenflügel bekommen hat, sogar ziemlich gewissenhaft nachgebildet ist, wissen wir ja Alle. Aber mit den Propyläen, mehr als halb zerstört wie sie sind, kann das Brandenburger Thor, unversehrt wie es dasteht, doch keinen Vergleich aushalten. Dazu müßte es nicht auf ebener Erde stehen, auch nicht aus Sandstein und Ziegeln erbaut sein, sondern müßte hoch oben einen Felsenweg aus Marmorfels abschließen, zu welchem auf beiden Seiten Treppen aus weißem Marmor von vierzig Stufen hinaufführen, durch hohe Steinwangen eingefaßt, welche hier einen kleinen zierlichen Tempel, dort Postamente für Denkmäler aus blauem Marmor tragen, und müßte selber aus gelblichweißem Marmor vom Pentelikos bestehen, und seine Säulen müßten, wie die der wirklichen Propyläen, eine Arbeit von unübertrefflicher Schärfe sein und den vornehmen Glanz des Marmors zu bewahren vermocht haben. Die Stufen sind ziemlich hoch und ersteigen sich nicht leicht: es wird sie aber doch ein Jeder, der die Akropolis zum ersten Male besucht, mit Ungeduld hinaufstürmen. Und dann wirft man wohl einen raschen Blick in die Pinakothek der Propyläen, ihren einst mit Wandgemälden geschmückten, rechten Vorderflügel, und durchschreitet dann den quadratförmigen säulenreichen Raum, welcher den Hauptkörper der Propyläen bildet, wobei man noch zwei mal jedes mal drei hohe Stufen zu ersteigen hat. Neben dem Fußgänger steigt im mittleren Durchgange der alte Fahrweg auf dem gewachsenen röthlichen und blauen Marmor des Akropolisfelsens empor, und noch sind die Radspuren der Wagenzüge des Panathenäenfestes auf demselben sichtbar. Aus dem Säulenwalde der Propyläen hinaus in das Innere tretend, hat man vor sich auf dem namhaft steigenden Felsboden zur Linken die Ionischen Säulen und Kanephoren des Erechtheums und zur Rechten die Dorische Säulenpracht des Parthenon. Sobald man das letztere, das vornehmste Gebäude der Welt, erblickt, kann man nicht umhin, zunächst an die Bombenexplosion zu denken, welche den ganzen mittleren Theil desselben im Jahre 1687 bei der Belagerung der Akropolis durch die Venezianer nach rechts und links auf den Boden warf; das war eine böse Secunde in der Kriegsgeschichte, die ja überhaupt so sehr viel mehr böse als gute Stunden hat. Bis heute ist der bunte Marmorfels im Innern der Akropolis mit großen und kleinen Bruchstücken weißen pentelischen Marmors dick überstreut. Dicke, zerbrochene Werkstücke und Splitter von gereifelten Säulen, von ihren Capitälen und selbst vom Friese des Phidias, der innerhalb des Peristyles hinlief, liegen noch immer bunt durch einander. Die besten Stücke sind in die

Museen gebracht worden, zuerst die Prachtstücke, um welche Lord Elgin den Tempel selber plünderte, in das Britische Museum, dann noch eine gute Nachlese gefundener Stücke, welche also jene Explosion hinauswarf, in das Museum an Ort und Stelle; und vieles Andere, was man zu dem Tempel gehörig erkannte und für besonderen Schutzes werth hielt, hat man wenigstens auf die Stufen und in den Peristyl des Tempels selber gepackt. Aber immer noch liegt viel Marmor auf dem Felsboden umher, der zum Parthenon gehörte. Hat man die Akropolis wieder verlassen, so kann man Tage lang hindurch die Erinnerung an die Massen von Marmor nicht los werden, mit welchen das Auge gesättigt worden ist, an unbeschädigten und zerbrochenen Marmor, an Marmor an Ort und Stelle und umher geschleuderten, an weißen und an bunten: den weißen Marmor der Bauwerke und den bunten des Felsens, auf welchem sie erbaut sind, in seinen wilden Naturformen. Bis in die Träume dringt diese Marmorwelt hinein. Im Hochsommer ist eben nichts als Marmor zu sehen: jetzt aber, wo es Frühling, sind Grasbüschel zwischen all diesen Marmortrümmern emporgesproßt und weißgelbe Kamillen nicken zahlreich aus ihnen im Winde hervor, vom Admiral-Schmetterling mit seinen bunten Flügeln umflattert, während auf dem Marmor die Eidechsen regungslos auf ihn lauern. Dies brachte diesmal wenigstens etwas lebendige Natur in die Marmorträume.

Nun aber bei diesem ersten Anblick des zertrümmerten Parthenon ein Wort im Ernst zunächst über die Verwendung altgriechischer Säulenformen bei modernen Bauten. Man darf nicht von einer Dorischen, von einer Jonischen und von einer Korinthischen Säule sprechen, getrennt von dem ganzen Baustile, zu welchem sie gehört. Am allerwenigsten aber von solch einer Dorischen Säule für sich. Es giebt einen Dorischen Baustil, und es ist der schönste und vornehmste von allen, aber er verträgt es nicht, daß man einzelne Stücke aus ihm heraus reißt, um sie anderweitig, als in einem Dorischen Gesammtbau zu verwenden. Die gereifelte Säule, ohne Untersatz auf dem Boden stehend, im Dorischen Verhältniß der Höhe zur Dicke und mit dem Dorischen Maße des Abstandes zwischen einer Säule und der anderen, die Triglyphe, d. h. die steinerne Vertretung eines dreifach eingekerbten hölzernen Querbalkens, die Metope, d. h. die Fläche zwischen zwei Triglyphen, welche sich für das Relief vorzüglich eignet u. s. w., gehören untrennbar zu einander und können eben so wenig einzeln anders untergebracht werden, als sich ein Dialog Lessings oder ein Monolog Schillers in die Stücke Raupachs einschieben läßt. Das Parthenon und die Propyläen oben auf der Akropolis, so wie der Theseustempel, der unten in Athen sich erhebt, sind noch vorhandene Muster des Dorischen Baustils, welche durch die vollendete Harmonie ihres Eindrucks so mächtig von jedem Mißbrauch einzelner Dorischer Elemente abmahnen, daß der Baumeister, der sich dessen schuldig gemacht hat, hier vor Scham vergehen müßte. Im Gegensatz versteht man beim Anblick des Erechtheums wieder, so wie des kleinen Tempels der ungeflügelten Siegesgöttin außerhalb der Propyläen, daß der Jonische Baustil von vorn herein etwas mehr Freiheit zuließ, daß seine Säule sich aber doch dagegen sträubt, verwendet zu werden, wie sie kein altgriechischer Baumeister verwendet haben würde. Freier noch war der Korinthische Baustil, und die Römer hatten Recht, mit der Korinthischen Säule, welche sie bald in eine eigene Römische umwandelten, es nicht ganz so streng zu nehmen.

Aber auch mit Korinthischen Säulen, deren Eleganz selbst bei kolossalen Verhältnissen wir im Olympieion schon zu bewundern Gelegenheit hatten, ein Gebäude putzen zu wollen, welches selber keine dazu passenden und schönen

Verhältnisse mitbringt, ist ein verfängliches Unternehmen. Der Baumeister, der es hiermit leicht nimmt, kann jedenfalls in die Lage eines Componisten gerathen, welcher eine fremde Melodie nicht zu Variationen ausarbeitet, sondern einfach stiehlt, um seine eigenen Compositionen damit zu schmücken. Er kann damit an ein Publicum gerathen, welches, wie ich einst in Wien gehört habe, zur alten Melodie den alten Text singt, während die Sänger auf der Bühne einen neuen sangen.

Wir kletterten zuerst ins Parthenon hinein und blieben gleich ein paar Stunden darin, uns an dem Wechsel immer von Neuem berauschend, welchen der Blick auf die Marmorwelt im Innern der Akropolis und hinaus auf den so mannichfaltigen Halbkreis der Bergformen und auf den hoch emporsteigenden Meeresspiegel, der denselben zum Kreise ergänzt, bot. Dies kann man wohl genießen, aber nicht beschreiben.

Unter geheimnißvollen Trümmern.

(Die Verjüngung und die Curven in der Griechischen Architektur. Der Baumeister unter Herrschaft des Bildhauers. Der Pnyx, das Nymphaeon und der Areopag, die Agora und der innere Kerameikos. Die Höhlenwohnungen der Kranaer. Der wahrscheinliche Platz der Rednerbühne auf dem Pnyx. Eine Probe-Standrede auf der Rednerbühne des Perikles. Mißgriff Burnoufs. Das Denkmal des Philopappus. Kimons Grab. Das sogenannte Gefängniß des Sokrates. Der Areopag. Die Eumenidenhöhle.)

Athen, 12. April.

Man trennt sich jedesmal nur ungern von der unvergleichlichen Schönheit, welche das Parthenon, arg zerstört und noch ärger durch Lord Elgin beraubt wie es dasteht, immer noch bewahrt hat, und geht dann alle Tage wieder hinauf, so lange man in Athen bleibt. Wenigstens ich habe dies gethan, und jedesmal ist mir der Eindruck des Parthenon und der Propyläen, welche man nicht von einander trennen darf, mächtiger vorgekommen und zugleich schöner und harmonischer. Es ist mir dabei ganz unbegreiflich geblieben, wie man erst im Jahre 1837 auf das Hauptgeheimniß der Schönheit der ganzen Griechischen Architektur aufmerksam werden konnte, nämlich, daß dieselbe die leise Verjüngung von unten nach oben bei allen ihren verticalen Elementen und auch bei der Gesammtform streng festhält, und daß sie, wenigstens bei den Säulen, die gerade Linie dann noch durch eine leichte Curve ersetzt. Der Engländer

Pennethorne sah dies in jenem Jahre beim Parthenon zuerst. Dann kamen Deutsche und Französische Baumeister und maßen genau nach, was man doch auf den ersten Blick sehen kann, freilich, wie man mir vielleicht einwenden wird, jetzt, wo man es weiß. Das mag sein: aber nicht blos die Verjüngung, sondern auch die Convexität der Säulen des Parthenon und der Propyläen ist so sichtbar, daß nur der Entzückungsrausch, welchen der Gesammteindruck erzeugt, die Schuld daran ist, wenn man es nicht sieht. Es kam indeß ein zweiter Engländer, Penrose, welcher sich mit dieser Erklärung, warum es nicht früher gesehen worden sein mag, nicht zufrieden geben wollte. Er hatte alle einzelnen Theile des Parthenon sehr genau gemessen und gefunden, daß die Linien überall Curven waren, nicht blos die verticalen, sondern, nur in noch schwächerem Maße, auch die horizontalen: er hatte ferner gefunden, daß die Verjüngung der Säulen in verticaler Richtung sich am stärksten bei der Vorderlinie bemerklich macht, und daß dies wieder am meisten von den Säulen an den vier Ecken gelte. Was haben die Griechen damit gewollt? fragte er sich. Er stellte nun eine optische Hypothese auf, die er auf die Thatsache stützte, daß die Linse des Auges gekrümmt ist, und daß alle Bilder auf unserer Netzhaut eine sphärische Form bekommen. Das ist aber zu fein: davon haben die Griechen jedenfalls nichts gewußt und es bei dem Eindrucke ihrer Bauten nicht in Rechnung bringen können. Aber sie können darauf gerechnet haben und haben ganz gewiß darauf gerechnet, wie auch die Aegypter und Assyrer thaten, daß eine pyramidenähnliche Zuspitzung der Gebäude nach oben den Eindruck fester Begründung des Ganzen macht, und daß dieser Eindruck sich, ohne daß man dessen bewußt wird, in ein Gefühl ruhiger Befriedigung beim Anblick des Baues überträgt, welches wir als Schönheitsgefühl empfinden. Die Curve aber statt der geraden Linie hat mit dem Wunsche zu thun, den Gebäuden

den Eindruck des Lebendigen zu geben. Bei Allem, was lebendig ist, kommt niemals die gerade, sondern nur die krumme Linie vor. Der dorische Baustil ist, wie Bötticher nachgewiesen hat, Nachahmung in Stein des früheren Holzbaustiles, von welchem die Dorer vielleicht ihren Namen herzuleiten haben. Holz aber ist lebendiger Stoff. Die Curven der dorischen Säule und der dorischen Balken soll ursprünglich wahrscheinlich bedeuten, daß der Stein hier das Holz vertrete. Die späteren Griechischen Baustile haben die leichten Curvenlinien dann ebenfalls beibehalten, weil sich der Blick daran gewöhnt hatte, den Stein auf diese Weise gleichsam belebt zu sehen und grade dies allein schön zu finden. In der That ist es auch allein schön. Aber der, welcher zu entscheiden hatte, an welcher Stelle die Curve nöthig sei, um einen Eindruck hervorzurufen, als wenn das Ganze lebte, der war kein bloßer Baumeister mehr, er war ein Bildhauer. Denn es ist die Bildhauerei, welche es eben mit lebendigen Vorbildern zu thun hat. Darum wurden von Perikles und dem Atheniſchen Volke die Baumeister des Parthenon und der Propyläen, für das erste Iktinos und Kallikratides, und für die zweiten Mnesikles, durchaus dem Oberbefehle des Phidias untergeordnet, welcher selbst doch das Parthenon nur mit Skulpturen zu schmücken hatte. Sein Schönheitsgefühl allein, wahrscheinlich keine feste mathematische Regel, hatte auch für die Curven zu entscheiden, welche bei Beiden in Anwendung kommen sollten. Zweimal in der Weltgeschichte sind auf diese Weise die Baumeister dem Bildhauer untergeordnet worden, im Alterthume diese Baumeister dem Phidias, in der Renaissancezeit Baumeister zu Rom und zu Florenz dem Michel Angelo Buonarotti, der es wiederum, vorzüglich bei seinen Treppen, an Curven, um den Eindruck des Lebendigen hervorzurufen, nicht fehlen ließ. Es waren freilich Beide aber auch grade die ausgezeichnetsten Bildhauer, welche die Welt überhaupt hervorgebracht hat.

Steigen wir jetzt die Treppe, welche zu den Propyläen hinaufführt, wieder hinab und zur Akropolis hinaus. Es ist vollständig genug für die Aufgabe des Reiseschriftstellers, der überall nur den Schaum abzuschöpfen hat. Wieder umlagern uns die drei niedrigen Hügel mit ihren Felsplatten, zur Linken der Pnyx, geradeaus der Nymphenhügel mit der neuen Sternwarte, und rechts ganz nahe der Areopag. Das jetzt leuchtend grüne Feld, welches zwischen den dreien liegt, enthält die Agora und den Stadttheil des inneren Kerameikos, den vornehmsten Theil des alten Athen. Zwischen dem Nymphenhügel und dem Areopag, also dem Marshügel, lag das Dipylische Thor, das vornehmste Thor von Alt-Athen, welches in den äußeren Kerameikos und die Gräbervorstadt hinaus führte, die sich längs der Straße nach Eleusis erstreckte. Der höhere Hügel des Museion, mit dem schon erwähnten Denkmal des Philopappus, liegt uns ganz zur Linken und etwas entfernter. Ueber dem Gipfel des Pnyx hinaus sehen wir tief dunkelblau das jetzt vollständig ruhige Meer empor steigen.

Die breiten Felsplatten, welche den höchsten Theil dieser Hügel bilden und sämmtlich aus grobem, röthlichem, gelblichem und bläulichem Marmor bestehen, zeigen an ihrer steil abgebrochenen Kante unten, wo sie aus der Erde hervorstehen, eine ziemliche Anzahl großer dunkler Löcher, Eingänge von Höhlen im Innern der Felsen, welche Menschenhände ausgearbeitet oder doch zu Wohngelassen erweitert haben. Hier haben Höhlenmenschen, Troglodyten, gehaust, ehe Athener vom Jonischen Stamme in Athen wohnten. Man hat geglaubt, ihnen den Namen der Kranaer geben zu können, nach dem mythischen Könige Kranaos, Schwiegersohn und Nachfolger des Kekrops und Schwiegervater des Amphiktyon, der ihn nach dem Mythos entthront haben soll. Sehr viele Königsnamen der mythischen Geschichte Griechenlands sind nichts weiter als personificirte Völkernamen. Wie dem auch sein möge, so beweisen diese von Menschenhand gemachten und noch vorhandenen Felshöhlen, von denen auch der Fels der Akropolis einige zeigt, daß rings um das Feld, welches westlich von der Akropolis liegt, ein Menschenwohnsitz schon in urältester Zeit, vielleicht lange vor dem Beginne aller Geschichte gewesen ist. Auf den mythischen Theil der Geschichte ist wenig zu geben: er ward gewöhnlich zu Demjenigen zurecht gemacht, was man von Menschenspuren schon vorfand und wird bis heute vom Volke so zurecht gemacht. Auch kann ja die Gelehrtenforschung selbst kaum etwas Anderes leisten, als eine wahrscheinliche Vorgeschichte dazu zurecht zu machen.

Aber alle diese Hügel und der Platz zwischen ihnen zeigen auch noch ganz andere als Menschenspuren aus vorgeschichtlicher Zeit. Sie zeigen eingehauene Stufen, geebnete Plattformen, abgesteilte Felswände und auch Grundlagen von Gebäuden, welche sämmtlich dem geschichtlichen Athen angehören. Ueber diese wissen wir unbestimmt und im Allgemeinen zwar ziemlich viel, im Einzelnen dafür aber gar nichts. Hier ist Alles noch heraus zu finden, und mit aller Achtung vor unseren Deutschen Gelehrten sei es gesagt, bis jetzt auch noch nicht das Geringste mit Sicherheit heraus gefunden worden. Die Stellen der Schriftsteller auf die vermuthlichen einzelnen Oerter mit Sicherheit passen zu machen, ist noch Niemand gelungen.

Eine Hauptschwierigkeit bietet der Platz für die Volksversammlung und die Rednerbühne, welche nach den Schriftstellern auf dem Pnyx lagen — die Rednerbühne an irgend einer Stelle, von wo aus man das Meer und die Akropolis zugleich sehen konnte. Eine solche Stelle findet sich auch ganz oben auf dem Pnyx, und auf derselben die Spuren eines alten Bauwerks aus Stein, von einem Graben umgeben, welches eine Rednerbühne, aber auch ein Altar gewesen sein kann. Sie befindet sich am westlichen Ende einer

Felsenplattform dicht unter dem höchsten Punkte, gegen welche Felsenplattform der allerhöchste Rücken in gerader Linie von Menschenhand abgesteilt und welche selber durch Menschenhand geebnet ist. Auf sie hat zuerst Wordsworth aufmerksam gemacht, derselbe, dem wir den Nachweis verdanken, daß der Verfasser oder Herausgeber der Odyssee Ithaka genau gekannt hat. Es handelte sich nun zunächst um einen Versuch, ob der Platz auch für öffentliche Reden wirklich zu gebrauchen. Da sich zufällig eine ganze Anzahl meist Englischer Damen und Herren an Ort und Stelle befanden, nahmen wir eine Vertheilung des Publicums auf alle, etwa in Betreff der Möglichkeit, zu hören, zweifelhafte Plätze vor, und ich stieg auf den Stumpf der Rednerbühne und haranguirte die Versammlung. Ich that dies, ohne die Stimme eben mehr zu erheben, als durchaus nöthig, wo es sich um öffentliche Reden handelt. Jedes Wörtchen ward von Allen verstanden; freilich ruhte der Wind gänzlich. Rechts von der Rednerbühne ist der etwas höhere Felsen, der weiter ab blos abgesteilt ist, zugleich niedriger gemacht, und es ist so eine höhere Seitenplattform gewonnen, zu welcher drei Stufen hinaufführen. Augenscheinlich ist dies geschehen, um einer größeren Anzahl zu erlauben, sich näher beim Redner aufzustellen. Im Uebrigen befindet sich die Rednerbühne auf der schmalen Seite des länglichen Rechtecks, welches diese Plattform bildet, und der Redner spricht in die durch die Absteilung erzeugte Höhlung, außerhalb derselben stehend, hinein. Jeder, der mit dem Sprechen zu öffentlichen Versammlungen Bescheid weiß, auch im Freien, würde grade diese Stelle für die Rednerbühne gewählt haben. Zufällig kann ich in dieser Beziehung, aus großer eigener Erfahrung, die ich in Deutschland wie in England selbst gemacht, sprechen. Ich maß auch durch Umschreiten die größere Plattform, sowie den Seitenplatz, zu dem die Stufen hinaufführten. Wenn alle Zuhörer dicht gedrängt standen, hatten bis zu 10,000 Menschen Platz. Aus mehr als 5000 haben die lagernden Volksversammlungen im alten Athen aber niemals bestanden. Hier also haben Themistokles, Perikles und Alkibiades zu den Bürgern Athens gesprochen. Weiter abwärts in die Geschichte dürfen wir dabei nicht gehen.

Aus den Schriftstellern wissen wir, daß der Versammlungsplatz nicht an derselben Stelle blieb, und daß Demosthenes und Aeschines auf einem anderen Platze zum Volke sprachen. Diesen haben die Französischen Archäologen, vor allem Burnouf, dem dann alle Welt es nachsprach, dicht nebenbei, und zwar unterhalb des erstern, gesucht. Hier ist der Felsen wieder in leichter Krümmung, zum Theil sehr glatt abgesteilt, und an seiner Wand in der Mitte befindet sich eine stattliche Erhöhung mit Stufen und mehrere in den Felsen eingehauene Löcher. Vor dieser zweiten, einer Rednerbühne ähnlichen Erhöhung senkt sich ein ziemlich ausgedehnter Halbkreis abwärts, auf dem die Zuschauer gestanden haben müßten. Professor Curtius will nichts davon wissen, daß von dieser Stelle, welche die Aufmerksamkeit der Archäologen am meisten erregt hat, zum Volke gesprochen worden wäre, und hat vollständig Recht damit. Auch hier ward der Versuch wiederholt und scheiterte, wie ich gleich voraus sah. Der Redner kann nicht zu einer Versammlung sprechen, welche auf einer, von der Rednerbühne aus sich abwärts neigenden Fläche steht, wobei er hier noch obenein die Versammlung von der breiten Seite aus anzureden und die Felswand hinter sich, vor sich aber den blauen Himmelsraum gehabt haben würde. Schon in viel geringerer Entfernung als oben, war die Rede hier nicht mehr zu verstehen. Wäre aber gar das Terrain mit Volksmasse gänzlich bedeckt gewesen, wie bei dem Versuche nicht möglich war, so wäre der Redner nur von den Allervordersten verstanden worden, indem ja die Ohren der Hintermänner bei abschüssiger Aufstellung vor einer oben befindlichen Rednerbühne sich hinter den Köpfen und Schultern der Vordermänner befunden hätten. Nur ein Franzose, der an eine Kammer, die im Halbkreise sitzt und ganz und gar nicht an Versammlungen in freier Luft gewöhnt ist, konnte diesen Platz für den Versammlungsplatz halten. Burnoufs Einbildungskraft hat auch schon auf den Stufen, die zu dieser Rednerbühne, welche beinahe 30 Fuß breit gewesen wäre, emporführten, zu den Füßen des Redners die Greffiers sitzen sehen, welche auf ihren Knieen schrieben und dem Redner die Actenstücke hinreichten, die er brauchte; d. h. das heutige Paris in das alte Athen hineintragen! Die breite Fläche mit grade drei Stufen, zu welcher zwei Seitenaufgänge von je sechs Stufen emporführen, macht es aber höchst wahrscheinlich, daß hier ein Altar gestanden habe, wofür auch die Nischen sprechen, die sich in der Felswand befinden und wohl zur Aufnahme von Votivgaben an den Gott bestimmt waren. Auch Professor Curtius ist der Meinung, daß hier nur ein Altar gestanden haben könne, und zwar, wie er glaubt, ein Altar des Zeus.

Daß indeß der obere Platz für einen anderen verlassen worden, beweisen die vorhandenen Spuren seiner späteren Bebauung mit Häusern. Es ist aber noch nicht gelungen, mit Gewißheit zu ermitteln, wohin der Versammlungsplatz zuerst verlegt worden sei und wo Demosthenes also gesprochen habe. In noch späterer Zeit wurden die Volksversammlungen im Dionysos-Theater abgehalten, welches wir schon besucht haben.

Von Pnyx aus ist es nicht schwer, den höheren Hügel des Museion zu ersteigen, um das Denkmal des Syrers Philopappus, welcher übrigens ein Nachkomme der Syrischen Königsfamilie der Antiochier war, aus der Nähe zu betrachten. Man hat dabei die große antike Straße zu kreuzen, welche von Athen nach dem Piräus führt, an welcher sich auf dem Abhange des Museionhügels, von der Stadt abgewendet, eine Grabhöhle befindet, in welcher Forchhammer das Grab des Kimon gesucht hat. Dies ist nicht unmöglich, aber keineswegs bewiesen. Auf der Seite des Museionhügels, nach der Akropolis zu, befindet sich aber eine große dreifache Höhle im Fuße der Felswand mit zwei viereckigen und einem mittleren, oben spitz auslaufenden Eingange, welche der Volksmund in Athen als das Gefängniß des Sokrates bezeichnet. Auch dies ist nicht bewiesen. Der Französische Archäologe Henriot hat das Prytaneum des Theseus und für eine noch frühere Zeit den Wohnplatz der Fürsten aus dem Mythischen Geschlechte des Erechtheus darin gesucht. Auch ich glaube, daß hier der Wohnort des Häuptlings der ursprünglichen Höhlenbewohner zu suchen sei, welche sich um die Akropolis herum, nach den vorhandenen Höhlen zu urtheilen, auf etwa dreißig Familien belaufen haben mögen. Diese stattlichste der Höhlen hat nämlich eine Art von Empfangszimmer, wahrscheinlich mit ehemaligem Altar in der Mitte, und ein rundes Schatzzimmer, welches hinter dem Seitenzimmer auf dem rechten Flügel liegt. Später mag dieser unzerstörbare Bau zu manchen andern Zwecken verwandt worden sein, auch zu einem Prytaneum oder Speisehaus auf öffentliche Kosten für alte Männer, auch zu einem Gefängniß, und noch später in Römischer Zeit vielleicht zu einer Weinschänke, wozu er am besten paßt. Jetzt, wo es hier schon ganz warm geworden ist, wünschte ich, ich hätte hier bei meinem Umherklettern in diesen baumlosen Einsamkeiten eine Limonadenschänke aufgefunden; aber daran scheint man hier nicht zu denken. Dazu muß man in Italien bleiben und nicht nach Griechenland gehen.

Es bleibt von den Hügeln nun noch hauptsächlich der Areopag, da der Nymphenhügel nichts Besonderes bietet. Von den Bauten auf demselben ist nur noch eine Treppe von sechzehn in den Felsen gehauenen Stufen übrig, welche zu einer Bank führt, die ebenfalls in den Felsen gehauen ist, mit drei Sitzen, die einen kleinen Halbkreis nach Süden bilden, und zwei Felsblöcken, einem zur Rechten und einem zur Linken, auf welchen der Kläger und der Angeklagte gesessen haben sollen. Die Einbildungskraft weigert sich, sich einen Gerichtshof, welcher Recht über Leben und Tod in Fällen des Hochverrathes und Mordes sprach, an so anspruchsloser Stelle sich vorzustellen: aber die Schilderung des Pausanias läßt keinen Zweifel übrig, daß man wirklich die Stelle dieses berühmten Gerichtshofes hier vor sich hat. Man muß bedenken, daß das Local, wie der Gerichtshof selbst, aus allerältester Zeit stammt und vielleicht schon den ursprünglichen Höhlenbewohnern zu gleichem Zwecke diente. Am Fuße des Areopag-Felsen befindet sich eine flache, aber große und tief in den Felsen gehende Höhle, nicht von Menschenhand gemacht, sondern durch eine Quelle erzeugt, die hier aus dem Felsen dringt. Es ist die Höhle der Eumeniden. Der ganze Fels ist voll Erinnerungen an die geheimnißvolle Vergeltung der Todsünde. Die christliche Legende hat auch darum den Areopag sich ausgesucht, um hier den Apostel Paulus seine Rede an die Athener vom unbekannten Gotte halten zu lassen, den die Athener schon verehrten und der für die Christen wahrscheinlich im zweiten Jahrhunderte, als auch die Athener an die bekannten Götter nicht mehr glaubten, Anlaß ward, ihr sociales Missionswerk an diesen unbekannten Gott anzuknüpfen.

Den Weg zurück nach der Stadt kann man nun über den Thesenstempel und sein kleines Museum und über die Ausgrabungen auf dem Kerameikos und durch die Gräberstraße nehmen, welchen Weg wir uns aber für das nächste Mal aufheben.

Der Kerameikos und die Gräberstraße.

(Die Landstraße nach Korinth. Die Ausgrabung des äußeren Kerameikos. Das moderne Töpferviertel. Aussichten der Griechischen Bildhauerei. Die Altgriechischen Grabsteinreliefs. Die Namen. Reihefolge. Der Familienabschied an den Verstorbenen. Der Charons-Nachen. Denkmäler von Gefallenen. Das Grab des Perikles schüttelt eine Kirche ab. Die Kirche und die modernen Griechen. Der Theseustempel. Die Skulpturensammlung. Athleten und Rekruten.)

Athen, im April.

Ehe wir Athen selbst verlassen, soll mich der Leser noch zu den ausgedehnten Ausgrabungen im inneren und äußeren Kerameikos begleiten, welche in der ganzen Welt eine immer steigende Aufmerksamkeit erregt haben. Man kann sagen, daß diese Ausgrabungen an Wichtigkeit die von Pompeji und Herculaneum noch übertreffen, so weit es sich darum handelt, das Leben und die Geschichte des Alterthums uns anschaulich zu machen. Auch sind dieselben keineswegs steril an künstlerischen Funden geblieben, noch an aufgefundenen Denkmälern uns schon bekannter geschichtlicher Persönlichkeiten und Ereignisse. An dem aus dem Erdreich hervorragenden Kopfe einer Grabsäule konnte zuerst erkannt werden, wo man einen Hauptbegräbnißplatz des Alterthums zu suchen habe. Aus der Lage des Begräbnißplatzes konnte man schließen, an welcher Stelle die Hauptstraße aus Athen nach Westen, nach Eleusis, Megara und Korinth, auch nach Platää und nach Theben geführt habe, indem man mit Recht annahm, daß man die Begräbnißplätze an den Landstraßen vor den Hauptthoren zu suchen habe, wie in den Römischen Städten und in den unsrigen eigentlich auch. Diesen Begräbnißplatz entdeckte man in schon ziemlicher Entfernung vor dem Dipylischen Thor, dem Hauptthore Athens, oder wenigstens der Stelle, wo dasselbe gestanden haben muß. Es war damit zugleich die Lage des äußeren Kerameikos gegeben, welche Vorstadt sich an den gleichnamigen Stadttheil des inneren Kerameikos anschloß.

Kerameikos heißt das Töpferviertel. Es ist merkwürdig, daß sich auch heute wieder auf der Stelle des äußeren Kerameikos wenigstens ein Töpferviertel zu bilden beginnt. Es sind schon mehrere größere und kleinere Werkstätten dieser Art in Thätigkeit, welche Amphoren herstellen, wie sie beim Griechischen Volke für Oel und Wein in ununterbrochenem Gebrauch seit dem Alterthum geblieben zu sein scheinen. Der Thon dafür findet sich an Ort und Stelle, welches wohl der Grund gewesen sein wird, weshalb sowohl das antike wie das moderne Töpferviertel an dieser Stelle entstand. Mit dem Brennmaterial im Lande selbst ist es freilich jetzt viel schlechter bestellt, als im Alterthum, aber dafür kann jetzt der Handel zur See dem Mangel daran viel besser abhelfen. Es will mir so vorkommen, als ob Athen noch einmal, eben so wie im Alterthum, eine berühmte und erfolgreiche Töpferstadt zu werden im Begriff ist. Es hat sich unter Beihülfe von Geschenken der Griechen im Auslande eine höchst stattliche polytechnische Schule zugelegt, welche schon in voller Thätigkeit ist, wenn auch ihr Bau noch nicht ganz vollendet ist. Dieselbe liegt in dem Neubau, welcher an der Straße nach Patissia entsteht. In derselben befindet sich eine Werkstatt für die Plastik, die ich während der Arbeit besucht habe, und welche schon recht Anerkennenswerthes leistet, große Podimente für öffentliche Gebäude dabei eingeschlossen. Auch auf den letzten Weltausstellungen konnte Athen sich mit einigen plastischen Arbeiten in Thon und Marmor schon sehen lassen. Wenn schon in Italien das Volk bis in seine unterste Schicht hinab große Anstelligkeit für die Erlernung der Plastik zeigt, so soll sich nach Angabe unserer Künstler in Rom dasselbe in Griechenland noch viel mehr herausgestellt haben. Es ist gewiß interessant, zu untersuchen, worauf solche besondere Volksfähigkeiten beruhen, die besondere Künste und Gewerbe nach tausendjährigem Schlafe immer wieder auftauchen lassen; dies würde hier aber zu weit führen, wo die bloße Erwähnung der Thatsache genügen wird. In Italien ist diese Volksfähigkeit schon der Ausbeutung durch Ausländer anheim gefallen. Vorzüglich die Nordamerikanischen Bildhauer haben aus ihrer Entdeckung namhaften Vortheil gezogen und sich nicht bloß mit fremden Federn geschmückt, sondern sich auch für die Arbeiten Anderer bezahlen lassen, und zwar viel mehr, als sie ihren Italienischen Gehülfen bezahlten, welche doch wenigstens die künstlerische Hauptarbeit leisteten. Die Nordamerikanischen Städte wetteifern jetzt, wie einst die Griechischen, in der Errichtung von Standbildern berühmter und verdienstvoller Bürger. Noch mehr thun sie es in der Ausschmückung der öffentlichen und bürgerlichen Gebände mit Basreliefs und Ornamenten in Stein und Thon, wodurch sich in Europa vorzüglich Berlin jetzt auszeichnet. Die ungebildeten Italiener aus dem Volke mit ihrem engen Gesichtskreise verstehen sich aber nicht auf die geschäftliche Seite der Sache, welche ihnen nun sogenannte Amerikanische Bildhauer abgenommen haben, die sich zu diesem Zwecke in Florenz, Rom und Neapel niederließen. Bei dieser Cooperation wird dem Kunden in Nordamerika der Name des Italienischen Künstlers, der für kargen Lohn arbeitet, aber vollständig verheimlicht. Alles geht allein auf den Namen des Amerikanischen Vermittlers, welcher Tausende von Dollars einstreicht, wo er Hunderte bezahlte, und seinen Namen dazu auf dem Steine verewigt, wie zuerst beim Denkmale Lincolns in Boston herausgekommen ist. Die Ungerechtigkeit bei diesem Verhältniß, welches zum Theil auch, nur mit größerer Offenheit und größerer eigener Theilnahme des Vermittlers, zwischen Italienern und Deutschen Bildhauern in Italien stattfindet, liegt eigentlich nur in der Aneignung unverdienten Ruhmes, und in der Täuschung des Kunden. Jetzt haben Amerikaner, welche in Italien leben, einen großen Sturm gegen diese Praxis ihrer Landsleute erhoben: er wird sich aber wohl, nachdem die Praxis durch ihn geklärt ist, wieder legen, und dann, was bisher heimlich im engeren Rahmen geschah, öffentlich vielleicht in noch viel ausgedehnterer Weise geschehen. Dann könnte in dieser Beziehung die Reihe auch an Athen kommen, mit gleichem Gewinn für den Schmuck der civilisirten Welt mit Kunsttöpferwaare, und schließlich mit Bildhauerwerken, wie solche schon aus Florenz, Rom oder Neapel gekommen sind, aufzutreten.

Dann könnte der Athenische Kerameikos ziemlich wieder werden, was er im Alterthum gewesen ist, eine Werkstatt der Kunsttöpferei, welche für den Export arbeitet, und ein belebtes und gesuchtes Viertel der Stadt dazu wie im Alterthum.

Ich habe schon erwähnt, daß der Begräbnißplatz vor dem Dipylischen Thor, an der Landstraße nach Eleusis, vor drei Jahren an dem aus dem Boden hervorragenden Stück einer Grabsäule entdeckt wurde, und dann auch der nordwärts von diesem Begräbnißplatze gelegene, äußere Kerameikos, durch welchen die Straße nach dem öffentlichen Garten und Turnübungsplatz führte, der allen Akademien in der Welt seinen Namen leihen mußte. Alsbald nach der Entdeckung nahm die archäologische Gesellschaft von Athen die Ausgrabung in die Hand, welche nun nach nur drei und einem halben Jahre schon genug des Interessanten zu Tage gefördert hat, um selbst einen Vergleich mit Herculaneum und Pompeji zuzulassen. Zuerst concentrirte man die Ausgrabungsarbeit ganz auf den Begräbnißplatz und hier ist denn auch bis heute das Werthvollste gefunden worden, darunter Grabdenkmäler, welche schon Pausanias in seiner Beschreibung von Griechenland zur Zeit des Imperators Antoninus erwähnt hat.

Der allgemeine Gedanke, welcher bei der Anbringung von Skulpturen auf Altgriechischen Grabsteinen obwaltete, war schön. Der Verstorbene ward auf dem Grabsteine halb lebensgroß im alto relievo dargestellt, auf einem Fahrstuhle sitzend, und vor ihm steht die Familie und nimmt von ihm mit Händedrücken Abschied. Auf der Rückseite des Steines ist der Name des Verstorbenen angebracht, häufig mit langem Stammregister. Das Namenregister nennt nur die Väter, Urgroßväter u. s. w. und zeigt in den meisten Fällen umschichtig wechselnde Namen. Also etwa Kimon, Sohn des Miltiades, Sohnes des Kimon u. s. w. Zuweilen kehrt derselbe Name aber auch erst im dritten Gliede wieder, also etwa Alkibiades, Sohn des Sophroniskos, Sohnes des Hegesippos, Sohnes des Alkibiades u. s. w. Einem Kinde den Namen des Großvaters beizulegen, ist ein Gebrauch, welcher vielen Völkern gemeinsam ist, hauptsächlich wo ein eigentlicher Familienname sich noch nicht ausgebildet hat; aber auch wo dies geschehen, hat sich dieser Gebrauch, durch welchen ursprünglich der Familienzusammenhang ausschließlich betont wurde, aufrecht zu erhalten vermocht. Die Beobachtung, daß sich die bestimmte Persönlichkeit wenigstens in großer Aehnlichkeit in der Geschlechterfolge zu wiederholen pflegt, und vorzüglich, daß im Enkel recht häufig der Großvater wieder erscheint, und zwar nur einer seiner beiden Großväter, mag nicht ganz ohne Einfluß hierauf gewesen sein. Grade bei den alten Griechen liegen mehrfache Anzeichen vor, daß diese Beobachtung sich ihnen schon aufgedrängt hatte, wovon später mehr.

Unter den Denkmälern dieser Art auf dem Begräbnißplatze im Kerameikos zu Athen befinden sich mehrere, welche ganz entschiedenen Anspruch auf Kunstwerth haben. Vielen ist es aber auch anzusehen, daß sie gewöhnliche Steinmetzarbeiten typischer Form sind; dieselben stehen aber doch immer noch hoch über den Steinmetzarbeiten, welchen wir auf unseren Begräbnißplätzen begegnen.

Eine Abwechslung von dieser gewöhnlichsten Art der Darstellung des Abschiedes der Familie vom Verstorbenen bilden einige Darstellungen, auf welchen der Verstorbene im Nachen des Charon die Familie verläßt.

Unter den Grabdenkmälern befinden sich auch solche für Gefallene in den Kämpfen des Vaterlandes. Eins derselben mit einem sehr schönen Relief ist bezeichnet als Grabdenkmal des Dexileos, „einer der Fünfe, welche vor Korinth fielen". Das Relief stellt den Kampf zwischen einem Reiter und einem Kämpfer zu Fuß dar. Der letztere ist zu Boden gestürzt und scheint sich mit dem rechten Arme, der ein jetzt abgebrochenes Bronzeschwert getragen haben mag, gegen den Lanzenstoß des Reiters zu schützen. Des Reiters Mantel flattert im Winde; er hält das Pferd zurück und scheint mit der Lanze zum Stoße auszuholen. Der Schild des gestürzten Fußkämpfers, auf welchen dieser sich stützt, liegt unter seiner linken Seite. Die Uebersetzung der Inschrift ist: „Dexileos, Sohn des Lysanias von Thorikos, geboren als Tisander Archon war, starb unter Eubolidos als einer von den fünf Reitern vor Korinth." Das Verzeichniß der Archonten von Athen, welches wir für drei Jahrhunderte besitzen, kennt keinen Tisander, wohl aber Diodor einen Pisander, welches P indeß bloßer Schreibfehler sein mag. Eubolidos aber war Archon zur Zeit einer Niederlage der Korinther, Athener und Argiver durch die Lakedämonier, deren Xenophon erwähnt.

Nach dem Zeugnisse des Pausanias in seiner Beschreibung von Griechenland zur Zeit des Römischen Imperators

Antoninus Pius befanden sich auf diesem Begräbnißplatze nahe dem Thor, an dem Wege zur Akademie, die Grabdenkmäler des Thrasybulos, Perikles, Chabrias und Phormion. Man vermuthet dieselben im Innern des Erdwürfels, welchen man bei der Ausgrabung bis jetzt stehen lassen mußte, weil derselbe die kleine Griechische Kirche zur Dreieinigkeit trägt. Die Athener archäologische Gesellschaft hat es hierauf hin jetzt durchgesetzt, daß die Kirche von dieser Stelle weggeräumt werden soll. Es ist dies höchst charakteristisch für den Umschwung, der jetzt in Griechenland vor sich geht. Die Dreieinigkeit muß das Feld räumen, damit das Grabdenkmal des Perikles aus dem Boden wieder auferstehen kann! Die Griechische Kirche, welche den Unabhängigkeitskampf begann, hat das moderne Griechenland ausgebrütet, wie eine Henne ein Entenei. Und nun steuert die junge Ente schon so bald dem heidnischen Wasser zu und läßt die Mutter Henne schreien. Rußland, welches sich doch wohl um der Griechischen Kirche willen, wie es behauptet, so viel um die Griechen bekümmert, scheint ganz die Griechische Undankbarkeit vergessen zu haben, von welcher schon die alten Römer ein Liedchen zu singen hatten.

Im Theseustempel, welcher diesem Begräbnißplatze nicht fern liegt, und der eigentlich selber nichts weiter als ein Grabdenkmal des mythischen Theseus, dieses ältesten Gesetzgebers und Heroen von Athen war, hat man aus den werthvolleren Skulpturfunden auf diesem Begräbnißplatze und auf anderen Stellen der Stadt ein Museum zusammengestellt, welches sich schon neben manchem Museum in den großen Städten Europas sehen lassen kann und wenigstens im Alter und der Aechtheit der Skulpturen aus Griechischer Zeit nur wenige neben sich hat, etwa London und Paris, das eine mit den Figuren aus dem Giebelfelde des Parthenon, das andere mit der Venus von Milo. Dazu ist der Theseustempel selbst eines der allerschönsten Denkmäler Altgriechischer

Kunst, welche es überhaupt giebt, funfzig Jahre älter als das Parthenon und so wohl erhalten unter dem Schutze einer Kirche, welche sich in seine Mauer einnistete, wie nicht einmal die Griechischen Tempel in Pästum und in Sicilien. An ihm kann bis heute der Architekt die geheimnißvolle Kunst studiren, wie man ein Gebäude viel größer erscheinen lassen kann, als es ist. Nirgends, nicht einmal in dem bekannten Beispiele der Marcuskirche in Venedig, ist es gelungen, mit so geringen Dimensionen einen so großartigen Eindruck zu machen. Das Theseion ist nur hundert Fuß lang und 43 Fuß breit, und fast Jeder, der es zum ersten Male erblickt und dies nicht weiß, wird es für etwa eben so groß wie das Museum auf dem Lustgarten in Berlin erklären. Man hat einen großen Platz vor demselben jetzt geebnet und benutzt ihn theilweise als Zubehör des Museums, theilweise als Uebungsplatz für Rekruten. So lächerlich wie der Contrast zwischen dieser kleinen Perle unter den Altgriechischen Bauten und vielen, auf Stattlichkeit Anspruch machenden Gebäuden des sogenannten neu-Hellenischen Stiles, ist der zwischen einem modernen Militär-Rekruten, der die Beine auf Befehl eins vor's andere setzt und dabei jeweilig auf die Nase fällt, und den Altgriechischen Athletenfiguren im Theseion.

Das Griechische Unabhängigkeitsfest.

(Der Griechische Unabhängigkeitskampf. Der neueste Verfassungsconflict. Frostiger Verlauf des Unabhängigkeitsfestes. Demonstrationen gegen den König. Der Festabend in Syllogos Philologikos.)

Athen, 9. April.

Am 6. April jedes Jahres — dem 25. März der Griechischen Zeitrechnung — wird, vorzüglich in Athen und im Piräus, das Fest der Griechischen Unabhängigkeit gefeiert. An diesem Tage im Jahre 1821 entfaltete Germanos, Erzbischof von Patras, welcher Mitglied der geheimen Gesellschaft für die Befreiung Griechenlands war, die Fahne des Kreuzes in den achaischen Bergen, vom Volke dazu aufgefordert, während er sich auf dem Wege zum Türkischen Pascha befand, der ihn vor sich geladen hatte. Dies war aber eigentlich nur der kirchliche Anfang des Griechischen Aufstandes. Schon hatte Ali Pascha von Janina, gegen Sultan Mahmud im Kampfe begriffen, die Griechen aufgefordert, sich zu erheben, und ihnen öffentlich die Unabhängigkeit zugesagt. Schon hatten Marco Botzaris und Mavro Michelis die Waffen ergriffen und die Sulioten sich aufgelehnt. Der kirchliche Beginn des Aufstandes und der Aufruf des Germanos, welchen fast das ganze Griechische Volk unmittelbar mit Eifer beantwortete, gelten bis heute als der eigentliche und officielle Beginn des Unabhängigkeitskampfes. Die Griechische Kirche, damals die Kirche, so weit es Griechenland anging, eines unterdrückten Volkes, welches nur durch sie am Leben erhalten und zusammengehalten worden war, ist bisher als mit der Griechischen Unabhängigkeit unzertrennbar verknüpft angesehen worden, obgleich sie bei den gebildeteren Ständen des Landes keine Achtung mehr genießt, weder intellectuell noch moralisch, und die Kirchen in der Regel von diesen nur schwach besucht sind. Die unteren Klassen ihrerseits haben bis heute nicht vergessen, daß die Ermuthigung für die Griechen, den Türken zu widerstehen, ihnen ursprünglich von den Albanesen gekommen ist, welche niemals gehorsame Unterthanen der Pforte gewesen sind und es bei ihrem berechtigten militärischen Selbstgefühl wahrscheinlich auch niemals sein werden. Das verwegenste der hier erscheinenden politischen Volkswitzblätter trägt bis heute den drohenden Titel „Ali Pascha“, welches wahrscheinlich bedeuten soll: Aufforderung zum Aufstande.

Kirchlich und Albanesisch, diesen Stempel hat in der heimischen Volksmasse das moderne Griechenland mit auf seinen Weg genommen, während jetzt in seinen gebildeten Ständen die Erinnerung und Anlehnung an das antike, heidnische Griechenland immer lebhafter erwacht. Es ist dies ein klaffender Gegensatz, welchem politisch noch gar sehr Rechnung zu tragen sein dürfte. Doch davon ein anderes Mal.

Das diesmalige Unabhängigkeitsfest ist recht frostig verlaufen, obgleich es grade auf den ersten schönen und warmen Tag im Jahre fiel. Schuld daran ist gewesen, was man hier in der Presse und in einem großen Theile der gebildeten Gesellschaft als einen fürchterlichen Verfassungsconflict zu behandeln liebt, obgleich es nichts weiter war als die Folge eines Stückes Widersinn in der Geschäftsordnung der Griechischen Volksvertretung, verbunden mit einer höchst unpraktischen Anordnung der Wahlen zu derselben und ihrer amtlichen Behandlung war. Als vor funfzig Jahren und in der darauf folgenden nächsten Zeit die Engländer, hauptsächlich unter Cannings Leitung, es als ihre Aufgabe betrachteten, verfassungsmäßige Zustände durch ihren diplomatischen Einfluß herbeizuführen, wo sie nur konnten, hätten sie die weitere Freundlichkeit haben sollen, auch daran zu denken, daß eine logische Wahlordnung und eine logische Geschäftsordnung die unabweisbaren Vorbedingungen gesunder und haltbarer verfassungsmäßiger Zustände sind. Sie selbst haben zwei Jahrhunderte und ihre Söhne in Amerika immer noch ein halbes Jahrhundert dazu gebraucht, beide ins richtige Gleis zu bringen, und eine große Literatur in Englischer Sprache darüber abzufassen gehabt, ehe die Aufgabe gelang. In dieser Beziehung haben sie aber die Völker, welche, ihrem Beispiele oder unmittelbar ihrem Rathe folgend, die parlamentarische Monarchie bei sich einführten, ganz ohne Auskunft gelassen, indem sie anzunehmen schienen, daß dieselben ihren Weg schon ohne Hülfe finden oder daß sie sich mit der Englischen Literatur vergangener Zeiten vertraut machen würden. Dies scheint aber leider nirgends geschehen zu sein, und ganz gewiß nicht hier in Griechenland, wo man dem hernach verjagten und jetzt verstorbenen König Otto die heute noch gültige Verfassung im September 1843 in einer friedlichen Revolution mit dem Bedeuten aufnöthigte, daß, wenn er nicht darauf einginge, das Schiff bereit stünde, welches ihn aus dem Lande bringen solle.

Diese Verfassung nun, eine Copie nach Französischem Muster, macht, gleich unseren Deutschen Verfassungen, von den Abgeordneten einen mehr als die Hälfte zum Quorum für die legislatorische Thätigkeit der Vertretung, während im Englischen Unterhause bekanntlich eine Anwesenheit von vierzig Mitgliedern dazu ausreicht, nämlich von noch einmal so viel, als Sitze im Unterhause zur stillschweigend anerkannten Verfügung der Regierung stehen.

Hierzu aber kommt noch, daß die Verfassung die Abnahme des Eidschwurs der neugewählten Abgeordneten auf die Verfassung als einen legislatorischen Act behandelt, welchen der Präsident und der Erzbischof in Gegenwart eines beschlußfähigen Hauses, also eines Quorum, vorzunehmen haben. Und so lange der einzelne Abgeordnete den Eidschwur nicht geleistet hat, kann er an den Abstimmungen nicht Theil nehmen und kann kein Quorum bilden helfen.

Den fehlerhaften Schluß im Kreise, welcher hierin steckt, hatte die Opposition entdeckt, und da die Regierung die letzte Wahlschlacht unzweifelhaft unter Anwendung von etwas Gewaltmitteln, wie sie hier nicht etwa die Ausnahme, sondern die Regel sind und bei der hiesigen unpraktischen Wahlordnung sein müssen, gewonnen hatte, aber noch mindestens funfzehn Abgeordnete einzuschwören waren, ehe eine absolute Majorität im Hause vorhanden war, hatte es die Opposition für eine tiefe politische Klugheit gehalten, einfach wegzubleiben, damit kein Quorum zur Einschwörung der neuen Abgeordneten vorhanden wäre. Dies geschah schon vor Monaten, und seitdem stand die parlamentarische Maschine still. Da kein Quorum vorhanden war, konnte weder das regelmäßige noch das außerordentliche legislatorische Geschäft des Landes, zu welchem diesmal auch internationale Verträge gehörten, abgewickelt werden. Die Abgeordneten der Majorität, sammt dem Ministerium, wußten sich lange Zeit hindurch keinen Rath, bis der Zufall eine Anzahl Englischer, Amerikanischer und Deutscher Abgeordneter und ehemaliger Abgeordneter in Athen zusammenführte. Diesen setzten sie die Schwierigkeit, in der sie sich befanden, auseinander, waren aber schwerlich auf den Empfang gefaßt, welchen sie damit fanden. Dieser Empfang bestand in lautem Gelächter. Man setzte ihnen auseinander, daß, um einen neuen Abgeordneten zu vereidigen, kein Quorum nöthig sei, da es sich ja dabei um keine Abstimmung handle.

Sie begriffen dies auch bald, wollten nun aber wissen, wie die Sitzung anzufangen habe, in welcher die Vereidigung stattfinden solle. Es ward ihnen nun bemerkt, daß der Präsident ja nicht nöthig habe, die Anwesenden zählen zu lassen, wenn Niemand es verlange. Sei die Opposition nicht da, so werde es Niemand verlangen: seien aber nur funfzehn Mitglieder derselben da, welche doch mindestens nöthig seien, um den Antrag auf Zählung zu unterstützen, so sei das nothwendige Quorum erreicht und man könne gleich neue Mitglieder einschwören. Die Griechischen Majoritätsmitglieder wurden nun sehr stutzig und gestanden, daß dies Alles Dinge seien, an welche man in Griechenland kaum jemals gedacht habe.

Dies war der Griechische Verfassungsconflict, und so scheint er auch wirklich zu Ende gebracht worden zu sein.*) In der vorigen Woche begann die Kammer ihre Sitzungen bei großem Gedränge in der Nähe ihres Sitzungssaales, eines stallartigen Gebäudes, welches aber bald durch ein ziemlich stattliches, noch im Bau begriffenes Parlamentshaus ersetzt werden wird. Auch vor den Kaffeehäusern in der Nähe des Schlosses gruppirten sich die Leute jeden Nachmittag, lebhaft unter einander debattirend. Der Kriegsminister Grivas beging den Fehler, die Straßen durch Polizei und Reiterabtheilungen mit gezogenem Säbel abpatrouilliren zu lassen, was die Aufregung natürlich nur erhöhte. Damit aber ist hier, wo in der Erinnerung des Volkes nur siegreiche Aufstände verzeichnet stehen, und zwar drei innerhalb eines halben Jahrhunderts, und wo alle Welt Waffen besitzt, nicht grade zu scherzen. Indeß waren es diesmal augenscheinlich nur die gebildeteren Klassen, unter welche die Aufregung drang. In den Kaffeehäusern nahmen die Discussionen bei der großen Heftigkeit der

*) Er hat später doch zum Sturze der Regierung geführt. D. Verf.

Griechen zuweilen eine recht bedenkliche Gestalt an. Von meinem Fenster aus konnte ich in einem gegenüber liegenden Kaffeehause zwei elegant gekleidete Herren, welche mir später als der ehemalige Staatsanwalt Rocco Koidan, jetzt zur Opposition gehörig, und der Abgeordnete für Missolunghi, Staikos aus Chalkis in Euböa, bezeichnet wurden, sich schlagen sehen. Als ich auf den Platz herabgestiegen war, fand ich den Herrn Staikos, welcher angegriffen worden zu sein scheint, auf einem Tische stehen und eine Anrede an die Volksmasse halten, welche ihn dicht umdrängte. Am anderen Tage darauf haben sich diese beide Herren geschossen, und Herr Rocco Koidan hat eine Kugel in die Lunge bekommen, welche es nicht gelang wieder herauszuziehen. Die Folgen des Schusses erlaubten ihm zwar einzuathmen, aber nicht wieder auszuathmen, so daß er hoffnungslos daniederliegt. Der Zwist soll sich dabei entsponnen haben, daß Herr Staikos den vorbeifahrenden Ministerpräsidenten Bulgaris grüßte, worüber ihm Herr Rocco Koidan laute, allen näher Sitzenden hörbare Vorwürfe machte und ihn dann, als Herr Staikos auf dieselben antwortete, thätlich beleidigte. Diese drohenden Tage waren dem Unabhängigkeitsfeste unmittelbar vorhergegangen. Dasselbe begann mit einer Aufstellung der Truppen auf dem Platze vor dem Schlosse, dem Verfassungsplatze, welchen hauptsächlich die großen Touristengasthöfe umgeben. Die Truppen bildeten Spalier, um den Hof hindurchfahren zu lassen, bis zur Kathedrale, wo das Tedeum für Erlangung der Unabhängigkeit stattfand. Es war sehr wenig Publicum in Civil oder in Nationaltracht, welche auch hier doch immer noch ein Viertel der Bevölkerung trägt, auf dem Platze. Die Truppen sollen ungefähr ein Drittel des gesammten Heeres betragen haben; es war Infanterie, Cavallerie und auch etwas Artillerie aufgestellt, welche übrigens nachher zum Freudeschießen während des Tedeums gebraucht wurde.

Dazu kamen noch die Bergjäger im rothen Fez, in Fustanella und Gamaschen, angeworbene Freiwillige, welche eine Drachme oder vielmehr einen Zwanziger tägliche Löhnung erhalten, dafür aber der Abhärtung wegen sich ohne Bett behelfen müssen, und deren Beruf seit der Ermordung der Engländer in Marathon das nächtliche Abstreifen der Bergbezirke zur Vernichtung der Räuber ist. Diese Räuber, von welchen schon ungefähr dreissig die Bekanntschaft der Guillotine gemacht und welche auch ihre Zuflucht auf Türkischen Boden verloren haben, lassen denn auch vorläufig nichts mehr von sich hören.

Als das königliche Paar in Begleitung des Thronfolgers, durch Cavallerie escortirt, das Spalier der Truppen durchfuhr, ließ sich aus der Volksmenge, soweit dieselbe zugegen war, auch kein einziger Zuruf vernehmen, und soweit ich bemerken konnte, grüßten selbst die Leute nur sehr theilweise. Der Lärmen in der Presse hatte augenscheinlich seine Wirkung gethan. Die junge, liebenswürdige Königin, welche auf solchen Empfang jedenfalls nicht vorbereitet war, soll, wie man sich seitdem in der Stadt erzählt, ganz betroffen gewesen sein und dem Könige, der wirklich bei diesem Geschäftsordnungsskandal, den man hier mit dem Titel eines Verfassungsconflictes beehrt, keinerlei Schuld trägt, bittere Vorwürfe darüber gemacht haben, daß er sich nicht beliebter zu machen verstanden habe. Wo wäre dabei Sicherheit für die Thronnachfolge ihres Sohnes? Die Königin soll auch seitdem allein ausgefahren sein, was sonst nie zu geschehen pflegt.

Da der Unabhängigkeitstag als Feiertag behandelt wird, gab es am Nachmittage öffentliche Musik auf dem Verfassungsplatze und auf dem Eintrachtsplatze. Im Schlosse fand Galatafel statt, zu welcher, wie beim Unabhängigkeitsfeste die Regel, kein einziges Mitglied des diplomatischen Corps hinzugezogen wurde, da sonst der Türkische

Gesandte ja auch eingeladen werden müßte, was sich, da er die Einladung gar nicht annehmen könnte, nicht schicken würde. Es ist auch Sitte, daß bei dieser Tafel weder vom Könige noch von irgend Jemandem sonst das Wort ergriffen, also kein Toast ausgebracht wird. Jetzt, wo die Türkei und Griechenland in Folge ihres gemeinschaftlichen Feldzuges gegen die Räuber sogar Orden ausgetauscht haben, ist die strengste Etikette zwischen beiden maßgebend.

Es war vielleicht nicht minder lehrreich, bei einer anderen Festlichkeit zugegen zu sein, welche an demselben Abende stattfand. Dies war eine Versammlung des Syllogos Philologikos, einer Gesellschaft, in welcher Studenten die Mehrzahl der Mitglieder bilden, welche sich aber weniger mit der Vergangenheit Griechenlands, wie es unsere Philologen zu thun pflegen, sondern mit seiner Zukunft beschäftigt. Ich fand den kleinen Saal gedrängt voll von einem eleganten Publicum, unter welchem auch die Damenwelt zahlreich vertreten war. Dies ist hier, als in einer immer noch Morgenländischen Stadt, in öffentlichen Gesellschaften etwas Ungewöhnliches. Ich ward den Professoren verschiedener Facultäten vorgestellt, darunter auch einem der Griechisch-katholischen Facultät, durch welche jetzt ein Priesterstand erzogen werden soll, der sich für den so sehr erhöhten jetzigen Bildungszustand des Landes besser eigne, als der bisherige. Die meisten der bisherigen Universitätslehrer scheinen auf Deutschen Universitäten erzogen zu sein, und fast alle sprechen Deutsch, wenn auch mit einiger Schwierigkeit, wie denn überhaupt die Deutsche Sprache als Bildungssprache hier mit großer Entschiedenheit Boden gewinnt. Die Mediciner hatten meist in Wien und Berlin, die Philologen und die Griechisch-katholischen Theologen in Leipzig und Erlangen studirt; die Griechisch-katholischen Theologen also auf protestantischen Universitäten. Dafür wächst eben so die Zahl der Deutschen Gelehrten in Athen.

Zu einem Festabend am 1. April, als dem Geburtstage Fürst Bismarcks, konnten schon vierzig Deutsche aus den gebildeten Ständen vereinigt werden, von denen dann natürlich ungefähr zwanzig Tischreden hielten. Sie waren meist launig, die des Hofpredigers Göseran am launigsten.

Launig aber ging es im Syllogos Philologikos der Griechen keineswegs her. Auf der Tagesordnung stand dort eine Festrede des Herrn Paraskevaides und ein Gedicht des Herrn Paraskos, des schwungvollsten Dichters in Griechenland. Herr Paraskevaides las seinen Vortrag vom Papiere ab mit ernstem und schwermüthigem Tone und Ausdruck. Anfangs las er ziemlich leise, dann mit steigender Wärme und lauter, jede andere Declamation verschmähend, als daß er zuweilen den Zeigefinger der rechten Hand aufwärts streckte, wie um darauf aufmerksam zu machen, daß er jetzt bei einer besonders wichtigen Stelle sei. Erst nach einiger Zeit, als ich mein Ohr gezwungen hatte, sich an den Itacismus und die Hauptabweichungen des Neugriechischen vom Altgriechischen zu gewöhnen, welche beim Hülfszeitwort am schärfsten hervortreten, vermochte ich dem Vortrage wenigstens stückweise zu folgen. Es war ein hochangelegter und dabei auch geistreicher politisch-geschichtlicher Vortrag, der im Ueberblick über ganz Europa schweifte und die Griechische Geschichte von den Zeiten des Perikles und des Alexander bis heute behandelte. Die Form war ziemlich diejenige, an welche wir bei solchen Vorträgen in Deutschland gewöhnt sind. Seine Tendenz war offen die republikanische. Deutschland schob der Vortragende ganz in den Vordergrund der Geschichte der Gegenwart und gedachte des Kaisers Wilhelm von Deutschland und des Fürsten Bismarck wegen des Kampfes mit dem Papstthum mit besonderer Achtung. Das Königreich Griechenland behandelte er als eine mikroskopische Schöpfung, welche nur vorübergehend Bestand haben könne. Je mehr er in seinen Gegenstand vordrang, desto häufiger brach der Beifall los, zuletzt jedes mal, wenn er seinen rechten Zeigefinger erhob. Ich muß gestehen, daß mir schon im Neugriechischen besonders das häufige on am Schlusse der Wörter, auf welchem dabei fast immer der Accent ruht, sehr wohltönend klang. Wie schön muß erst das Altgriechische geklungen haben, welches nun auch immer seine Aussprache gewesen sein möge! Den vollen freien Klang des Griechischen haben die Römischen Redner nicht ohne Grund gerühmt.

Auf den Vortrag, der eine Stunde dauerte, folgte das Gedicht, welches Herr Paraskos, ebenfalls vom Papier lesend, aber mit starker Declamation, in tiefem schwermuthsvollem Tone ablas. Während der Vortrag in der Sprache der Gebildeten stattfand, welche sich dem Altgriechischen wieder anzunähern strebt, war das Gedicht, wie alle neuere Griechische Dichtung, ganz in der Volkssprache gedichtet. Ich konnte nur ganz Einzelnes daraus deutlich verstehen. Es schilderte die Einnahme von Konstantinopel durch Sultan Mahomed II. und die langen Trauertage des Griechischen Volkes. Es schloß mit der Schilderung der Erhebung Griechenlands. Das Wort Häma (Blut) kam für ein Gedicht gar zu oft vor, wenn auch genug Blut auf der Balkan-Halbinsel geflossen sein mag, ehe es nur zum jetzigen Interimszustande kam, wenn auch genug noch heute fließt und auch in der Zukunft wohl noch fließen wird. Das Gedicht, welches mir als sehr ergreifend geschildert wurde, machte indeß keineswegs den gleichen Eindruck auf die Versammlung, wie der zum Theil spitzfindige Vortrag unmittelbar vorher, und wenn von demselben Dichter mir gesagt wurde, daß Niemand sein berühmt gewordenes Gedicht auf den Tod König Otto's in Bamberg ohne Thränen lesen oder anhören könne, so muß ich bemerken, daß ich bei diesem neuen Gedichte, welches düster und drohend schloß, keine Thränen bemerkt habe. Nur trennte sich die Versammlung schweigsam.

Alles in Allem scheint es mir kein Zeichen der Gesundheit zu sein, wenn ein Volk den Ausbruch seines Unabhängigkeitskampfes alle Jahre von neuem feiert, besonders wenn es mit der Geschäftsordnung für eine frei berathende, ihm die Gesetze gebende, Versammlung noch derartig im Streite liegt, daß das ganze Staatsleben dabei ins Stocken gerathen kann.

Kolonos, das Landhaus des Plato und die Akademie bei Athen.

(Kolonos, ein Altathenisches Villaviertel. Sophokles. Denkmäler des O. Müller und Charles Le Normand. Das Landhaus des Plato. Plato's Bewirthung seiner Schüler. Plato als Staatsphilosoph. Sein Vermächtniß. Gab es in Alt-Griechenland moralische Personen? Aristoteles. Weg nach der Akademie. Der Fiakerkutscher und Pausanias.)

Athen, im April.

Kolonos ist ein ganz niedriger Hügel, etwa eine Viertelmeile nordwestlich von Athen, in der Niederung des Kephissus gelegen, an welche sich die allerbedeutsamsten Erinnerungen aus der Altgriechischen Geistesgeschichte und durch diese für die ganze Welt knüpfen. Ein flacher Fels aus grobem buntem Marmor durchsetzt hier den ziemlich fruchtbaren Humusboden dieser Niederung; so niedrig er ist, ist doch sein blaßrother Kopf schon von der Stadt aus sichtbar, soweit keine Vorstadt-Häuser dazwischen liegen. Eben so bemerkt man schon von der Stadt aus, daß sich zwei Denkmäler aus neuerer Zeit von weißem Marmor auf seinem Gipfel erheben.

Einst umgab diesen Hügel der ländliche attische Demos oder Stammesbezirk, welcher eben den Namen „Kolonos" führte und vom Stamme Aegis bewohnt wurde. Der dramatische Dichter Sophokles, welcher zu diesem Stamme gehörte, ist im Demos von Kolonos, in unmittelbarer Nähe des Hügels, geboren. Wahrscheinlich hat er als Knabe auf dem Hügel gespielt, wie heute die Knaben auf demselben spielen, und dann in seinem Drama auf den Tod des Oedipos auf dem Hügel Kolonos seinen Jugenderinnerungen dieses unvergängliche Denkmal gesetzt, welches erst nach seinem Tode öffentlich erschienen ist.

Sophokles muß, wie seine Dramen beweisen, eine gute Erziehung genossen haben, und war wahrscheinlich der Sohn wohlhabender und einflußreicher Leute. Doch wissen wir nur den Namen seines Vaters, welcher Sophilos hieß. Aus Umständen, welche ich noch zu berühren haben werde, scheint es, daß der Demos von Kolonos, welcher südlich an das öffentliche Gymnasium der Akademie stieß, sich im fünften und vierten Jahrhundert vor unserer Zeitrechnung in eine Art Landhausvorstadt von Athen verwandelt hatte, wo wohlhabendere Familien häufiger ihr Dach aufschlugen.

Und hierin thaten sie vollständig recht und handelten weit vernünftiger als jetzt die wohlhabenden Griechen, welche mit gesammelten Schätzen aus den Handelsstädten Europas, Amerikas und Indiens nach Athen ziehen, um dort den Rest ihres Lebens zuzubringen. Diese bauen nämlich ihre oft recht stattlichen Landhäuser meist auf dem sanften Abhange an, welcher von der Gegend des Schlosses und der Universität zum Berge Lykabettos emporsteigt. Es scheint hauptsächlich der Patriotismus zu sein, welcher sie nach Athen treibt, und sie verfehlen dann fast niemals, sich zunächst durch irgend eine öffentliche Stiftung, sei es ein Waisenhaus, sei es eine Schule für Erzieherinnen, sei es auch nur ein Denkmal, bei ihren Mitbürgern wieder einzuführen.

Jedenfalls ist die Gegend am Lykabettos dürr und steinig, während im alten Kolonos, nahe den Ufern des Kephissus, eine für Griechenland ungewöhnlich üppige Vegetation das Auge erquickt. Gerade jetzt, wo außerdem der

Kephissus ziemlich wasserreich, funkelt es dort förmlich von einem Feldblumenflor, in welchem glühende Mohnblumen die Hauptrolle spielen, und lustiges Vogelgezwitscher erschallt von den Olivenbäumen und Weißpappeln am Ufer des Flusses.

Wir fuhren zunächst nach dem Felshügel von Kolonos hinaus, welchem Sophokles einen so klangvollen Namen verschafft hat. Die beiden Denkmäler auf seiner Höhe, aus weißem Marmor, sind die Grabdenkmäler des Deutschen Archäologen K. O. Müller und des Französischen Charles Le Normand. Das Grabdenkmal Müllers, in der Mitte des Hügels stehend und etwas höher, ist eine Säule im Geschmacke der Altgriechischen Begräbnißplätze, von den Griechen errichtet und mit einer Griechischen Inschrift versehen, welche die thatkräftige Liebe Müllers für das neue Griechenland besonders betont. Das etwas kleinere Denkmal Le Normands, am Rande des Hügels, ward Französischerseits errichtet und trägt eine große Urne mit seinem Bildnisse. Von dem Hügel zu Kolonos aus kann man den Platz der Akademie, der noch heute diesen Namen führt, an den Ufern des Kephissus sehen. In der Grabschrift Müllers ist denn auch auf diese Nachbarschaft als für sein Grab besonders passend hingewiesen. Etwa zehn Minuten nordwestlich vom Hügel von Kolonos befindet sich ein bescheidenes Landhaus mit Garten des Herrn Vlachos in Athen, von welchem jetzt wohl mit Gewißheit angenommen wird, daß es die Stelle von Plato's eigenem kleinen Landhause einnimmt. In diesem Landhause fanden sich die am meisten von ihm geschätzten seiner Schüler in regelmäßigen Mahlzeiten an seinem Tische beisammen, darunter Aristoteles, Xenokrates, Hestiäos von Korinth, Philippos von Opuntii, Herakleides aus Herakleia in Pontus und Plato's Neffe Speusippos, und die Belehrung durch den Meister fand in Form der Tischunterhaltung statt. Es wird berichtet, daß die Thür des kleinen Landsitzes die merkwürdige Ueberschrift getragen habe: „Hier darf Niemand hinein, der keine Geometrie versteht!“ Es wird aber wohl nur die Ueberschrift der Thür zum Speisesaale gewesen sein, in welchem jene philosophische Tischunterhaltung statt fand. Der Sinn der Ueberschrift war offenbar der, daß die Mathematik — damals noch auf elementare Geometrie beschränkt — unerläßliche Vorbedingung für philosophische Forschung sei. Seinen weiteren Wirkungskreis suchte Plato im öffentlichen Gymnasium der Akademie, zu dem der Weg uns später führt. Das Landhaus, welches wir zuerst besuchten, vermachte Plato, welcher im Jahre 347 vor unserer Zeit, im zwei und achtzigsten Lebensjahre, starb, der von ihm gegründeten Philosophenschule in der Akademie. Diese erweiterte später sowohl den Garten durch Ankäufe, als das in demselben befindliche Haus, und dieser Besitz ging auch auf die Neoplatoniker über, welche alljährlich hier und anderwärts die Geburtstage des Sokrates und des Plato feierten.

Nach langem und lautem Klopfen an der Gartenthür des Landsitzes erschien ein dralles, von der Sonne gebräuntes, etwa vierjähriges Mädchen, lugte durch einen Spalt der Thür und lief dann nach dem Schlüssel. Es war das Kind der Gärtnersfamilie, welche das Haus, das Herr Blachos gar nicht zu benutzen scheint, jetzt allein bewohnt. Der Rest der Familie ließ vorläufig noch nichts von sich sehen. Das Kind, welches recht hübsch war und vorzüglich große glühende Augen hatte, machte vorläufig die Honneurs des Hauses allein und that dies mit Unbefangenheit, wie Jemand, der gewohnt ist es zu thun, und nicht ohne Anstand. Unser Kutscher schlenderte mit ins Haus, worauf man bei den hiesigen durchaus demokratischen Sitten und der wiedererwachten Wißbegier des Volks in Betreff seiner großen Vergangenheit, welche so viel fremde Gelehrten nach

Athen bringt, als auf etwas fast Selbstverständliches gefaßt sein muß.

Von dem antiken Hause ist jetzt nichts mehr zu sehen, als eine Reihe zerbrochener Marmorornamente, welche man bei der Bearbeitung des Gartens im Boden gefunden und nun in eine der Ziegelwände des Hauses eingemauert hat. Im übrigen muß man sich damit begnügen, wenn man ein Bild jener philosophischen Gastmäler Plato's und seiner Nachfolger und Erben gewinnen will, das Vorstellungsvermögen spielen zu lassen. Doch muß dieses hier auch etwas den fragenden Verstand zu Hülfe nehmen, welcher ja in den eigenen Dialogen Plato's die Hauptrolle spielt. Wir wissen aus der Altgriechischen Literatur, daß grade Plato für seinen philosophischen Unterricht über Tisch keine Bezahlung nahm. Er bewirthete seine Schüler, allerdings nur sehr frugal, wie uns mit Bestimmtheit mitgetheilt ist, und belehrte sie noch obendrein, die Annahme jeder Bezahlung auch hierfür verweigernd. Dies aber war keineswegs die Regel im alten Athen. Aus Plato's eigenen Dialogen kennen wir sogar das Maß, nach welchem die Philosophen zu Athen ihre Preise den Schülern abforderten, und die Höhe dieser Preise. Es scheint, daß verschiedene derselben, je nach dem Stoffe, über welchen Belehrung von ihnen verlangt wurde, und nach der Tiefe, in welche diese Belehrung eindrang, nicht aber etwa, wie unsere Professoren, nach der Stundenzahl, sich bezahlen ließen. Sie hatten wohl ihren unteren Cursus, der nur eine gewisse Anzahl von Drachmen kostete, ihren mittleren, bei welchem schon mit Minen — ungefähr zwanzig Thaler — gerechnet wurde, und ihren obersten, bei dem es schon zu Talenten — ungefähr 1300 Thaler — kam. In dem Platonischen Dialoge, welcher den Namen Kratylos trägt und den Ursprung der Sprache behandelt, läßt Sokrates mit leiser Persiflage die Bemerkung einfließen, daß er nur für den untersten oder kleinen Cursus seines philosophischen Lehrers den Preis habe erschwingen können. Die Athenischen Philosophen scheinen also ihren Broderwerb weniger so aufgefaßt zu haben, als ob sie sich als Jugendlehrer bezahlen ließen, sondern eher so, als ob sie wissenschaftliche Geheimnisse verkauften, die oberflächlichen, welche Jedermann verstehen konnte, billiger, und die tieferen, welche nur für ausgewählte Geister waren, theuerer. Wenn also Plato, der doch bei seinen Belehrungen in die äußerste Tiefe des Wissens, welches er so scharf von der bloßen Meinung unterscheidet, hinabzudringen versuchte, sich dafür gar nichts bezahlen ließ und seinen Schülern noch obenein etwas zu essen gab, fühlt man sich zuerst zu der Frage gedrängt, zu welchem Zwecke er denn dies gethan haben möge. Auch sein von ihm so hochgeschätzter Lehrer Sokrates nahm für die Weisheit, welche er Anderen spendete, keine Bezahlung, sondern kramte dieselbe sogar auf dem Markte und in den Gassen aus, und zwar nicht selten an die ersten besten Leute, welche ihm grade in den Wurf kamen, selbst auf die Gefahr hin, durch das zähe Fragen, in welchem sein Unterricht bestand, sich lästig zu machen. Hierin liegt aber zugleich die Erklärung dafür, daß Plato zuerst in Athen den Unterricht in der Philosophie auf höhere materielle Grundlage zu stellen versuchte, als auf diejenige des Verkaufs von Geheimnissen, welche als nützlich und deswegen werthvoll für den Einzelnen betrachtet wurden. Er fühlte sich als Staatsphilosoph, vorzüglich seit die regierende Tyrannenfamilie von Syrakus ihn hatte kommen lassen, um den jüngeren Dionysius für die Herrschaft zu erziehen, und Plato dies Amt übernommen hatte, um seine Ansichten über den besten Staat zur Verwirklichung zu bringen. So ist ja auch Jean Jaques Rousseau einst eingeladen worden, die Erziehung eines gewissen Deutschen Erbprinzen zu übernehmen, lehnte dies Amt aber, ungleich Plato, als ein vollständig hoffnungsloses ab. Plato, dem es an Mitteln wenigstens nicht fehlte, betrachtete später die politische Erziehung einflußreicher junger Männer durch die Philosophie als seine Lebensaufgabe und griff sich auf der Akademie diejenigen heraus, von welchen er in dieser Beziehung das Meiste hoffte, um sie zur besonderen Ausbildung an seine Tafel zu ziehen. Im vorigen Jahrhundert hat es auch unserem Zeitalter nicht an solchen Tafeln, vorzüglich in London und Paris, gemangelt, und Friedrich II. von Preußen hat als lernbegieriger Schüler sie auch auf Deutschen Boden zu verpflanzen gesucht. An der Mittagstafel Quesnay's, der Leibarzt Ludwigs XV. von Frankreich war, und des älteren Marquis Mirabeau, wurden auf diese Art die ersten Pflegestätten für die neu entstehende volkswirthschaftliche Wissenschaft eingerichtet, und noch bewahrt man im Hollandhouse in London die Erinnerung an die Rolle, welche die Mittagstafel in diesem Hause für die Ausbildung des öffentlichen Lebens in England gespielt hat. Es ist nur charakteristisch für das wissenschaftliche Maß der Universalität, welches die Athener des Alterthums an ihre werdenden Staatsmänner stellten, wenn Plato über die Thür seines Speisesaales schreiben ließ: „Hier darf Niemand eintreten, welcher keine Geometrie versteht."

Eine zweite Frage drängt sich bei der Thatsache auf, daß Plato dieses Landhaus seiner Schule vermachte. War denn im alten Athen eine Philosophenschule eine juristische Person, welcher man Realbesitz hinterlassen konnte? War in den Staatsgesetzen ein solcher Gebrauch vorgesehen? Und wie konnte die Schule derartig im letzten Willen definirt werden, daß kein Streit darüber entstehen konnte, wer denn wirklich der Erbe sei? Hierüber sind wir nicht ganz ohne solche Auskunft, die wenigstens die Wahrscheinlichkeit für sich hat. Plato ernannte den Sohn seiner Schwester Potone, Speusippos, zu seinem Nachfolger in der Präsidentschaft der Akademie und wird diese Ernennung mit der

Bedingung verbunden haben, daß Speusippos, welcher zugleich sein gesetzmäßiger Erbe war — Plato war unverheirathet — das Landhaus, welches er ihm zugleich hinterließ, in gleicher Weise zu Gastmählern für die Ausgewählten der platonischen Philosophenschule verwende, wie er selber. Die Verwendung ist in gleicher Weise dann von Person zu Person gegangen, stets als Bedingung der Erbschaft. Die Definition der juristischen Person ward nicht nöthig, weil begründetes Vertrauen in einen bestimmten Testamentserben sie überflüssig machte. Aristoteles, weitaus der geistreichste Schüler Plato's, soll die Ernennung des Speusippos zum Nachfolger Plato's übel genommen haben und verließ Athen jedenfalls alsbald nach dem Tode Plato's. Als er nach zwölf Jahren, nachdem er die Erziehung Alexanders des Großen vollendet und dieser den Thron von Macedonien bestiegen hatte, nach Athen zurückkehrte, fand er wieder einen anderen Mitschüler aus dem Hause Plato's, Xenokrates, mit der Präsidentschaft der Akademie bekleidet, aber zugleich den Athenischen Staat bereit, den berechtigten Ehrgeiz des berühmt und einflußreich gewordenen Erziehers Alexanders auf andere Weise zu befriedigen. Man räumte ihm das Gymnasium des Lyceums ein, um daselbst einen neuen geistigen Uebungsplatz in der Art der Akademie zu errichten. Aus diesem ging dann seine eigene Philosophenschule, die der Peripatetiker hervor, der Spazirgänger, wie sie sich im Gegensatze zu den Platonikern nannte, zuerst vielleicht scherzhaft, weil Aristoteles seine Schüler nicht zum Mittagstische, sondern blos zum Spazirengehen zweimal des Tages, am Morgen und am Abend, einlud. Er, der also schon den Staat in Anspruch nahm, hatte das Lehren also jedenfalls billiger und brauchte außerdem seiner Schule kein Landhaus zu hinterlassen.

Als wir das Landhaus Plato's verließen, überreichte uns die Gärtnersfrau einen unterdeß gewundenen Blumenstrauß aus dem Garten. Es war der in diesem Landhause eingeschlagene Weg, sich von den Fremden eine Bezahlung für die Erlaubniß zum Eintritt zu verschaffen. Platonisch also, in unserer Sprachweise, war diese Aufmerksamkeit nicht. Sie paßte aber doch zu dem Spruche, der einst über der Thüre des Landhauses stand. Hinein durfte damals Niemand, der keine Geometrie verstand. Hinaus darf jetzt Niemand, der keine Arithmetik versteht, auch wenn sie in der Blumensprache redet.

Vom Landhause des Plato bis zur südlich davon gelegenen Akademie ist der Weg nicht weit. Er geht meist durch Gärten voller Fruchtbäume: Orangen, Aprikosen, Pfirsichen, Feigen, Quitten und Granatäpfel: diese Gärten sind von niedrigen Mauern in Pisébau umschlossen. Da die Orangen jetzt sämmtlich gepflückt sind und auf unserem Mittagstische einladend prangen — gerade die Orangen sind hier ungewöhnlich süß und saftig und sehr groß — war von Früchten an den Bäumen nichts mehr zu sehen. Dafür aber zwitscherte es überall von Singvögeln, unter welchen die wandernden Singvögel, von Afrika kommend, auf ihrem Wege nach Nord-Europa grade jetzt hier ihre Station machen. In Afrika singen dieselben bekanntlich niemals; kaum aber sind sie in Griechenland angekommen, so bricht die Monate hindurch verhaltene Sangeslust desto mächtiger durch. Sie scheinen sich wie von künstlerischer Erstarrung erlöst zu fühlen. So ging es ja der Kunst selbst, als sie, aus Aegypten und Assyrien über Griechenland in Europa einziehend, zuerst den Boden betrat, auf welchem den starren Formen des Morgenlandes mit dem Hauche der Freiheit Leben eingeblasen wurde und wo die Architektur, die Skulptur, die Malerei und die Dichtkunst Europas ihre unendlich frische und fröhliche, nimmer wiederkehrende, Jugend durchlebten.

Auch die Philosophie hat an derselben Stelle ihre nimmer wiederkehrende Jugend durchlebt und hier, an diesen jetzt saftig grünen Ufern des Kephissus und unter diesen alten, schwarzen, knorrigen Olivenbäumen, hier, an dieser Stelle, an welcher der Name Akademie bis heute haftet, baute sich die Philosophie, welche ebenfalls aus dem Morgenlande herübergeflogen kam, das Nest, in welchem ihre Stimme zuerst in der Freiheit jubelnd ertönte.

In der Nähe, bei einer Brücke über den Kephissus, stehen eine Kirche und eine Schänke, wo wir Halt machten, um die Gedanken und die Gefühle auszutauschen, welche der Ort anregte — nicht in der Kirche, sondern in der Schänke. Während wir dort saßen, hatte unser Kutscher den Bock verlassen und sich in den Wagen gesetzt und las. Er machte dabei ein so dummes Gesicht: was las er denn? Hatte er sich mein Deutsches, Englisches oder mein Französisches Reisehandbuch herausgesucht? Und konnte er es denn lesen? Denn er las offenbar mit Aufmerksamkeit. Ich ging zu ihm und sah mir das Buch an. Nein, es war des Pausanias Beschreibung von Griechenland; an diese hatte ich nicht gedacht. „Das ist ja Griechisch," sagte der Kutscher auf Italienisch, „aber ich kann es nicht recht lesen. Es sind unsere Griechischen Wörter, aber es sind viele darunter, die ich gar nicht kenne. Es ist wohl altes Griechisch, wie auf den Inschriften; druckt man denn das auch, und können die Deutschen es schreiben?" Aber er versuchte doch es zu lesen. Hätte ein Deutscher Fiaker an das Nibelungenlied Zeit und Mühe verschwendet? Ueberhaupt habe ich bemerkt, daß im Griechischen Volke der Wissensdurst wieder erwacht ist. Noch hat es vom Altgriechischen Volke viel an sich, mag sein Blut in den Einzelnen stark gemischt sein, obgleich mein Glaube, wie ich gestehen muß, auch hierin stark wankend geworden ist. Fallmerayer ist es gegangen, wie vielen Nord-Europäern, welche in der ersten Zeit nach hier kamen. Er suchte nach den alten Griechen, die er aus der Schule kannte, und fand sie nicht. Er fand sie nicht etwa nicht, weil nichts mehr von ihnen da war, sondern vielmehr weil er suchte, was überhaupt niemals dagewesen ist. Die alten Griechen hatten wohl die Lichtseite einer hohen Intelligenz und eines noch höheren Wissensdurstes, aber eben so auch, wie ihre ganze Geschichte aufweist, die Schattenseite eines schwachen Charakters. Sie unterlagen den Römern nur, weil dies der Fall war. Daran ist bis heute nichts gebessert. Anfangs wollte sich der Nordländer, vorzüglich der Deutsche, und auch der Engländer, welcher aus der Schule andere Vorstellungen vom Griechenthum mit sich gebracht hatte, nicht darin finden. Er zog es vor, in den modernen Griechen, wie Fallmerayer, hauptsächlich Slawen zu sehen, weil die Geschichte lehrt, daß auch diese in Griechenland einbrachen, und die Ortsnamen, daß sie dort Wörter hinterließen. Aber die Sprache lehrt ganz etwas Anderes. Noch heute ist sie in ganz anderem Sinne Griechisch, als etwa Provençalisch Italienisch oder Spanisch Lateinisch ist. Mein Fiakerkutscher verstand wirklich einen großen Theil des Pausanias; kein Römischer Fiakerkutscher würde auch nur ein Wort etwa des Suetonius verstehen. Mit dem Altgriechischen Blut hat sich nur das verwandte Albanesische, und zwar sehr stark, vermischt: dasselbe aber geschah schon unablässig im Alterthum und bedeutete nichts Anderes, als wie sich mit dem Blute der Lateiner, ebenfalls schon im Alterthume, das Blut der Sabiner, der Umbrer und Etrusker mischte.

Das wahre Blut eines Volkes aber ist überhaupt weniger der Saft, der in den Adern der Einzelnen fließt, als die Sprache, welche die Einzelnen mit einander verbindet. Die Sprache ist der Geist des Volkes. Dieser ist in der Anlage noch derselbe, in Bezug der Ausbildung und vorzüglich der für die Weiterbildung nöthigen Frische aber — ich scheue das Wort nicht — hoffnungslos und für alle Zeiten verkümmert. Mit Reisehandbüchern im Stile und im Geiste Bädekers, wie das des Pausanias ist, begann diese Verkümmerung in Geist und Sprache schon im zweiten Jahrhundert. Ihren Fortschritt aber nennen wir die Byzantinische Literaturgeschichte. Den Pausanias hätte wirklich ein Griechischer Fiaker von heute fast ganz lesen können, die Dialoge Plato's freilich nicht mehr. Die gewesene Akademie wird niemals in Athen wiederkommen, trotz des Prachtgebäudes unter diesem Namen, welches Baron Sina durch Hansen in der Stadiumsstraße erbauen läßt. In Athen wohnen auch heute nur noch Erinnerungen, aber keine Gegenwart.

Das Eleusinische Geheimniß.

(Voller Frühling. Bauern in Griechenland. Die Straße nach Eleusis. Der Olivenwald am Kephissos. Das Kloster Daphne. Reste eines Apollo und eines Aphroditentempels. Die Ebene von Eleusis. Das Grab des Strato. Die Propyläen der Akropolis von Eleusis. Der Demetertempel. Der kleine Tempel des Triptolemus. Die Ankunft der Jonier. Das Thesmophorienfest. Schillers Fest von Eleusis, und das wahre Geheimniß.)

Athen, im April.

Es war endlich Frühling in Griechenland geworden. Zwar spät kam er, dieser Frühling, aber desto machtvoller brach er auch über das Land herein. Es ist ja männiglich bekannt, daß der Frühling, nämlich der Monat April, der hierfür allein in Betracht kommt, in Griechenland besonders schön ist; aber so ist die Fassung eigentlich nicht richtig. Es ist nicht der Frühling, welcher in Griechenland besonders schön ist denn eben so ist er es im ganzen südlichen Europa aber es ist Griechenland, welches im Frühling besonders schön ist, weil eben Griechenland im Winter besonders rauh und im Sommer und Herbst besonders trocken ist, so daß es des grünen Schmuckes weit eher entbehrt, als andere Länder unter gleichem Breitegrade.

Mit dem Frühlinge war das junge Grün gekommen, nämlich das junge Grün der Felder. Ob auch das der

Wälder gekommen war, kann ich nicht sagen, denn so weit ich in Griechenland bisher gewesen bin, habe ich noch keinen solchen Laubwald gesehen. Ich habe nur erzählen hören von einem Walde, der den Taygetos bedecken soll, im oberen Theile von Lakonien. Kaum habe ich einzelne Bäume gesehen, und zwar neun Zehntel davon hier in der Stadt selbst, wo es fast nur neuerdings angepflanzte, immergrüne Bäume giebt; es sind, außer der Cypresse, welche als Trauerbaum auf den Kirchhöfen und auch in Ziergärten über das ganze Land sehr verbreitet ist, und außer dem Buchsbaum und der immergrünen Eiche, auch eine ganze Anzahl aus anderen Zonen eingeführter Bäume, darunter auch der Pfefferbaum, welcher einer Akazie mit sehr schmalen Blättern und dunklerem Grün gleicht, seine Früchte hier zwar nicht zur Reife bringt, aber doch so weit, daß man die Pfefferkörner darin schon herausschmeckt. Auf dem Lande aber ist nur, und zwar in großer Zahl, der Olivenbaum zu finden. Die Platane und die Weißpappel, mit welcher letzteren manche Wege bepflanzt sind, zeigen noch kein Laub. So schönes Frühlingswetter läßt man nicht unbenutzt vorübergehen, und für kürzere Fahrten über Land hat Athen genug zweispännige Fiaker, die den Wienern ähnlich sind, nur nicht ganz so schnell fahren. Somit ging es am ersten schönen Tage fort nach Eleusis, welches jetzt Elevsina heißt, also noch beinahe seinen alten Namen trägt. Es liegt vier Stunden weit westlich von Athen, an der Bai von Salamis, auf einer Ebene, welche derjenigen an Größe und Ansehen ungefähr gleicht, die am Piräus und der alten Rhede von Phaleron an das Meer stößt. Die Athenische und die Eleusinische Ebene werden durch den Bergzug des Aegialeos von einander getrennt, einen niedrigen und ganz nackten Bergzug, welcher von Nordosten her auf die Küste zuläuft und grade dort endet, wo das Ostende von Salamis am nächsten an sie herantritt. Auf dem Abhange des Aegialeos gegen das Meer, der ziemlich steil ist, zeigt man auf dem Felsen den Sitz des Xerxes während der Schlacht von Salamis. Die Höhen, aus denen die Insel Salamis besteht, scheinen eine Fortsetzung des Aegialeos zu sein.

Der heutige Weg zwischen Athen und Eleusis fällt zu einem großen Theile mit der alten heiligen Straße zusammen, auf welcher sich im Monat Pyanepsion, der in der letzten Hälfte des October begann, der Zug des Thesmophorienfestes zwischen Athen und Eleusis bewegte, des Festes der Demeter und der Persephone. Dieser Weg verließ einst und verläßt noch heute Athen da, wo das alte Dipylische Thor stand, das vornehmste der Stadt.

Vor diesem Thore trennten sich die Straßen nach Eleusis und nach der Akademie. Beim Hinausfahren hat man die alte Eleusinische Straße, welche zugleich die Hauptgräberstraße von Athen war, unmittelbar zur Linken. Ein ziemliches Stück derselben und des an das Thor stoßenden vornehmsten Stadttheils Kerameikos sind jetzt ausgegraben. Besonders in der Gräberstraße hat die Ausgrabung, wie ich schon erzählt habe, viele schöne und auch lehrreiche Denkmäler zu Tage gefördert. Die fast mannshohen Reliefs der Grabsteine zeigen also gewöhnlich — ich erinnere noch einmal daran — den oder die Verstorbene auf einem Sessel sitzend, vor ihm die Familie stehend, welche mit Händedrücken Abschied nimmt. Dies ist doch in seiner Einfachheit ein eben so geschmackvolles, als rührendes Bild auf einem Grabsteine, ohne alle fragliche Sterblichkeitssymbolik oder dergleichen mehr. Sie erinnert mich an eine eben so durch Einfachheit und Wahrheit rührende Grabschrift, welche ich auf einem Grabsteine in Westminster sah. Es liegt dort ein zweijähriges Kind begraben, auf dessen Grabstein die Aeltern außer Namen, Geburts- und Todesstunde nichts weiter schreiben ließen, als: „dear child!" — „theures Kind!" — Damit war ebenfalls das wirkliche Gefühl in zwei Worten

12*

ausgedrückt, welches das gestorbene Kind bei seinen Aeltern hinterlassen hatte. Eben so nahmen die Athener auf ihrem Grabstein von dem Verstorbenen, der nun in Ruhe saß, d. h. im Gedächtniß der Hinterbliebenen sitzen geblieben war, einfach einen ruhigen, wehmüthigen Abschied, ohne alle Hinzufügung von Redensarten. Aber selten ist es unterlassen, dem Namen des Verstorbenen auch seinen Stammbaum hinzuzufügen. Zuweilen ist dieser Stammbaum lang genug und besteht, wie gesagt, doch nur aus zwei Namen, welche umschichtig mit einander wechseln -- Lykophron, Sohn des Mnesikles, Sohnes des Lykophron, Sohnes des Mnesikles u. s. w. War es kein Athener, so ist auch wohl der Ort angegeben, aus dem er stammte. Mitten unter den Gräbern hat man bei den Ausgrabungen die kleine neue Byzantinische Kirche zur heiligen Dreieinigkeit bis jetzt müssen stehen lassen, welche nun von einem ziemlich hohen, ringsum lothrecht abgestochenen, Erdwürfel getragen wird und weggeräumt werden soll, wegen des Grabes des Perikles. Wir hörten den Griechischen Papas, welcher in derselben amtirt, zum Gottesdienste läuten. Aber wer wird dazu durch die Ausgrabungen und noch obenein auf gebrechlicher hölzerner Treppe auf den Erdwürfel hinaufklettern? Außerdem war Niemand in der Nähe, als wir, die nach Eleusis wollten, und zufällig das junge Königspaar, welches die Ausgrabungen durchstöberte. Die Königin gehört nun freilich zur Griechischen Kirche, hat aber ihr eigenes, sehr elegantes, Russisches Gotteshaus nicht weit von ihrem Palaste, in welchem man übrigens ganz ausgezeichneten Russischen Chorgesang hören kann.

Der Weg ging nun auf die große Olivenbaum-Anpflanzung längs der drei Arme des Kephissus zu. In einer Viertelstunde ist der Olivenwald am Ufer des Kephissus durchkreuzt, der jetzt ziemlich angeschwollen, ausgedehnt zur Bewässerung der Wein- und Gemüsegärten benutzt und in drei Armen auf kleinen Brücken überschritten wird.

Dann folgt wieder kahles Feld bis jenseit der Aegialeischen Berge.

Auf dem höchsten Theile des Defilés, welches über diese Berge führt, liegen das Kloster und die Kirche Daphne, Byzantinische Bauten, zu welchen eine große Anzahl von Marmorblöcken, auch einige Säulen, verwendet wurden, die zu dem Apollotempel gehörten, der nach Pausanias einst an dieser Stelle stand. Die eingemauerten Säulen hat Lord Elgin im Jahre 1801 herausnehmen lassen und später an das Britische Museum verkauft. Wir traten in die kleine Kirche, welche auf sehr kleiner Grundfläche ziemlich hoch emporstrebt und nach demjenigen Muster aufgeführt ist, dessen ältestes Beispiel die Hagia Sophia in Konstantinopel ist. Ein kolossaler Christuskopf in Mosaik schaut vom obersten Gewölbe herab, und Mosaik bedeckt noch an vielen Stellen die Wände, ist aber größtentheils sehr zerstört. Man hat fast eine werdende Ruine vor sich, ursprünglich selber aus Stücken einer Ruine aufgeführt. Religionen folgen auf Religionen, und Ruinen auf Ruinen. Ungleich den Römischen Steinmosaiken bestanden die in Rede stehenden ganz aus kleinen Glasstücken. Eine alte Nonne, die in der Kirche Wache hält, drückt jedem Besucher zur Belohnung für das Geldstück, welches man in den Sammelkasten wirft, ein Stückchen vergoldetes Glas aus den Mosaiken in die Hand. Einige Wein- und Kaffeeschänken und ein Wachhaus der Bergjäger bilden die einzige Gesellschaft dieses kleinen Klosters in seiner sonst vollständigen Einsamkeit. Von Lorbeerbäumen, von denen der Ort doch seinen Namen ableitet, ist nichts mehr zu sehen. Da, wo der Paß nach der Ebene von Eleusis herabzusteigen beginnt, sind an einer Felswand noch die Spuren eines Aphrodite-Tempels zu sehen, in Löchern bestehend, welche in die Felswand eingehauen sind. Am Fuße des Felsens hat man vor einigen Jahren marmorne Abbilder von Tauben gefunden; auch sind die Worte: „Liebe Aphrodite“ in den Felsen eingemeißelt.

Unten auf der Eleusinischen Ebene angelangt, wendet sich der Weg, einen breiten Bach überschreitend, alsbald der Küste zu und bleibt derselben nun bis Eleusis ziemlich nahe, entweder ganz an derselben hinlaufend, oder doch nur einen Steinwurf entfernt. Man bemerkt bald, daß man auf ergiebigerem Boden, als in der unmittelbaren Nähe von Athen ist. Vor dem Gebirge, welches die Ebene von Eleusis im Halbkreise umschließt, werden drei oder vier namhaftere Dörfer sichtbar. Die Berge scheinen sich auf dem Ost- wie auf dem Westende der Ebene an diejenigen des gekrümmt vor der Bucht liegenden Salamis anzuschließen: da beide Einfahrten der Bucht durch Berge verhüllt sind, gleicht diese vollständig einem Binnensee, der jetzt schön tiefblau und glatt war, während die Berge ringsum dunkelviolet erschienen. Wenn der Landschaftsmaler solche Farben, wie wir jetzt sahen, auf die Leinwand bringt, glaubt man ihm kaum. Eleusis, oder das Dorf Elevsina, welches jetzt seine Stelle vertritt, zeigte sich vorn in der Ferne, vom Rande des Wassers einem niedrigen Hügel zustrebend, auf dessen Abhange bald weiße Marmortrümmer sichtbar wurden. Man kommt nur noch an einigen verfallenen, leeren und auch an einigen verfallenen, bewohnten Häusern vorbei, die Schafhirten zum Aufenthalt dienen und Tränken für die Pferde enthalten. Stattliche Quadern am Wege, der hier unzweifelhaft mit der heiligen Straße genau zusammenfällt, werden als Strato's Grab bezeichnet, des Führers der Philosophenschule der Peripatetiker in der ersten Hälfte des dritten Jahrhunderts vor unserer Zeitrechnung, den man wohl den Vorläufer Spinoza's genannt hat.

In Elevsina angelangt, wurden wir zu einer Art von Gasthof geführt, in welchem es aber für andere Menschenkinder, als Griechen vom Lande, weder etwas zu essen, noch selbst zu trinken gab, wenn man den mit Harz versetzten und bitteren Griechischen Landwein verschmäht. Dafür aber hatten wir Alles, dessen wir nöthig hatten, im Wagen mitgebracht. Gebratene Hühner, Schinken, Eier und Salat, selbst Salz und Pfeffer und den feurigen und wohlschmeckenden Wein von Santorin. Dergleichen sind die Wirthsleute in den Ausflugsplätzen der Touristen in ganz Griechenland schon gewohnt, decken dann nur den Tisch mit dem ebenfalls mitgebrachten Leinenzeug und Bestecken und lassen sich dafür bezahlen, was man geben will, wobei sie natürlich besser zu fahren hoffen, als wenn sie ein Bestimmtes fordern. Dann besuchten wir zuerst die weißen, schon aus der Ferne sichtbaren, Marmortrümmer auf dem Abhange des Hügels. Es sind die Trümmer zweier Propyläen, eines Griechischen oben und eines Römischen unten, und eines kleinen Tempels der Artemis, der zwischen beiden lag. Die oberen Propyläen können in Ausdehnung und Construction von denen auf der Akropolis in Athen nicht sehr verschieden gewesen sein. Oben auf dem Hügel selbst, wo die Akropolis von Eleusis stand, während die Stadt einen dreieckigen Raum zwischen dem Hügel und der See bedeckte, sind keine Spuren von Bauten mehr zu finden. Alarich, der sie zuletzt zerstörte und wohl vergrabene Schätze hier zu finden hoffte, muß furchtbar gehaust und kaum einen Stein auf dem anderen gelassen haben.

Der berühmte Tempel der Demeter oder Ceres, deren größter Tempel in ganz Griechenland, von Iktinos, der Baumeister des Parthenon, erbaut, lag außerhalb der Akropolis; aber da auch er in hohem Grade zerstört ist und das heutige Dorf grade auf seinem mittleren Theile liegt, so ist hier kaum viel mehr zu sehen, als oben auf dem Hügel. Die Trümmer der Propyläen und des Artemistempels haben bisher die Hauptausbeute für den Gräber nach Kunstschätzen und Alterthümern geliefert, von denen das Meiste schon im Jahre 1801 durch Lord Elgin seinen Weg nach England fand. Darunter ist eine kolossale weibliche Büste, welche einen Korb trägt, in die öffentliche Bibliothek nach Cambridge gekommen. Anfangs hielt man sie für ein Bildniß der Demeter, hat sich aber später begnügen müssen, nur eine große Karyatide mit architektonischer Verwendung darin zu suchen.

Aber noch blieb uns ein ganz kleiner, einem dunklen Keller ähnlicher, ziemlich gut erhaltener Tempel des Triptolemus zu berücksichtigen, welcher in einiger Entfernung vom heutigen Dorfe liegt. In diesem wird das eigentliche Eleusinische Geheimniß gesucht, da in der einfachsten der mannichfachen Sagen, welche sich in Betreff des Thesmophorienfestes durchkreuzen, Triptolemus, der Königssohn von Eleusis, als Erfinder des Pfluges bezeichnet wird. Auch Schiller hat in seinem Feste von Eleusis sich hauptsächlich an diese Sage angelehnt.

So ganz ohne Einmischung des Symbols ist aber dem Eleusinischen Geheimniß doch schwerlich auf die Spur zu kommen. Zugleich mit dem Räthsel der Turandot löst man dasselbe nicht. Das Hauptgewicht bei diesem berühmtesten aller Ernte- oder vielmehr Wintersaatfeste ward auf den Raub der Persephone durch Pluto gelegt, auf die Irrfahrt der Demeter, die nach ihrer Tochter sucht, auf ihren Dienst als Amme bei dem Königspaare in Eleusis, auf ihren Versuch, das Kind dieses Königspaares unsterblich zu machen, dadurch, daß sie es dem Feuer aussetzt, auf die Dazwischenkunft der erschrockenen Mutter, welche ihr durch Geschrei das Spiel verdirbt, und endlich auch auf die Wiederkehr der Persephone aus der Unterwelt für zwei Drittel jedes Jahres.

Eleusis heißt schlechtweg „Ankunft“. In Eleusis ist wahrscheinlich dasjenige Volk angekommen und hat sich dort niedergelassen, welches den Ackerbau in Attika einführte und die Jägerhirten und Fischer der Vorzeit verdrängte. Also in Eleusis sind die Jonier angekommen; von woher sie kamen, kann jetzt noch nicht entschieden werden. Mag es aus Südwest über den Isthmus oder aus Nordwest aus Böotien oder Thessalien gewesen sein, darüber mögen sich die Archäologen und vorzüglich die Sprachforscher noch weiter streiten. Erfolgte die erste Ankunft zu Schiffe, so war Eleusis, im versteckten Winkel einer Binnenbucht und auf einer besonders anbaufähigen Ebene gelegen, der allerbeste Platz für die erste Siedelung. Dann hätte also auf der Ebene von Eleusis der erste Feldbau in Attika stattgefunden und Eleusis blieb naturgemäßer Urquell für die Heilighaltung, welche der Ackerbau zu seinem Schutze bedarf, in diesem Landestheile. Damit der Ackerbau als heilig behandelt werden konnte, mußte er mit dem Götterglauben des Volkes verknüpft werden. Dies geschah zuerst durch Demeter oder Ceres, durch die Vorstellung einer Erdgöttin oder Mutter-Erde, deren heilig zu haltende Gabe die Bodenfrucht sei. Mit Persephone, der Gemahlin des Pluto und Herrscherin der Unterwelt, war Demeter noch in den Homerischen Epen nicht im Entferntesten verknüpft. Aber der Götterglaube verwandelt sich allmählich mit dem zunehmenden Reichthum der Gedanken und der Beobachtung. Schon in den Gedichten des Hesiod und im sogenannten Hymnus des Homer taucht der Raub der Persephone durch den Herrn der Unterwelt auf. Persephone aber ist zur Tochter der Demeter geworden. Der fruchtbringende Schooß der Erde mußte auf irgend eine Weise mit der furchtbaren Unterwelt verbunden werden, welche man sich in der Tiefe dachte. Persephone ward nun deutlich zum Symbol für das Saatkorn, welches für ein Drittel des Jahres, nämlich während des Winters, in den Schooß der Erde herabsteigt, um endlich auf dem Halme wieder emporzusteigen. Bis hierher ist der Mythus, der sich ausgebildet hatte, ganz durchsichtig. Hierbei aber blieben die Gedanken, welche man in Eleusis zu symbolisiren versuchte, nicht stehen. Schiller hat nur die eine Seite derselben berührt, indem er das Thesmophorienfest als Fest der menschlichen Gesittung behandelt, wie der Name dieses Festes dasselbe allerdings charakterisirt. Das Agriculturfest war wirklich zugleich das Culturfest, da alle dauerhafte Cultur die Agricultur und mit ihr die Achtung vor dem Bodeneigenthum zur Grundlage hat. Aber in Eleusis dachte man noch an etwas Anderes, was erst in den Mysterien enthüllt wurde, nämlich an die Achtung vor dem Grabe, welche grade in Attika sehr weit getrieben ward. In den Mysterien ward die Versenkung des Todten in den Schooß der Erde mit der Versenkung des Saatkorns verglichen. Demeter hatte das Kind, welches ihrer Obhut anvertraut worden, durch Reinigung mittelst des Feuers unsterblich zu machen versucht, d. h. durch Verbrennung den irdischen Leib ganz zu zerstören und die Seele zum Himmel zu erheben versucht. Dies war nicht gelungen. Der Satz: „Von Erde bist Du und zu Erde sollst Du wieder werden", hatte gesiegt; aber damit war, so haben sich die Griechen wahrscheinlich in ihren Mysterien erzählt, und zwar nur in diesen, die Unsterblichkeit des Menschen noch keineswegs ganz vernichtet. Nur muß man nicht, wie wohl von christlichen Gelehrten geschehen, an einen Unsterblichkeitsglauben bei den Griechen denken, der eine persönliche Auferstehung nach dem Tode zum Gegenstand gehabt habe. Saatkorn, in den Boden versenkt, war ihnen der Verstorbene freilich auch, aber nicht, wie Klopstock es auf dem Grabe seiner Frau ausgedrückt hat: „Saat gesäet von Gott, am Tage der Garben zu reifen." Er war ihnen nur Saatkorn, welches auf Erden in den Enkeln und Urenkeln wieder auflebt. Diesen Trost gaben die Demeterpriester in Eleusis, wenn sie die Segnungen der Cultur und Gesittung und ihren ewigen Fortschritt gefeiert, ihren Eingeweihten. Nicht erst im dunklen Tempelchen zu Eleusis, sondern schon auf dem antiken Begräbnißplatze zu Athen, bei dem unsere Fahrt begann, begegnete uns das wahre Eleusinische Geheimniß. Von der Person nimmt dort die Familie Abschied; die

Person ruht für ewig auf ihrem Sitze: aber die Familie bleibt und schreitet rüstig vorwärts. Das umschichtige Auftauchen persönlicher Aehnlichkeit in der Geschlechterfolge, nämlich die oft große Aehnlichkeit des Enkels mit dem Großvater, welche eine noch ganz unerklärte Thatsache ist, scheint dabei den Griechen nicht entgangen zu sein. Schon der verstorbene Lykophron war ihnen zwar Sohn des Mnesikles, aber eines Mnesikles, welcher wieder Sohn eines Lykophron war. Mit ihrem umschichtigen Namenswechsel deuteten sie an, daß sie die Persönlichkeit nur als ruhend betrachteten, wie das Saatkorn in der Erde, und wenn auch nicht an deren Unsterblichkeit, so doch an deren Wiederholung glaubten. Sie vertrauten dabei auf einen ewigen Fortschritt der Cultur und faßten diese beiden Glaubenssätze in den Sagen und Ceremonien zusammen, welche den Inhalt des Atheniſchen Thesmophorienfestes bildeten. Strato, welcher am Wege des Festzuges der Thesmophorien begraben liegt, war ein entschiedener Pantheist und fast ausschließlich philosophischer Naturforscher. Vielleicht ward der Platz für sein Grab nach seinem eigenen Wunsche ausgewählt, vielleicht nach dem allgemeinen Gefühle der Gebildeten, daß er sich vorzugsweise mit denjenigen Geheimnissen öffentlich zu beschäftigen versucht habe, welche in Eleusis im Dunkel und in der Stille nur von Munde zu Munde mitgetheilt wurden.

Auf dem Pentelikos.

(Zauberischer Rückblick. Das Parthenon in der Morgensonne. Alopeke, Geburtsort des Aristides und Sokrates; Kalandri, Geburtsort des Perikles. Ein Deutsches Dorf. Das Landhaus der Herzogin von Piacenza. Das reiche Kloster von Pentelikos. Die Marmorbrüche. Das Geschrei der Weihen. Die Atheniſche Verſion der Ibikosſage. Der Anfall auf die Engländer in Marathon. Die Höhle, aus der das Parthenon ſtammt. Der Gipfel des Pentelikos. Das Aegäiſche Meer und die Ebene von Marathon. Die Inſeln Euböa und Andros.)

Athen, im April.

„Ich bitte, ſich umzudrehen und jetzt dorthin zu ſehen," ſagte eine Dame zu unſerer Geſellſchaft, welche ſo eben Athen im Wagen verließ, um nach Nordoſten zum Marmorberge Pentelikos zu fahren.

Es war ungefähr 6 Uhr Morgens und die Sonne eben über den Kamm des Hymettos emporgeſtiegen. Ihr Roſenlicht hauchte die Trümmerwelt auf der Akropolis an, während die Stadt zu deren Füßen noch in dem zu dieſer Stunde ziemlich weit reichenden Schatten des Hymettos lag. Alle Köpfe hatten ſich nach der Akropolis umgedreht, auf welche die Dame hinwies, und aus jedem Munde erſchallte ein Ah! entzückter Ueberraſchung. So etwas iſt allerdings nur auf wenigen Stellen der Erde, und auch dort nur für Augenblicke beim Kommen und Scheiden des Tages, zu ſehen.

Ueber dem Dunkel unten schien das Parthenon in rosenrother Verklärung zu schweben. Man konnte auch aus der Ferne sehen, daß Das, was so rosenroth leuchtete, weißer Marmor war. Von den großen schwarzen Flecken, welche die Unbilden der Witterung auf ihm hinterlassen haben, sah man jetzt nichts, denn sie liegen hauptsächlich auf der Westseite der Quadern und Säulen, wo dieselben von den feuchten Stürmen getroffen werden.

Weißer Marmor aber sieht im Scheine der Morgenröthe ganz anders aus als andere Steine. Sein weicher Glanz verquickt sich förmlich mit solch rosigem Lichte; er erscheint durchsichtig, ätherisch leicht und zauberhaft. Wenn die Trümmer des Parthenon aber auch nur Trümmer sind, so blickt aus denselben doch stets deutlich das Bild des ganzen Parthenon heraus, wie es die alten Athener Tag aus und Tag ein genießen konnten. Es liegt dies in der vollendeten, man möchte sagen organischen, Harmonie dieses Bauwerks. Nicht ohne Grund hat Perikles, oder die Athener seiner Zeit, wie schon bemerkt, die Baumeister des Parthenon, Iktinos und Kallikrates, unter die Oberleitung des Phidias gestellt, der es doch nur mit dem Bildhauerwerk zu schmücken hatte. Man merkt, daß hier der Baumeister unter dem Befehle des Bildhauers gestanden hat, welcher gewöhnt ist dem Marmor Leben einzuhauchen, und der hier die vollendete Harmonie alles Lebendigen auch in todte Architektur hinein zu bringen verstanden hat. Es ist ein großer Verlust, daß das Werk, welches Iktinos über das Parthenon und seinen Bau verfaßt hat, für uns verloren gegangen ist. Selbst für Hansen, welcher jetzt das neue Athen mit Bauten schmückt, welche weniger von den antiken Vorbildern, die man hier an Ort und Stelle hat, abstechen als die Bauten, welche die Münchener Baumeister hier zu König Otto's Zeit geleistet haben, würde jenes verlorene Werk des Iktinos von großem Nutzen sein.

Der Weg zum Pentelikos, aus dessen Steinbrüchen der Marmor des Parthenon stammt, schwingt sich östlich um den Lykabettos herum und behält die dunkle Wand des Hymettos, welcher noch heute Athen mit dem duftigsten Honig der Welt versorgt, zur Rechten. Anfangs ist die Landschaft fast ganz kahl, nur jetzt im Frühling, wenigstens hier und da, mit grünem Wiesenschmuck bekleidet. Das ärmliche Dorf, welches man zuerst erreicht, heißt noch heute Alopeke, also etwa Fuchsheim, wie im Alterthum, und kann sich der stolzen Erinnerung rühmen, daß hier Aristides und Sokrates geboren sind. Das nächste größere Dorf ist Kalandri, in welchem Perikles geboren ist. Aristides und Perikles waren beide aus vornehmen Geschlechtern, und schon ihre Geburt aus diesen beiden Demos beweist, daß hier nicht immer so ärmliche Dörfer gestanden haben. Sokrates war der Sohn eines Bildhauers und einer Hebamme, welche Leute auch nicht in Alopeke gewohnt haben würden, wenn es im Alterthum gewesen wäre, was es heute ist. Heute wohnt weder ein Bildhauer in diesem Dorfe, noch würde daselbst eine Hebamme ihre Nahrung finden. Aber von Spuren früherer Größe und Wohlhabenheit ist in beiden Dörfern jetzt nichts mehr sichtbar, und an Ausgrabungen hier, wie in Athen und Olympia, wird man sobald nicht denken. Jetzt ist man noch ganz auf die Einbildungskraft verwiesen, wenn man in diesen Dörfern ihre Vergangenheit sucht.

Aristides, Perikles und Sokrates, drei Namen, mit welchen sich, wenigstens als Vornamen, die Athener der Gegenwart besonders zu schmücken lieben, gehörten drei auf einander folgenden Generationen des fünften Jahrhunderts vor unserer Zeitrechnung an und vertraten besser als Andere das Athen jenes Jahrhunderts von seiner Erhebung in den Perserkriegen, hindurch durch die Zeit seiner höchsten Macht und Kunstblüthe bis zum Beginn seines Niederganges im Peloponnesischen Kriege.

Also hier in Alopeke war Aristides ein Knabe, aristokratischer Herkunft wie Erziehung, und wuchs zu dem Jüngling reines Herzens und schlichter Denkweise heran, welcher die Bluttaufe auf dem Schlachtfelde von Marathon erhielt, als Führer seines Stammes schon im nächsten Jahre zum Archon erwählt wurde, sieben Jahre darauf aber von der sich erhebenden Demokratie durch den Ostracismus verbannt wurde, nur weil er sich den Beinamen des Gerechten erworben hatte, wie er selber von einem Bürger erfuhr, den er mit dem Scherben gegen sich stimmen sah, und den er fragte, was ihm denn Aristides gethan habe. Es war Tyrannenfurcht, welche ihn verbannte, weit mehr als seine Gegnerschaft gegen den ebenfalls patriotischen, aber ränkevollen und dem Vaterlande hauptsächlich durch listige Anschläge dienenden Themistokles, welchen er nichts desto weniger in der Seeschlacht von Salamis an der Spitze anderer Verbannter durch rechtzeitige Eroberung der kleinen Insel Psyttaleia unterstützte und dadurch den siegreichen Schluß der Schlacht herbeiführte. Auch Themistokles mußte später in die Verbannung wandern; die Tyrannenfurcht der Athenischen Demokratie als Kehrseite ihres Aristrokratenhasses war chronisch geworden. Ein kommender Tyrann lag auch wirklich schon in der Luft, und zwar stand derselbe bald an der Spitze eben der Demokratie und durch sie erwarb er seine vorübergehende Alleinherrschaft. Die Geschichte wiederholt sich oft, weil sie Gesetzen folgt. Athen bekam aus dem benachbarten Kalandri seinen Perikles, wie später Rom seinen Julius Cäsar bekam, und die Namen Beider sind in den Geschichtsfluß eingedruckt geblieben, als Symbole des höchsten Culturaufschwunges, der Mannesreife ihrer Nation. So frühzeitig wie Julius Cäsar muß der junge Perikles in Kalandri, im Landhause seiner Aeltern, von der Erringung der höchsten Macht vermittelst der Demokratie geträumt haben und erreichte sein Ziel nur in viel jüngerem Alter als Cäsar. Sein Ehrgeiz ließ ihn dies Ziel übrigens mit denselben zweischneidigen Mitteln verfolgen, welche auch Cäsar anfangs anwandte und welche später zum Verderben Athens wie Roms ausschlugen. Er war es, welcher zuerst das Volk durch den Vorschlag bestach, daß die stimmfähigen Bürger freien Eintritt ins Theater haben sollten. Hierdurch, wie durch seine Prachtbauten auf der Akropolis, legte er zuerst den Grund zum finanziellen Ruin Athens. Die Theaterfreiheit war es, welche später Demosthenes unter Lebensgefahr zu bekämpfen versuchen mußte, in seiner ersten olynthischen Rede.

Aber die Hegemonie des Perikles beendigte den Kampf zwischen der Aristokratie und der Demokratie nicht etwa, wie dies der Dictatur des Julius Cäsar gelang. Der Kampf brach von Neuem los. Eines seiner merkwürdigsten Opfer war der kräftige Knabe mit dem dicken Kopf, den hervorstehenden Augen, der Stumpfnase und dem großen Munde mit wulstigen Lippen, welcher in derselben Ortschaft Alopeke geboren ward und spielte, welche vorher Aristides für Athen erzeugt hatte, nämlich Sokrates. So wenig wir von der persönlichen Bildungsgeschichte des Sokrates wissen, ist es doch nicht schwer, aus seinen Gesichtszügen, die uns in Marmor aufbewahrt geblieben sind, aus Dem, was uns über seine Lebensgewohnheiten von Zeitgenossen gemeldet wird, aus der Art, wie ihn Plato in seinen Dialogen auftreten läßt, und aus der Geschichte seines Processes und Todes sich eine Vorstellung von dem Knaben Sokrates zu machen, welcher in Alopeke spielte. Schon als Knabe war er häßlich, und dies wird ihm von der Griechischen Spottlust der Gespielen durch allerhand Beinamen frühzeitig zum Bewußtsein gebracht worden sein. Er merkte dann bald, daß es ihn vor den Beinamen nicht rettete, wenn er seine Körperstärke anwandte, um seine Spötter zu züchtigen. Frühzeitig entwickelte sich in dem Knaben in Folge dessen Neigung zu einsamem Nachdenken und eine mit Sanftmuth gepaarte Zähigkeit. Er trieb seine Gegner nicht mehr durch Faustschläge, sondern durch Fragen in die Enge, welche schließlich darauf zielten, zur eigenen Milde der Auffassung auch die Anderen zu bekehren. Die Dialektik entstand schon in dem Knaben Sokrates. Sein letzter Beiname war vielleicht der des Fragers. Damit wäre von der jugendlichen Charakteristik nur wieder einmal, wie so oft, der Nagel auf den Kopf getroffen worden. Sein Vater unterrichtete ihn in der eigenen Kunst der Bildhauerei, und noch Pausanias kann uns berichten, daß er selbst die drei bekleideten Charitinnen gesehen habe, welche Sokrates für das Parthenon lieferte. Aber daß dies nicht sein eigentlicher Beruf war, wissen wir schon daraus, daß dieser bedeutende Geist sich keinen künstlerischen Ruf zu erwerben vermochte, und er selbst muß es gefühlt haben, da er sich später, wie uns erzählt wird, um sein Gewerbe gar nicht mehr kümmerte. In ihm hatte die Mutter, die Hebamme, über den Vater, den Bildhauer, gesiegt, und er ward, wie man ihn im Alterthume genannt hat, zur Hebamme der Geister. Er ward dies so sehr, daß er über der mündlichen Erziehung der Menschen zum Denken, und zwar durch das Mittel zähen Fragens, welchem selbstgewählten und weder Geld noch Ruhm eintragenden Berufe er Tag aus Tag ein auf Markt und Straße oblag, niemals zum Schreiben kam. Der seltsame Knabe, welchen wir an die Spitze der ganzen philosophischen Disciplin zu stellen haben, hat in diesem Alopeke gespielt, welches wir jetzt im Fluge berühren.

Hinter Alopeke und Kalandri steigt die Straße langsam aufwärts und es zeigen sich auf den Wiesen die ersten verstreuten Fichten. Sie weisen fast sämmtlich einen Beilschlag auf, durch welchen ein Stück Rinde abgeschält ist, um das Fichtenharz zu gewinnen, mit welchem das Griechische Volk seinen Wein zu versetzen sich gewöhnt hat. Griechenland ist das Land des Wäldermordes; die Ziegen, welche ihm die Milch und den Braten zu liefern haben, nagen alle jungen Baumschößlinge an, und die Fichten, welche etwa trotzdem in die Höhe schießen, fallen dem verkehrten Geschmack der Griechischen Weintrinker zum Opfer. Die Türken sind unschuldig daran, denn Wein trinken sie ja gar nicht. Die Griechen aber müssen schon im Alterthum den Wein mit Fichtenharz versetzt haben. Der Fichtenzapfen auf dem Thyrsosstabe scheint dies anzudeuten.

In einiger Entfernung, links vom Wege, sieht man Heraklidi liegen, nicht etwa ein Dorisches Heraklidendorf, sondern ein Deutsches Dorf, noch von König Otto angelegt, welcher hier Baiern, meist aus seinen Truppen genommen, angesiedelt hat, um, wie er hoffte, den Griechischen Ackerbau durch Deutsches Beispiel zu beleben und zu verbessern. Wie man mir in Athen gesagt hat, ist dies nicht gelungen und die Ansiedelung selbst stationär geblieben, wenn nicht sogar zurückgegangen. Dies mag aber auf König Otto's Entfernung aus dem Lande zu schieben sein.

Am Fuße des Bergrückens, welcher nach den Marmorbrüchen bei dem Dorfe Pentele, ich glaube zuerst zur Zeit des Perikles, den Namen Pentelikos erhielt, führt der Fahrweg, beständig sanft ansteigend, zuerst zu einem verödeten Landhause der Herzogin von Piacenza, einer idiosynkratischen Dame, welche in dieser Einsamkeit gestorben ist, einen Diener, der es gar nicht erwartete, zum Erben einsetzend, und dann zu einem Griechischen Kloster, unmittelbar am Fuße des Pentelikos. Hier genossen wir Gastfreundschaft, d. h. man wies uns ein Zimmer an und deckte einen Tisch, auf welchem wir dann das Gabelfrühstück, welches wir mitgebracht hatten, verzehren konnten. Auch brachte man nachher uns heißen morgenländischen Kaffee, welchen, sammt der Pferdefütterung, ein Trinkgeld an den Klosterdiener bezahlte. Das Kloster, oder vielmehr die Ordensbrüderschaft, welcher es gehört, soll für ein Griechisches Kloster sehr reich sein und nicht weniger wie 300,000 Drachmen aus liegenden Gründen beziehen, zu denen ein großer Theil der Ebene von Marathon jenseits des Bergrückens gehört. Man sah es der mit Mosaiken und Bildern reich geschmückten Klosterkirche auch an, daß das Kloster etwas aufzuwenden haben muß, und ein Französischer Herr in unserer Begleitung, welcher es vorzog, eine Zeit lang im Kloster zu verweilen, will auch gar lustiges Leben hinter den Zellenthüren belauscht haben. Jedenfalls war die Gegenwart mehrerer Bauerndirnen in der Nähe dieses Mönchsklosters und ihr Verkehr mit den Mönchen eine etwas auffällige Erscheinung.

Es ging von nun an steil bergan, durch dünnen und niedrigen Nadelwald, auf Fußwegen, welche sämmtlich mit weißem Marmorgeröll bedeckt und deswegen nicht grade bequem zu erklimmen waren. Zur Linken des Fußweges blickt man auf ein Thal herab mit Marmorbrüchen, welche noch heute lebhaft ausgebeutet werden. Der Marmor wird gleich in der Thalsohle zu regelmäßigen Blöcken roh behauen und dann per Achse nach Athen geführt. Wie der Fußweg höher ansteigt, gelangt man zu älteren, jetzt verlassenen Marmorbrüchen, endlich zu einem solchen in Gestalt einer mächtigen Höhle im Felsen, aus welcher wahrscheinlich das ganze Parthenon hervorgegangen ist. Vor dieser Höhle machten wir Rast, uns im Waldesgrün lagernd. Aus hoher Luft traf uns das Wehgeschrei der Weihen, von welchem dieselben, nach dem Glauben unserer Jäger, ihren Deutschen Namen haben. Ein Griechischer Reisegefährte erzählte uns, als dies Geschrei hörbar ward, eine in dem Alterthum entstandene Sage, welche grade uns Deutsche seltsam berühren mußte. Einst sei der Baumeister des Parthenon, Iktinos, nach diesen Steinbrüchen hinaus gegangen, um nach Marmor auszuschauen, welchen er für Arbeiten brauchte. Die Arbeiter aber hätten die Brüche schon verlassen gehabt und es sei

13*

ganz einsam im Wald gewesen. Da seien zwei Räuber aus dem Waldesdunkel gekommen und hätten den Iktinos erschlagen, um ihn zu berauben. Iktinos aber habe den Weihen, welche über seinem Haupte ihr Wehgeschrei erhoben, zugerufen, sie, seine Namensverwandte, sollten die an ihm verübte Frevelthat rächen. Im Griechischen heißt der Weihe nämlich Iktin. Man habe am anderen Tage den Leichnam des Iktinos gefunden und zuerst sei Verdacht auf die Arbeiter in den Brüchen gekommen, als hätten sie ihn ermordet. Man habe aber nichts zu ermitteln und zu beweisen vermocht. Als indeß Perikles Schauspiele im Dionysos-Theater habe aufführen lassen, zur Feier der Vollendung des Parthenon, und der Chor der Eumeniden auf der Orchestra erschienen wäre, seien Weihen geflogen gekommen, welche ihr Wehe in der Luft geschrien hätten, während unten die Eumeniden Wehe schrien. Da hätte ein Zuschauer im Theater dem anderen zugerufen: Horch, das sind ja die Weihen vom Pentelikos! Die Richter aber des Areopag, in welchem sich die Höhle der Eumeniden befindet, hätten sich nach den beiden Leuten umgesehen und in ihren Rufen und im Geschrei der Weihen die Stimmen der wahren Eumeniden erkannt, welche den noch frischen Mord des Iktinos rächen wollten. Und sie hätten die beiden Rufer ergreifen und vor ihren Gerichtshof bringen lassen, wo dieselben den Mord des Iktinos eingestanden hätten.

Dies ist ja dieselbe Griechische Sage, welche vom Ibikos und den Kranichen in Korinth erzählt wurde und welche Schiller so vollständig unter uns eingebürgert hat. Nur scheint mir diese Athenische Variante viel mehr Hand und Fuß zu haben. Weihen waren wirklich die Namensvettern des Iktinos, und die Eumenidenhöhle im Hügel des Areopag legte den Athenern eine Localsage von ihrer geheimnißvollen Macht viel näher als den Bewohnern anderer Griechischen Städte. Die Richter des Areopag, welche den

Mord, der unbestraft im Dunkeln begangen war, zu rächen hatten, hatten wirklich ihre Plätze im Dionysos-Theater, wie heute noch zu sehen ist, und bis heute kommen die Weihen vom Pentelikos, um nach ihrer räuberischen Jagdart die Adler des Lykabettos bei Athen anzufallen und ihnen ihre Beute abzujagen. Woher der Griechische Herr aus Athen, der sie uns erzählte, diese Athenische Version der Ibikossage bezogen hatte, ist mir unbekannt, und überlasse ich es Denjenigen, welche die Altgriechische Literatur besser kennen als ich, seine Quelle aufzufinden. An eine mündliche Ueberlieferung ist wohl kaum zu denken, besonders da unter Türkischer Herrschaft Athen ja zuletzt fast ausschließlich von Albanesen bewohnt war. Von der Korinthischen Ibikossage wußte dieser Erzähler, der nur Griechisch und Italienisch verstand, kein Wort. Wahrscheinlich hat sich die Sage schon im Alterthum über mehr als Eine Stadt verbreitet, wie bei uns in Deutschland die Sage vom Kaiser Rothbart im Untersberge bei Salzburg auch im Kyffhäuser einen localen Wohnsitz hat, und wie es Venusberge bei Bonn und in Thüringen giebt. Sie wird sich mit den Eumeniden im Theater verbreitet haben und überall zur Unterstützung des Glaubens an die geheimnißvolle Macht der Eumeniden erzählt worden sein.

Nicht gar weit von der Stelle, wo uns dies erzählt wurde, auf dem Wege von Marathon nach dem Athenischen Sommeraufenthalt Kephissia, auf dem Westabhange des Pentelikos, befindet sich der Platz, auf welchem jener Anfall Griechischer Räuber auf Englische Touristen stattfand, welcher die jüngste allgemeine Räuberhetze in Griechenland und den angrenzenden Türkischen Landestheilen herbeigeführt und mehr als dreißig Menschen unter das Fallbeil gebracht hat. In Griechenland ist auch die geworbene Truppe der Bergjäger, welche die Gebirge nach Räubern zu durchsuchen haben, in Folge dieses Anfalles und Mordes errichtet worden, und das Land wird seitdem von den Ansässigen als sicher geschildert. Man muß dergleichen Schilderungen stets mit der nöthigen Vorsicht aufnehmen. Schon einmal sollte Murat durch Energie das Königreich Neapel von Räubern gesäubert haben und jetzt soll wieder den Generalen und Präfecten des Königs Victor Emanuel, wenigstens im festländischen Theile des Königreiches, also Sicilien ausgenommen, dasselbe Resultat gelungen sein. Noch vor drei Jahren sah ich selbst die Feuersignale der Räuberbande des Manzi, welche damals den Gutsbesitzer Mancusi aus Salerno als Gefangenen mit sich führten, Nachts auf den Bergen brennen. Die Bauern sagten mir, ein solches Feuer bedeute, daß sie den Räubern für Bezahlung Essen auf die Berge bringen sollten, und daß ihnen, wenn sie es nicht am nächsten Tage thäten, das Korn auf dem Felde angesteckt werden würde. Sie deuteten mir auch an, daß durch die Lage der Feuer der Platz bestimmt würde, wohin das Essen in der Nacht zu bringen sei, hüteten sich aber wohl anzugeben, wo der Platz denn nun zu suchen. In drei Jahren werden sich Menschen, unter welchen ein solches System Platz gegriffen hat, schwerlich ändern, weder in Italien noch in Griechenland. Das neue drakonische Gesetz in Italien zum Schutze der öffentlichen Sicherheit so wenig wie die Bergjäger in Griechenland werden an den Menschen so schnell, wenn überhaupt jemals, irgend etwas ändern. Solches Unheil, wenn vorübergehend mit Gewalt zurückgedrückt, glimmt doch unter der Asche fort, und wenn die Repression wieder eingeschlafen, oder, was noch häufiger der Fall ist, die Lust am Verbrechen in sie selbst eingedrungen ist, bricht die Flamme immer wieder von Neuem aus. Der Straßenraub ist das Kind des Straßenbettels. Wo wie in Spanien, Italien und Griechenland die Kirche selber den Bettel groß zieht und zugleich das Klima den Aufenthalt im Freien im Winter ermöglicht, wird es immer Straßenräuber geben. Diese Länder krankten im Alterthum, als der Staat den Bettler pflegte, wie es heute die Kirche thut, am Straßenraube, grade so wie in der Gegenwart. Die alte Geschichte Griechenlands ist mit solchen Räubergeschichten gefüllt, wie sie uns auch in den Sagen vom Morde des Iktinos und des Ibikos erhalten sind. In Betreff des Mordes von Marathon hat diesmal die Englische Diplomatie die Rolle der Eumeniden übernommen. Wenn es nicht gelingt, dem Volke die Lust am Bettel auszutreiben, wird dies auf die Dauer so wenig helfen, wie im Alterthum die Furcht vor den Eumeniden und dem Areopag zu helfen vermochte.

Wir klimmten nun in die weite Höhle hinab, welche wohl als eine hinterlassene Spur vom Baue des Parthenon und der Propyläen zu betrachten ist. Sie ist noch in Byzantinischer Zeit als Steinbruch benutzt worden, wie eine kleine Capelle im Felsen für die Andacht der Steinbrecher beweist, und neben dieser Capelle befindet sich eine dunkle Kammer mit einem antiken Altar und anderen Spuren antiken Gottesdienstes. Jetzt, wo man Marmor von gleicher Güte tief unten gefunden hat, ist dieser schwer zugängliche Bruch verlassen. Die Höhle senkt sich tief in den Felsen hinein und erwies sich als sehr malerisch im Tageslichte, soweit dasselbe hineindrang und tiefer unten im Lichte des Magnesiumdrahtes, den ich anzündete. Das Wasser, durch den Marmorfelsen sickernd, hatte überall Marmor-Tropfstein gebildet. Beim Blicke rückwärts sah man den Eingang in grünem Lichte schimmern, von den Schlinggewächsen, die ihn überwucherten. In der allertiefsten Tiefe hörte man das Wasser rauschen, welches sich dort zu einem Bache sammelt und einen offenen Ausweg zu finden gewußt hat. Wir waren vor Nattern in der Höhle gewarnt worden, vermochten aber von denselben nichts zu entdecken. Dagegen hingen phantastische Orchideen von den Felsen bis auf unsere Köpfe herab.

Nachdem wir die Höhle verlassen, hatten wir bis zum Gipfel des Berges, welcher über tausend Meter hoch ist, noch eine Stunde zu steigen. Aber oben belohnt sich dafür auch die Mühe. Vor uns lag eine der schönsten Gipfelaussichten, welche ich je gesehen habe, und ich habe ihrer viele gesehen.

Geradeaus, ziemlich dicht vor uns, stieg das Aegäische Meer empor und in dasselbe hinein erstreckte sich, in wunderbar mannichfaltiger Felsform, die Südostspitze von Euböa. Am Horizonte, in weiter Ferne und geisterhafter Durchsichtigkeit der Färbung, zeigte sich die Kykladeninsel Andros. Die Meerenge zwischen Euböa und Hellas, welche je weiter hinaus, desto schmaler ward, konnte das Auge bis zu ihrer engsten Stelle bei Chalkis verfolgen, wo sie sich zu schließen schien. Man blickte dabei über den halbkreisförmig erscheinenden Strand der Bucht von Marathon, mit sandgelbem Saume, hinaus. Auf der Ebene von Marathon konnte man das Schlachtfeld erkennen, auf welchem der erste geschichtliche Zusammenstoß zwischen Europa und Asien entschieden ward. Einer der Gesellschaft wollte selbst das Löwendenkmal erkennen. Ueberhaupt lag zu unseren Füßen Attika wie eine Landkarte ausgebreitet, vom Berge Kithäron bis zum Vorgebirge Sunium. Im Süden von Attika schimmerte die Fläche des Saronischen Meerbusens, mit den Inseln Salamis und Aegina, und der Lykabettos bei Athen und die Akropolis und die anderen Hügel bildeten in weiter Ferne ein Miniaturbildchen, in dessen Rahmen wir nun so gut Bescheid wußten.

Wie trunken von der landschaftlich wie geschichtlich gleich bedeutenden Ausschau, den Kopf voll lichtblauer Bilder, stolperten wir die mit Marmorgeröll bedeckten, schwer kenntlichen Fußwege wieder hinab und — verirrten uns, oft der Eine hierhin, der Andere dorthin, nach dem Wege suchend. Durch gelegentliche Schüsse aus den Revolvern bemühten wir uns, uns wieder zusammen zu finden, kamen aber schließlich doch auseinander. Wir mußten sämmtlich den ganzen Abhang bis zum Kloster an seinem Fuße herab, ohne Weg und Steg, über Stock und Stein, und, was am schlimmsten war, meist durch stechenden Ginster, wieder herabklettern. Einen augenblicklichen Trost gewährte uns der Fund einer schönen, großen Schildkröte, die wir auch im Wagen mit nach Athen nahmen, eben so wie eine kleine Sammlung von Marmorstücken, unter welcher sich ein seltenes Stück befand, nämlich grüner Marmor mit weißer Schaale, die darauf lag wie Speck auf dem Fleische. Die Fahrt prägte sich allen Theilnehmern unvergeßlich ein.

Von Athen nach Konstantinopel.

(Die zwei Vororte des Morgenlandes nach Griechischer Auffassung. Sunium. Hermupolis auf der Insel Syra. Schulwesen in Hermupolis. Der Deutsche Bischof von Syra. Buntes Leben am Strande. Auf großem Dampfer. Türkische Familien am Bord. Das Leben auf dem Zwischendeck. Der Canal zwischen Andros und Tenos. Die in Weizenstroh gewickelten Opfergeschenke der Hyperboräer im Herodot. Tagesanbruch an der Küste der Troas. Die Entdeckungen des Herrn Schliemann. Troja und Sebastopol. Die Dardanellen. Sestos und Abydos. Xerxes und Alexanders Dardanellenübergang. Delphine. Lampsakos. Schlacht bei Aegos-Potamos. Gallipoli. Das Marmarameer. Der Asiatische Olymp. Konstantinopel bei Abend. Die Hunde. Wer soll Konstantinopel bekommen?)

Einer der vielen Neugriechischen Pamphletisten, für welche ungeheure Pläne, betreffend die Zukunft des Morgenlandes, die eigentliche Geheimweisheit für Europa sind, hat Athen und Konstantinopel neuerdings die beiden Hauptstädte oder vielmehr vielleicht im Schweizerischen Sinne die beiden Vororte des Morgenlandes genannt. Es ist dies eine Auffassung, welche auch in der That sämmtlichen Griechen Griechenlands und der Türkei, vielleicht auch Europas, gemeinsam ist. Sie schwanken noch zwischen Demjenigen, was mit Gewißheit das Ihrige ist, und Demjenigen, von welchem sie wünschen, daß es ebenfalls noch wieder das Ihrige werden möchte. Ihre heidnische Vergangenheit und ihre Vergangenheit als Griechisch-christliches Reich im Mittelalter spielen in ihren Träumen beständig durcheinander. Das gemeine Volk kennt nur die Byzantinische Vergangenheit und nennt sich deswegen, so weit der Halbmond noch herrscht, Römer. Aber im eigentlichen unabhängigen Hellas ist unter den Gebildeteren schon ein anderer Geist erwacht. Es sind die Philhellenen aus aller Herren Länder, vorzüglich die Deutschen – und Byron dazu, dessen Name in Griechenland zur Loosung für den Philhellenismus geworden ist – welche ihnen, wie wir jetzt doch noch sagen müssen, den Kopf verdreht haben. Als unterdrückte Christen haben sie sich mit großer Tapferkeit und Zähigkeit im Unabhängigkeitskriege geschlagen: aber schon sprechen sie von ihrer Byzantinischen Vorzeit keineswegs mehr so gern, wie von jener nie mehr wiederkehrenden Jugend des Geistes in der Weltgeschichte, welche ganz Europa mit Recht mit dem Namen der alten heidnischen Hellenen und vor allem der Athener verknüpft.

Rußland mag sich mit seinen Liebesbezeugungen für die Griechen vorsehen: es giebt in Griechenland keine gebildeten Russenfreunde mehr. Die Griechen wollen viel zu hoch hinaus, um an Rußland, welches ihre christliche Kirche angenommen hat, als ihre natürliche Schutzmacht zu denken. Schon vor langer Zeit hätten es Viele von ihnen, und nicht die Unbedeutendsten, nur gar zu gern gesehen, wenn vorläufig England die Rolle einer Schutzmacht der Griechen hätte weiter spielen wollen, welche Byron unbewußt in wilder poetischer Eingebung vorzubereiten versuchte, und welche in der Betheiligung Englischer Generale und Admirale am Unabhängigkeitskriege und schließlich in der Schlacht von Navarin eine Zeit lang auch wirklich ihre Bethätigung fand. Der Krimkrieg kam dazwischen und zerknickte diese Hoffnungen im Keime. Die Abtretung der

Ionischen Inseln an Griechenland, durch welche eine Masse von gebildeten Männern in das politische Leben des Landes geführt wurden, die der Englischen Sprache mächtig und der Englischen Literatur kundig sind, hat aber den Englischen Sympathien unter den Griechen wieder neue Nahrung verschafft, während von Französischen z. B. jetzt mehr so wenig wie von Russischen die Rede sein kann. Dafür sind in der Einbildungskraft der Griechen neue Bewerber um ihre Gunst, d. h. neue mögliche Stützen für die Verwirklichung ihrer Hoffnungen in die Schranken getreten: Oesterreich und das Deutsche Reich. Für Deutschland drückt sich ihre Zuneigung unter Anderem in dem weit verbreiteten Bedauern aus, daß sie König Otto verjagten: Oesterreich aber wird von der Griechischen Presse bei jeder seiner Unterhandlungen mit der Türkei auf Schritt und Tritt mit gespannter Aufmerksamkeit verfolgt, und man knüpft zuweilen Hoffnungen daran, von welchen sich bei der Führung der Unterhandlungen schwerlich Jemand etwas träumen ließ. Im Alterthume war übrigens die Griechische Einbildungskraft grade so beweglich und ungeheuerlich, und wenn es zur Zeit der Mithridatischen Kriege eine Griechische Zeitungspresse gegeben hätte, würde sie ungefähr so ausgesehen haben wie diejenige von heute.

Die Fahrt von Athen nach Konstantinopel versetzt innerhalb achtundvierzig Stunden aus einer Stadt, welche das ganze Morgenland beherrschen möchte, in diejenige, welche es vorläufig noch wirklich beherrscht. So schlecht dieser ganze Frühling sich auf der Südküste Europas anließ, waren endlich, grade als wir das Schiff betraten, wieder schönere Tage angebrochen. Die See war glatt, die Luft lau, und am Himmel stieg Abends der Vollmond herauf. Das kleine Lloydschiff, welches die Reisenden vom Piräus zunächst bis Syra bringt, war nicht überfüllt. Im Lichte der Dämmerung glitten wir die Küste von Attika entlang, zuerst der Akropolis und dann den so wohlbekannt gewordenen Bergspitzen der Halbinsel Lebewohl sagend. Noch ehe wir das Vorgebirge Sunium erreicht hatten, war es ganz dunkel geworden. Als der erste lichte Streif am östlichen Horizonte sich zeigte, befanden wir uns auf der Rhede von Hermupolis in Syra, welches jetzt weitaus der besuchteste Schifffahrtsplatz in Griechenland ist, und wo man zwischen sämmtlichen Linien des Lloyd wechseln kann, welche den Archipel befahren.

Hier giebt es einen Halt von fast einem ganzen Tage, d. h. von Morgen bis Abend. Der Tag läßt sich mit Genuß verleben. Hermupolis macht, ungleich allen anderen Griechischen Städten, schon von der See aus einen sehr stattlichen Eindruck, welcher auch nicht abgeschwächt wird, wenn man die Gassen der schimmernden Häusermasse durchwandert. Die Häuser sind zum Theil aus Marmor erbaut, welcher am Meeresstrande gebrochen wird, während die Hauptmasse des Felsgebirges, aus welchem die Insel besteht, Glimmerschiefer ist. Die Stadt, welche 26,000 Einwohner zählt, ist eine ganz moderne Schöpfung. Obgleich die Insel Syra im Homer als fruchtbar und reich an Vieh erwähnt wird, hat sie doch im Alterthum durchaus keine geschichtliche Rolle gespielt. Beim Ausbruch des Griechischen Unabhängigkeitskrieges war sie hauptsächlich von Venezianischen Ansiedlern bewohnt, Italienischer Nationalität und Sprache, welche damals als Römisch-katholisch unter Französischem Schutze standen. Deswegen ward sie zum Zufluchtsort für Flüchtlinge vorzüglich aus Chios und Psyra, welche beide Inseln besonders hart von den Rachemaßregeln der Türken mitgenommen wurden. Schon während der allgemeinen Verwüstung durch den revolutionären Religionskrieg, dessen Spuren überall noch bis heute sichtbar sind, wuchs der Handelsplatz an geschützter Stelle namhaft empor. Jetzt hat sich die ältere Römisch-katholische

Bevölkerung, welche übrigens nicht mehr Italienisch, sondern Griechisch spricht, auf den höchsten und vom Meeresstrande entferntesten Theil der Stadt zurückgezogen, welcher, mit schimmernden weißen Häusern bedeckt, wie ein Zuckerhut im Hintergrunde der Stadt emporragt, mit so steilen Gassen, daß der flüchtige Besucher gern auf ihre Durchwanderung verzichtet. Bis heute soll der Spalt zwischen dieser Altstadt und der Neustadt, welche sich auf niedrigeren Hügeln am Meeresgestade hinbreitet, ein schroffer sein, ja in Feindseligkeiten der Römisch-katholischen und der Griechisch-katholischen Confession seinen Ausdruck finden. Aber die Kirchen beider Confessionen beginnen hier noch weit mehr wie im übrigen Griechenland gegen die Schule zurückzutreten. Die Opferwilligkeit der Kaufleute von Syra und von Kaufleuten aus Syra im Auslande für Volksbildungszwecke hat Hermupolis mit Schulen in einer Ausdehnung bedeckt, wie sie sonst nur in Deutschland und in Nordamerika vorkommt. Die Schulen von Hermupolis werden täglich von fast 4000 Kindern besucht, also ähnlich wie in Preußen fast dem sechsten Theile der Bevölkerung. Der Griechisch-katholischen Kirche ist das Verdienst nicht abzusprechen, daß sie den gegenwärtigen Drang des Griechischen Volkes nach Schulunterricht in Syra vielleicht noch mehr als anderwärts zu würdigen verstanden hat und sich auch ihrerseits demselben entgegenzukommen bemüht. In Syra hat dies übrigens noch einen ganz besonderen Grund, da der Griechische Bischof von Syra ein Deutscher ist. Derselbe ist schon als Knabe mit der Familie auf die Insel gekommen und frühzeitig zur Griechischen Confession übergetreten. Die Fähigkeiten, welche er in der Schule zeigte, bahnten ihm allein den Weg zu der Würde, welche er jetzt bekleidet. Wir waren im Besitze einer Einführung an ihn durch den Griechischen Kammerpräsidenten, zogen es aber vor, dieselbe nicht zu benutzen, da wir hörten, daß er bettlägerig sei. Zwei Englische Damen, die sich in gleicher Lage befanden wie wir, ließen sich indeß durch die Krankheit des Bischofs nicht abhalten, ihn zu besuchen und er hatte auch die anstrengende Höflichkeit, sie zu empfangen. Sie mußten durch einen Dolmetscher mit ihm verkehren, da er kein Englisch spricht, und fanden einen vorurtheilsfreien Mann in ihm, welcher den Volksunterricht in Geographie und Geschichte als gegenwärtige Hauptaufgabe im Morgenlande bezeichnete.

Hermupolis ist im Besitze einer neu erbauten Griechischen Kathedrale ohne künstlerischen Werth, aber auf einer Höhe gelegen, von welcher sich eine wahrhaft zauberische Aussicht auf das Meer und die benachbarten Inseln Tenos und Andros bietet. Eben so erblickt man auch die Insel Rhenea, hinter welcher sich das flache und kleine, unbewohnte und fast auch ganz trümmerleere Delos versteckt. Hinter diesem steigt wieder Mykonos empor. Wer die so unendlich reiche und mannichfaltige Insel- und Küstenwelt des Archipels landschaftlich genießen oder historisch studiren will, sollte einen längeren Aufenthalt in Hermupolis nehmen. Man findet erträgliche Gasthöfe daselbst und auch anständige möblirte Wohnungen. Das Klima, im Winter außerordentlich milde, ist das gesundeste im ganzen Archipel. Wöchentlich und öfter findet Dampfschiffverbindung mit Athen, mit Saloniki, mit den Dardanellen und Konstantinopel, mit Smyrna und Rhodus, und endlich auch einerseits mit Triest, Messina und Marseille, anderseits mit Syrien und Aegypten statt. Dabei gewährt die lange Hafenstraße von Hermupolis mit ihren zahlreichen Kaffeehäusern eine unablässig wechselnde ethnographische Unterhaltung durch die Schaaren von Griechen, Albanesen, Montenegrinern, Bosniern, Makedovlachen, Türken, Armeniern, Syrischen und Aegyptischen Arabern, welche sich hier einen Tag hindurch aufhalten, um von einem Dampfschiffe aufs andere zu gehen.

Die Sicherheit ist auf der Insel, wie auf allen Inseln des Archipels, vollständig.

Der Vorgeschmack von Konstantinopel, welchen Hermupolis deswegen zu gewähren vermag, machte uns nur um so ungeduldiger nach der Hauptstadt des Morgenlandes, welche dem Ethnologen, dem Culturforscher und dem Politiker noch so viele Räthsel aufgiebt. Am Bord des großen Lloyddampfers Diana, welchen wir nun betraten, sah man vom Verdecke der ersten Cajüte herab auf das Zwischendeck in ein noch viel bunteres Getreibe hinein, als schon die Hafenstraße von Hermupolis belebt. Die gesammte einheimische Bevölkerung des Morgenlandes pflegt für ihre weiteren Seefahrten ausschließlich die Dampfschiffe des Oesterreichischen Lloyd zu benutzen, vorzüglich, weil sie von der Oesterreichischen Schiffsmannschaft höflicher behandelt wird, als von einer Französischen, Englischen oder Russischen. Es ist dies ein Grund, weshalb Derjenige, der den Orient für Studienzwecke bereist, stets die Lloydschiffe bevorzugen sollte. Ich habe nichts davon bemerkt, daß die Morgenländischen Zwischendeckpassagiere etwa den Cajütenpassagieren lästig fallen; im Gegentheil, sie gewähren denselben eine höchst farbige und lebendige nie abreißende Unterhaltung. Das Morgenland fehlt aber auch nicht auf dem ersten Platze, wenn auch nicht daran zu denken ist, daß die Mohamedanischen Männer und Frauen etwa das Innere der Cajüte betreten und an den Mahlzeiten der Christen Theil nehmen. Auf dem Verdecke der Cajüte fanden wir den Türkischen Gouverneur von Kandia und noch zwei höhere Türkische Officiere vor, für deren Frauen und Kinder auf dem Gange, welcher die Cajüte außen umlief, ein besonderer Harem eingerichtet war, durch vorgehängte und übergehängte Teppiche und Shawls den Blicken der Männerwelt nach Möglichkeit entzogen. Um diese Möglichkeit stand es freilich sehr fraglich, und außer älteren, meist wohlbeleibten Türkischen Damen hatten wir bald auch ein paar jüngere Schönheiten entdeckt, deren duftige Gesichtsschleier ihre eleganten Züge durchaus nicht versteckten. Für die Europäischen Damen an Bord gab es nun einen Alles absorbirenden Gegenstand der Neugier, und eben so musterten die schwarzen Augen der Türkischen Damen, wenn auch etwas verstohlener von außen durch die Cajütenfenster hineinlugend, die Europäischen Toiletten. Vier schwarze Sklavinnen mußten jedes mal, wenn der Gouverneur vom Cajütenverdecke auf den Gang zu seinen Frauen hinabstieg, die dort auf Kissen hingegossen lagen, noch weitere Teppiche emporhalten, um den Familienverkehr den Blicken der Unberechtigten möglichst vollständig zu entziehen.

Auf dem Zwischendeck ging es bald lustig her. Die Montenegriner und Bosnier, ohne alle Ausnahme junge, kräftige und schöne Burschen, welche vor Uebermuth zu sprudeln schienen, hatten sich im Kreise gekauert und spielten harmlose Gesellschaftsspiele, unter beständiger Wiederholung ähnlicher Refrains, wie sie bei unseren Kinderspielen dieser Art vorkommen. Anfangs sah das Spiel aus wie unser Deutsches: „stirbt der Fuchs, so gilt der Balg", welchem Goethe ein so zierliches Denkmal in seiner Lyrik gesetzt hat. Der Reigenführer, welchem die Uebrigen sämmtliche Bewegungen beim Weitergeben der glühenden Kohle nachmachen mußten, war sehr erfinderisch in immer neuen Touren, welche zuweilen nicht wenig Kraft und Gymnastik erforderten. So hatte Jeder einmal mit dem Beine über den Kopf des Nachbars hinweg zu schlagen und ihm die glühende Kohle mit dem Munde zu reichen, die dann der nächste mit der Hand herausnahm, um sie nun wieder in seinen Mund zu stecken. Je schwieriger die Touren wurden, desto größer ward ihr Jubel. Sie hatten es durchgesetzt, daß der größte Theil der Passagiere vom Quarterdeck herabgekommen war, um ihnen zuzusehen; auch die drei

Türkischen Officiere, welche sich Teppiche ausbreiten ließen und sich es auf gekreuzten Beinen bequem machten, aus vollem Halse über das ihnen närrisch erscheinende Treiben dieser ihrer Todfeinde lachend. Ein Griechischer Kaufmann aus Konstantinopel erzählte uns, daß die Montenegriner und christlichen Bosnier, welche sich häufig als Feldarbeiter in der Umgegend von Konstantinopel Geld verdienen, nach der Podgoricza-Affaire mit einem Schlage aus Konstantinopel verschwunden seien, augenscheinlich mit der Loosung, daß der Kampf nun ausbreche. Daß sie jetzt so massenhaft zurückkehrten, sei ein Beweis, daß von Cettinje aus abgewiegelt worden und vorläufig nichts mehr zu besorgen sei; (worin er sich, wie die Zeit seitdem bewiesen hat, täuschte).

Als der Abend schon zu dunkeln begann, setzte sich der große und schöne Dampfer in Bewegung, auf die Meerenge von Andros und Tenos zusteuernd. Die Slawen auf dem Zwischendeck gingen nun zu Nationalgesängen über oder tanzten an anderen Stellen um Pifferari herum, aus Montecassino bei Neapel, während die Cajütengesellschaft mit Ausnahme der Mohamedaner sich zu Tische setzte. Auf dem Gangwege bereiteten unterdessen die Negersklavinnen den Türkischen Damen und Kindern die Mahlzeit selbst, wozu sämmtliches Geschirr mitgebracht worden war. Die laute Unterhaltung bei Tische, Deutsch, Italienisch, Griechisch, Französisch und Englisch durcheinander, wobei Deutsch, Englisch und Italienisch überwogen, contrastirte eigenthümlich mit der tiefen Stille der Mohamedaner draußen, welche nur jeweilig durch das Geschrei ihrer ganz kleinen Kinder unterbrochen wurde. Die Naturschönheit der Inselwelt ringsum und das bunte und bedeutsame Leben des Morgenlandes auf dem Schiffe ließen die Erinnerung auch an die allerfarbigsten Bilder verblassen, welche wir aus Unteritalien mitgebracht hatten. Auf dem Lager aber, im Traume, mischte sich noch die gewaltige Reihe von Geschichtsbildern hinein, welche mit den Sagen vom Argonautenzuge und vom Trojanischen Kriege beginnt. Wir befanden uns ja genau auf dem Wege, der von Griechenland nach Troja und weiter nach Kolchis führte.

Die Meerenge zwischen Andros und Tenos ist eines der Wasserthore des modernen Königreiches Griechenland. Es führt aus dem Kranze der Cykladischen Inseln, dessen Mittelpunkt einst Delos war und jetzt Syra ist, in den offenen nördlichen Theil des Archipels hinaus, den wir in der Nacht zu durchkreuzen hatten. Die Ufer beider Inseln sind felsig, kahl und steil, und es ist kaum eine Spur von menschlichen Wohnungen zu erblicken. Doch liefert vorzüglich noch Tenos erträglichen Wein, welcher im Alterthum sogar berühmt war. Die Bergzüge von Andros und Tenos scheinen eine Fortsetzung derjenigen des langgestreckten Euböa zu sein und haben mit diesem wahrscheinlich den Weg gebildet, auf welchem die Inselwelt des Archipels vom Europäischen Festlande aus ursprünglich ihre Griechische Bevölkerung erhielt. Dies ist in der von Herodot aufbewahrten Sage angedeutet, daß Weihgeschenke der Hyperboräer, in Weizenstroh gewickelt, für den Apollotempel auf Delos bestimmt, in uralten Zeiten aus dem unbekannten Norden angekommen, von einem Volke dem andern benachbarten überliefert, zuletzt von der Stadt Karystios auf Euböa den Leuten von Andros, von diesen den Leuten von Tenos und von diesen wieder nach Delos gebracht worden seien. Es ist dies wohl eine religiöse Ueberlieferung von der Art und Weise, wie sich der Weizenbau, von Norden vordringend, über Griechenland und die Griechischen Inseln verbreitet hat. Da eine andere solche Sage, ebenfalls von Herodot uns aufbewahrt, die in Weizenstroh eingewickelten Geschenke der Hyperboräer für die Apollotempel auch von der Spitze des Adriatischen Meeres, durch das gleiche Mittel der Uebergabe von dem einen Stamm an seinen Nachbarstamm zuerst nach

Dodona in Epirus gelangen läßt, fühlt man sich fast geneigt, den Ursitz der Griechen vor ihrer Einwanderung in Griechenland an dem gemeinschaftlichen Ausgangspunkte zu suchen, zu welchem die beiden Wege hinleiten, auf welchen diese Geschenke der angeblichen Hyperboräer gekommen sein sollen. Diesen gemeinschaftlichen Ausgangspunkt würde dann das Thal der Save, nördlich vom Karst, also etwa die Gegend von Laibach bilden, so daß die Griechen aus Oesterreichischem Lande gekommen wären. Die Erinnerung an dies Land blieb dann als Sage von den Hyperboräern bei ihnen sitzen, von den Leuten jenseits des himmelhohen Gebirges der Rhipäen und jenseits des Nordwindes oder Bergwindes, des Boreas, also jenseits der Alpen und der Bora, wo es wieder warm sei und schön zu leben. Solche Conjectur hat man frei, da über das Land, aus welchem die Griechen in ihre spätere Heimat gekommen sind, bisher auch noch nicht das Geringste ermittelt ist, und wer des Nachts zwischen den mondbeglänzten Inseln des Archipels hindurch schwimmt, ist wohl zu entschuldigen, wenn er sich dabei mit ihnen die Zeit vertreibt.

Als der Tag im Osten graute, befand sich der Dampfer in der Mitte zwischen der kleinen, schon zu Asien gehörenden Insel Tenedos und der Küste der Troas. Seit das Buch des Herrn Schliemann über seine Entdeckung der Spuren von nicht weniger als vier Städten erschienen ist, welche in der Troas, die eine über den Trümmern der anderen, entstanden sind, und vor Allem, seit man die früheren Annahmen der Lage des Troja der Ilias als vollständig unhaltbar erkannt hat, ist in Deutschland wie auch in England, in letzterem nach Ausweis der jüngsten Englischen Zeitungen, die Ansicht wohl schon so ziemlich allgemein, daß manche namhafte Gelehrte sich einer großen Uebereilung schuldig gemacht haben, als sie die ersten Mittheilungen des Herrn Schliemann in der „Augsburger Allgemeinen Zeitung" über seine Funde, vielleicht gereizt durch die Ueberschwänglichkeit seines Entdeckertriumphes und durch dessen autodidaktischen Stempel, ins Lächerliche zu ziehen versucht. Es wäre auch wunderbar, wenn an der Mündung des Hellespontes nicht schon in allerältester Zeit ein Ort sich zu politischer Bedeutung aufgeschwungen haben sollte, wenn er dann nicht in Kampf mit den ebenfalls schon in allerältester Zeit seefahrenden Griechen gerathen wäre, und wenn es die Griechen nicht als ihre Gesammtaufgabe betrachtet hätten, diesen andersredenden und für ihre schon begonnenen Argonautenzüge ins Meer von Marmara und ins Schwarze Meer gefährlichen Ort zu zerstören. Herr Schliemann hat durch seine Funde, welche doch eine Thatsache sind, die Wahrheit des Sagenkreises niemals beweisen können, welcher uns in dichterischer Gestalt in der Ilias erhalten geblieben ist; aber er hat gefunden, was man zu finden eigentlich erwarten mußte: nämlich, daß schon in allerältester Zeit die Verbindung des Schwarzen Meeres mit dem Mittelländischen zur Entstehung von politisch bedeutenden Städten führte, und damit wahrscheinlich gemacht, daß wir in der Ilias nur das älteste poetische — Denkmal des bis jetzt schon dreitausendjährigen und noch nicht beendigten Kampfes um den Besitz dieser Verbindung zu sehen haben.

Gleich nach der Einfahrt in den Hellespont, welche das Dorf Kum-Kaleh, mit Windmühlen auf einer Höhe sich zeigend, markirt, wird eine besonders niedrige Uferstelle sichtbar, die Rhede oder der Naustathmos für die Griechen in der Ilias, in welche der Mäander und auch das Flüßchen Dumbrek mündet, welches als der Simois des Homer anzusehen sein würde, wenn nach Schliemann die Stelle des alten Troja bei Hissarlik zu suchen wäre. Für den heutigen Militär wird kaum ein Zweifel bestehen, daß er diese niedrigste Stelle der Küste für die Landung aussuchen würde, wenn er irgend eine befestigte Stadt in der Ebene von Troas mit langwierigem Belagerungskriege anzugreifen hätte. Man hat nur an die Landung der verbündeten Westmächte auf dem ganz ähnlichen Strande zu Eupatoria in der Krim zu denken, um Sebastopol zu belagern, ein Belagerungskrieg, bei welchem es sich noch immer ganz um denselben Zweck wie wahrscheinlich schon beim Trojanischen Kriege handelte, nämlich um die Sicherung der Verbindung zwischen dem Schwarzen und dem Mittelländischen Meere gegen einen Besitzer an Ort und Stelle, welcher alle anderen von dieser Verbindung auszuschließen vermag und hierzu auch gewillt ist. Troja ist eben, ersetzt durch Sebastopol, nur durch dreitausendjährigen Geschichtsgang um so viel weiter nordostwärts gerückt worden, und hat noch einmal zerstört werden müssen, ohne daß auch dies die große politische Frage, die größte, welche es in Europa giebt, endgültig erledigt hätte. Hektors Name war vor nun zwanzig Jahren in den des Generals Todleben verwandelt.

Die Vergangenheit des Trojanischen Krieges gestaltet sich ganz von selbst zu einer historisch-politischen Einleitung in die Fahrt durch die Meerenge der Dardanellen. Der Name selbst dieser Meerenge ist ja auch noch Trojanisch. Dardanum ward nach Homer noch vor Troja erbaut und lag etwa zwanzig Kilometer von Troja, tiefer hinein an der Meerenge, auf derselben Seite. Die Erhebung der Hügelketten auf beiden Seiten der Meerenge ist nur sehr mäßig. Bei der Einfahrt ist die Meerenge etwa acht Kilometer breit, verengert sich dann aber sehr rasch. Bald ist die Stelle erreicht, wo sich im Alterthume die Schlösser von Sestos und Abydos fast gegenüber standen, zwischen denen nach der Sage Leander zu Hero hinüber schwamm. Abydos lag bekanntlich auf der Asiatischen, Sestos auf der Europäischen Seite. Aber Sestos lag ein gutes Stück weiter aufwärts nach der Propontis, dem Meere von Marmara, zu, und Leander würde, das eine Mal noch dazu gegen den Strom, durch die Meerenge sechs Kilometer weit haben schwimmen müssen, während die engste Stelle dicht bei Abydos nicht viel mehr als anderthalb Kilometer breit ist, so daß man wirklich ziemlich leicht hinüber schwimmen kann. An dieser Stelle hat denn auch Xerxes seine Brücken über den Hellespont geschlagen und hier ist Alexanders Heer, geführt von Parmenio, übergesetzt; hier sind auch, im Jahre 1360 nach unserer Zeitrechnung, die Osmanen unter Suleiman zuerst in Europa eingedrungen.

Noch ehe man diese schmale Stelle der Meerenge erreicht, ist man an den beiden sogenannten neuen Dardanellenschlössern vorbeigefahren, welche Mohamed IV. im Jahre 1659 anlegen ließ, um die Venezianer schon vor der engen Stelle abzuhalten. Die beiden alten Dardanellenschlösser liegen erst jenseits der engsten Stelle und machten sich durch ihre Signalschüsse, welche unser Dampfer erwiederte, bemerkbar, als derselbe zwischen ihnen hindurchfuhr. Die Türken nennen nur das von ihnen zuerst angelegte Schloß auf dem Europäischen Ufer Kilid-Bahr, den Meeresverschluß, dasjenige auf dem Asiatischen Ufer Chanak-Kalessi, das Töpferwaarenschloß, von einer berühmten Töpferwaarenfabrik also genannt, die einst an seiner Stelle lag. Die Griechen aber nennen sie das Rumelische und das Anatolische Schloß.

Bald sollten wir merken, daß die Delphine unser Schiff umringt hatten und ihm hartnäckig folgten. Denn sie sprangen wiederholt aus dem Wasser oder steckten wenigstens ihre dicken Köpfe heraus. Diese ungeschlachten Meeres-Säugethiere, die kleinsten der Walfische, welche sich aber für die Skulptur so vortrefflich eignen, wie die Griechen frühzeitig herausgefunden haben, müssen große Kraft besitzen, um neben einem Dampfschiffe, noch obenein gegen den Strom des Meeres, ausdauernd einherschwimmen zu können. Wozu sie es aber thun, ist schwer erklärlich, wenn man nicht annehmen will, daß sie von den Griechischen Seefahrern seit Alters her, aus überlieferter religiöser Ehrfurcht vor einem der heiligen Thiere des Meeres, jeweilig gefüttert worden sind. Vielleicht hinterläßt die Culturgeschichte selbst in den Gewohnheiten der Thierwelt ihre Spuren.

Im Ganzen sieht das Asiatische Ufer der Meerenge cultivirter aus als das Europäische. Auf der Asiatischen Seite fährt man an Lamsaki, dem alten Lampsacus vorüber, welches einst Xerxes dem Themistokles geschenkt hatte. Gegenüber demselben auf der Europäischen Seite mündet der Fluß Aegospotamos, bei welchem die Athener ihre große Niederlage durch die Spartaner erlitten. Auf der Europäischen Seite folgt dann Gallipoli, schon mit zahlreichen Minarets. Sie ließen uns daran denken, daß es Zeit wäre, mit den sehr höflichen und gefälligen Türkischen Officieren in unserer Reisegesellschaft etwas Türkisch zu treiben, nämlich wenigstens die Namen der Zahlen und Geldstücke, um in den Bazars von Stambul besser zurecht zu kommen. Wir führten auch die Türkische Grammatik von Burkhardt Barker in Englischer Sprache mit uns, welche ganz ausgezeichnet ist, und den Türkischen Dragoman von Ludwig Fink, der für das Nothwendigste empfohlen werden kann. Von der erlangten Uebung in den Türkischen Zahlen und Geldstücken, welche es uns ermöglichte, im Bazar mit Türkischen, statt mit Jüdischen oder Griechischen Verkäufern zu handeln und uns dabei vom Dolmetscher nichts vorschwindeln zu lassen, haben wir denn auch später beträchtlichen Vortheil gehabt.

Bald hinter Gallipoli war das offene Meer von Marmara erreicht und die hohe marmorliefernde Insel, von welcher dieses kleine Binnenmeer seinen Namen führt, lag in der Ferne wie ein Zauberbild vor uns. Die Luft war so klar, daß man die Küsten rings um das Marmara-Meer mit Ausnahme der östlichsten Stelle, wo Konstantinopel liegt, sehen konnte. Auch die gewaltigen Bergzüge, welche sich vorzüglich auf der Asiatischen Seite erheben, und zwar vom Ufer noch namhaft entfernt, waren wenigstens in leichten

Umrissen sichtbar. Wiederholt konnte man einen Blick vom schneeigen Gipfel des Asiatischen Olympos bei Brussa erhaschen.. Wer sich über die Namensgleichheit wundert, möge wissen, daß es auf der Insel Cypern sogar noch einen dritten Olympos giebt, eben so einen in Lycien im südlichen, einen in Lydien im mittleren Kleinasien und einen auch in Lakonien auf dem Peloponnes. Das Wort heißt wahrscheinlich der Leuchtende und hat auf viele Berge Anwendung gefunden, auf welchen der leuchtende Schnee entweder immer, oder doch lange liegen bleibt.

Unter den Europäern auf dem Schiffe herrschte nun eine große Spannung, ob wir Konstantinopel noch vor Sonnenuntergang erreichen würden. Denn es war uns mitgetheilt worden, daß nach Sonnenuntergang keine Ausschiffung mehr erlaubt sei, da sämmtliche Behörden zu dieser Zeit, dem Anfange des Tages auf der Türkischen Uhr, ihre Thätigkeit auf einen Schlag einstellen. Stunden lang waren die Fernröhre auf dem Deck nach Osten gerichtet, um den ersten Blick von der Wunderstadt zu erhaschen, welche sich nicht zeigen wollte. Die Sonne sank allmählich hinter uns, und die Ausschau in die Ferne ward bei der wachsenden Lichtschwäche mehr und mehr verwischt. Endlich machten uns die unter uns befindlichen Konstantinopolitaner, Türken, Griechen, Italiener und Deutsche auf ein Geflimmer zahlreicher Lichter aufmerksam, welches vor uns am Ufer sich bemerklich machte. Es war der Widerschein der untergehenden Sonne auf den Fenstermassen von Stambul, von Galata und Pera, von Scutari und selbst von den Schlössern und Kasernen am Eingange des Bosporus. Nun wurden zur Rechten die kleinen Prinzen-Inseln sichtbar und zur Linken entfernte Vorstädte von Stambul, eine Meile weit von der Stadt, mit einzelnen Fabrikschornsteinen. Die Sonne ging unter, als wir am Schlosse der Sieben Thürme vorüberfuhren, und wir wußten nun, daß wir die ganze Nacht auf Bord zu bleiben hatten, uns Touristen wenigstens gar nicht unangenehm, da wir gute Betten und ein vortreffliches Restaurant an Bord hatten, auch eine Ausschiffung am hellen Morgen angenehmer ist, als im Dunkel des Abends.

In einer Beziehung war die Erwartung ich glaube bei Allen getäuscht, die noch nicht in Konstantinopel gewesen waren. Es war uns Alles viel flacher erschienen, als wir uns vorgestellt hatten, besonders Stambul selbst. Schon ließen sich auch die Kuppeln und Minarets seiner Moscheen nur undeutlich erkennen; denn im Süden schwindet die Dämmerung rasch. Als wir in das goldene Horn einbogen, in dessen Mündung das Schiff vor Anker gehen mußte, war es schon ganz dunkel geworden. Nun wurden in Galata und Pera die Gaslaternen angezündet, und auch hinter den Fenstern daselbst ward es hell. Stambul aber und Scutari, auf der anderen Seite des Bosporus, wo der Versuch der Erleuchtung mit Gas wegen der größeren Feuersgefahr wieder eingestellt ist, blieben vollständig dunkel. Aber still blieben sie nicht. Von allen drei Seiten her, von Stambul, von Galata und Pera und auch fern herüber von Scutari, scholl ein uns ganz neuer Lärm, welcher, ähnlich dem Quacken der Frösche in einem Teiche, zuweilen sank und dann wieder plötzlich mächtig anschwoll. Wir erinnerten uns rasch, daß es die Hunde sein müßten, diese Straßenreiniger der Mohamedanischen Städte. Können sich die Leser vorstellen, wie es klingt, wenn ein paar hunderttausend Hunde, große Hunde mit kräftigen Stimmen, gleichzeitig bellen? Daß sie dabei einander anstecken, wie die Frösche im Teich, zeigt eben das periodische Steigen und Sinken des Lärmens, der dabei einen einheitlichen bildet. Schon nach einer halben Stunde ist man daran gewöhnt und hört ihn kaum mehr.

Hinter Scutari war der Vollmond aufgegangen und wir schauten nun, auf dem Verdecke auf- und abwandelnd, ringsum in die breiten, mit Schiffen bedeckten Gewässer hinaus und auf die drei gewaltigen schwarzen Häusermeere, welche sich, mit den Moscheekuppeln und Minarets dazwischen, an dem vom Monde grünlich erhellten Himmel abzeichneten. Da erscholl anderer Lärm aus der Cajüte. Die Griechischen, Italienischen und Deutschen Konstantinopolitaner stritten sich mit großer Lebhaftigkeit und lautem Geschrei beim Ungarweine des Lloydschiffes herum, ob Konstantinopel eine halbe oder zwei Millionen Einwohner habe. Ein Deutscher behauptete durchaus, es habe nur eine halbe, weil dies im Gothaischen Almanach steht, und ein Italiener, es habe volle zwei Millionen, denn es sei mindestens drei mal so groß wie Neapel, und seine Straßen seien noch viel belebter von Fußgängern. Noch leidenschaftlicher ward ihr Streit, als sie zu der Frage kamen, wem es schließlich gehören würde. Für die Griechen stand es fest — den Griechen, für die Italiener — den Italienern, wenn sie nämlich das Mittelmeer zu ihrem See gemacht haben würden, und der Deutsche Konstantinopolitaner behauptete stramm, daß Deutschland die Stadt bekommen werde. Ich warf den Vorschlag hinein, sie sollten sich doch vereinigen und eine freie Stadt daraus machen, wenn auch unter Türkischer Oberhoheit. Aber davon wollte der Deutsche nichts wissen, denn die Türken, behauptete er, erzeugten gar keine Kinder mehr und stürben aus. Während er dies sagte, schrien die Türkischen Kinder auf dem Gange: der ganze Tisch lachte, und so wurde endlich die Ruhe hergestellt.

Ankunft in Konstantinopel.

(Anblick von Konstantinopel. Ausschiffung. Zollamt und Hamal. Die Gasthöfe von Pera. Die Straßen in Pera. Die dortigen Mieten. Die Posten. Nach Galata. Der Griechische Charfreitag. Die Pferdebahn. Die Seilbahn. Der Mohamedanische Tag des Herrn.)

Konstantinopel, im April.

Der Morgen war angebrochen und sein Schein am wolkenfreien Himmel stieg über Scutari empor. Die ganze Gesellschaft der Cajütenpassagiere war bald auf dem Deck versammelt, die zahlreichen Englischen Frauen und Mädchen zuerst. Jeder unter den Reisenden, dem die Stadt am Bosporus und dem Goldenen Horne noch neu war, begrüßte das Panorama, welches sich um uns her entfaltete, sobald er auf der Treppe auftauchte, mit lautem: Ah! Jetzt sahen Galata und Tophane und das hoch über Beiden sich hinziehende Pera schon anders aus als im Dunkel und im Mondlicht des Abends vorher. Scutari drüben, jenseit des Bosporus, stieg auf sanftem Abhange zu einem großen Cypressenwalde empor, der den Kamm der Hügel über ihm krönte. Von dem ungeheuren Dreieck von Stambul war aber wenig mehr als die Spitze zu sehen, mit dem alten Serail oben auf niedrigem Hügel und dem Bahnhof der Bahn nach Adrianopel tiefer unten am Ufer. Dahinter strebten die Minarets der drei größten Moscheen, der Aya

Sophia, der Moschee des Achmed daneben und der Moschee des Suleiman, weiter rückwärts und näher dem Goldenen Horne, zum Himmel empor, alle schlank und zierlich im höchsten Grade. Auch die flachen Kuppeln dieser Moscheen waren erkennbar. Daneben zeigte sich aber eine fast sinnverwirrende Menge kleinerer Moscheen, alle mit Kuppeln und umgeben mit Minarets, von denen nur die große Moschee des Achmed sechs zählt, gleich der allerheiligsten Moschee zu Kaaba in Mekka, alle übrigen aber entweder vier oder zwei. Es waren meist Moscheen älterer Bauart: aber in Tophane, welches uns am nächsten lag, und weiter hinein am Bosporus zeigten sich auch ziemlich phantastisch elegante neu erbaute Moscheen. Blickte man in das Goldene Horn hinein, so sah man, vorzüglich auf der Seite von Galata und Tophane und vor der unteren Schiffbrücke, ein mächtiges Gewirr von Schiffen und Masten und Dampfschornsteinen, wie es nicht einmal der Hamburger Hafen aufweist: man muß schon nach London oder Liverpool, um Aehnliches zu sehen. Gleich hinter der unteren Schiffbrücke krümmt sich das Goldene Horn stark nach Osten und die Häusermassen von Stambul schließen hier wieder das Seebild ab. Aber am allergroßartigsten wird das Panorama, wenn man in den Bosporus hineinblickt. Paläste und palastähnliche Häuser, deren Reihe jeweilig durch Moscheen und Kasernen unterbrochen wird, folgen sich hier auf seinen beiden Ufern, so weit man sehen kann, und hinter ihnen steigen auf beiden Ufern dicht bebaute Vorstädte empor, welche wieder zu stattlichen Landhäusern mit Parks, auf dem Kamme der Hügel gelegen, führen. Schöner ist unzweifelhaft der Anblick der Bai von Neapel, vielleicht selbst der von Genua, die letztere natürlich ganz im Kleinen, aber in der Großartigkeit des ersten Eindrucks von Konstantinopel, wenn man es vom Meere aus erblickt, kann sich keine einzige Stadt, welche ich aus der Anschauung kenne — und dazu gehören auch London und Paris, Moskau und Petersburg u. s. w. – mit ihm messen. Vorzüglich der Bosporus steht, weniger in der Naturschönheit als im Eindrucke der Cultur auf seinen beiden Ufern, wie man denselben vom Schiffe aus erhält, ganz ohne Gleichen da.

In der Mündung des Goldenen Hornes begann es nun von Barken zu schwärmen, Griechischen sowie den federleichten und eleganten Türkischen Kaiks, in einer Fülle, von welcher auch vor dem Markusplatze in Venedig und auf den Grachten von Amsterdam, und selbst auf der unteren Themse ein Gleiches nicht zu sehen ist. Auch die Zwischendeckpassagiere waren erwacht und schnürten ihr Bündel und wir konnten nun eine geraume Zeit hindurch an Bord das Schauspiel genießen, der Einschiffung ihrer bunten Gesellschaft zuzusehen, wobei die Christen aus der Türkei, vorzüglich die Slawen, lustig lärmten, die Mohamedaner aber meist tiefes Schweigen beobachteten.

Unterdessen waren in der Cajüte die Agenten und Dragomans der Gasthöfe in Pera erschienen, um für ihre Hotels zu werben und den Reisenden bei der Ausschiffung gleich behülflich zu sein. Es sind vorzugsweise Juden und Griechen, aber es sind auch Deutsche darunter und, was indeß das Seltenste ist, selbst einige Türken. Unser Dampfschiff war nicht das einzige gewesen, welches während der Nacht auf der Rhede geblieben war. Die neu angekommenen Dampfer erkannte man gleich an den Schwärmen von Kaiks und Barken, von welchen sie umdrängt wurden wie Zucker von den Fliegen.

Unser Dragoman hatte eine Barke für uns allein und unser ziemlich großes Reisegepäck schon bereit, und rasch landeten wir am Zollhause von Tophane. Man nahm es dort mit der Untersuchung sehr leicht, wofür aber ein Franc zu zahlen war. Dann luden zwei Hamal oder Träger, welche in Konstantinopel unentbehrlich und für das Hinaufbringen nach Pera das kürzeste Mittel sind, das Gepäck auf den Rücken, jeder etwa zwei Centner, wofür wieder für den Mann ein Franc zu bezahlen war, und schleppte es dann so schnell durch unansehnliche Gassen mit Brandstätten hier und da, auch kleinen Kirchhöfen, nach Pera hinauf, daß wir kaum folgen konnten. Die meisten dieser Hamal, deren es in Konstantinopel eine ungeheure Zahl giebt, sind Armenier, tragen braune mit gelbem Bande zur Verzierung benähte Jacken und solches Beinkleid, welches über den Füßen zusammengebunden ist, und grobe Schnürschuhe. Ein breiter Riemen läuft von der Brust über beide Schultern, indem die Arme durch Armlöcher in denselben gesteckt sind und seine beiden Enden vereinigen sich dann unterhalb des Rückens, wo sie ein dreieckiges, mit Leder bezogenes Holz tragen, auf welchem die Last unten aufgestemmt wird, so daß die Schenkel dieselbe tragen. Um den oberen Theil der Last schlingen sie einen Strickgurt, welcher auch um ihre Stirn geht. Ich bin mit dieser Angabe so genau, weil die Englischen Officiere im Krimkriege bei angestellten Proben die Erfahrung machten, daß die Hamal von Konstantinopel von allen Menschen auf der Erde die größte Last zu tragen vermögen. Kaum einem Pferde oder Kameele kann man mehr aufpacken. Sie gehen mit ihrer Last auch ungefähr wie Kameele, und zwar schnell und mit langen Schritten, bergauf so gut wie in der Ebene.

Nachdem wir die Hauptstraße von Pera erreicht und den uns empfohlenen Gasthof, Hotel de Byzance, vollständig besetzt gefunden, begann ein ziemlich langwieriges Suchen nach Unterkunft in den anderen Gasthöfen. Ich spreche am besten von den Gasthöfen gleich. Die Gasthöfe erster Klasse sind sämmtlich, mit nur zwei Ausnahmen, nach der im ganzen Morgenlande für Europäer beliebten Art eingerichtet, nämlich auf Tagespension. Man hat ein erstes Frühstück, ein Gabelfrühstück und ein Mittagessen zu bezahlen, man mag daran Theil nehmen oder nicht. Beim Essen ist Tischwein in die Bezahlung eingeschlossen. Der Preis beträgt im ältesten und vornehmsten Gasthofe, dem Hotel de la Grande Bretagne von Missiri, jetzt übergegangen in den Besitz von Logotheti, 22 Francs täglich, im Hotel de Byzance bei mindestens gleich guten Mahlzeiten und Zimmern 18 Francs, in den übrigen, Hotel de France, Hotel d'Angleterre und Hotel de Luxembourg, 15 Francs. Im Hotel de Pesth, welches ein Deutscher Gasthof ist, hat man nicht nöthig volle Pension zu bezahlen, sondern kann nach der Karte essen, und ebenso im Hotel d'Orient, wo es Griechische Kost giebt. Für den einzelnen Herrn sind denn auch diese beiden oder das Hotel de Paris, welches ganz Französisch ist, zu empfehlen.

Ein ganz neuer Gasthof, das Hotel de Constantinople, welches bei 16 Francs Pension das beste von allen zu sein scheint, wenigstens in Betreff der Küche, ward uns leider erst am Schlusse unseres Aufenthalts bekannt. Wir mußten im Hotel d'Angleterre, weil wir das beste Zimmer mit Balkon wählten, eben so viel bezahlen, ohne zufrieden zu sein. Das Hotel de Constantinople hat der Besitzer des in der ganzen Touristenwelt berühmten Seebad-Gasthofs auf Prinkipo in den Prinzeninseln, Bruder des gegenwärtigen Wirths von Missiri's Hotel, eingerichtet.

Wer das Morgenland bereisen will, wird mir danken, daß ich so ausführlichen Aufschluß über die Gasthöfe gebe. In den größeren Städten des Morgenlandes ist die Gasthofsfrage eine sehr ernste Frage; in den kleineren Städten hat man freilich keine Wahl, in weitaus den meisten sogar keinen Gasthof, sondern ist auf den Khan, die Türkische Herberge, auf ein Kloster, oder auf ein Privathaus angewiesen. In Konstantinopel vorzüglich hat die Wahl des Gasthofs auch auf manches Andere Einfluß, auf den Preis der Wagen und Hamal, auf die Zuverlässigkeit des

Dragoman u. s. w., vorzüglich aber auf die Zusammensetzung der Tischgesellschaft. Weder so angenehm, noch, wie man sieht, verhältnißmäßig so billig wie in Athen, oder gar in Korfu, kann man sich schon in Konstantinopel, und auch in Smyrna nicht mehr unterbringen. Und die Preise von Konstantinopel gelten dann mindestens auch für alle Gasthöfe weiter südöstlich, welche für Touristen nach Europäischer Art eingerichtet sind.

Es ist oft geschildert worden, welche Enttäuschung demjenigen bevorsteht, welcher zum ersten Male Pera und seine Hauptstraße zu besichtigen kommt. Da es aber eben so oft geschildert worden, wird man nicht mehr enttäuscht. Es ist eine schmale Straße, da, wo sie am engsten ist, etwa funfzehn Fuß breit, und sie ist wie alle Straßen von Pera und Galata entsetzlich schlecht gepflastert, aber kleinstädtisch oder im wirthschaftlichen Sinne unbedeutend sieht sie darum keineswegs aus. Es befinden sich Verkaufsläden in derselben, welche von kostspieliger Waare strotzen, und ein Saaltheater in derselben und ein großes Café chantant erinnern den Fremden alsbald daran, daß er sich in einer Großstadt befindet. Ihr östlicher Flügel, nach der großen Artilleriekaserne, dem neuen Serail und dem Bosporus zu, welcher Theil vor einigen Jahren einer Feuersbrunst zum Opfer fiel, ist verbreitert, macadamisirt und mit Trottoiren versehen. Hier stehen neue, recht stattliche Häuser, an der Straßenfronte mit Verkaufslocalen hinter großen Spiegelscheiben, unter denen ein Deutsches Seidenwaarengeschäft hauptsächlich die Aufmerksamkeit auf sich zieht. Es laufen ferner zwei bedeckte Passagen von der Hauptstraße nach Nordosten aus, wo ganz neue Stadtviertel mit Europäischen Wohnhäusern im Entstehen sind. Auch die nach Norden oder vielmehr Nordosten führenden Querstraßen zeigen sehr gut gebaute Wohnhäuser, alle mit Balkonen oder Erkern versehen. Die ansässigen Europäer sind zur Türkischen Sitte übergegangen, daß jede Familie, ähnlich wie in England oder in Nordwestdeutschland und Holland, ein ganzes Haus bewohnt, schmal und häufig vier Stock hoch, wo dann die Verbindung der Zimmer, wie in London, nur durch die Treppe hergestellt ist. Bei den außerordentlich hohen Preisen des Baugrundes, wie bei den hohen Baukosten, kommen dabei Mieten heraus, vor denen nicht blos die Magdeburger, sondern auch die Pariser, Wiener und Berliner erschrecken würden. Ein Deutscher Beamter im Türkischen Finanzministerium zeigte mir das gar nicht große Haus in einer Querstraße von Pera, für welches er in unserem Gelde 4000 Mark Miete zu zahlen hatte. Dies war nämlich eine selbst nach unseren Begriffen nur kleine Wohnung, wie sie etwa ein Hauptmann bewohnen würde, dessen ganze Besoldung also von der Miete allein verschlungen worden wäre.

Unser erster Ausgang war natürlich nach der Post, um zu sehen, ob wir Briefe finden würden. In Pera darf man aber nicht sagen nach der Post, sondern nach den Posten, da jeder Staat seine eigene Post und der Hauptvermittler für die anderen, Oesterreich, sogar zwei hat, eine in Pera und eine zweite unten in Galata. Endlich hat noch die Dampfschiffahrtsgesellschaft des Lloyd, dicht neben der ersteren, für Briefe aus Italien ihre eigene Post. Auf der Deutschen Post, welche ihre Briefe, wenn nicht besonders bestimmt ist, „über Triest", über Odessa zu bekommen pflegt, lag noch nichts für uns, und ebenso auf der Oesterreichischen Post in Pera, wir mußten also noch nach Galata hinunter, durch Straßen, auf denen man auf Stufen abwärts steigt, und fanden dort auf der Oesterreichischen Post die mit unserem Lloydschiff eingetroffenen Briefe aus Italien. Das Gebäude des Lloyd werden wir wieder besuchen. Als wir vom Hafen, an welchem es liegt, nach der dem Ufer parallelen Hauptstraße von Galata zurückkehrten, durch welche eine Pferdebahn läuft, fanden wir dieselbe mit Menschenströmen bedeckt, wie wir kaum je eine Straße gesehen. Ringsum hörte man meist Griechisch und sah auch gute Europäische Toiletten: Türkische Frauen mit dem Gesichtsschleier und ihren rosafarbenen und hell blauen seidenen Mänteln, deren Kapüchon über den Kopf geschlagen, huschten dabei zwischen der Masse hindurch. Alle Verkaufsläden waren offen und noch die Stände zahlreicher Kuchenverkäufer auf der Straße aufgeschlagen, welche ein Gebäck feilboten, ähnlich den sogenannten Bubenschenkeln, die in Höchst bei Frankfurt a. M. feilgeboten zu werden pflegen. Wir versuchten es, fanden es aber viel feiner, aus dem besten Weizenmehl von Odessa und aus frisch gelegten Eiern hergestellt. Nun erinnerte uns unser Dragoman, ein Jude, welcher Englisch, Französisch und Italienisch, dies am besten, neben Griechisch, Armenisch, Türkisch, Arabisch und Judenspanisch sprach — er war aus Saloniki — daß dies der Charfreitag der Griechischen Kirche sei. Die Bubenschenkel sind also Charfreitagssitte der Griechischen Kirche, wie die Kreuzkuchen — cross-buns — Charfreitagssitte in England sind. Wie auch in England am Charfreitage die Verkaufsläden, waren die Griechischen Verkaufsläden in Galata am Charfreitage offen und erst recht, wie in England, mit Festtagskäufern gefüllt, und weil es besondere Kuchen in Galata jetzt gab, waren auch so viele Türkische Frauen da, um aus Neugier davon zu essen. Jetzt begann auf einmal eine Erinnerung uns aufzudämmern, welche auf dem wochentaglosen Schiff uns ganz abhanden gekommen war. Der Freitag ist ja der Sonntag des Koran und auch bei den Mohamedanern geht es an diesem Tage hoch her. An diesem Tage um 12 Uhr Mittags geht der Sultan in eine Moschee, welche, weiß man nicht vorher, nur er selbst weiß es, um sich darin etwas vorpredigen zu lassen, und die Truppen begleiten ihn mit Musik und die Kanonen donnern von den Forts und den Kriegsschiffen, und das ganze Volk ist auf den Beinen, um den Zug mit anzusehen. An diesem

15*

Tage tanzen auch die Derwische in Pera und im grünen Thale der süßen Wasser versammeln sich die Türkischen Damen mit ihren Kindern und Sklavinnen, und der Sultan selbst kommt dorthin, nach seinem dortigen Sommerschloß und seiner Meierei. Jetzt hieß es, so geschwind als möglich nach dem Gasthofe zurück und einen Wagen genommen und hinaus nach dem neuen Serail am Bosporus, und dann dorthin, wo der Sultan hinziehen wird. Die Pferdebahn führte uns rasch zum Bahnhof der Seilbahn, welche nahe der unteren Schiffbrücke von Galata nach Pera hinaufführt. Diese Seilbahn, einen ansteigenden Tunnel durchlaufend, ist kurz und steil; nur die Seilbahn von der Kettenbrücke in Pest hinauf nach Ofen ist noch kürzer und steiler. Der herabsteigende Zug thut die Hauptsache beim Hinaufwinden des ansteigenden. In drei Minuten waren wir oben, und nach schnell vertilgtem Gabelfrühstück saßen wir im offenen Zweispänner, um den buntesten Tag, der ja schon so bunt anfing, zu durchleben, dessen wir uns erinnern können. Auch oben in Pera bewies die Fülle der Straßen, durch welche man sich kaum hindurcharbeiten konnte, daß der Mohamedanische Tag der Ruhe und Kirchenfeier diesmal mit dem Griechischen Charfreitag zusammen gefallen war. Im Nächsten wird uns der Leser zu sehr farbigen und schwer wiederzugebenden Bildern begleiten.

Der betende Sultan und die tanzenden Derwische.

(Menschenfülle in Pera. Kasernen mit Gardinen. Terrassen mit Frauen. Das neue Serail. In den Equipagen. Die Türkischen Truppen. Janitscharenmusik. Des Sultans Ausfahrt. Prinz Jussuf. Auf der Landungsbrücke bei der Moschee. Alte Häuser am Bosporus. Kanonenmusik auf dem Wasser. Des Sultans Gondelzug. Aussehen des Abdul-Aziz. Nach den tanzenden Derwischen. Der Deutsche Club. Die Vorstellung der Mevlevi. Fremdartige Musik. Die blauen Triesel puppen. Allegorie des Tanzes.)

Konstantinopel, im April.

Es mag sein, daß das Zusammentreffen des Mohamedanischen Feiertages mit dem Griechischen Charfreitage, außerdem aber auch das schöne Wetter, die Hauptstraße von Pera diesmal besonders mit Menschen gefüllt hatte. Für unseren Wagen war es kaum möglich, sich in der engen Straße durch die Massen durchzuarbeiten. Die Straße nähert sich den entfernteren Vorstädten am Bosporus, indem sie in nordöstlicher Richtung fortläuft. Ich habe schon erwähnt, daß sie auf diesem Flügel – in Folge eines großen Brandes, der vor einigen Jahren stattfand und Platz für einen Neubau beschafft hat — etwas breiter wird, auch mit chaussirtem Fahrweg und Trottoirs längs der Häuser versehen ist. Auch baut sich hier, nach dem inneren Lande zu und wieder sanft abfallend, ein stattliches Wohnhäuserviertel an, ähnlich den neuen Stadttheilen irgend einer Stadt am Unterlauf der Themse. Später folgen an der Hauptstraße wieder Gebäude älterer Bauart. Endlich wird der Blick freier. Zur Linken hat man zuerst die große neue Artilleriekaserne, bei welcher der Dragoman uns darauf aufmerksam machen konnte, daß die Türkischen Kasernen civilisirter sind, als die Europäischen, indem sie an den Fenstern der Soldatenschlafsäle ganz saubere Gardinen zeigen. Dies fanden wir in der That bei allen Türkischen Kasernen später bestätigt. Die immer breiter werdende Straße senkte sich nun nach dem Bosporus zu. Schon zeigten sich Bäume am Wege, Gartenmauern, grüne Terrassen. Ueberall hoch auf den letzteren hatten Türkische Frauen in langen Reihen ihre Sitze aufgeschlagen, um dem Menschen- und Wagenstrome zuzuschauen. Ihre bunten, hellfarbigen seidenen Mäntel, die zarten und duftig reinen Gesichtsschleier und die schwarzen Augenpaare, die aus denselben hervorblitzten, machten diese Staffage sehr anziehend. Sobald der Weg in der Thalsohle des Bosporus angekommen ist, geht er in eine Chaussee über, welche vom Bosporus durch die lang und schmal an demselben hinlaufenden Gebäude und Gärten des sogenannten neuen Serails getrennt wird. Hier sieht es sehr vornehm aus. Vor dem Hauptportale des Schlosses mußten wir halten, um zu erfahren, nach welcher Moschee der Zug des Sultans heute stattfinden werde. Unser Dragoman ward zu diesem Zwecke auf Kundschaft ausgeschickt. Unterdeß sammelten sich immer mehr Gefährte zu ähnlichem Zwecke wie der unsrige, theilweise geschlossene Wagen, jeder derselben mit vier Türkischen Frauen, welche jeweilig neugierig durch ihre Schleier herauslugten, aber stets hastig zurückfuhren, wenn sie bemerkten, daß sie beobachtet wurden, und theilweise offene, in welchen sich jedesmal eine Europäische, meistens Englische Familie mit einer Mehrzahl von Damen befand.

Anmarschirende Truppen wurden jeweilig durch die Janitscharmusik angekündigt, mit welcher sie heranzogen, um sich an der langen Linie der Palastgebäude und der Mauern aufzustellen, hinter welchen Orangenbäume grade nur mit den Wipfeln herüberwinkten. Wir hatten hinreichend Muße, um die Truppen zu mustern, welche an unserem Wagen vorbeizogen. Um die Wahrheit einzugestehen, sehen diese Männer nicht so aus, auch marschiren sie nicht so, daß man bei ihrem Anblick den Gedanken fassen könnte, daß es mit der Vertreibung der Türken aus Europa militärisch eine leichte Sache sein werde. Ich habe noch keine Truppen gesehen von so militärischem Aeußern, mit so intelligenten Gesichtern und so federkräftig und sicher sich bewegend, wie diese Türkischen Truppen. Viel Commando schienen sie gar nicht nöthig zu haben. Sie waren sehr höflich und gingen rechts und links um die haltenden Wagen herum, auch zwischen denselben hindurch und schlossen sich dann immer wieder in geordnete Glieder zusammen. Dabei marschirten sie im Geschwindschritt. Als Regel schienen sie mir die Leibesgröße der Deutschen, ja selbst der Englischen Truppen zu erreichen, waren aber merklich größer als die Französischen oder Russischen und auch noch als die Oesterreichischen und die Italienischen. In der Schulterbreite und in der Energie des Ausdrucks der Gesichter schienen sie mir alle übrigen zu übertreffen. Reiterei zog nicht an uns vorüber, wohl aber etwas Artillerie zu Fuß mit Gußstahlgeschützen. Die Militärmusik war eigene Türkische Musik, derjenigen der Zigeuner in Ungarn ähnlich, und klang munter und wilddrohend zugleich, ähnlich dem Ragoczy Marsch, aus welchem man unablässig wiederholte Reiterangriffe herauszuhören meint.

Endlich kam unser Dragoman mit der Nachricht zurück, daß sich der Sultan diesmal in die benachbarte, ganz neue, weiß schimmernde Moschee weiter oben am Bosporus begebe, und zwar zu Wasser. Auch dies läßt der Sultan nämlich oft bis zum letzten Augenblick unentschieden. Stets müssen daher ein bespannter Staatswagen, eine mit Ruderern besetzte bedeckte Staatsgondel, so wie ein gesatteltes Reitpferd für ihn am Palaste bereit stehen. Alsbald öffnete sich das Thor und der zweispännige Wagen seines ältesten Sohnes Yussuf-Izzeddin-Effendi schoß aus demselben hervor, von schwarzen Eunuchen zu Pferde begleitet. Von dem eigentlichen Thronfolger nach bisherigem Türkischen Recht, dem Sultan Mehemmed-Murad-Effendi, Sohn des verstorbenen Sultans Abdul-Medjid und ältestem Prinzen des Hauses Osman — er ist jetzt 25 Jahre alt — sahen wir nichts.

Nun setzten sich alle Wagen in Bewegung, dem Wagen des Prinzen Yussuf-Izzeddin folgend. Wir waren unter den ersten und bald in der Nähe der Moschee. Neben derselben ist ein offenes Plätzchen am Bosporus, von welchem mehrere rohe hölzerne Landungsbrücken in das Wasser hinauslaufen, von welchem aber auch Stufen zu der Plattform führen, auf der die Moschee steht. Dieselbe hat einen besonderen Eingang, zu dem eine kleine Steintreppe führt, auf der Wasserseite. Die große hölzerne Landungsbrücke war jetzt mit den Militärmusikanten schon besetzt. Sie ließen indessen, von den Dragomans der Fremden dazu aufgefordert, sowohl uns als die sämmtlichen Englischen Familien, welche ebenfalls gekommen waren, um das Schauspiel zu sehen, mit großer Bereitwilligkeit und Höflichkeit bis zur Spitze der Landungsbrücke durch. Anwesende Türkische Officiere sorgten auch dafür, daß wir dort nicht gedrängt wurden. Die ganze Spitze der Landungsbrücke war nun mit Europäischen Damen besetzt, welche sich schon meist hier und da in Italien, Griechenland, der Türkei und Aegypten in den Gasthöfen getroffen und Bekanntschaft mit einander gemacht hatten, die sie nun erneuerten. Die Türkischen Damen der höheren Stände waren sämmtlich in ihren Wagensitzen geblieben. Ich ließ die Blicke zunächst nach dem Lande schweifen, wo vorzüglich die Reihe der alten braunen Holzhäuser längs der Uferstraße, die jenseits des Plätzchens an der Moschee vorüber läuft, mich fesselte. In den oberen Stockwerken bestehen die Fronten dieser Häuser fast ganz aus schmalen Fenstern, hier nicht vergittert, weil es augenscheinlich keine Wohnhäuser mit Harems waren. Es waren Häuser mit Verkaufsläden oder Cafés und Branntweinschänken; auch Gasthöfe niederer Gattung befanden sich wohl darunter. Mir war, als hätte ich alles Das schon einmal gesehen; es heimelte mich förmlich an. Plötzlich kam mir die Erinnerung: es sah aus, wie eine alte Englische Landstadt, sagen wir Shakespeare's Geburtsstadt, Stratford-on-Avon, oder noch mehr wie das alte Sandwich in Kent. Ich wies nach den Häusern hinüber und sagte zu den Englischen Touristen: „Sieht das nicht aus, als wären wir in England?" „Gewiß!" fiel alsbald der ganze Chorus ein, „nur haben wir in England keinen Bosporus mit so stolzen Ufern!" „Und doch haben wir das: in Spithead und Solent, mit der Insel Wight gegenüber, und auf dem Medway zwischen Cathen und Sheerneß!" rief eine Dame und zeigte auf den Bosporus hinaus, wo sechs prachtvolle, eisengepanzerte Kriegsschiffe in langer Linie, mit weiten Abständen, vor den Gebäuden und Gärten des neuen Serail vor Anker lagen. Ich muß bemerken, daß die Rheden in Spithead und an der Mündung des Medway in das Themsegewässer Hauptstationen der Englischen Kriegsflotte sind, wo man in der Regel ganze Geschwader findet. Die Dame wies aber auf ein kleines weißes Wölkchen hin, welches an dem am entferntesten liegenden Panzerschiffe sichtbar ward. Nun rollte der Donner eines Kanonenschusses aus einem Geschütze schwersten Kalibers den Bosporus herauf, dessen bergige Ufer den Knall im Zickzack zwischen sich her und weiter warfen. Der Gondelzug des Sultans war auf dem

Wasser vor dem neuen Serail sichtbar geworden. So wie derselbe zwischen dem Lande und den Panzerschiffen heran kam, feuerte eins dieser Schiffe nach dem anderen seinen machtvollen Salutschuß ab. Auch die Forts oder befestigten Kasernen am Bosporus, in Tophane hüben und in Scutari drüben, nahmen das Triumphschießen auf, und die Militärmusik dicht neben uns und andere auf dem Landwege nach dem neuen Serail aufgestellte Musikcorps fielen lustig schmetternd in den ungeheuren, aber imponirenden Lärm ein. Zwei Gondeln und Staatsbarken, an denen rechts und links viele Ruder gleichförmig sich hoben und senkten, kamen nun mit Beobachtung eines großen Abstandes heran. Die erste brachte den militärischen Hofstaat; in der zweiten saß der Sultan ganz allein unter einem Baldachin auf erhöhtem Sitze. Als er die Wassertreppe der Moschee erreicht hatte, schwang er sich kräftig hinaus und stieg die Stufen wieder ganz allein hinauf, die Hand auf dem Säbelknopfe. Seine Diener folgten rechts und links, den Erdboden mit der Stirn berührend. Ich habe den Sultan schon einmal vor acht Jahren bei der großen Feier der Pariser Weltausstellung im alten Ausstellungspalaste der Champs Elysées dicht an mir vorüber ziehen sehen und sah ihn jetzt wieder aus ziemlicher Nähe. Er schien mir wenig gealtert. Sultan Abdul Aziz ist jetzt 45 Jahre alt. Man sagt ihm Jähzorn und Neigung zum Wein nach, nämlich zum Champagner, welchen die Türken übereingekommen zu sein scheinen, für keinen Wein zu halten. Seine straffe Haltung sieht aber durchaus nicht danach aus, als ob er zu viel Wein trinkt; nur hat er den auffallend gleichgültigen Ausdruck des ächt Türkischen Gesichts. Freilich haben diesen alle vornehmen Türken; es ist das vorschriftsmäßige „nil admirari" der Mohamedaner. Sobald er in die Moschee getreten war, schwiegen das Geschützfeuer und die Musik, und wir und die anderen Touristen suchten alsbald unseren Wagen auf, um zunächst den Tanz der Derwische in Pera nicht zu versäumen.

Es ging zurück durch noch viel grösseres Gewühl als dasjenige, durch welches wir gekommen waren. Noch immer befanden sich geebnete Rasenterrassen zur Seite des Weges, mit dem Schmucke sitzender Türkischer Frauen in ihren bunten seidenen Mänteln geziert. In Pera war die Hauptstraße so voll Menschen, daß wir zu Wagen nicht zu dem Kloster der tanzenden Derwische durchzudrängen vermochten, sondern aussteigen mußten. Eben schienen sich die Griechischen Kirchen in Pera und Galata von ihrem Charfreitagspublicum zu entleeren; denn hier war Alles in Europäischem Sonntagsanzuge. Ueberall in der Menge hörte man unter den Lauten des Griechischen und Italienischen auch Deutsch sprechen und, seinen Klängen folgend, geriethen wir zuerst in die Nähe des ziemlich stattlichen Deutschen Clubs in Pera, aus welchem wir uns Wiener Bier herausreichen ließen. Nicht fern von demselben liegt das Kloster und der Vorstellungssaal der tanzenden Derwische. Es sieht in demselben wenig nach einer Wohnstätte der Religion aus. Hat man einen kleinen Hof überschritten, so geräth man in ein Local, das man in Magdeburg oder Berlin unbedingt für einen vorstädtischen Sonntagstanzsaal für Dienstmädchen halten würde. Es ist auch wirklich ein Tanzsaal. Rings um denselben läuft auf hölzernen Stützen eine Gallerie, und auch der Raum unter derselben ist durch ein Geländer von dem gebohnten Tanzsaal in der Mitte geschieden. Die Gallerien waren schon dicht vom Publicum gefüllt. Rings am Geländer umher im Saale saßen aber noch auf Kissen und mit gekreuzten Beinen die Derwische, alle in langen blaßblauen, um die Hüften gegürteten Mänteln, die Füße nackt, auf dem Kopfe eine hohe graue filzene -- Persische — Mütze, oder auch einen Hut ohne Schirm, einem etwas zugespitzten Topfe ähnlich. Von unsichtbarer Stelle her tönte eine einförmige seltsame Musik von uns ganz unbekannten Instrumenten, die mit Europäischer Musik gar keine Aehnlichkeit hatte. Dem Eingange gerade gegenüber saß ebenfalls mit gekreuzten Beinen auf etwas höherem Kissen das schwarzbärtige Haupt der Derwische, mit hartem, stolzem und gravitätischem Ausdruck. Eine ganze Zeit lang geschah nichts, als daß die Musik erklang und die Derwische, welche ihre Hände kreuzweise auf die Brust gelegt hatten, mit ihren hohen Hüten zu ihrem Takte nickten. Dann endlich stand der nächste zur Linken des Vorsitzenden langsam auf und alle übrigen thaten dasselbe. Alle schienen sich nun, die Arme immer kreuzweise auf der Brust haltend, etwas zu schütteln. Dann verneigten sich je zwei Nachbarn auf der einen und der anderen Seite. Alles dies ging langsam und feierlich und immer mit auf der Brust gekreuzten Armen vor sich. Dann erfolgte ein wiederholter, langsamer Zug der Derwische rings um den Saal, wobei nur der schwarzbärtige Vorsitzer sitzen blieb. Jeder, der dabei an diesem vorüber gekommen war, drehte sich um und verneigte sich gegen den Derwisch, der ihm folgte, welcher nun seinerseits stehen blieb und sich ebenfalls zu seinem Vorgänger verneigte, so daß der sitzende Vorsitzer beständig zwischen zwei sich gegeneinander verneigenden Derwischen sichtbar war. Während jeder solchen Begrüßung vor dem Vorsitzer mußte natürlich der ganze Zug still stehen. Als sie auf diese Weise den Saal, immer nach den Klängen der Musik, einige male umkreist hatten, drehte sich zuerst einer, nach stattgefundener Begrüßung vor dem Vorsitzer, in die Mitte des Saales hinaus und blieb dort auf bestimmter Stelle in drehender Bewegung, nahm aber dabei seine Arme von der Brust und streckte sie über den Kopf empor. Dabei kehrte er seine rechte hohle Hand nach vorwärts und die linke, welche abwehrend zu schlagen schien, nach rückwärts und nach unten, indem er sich von rechts nach links drehte. Einer folgte hierin dem Anderen, bis der ganze Saal voller

Gestalten stand, von denen sich jede auf derselben Stelle um sich drehte. Diese Drehung, anfangs langsam, ward nun schneller und schneller, je nach dem Takt der Musik. Die blaßblauen Mäntel, welche im unteren Theile, vom Gürtel abwärts, nun als reichgefaltet erschienen, wurden bei der Drehung durch die Centrifugalkraft abgeschleudert und weiteten und hoben sich auf diese Weise beständig. Ich konnte nun beobachten, mit welcher Virtuosität und Berechnung die nackten Füße bei der Drehung gesetzt wurden, der rechte immer vorwärts, der linke immer rückwärts, und mit welcher Genauigkeit trotz der stets wachsenden Geschwindigkeit und des unvermeidlichen Schwindels dabei ein ganz kleiner Raum festgehalten wurde. Um den Schwindel zu bekämpfen, hielten sie zuletzt sämmtlich die Augen geschlossen, was ihnen, bei nach oben gewendetem Gesichte, das Ansehen der Verzückung gab. Zuletzt glaubte man Trieselpuppen vor sich zu sehen, alle blaßblau, wie aus e i n e r Fabrik, mit Röcken wie die der Dintenwischer, mit hohen grauen Mützen und feststzenden erhobenen Armen. Wie zum Beweise der Sicherheit, mit welcher sie sich alle, dicht nebeneinander und jeder auf seinem Flecke, drehten, ging fortwährend ein Diener zwischen ihnen hindurch, ohne irgend einen der Tanzenden zu berühren; seine Aufgabe war es, ihnen, wenn sie, erschöpft und in Schweiß gebadet, die Anstrengung aufgeben mußten, einen wärmenden Tuchmantel umzuhängen.

Ich schildere dies so genau, nicht blos, weil das Schauspiel so außerordentlich, sondern weil alle diese Handlungen symbolisch sind und mit besonderen Lehren zusammenhängen. Mit der rechten Hand schöpfen sie z. B. den Frieden des Himmels, zu welchem Zwecke sie sich eben drehen, und mit der nach unten gewendeten linken Hand weisen sie gleichzeitig die hohlen Lockungen der Erde von sich. Dies ist die Lehre des berühmten und wirklich schwungvollen Persischen Dichters D s c h e l a l e d d i n R u m i, welcher den gebildeten und vornehmen Orden der Mevlevi, zu dem sie gehören, gestiftet hat. Mohamed selbst verbot alle Mönchsorden; sie schlichen sich aber, weil sie in der Zeit lagen, schon 30 Jahre nach seinem Tode in den Islam ein. — Ungefähr nach einer halben Stunde war der Tanz zu Ende und es folgte am Schlusse wieder derselbe Rundgang wie im Anfange. Ein kleines Bakschisch oder Trinkgeld preßte uns, wie es schien, ein ganz Unberufener ab. Die Stiefel hatten wir hier nicht auszuziehen, wie später in den Moscheen und bei den heulenden Derwischen.

Im Thale der süßen Wasser.

(Anbau an Pera. Ein Stadtpark. Türkische Frauen auf der Ausfahrt. Verkehr der Türkischen Männer und Frauen. Das Thal der süßen Wasser. Bunte Kleider. Zigeuner. Mimische Bettler. Kaffeekochen im Freien. Der Russische Samowar. Recept für Türkischen Kaffee. Die Gebete und die Geographie. Die Türkische Uhr. Die Meierei des Sultans. Vergoldete Kaiks und weiße Pfauen. Eine wunderschöne Tscherkessin. Russischer Charfreitag und Böhmische Harfenmädchen.)

„Aber dieser Tag war reizend! Und im Thale der süßen Wasser Europas ward Allem die Krone aufgesetzt.“ Mit solchen Ausrufen trennte sich eine Anzahl Reisegefährten, Damen und Herren, als wir von den Ausflügen zurückkehrten, mit welchen wir, von der Mittagsstunde an bis zum Untergange der Sonne den ersten Freitag, den ersten Mohamedanischen Ruhetag, welcher zugleich der erste Tag war, den wir in Konstantinopel verlebt hatten, ausgefüllt hatten. Für uns Europäer war der Tag mit dem Untergange der Sonne noch nicht vollendet. Denn erstens war es ja zugleich der Charfreitag der Griechischen Kirche, und bei den Deutschen, den Franzosen und den Italienern in Pera spielen die Kirchenfeiertage zwar keine Rolle mehr, einen desto größeren dafür aber der Feierabend, und Feierabend ist es in Pera alle Abend, und zwar schon von früher Stunde an und bis spät in die Nacht hinein. Doch davon später.

Nach dem Thale der süßen Wasser geht es aus Pera anfangs auf demselben Wege hinauf, auf welchem man auch zum gegenwärtigen Palaste des Sultans und zu den Ufern des Bosporus fährt. Aber auf der Höhe angekommen, in der Nähe der großen Artilleriekaserne, zweigt sich die Chaussee zum Thale der süßen Wasser, welches am westlichen Ende des Goldenen Horns liegt, westlich ab. Für Fuhrwerk giebt es aus Pera jetzt nur diesen einzigen Ausgang auf der Höhe, zu welcher die Vorstädte, welche nördlich vom Goldenen Horn gelegen sind, malerisch hinanstreben.

Es geht dann auf der Höhe fort, aber längs ihres nördlichen Abhanges, so daß man vom Goldenen Horn nichts mehr sieht, als jeweilig die Masten der Schiffe; dafür hat man einen desto freieren und schöneren Blick in das Land hinein. Zerstreuter Anbau hört auch geraume Zeit hindurch nicht auf.

Kaffeehäuser mit Gärten, jetzt alle dicht mit Leuten gefüllt, welche dem Wagenstrome nach dem Thale der süßen Wasser zusehen, drängen sich am Wege. Man fährt auch einem neu angelegten, umgitterten, öffentlichen Stadtpark vorbei, der dem Wiener Stadtpark nachgeahmt zu sein scheint. Fortwährend blickt man über nackte, mit Haide oder auch mit Feld, das jetzt in Stoppeln steht, bedeckte Hügel, und überall weit draußen im Felde sind vereinzelte Neubauten sichtbar. Es sieht in der Nähe von Konstantinopel überhaupt nicht so aus, als ob es Lust habe bald zu sterben. Dergleichen haben wohl Leute entdeckt, die es eben entdecken wollten. Ein durch vieles Reisen geschärfter, wirthschaftlicher Blick urtheilt anders. Es giebt große Europäische Hauptstädte, in deren Nachbarschaft es viel bedenklicher aussieht.

Ich habe schon bemerkt, daß das Thal der süßen Wasser von der Mündung des Goldenen Hornes in den

Bosporus oder das Marmara Meer eine volle Deutsche Meile entfernt ist. So tief ins Land dringt nämlich dieser unvergleichliche Meerbusen. Je näher wir unserem Ziele kamen, desto mehr drängte sich der Wagenstrom, wobei fast Alles im Galopp fuhr. Die Türkischen Damen, weit aus die Mehrzahl der Wagen besetzend, waren ausnahmslos ohne alle männliche Begleitung im Wagen und füllten ihren Wagen gewöhnlich zu Vieren. Man hat mir gesagt, daß dies keineswegs nothwendig Damen aus demselben Harem sein müssen, sondern daß häufig eine die andere einladet oder daß sie sich zu dem Zwecke zusammenthun. Schon dies wäre ausreichender Grund, daß die Männer gar nicht dabei sein können. Aber sie sind es auch überhaupt nicht, weil die Mohamedanische Sitte es als nicht passend erscheinen läßt, daß der Mann auch außerhalb des Hauses sehen läßt, wer denn seine Frau ist oder gar wie viel Frauen er hat. Die Verschleierung der Frauen, welche ja auch durchaus nicht vollständig und bei eleganten Damen heut zu Tage sehr dünn ist, ändert hieran nichts. Der Verkehr der Frauen aus verschiedenen Harems mit einander, der sich vorzüglich bei den täglichen Bädern in den Badehäusern anknüpft und auch die Kinder bis zum sechsten Jahre in sich schließt, ist ganz ihr eigener Verkehr. Was im Salemlik, dem „Friedenszimmer", im Männertheil des Hauses, vor sich geht, geht sie gar nichts an, und was im Harem vor sich geht, d. h. dem „verbotenen", nämlich für Männer verbotenen Theil des Hauses, geht wieder den Mann nichts an. Bei den Vornehmeren läßt er sogar jedesmal sich selbst anmelden, wenn er in den Harem treten will, welches also täglich mindestens ein mal geschieht. Bei Reichswürdenträgern geschieht dies durch den schwarzen Eunuchen, der zwischen Salemlik und Harem hin und her gehen kann; bei andern klopft der Mann nur an und eine Dienerin, nachdem sie durch das Guckloch gesehen, verkündet dann sein Kommen. Wahrscheinlich hat man sich also im Harem auf seinen Besuch immer noch vorzubereiten und läßt sich dann nicht mehr ganz so gehen in der Kleidung, wie es die Türkischen Frauen thun sollen, wenn sie im Harem allein sind.

Endlich senkte sich die Straße in geschwungener Linie von den Hügeln abwärts und vor uns lag eine grüne Thalsohle, von einem ziemlich breiten Wasser durchflossen, mit einzelnen, hier und da verstreuten alten Bäumen. Es ist ein gewundenes, langes und auch ziemlich breites Thal. Auf der Chaussee durch dasselbe bewegte sich beständig langsam eine lange Wagenreihe; noch viel mehr Wagen hielten aufgefahren an einzelnen dazu geeigneten Stellen. Hier und da zeigte sich ein Zelt oder eine Bretterbude für Erfrischungen: noch viel mehr Stände mit süßem Backwerk, kaltem Milchreis, auch einer Art Blanc Manger, endlich vor Allem Kaffeekuchen, waren ohne Dach und Fach auf dem grünen Plane aufgeschlagen. Ein Fußweg, unmittelbar am Wasser, allen seinen Krümmungen folgend, wimmelte von Fußgängern, unter welchen Frauen und Kinder den Hauptheil bildeten.

Der Gesammtanblick war phantastisch im höchsten Grade durch die hellgrünen, hellgelben, blaßblauen, brennendrothen und rosafarbenen Seidenkleider und Seidenmäntel der Frauen, ihre gelben oder rothen Stiefel und die duftigen weißen Schleier, die, überall über den grünen Plan verstreut, sichtbar wurden und von Ferne aussahen wie große, weiße, seltsam geformte Blumen, die auf der Wiese standen.

Wir hatten das eigenthümliche Gewühl endlich erreicht und waren aus dem Wagen gestiegen, ihn mit den übrigen stehen lassend. So groß die Zahl der Anwesenden, war nirgends Gedränge bemerkbar und noch viel weniger Lärmen. Die Mohamedaner sprechen nur leise untereinander wie die

Engländer, und in ihrer Gegenwart thun es unwillkürlich die Anderen auch. Zur Vermeidung des Gedränges dient aber die große Ausdehnung dieses naturwüchsigen Parkes, wie man das Thal der süßen Wasser Europas wohl nennen kann.

Wir schlenderten nun durch die Menge, hier und da unter ein Zelt oder an einen Stand tretend und eine kleine Tasse Kaffee aus der Hand trinkend oder die morgenländischen Süßigkeiten versuchend, unter welchen uns diejenigen aus Sesam und Mandeln, mit Rosenwasser duftig gemacht, den Vorzug zu verdienen schienen. Man sollte sie nach Europa kommen lassen; nachmachen kann man dergleichen ja doch nicht. Hier und da spielte ein Italienischer Orgelmann, wie sie in der ganzen Welt zu finden sind, in Konstantinopel meist Neapolitaner, mit sehr großartigen Drehorgeln. Unsere Damen aber fanden sich plötzlich von Zigeunerinnen umringt, welche, sich untereinander die Hände gebend, singend einen Rundtanz um jede Europäische Dame aufführten, sich aber vor den Türkinnen, wie es schien, in dieser Beziehung in Acht nahmen, weil sie wahrscheinlich kein Backschisch von ihnen hofften. Dagegen hatten es die zahlreichen Mohamedanischen Bettler und Bettlerinnen auf Europäer wie auf Türken angelegt, bettelten auch zuerst die Europäer Türkisch an, zupften sie aber, wenn es nichts half, ohne Weiteres bei den Kleidern und hielten die geöffnete Hand hin, welches ja eine Sprache ist, zu deren Verständniß man keines Dragoman bedarf.

Ueberall lagen Frauen mit Kindern auf Teppichen gelagert, die sie im Grünen ausgebreitet hatten, und kochten wohl den Kaffee für sich selbst, oder ließen ihn durch ihre Sklavinnen kochen und spielten derweile höchst munter mit ihren Kindern. Sie hatten auch große Körbe mit Speise sich mitgebracht. Dies ist die eigentliche Bedeutung des Thales der süßen Wasser am Freitage.

„Hier können Familien Kaffee kochen", steht noch über vielen Wirthshausgärten bei Berlin und auch anderen Norddeutschen Städten angeschrieben, bei Berlin vorzüglich in der Hasenhaide, und es geschieht auch noch sehr ausgedehnt. Aber früher, und noch im Gedächtniß vieler Lebenden, geschah es an Feiertagen in Wald und Wiese und die Würze bestand eben darin, daß es dort geschah. So geschieht es noch, außer in Konstantinopel, wo das weitaus großartigste Schauspiel dabei herauskommt, zum Beispiel in Moskau, wo an Sonntagen der große Park außerhalb der Barrièren ganz voll von Familien gelagert ist, welche um ihre funkelnden, dampfenden und rauchenden Sammwars sitzen, aus Messing oder Tombak, und buntes Russisches Theegeschirr und einen großen Korb voll Eßwaaren mitgebracht haben, und sich die Theemahlzeit selber bereiten. So geschieht es auch in den öffentlichen Gärten vieler Holländischen Städte, wo ich es wenigstens in Rotterdam gesehen habe: dort kochten sich die Familien, sogar beim Concerte, selber den Thee mit Hülfe einer Wasserkochmaschine, die dem Russischen Sammwar im Principe ganz ähnlich ist, nur schwarz und überhaupt weniger stattlich. Auch in England hat sich noch ein Ansatz zu dieser nun wohl allmählich überall aussterbenden Form der Volksfröhlichkeit erhalten, aber nur bei den Wettrennen, welche darin einen ihrer Hauptreize für die unteren Volksklassen zu haben scheinen. In Rußland und in Holland nehmen auch noch wohlhabendere Familien daran Theil, welches in Deutschland wohl nur noch selten vorkommt. Aber in Konstantinopel scheinen es vorzüglich die besser situirten Klassen zu thun, wie die Fülle der prachtvollen seidenen Kleider schließen läßt, die wir auf den Teppichen gelagert fanden, und die mitgebrachten Sklavinnen.

Beiläufig sei übrigens erwähnt, daß man sich in Rußland erzählt, zuerst habe Peter der Große einen Sammwar aus Berlin mitgebracht, wo er ihn beim Thee= und Kaffeekochen der Familien im Freien, im Thiergarten, in Gebrauch gefunden habe, und nach diesem Exemplar seien alle Russischen Samnwars gemacht. Aus der Literatur des vorigen Jahrhunderts läßt sich in der That schließen, daß in Berlin im vorderen Theile des Thiergartens und selbst unter den Linden, wo es noch kein Pflaster gab, buntes Volksleben im Freien stattfand, daß die Familien sich dabei selber versorgten und es sonst nur bewegliche Erfrischungszelte gab, deren Name in den Zelten im Thiergarten und im Türkischen Zelte in Charlottenburg, vom Volke jetzt unverstanden, allein übrig geblieben ist. Nach Berlin hatten aber der große Kurfürst und später Friedrich Wilhelm I. Holländische Einrichtungen verschleppt. Die Holländische Kochmaschine für Kochen des Wassers im Freien mag wohl darunter gewesen sein und Peter mag sie nur zufällig grade aus Berlin mit sich genommen haben. Jetzt kennt man sie in Berlin umgekehrt nur noch als Russisch.

Wie die Morgenländer ihren Kaffee kochen, habe ich noch nicht beschrieben, obgleich ich die Eigenthümlichkeit schon erwähnt habe, daß der feingestoßene Satz darin bleibt. Auf der letzten Wiener Ausstellung hatte man Gelegenheit, auch die Kochweise sich anzusehen. Bei den süßen Wassern hatten wir sie noch mannichfaltiger. Die Kaffeebohnen, sehr stark gebrannt, und zwar auf offenem flachen Bleche, werden entweder im Mörser ganz fein zerstoßen, oder auf einer Türkischen Kaffeemühle gemahlen, aus bestem Stahl sehr compendiös für das Mitnehmen auch auf Reisen eingerichtet, welche mit der linken Hand frei gehalten wird, während die rechte den Schwengel dreht. Das Mahlen erfordert große Körperkraft, aber alle Orientalen besitzen dieselbe, wenigstens die Männer in ganz ungewöhnlichem Maße. Dann wird das Kaffeemehl in kleine, innen verzinnte, oben offene, ganz leichte Messingtöpfchen mit Gußtülle und langem schmiedeeisernem Griff geschüttet, eben so viel gestoßener Zucker wie Kaffeemehl hinzugefügt, und das Töpfchen voll kaltes Wasser gegossen. Man nimmt stets nur dasjenige Töpfchen, dessen Füllung für den Bedarf grade ausreicht, und es giebt auch Töpfchen für nur eine einzige Schale. Dann kommt es auf den Kohlenständer und wird rasch abgenommen, sobald es aufkocht, aber noch zwei mal auf die Kohlen gesetzt, sobald es von Neuem aufkocht. Der Kaffee ist dann zum Einschänken in die ganz kleinen Schälchen ohne Henkel fertig, welche jede auf einem hohlen Metallfuße stehen, an welchem sie die Sklavin, dabei stets die linke Hand auf die Brust legend, mit der Rechten überreicht. Der sie empfängt, nimmt nun das Schälchen vom Fuße ab, trinkt es aus und setzt es wieder auf den Fuß. Dies wiederholt sich beständig, so lange Kaffee getrunken wird. Macht man es so, so bekommt man einen ganz anderen Kaffee zu kosten, als man ihn in Europa gewöhnt ist, und bekommt eine ganz andere Auffassung von dem, was Kaffee eigentlich ist. Mitten unter diesem bunten Volksleben überraschte es um so mehr, zu sehen, wie einzelne, vorzüglich alte Mohamedaner, sich entweder auf besonders dazu ausgebreitetem Teppich, oder auch unmittelbar auf dem Rasen, mit der Stirne auf den Boden warfen, den Kopf in der angenommenen Richtung nach Mekka. Mir fiel dabei ein, daß dadurch das geographische Bewußtsein von der Lage von Mekka aufrecht erhalten wird. Stelle man sich vor, daß Jemand bei uns im Freien plötzlich auf die Knie fiele, um zu beten! In Konstantinopel sah kein Mensch nach den Betenden und sie kümmerten sich auch um keinen Menschen. Höchstens sahen Leute nach der Uhr, um sich zu vergewissern, daß es vorgeschriebene Gebetzeit war. Die Türkische Uhr zeigt einfach 24 Stunden von Sonnenuntergang bis Sonnenuntergang; sie muß also täglich frisch gestellt werden. Dabei wird natürlich täglich zum Bewußtsein gebracht, um wie viel der Tag länger oder kürzer geworden ist, was ebenfalls seinen Werth hat. Auch die Europäer in Konstantinopel haben sie angenommen, nicht blos, weil es für das Leben in der Stadt nützlich ist, sondern auch, weil sie sie überhaupt für praktisch halten wegen der Leichtigkeit und Sicherheit des Stellens. Sie haben darum ihre Europäischen Taschenuhren nicht aufzuopfern brauchen, sondern nur mit einem drehbaren Uhrglase zu versehen, auf welchem die Stunden von 1 bis 24 ins Glas schraffirt sind: statt des Zeigers stellen sie nun nur das Glas täglich bei Sonnenuntergang auf 24.

So gingen wir durch ewig wechselnde Scenen fort, bis zu einer kleinen Brücke, welche zu dem Gartenschloß und der Meierei des Sultans, der hier täglich Milch zu trinken pflegt, über das Wasser führt. Aufwärts und abwärts war das Wasser mit eleganten Kaiks bedeckt, welche meist voll Frauen in heller, bunter Seide saßen, die sich darin mit Uebermuth schaukelten. Auch vergoldete Kaiks des Hofes lagen am Ufer im Garten. Auf dem Rasen des Gartens aber spazirten stolz ganz schneeweiße Pfauen umher, welche mit ihren langen Schweifen den wohlgeschorenen Rasen fegten, der einem Teppich glich mit hineingestreuten Veilchen, Vergißmeinnicht und Maßliebchen. Als wir umkehrend unseren Wagen erreicht hatten, begann die sinkende Sonne sich röther zu färben. Es ging in einer wahren Jagd denselben Weg nach Pera zurück und an uns schossen andere Wagen noch schneller vorüber. Aus ihren Fenstern blitzten große schwarze Augen, und die Züge einer wunderschönen Tscherkessin oder Georgierin, deren Kopfschleier von Diamanten strahlte, blieben noch lange in unserem Gedächtnisse sitzen.

Das Thal der süßen Wasser an einem Freitag Nachmittage lag hinter uns im Gedächtniß wie ein Märchenbild aus Tausend und Einer Nacht und hinterließ bei uns eine ganz andere Stimmung als etwa ein Europäischer Masken ball bei Kerzenschein, auf welchem ja auch die Kinder fehlen, welche im Thale der süßen Wasser die Hauptsache bilden. Der Gegensatz gegen die kriegerische Pracht, deren Zeugen wir Morgens am Bosporus gewesen waren, und gegen das uns eben so fremdartige Schauspiel der tanzenden Mevlewi Derwische war groß, wie der Gegensatz gegen Dasjenige, was uns noch an demselben Abend in Pera erwartete, nachdem wir unser Mittagsmahl eingenommen und wir Männer allein ausgegangen waren. Die Damen waren eben von der Bilderfülle dieses Tages schon zu sehr benommen.

Als wir nämlich ausgegangen waren, ward uns durch eine Procession, die ins Russische Gesandtschaftshotel zog, wieder ins Gedächtniß gebracht, daß Griechischer Charfreitag war. Wir folgten derselben bis in einen Saal im oberen Stockwerk des Hotels, wo Russischer Gottesdienst stattfand, mit dem ganz wundervollen Gesange, der ihm eigenthümlich ist. Der Gesang schilderte den Vorgang der Kreuzigung. Furchtbar poetisch klangen seine Töne, als sie beschrieben, daß der Vorhang zerriß. Die ernste und feierliche Stimmung der Popen und der Gemeinde contrastirte mächtig mit den bunten Bildern, welche unsere Köpfe aus den süßen Wassern mitgebracht hatten. Damit waren aber die Contraste nicht zu Ende. Wir schlichen uns vor dem Schlusse hinaus, um, als Protestanten, das Krucifix nicht zu küssen. Schräg gegenüber befindet sich ein großes Deutsches Bierhaus, Théâtre français getauft. Als wir in den menschen- und rauchgefüllten Saal traten, empfing uns der leiernde, mechanische Gesang von Preßnitzer Harfenmädchen, Berlinische Worte, Erzgebirgisch ausgesprochen: „Röschen hatte einen Biebmatz.“ Da gingen wir geschwind wieder hinaus und hörten noch hinter uns her das Publicum im Chor einfallen: „Ihr Mädchen!“ und mit den Fäusten dazu auf die Tische schlagen. Es war, so harmlos es war, unter den Umständen abscheulich.

Nach Stambul.

(Das Frühaufstehen der Mohamedaner. Die untere Schiffbrücke. Die Localdampfschiffe. Die Brückengelderhebung. Die Frequenz eines Tages nach amtlicher Mittheilung. Schluß auf die Bevölkerung. Wohin fließt die Einnahme? Die Straße von Stambul. Eine Pferdebahn. Sultansgräber und Sultansstiftungen. Eroberung von Konstantinopel. Ritt des Sultans in die Aya Sofia.)

Zwischen dem Charfreitag und den eigentlichen Feiertagen des Griechischen Osterfestes, welche letzteren, wie man uns voraussagte, doch einen recht beträchtlichen Einfluß auf das Geschäftsleben auch in Stambul selbst auszuüben pflegen, hat man nur den Sonnabend, um sich drüben in Stambul umzusehen. Zwar schließen dann die jüdischen Geschäfte, aber dies will nicht viel bedeuten. Wir waren früh auf den Beinen. Im Morgenlande, wo auch der bürgerliche Tag mit der Sonne kommt und schwindet, muß man es stets sein. Die Mohamedaner wissen nichts von einem Schlaf, der noch fortgesetzt wird, nachdem das Morgenroth emporstieg. Dafür gehen sie auch nicht mehr aus dem Hause, sobald es dunkel geworden, zünden auch im Winter in ihren Häusern nur für kurze Zeit Licht an. Man muß sich klar machen, was dies wirthschaftlich bedeuten will. Es mag die Einnahme kürzen, aber eben so kurz wird auch die Ausgabe, und die letztere nicht blos wegen der ersparten Beleuchtung; es fallen vielmehr damit bei der großen Volksmasse auch viele andere Ausgaben weg. Außerdem aber werden die Augen geschont und vermögen auch im Alter noch ihre Dienste zu thun. Brillen sieht man bei Mohamedanern nur sehr selten und nur bei den allerhöchsten Ständen. Für Augenärzte ist Mohamedanisches Land, mit Ausnahme Aegyptens, kein vortheilhafter Boden, eben so wenig für Hühneraugenoperateure, trotz des schlechten Pflasters. Pflaster giebt es eigentlich nur in wenigen Städten, und das weiche und bequeme Schuhzeug, welches im Hause und in der Moschee, die ganz als Haus behandelt wird, noch obendrein ausgezogen werden muß, schonen den Fuß. Unsere bekannte Berliner Hühneraugenärztin Marianne Grimmert machte vor Jahren eine Geschäftsreise durch Rußland und die Türkei. Während sie in Petersburg und Moskau eine goldene Ernte einheimste, konnte sie in Konstantinopel, wie sie mir selbst erzählt hat, fast gar kein Geschäft machen und kehrte denn dort auch alsbald wieder um.

Von Pera führt jetzt eine stattliche Kunststraße auf weitem Umwege nach Galata herab. Wir wählten nun der Abwechslung wegen diesen Weg, und zwar zu Fuße. Man geht zuerst über freies Feld, auf welchem nur einzelne Cypressen stehen. Kaffeehäuser und Bierhäuser mit kleinen Gärten findet man hier und da am Wege. Bald erreicht man den westlichen Ausläufer von Galata am Goldenen Horne, ein Stadtviertel, welches den Stempel einer Seehandelsstadt mit Speichern am Wasser eben so sichtbar trägt, wie alle übrigen Theile von Galata. Längs des Goldenen Hornes setzt sich dann der Anbau auch auf der Nordseite noch weiter fort in einer schon alten Ortschaft, Kassim-Pascha genannt.

Ueber das Goldene Horn führen von Galata nach Stambul an seiner schmalsten Stelle zwei Schiffbrücken in nicht allzu weiter Entfernung von einander. Wir wählten die untere, welche zugleich die kürzere und ältere ist. Es ist eine wahrhafte Riesenbrücke, in der Länge ungefähr den alten Schiffbrücken in Köln und Mainz gleich, oder vielleicht noch etwas länger, in der Breite sie aber bei Weitem übertreffend. Die mächtigen und hohen Pontons tragen ein Lager nicht von Brettern, sondern von geraden, halb durchgesägten, großen Fichten- und Cypressenstämmen, quer übergelegt, mit der runden Seite nach unten und der flachen nach oben, und mit ungeheuren schmiedeeisernen Nägeln auf einander und auf ihre Unterlage unregelmäßig festgenagelt. Bei Ausbesserungen wird häufig nur ein neuer, auf diese Weise halb durchgeschnittener Stamm auf die unvollkommen weggeräumten Reste seines Vorgängers und auf dessen Unterlage aufgenagelt. Dabei ist zuletzt ein etwas unebener Weg herausgekommen.

Auf der Seeseite der Brücke legen die Localdampfschiffe an, für welche zahlreiche Treppen und untere Gallerien auf dieser Seite der Brücke angebracht sind. Die Localdampfschiffe müssen hier anlegen und legen hier auch jetzt am allerbequemsten an, weil weder Galata noch Stambul Quais haben. Wie mir scheint, müssen sie aber hauptsächlich deswegen grade hier anlegen, damit ihre Fahrgäste Brückengeld zu bezahlen haben, wenn sie den Dampfer besteigen. Diese Localdampfschiffe sind groß: auch die kleinsten darunter, welche nur nach Scutari, oder Dolma Bagschi, der Vorstadt mit dem neuen Serail fahren, sind immer noch so groß wie die Localdampfer, welche auf der unteren Themse zwischen London und Gravesend verkehren, oder wie die Rheindampfer der Düsseldorfer Gesellschaft, sind dabei aber seemäßiger gebaut. Nach Scutari allein geht jede Viertelstunde, von Sonnenaufgang bis Sonnenuntergang, ein solches Dampfschiff ab, und so oft ich es beobachten konnte, fast immer gefüllt. Auch nach den Orten am Bosporus erfolgen in noch größeren Dampfschiffen die Abfahrten häufiger als stündlich.

Das Brückengeld für jeden Fußgänger beträgt zehn

Para oder einen viertel Piaster und wird eben wegen des Schiffsverkehrs auf beiden Seiten der Brücke erhoben. Dies geschieht theilweise in einer Zollbude an der Seite, wo man auch wechseln kann; wenn man aber nicht zu wechseln braucht, kann man das Geld auch an drei bis vier Zolleinnehmer einhändigen, welche in Reihe quer über die Brücke stehen. Schon daraus kann man schließen, welch ungeheurer Verkehr hier zu bewältigen ist. Von einer Controle der Zolleinnehmer durch Drehkreuze oder dergleichen, wie man sie vorzüglich auf den Londoner Brücken findet, habe ich nichts bemerken können. Wahrscheinlich aber geht ein Polizeibeamter in unkenntlichem Anzuge zwischen den Zolleinnehmern auf und ab und controlirt sie, indem er die Frequenz in Einer Richtung zählt. Aber selbst dies muß bei der ungeheuren Bewegung, welche selbst diejenige von London Bridge hinter sich läßt, schwer sein.

Ich habe es nicht unterlassen Sorge, dafür zu tragen, wenigstens einen Anhalt für die Statistik dieser Frequenz zu bekommen, wozu mir ein Beamter im Türkischen Finanzministerium behülflich war. Am nächstfolgenden Tage, dem Griechischen Oster-Sonntage, der aber kein Mohamedanischer Feiertag war, waren 160,000 Piaster eingekommen. Es fahren nur sehr wenig Wagen über die Brücke, für welche das Brückengeld von einem Piaster ungefähr demjenigen gleichkommt, welches die Insassen des Wagens und der Kutscher als Fußgänger zu bezahlen gehabt haben würden. Es waren also mindestens 640,000 Menschen an Einem Tage über diese Eine Brücke gegangen, worunter freilich ein großer Theil nicht auf die andere Seite des Goldenen Horns, sondern zu und von den Dampfern. Alle Fabeleien von nur einer halben Million Einwohnern in der Türkischen Hauptstadt und ihren Nebenstädten am Goldenen Horn und am Bosporus, wie sie auch noch im Gothaischen Almanach wiederholt sind, fallen damit in Nichts zusammen. Es ist

Niemand mehr als zweimal am selben Tage, nämlich hin und her über die Brücke gegangen, die zu Schiff fuhren, sogar nur einmal: zusammen haben es also mindestens 320,000 Menschen gethan, und darunter fast gar keine Kinder. Zu viel hat die Zählung gewiß nicht ergeben, weit eher zu wenig. Die City Polizei in London hat den gesammten Verkehr auf Brückenzugängen wie auf bloßen Straßenzugängen von und nach der City an einem und demselben Tage im Jahre 1871 mit großer Vorsicht gezählt und nicht mehr gefunden als 728,986 Menschen, welche, von außen kommend, an Einem Tage auf allen ihren Zugängen die City betreten. Bringt man nun noch in Rechnung, daß es sich nur um Eine Brücke, und zwar an keinem Mohamedanischen Feiertage, handelt, daß noch eine zweite Brücke Stambul mit Galata verbindet, daß Galata und Pera mit den Vorstädten am Bosporus zu Lande in lebhafter Verbindung stehen, daß die Christen in Scutari gar nichts zu thun haben und niemals dort hin gehen u. s. w., so bleibt kaum ein anderer Schluß möglich, als daß dieser Verkehr auf einer einzigen Brücke, welches der lebhafteste in ganz Europa ist, eine Bevölkerung in Konstantinopel und seinen Vorstädten am Goldenen Horne und am Bosporus von mindestens einer und einer halben Million voraussetzt, daß also Konstantinopel immer noch in Europa fast um den zweiten Platz mit Paris wetteifert.

Ein Piaster Türkischen Geldes, welcher auf Türkisch wie auf Arabisch ein Grusch, d. h. dem Deutschen entnommen, ein Groschen heißt, hat einen Werth von zwanzig Pfennigen unserer bisherigen Scheidemünze. Das Brückengeld von einem viertel Piaster oder zehn Para beträgt also fünf solcher Pfennige oder einen halben Englischen Penny, wie auf den Londoner Actienbrücken. Die Einnahme auf der Brücke an jenem Griechischen Ostersonntage betrug also nahezu 30,000 Mk. Wie viel sie das ganze Jahr hindurch beträgt, vermag ich nicht anzugeben und kann nur schließen, daß es nach Abzug aller Verwaltungs- und Ausbesserungskosten immer noch mehr als eine Million Mark sein wird. So viel ich weiß, ist die Einnahme theilweise der Sultana Valideh, der Mutter des Sultans, und theils dem pensionirten Harem des vorigen Sultans neben anderen Quellen zugewiesen. Wäre es, wie es sein sollte, eine Gemeindeeinnahme, so würde von der schlechten Pflasterung und der unzureichenden Beleuchtung von Konstantinopel bald nichts mehr zu hören sein. Und auch die feste Brücke über den Bosporus, mit deren Entwurf sich jetzt ehrgeizige Wasserbaumeister in ganz Europa beschäftigen, könnte sehr bald aus dem Reiche der frommen Wünsche in das der Wirklichkeit treten.

Als wir das Ufer von Stambul erreicht hatten, waren wir über den Gegensatz des ganzen Aussehens der Stadttheile in der Nähe der Brückenmündung gegen denjenigen von Galata und Pera erstaunt. Breitere Straßen empfingen uns nun und niedrigere Häuser, und schon nach wenigen Schritten fanden wir uns zwischen Gebäuden ganz neuer Bauart. Die breiten Fahrwege der Straßen sind in dieser Nachbarschaft macadamisirt; auch zeigte sich das Gleis einer Pferdeeisenbahn. Sehr häufig fuhren die Wagen dieser Pferdeeisenbahn an uns vorüber, indem stets ein Läufer, wie wir es schon auf der Pferdeeisenbahn in Galata gesehen, vor den Pferden herlief, der seinen Warnungsruf erschallen ließ, um der Gefahr des Ueberfahrens vorzubeugen. Es mag dies besonders nöthig sein, wo das ganze Volk sich noch an Europäische Hast zu gewöhnen hat. Der Warnungsruf dieser Läufer, wie aller Kutscher in Konstantinopel, ist das Italienische guarda, den die Menschen aller Zungen im ganzen Morgenlande verstehen. Es giebt eben immer noch eine Anzahl im ganzen Morgenlande verstandener Italienischer Brocken, also einen Rest der lingua franca, in welcher bekanntlich einst Marco Polo der Venezianer seine Reise zuerst beschrieb und die bis heute auf Malta gesprochen wird. Unter den Kutschern in Konstantinopel giebt es aber stets viele Malteser, die sich jetzt Englischer Schulung in Behandlung der Pferde und in Führung der Zügel rühmen können. Uebrigens sieht beiläufig die Türkische Polizei die Malteser keineswegs gern bei sich und schafft sie jeweilig, wenn ihre Heftigkeit gar zu unbequem geworden ist, truppweise zu Schiffe aus der Stadt, entweder zurück nach Malta, oder auch sehr unbrüderlich nach Aegypten.

Gleich beim Betreten von Stambul fallen dem Fremden die in Form durchsichtiger Kiosks mit vergoldeten Gittern aufgeführten einzelnen Sultansgräber auf, welche hier und da die Häuserflucht an der Straße unterbrechen; eben so auch Begräbnisse der bei den Moscheen angestellten Geistlichkeit, ferner Stiftungen der verschiedenen Sultane für Schulzwecke, z. B. Lehrerseminarien; endlich die von Sultanen gestifteten öffentlichen Brunnen, gleichfalls in oft sehr zierlicher Kioskform, von welchen die zierlichste, nahe dem alten Serail, auf der letzten Wiener Weltausstellung in einer Nachahmung in Gyps in voller Größe zur Kenntniß Europas gebracht worden ist. Etwas Derartiges stiften muß jeder Sultan, um sein Andenken unter dem Volke am Leben zu erhalten.

Unser nächstes Ziel war die Aya Sofia oder, wie sie einst hieß, Hagia Sophia, damals die Griechische Kirche zur heiligen Weisheit, jetzt Stambuls älteste Moschee. Bekanntlich verwandelte sie in eine solche Mohamed II. bei seinem siegreichen Einzuge in die Stadt. Er rückte in die Kirche hinein, von den Janitscharen und ihrer klingenden Musik begleitet, ritt bis vor den Altar und rief mit starker Stimme, daß das ungeheure Gewölbe davon wiederhallte: „Allah il Allah w'Mohamed Rasaul Allahi!" (Gott ist der Gott und Mohamed ist Gottes Prophet) und rasch räumten seine Janitscharen Altar und Schrein weg. Noch war die Kirche so wie ihr Vorhof gefüllt mit jammernden Christen, darunter vorzüglich viel Nonnen, welche sich dorthin vor Gewalt und Plünderung flüchten zu können geglaubt hatten, und damals entstand das Griechische, uns noch erhaltene Volksklagelied: „Sie haben sie genommen, sie haben sie genommen, die heilige Stadt.“ Draußen aber auf der Bresche am Holzthore, durch welche die ersten funfzig Janitscharen stürmend eindrangen, lag unter einem Haufen von Leichen auch diejenige des letzten Oströmischen Kaisers, des Constantin Paläologus, der kämpfend wenigstens einen ehrenvollen Tod gestorben war.

In jenem Jahre, 1453 unserer Zeitrechnung, hörte ganz Europa die Nachricht vom Falle Konstantinopels und von der Verkündigung des Islam in derselben Stadt und in derselben stolzen Metropolitankirche, welche als Denkmäler des officiellen Sieges der christlichen Religion im Alterthume entstanden waren, ohne sich zu rühren und ohne sich rühren zu können. In demselben Jahre 1453 hatten Frankreich und England soeben erst einen hundertjährigen Krieg mit einander beendigt. In Frankreich begann Ludwig XI., auf die Erschöpfung des Landes sich stützend, den einheitlichen Französischen Staat zu gründen; in England aber stand der Ausbruch des Rosenkrieges fast unmittelbar bevor, der fast seinen ganzen alten Ritteradel auf den Schlachtfeldern vernichtete und mit der Aufhebung des Lehnsverbandes durch Heinrich VII. endete und dadurch die Politik der Neuzeit begründete; Rußland stand unter dem Joche der Mongolen, die seine Bauern vor Wagen spannten und sich von ihnen die Steigbügel küssen ließen. In Deutschland pochte seit dem Hussitischen Aufstande in Böhmen und der Erhebung der Schweizer, die grade damals ihre Selbstständigkeit gewonnen hatten, schon die kommende Reformation an die Thür. Aber grade damals hatten Johann Gutenberg in

Mainz und Lorenz Janssen in Haarlem — man weiß nicht genau wer zuerst, und es ist auch ziemlich gleichgültig, da beide Deutsche Reichsinsassen waren — die Buchdruckerkunst erfunden. In Italien regte sich mächtig die Wiedergeburt des antiken heidnischen Geistes, welche ihre feinsten Blüthen in Florenz treiben sollte, nachdem die Flüchtlinge aus dem verloren gegangenen Konstantinopel Italien erreicht hatten. In Europa war Alles Verwirrung, Kampf und Erschöpfung, und die neue Zeit begann sich eben erst zu regen. Doch hatten in jenem langen Kriege zwischen Frankreich und England zuerst die Kanonen mitgesprochen, in der Schlacht von Crecy, während die Bresche am Holzthor in Konstantinopel noch durch Sturmböcke gemacht werden mußte und die Beschießung und Vertheidigung der Stadt durch Schleuderkatapulten und Griechisches Feuer geschehen war. Der Islam hatte für die Kreuzzüge mehr als Rache genommen, und als Mohamed II. in der Hagia Sophia jenen furchtbaren Schlachtenruf des Islam erschallen ließ, hatte er den begründeten Glauben, daß derselbe in ganz Europa wiederhallen und mit furchtsamem Schweigen hingenommen werden würde. Der Islam hatte seinen Fuß auf den Nacken des Christenthums, siegreich zuerst in Jerusalem und nun auch in Konstantinopel, gesetzt, welches die Mohamedaner damals noch unbedingt für die Hauptstadt der Christenheit hielten.

In Stambul.

(Die Moschee Aya Sofia. Das alte Serail. Die Kirche der Irene mit der Waffensammlung. Ein Museum von Antiken. Die Geschichte und die Architektur. Die Gewölbe- und Kuppelbauten und das Römerreich. Der Sultansschatz. In der Moschee. Lederstrümpfe. Teppich. Der Atmeidan. Die Schlangensäule. Der Obelisk. Die Moscheen des Achmed und Suleiman. Die Janitscharentrachten. Die Vernichtung der Janitscharen. Die „schwarze Hölle". Die Halle der Tausend und Ein Säulen. Die Brandstätte.)

Die Moschee Aya Sofia, oder Griechisch einst die Kathedrale der „Hagia Sophia", d. h. der heiligen Weisheit, spielt nicht blos in der Weltgeschichte eine Rolle ersten Ranges, sondern auch in der Geschichte der Baukunst. Sie ist das älteste vorhandene, und zugleich das größte und vornehmste Beispiel des Kirchenbaustils, in welchem die sehr flach gewölbte Mittelkuppel zunächst von zwei Halbkuppeln getragen wird, welche selber wieder auf Halbkuppeln stehen. Ein kühner architektonischer Gedanke von seltsamer Wirkung! Man kann sich leicht vorstellen, wie es zu dieser Composition gekommen ist. Nachdem die Römer der Republik, mit dem Tonnengewölbe beginnend, welches, wie die Cloaca Maxima beweist, schon unter den Königen vorhanden war, das Kuppelgewölbe erfunden hatten, ihre einzige ganz selbstständige Erfindung in der Baukunst, kam es im Augusteischen Zeitalter zu einem Riesenbau dieser Art, der noch heute dasteht, dem sogenannten Pantheon des Agrippa, das aber in Wahrheit nur der Eingangsflur der großartigen öffentlichen Bäder des Agrippa war. Weil in diesem Eingangsflur die Statuen der zwölf Hauptgötter in zwölf Nischen aufgestellt waren, so daß Jeder, vor oder nach dem Bade, sein Gebet vor seiner besonderen Schutzgottheit verrichten konnte — in jener Zeit war die Römische Volksmasse noch heidnisch religiös — hat man es dann als Pantheon angesehen, obgleich es niemals ein wirklicher Tempel, sondern eigentlich ein profanes Gebäude war. Noch heute ist die Kuppel des Pantheon die flachste und hat die größte Spannweite von allen Kuppeln in der Welt. Die Spannweite der Kuppel des Lesesaales im Britischen Museum, demnächst die größte, ist immer noch um vier Fuß kleiner. Die Kuppeln der Peterskirche in Rom, der Maria del Fiore in Florenz und der Paulskirche in London, zugleich sämmtlich von viel steilerer, also leichter ausgeführter Wölbung, müssen weit dahinter zurückstehen. Es ist ein sehr glücklicher Umstand, daß wir im Tonnengewölbe der Cloaca Maxima, im Kuppelgewölbe des Pantheon und in der Uebereinanderthürmung von Kuppeln auf Halbkuppeln in der Aya Sofia, die ältesten und zugleich vollendetsten Beispiele dieser architektonischen Erfindungen, noch ganz unverletzt besitzen, und man kann sich dem Gedanken an eine enge Verbindung zwischen dem Gange der Weltgeschichte und dem Fortschritte der Architektur nicht verschließen, wenn man sich daran erinnert, daß die Entstehung dieser drei großartigen Bauwerke auf drei unverkennbare große Wendepunkte der Geschichte fällt. Die Cloaca Maxima ward erbaut, als Rom unter dem Könige Tarquinius dem Aelteren, einem Könige aus Etruskischem Stamme, aufhörte eine blos Lateinische Stadt zu sein, und sich zu einer selbstständigen Handelsstadt für das ganze Tiberthal erhob, hiermit zuerst die Bahn betretend, welche es zum Gewinn der Weltherrschaft führte. Als das Pantheon erbaut wurde, war

17*

die Weltherrschaft vollendet, und schon legten Männer aus dem Morgenlande und aus Griechenland in der Welthauptstadt die geistige Grundlage zu einer neuen Religion. Als die Hagia Sophia in Konstantinopel mit Aufwand von ungeheuerem Luxus entstand, war die Stadt, wo sie entstand, schon eine ausschließlich christliche, zu dem besonderen Zwecke erbaut, um die Hauptstadt des christlichen Weltreiches zu werden, welches ihr Erbauer, Justinian, noch mit großem Ernste, doch vergeblich, durch Rückeroberung Italiens von seinen Deutschen Herrschern wieder zusammen zu bringen strebte. Die drei ursprünglichen und großartigsten Gewölbe und Kuppelbauten fallen also mit dem Beginn, mit der Höhe und mit dem Schluß der politischen Rolle der Römer in der Weltgeschichte zusammen.

Die Aya Sofia erhebt sich am Südwestende des Gebäudecomplexes, welcher den alten Serail der Sultane und noch früher den Palast der Byzantinischen Kaiser bildete. Der Weg dorthin von der unteren Brücke führt zunächst durch eine breite, gekrümmte und mit Pferdebahn versehene Straße, wie deren jetzt auf sämmtlichen größeren Brandstätten in Stambul angelegt werden. Sie gleichen durchaus den breiten, meist im vorigen Jahrhundert erbauten Verbindungsstraßen auf der südlichen und niedrigen, der Surreyseite von London, welche sich von dessen nördlicher oder Mittelessex-Seite sehr merkbar unterscheidet. Von dieser Straße hat man dann links in ansteigende Seitenstraßen auszubiegen, welche zunächst zur Umwallung des alten Serail führen, die etwas Wiesen- und Baumschmuck zeigt. Tritt man durch das südwestliche Thor des Palastes, so gelangt man auf einen Hof, der nach dem Meere zu offen ist und einen ganz prachtvollen Ausblick auf Scutari, auf die Prinzeninseln und auf die weite Meeresfläche gestattet. An diesen ersten Hof stößt unter anderen auch die ehemalige Kirche der heiligen Irene, deren Namen doch den Frieden bedeutet, und aus welcher die Türken in tiefer Ironie ein furchtbares, übrigens sehr geschmackvoll angeordnetes Arsenal, oder vielmehr Waffenmuseum gemacht haben. Die alten Kirchensitze sind in Ständer für Hunderttausende von Gewehren und Pistolen verwandelt. An der Stelle der Orgel und des heiligen Schreines erheben sich Trophäen von Säbeln und Lanzen. Die Pfeiler sind mit eroberten Ungarischen, Venezianischen und Russischen Fahnen geschmückt. An den Wänden sind die Waffen der alten Janitscharen, welche die Fahnen erobert haben, reihenweise befestigt. Der äußere Klostergang vor dieser Kirche und der offene Raum, den er einschließt, ist zum Museum für antiquarische Funde benutzt. Altheidnische Grabsteine der Griechen in Griechenland und Kleinasien und hauptsächlich von den Inseln des Archipels, so weit diese noch Türkisch geblieben sind, finden sich noch bunt durcheinander mit christlichen Denkmälern aus der Byzantinischen Zeit aufgestellt. Was Absicht ist und was nicht, ist bei den wortkargen Türken stets schwer zu wissen: aber diese Aufstellung der einst so siegreichen Waffen des Islam und der heidnischen und christlichen Denkmäler aus dem eroberten Lande, fast neben einander, sieht doch sehr stark danach aus, als solle sie etwas bedeuten. Die Osmanische Regierung giebt die antiquarischen Funde jetzt nicht mehr so leicht an andere Länder hin, wie früher und wie noch bis vor Kurzem geschehen ist. Wie der erfolglose Proceß in Athen gegen Schliemann gezeigt hat, sucht sie jedenfalls, wenigstens was sie als ihren rechtmäßigen Werthantheil betrachtet, fest zu halten. Daß sie aber auch hierbei nicht stehen zu bleiben Lust hat, beweist erstens dieser Anfang einer Sammlung von Alterthümern im alten Serail, und vielleicht noch mehr, daß sie sich mit Schliemann wieder vertragen, der Konstantinopel schon wieder besucht hat und wahrscheinlich seine Thätigkeit im Ausgraben in ihrem Dienste und auf ihre Kosten bald wieder auch auf Türkischem Boden fortsetzen wird. Was kann aber da noch gefunden werden! Vielleicht wird das Alterthumsmuseum in Konstantinopel noch das wichtigste und schönste auf der ganzen Erde. Hauptfunde, wie z. B. der der Venus von Milo, jetzt im Louvre, sind ja erst in diesem Jahrhundert und zwar kurz vor dem Unabhängigkeitskampfe der Griechen im Jahre 1820 gemacht worden.

Der alte Serail bietet sonst des wirklich Sehenswerthen wenig. Den von Diamanten, Rubinen und Smaragden strotzenden Schatz der Sultane, welcher auch den alten, von Sultan Selim eroberten Thron der Persischen Großkönige enthält, musterten wir zwar pflichtschuldigst, wie alle Fremden: ich kann aber nur Jedem, der das Werthelement der Seltenheit nicht auch für etwas Schönes und Interessantes hält, rathen, diese Musterung zu unterlassen. Eine Französisch möblirte Villa des Sultan Abdul Medschid auf der höchsten Stelle ist höchstens nur der Aussicht wegen sehenswerth, die man von anderen Stellen in Konstantinopel jedoch noch besser haben kann. Wir verließen denn auch den alten Serail nach ziemlich flüchtiger Durchwanderung und eilten der fast unmittelbar daran stoßenden Aya Sofia zu, welche so sehr viel größeren Anspruch auf Beachtung hat.

Von ihren Minarets riefen so eben die Muezzin zum Gebet. Es ist dies ein singendes Sprechen mit sehr lauter Stimme, welches hoch vom Himmel zu kommen scheint, auf die Straße hinunter. Es macht einen ganz eigenthümlichen Eindruck, fast als wäre da oben im Blau eine menschliche Lerche. Ich kann mir wohl denken, daß es seinen Einfluß auf die Andachtsgefühle der Moslemin hat. Hat man das Thor der Umfassungsmauer durchschritten, welche diese Moschee, wie alle größeren Moscheen einschließt, so entdeckt man zuerst die Vorrichtungen für religiöse Waschungen an der Außenwand des Gebäudes. An der Thür hat man die Stiefeln auszuziehen. Wir hatten uns gelblederne Türkische Strümpfe gekauft, das Paar für zwei Frcs., wie sie die Türkischen Frauen im Hause tragen. Wir brauchten uns daher der zweideutigen Pantoffeln nicht zu bedienen, welche an der Thür von den Moscheedienern für Geld verliehen werden.

Das Erste, was beim Eintritte wohl den Blick fesselt, ist, daß die ganze gewaltige Grundfläche dieser Moschee, wie übrigens aller Moscheen, mit Türkischem Teppich bedeckt ist. Es ist nicht etwa ein Teppich in Einem Stück und auch keineswegs ein besonders kostbarer Teppich, sondern viele kleinere, leicht an einander genähte Teppiche der allergewöhnlichsten Art, wie sie im Innern von Kleinasien von den Bauern verfertigt werden. Aber bei einer Fläche, welche die Grundfläche des Kölner Doms immer noch namhaft übertrifft, steckt doch ein Stück Geld darin. Für die Erleuchtung bei Abend sorgen zahlreiche, über die ganze Moschee verstreute Oel oder jetzt wohl Petroleumlampen, welche, wie dies auch in christlichen Kirchen häufig der Fall, an ungeheuer langen Messingketten, jede für sich und an besonderer Kette, vom Gewölbe herunter hängen.

In der Moschee sind die meisten, wenn auch nicht alle Spuren ihres Berufs in christlichen Zeiten vertilgt und die Wände und Pfeiler statt dessen in Arabischem Geschmack, also ohne alle Bilder, bunt verziert. Arabische Inschriften aus dem Koran mit goldenen, zum Theil ungeheuer großen Buchstaben — bis zu fünfzehn Fuß hoch — sind in den Kuppeln und in den Bogen unter den Kuppeln angebracht. Für die Frauen sind in den vier Ecken hölzerne Tribünen erbaut, und eben so besondere Tribünen für den Sultan und die regierende Familie.

Es war in der Moschee von Menschen ganz leer. Während des Gottesdienstes am Freitag werden keine Andersgläubige in irgend eine Moschee in Konstantinopel eingelassen. Ich stellte mich, um den architektonischen Eindruck zu genießen, grade in die Mitte, unter den Schlußstein der großen Mittelkuppel. Ich kann nicht sagen, daß der Gesammteindruck bei aller Grazie, die keineswegs zu vermissen war, mich befriedigte. Hieran aber hatte das Arabische Ornament keinen Antheil: die Architektur selbst war schuld daran. Die Aufthürmung von Kuppeln auf einander, so kühn diese Construction auch ist, scheint mir ein architektonischer Auswuchs. Ich glaube, daß man sich, nachdem man in der Freude zu schwelgen gelernt hatte, einen weiten, runden Raum mit einer Kuppel überwölben zu können, und man in der Bedachung mit Balken nur rohere und deswegen untergeordnete Formen erkannte, hinreißen ließ, die Anwendung des Kuppelgewölbes weiter und weiter zu treiben, und nun auch größere Räume mit demselben zu überdecken wünschte, als mit einer einzigen Kuppel möglich war. Bei der Errichtung eines Kuppelgewölbes über Halbbogen, welche selber wieder durchschnittene Halbkuppeln sind, muß aber nothwendiger Weise die Großartigkeit der Einheit verloren gehen, welche dem Kuppelgewölbe eben seinen besonderen Reiz verleiht. Es kommt eine Gliederung der Bedachung heraus, welche nicht natürlich erscheint und verwirrend wirkt. In kleinen Verhältnissen, wie in der Marcuskirche in Venedig, welche mehr ein Schmuckkästchen als ein Bauwerk ist, kann man sich dergleichen gefallen lassen; aber in so großen Verhältnissen, wie diejenigen der Kirche der „heiligen Weisheit", hatte das Kunststück keinen Sinn. Ein Schmuckkästchen kann immerhin sonderbar aussehen; ein Riesenbau darf es nicht. Die Grenze zwischen Kunst und Künstelei ist zwar schwer zu ziehen, aber wenn man die Beispiele vor sich hat, fühlt man sie zuletzt schon heraus, und zwar desto unzweideutiger, je öfter man hinblickt.

Ich komme nun auf den Zusammenhang zwischen der Geschichte überhaupt und der Geschichte der Baukunst zurück, an welchen mich die Aya Sofia alsbald erinnerte. Dasjenige Römerreich, welches hauptsächlich Augustus gründete, war nicht mehr dasselbe wie die Römische Republik, wenn es auch die meisten ihrer Formen beibehielt. Es war wirklich durch ein politisches Kuppelgewölbe gekrönt, statt durch ein aristokratisches Tonnengewölbe. Und eben so war dasjenige Römische Reich, zu welchem Diocletian das Reich des Augustus umformte, nicht mehr dasselbe als dieses, sondern nur noch sein bureaukratisches Zerrbild. Im Reiche des Diocletian hörte Italien auf, das die Welt beherrschende Land zu sein, und ward in Provinzen getheilt und der zwangsweisen Aushebung von Soldaten unterworfen, gleich den übrigen Theilen des Reiches. Rom aber, welches Diocletian gar nicht mehr besuchte, hörte auf, der Schlußstein des ganzen politischen Kuppelgewölbes zu sein. Auch das Cäsarenthum ward durch Diocletian ganz etwas Anderes. Die Welt ward nicht mehr durch einen Römischen Imperator beherrscht, sondern durch zwei Auguste, welche jeder wieder seinen Cäsar unter sich und neben sich als Thronfolger hatte. Diese Einrichtung ward durch ihn zur amtlichen und dauernden. Er thürmte die Kuppeln über einander, wie es später der neue Baustil that. Er veränderte das Staatssystem in der Spitze, und Constantin, eben solch ein Grübler, wie Diocletian, führte die Veränderung dann abwärts, bis in alle einzelnen Theile hinein, durch und erkannte dabei ganz richtig, was Diocletian noch nicht erkannte, daß zu einer solchen Veränderung zugleich eine Veränderung der Religion gehöre, und daß ihm hierzu das Christenthum eine schon vorhandene Handhabe biete. Und als diese große Umwandlung des Römerstaates vor sich gegangen, welche eben so bedeutsam war wie diejenige, welche sich in der Zeit von Tiberius Gracchus bis Augustus vollzog, fiel der Römerstaat zunächst in zwei Staaten aus einander; zwei Halbkuppeln blieben stehen, aber die Mittelkuppel stürzte ein, wie es einmal auch beim Baue der Hagia Sophia der Fall gewesen sein soll. Der Römerstaat des Diocletian bedeutete kein neues Leben, sondern den Tod dieses Staates. Und eben so bedeutete der Byzantinische Baustil den Tod des Römischen. In der Kleidung scheint es, nach den Schilderungen der Hofcostüme von Constantin bis Justinian und nach den Bildhauerwerken, die wir noch besitzen, ungefähr eben so ausgesehen zu haben, wie in der Politik und Architektur.

Aus der Aya Sofia führen wenig Schritte zum Atmeidan, zu Deutsch Roßplatz, dem alten Hippodrom. Hier fanden die blutigen Kämpfe der Blauen und Grünen, der Weißen und Rothen statt, der nach den Farben der Wagenlenker und Jockeys benannten Parteien im alten Konstantinopel, welche vom öffentlichen Leben der Oströmischen Hauptstadt Alles verschlangen, was nicht das unablässige theologische Gezänk in Anspruch nahm. Die Welt hatte aufgehört zu denken; man wollte nur noch glauben, man wollte nur noch wetten. Es ist jetzt ein wüst aussehender fast menschenleerer Platz. Dieser ganze Theil von Stambul, welchen eine ungeheuere Brandstelle, die quer hindurch vom Goldenen Horne bis zum Marmara-Meere reicht, von den belebten nordwestlichen Theilen Stambuls abschneidet, ist sehr menschenleer, wird sich aber wohl mächtig wieder füllen, wenn erst der neue Straßenbau hier ganz fertig ist. Als wir den Atmeidan erreichten, fanden wir nur einen Haufen Griechischer Kinder und junger Leute, die um die Schlangensäule herumspielten. Die Schlangensäule, aus zwei um einander gewundenen bronzenen Schlangen bestehend, stammt bekanntlich aus dem Apollo-Schatze in Delphi, wo die Griechen diese Säule als ein Denkmal ihrer Siege in den Perserkriegen gestiftet hatten. Im vorigen Jahrhundert hat ein fanatischer Janitschar, dessen Name unser Türkischer Führer noch wissen wollte, den beiden Schlangen die Köpfe abgeschlagen; also ein Mohamedanischer Herkules, welcher sich dem Allah, der Himmel weiß aus welchem Grunde, damit besonders gefällig zu machen glaubte. Es kann aber auch sein, daß bei einem Janitscharen-Aufstande, welche gewöhnlich auf dem Atmeidan mit Umkehren der Regiments-Kochkessel begannen, nach verborgenen Schätzen im Innern der hohlen Schlange gesucht wurde. Ferner schmückt dieses wüste ungepflasterte Feld ein Aegyptischer Obelisk, welchen der Kaiser Arcadius hierher bringen und aufstellen ließ, für dessen Transport vom Hafen hierher man zehn Jahre brauchte. Auf dem Steinwürfel, der den Obelisken trägt, ist die Art seines Transports und seiner Aufrichtung im Basrelief dargestellt. An den Atmeidan stößt die große Moschee des Sultans Achmed II. Diese Moschee, welcher die Moslemin besondere Heiligkeit beilegen, ist von sechs Minarets umgeben. Auch diese betraten wir. Hier kann man lernen, daß die Hagia Sophia, nachdem sie einmal in die Hände der Moslemin gefallen und zur Moschee geworden war, zum Vorbild für Mohamedanische Kirchenbauten in der Türkei und besonders in Stambul wurde, wie sie, tausend Jahre früher, das Vorbild aller christlichen Kirchenbauten des Ostens bis zur Marcuskirche in Venedig abgab. Es ist ganz respectabel, was die Osmanen, ohne Zweifel mit Hülfe Griechischer Baumeister, in diesen älteren Moscheebauten von Stambul zu leisten vermochten. Der innere Flächenraum dieser Moschee des Achmed ist fast eben so groß wie der der Aya Sofia, und auf ähnliche Weise mit flachen Kuppelgewölben überwölbt. Auch hier wiederholt sich die Belegung des Bodens mit Teppichen und der Reichthum vergoldeter Inschriften aus dem Koran; die gleichen großartigen Verhältnisse walten auch bei der Moschee des Sultans Suleiman ob, welche weiter nordwestlich, dem Mittelpunkte des Dreiecks von Stambul schon beträchtlich näher, sich erhebt.

Auf dem Atmeidan befindet sich ferner noch ein zweites Arsenal oder vielmehr militärisches Museum neuester Entstehung, welches eine Sammlung der Trachten und der Bewaffnungsart aller Theile des Türkischen Heeres von

Mohamed II., dem Eroberer, bis zu Sultan Mahmud enthält. Es sind an den Wänden niedriger Säle in langen Reihen hölzerne Figuren in Lebensgröße aufgestellt, welche die Trachten und Waffen tragen, und die in Farbe und Gesichtsausdruck recht gut behandelt sind. Auch auf der Wiener Weltausstellung im Jahre 1873 zeichneten sich die hölzernen Figuren, welche die bunten Trachten aller Theile der Bevölkerung des Türkischen Reiches trugen, durch gute Behandlung aus; sie wurden nur durch die bekannten Typen der hölzernen Schwedischen Figuren übertroffen. Unser Türkischer Führer, welcher Französisch und Englisch sprach, wies sich hier als gut bewandert in der inneren Geschichte seines Landes aus. Es ist ein Fortschritt von weiten und faltigen Kriegstrachten zu knapperen im Laufe der Jahrhunderte schon lange vor Mohamed's großer Armeereform bemerkbar. Vielleicht war dies gar kein Fortschritt, denn jedenfalls erwiesen sich die Türkischen Truppen der älteren Zeit leistungsfähiger, als diejenigen der späteren. Die Erinnerung an die Vernichtung der Janitscharen durch Mohamed mit Hülfe seiner schon modernisirten Artillerie ist bei den Türken sehr lebendig geblieben. Die Hauptkämpfe fanden eben auf dem Atmeidan in Stambul und auf den beiden Schlössern Anadoli Hissar und Rumeli Hissar im oberen Bosporus statt, von wo die Leichen massenweise bis Konstantinopel herunter geschwommen kamen. Der Türkische Artillerieofficier, der durch Abfeuern seines Pistols auf das Zündloch eines Geschützes auf dem Atmeidan den ersten Kartätschenschuß in die dichten Haufen der meuternden Janitscharen hineinfeuerte, ist unter dem Namen: die schwarze Hölle — Kara Jehenna — zu einer bedeutsamen Figur in der Volkserinnerung geworden, und die Türken erzählen sich noch heute Anekdoten von ihm, etwa wie wir von Ziethen oder Seidlitz. Noch Feldmarschall Moltke hat diesen Officier in Kleinasien, wo er später als Pascha schaltete, besuchen können.

Nach ziemlich mühseliger Durchwanderung der großen Brandstätte, in welcher sich auch das alte unterirdische Wasserreservoir für den byzantinischen Palast und für das Griechische Konstantinopel befindet, dessen weite und dunkle Höhle die Türken die „Tausend und Eine Säulenhalle“ nennen, d. h. die Halle mit unendlich vielen Säulen, wie man ja auch von „Tausend und Einer Nacht“ spricht, fuhren wir auf der Pferdebahn zur Nachbarschaft der Brücke zurück und aßen hier Pillaf, Butterreis mit Hühnerfleisch, und zwar recht schmackhaft und nicht besonders theuer, und beendigten auf diese Weise den ersten Besuch von Stambul. Auf dem Wege fuhren wir wieder an den Sultansgräbern und auch an einem sehr eleganten Sultansbrunnen, eben so an dem alten Gasthofe vorbei, in welchem die Türken in früherer Zeit die stets nur temporären Gesandtschaften aus Europa unterbrachten. Der erste Eindruck von Stambul war der, daß wir eine morgenländische Großstadt im allmählichen Verschwinden, und eine Europäische, ungefähr nach Englischer Form, im Werden gesehen hatten. Die Sitte der Wohnung im abgeschlossenen, besonderen Hause scheint in beiden Ländern zu Aehnlichem zu führen. Dabei kommen große Entfernungen heraus, und schon ist man in der Großstadt am Bosporus dabei, derselben durch Stadt- und Pferdeeisenbahnen, wie in London, Herr zu werden. Von Kameelen in der Stadt haben wir nichts mehr gesehen; auch die Saumrosse und Packesel sollen sehr abgenommen haben. Dafür wimmelt es schon von Privatwagen und Lastfuhrwerken, die denen in den Europäischen Großstädten wenig nachgeben.

Der Bosporus.

(Bedeutung des Bosporus. Welcher Flüsse Wasser er abführt. Die Dampfschiffe. Die vier amtlichen Sprachen Die Ortschaften am Bosporus. In Bujukdere.)

Komme, was kommen mag — es wird in Europa doch eine Zeit geben, wo der Herzschlag der Cultur am Bosporus zu fühlen sein wird. Diese unvergleichliche Wasserstraße ist von vorn herein zu einer leitenden Rolle in der Culturwelt bestimmt gewesen. Sie hat dieselbe bis heut zu Tage nur deswegen nicht einnehmen können, weil um diesen hohen Preis zu viel gekämpft worden ist und bis heute gekämpft wird. Vergegenwärtige man sich nur die geographische Bedeutung des Bosporus. Das Schwarze Meer hat die Wasser des Donauthales hinauf bis nach Würtemberg und Baden und aus der ganzen Oesterreichischen Monarchie, mit Ausnahme Böhmens und des nordwestlichen Theiles von Galizien, gesammelt und mit ihnen die Wasser des Bug, des Dniester, des Dnjepr und des Don, also sämmtlicher Flüsse des südlichen Rußlands, mit Ausnahme der Wolga, vereinigt, und es sind noch die westlichen Flüsse Transkaukasiens und des größten Theiles von Kleinasien hinzugekommen — eine Wassermasse, über welche die Verdunstung dieser gewaltigen Meeresfläche nicht Herr wird. Der Bosporus ist die gemeinsame Mündung aller dieser Wasserläufe und der ausfließende Strom des Bosporus wird nur sehr zeitweilig von demjenigen besiegt, der aus dem Marmarameere in denselben fließt. Im Bosporus hat das ausfließende Wasser eine so tiefe Furche zwischen Kleinasien und Rumelien durchgerissen, daß auch die am tiefsten gehenden Seeschiffe zu allen Jahres- und Tageszeiten hindurch fahren können, und seine hügeligen Ufer, welche ihn sieben Krümmungen machen lassen, haben sein Wasser zugleich so eingeengt, daß auf seinen beiden Seiten ein natürlicher Tiefhafen dem andern folgt und in dem untersten derselben, dem Goldenen Horn, die Linienschiffe an den Häusern von Stambul und von Galata anlegen können. Der Strom der Gewässer führt in besonderen Jahreszeiten einen ungeheuren Fischreichthum mit sich, und das Goldene Horn hat seinen Namen von dem Reichthum an Thunfischen bekommen, welche in diesen Zeiten seit Jahrtausenden in dasselbe hineingetrieben wurden und in dieser Sackgasse ohne Mühe gefangen werden können. Die große Seestadt an der Mündung des Bosporus ist von vorn herein zu einem Seehafen ersten Ranges bestimmt gewesen, welcher aus dem Handel mit Stromgebieten, die nur am Nil, am Mississippi und Marañon ihres Gleiches haben, seinen Erwerb ziehen kann, und hat, schon wegen des Fischreichthums, der für die Speise ihres Volkes zu sorgen vermag, niemals, wie etwa Paris, ausgehungert werden können, mit der einzigen Ausnahme der Belagerung des alten Byzanz zu Lande und zur See durch S. Severus. Sie hat schon Belagerungen von zehn Jahren auszuhalten vermocht. Der Bosporus ist mehr als drei Deutsche Meilen lang und bietet auf seiner ganzen Länge und auf seinen beiden Seiten Plätze für Menschenwohnungen, so lieblich von der Natur ausgestattet, wie sie auf Erden kaum wiederzufinden sind, und zwar auf dem glücklichsten Breitegrade der gemäßigten Zone, dem Breitegrade, der zwischen Rom und Neapel hindurchläuft. Es ist wahr, daß der Kampf der Luftströmungen in diesem großen Wasserthore, das aus dem Süden in den Norden führt, dem Widerstande der menschlichen Gesundheit zuweilen nichts Geringes zumuthet. Er stählt sie dafür aber auch, und Konstantinopel, so groß und so schmutzig es nun anderthalb Jahrtausende hindurch gewesen ist, war unter diesen Umständen niemals eine besonders ungesunde Stadt.

Es gehen halbstündlich ziemlich große Dampfschiffe von Konstantinopel durch den ganzen Bosporus und wieder zurück, welche umschichtig entweder zuerst die Häfen und Landungsbrücken auf der Europäischen Seite anfahren, und dann auf der Asiatischen, oder umgekehrt. Man kann also stündlich von jeder Landungsbrücke im ganzen Bosporus zu jeder anderen fahren. Die Preise sind nicht so billig wie auf der Themse oder auf dem Rheine, aber immer noch für Orientalische Verhältnisse keineswegs hoch. Hin und zurück bis Bujukdere kommt die Fahrt auf dem ersten Platze etwas über 6 Franken zu stehen. In Konstantinopel selbst legen diese Schiffe an der Mitte der unteren Brücke über das Goldene Horn an. Am Griechischen Ostersonntage, der übrigens wieder recht kalt war, fanden wir das große Dampfschiff, größer als ein Rheindampfer, fast ganz gefüllt. Für die Türkischen Frauen, welche in großer Zahl an der Fahrt Theil nahmen, war auf dem Hinterdeck wieder eine verhängte Abtheilung hergestellt, in welcher auch viele Europäische Damen Platz nahmen. Kaffee, Früchte und Süßigkeiten bekam man an Bord zu festgesetzten Preisen. Neben dem Radkasten ist eine Anzahl allerliebster kleiner Kojen für zwei Personen auf dem Deck hergestellt, für welche eine Kleinigkeit besonders zu bezahlen ist. Aus dem offenen Fenster dieser Kojen kann man die Schönheiten des entsprechenden Bosporusufers, vor dem Winde geschützt, bei einer Tasse Kaffee am besten genießen. Die Hügel, Gärten, Landhäuser, Ortschaften und Schiffe am Bosporus ziehen wie ein bewegliches Panorama in dem Rahmen des offenen Fensters vorüber. Die Landschaft gleicht etwa den besten Theilen des Rhein- oder Donauufers; nur ist sie viel stärker mit Menschenwohnungen und vorzüglich mit ganz prachtvollen Landhäusern und Palästen besetzt, mit welchen jeweilig die Moscheen mit ihren schlanken Minarets und auch einzelne Griechische Kirchen abwechseln, die letzteren sämmtlich ohne Thürme. Die dunkeln Cypressen der Kirchhöfe und der Parks auf dem Kamme der Hügelketten und die fensterreichen Türkischen Schlösser geben den Landschaften ihren eigenthümlichen Reiz. Auf beiden Seiten des Bosporus sind die Häuserreihen unten am Wasser fast ununterbrochen, vom Marmarameere bis zum Schwarzen Meere. Verkehrsstraßen mit zahlreichen Läden tauchen immer wieder auf. Es muß eine gewaltige, leider bis jetzt niemals genau gezählte, sondern nur geschätzte Bevölkerung am Bosporus wohnen, welche zu derjenigen von Stambul, von Galata, Pera, Tophane, Kassim-Pascha, Scutari und Chalcedon hinzugezählt werden muß, wenn man von der Bevölkerung der Osmanischen Hauptstadt sprechen will. Eine Hauptschwierigkeit für Volkszählungen in Mohamedanischen Ländern bietet die vollständige Unzugänglichkeit der Harems für die weltliche wie für die geistliche Behörde. Auch einer zuverlässigen Selbstangabe durch den Hausherrn widerstrebt das Mohamedanische Gefühl und die Mohamedanische Sitte. Noch neuerdings hat der Sultan dem früheren Deutschen Gesandten, Herrn v. Keudell, eingestanden, daß er die Menschenzahl in den Städten am Bosporus nicht kenne. Die Türken haben eben noch nicht gelernt, auf die Statistik dasjenige Gewicht zu legen, welches man in Europa darauf legt.

Das Anlaufen der Dampfschiffe an den Landungsbrücken der verschiedenen Hauptortschaften am Bosporus, die Landung der Passagiere und die Aufnahme neuer, alles dies geht mit einer Schnelligkeit und einer Präcision vor sich, welche ich nicht erwartet hatte. Der Ruhe und Schweigsamkeit des Mohamedanischen Publicums, welche auch auf die übrigen Einwohner Konstantinopels ihren Einfluß ausgeübt haben, scheint viel hierbei zu danken. In dieser Beziehung erinnerte die Fahrt durch den Bosporus fast an eine Fahrt auf der Themse. Auf allen Landungsbrücken ist der Name der Station in vier Sprachen sehr groß aufgeschrieben, wird aber nur in Türkischer Sprache gerufen. Diese vier Sprachen, welche zufällig alle vier zugleich ihre eigene Schrift haben, sind die Türkische, die Griechische, die Armenische und die Französische. Diese vier sind also die Sprachen, welche in Konstantinopel amtlich als Verkehrssprachen und als die wichtigsten anerkannt sind. Es fehlen die Slawischen des Donauthales, die Albanesische, die Rumänische und die Arabische Sprache, welche letztere die im Südosten des Reiches herrschende ist, in den nordwestlichen Landestheilen aber nur als Mohamedanische Kirchensprache behandelt zu werden scheint. Dabei fehlt es in Konstantinopel keineswegs an Slawen und Rumänen, auch nicht an Arabern. Unter den Europäischen Sprachen ist wohl die Französische gewählt, weil die vornehmeren Türken, die in großer Zahl selbst Französisch gelernt haben, annehmen, daß sämmtliche Europäer Französisch verstehen, denn eigentlich ist die Italienische Sprache in Galata und Pera viel verbreiteter als die Französische. Diese aber gilt nun einmal als die eigentliche Frankensprache. Die Armenische Sprache spielt im Verkehre von Konstantinopel bei den Kaufleuten wie bei den Packträgern eine so große Rolle, daß sie eben für den Dampfschiffsverkehr nicht zu umgehen ist.

Nach Norden umschwenkend, fährt man zuerst an den gepanzerten Dampffregatten vorbei, welche im weiten Halbkreise vor dem Palast von Dolmahbakdsche vor Anker liegen.

Die Dampfschiffe, wie alle Kauffahrteischiffe überhaupt, dürfen bei hoher Geldstrafe nicht zwischen der Flotte und dem Palast hindurch fahren, sondern müssen sich zunächst auf der Mitte des Bosporus halten. . Ich werde nun die Türkischen Namen der Ortschaften auf der Rumänischen oder Europäischen Seite des Bosporus geben, mit ihrer Deutschen Uebersetzung. Auf Dolmahbaksche folgt zunächst Beschiktasch (der Wiegenstein), dann Oriakoi (das Mitteldorf), dann Kuro Scheschme (der vertrocknete Quell), dann Arnautkoi (das Albanerdorf), dann Bebek (der Säugling), endlich an der schmalsten Stelle des Bosporus Rumeli Hissar (das Rumelische oder Europäische Schloß). Es ist ein düsteres, drohendes Bauwerk, stark mit Truppen besetzt. Von nun an wird der Bosporus immer breiter bis zu seinem Ausgangspunkte am Schwarzen Meere. Bis Rumeli Hissar gehen die Häuserlinien ununterbrochen fort. Weiter aufwärts wird das Ufer immer schöner. Es überwiegen nun fensterreiche Schlösser und stattliche Landhäuser mit Gärten. Es folgen Balta Liman, der Bailhafen, schon ein Hauptsommeraufenthalt für Orientalen und Europäer, Stenia (die Enge), Jany Koi (das neue Dorf), dann Kalendar (der Mönch) und endlich Therapia (der Heilplatz), eine ganz reizende Ortschaft und Hauptsommeraufenthalt der reichen Griechen. Zwei unbedeutende Ortschaften, Kivich Burna (der Kalkplatz) und Schiftikoi (das Pachtdorf), setzen den von hier an jeweilig unterbrochenen Anbau des zurückweichenden Ufers bis Bujukdere fort, d. h. dem großen Bach. Bujukdere, Hauptsommeraufenthalt für die Europäische Gesellschaft in Pera, seit die Prinzeninseln hierfür etwas aus der Mode gekommen sind, war der Platz, wo wir ans Land zu steigen beschlossen hatten. Es besteht aus einem Städtchen mit enger, wohl gehaltener Hauptstraße am Ufer entlang; die Landhäuser der Europäischen Gesandtschaften mit schönen, großen Gärten,

18*

unter welchen derjenige der Russischen Gesandtschaft der größte und schönste ist, steigen das hier in den Bosporus mündende größere Südwasserthal aufwärts. Bujukdere zählt mehrere ganz stattliche Gasthöfe, welche indeß hauptsächlich als Sommerwirthschaften dienen, in welchen wöchentlich Concerte stattfinden. Die Jahreszeit für diese Concerte hatte noch nicht begonnen. Wir schlenderten die Ortschaft hinauf, wo wir in den Kaffeehäusern und Schänken alles voll Matrosenleben fanden, da Bujukdere auch ein namhafter Anlegeplatz für Kauffahrteischiffe ist. Oesterreich hat hier eine zierliche Römisch-katholische Kirche nebst Knaben- und Mädchenschule bauen lassen und Dalmatinische Seeleute, welche Italienisch und Slawisch sprachen, schienen auch hier zu überwiegen.

Die Schilder der Gewölbe und Schänken waren meist in Italienischer Sprache ausgefertigt. Im Kaffeehause fanden wir junge Männer aus Türkisch-Kroatien, in sehr geschmackvoller, farbiger und von Goldstickerei blitzender Nationaltracht. Augenscheinlich politisirten sie eifrig. Alle tranken Mastics-Branntwein, zu welchem die Pistazienuß verwendet wird, welche besonders schön auf den Inseln Skio und Psari gedeiht, wo der Steuerertrag der Pistazienanpflanzungen dem Budget der Sultana Valideh zu Gute kommt. Es war ein buntes, durch seine Mannichfaltigkeit höchst fesselndes Treiben in Bujukdere. Das Dampfschiff, mit welchem wir zurückfuhren, lief nun die Ortschaften auf der anderen, der Asiatischen Seite des Bosporus, an, um Passagiere auf dieser Seite bis zum Sommerschloß des Sultans zu Hunkiar Iskeleßi — das bedeutet „Landungsplatz des Großherrn" — aufzunehmen. Es folgt Selva Burnu (der Wachtelplatz), Jalikoi (das Landhausdorf), Beikos (der Beysort), Sultanieh (etwa Sultansheim), Jejerkoi (das Feigendorf), Tschibukli (etwa Pfeifenau), Kanluja (der blutige Ort) und endlich Anadoli Hissar (das

Anatolische oder Asiatische Schloß). Nun folgen sich wieder die Dörfer, mit Palästen auf dem Hügelkamm gekrönt, fast ununterbrochen: Kandili (etwa Lichtenau), Wanikoi (das Müdendorf), Chengelkoi (das Kettendorf), Beglerbeg, Istawrus (das Kreuz) und endlich Scutari, von wo das Dampfschiff, den Bosporus kreuzend, zum Goldenen Horne zurückkehrt.

Auf dem ganzen Wege bot die aus allen Völkern gemischte Gesellschaft auf dem Dampfschiffe wie auch in Bujukdere selbst einen unerschöpflichen Reiz, ein buntes und belebtes Figurenbild, im Rahmen der denkbar lieblichsten Landschaft. So etwas kann man in der ganzen Welt freilich nur auf dem Bosporus haben.

Der Bazar in Stambul.

(Die Gostinnoi Dwor in Rußland. Der Sinn des Feilschens. Bei Suleiman Effendi. Die Türkische Ausmünzung. Ankäufe. Hauptsächliche morgenländische Artikel. Der Persische Khan. Der Bazar für Gewürze. Die Frauen in den Bazars.)

Die heutige Europäische und die Asiatische Cultur, zu welcher sich die Europäische verhält wie ein veredelter Sproß zu dem Baume, auf den er gepfropft ist, zeigen auch im Handel und Verkehr Unterschiede auf, welche eine volkswirthschaftliche Untersuchung erfordern, wenn man sich ein Urtheil darüber bilden will, in welchen Richtungen hauptsächlich der Fortschritt der Cultur jetzt stattfindet, und ob darunter nicht auch solche Richtungen mit unterlaufen, welche nicht so ganz gewiß ein unbedingter Fortschritt sind. Man kann mit großer Bestimmtheit sagen, daß die Erhöhung der Wegsamkeit durch Kunststraßen aller Art und die Verbesserung der Beförderungsmittel auf den Meeren den wesentlichsten, wichtigsten und hervorstechendsten Zug bei der materiellen Ueberlegenheit der Europäischen Cultur über alle anderen bildet. Schon im Römischen Weltreiche ward durch das Staatskunststraßensystem und das organisirte Vorspannwesen die Grundlage zu dieser Ueberlegenheit geschaffen, welche zwar im Mittelalter wieder verloren ging, aber nur um von der neueren Zeit mit unermeßlich erhöhtem Nachdruck wieder aufgenommen zu werden. Es giebt Länder, welche zwischen der Europäischen und Asiatischen Cultur noch mitten inne stehen, nämlich Rußland und die Türkei, auch Griechenland. In Rußland hat der Uebergang von der Asiatischen Culturform zur Europäischen schon unter Peter I. begonnen, hat sich dann ununterbrochen fortgesetzt und geht zur Zeit, hauptsächlich unter dem Einfluß des Eisenbahnbaues, mit unwiderstehlicher Macht und großer Schnelligkeit vor sich. Aber doch stehen auch in Rußland noch viele Einrichtungen Asiatischen Stempels aufrecht, wohin vor Allem die Bazars zu zählen sind, welche sich dort nur sehr schrittweise in eine Abart des Bazars verwandeln, wie solche ähnlich im übrigen Europa seit dem Mittelalter in den Trödelmärkten besteht. Für den Trödelhandel, welcher für die große Volksmasse keineswegs eine gleichgültige Sache ist, ist die Concentrirung auf bestimmte feste Märkte ein unbedingter Vortheil, welcher sowohl dem Käufer wie dem Verkäufer zu Gute kommt. Beim Kaufe gebrauchter Waare will der Käufer so viel als möglich in kürzester Zeit vergleichen können, und der Verkäufer es mit dem denkbar buntesten Publicum ebenfalls in kürzester Zeit zu thun haben. Bei diesem Handel hat der Mann seine Waare und die Waare ihren Mann in jedem einzelnen Falle zu suchen, und das Suchen muß deswegen durch Concentrirung möglichst leicht gemacht sein.

Der große Gostinnoi Dwor oder Fremdenhof in Petersburg, der auch dort noch ein ganzes Stadtviertel ausmacht, so groß wie eine Deutsche Stadt mittlerer Größe, ist jetzt vor Allem Trödelmarkt, wenn auch noch daneben neue Waare verkauft wird. Dies letztere findet schon in weit ausgedehnterem Maße auf dem noch größeren Gostinnoi Dwor von Moskau statt, welcher fast den ganzen innersten Kern der Stadt, den Kitaigorod, d. h. die Chinesenstadt, füllt. Der Kitaigorod ist eben noch Bazar im Asiatischen Sinne, wie es ursprünglich alle Gostinnoi Dwor in Rußland gewesen sind, die eben darum auch „Fremdenhöfe“ heißen, nämlich Höfe, wo auch Stadtfremde verkaufen dürfen, und die es eben so dem Stadtfremden, welcher zu kaufen kommt, ermöglichen, in kürzester Zeit und mit kleinster Mühe zu finden, was er sucht.

In der Türkei, welche jetzt erst die Wege zu wandeln beginnt, die Rußland schon seit Peter I. einschlug, spielen die Bazars, die stehenden Krammärkte, welche einen der frappantesten Züge der Asiatischen Culturform bilden, natürlich eine noch viel größere und viel weniger beschränkte Rolle als in Rußland. Hier ist noch das ganze Ladengeschäft, so weit es nicht Europäische Unternehmung und Importation, im Bazar zu suchen. Von allen Bazars ist aber derjenige von Stambul, wie uns von allen Kennern der Türkei versichert worden, nicht blos der größte, sondern auch für alle inländischen Erzeugnisse weitaus der am besten ausgestattete und zugleich billigste. Wenn wir unsere eigenen, ziemlich zahlreichen Einkäufe mit denjenigen vergleichen, welche Bekannte in Smyrna, Damascus und Kairo gemacht hatten, also bei vielen Artikeln dem Productionsorte so viel näher, fand sich immer, daß wir in Stambul besser und billiger eingekauft hatten.

Das Geschäft im Bazar und auch im Russischen Gostinnoi Dwor macht Geschäftsformen nothwendig, welche bei uns im westlichen Europa immer mehr aussterben und in England, diesem am meisten fortgeschrittenen Lande Europas, und beinahe auch in Frankreich, schon vollständig ausgestorben sind. Zunächst ist das Feilschen für den Käufer wie für den Verkäufer unvermeidlich, und es darf und kann dort nicht einmal einen Verkäufer geben, der sich mit seinen Forderungen nicht auf Feilschen gefaßt machte. Einst mietete im Gostinnoi Dwor von Petersburg ein Berliner Schnittwaarenhändler eine Bude, schrieb in Deutsch und Russisch darüber, daß er nur zu festen Preisen verkaufe, und befestigte die Preise an die zum Verkauf ausgestellte Waare. Nach wenig Tagen war der ganze Gostinnoi Dwor in Aufruhr und wandte sich an die Polizei mit der Forderung, daß sie ihm dies verbiete. Denn es sei offenbar Spielverderberei; dabei könnten die Concurrenten nicht mehr aufschlagen, und Feilschen wolle ihr Publicum doch. Die Polizei verbot es ihm zwar nicht: aber er zog es doch vor, um sich keinen anderweitigen Gefahren auszusetzen, die spielwidrigen Aufschriften wieder abzunehmen und sich in die Landessitte zu fügen.

An feste Preise in einem Türkischen Bazar ist nun aber noch viel weniger zu denken, als in einem Russischen Gostinnoi Dwor. Die morgenländischen Verkäufer sind schon bei inländischen Käufern gewohnt, ihre Preisforderung nicht blos nach dem Stande, sondern auch nach der Nationalität des Käufers einzurichten. Von einem Türken verlangt der Grieche mehr als von einem Griechen, der Armenier mehr als von einem Armenier. Daß jeder den Leuten der eigenen Nationalität billiger verkauft als anderen, und vorzüglich als Leuten aus dem herrschenden Volke, versteht sich in der Türkei fast von selbst. Die Juden kaufen wie fast überall nur bei Juden, und dies Geheimniß der nationalen Selbsterhaltung ist von ihnen auch auf die anderen unterworfenen Nationalitäten in der Türkei übergegangen. Am wenigsten zum Aufschlag geneigt, wenigstens ihren Stammgenossen gegenüber, sind die Händler aus dem herrschenden Osmanischen Stamm, der übrigens auch im Bazar von Stambul noch immer das Uebergewicht behauptet. Gegen den Europäer, von welchem die Verkäufer in vielen Fällen gar nicht wissen können, was ihm billig und was ihm theuer erscheint, gilt natülich bei allen die Regel, so viel zu bekommen, als nur möglich, wovon nur die Türkischen Händler, wie es scheint aus einer Art Ehrgefühl, in so weit eine Ausnahme machen, als sie doch nicht gar zu viel vorschlagen. Der Bazar von Stambul, der fast alle Waare umfaßt, die nicht schnell verdirbt, ist noch größer als die Gostinnoi Dwor der Russischen Großstädte, enthält aber vor allem viel kostspieligere Waarenlager. Er bildet ein Labyrinth von überwölbten, gemauerten Gängen, unter welchen sich auch solche befinden, die mit einem Fahrwege versehen sind, auf welchem die Damen aus den vornehmsten Harems vor das Verkaufsgewölbe fahren können. Gewölbe mit gleichen und ähnlichen Waaren liegen auch in denselben Gängen beisammen. Es macht einen ganz imponirenden Eindruck, wenn man die endlosen Gänge durchwandert, welche entweder von Lederwaare, von Metallwaare, hauptsächlich Messingwaare, oder von gewebter Waare strotzen. Wo man herantritt, um nach Preisen zu fragen, wird man alsbald genöthigt einzutreten; thut man dies letztere, so stellt sich der Verkäufer alsbald, als ob er mit Bestimmtheit annähme, daß man doch irgend etwas kaufen werde, und läßt Kaffee holen, welcher in vielen Kaffeeküchen im Bazar selbst feilgeboten wird. Das Rauchen ist im Bazar sowohl auf den Gängen wie in den Gewölben wegen der augenscheinlichen Feuersgefahr und auch wohl aus Rücksicht auf die weiblichen Besucher verboten und zahlreiche aufgestellte Kavassen (Schutzleute) sorgen dafür, daß dies Gebot auch gehalten wird. Erst in den nicht überwölbten Budenreihen, meist von jüdischen Händlern besetzt, welche den Bazar in mehreren Richtungen draußen fortsetzen, kann man sich eine Cigarette erlauben. Wir besuchten hauptsächlich ein Türkisches Geschäft von Shawls, feinen Webewaaren und gestickten Artikeln, welches einem Kaufmann gehörte, der zugleich Besitzer mehrerer Fabriken in diesem Genre in Brussa, der Türkischen Hauptfabrikstadt am Fuße des Kleinasiatischen Olympos ist. Er ward uns als ein sehr reicher Mann bezeichnet, hatte aber keine Ladendiener, sondern nur Packträger im Geschäft und verkaufte selbst. Er heißt Suleiman Effendi, worin der nach Türkischer Art hinten angehängte Titel „Effendi" ungefähr Dasjenige bedeutet, was im Englischen „Gentleman" oder das auf Briefschriften angehängte „Esquire", und anzeigt, daß man es mit einem Manne von Stande zu thun hat, der etwa einem gelehrten Beamten oder Officier gleich steht. In diesem besonderen Falle würde man „Effendi" etwa mit „Commerzienrath" in das Deutsche Titel-Kauderwälsch übersetzen können. Den Mann fanden wir denn auch sehr sauber in duftende weiße Wäsche gekleidet, und jeden Tag, an dem wir ihn besuchten, trug er einen anderen Kaftan mit anderem kostbarem Pelzwerk verbrämt. Das Gewölbe liegt im Bazar an einem kleinen, einsamen Hofe, an welchem sich auch ein kleines Kaffeehaus befindet, wo sich die Händler, wie dies in allen Kaffeehäusern geschieht, auch barbiren lassen. Daran darf man in den Morgenländischen Städten keinen Anstoß nehmen. Zu dem Gewölbe gehört ein ganzes Haus, mit Lagern verschiedener Waaren, und zwar zum Theil sehr kostbarer, gefüllt.

Es wird hier an der Stelle sein, der Türkischen Geldeintheilung und Ausmünzung Erwähnung zu thun. Mit Europäern wird zwar gewöhnlich in Französischer oder Englischer Münze gehandelt, welche überall auf den Straßen bei zahllosen Geldwechslern gekauft oder verkauft werden kann: aber wenn man mit der Türkischen Münzeintheilung vertraut ist, thut man besser, in dieser zu handeln. Dabei ist die unterwerthige Scheidemünze, in Kupfer oder altem, unreinem Silber, von der vollwerthigen Silber- und Goldmünze genau zu unterscheiden; denn im wirklichen Verkehre hat sich zwischen beiden eine Differenz von nicht geringem Umfange herausgestellt, welche als Agio der vollwerthigen Münze erscheint. Die Türkische Goldmünze ist der Medschid oder das Türkische Pfund, im Werthe von ziemlich genau achtzehn und einer halben Mark. Es giebt in Gold noch halbe oder viertel Pfunde. Auf den Medschid werden hundert ideale Goldpiaster, welche blos Rechnungsmünze sind, gerechnet. Es werden aber willig bis zu hundertzwanzig Kupferpiaster dafür gegeben und im Geschäft noch mehr in Anrechnung gebracht. Die ebenfalls vollwerthige Silbermünze genießt gegen das Kupfergeld dasselbe Agio, wie die Goldmünze. Der Silbermedschid, welcher ein Fünftel des Goldmedschids ausmacht, also zwanzig ideale Piaster werth ist, wird mit dreiundzwanzig bis vierundzwanzig Kupferpiastern begeben. Auch er wird durch halbe und Viertelstücke vertreten. Sein Viertelstück, welches also fünf ideale oder sechs Kupferpiaster werth ist, bildet im Verkehre die Hauptmünze und heißt Beschlik, der Fünfer, nämlich das Fünfpiasterstück. Sein Werth in Deutschem Gelde ist gleich 92½ Decimalpfennigen; es steht also ungefähr mitten inne zwischen dem Franc und dem Schilling und kommt von allen Silbermünzen großen Umlaufs unserer Reichsmark so ziemlich am nächsten. Es giebt zwar auch Zwei- und Ein-Piasterstücke in Silber, man sieht sie im Verkehr aber niemals und ich habe den Silberpiaster deswegen eine bloße Rechnungsmünze genannt. Der Kupferpiaster neuen Gepräges, beträchtlich größer als ein Penny oder ein Zweisousstück, ist eine Münze sehr schönen Gepräges, welche in großer Fülle in Umlauf ist. Aus dem Obigen berechnet sich sein Werth in Deutschem Reichsgelde auf 15½ Decimal-Pfennig. Er zerfällt in vierzig Para; es sind aber nur Stücke von zwanzig und zehn Para, also halbe und Viertelpiaster, ausgemünzt. Neben dieser unter Sultan Abdul Medschid in Umlauf gesetzten Münze, welche jetzt in ihrer vollwerthigen Ausprägung die gesetzliche Währung bildet, läuft aber noch viel ältere Münze um, welche es am besten ist, alsbald beim Straßenwechsler umzuwechseln, wenn man sie im Verkehre erhält und nicht zurückweisen kann.

Es ist eine große Mannichfaltigkeit eigenthümlicher Waaren, welche man in einem morgenländischen Bazar für den Schmuck und für die Erinnerung in der Europäischen Heimat kaufen kann. Zwar giebt es jetzt, wo die Weltausstellung auch die größere Volksmasse mit morgenländischen Sitten und mit den Erzeugnissen des morgenländischen Gewerbfleißes besser bekannt gemacht haben, eine große Anzahl von Verkaufsgeschäften, vorzüglich in London, in Paris und in Wien, welche die Gewerbserzeugnisse der Mohamedanischen Culturwelt, neben denjenigen der Indischen und Chinesisch-Japanischen, feil bieten, und ich habe mich soeben bei einem flüchtigen Besuche dieser drei Großstädte überzeugt, daß die Concurrenz schon ihr Werk gethan hat und die Preise auch beim Vergleiche mit den Ursprungsorten im Morgenlande selbst keineswegs mehr hoch sind. Aber eine solche Auswahl, so reich und so zweckmäßig wie vorzüglich im Bazar zu Stambul, findet man in Europa doch noch nicht. In gutem Geschmack übertreffen die Türkischen Waaren unsere Europäischen bei weitem. Besonders gilt dies von allen Kleidungsstücken, auf welchen Stickerei angebracht ist, wie Frauenjacken und Frauenschuhen. Es ist dies wohl lediglich zwei Ursachen zuzuschreiben, welche wir als Unvollkommenheiten der Asiatischen Culturform zu betrachten gewohnt sind. Erstens giebt es jenseit der Grenzen der Europäischen Culturform keine Mode. Der ewige Wechsel, welchen die Herrschaft der Mode mit Nothwendigkeit bedingt, führt keineswegs immer zum Schöneren, sondern auch sehr häufig zu Formen, welche alsbald lächerlich und abscheulich erscheinen, wenn sie nicht mehr Mode sind. Dann aber kann auch viel größere Sorgfalt bei der Anfertigung auf Artikel verwendet werden, welche nicht in Gefahr sind, unverkäuflich zu werden, weil sie aus der Mode kommen. Dieser zweite Umstand kommt darin zum Ausdruck, daß der Handarbeit ein größeres Feld bewahrt bleibt. Dabei können besonders schöne Formen als dauernde festgehalten werden, und dies ist seit Jahrtausenden im Osten geschehen. Und doch kann in jedem einzelnen Falle Variation des untergeordneten Ornaments zur Anwendung kommen. Was hiervon dem kaufenden Publicum gefällt, bleibt dann eben und wird wiederholt und immer wieder nachgeahmt. Das Ganze läuft also auf eine Bewegung des Geschmackes hinaus, welche, ohne Sprünge, immer schöneren Zielen zustrebt, langsam zwar, aber bei einer beständig größeren Reichhaltigkeit der Auswahl. Durch die Bewegung des Gewerbes wird der Geschmack des Publicums und durch diesen wieder die Bewegung des Gewerbes geregelt, so daß es zu der für uns erstaunlichen Thatsache kommt, daß Völker, welche ungebildeter sind als wir und keinerlei Erziehungsanstalten für künstlerische Ausbildung kennen, wie die Araber, Perser und Inder, nichts desto weniger viel geschmackvoller produciren als wir. Am meisten überrascht der fein ausgebildete Farbensinn, welcher niemals Fehler macht; es scheint, daß derselbe eine Naturgabe, welche wir nur durch die sinnlose Herrschaft einer Mode, der wir uns auch dann unterwerfen, wenn wir sie nicht billigen, verloren haben.

Am besten kauft man im Bazar von Stambul die sehr geschmackvoll geschnittenen kleinen Frauenjacken, ohne Aermel, aus blauem oder rothem Sammet von Genua, mit Silber oder Gold gestickt, zu etwa zwei Türkischen Pfund oder 45 Fres. das Stück, und ähnliche Jacken aus krapprothem Tuch, mit bunter Seide aller Farben gestickt, zu etwa 25 Fres.; ferner gestreifte, weiße Stoffe aus Seidengaze, in Brussa verfertigt, welche unseren Tarlatans, denen sie im Preise gleichstehen, himmelweit überlegen sind. Besonders geschmackvoll sind die goldbraun und schwarz gestreiften, sehr weichen Seidentücher aus Bagdad mit lang herabhängenden Troddelknöpfen, welche die Araber um die Hüften, um die Schultern oder um den Kopf schlagen, von welchen aber auch unsere Damen sehr mannichfaltige Verwendung machen können. Sie werden auch in anderen glänzenderen Farben hergestellt, mit Silber und Gold durchwirkt, und stellen sich auf 18 bis 40 Frcs. Eine besondere Art Tücher mit fast Schottischem Muster, eigentlich Schärpen, welche man in Tarabulus in Syrien verfertigt, werden nach dem Gewicht verkauft, ohne allen Handel. Unser stattlicher Verkäufer ließ überhaupt das Aufschlagen bald sein, nachdem er gemerkt hatte, mit welcher Waaren- und Preiseskenntniß er es zu thun hatte. Auch zwei Englische Damen, die uns begleiteten, und welche nach Englischer Weise sich jeden Feilschens enthielten, nur nicht kauften, was ihnen zu theuer schien, bewiesen eine nicht geringe Waarenkenntniß, die wohl durch die Industrieausstellungen jetzt überhaupt allgemeinere Verbreitung gefunden hat. Auf dem kleinen Hofe vor den Fenstern des Gewölbes hatten sich allmählich graubärtige Verkäufer aus den Nachbargewölben versammelt, ihren Kaffee schlürfend, grade wie es die kaufenden Damen machten, und begannen bei den sachkundigen Proben, die mit den Stoffen vorgenommen wurden, dem Wägen, Fadenzählen und Auszupfen, in jedesmaligen lauten Jubel auszubrechen. Ihr Meister befand sich nämlich als Geschäftsmann nun auf der Probe, wußte dies aber mit sehr gutem Anstande aufzunehmen und hatte sich zuletzt ganz darin gefügt, zu verkaufen, wie sonst nur ein Verkäufer in London verkauft. Die beiden mitgenommenen Dragomane, ein Türke und ein Grieche, hatten sich bald in stumme Zuschauer verwandelt, da sie die Damen mit den Türkischen Zahlen und Münzen vertraut fanden.

Einen kleinen Asiatischen Teppich, in den Dörfern im Inlande, bei Angora, gewirkt, bestellt man am Besten nach Probe. Der Preis per Quadratmeter ist ungefähr demjenigen gleich, welcher für unsere Nachahmungen in Kottbus und Sprottau zu bezahlen ist. Aber die ächten Teppiche sind haltbarer und werden durch den Gebrauch eher schöner. Sie sind fester gewirkt und reicher gefärbt. In neuerer Zeit sollen freilich die Anilinfarben auch in die Türkische Teppichwirkerei eingedrungen sein.

Wahrhaft imponirend ist die Fülle der mit Gold gestickten Lederpantöffelchen in der Schuhmacherei. Sie sind billiger und viel schöner als in Moskau, in dessen Nähe, in Klin, dergleichen Schuhe ebenfalls massenweise verfertigt werden. Die weichen gelben Stiefel aus Marokkoleder, deren sich die Türkischen Frauen als Strümpfe bedienen, kosten das Paar bis 3 Frcs., also nicht mehr als gut gewirkte Baumwollenstrümpfe, welche, wenn aus Balbriggan in Irland bezogen, sogar 4 Frcs. kosten und mehr.

Aus dem Metallwaaren-Bazar nimmt man wohl noch ein Türkisches Kaffeeservis aus reich façonnirtem Messing mit, Kaffeebrett, Kaffeekanne und sechs durchbrochene Untersetzer in der Form von Eierbechern enthaltend, mit Tassen aus Porzellan, welche letzteren aber aus Europa, namentlich aus Ungarn, kommen. Dazu gehören noch drei oder vier kleine Casserollen aus Messingblech, zum Kochen des Kaffees auf den Kohlen, und endlich eine Türkische Kaffeemühle, ein Messingrohr mit stählernem Werk, ziemlich theuer, mit welcher es uns gegangen ist wie dem Darius mit dem Skythischen Bogen, den er nicht spannen konnte. Um nämlich Kaffee auf dieser Mühle zu mahlen, bedarf man Orientalischer Körperkraft, und die haben weder unsere Dienstboten noch wir. Der Kaffee muß also im Mörser gestampft werden.

Außerhalb des großen Bazars liegt der Khan, d. h. die Herberge der Persischen Kaufleute, wo Persische Shawls und Persische Teppiche, die nur die Größe von Tischdecken haben und einen von den Türkischen sehr verschiedenen Geschmack zeigen, zu kaufen sind. Es ist ein Hof, von niederen Gebäuden umgeben, vor welchem die Verkäufer mit gekreuzten Beinen saßen. Eine kleine schiitische Moschee befindet sich darin. Außerhalb liegt auch der besondere Bazar für die Gewürze, in dessen Innern der Muscat-, Nägelein- und Zimmtgeruch uns lebhaft an die Katharinendocks in London erinnerte.

Alle diese Bazars haben wir wiederholt an verschiedenen Tagen besucht. Sie gehören zu dem am meisten Interessanten, das in Konstantinopel zu finden. Die Türkischen Frauen scheinen grade so gern einen Ladenspazirgang zu machen wie die unsrigen, oder wie die Englischen, denen das „Shopping" geradezu tägliches Bedürfniß ist. Es hat ja auch seinen Sinn und seine Vortheile: sie studiren eben concrete Volkswirthschaft. Sie sind die Vertreterinnen der Consumtion. Ich habe nichts davon gemerkt, daß die Frauen im polygamischen Mohamedanischen Lande hierin anders sind wie die unsrigen. Sie baden, machen Toilette, gehen oder fahren aus, und zwar immer ohne ihre Männer; sie gehen oder fahren in den Bazar, um dort zu kaufen, wieder ohne ihre Männer, müssen also über das Geld dafür selbstständig verfügen. Zu feilschen soll ihnen dabei ein Hauptvergnügen machen.

Scutari.

(Anziehungspunkte von Scutari. Dampfschiffverbindung. Die Türkischen Volksküchen. Begünstigung des Zuzugs nach Konstantinopel aus Kleinasien. Parallele Colonialpolitik der Angelsachsen. Türkische Eisenbahnpolitik. Der große Mohamedanische Kirchhof. Männer- und Frauengräber. Der Englische Kirchhof. Die Gräber der Deutschen Legion. Das Thal der süßen Wasser von Asien. Chalcedon. Sage von der Gründung von Byzanz. Das Landhaus des Belisar. Der Semaphor auf Bulgurlu. Das Kloster der heulenden Derwische. Gesang aus der Burdha. 99 × 99 Namen Allahs. Simeon, der Stylit.)

Wer in der Türkei zunächst Konstantinopel besucht, unterläßt es ganz gewiß nicht, auch einmal nach Scutari hinüber zu fahren, schon um doch auch einmal auf Asiatischem Boden gewesen zu sein. Aber in Scutari ist auch Vieles zu sehen, was durchaus eigenthümlich ist. Erstens ist Scutari eine durchaus Türkische Stadt, in welcher weder das Griechische, noch das Europäische Bevölkerungselement eine sichtbare Rolle spielt. Dann ist es die bevorzugte Begräbnißstadt für alle Türken in Stambul, welche noch strenge und aufrichtige Mohamedaner sind, und dies ist die ungeheure Mehrzahl des Bürgerstandes. Es geht — man weiß nicht seit wann, aber seit manchem Jahrhundert — die Sage unter den Türken um, daß sie Konstantinopel wieder verlieren würden. Um nicht in Gräbern zu liegen, die der Christ entweihen möchte, lassen sie sich also lieber in Scutari begraben, welches sie als ein mit Sicherheit ewiges Besitzthum des Islam betrachten. Zwar müssen sie wissen, daß die Christen, wenigstens im Norden, auch Mohamedanische Gräber nicht entweihen, denn sie haben in Ungarn sogar ziemlich zahlreiche Gräber hinterlassen, welche das Ungarische Gesetz bis heute schützt, darunter das Grab des Türkischen Heiligen und Dichters, Gul Baba, zu Deutsch Rosenvater, in Ofen, zu welchem jeweilig bis heute Mohamedanische Wallfahrer kommen. Aber sie können hieraus freilich nicht wissen, was die Griechische Kirche, mit welcher sie beständig in so bitterer Fehde liegen, mit ihren Gräbern anfangen würde, wenn dieselbe jemals wieder in der Europäischen Türkei Herrin werden sollte. Dann ist aber auch bei Scutari der Soldatenkirchhof zu sehen, welchen die Engländer daselbst im Krimkriege hinterlassen haben. Er liegt bei Scutari, weil die Engländer dort kasernirt waren und ihr Militärhospital hatten. Es sieht aber jetzt fast so aus, als ob dieser Kirchhof von christlicher Seite der Beweis eines Vertrauens sein solle, welches den Mohamedanern eben noch fehlt. Endlich aber ist Scutari der Sitz des Klosters der Mohamedanischen Mönche, welche von den Europäern die „heulenden Derwische" genannt werden und deren seltsame Vorstellungen der Merkwürdigkeit wegen einen Besuch verdienen, wie das Kloster des Mevlevi oder der tanzenden und musicirenden Derwische in Pera, zu welchen ich den Leser schon geführt habe. Zu vergessen ist auch nicht, daß die Nachbarschaft von Scutari die Stätten in sich schließt, auf welchen Chalcedon stand und zum Theil noch heute steht, und in etwas größerer Entfernung Nicäa und Nikomedia, jetzt Isnik und Ismid, als die Stätten, wo das große Drama der Entstehung der katholischen Kirche im Kampfe mit den zahlreichen christlichen Secten des Alterthums spielte.

Die Dampfer nach Scutari fahren, wie ich schon früher erwähnt habe, alle viertel Stunde von der unteren Brücke über das Goldene Horn ab. Die Fahrt dauert etwa eine viertel Stunde. Man landet in Scutari, welcher Name nur eine Europäische Verstümmelung des Türkischen Namens Uskudar ist, bei einem Zollhause und einigen Korn- und Strohspeichern. Nun ist man auf unverfälscht Türkischem Boden. Die Stadt hat niedrige Häuser, ziemlich breite Straßen und steigt den sanften Abhang des Berges empor. Knaben bieten gesattelte Pferde zur Miete an. Einige Kaffeehäuser in der Hauptstraße fanden wir mit Türkischen Officieren ganz gefüllt.

Scutari, welches etwa 30,000 Einwohner zählen mag, hat acht Moscheen, von welchen nicht weniger als fünf durch verschiedene Sultana Validehs, oder Sultansmütter, errichtet worden sind. Zwei derselben sind mit Anstalten verbunden, auf welche wir in Berlin als auf etwas ganz Besonderes und Neues stolz sind, die aber in Mohamedanischen Landen sehr alt sind, nämlich mit Volksküchen. Nur wird in diesen Volksküchen keinerlei Bezahlung genommen; es hat nur Jeder, ohne Unterschied der Religion und der Nationalität und ohne nach seinem Namen gefragt zu werden, das Recht, drei Tage dort zu essen, und zwar zwei Mahlzeiten täglich, Abends und Morgens. Er bekommt aber weiter nichts, als einen Topf kräftiger Suppe und eine Semmel. Am Freitag giebt es in der einen derselben auch Pillaf (Butterreis), welchen sich selbst die Vergnügungsreisenden aus Konstantinopel schmecken lassen. Ja selbst das Pferd, wenn ein Reisender ein solches hat, bekommt Kost und freies Futter in diesen Volksküchen, welche den Namen „Imaret“ führen. Man sieht, als Armenunterstützung werden diese Gaben nicht behandelt, sondern man übt damit eigentlich nur Gastfreiheit, für welche überhaupt in der ganzen Mohamedanischen Welt der Zeitraum von drei Tagen gebräuchlich ist, so weit es sich um ganz Fremde handelt.

So gewährten einst die Angelsachsen, also Germanische Auswanderer und Eroberer, jedem neuen Ankömmling in ihrer Siedelung sogar vierzig Tage Obdach und Zehrung und die Hinterwäldler in Amerika handeln auch heute noch so, nur daß sie gewöhnlich Gegengeschenke erwarten, die meist in geschossenem Wild bestehen. Bis heute haben sich die Spuren jener Angelsächsischen Sitte in der Englischen Heimatsgesetzgebung erhalten. Die hohe Ausbildung der Moscheen-Gastfreundschaft grade in Scutari, wo auch große Khans mit mehreren Moscheen verbunden sind, also Herbergen, in welchen nichts für Obdach, sondern nur Trinkgeld für Bedienung bezahlt wird, beweist übrigens, wie viel den Sultanen stets an demjenigen Zuzug in die Europäische Türkei gelegen war, welcher über Scutari kommt, also hauptsächlich Türken umfaßt. Scutari hat denn auch schon früher, unter Beihülfe Englischer Unternehmer, Eisenbahnverbindung nach dem Innern von Kleinasien erhalten, als Stambul selbst in das Innere der Europäischen Türkei hinein, und bis heute ist die Türkische Regierung, trotz der Begeisterung des Sultans für Eisenbahnen überhaupt seit seinem Besuche von Paris, diesen nur wenig geneigt und macht ein sehr süßsaures Gesicht zu dem Anschlusse der Rumelischen Bahnen an die projectirten Serbischen, an die Rumänischen und schließlich an die Oesterreichischen Bahnen.

Wir stiegen die Hauptstraße von Scutari aufwärts zunächst bis zu dem Kirchhofe, welcher jetzt aus einem mächtigen Cypressenwalde besteht, auf einem Hügelkamme gelegen. Dieser Kirchhof macht, auch wenn man nur ein kleines Stück durchwandert, einen gewaltigen Eindruck. Er zählt vielleicht nicht viel weniger als eine halbe Million Gräber. Die aufrechtstehenden, theilweise sehr dicht gedrängten, Grabsteine sind sämmtlich aus Marmor, welcher aus der unerschöpflichen Fundgrube auf der Marmor Insel, im Marmormeer, leicht zu Wasser herüber gebracht werden kann. Die Türken unterscheiden die Geschlechter, denen sie ja auch eine so verschiedene Stellung im Leben anweisen, selbst noch im Grabe. Die Grabsteine der Männer sind mit einem Turban oder Fez, je nachdem sie der älteren oder neueren Zeit angehören, die Grabsteine der Frauen gewöhnlich mit einem Blumenstrauß bezeichnet. Die Massen der steinernen Turbane und Feze auf den aufrechtstehenden Steinen von ungefähr Menschenhöhe macht einen fast geisterhaften Eindruck. Man muß sich den düsteren Schatten des Cypressenwaldes dazu denken. Diese Sitte der Grabsteinverzierung, wozu noch die eingemeißelte Inschrift kommt, macht große Steinmetzarbeit nöthig, und so säumen denn auch das letzte Stück der Straße, grade wie bei uns, zahlreiche Bildhauer- und Steinmetzwerkstätten ein. Es fehlt aber auch nicht an Kaffeehäusern, Obstverkaufsgewölben und Backwaarenständen, welche ihre Reihe unterbrechen. Wir fanden hier zahlreiche Deutsche Gesellschaft, welche sich in Erwartung der Vorstellung der „heulenden Derwische", welche dicht dabei am Nachmittage stattzufinden pflegt, in den sehr primitiven Kaffeehäusern gütlich that. Es waren Deutsche Handwerker aus Pera mit Besuchen aus dem Vaterlande.

Wir selbst beschlossen, die Zwischenzeit noch zu benutzen, um auch den Englischen Soldatenkirchhof zu sehen, und thaten dies in Gemeinschaft zweier Englischen Damen. Es ging rechts ab über freies, hügeliges Feld, mit beständiger Ausschau auf das schimmernde Marmormeer. Zur Rechten hatten wir, grade an der Stelle, wo der Bosporus in dieses Meer mündet, die mächtige Kaserne, welche den Engländern während des Krimkrieges als Hospital eingeräumt war und wo die berühmte Krankenpflegerin Miß Nightingale einst so segensreich schaltete. Der Kirchhof liegt noch auf der Höhe, mit ganz prachtvoller Rundschau, in welcher besonders die Prinzen-Inseln hervortreten, und wohl kann man wünschen, wenn es überhaupt einen Unterschied ausmacht, hier begraben zu sein.

Ein Englischer Gärtner mit Familie wohnt in einem allerliebsten, epheuberankten Hause auf dem Kirchhofe und hält denselben so sauber und schmuck, wie man dies nur in Englischen Gärten findet. Die Königin Victoria hat ihren an Wunden oder, was noch viel mehr der Fall, an Lagerkrankheiten gestorbenen Kriegsmännern als Denkmal einen gewaltigen Obelisken aus Granit errichten lassen, entworfen von Marochetti aus Mailand, welcher darin grade kein großes Kunstwerk geleistet hat. Die Widmungsinschrift ist in vier Sprachen, Englisch, Französisch, Italienisch und Türkisch, auf den vier Seiten des Obelisks eingegraben. Es liegen 8000 Opfer des Krimkrieges auf dem Kirchhofe, ein Menschenverlust, mit welchem doch das erzielte Resultat in keinem Verhältniß steht. Ein Englischer Officier ist mit seiner Gattin begraben, welche gekommen war, um den Verwundeten zu pflegen. In einer besonderen Ecke des Kirchhofs sind die Gefallenen oder im Lazareth Gestorbenen der Deutschen Legion begraben, deren Namen sämmtlich auf einer besonderen Säule mit Deutscher Widmung verzeichnet stehen. Es sind auch Officiere darunter. Viele sind ihrer nicht, da die Deutsche Legion ja eigentlich nicht mehr ins Gefecht kam. Verläßt man den Kirchhof, so wird man gebeten, seinen Namen in ein Fremdenbuch zu schreiben, in welchem ich fast alle bekannten Namen ganz Englands entdeckte.

Weiter südwärts fließt durch ein breites Thal ein Bach in das Marmarameer, welcher als süßes Wasser in Asien von den süßen Wassern in Europa unterschieden wird. Hier zeigen sich wieder viele hübsche Landhäuser und auch Weinberge, welche die schönste Eßtraube der Welt liefern sollen, und hier liegen die Dörfer Kadikoi oder „Richterdorf“ und wieder ein Kandilli oder „Lichtheim“, und hier haben auch wieder zahlreiche Europäer ihre Landhäuser. Kadikoi steht auf der Stelle des alten Chalcedon. Von Trümmern des alten Chalcedon konnte ich nichts mehr entdecken; es sollen aber, wie mir ein dort wohnender Deutscher Ingenieur der Eisenbahn erzählt hat, bei Ausgrabungen immer noch Funde von Antiken gemacht werden, darunter selbst Gemmen. Auch hat er Stücke des bekannten Edelquarzes gefunden, dessen Name im Alterthum von der Stadt Chalcedon abgeleitet wird. Dieser Edelquarz, welcher zuerst von Chalcedon in den Handel kam, jetzt aber hauptsächlich bei Brussa, am Fuße des Asiatischen Olympos gefunden wird, zeichnet sich durch poröse Schichten aus, welche Farbstoffe in sich aufnehmen. Diese Eigenthümlichkeit machte ihn ganz besonders für Gemmen, für Cameen und Intaglien geeignet, welche daher denn auch wohl grade in Chalcedon zahlreich verfertigt sein mögen. Jetzt wird diese Fähigkeit des Chalcedon in ausgedehnter Weise in Oberstein an der Nahe benutzt, und der Preis des von der Natur gefärbten Chalcedon ist in Folge dessen beträchtlich herunter gegangen. Chalcedon ward schon im Jahre 685 von Megara angelegt, und schon nach 27 Jahren folgte ein zweiter Schwarm Megarenser, um sich am Bosporus eine neue Heimat zu suchen. Sie befragten ein locales Orakel, welchen Platz sie wählen sollten, und erhielten die dunkle Antwort: „Den Blinden grade gegenüber." Aber sie verstanden sie doch, weil ihnen die Landsleute in Chalcedon wohl ihre eigene Blindheit eingestanden haben mögen, und so legten sie denn Byzanz am Goldenen Horne an.

Zwischen der Kaserne bei Scutari, und Byzanz, also dem heutigen Stambul, soll Zeus als Stier mit der Europa auf dem Rücken über das Wasser geschwommen sein. Daher der Name der Meerenge Bosporus „Ochsenfurth", Englisch also „Oxford". Ich glaube, daß hinter dieser Griechischen Sage eine tiefe culturgeschichtliche Bedeutung steckt, welche, wäre hier anzudeuten wohl kaum der Ort. Daß Rinder über den Bosporus schwimmen können, ist eine Thatsache.

Die Vorstadt von Kadikoi hat noch den Griechischen Namen „Pendik", d. h. „Panteichon". Es war das Landhaus des Belisar, welcher keineswegs, wie ihn nach einer alten Anekdote Marmontel und die Maler dargestellt haben, im Alter, blind und von einem Knaben geführt, bettelnd umherzog, sondern die großen Schätze, welche er auf seinen Feldzügen in Afrika und Italien zusammen geschlagen hatte, in diesem Landhause bis an sein Lebensende sich behagen ließ. Noch im Jahre 560 schlug er an der Spitze eines Konstantinopolitanischen Volkshaufens einen Angriff der Bulgaren auf Konstantinopel zurück und ward nur vier Jahre später von den Intriganten des Palastes der Theilnahme an einer Verschwörung gegen das Leben Justinian's angeklagt. Nach dem bekannten haarsträubenden spätrömischen Strafgesetzentwurf in Hochverrathsfällen ward er dann verhaftet oder vielmehr als vornehmer Mann eben in diesem Landhause, wie wir es nennen, „sistirt" und sein Vermögen von Staats wegen vorläufig administrirt: aber nach sieben Monaten wurde er freigesprochen und ihm seine Freiheit und alle seine Ehren, so wie sein unversehrtes Vermögen zurückgegeben. Er starb zwar dann bald; aber wenn Madame Antonina Belisar, ursprünglich eine liederliche Schauspielerin, welche den Pantoffel kraftvoll schwang und die er nichts desto weniger innig liebte, ihm die letzten Tage nicht wegen der falschen Anklage durch Zank verbittert hat, hat er seine Augen ruhig und glücklich geschlossen.

Nach dem Kirchhofe und Scutari zurückkehrend, konnten wir noch einen Blick auf die Spitze des Bulgurluberges hinter Scutari werfen, des höchsten der ganzen Gegend, welcher noch einen Semaphorenthurm trägt. Der Semaphor, der Vorläufer des Drahttelegraphen, soll zwar von den Franzosen am Ende des vorigen Jahrhunderts erfunden worden sein; auf Bulgurlu und auf der Spitze des Palastes in Stambul stand aber schon ein Jahrtausend früher ein optischer Telegraph von solcher Vollendung, daß, mit nur acht Stationen, von Konstantinopel bis Tarsus in Cicilien, also beinahe achtzig Meilen weit telegraphirt werden konnte. Der Philosoph Leo hatte ihn unter der Regierung des Theophilus erfunden. Er telegraphirte auch in der Nacht, indem seine Zeiger vor einer hell erleuchteten Leinewandscheibe bewegt wurden.

Wir erreichten das Kloster der „heulenden Derwische", der „Rufai", noch grade zur rechten Zeit. Hier mußten wir die Stiefel ausziehen und dann auf eine kärglich mit zerrissenem Teppich belegte Gallerie treten, in grade solch einen Saal (einem Magdeburger vorstädtischen Tanzsaal ähnlich), wie bei den Mevlevi, den tanzenden Derwischen in Pera. Die Derwische saßen im Kreise und beteten zuerst das Fatha, die erste Sure des Koran; dann standen sie alle auf bis auf ihre Vorstände, die mit gekreuzten Beinen auf Kissen sitzen blieben, und bildeten einen Kreis. Und nun riefen sie, wie die Tänzer zuerst langsam: „La Ilah Illalah". Dies dehnen sie aber aus in „La—il lah—il-la—lah" und es ist darunter zu verstehen: „Gott ist der Gott." Dies giebt sechs Silben. Bei den ungeraden Silben beugen sie sich vorwärts und bei den geraden richten sie sich wieder auf. Nach einiger Zeit wechseln sie die Bewegung und werfen bei der dritten, sechsten, neunten Silbe u. s. w. den Oberleib rückwärts. Dann wechseln sie noch einmal, legen sich gegenseitig die Hände um den Nacken und schieben den Oberleib seitwärts, nun rechts nun links — es sieht aus, als bewegte Alle ein und derselbe Wille. Und unablässig erschallt das Laillah, welches zuletzt allein aus dem wilden Chor heraus zu hören ist. Während dieser Chor noch auf solche Weise fortheult und die schwitzenden Oberleiber der in ihren krampfhaften Bewegungen nicht nachlassenden Fanatiker, nun fast ganz von den stückweise abgeworfenen Kleidern entblößt, einen wahrhaft abstoßenden Anblick bieten, stimmen plötzlich augenscheinlich geschulte Vorsänger Strophen aus dem berühmten Gedichte der Burdha an, von welchem mir vor Kurzem ein Freund in Wien die in Leipzig erschienene Ausgabe eines verstorbenen jungen Orientalisten geschenkt hat, nämlich den Arabischen Text mit Türkischer und Deutscher Uebersetzung. Es ist schon im vorigen Jahrtausend von einem Beamten in Aegypten gedichtet worden, preist den Propheten und beschreibt zugleich den schweren Kampf sinnlicher Entsagung. Der Sinn ist mir sehr dunkel geblieben, aber im ganzen Morgenlande wird es höchlich bewundert, wie von uns etwa der Erlkönig, dessen Sinn den Franzosen ja auch dunkel bleibt. Eben so dunkel wie der Text ist die Musik; aber man fühlt doch heraus, daß es Menschen geben kann, auf welche sie berauschend wirkt, ja einzelne Wendungen kommen darin vor, wie wir sie nur bei Beethoven gewöhnt sind. Zuletzt fiel der Chor der Derwische in die Schlußnoten ein; dann ward Alles ruhig und die Tänzer setzten sich nieder.

Nun begann aber der zweite Act. Jetzt hatte Jeder die sämmtlichen neunundneunzig Namen Allah's neunundneunzig mal hinter einander auszusprechen, also neuntausend achthundert und einen Namen. Das aber ward uns zu viel. Mir fiel der Griechische Reisende im fünften Jahrhundert ein, welcher zu zählen versuchte, wie oft sich der Säulenheilige, Simeon der Stylit, auf seiner 60 Fuß hohen Säule in einer seiner Verzückungen mit dem Kopfe bis auf die Fußspitzen verbeugen werde. Da haben wir die verzückten Derwische also auch im Christenthum, nur unter erschwerenden Umständen! Jener Reisende erzählt auch, daß die Sarazenen, d. h. die Wüsten-Araber, jenen Styliten, der seine Vorstellungen bei Antiochien gab, in Schwärmen umlagert und ihm zugesehen hätten. Der Grieche zählte nach seiner Angabe zwölfhundert und vierundvierzig solcher so schwierigen Verbeugungen, war dann vom bloßen Zusehen und Zählen erschöpft, entfernte sich und sah ihn, zurückblickend, noch immer sich verbeugen. Theodorus und Antonius berichten von ihm in ihrer Geschichte der Kirchenväter, und mit ihnen stimmen auch Cosmas und Evagoras überein. Er war aber auch der König aller Säulen-Heiligen, welcher sich mit einer Kette an seine Säule schließen ließ, um nicht heruntersteigen zu können, und auch darauf starb. Einst versuchte ihn der Teufel und lud ihn ein, in den Wagen des Elias zu steigen, um gen Himmel zu fahren. Aber als er nun das Bein hob, um einzusteigen, brachte ihm hohnlachend der Teufel auf einem unnennbaren Theile seines Leibes ein unheilbares Geschwür bei, an welchem dieser Syrer eben starb. Ihm geschah Recht, denn ein schrecklicherer Wahnsinn, als der religiöse, der ja ansteckend wirkt, läßt sich nicht denken. Simeon's Eitelkeit — denn Eitelkeit ist dergleichen ja — mag auch jene Sarazenen angesteckt haben, welche ihm zusahen und fortgewirkt haben bis in die Mohamedanische Zeit, wo sich dann Rufai, der Gründer dieses Derwisch Ordens, zu Aehnlichem hinreißen ließ. Wir sahen noch, wie man kranke Kinder in den Saal brachte, auf welche das Oberhaupt des Klosters treten mußte, um sie zu heilen, ihnen die Gnade mittheilend, welche die büßenden Derwische Allah abgerungen hatten. Wir hörten noch das laut im Chorus gebrüllte Hu, den neunundneunzigsten Namen Allahs, welcher nichts weiter bedeutet als Er. Die neuntausend siebenhundert und zwei Wiederholungen schenkten wir den Derwischen, machten uns wieder auf die Strümpfe und dann, nach Bezahlung von 2 Frcs. Mietgeld für die Pantoffeln — unsere gelben Türkischen Lederstrümpfe hatten wir diesmal vergessen — wieder in die Stiefel und ließen uns bei der Rückfahrt durch die wundervolle Abendbrise abkühlen und beruhigen, die vom Marmarameere her wehte.

Von Konstantinopel nach Varna und Rustschuk.

(Der Weg nach dem Morgenlande. Abfahrt aus Konstantinopel. Im Bosporus. Die Symplejaden. Die Argonautenfahrt. Auf dem Strande bei Varna. Richter und Missionär aus Indien. Aussehen der Bulgarischen Städte. Aus der Vergangenheit Bulgariens. Vordringen der Deutschen Sprache an der unteren Donau. Das Schlachtfeld bei Varna. Die Belagerungen von Varna. Die geheimnißvollen Erdaufwürfe in Bulgarien. Die schlechte Rentabilität der Eisenbahn. Schumla. Rustschuk. Das Oesterreichische Donaudampfschiff.)

Endlich war die Abfahrt von Konstantinopel beschlossene Sache. Wir hatten zehn Tage auf diese merkwürdige Stadt verwendet und zwar gefunden, daß dies lange nicht ausreicht, wenn man sein Gedächtniß und Wissen mit Allem bereichern will, was sie zu bieten vermag; aber der nächste Tag war schon der erste Mai, und wir hatten keine Lust, uns den Beschwerden heißer Tage noch so tief im Süden auszusetzen. Es ist besser, später zurückzukehren, dann gleich den Weg von Wien donauabwärts nach Südosten zu nehmen, und so von Konstantinopel in das Innere von Kleinasien einzudringen, eine Halbinsel, welche mit kaum schwächeren Reizen der Natur, der Geschichte und der Ethnographie anzieht, als Griechenland und Italien. Aber wer zum ersten Mal das Morgenland besucht, und die Wintermonate an seine Reise setzen will, dem rathe ich, es genau so zu machen wie wir: also im Spätherbst von den Alpen herunter nach Italien, sei es nun durch den Mont Cenis nach Turin, oder über die Schweizer Pässe nach dem Lago Maggiore oder dem Comer See, oder über Innsbruck und Bozen auf der Eisenbahn nach Verona, oder von Wien über den Karst nach Venedig – ich kenne alle diese Wege nach Italien hinein, und sie sind alle ziemlich gleich schön — dann geht man über Bologna oder, beim Eintritt von Nordwesten auch über Genua, nach Florenz. Von Florenz nach Rom hat man drei Verbindungen, unter welchen die östliche, über Foligno in landschaftlicher Beziehung die schönste, die anderen aber ebenfalls wenigstens culturgeschichtliches Interesse bieten. Die berauschend schöne Fahrt von Rom nach Neapel habe ich zu schildern versucht. Von Neapel aus hat man nun die Wahl, ob man zur See nach Sicilien und von dort wieder zur See nach Griechenland gehen will oder den kürzeren, an Bildern, welche haften bleiben, nicht minder reichen Weg über Brindisi und Korfu einschlagen will, welchen ich ebenfalls zu schildern versucht habe. Dann ist es für den Reisenden, der gleich auf der Reise von Griechenland und seinen hohen Schönheiten ein, wenn auch nur flüchtiges Bild gewinnen will, am besten, in Korfu sich der Griechischen Dampfschifffahrt anzuvertrauen und über die Ionischen Inseln, den Busen von Lepanto und den Isthmus von Korinth nach Athen zu gehen. Zu längerem Aufenthalte empfehlen sich, wie sich von selbst versteht, Florenz, Rom und Neapel, und in Griechenland Korfu und Athen. In beiden kann ich auch die Gasthöfe als besonders gut und als nicht besonders theuer empfehlen. Von Athen weiter giebt es zunächst nur die Dampfschifffahrt nach Syra. Auch hier kann man rasten und dann entweder über Smyrna, wozu mir schon die Zeit fehlte, oder unmittelbar nach Konstantinopel gehen. Auf den Lloydschiffen sieht und lernt man am meisten und hat sehr gute Italienische und Oesterreichische Kost. Von Konstantinopel geht man dann über das Schwarze Meer, über Bulgarien und stromauf die Donau, aber bei Leibe nicht über Odessa und Galizien, nach Ungarn und nach Deutschland zurück. Von gleicher Ausdehnung und mit gleich geringer Seefahrt giebt es keine Reise in Europa zum Vergnügen und zur Belehrung, welche mit dieser zu vergleichen wäre.

Wir bestiegen wieder ein Lloydschiff, welches für Varna am Schwarzen Meere bestimmt war. Man löst am besten die Karten gleich durch bis Pest, weil man dann mit dem Gepäck keine Schwierigkeiten mehr hat. Eins will ich noch den Damen insbesondere bemerken. Nachdem sie und ihr Gepäck glücklich an Bord herübergebracht sind, müssen sie nicht noch einmal einem Kaik winken, um wieder nach Stambul hinüber zu fahren und dem Bazar einen Schlußbesuch abzustatten. Sie können dies nämlich nicht leicht lassen, weil die Lust zu Einkäufen daselbst immer stärker wird, je öfter sie hingehen. Jedesmal kaufen sie etwas und jedesmal entdecken sie vieles Andere, welches sie im Sinne behalten und später bereuen, daß sie es nicht gekauft haben. Sie thun dies, je größere Kenntniß der Waaren und Preise sie besitzen und immer schwerer fällt ihnen dann aufs Gewissen, daß man ja so bald nicht wieder zurückkomme. Die Türkei hat aber Ausfuhrzölle und jedes abgehende Schiff wird von den Zollbarken, die zum Theil mit Negern bemannt sind, umschwärmt und mit Argusaugen überwacht: wie ich fürchte, weniger um des Zolles, als um der Bestechung willen. Dabei könnte man auch reinen Hafenpiraten in die Hände fallen: denn welcher Fremde kann es diesen Leuten ansehen, ob sie wirklich Hafenbeamte sind? Der Dragoman, der an dem abreisenden Fremden kein Interesse mehr hat, mag mit dergleichen Leuten unter einer

Decke stecken: auf seinen Rath ist also kein Verlaß. Hat man das Zollamt in Galata, wo Alles leicht und regelmäßig zugeht, einmal hinter sich, so ist man eben aus ganz Konstantinopel heraus und muß nicht wieder hinein wollen.

Der Dampfer lichtet kurz vor der üblichen Zeit des Mittagessens um 4 Uhr Nachmittags die Anker und man fährt dann an gedeckter Tafel in fröhlicher Gesellschaft, beim Knallen der Champagnerpfropfen, durch den Bosporus. Zu jener Jahreszeit erreichte man seine Mündung ins Schwarze Meer grade, wann es zu dunkeln begann. Noch sah man die beiden Leuchtthürme, welche die Einfahrt hüben auf Europäischer, drüben auf Asiatischer Seite bezeichnen, Rumeli Fanar und Anadoli Fanar. Auch zeigten sich noch die beiden kleinen Felseninseln, von welchen die Griechen fabelten, daß sie in Absätzen zusammenschlügen und die zwischen ihnen hindurchfahrenden Schiffe zerquetschten und dann wieder auseinanderführen, die Symplejaden. Jetzt stehen diese Felseninseln still, nämlich seit es den Argonauten gelang, glücklich zwischen ihnen hindurchzufahren, wobei die zusammenschlagenden Symplejaden nur grade noch den Stern des Schiffes wegschlugen. Der Taube, welche die Argonauten zuerst hindurchfliegen ließen, schlugen die Symplejaden grade noch den Schwanz ab; die Argonauten fuhren also mit dem Schiffe so schnell hindurch, wie eine Taube fliegt. Jedenfalls ist doch ein Griechisches Schiff, also aus dem Hafen von Jolkos in Thessalien, zuerst in das Schwarze Meer hinausgefahren und hat Colchis entdeckt, wo sich vielleicht mit Vortheil Gold und Schaffelle einkaufen ließen.*) Als die Schiffsmannschaft von der gefahrvollen Reise glücklich zurückkam, was wird sie nicht im Hafen den staunenden Landsleuten erzählt haben! Sie

*) In Colchis wurden beim Seihen der goldhaltigen Erde Schaffelle angewendet. Siehe Plinius, hist. nat. lib. I.

brachte auch ein wildes Mädchen mit, natürlich eine Königstochter. So kann man, wenn man will, die Argonautensage erklären; sie kann aber auch einen viel tieferen Sinn haben. Beim Champagner kann man ihn aber nicht ergrübeln, und wir zogen es überhaupt vor, recht früh zu Bett zu gehen, und schliefen, wie man diesmal wirklich sagen konnte, ungewiegt, denn das gefürchtete Schwarze Meer war spiegelglatt.

Erst auf der Rhede von Varna wachten wir wieder auf und hatten nun ein weites Stück im Boote zurückzulegen bis zu dem hölzernen Flutbrecher, auf welchem die Eisenbahn ein kleines Stück hinaus in die See geführt ist. Hier sammelte sich in freier Luft allmählich die ganze Schiffsgesellschaft, Jeder auf seinem Gepäck sitzend, und wartete auf die Wagen, welche uns zunächst wenigstens nach der Station bringen sollten, die ein ganzes Stück landeinwärts liegt. Die Stadt selbst zeigte sich zur Rechten erst in der Entfernung von einer kleinen halben Meile. Oede sah es am Ufer aus, zu welchem, wie es schien, Sanddünen abfielen. Wir bemerkten, daß zu unserer Schiffsgesellschaft, welche in der ersten Cajüte hauptsächlich aus Oesterreichern der höheren Stände bestand, auch eine ganze Anzahl von Rumänen gehörte, welche eine Vergnügungsfahrt von einer halben Woche, mit ermäßigtem Preise, von Bukarest nach Konstantinopel gemacht hatte. Einige Türken hatte das Schiff auch gebracht und einen Deutschen Missionar, der Mundart nach aus Berlin, welcher aus Dekan in Indien kam und der seit dem Jahre 1840 nicht in Europa gewesen war! Ich hielt ihn anfangs für einen schlichten Bürger, etwa einen Tischlermeister, bis er sich eine Mütze aus weißer Baumwolle in Gestalt eines ungeheuren Kürbis auf den Kopf setzte und damit umherstolzirte und nun bald Gelegenheit bekam, Geschichten zu erzählen, unter der Hand auch die vornehmen Oesterreicher und einige Engländer zu den Kosten des Missionswerkes heranzuziehen. Er war mit dem Englischen Richter des Indischen Bezirks gekommen, in welchem seine Missionsthätigkeit stattfand, und hatte in diesem eine durchaus vertrauenswürdige persönliche Empfehlung gleich bei der Hand. Dieser Englische Richter aus Indien, dem übrigens sein Stand und Charakter leicht anzumerken war, so daß keinerlei Verdacht aufkommen konnte, hatte den Deutschen Missionar auf seine Kosten mit nach Europa genommen und war eine fast noch frappantere Erscheinung als sein Begleiter. Er hatte sich das Aussehen üppig kräftiger Jugend besser bewahrt, als ich dies jemals gesehen habe, und noch dazu unter der Indischen Sonne! Er schien fünfundzwanzig, und war fünfundvierzig Jahre alt. Beide waren die einzigen Europäer auf ihrem entlegenen Indischen Wohnsitze und sprachen das Hindostanische wie ihre Muttersprache.

Endlich kamen die Wagen, die uns zunächst nach der Station führten, wo wir erfuhren, daß der Zug nach Rustschuk erst nach vier Stunden abgehen würde. Auf der Station ist eine Wirthschaft, die wir ziemlich theuer fanden. Nachher ging man nach der Stadt. Man muß solch eine Bulgarische Stadt gesehen haben, um glauben zu können, wie erbärmlich sie aussieht. Hier ist nun freilich nicht blos Unlust des Volkes zur Thätigkeit daran Schuld, sondern der Krieg und die unsicheren Zustände. Auch wäre es ein Fehlgriff, nur die Türkische Verwaltung und die Existenz des Osmanischen Staates dafür verantwortlich zu machen. Schon ehe ein Türke den Boden Europas betreten hatte, sah es hier ganz eben so aus. Unter den Byzantinischen Kaisern, selbst als die Bulgaren zahmer geworden, war hier auch kein Culturparadies, und ehe die Bulgaren kamen, ebenfalls nicht; denn da weideten hier die Avaren und die Gothen, welche zuerst über die Donau drangen und sich von den Kaisern das ganze Land bis funfzehn Tagereisen südlich von der Donau anweisen ließen, haben auch nie etwas aus dem Lande gemacht. Zur Zeit der älteren Römischen Imperatoren, vorzüglich nachdem Trajanus Dacien unterwarf, mag es hier noch am besten ausgesehen haben. Früher hatten sich die Hellenen grade nur an der Küste des Schwarzen Meeres einzunisten vermocht. Dahinter blieb Alles barbarisch. Das untere Donauthal ist heute nur, was es stets war, oder war stets, was es heute ist, der unglücklichste, wenn auch vielleicht fruchtbarste Theil von Europa.

Wir durchwanderten die wüsten Gassen von Varna mit ihren niedrigen, ärmlichen Häusern und begegneten kaum einem Menschen. Doch kamen wir an einem großen Khan, einer öffentlichen Türkischen Herberge, vorbei, einem Hof, umgeben mit steinernen Häusern, der uns im Gegensatze zu den Lehmhütten fast wie ein Schloß erschien. Nach langem Wandern erreichten wir ein etwas Europäisch aussehendes Haus, auf dessen Schild geschrieben stand: „Café, Restaurant und Hotel". Hier war also Aussicht auf einen Imbiß. Im ersten Stock war ein Zimmer mit gedeckten Tischen. Wir fanden einen Wirth, welcher Deutsch, Französisch, Italienisch und Englisch sprach und natürlich auch Bulgarisch, Rumänisch und Türkisch. Darüber darf man sich in der Türkei niemals wundern. Deutsche findet man übrigens das ganze Donauthal abwärts bis zum Schwarzen Meere. Es ist ganz entschieden diejenige Cultursprache, welche sich jetzt hier am schnellsten ausbreitet. Es gab wenigstens Bouillon, Fleisch und Reis und den Landeswein, von welchem freilich nicht viel Rühmliches zu sagen ist. Die Betten standen nicht in besonderen Zimmern; es schien uns aber Alles reinlich und in Ordnung.

Die Türken sind jetzt damit beschäftigt, die Vertheidigungswerke der Stadt in besseren Stand zu setzen. Sie legen auch Befestigungen auf den Höhen über der Stadt an. Man weiß, welche Rolle Varna im letzten Kriege, dem

Krimkriege, als Station der westmächtlichen Truppen gespielt hat, eben nicht mit Vortheil für ihre Gesundheit. Beim Feldzuge des Wittgenstein im Jahre 1828 mußte Varna capituliren, da eine Schaar Russen durch eine Mauerlücke in die Stadt gedrungen war. Aber der Commandant der Stadt, Jussef Bey, den man als verkauft ansah, ward deswegen in Konstantinopel geächtet. Der Kapudan Pascha, der die Citadelle mit 300 Mann besetzt hielt, erwirkte damals freien Abzug für sich. Die Türken rückten auch von dem westlich gelegenen Schumla aus unter Hussein Pascha zur Wiedereinnahme des Platzes vor, in welchem nun umgekehrt die Russen belagert wurden. Varna ist der östliche Schlüssel zu Rumelien und Konstantinopel, Nisch der westliche. Zwischen beiden Orten bildet der Balkan eine Schutzwehr, welche die Angriffe aus Norden in keiner Zeit leicht zu überschreiten vermochten. Uebrigens hatten die Russen, nämlich die Kosaken, Varna schon einmal, im Jahre 1610, überrumpelt, bald nachdem die erste Demüthigung der Türkischen Waffen dem Fürsten von Siebenbürgen gelungen war.

Etwas nördlich von Varna befindet sich das Schlachtfeld, auf welchem der letzte Versuch zur Rettung Konstantinopels der christlichen Völker im Norden, der Ungarn, Wallachen und Bulgaren, unter König Ladislaus von Ungarn im Jahre 1444 von den Türken blutig abgeschlagen wurde. Die Türken betrachten dieses Schlachtfeld, welches sie durch ein rohes Denkmal kenntlich gemacht haben, als das wichtigste mit ihrer Geschichte verknüpfte und haben den Glauben, daß es hier noch einmal zwischen ihnen und der Christenheit zu einer großen Kraftmessung kommen werde. Sollte einst wirklich ein neuer Angriff auf Konstantinopel versucht werden, so glaube ich das wohl, und ohne viel Blut würde diese Kraftmessung gewiß nicht abgehen. Als wir nach der Station zurückkehrten, machte uns ein Engländer, der das Land schon gut kannte, auf einige eigenthümliche, künstliche Erdaufwürfe aufmerksam, welche entweder für Gräber oder Reste primitiver Wohnungsbauten gehalten werden und welche in ganz Bulgarien, und zwar gruppenweise, gefunden werden. Es giebt auch nicht den geringsten Anhalt dafür, diese Erdaufwürfe mit irgend einer der Völkerschaften zusammenzubringen, welche in geschichtlicher Zeit in so zahlreichem Wechsel Bulgarien bewohnten. Sie sind weder Römisch, noch Gothisch, und Griechisch gewiß nicht, da die Griechischen Ansiedlungen, wie gesagt, auf die Küste beschränkt sind und diese Erdaufwürfe sich bis hinauf in Gegenden finden, wo niemals Griechen angesiedelt gewesen sind. Die heutige Bulgarische Bevölkerung hat keine Kunde und nicht einmal eine Sage von ihrer Entstehung. In der ältesten Zeit, von welcher wir durch die Griechen wissen, wohnten hier die Mysier, welche von den Griechen in bestimmtester Weise, alle Conjecturen in umgekehrter Richtung ausschließend, als die Stammväter der Mysier in Kleinasien, also auch der mit denselben verwandten Völkerschaften Indo europäischen Stammes in diesem Lande betrachtet wurden, wofür es Gründe gegeben haben muß. Es bleibt also kaum etwas Anderes übrig, als diese Erdaufwürfe einem Indo-europäischen Volke zuzuschreiben, welches sich donauabwärts bis in die Balkan-Halbinsel und bis nach Kleinasien verbreitet.

Auf der Eisenbahn hatten wir eine recht angenehme und auch in so weit unterhaltende Fahrt, als rechts und links eine liebliche Hügellandschaft, etwa derjenigen im oberen Westfalen ähnlich, kaum aufhörte, nur jeweilig durch kleine Ebenen unterbrochen, mit feuchtem Wiesenwuchs, auf welchem Büffelheerden weideten. Aber von Menschen und Häusern war lange blutwenig zu sehen. Die Büffelheerden sollen nicht selten dadurch, daß sie den Eisenbahndamm überschreiten, die Züge zum Stillstand bringen: es wird auch wohl ein Büffel übergefahren. Es ist dieser Eisenbahn überhaupt der Vorwurf gemacht worden, daß sie nicht sicher sei, vorzüglich weil sie die sumpfigen Wiesen in zu niedrigem Niveau überschreite und der Zug zuweilen durch Wasser fahren müsse, wie auf Eisenbahnen in den Savannen des Missisippi. Wir haben nichts davon erfahren, obgleich wir doch grade in den wasserreichsten Tagen des Jahres durchfuhren. Denn der Schnee war erst ganz vor Kurzem geschmolzen. Uebrigens fühlten wir uns ganz sicher, weil der Englische Ingenieur und Contractor, der diese Eisenbahn für Hirsch gebaut hat, Herr Barklay von London, sich mit auf dem Zuge befand. Aber daß es eine sehr schlecht rentirende Eisenbahn ist, kann ich wohl begreifen. Für Entwicklung des Gütertransports aus und nach Rumänien, auf welchen hauptsächlich gerechnet war, ist erst noch ein ganz anderer Hafen in Varna, als der gegenwärtige, zu schaffen, wo das Landen und Löschen viel zu viel und zu theuere Arbeit kostet, und der eben nur als Türkischer Hafen früher eines gewissen Rufes genoß. Und für den Personenverkehr reicht die Verbindung Rumäniens mit Varna und Konstantinopel noch bei Weitem nicht aus. Eben so ist an Localverkehr in Bulgarien selbst noch gar nicht zu denken. Auf dem Wege zwischen Varna und Schumla stieg Niemand weder ein noch aus, und auch in Schumla, der größten Stadt auf dem Wege, ich glaube, nur ein Einziger. In Varna, obgleich es 20,000 Einwohner zählen soll, schien gar Niemand, außer dem Ingenieur Herrn Barklay, zur Reisegesellschaft beizutragen.

In der Station von Schumla, von welcher aber die Stadt wiederum ein großes Stück abliegt, ward der Halt für das Mittagessen gemacht. Wiederum sprachen die Frauen, welche hier aufwarteten, sämmtlich Deutsch, aber mit Slawischer Aussprache. So weit der Blick aus der Ferne urtheilen läßt, sieht Schumla, einst Hauptstadt der

Bulgarischen eingeborenen Khagane, recht stattlich aus. Man sieht zahlreiche Minarets und auch eine Kuppel Byzantinischer Art, welche indeß heute ebenfalls eine Moschee krönt. Schumla soll mehr als 50,000 Einwohner zählen und ist die bedeutendste Festung im Norden der Türkei. Seitdem sich die Türken ihrer bemächtigt haben, was schon im Jahre 1387, also 60 Jahre vor der Einnahme von Konstantinopel geschah, und zwar durch Capitulation, ist es niemals gelungen, sie zu nehmen. Dreimal haben sie die Russen vergeblich belagert. 1774, 1816, zuletzt 1828 unter Wittgenstein. Diebitsch umging sie im Jahre 1829 und entschied dadurch den Krieg. Im Jahre 1853 machte sie Omar Pascha zu seinem Hauptquartier. Seit jener Zeit haben die Türken zwar langsam und ununterbrochen, aber, freilich, mit ihrem Maße gemessen, eifrig an ihrer Befestigung gebessert, und halten hier beständig eine namhafte Garnison. Die Stadt zerfällt in eine obere und untere. Die obere, welche ganz auf der Plattform liegt, deren Unersteiglichkeit Schumla so sehr zur Festung geeignet macht, wird ganz von Mohamedanern bewohnt, die untere von Griechen, Juden und Armeniern, welche letzteren hier sich eine sehr zierliche Kirche geschaffen haben sollen. Die hauptsächlich von der Natur befestigte Plattform ist so groß, daß sie ein Lager von 150,000 Mann fassen könnte. Die Hauptgewerbe der Stadt sind die Verfertigung von kupfernen Geräthschaften und von Lederwaaren. Es ist der große nördliche Vorposten der ganzen Mohamedanischen Welt, und da der Abstand von Bukarest nur gering und die Eisenbahnverbindung mit Ausnahme des Donauüberganges von Rustschuk nach Giurgewo jetzt hergestellt ist, so stehen sich hier der Islam und die christliche Welt Stirn an Stirn gegenüber. Von Schumla bis Rustschuk zeigt die Landschaft Merkmale einer stärkeren Bevölkerung. Nach Rustschuk konnten wir nicht mehr hinein, da die Abfahrt des Dampf schiffes alsbald nach Ankunft des Zuges stattfand. In Rustschuk sollen schon die meisten Deutschen ansässig geworden sein. Es soll dort sogar ein Deutsches Bierhaus geben.

Als wir das Dampfschiff der k. k. Donauschifffahrtsgesellschaft, den „Orient", betraten, strahlte unsere ganze Reisegesellschaft vor Vergnügen, während der nächsten Tage einen so eleganten und comfortablen und so geräumigen Wohnort zu haben. Das Schiff, nach dem Muster der Amerikanischen Stromdampfschiffe gebaut, stammt in allen seinen Theilen, Schiffskörper, Maschinen und Möblirung, aus Ofen in Ungarn. Es machte grade seine erste Fahrt, hatte sie stromabwärts gut bestanden, und Alles an Bord war funkelnagelneu. Die Cajüten sind Saloncajüten, oberhalb des Decks, ringsum mit Wänden, welche ganz aus großen Scheiben dicken Glases bestehen, und ihr Dach, welches über die ganze Länge des Schiffes ununterbrochen hinläuft, bildet ein neues oberes Deck zum Spazirengehen im Freien. Es giebt Schlafkojen unten, aber auch an den Salon selbst stoßend, wo sie für 20 Frcs. Aufschlag für Mann und Frau zu haben sind. Die Mahlzeiten, für welche der Preis im Fahrgelde gleich eingeschlossen ist, wie auf Seeschiffen, waren das Beste, was wir außerhalb Londons und Paris und außerhalb unseres eigenen Hauses noch genossen haben.

Die entfernten und flachen Ufer der Donau hatten bis zum Anbruch der Nacht wenig Reiz, desto mehr die fröhliche Abendgesellschaft in dem Schiffe, welches während der Nacht vor Anker ging.

Auf der unteren Donau.

(Die Ufer der Donau. Die Türken lassen Bulgarien nicht los. Einsamkeit der Donaustationen. Schistowa, Nikobulu und Rahowa. Der Balkan. Widdin. Die Oesterreichische Mauth in Alt Orsowa. Das Herkulesbad bei Mehadia. Weichselröhre. Das eiserne Thor. Jokai. Die Mückenhöhle. Golubatz. Der Papagei. Baziasch.)

In ihrem Unterlaufe, vom Eisernen Thor abwärts bis an das Mündungsdelta, ist die Donau ein sehr breiter Strom, vorzüglich im Anfang des Mai, wenn ihr oben die Alpen- und unten die Balkanflüsse noch die Schneeschmelze zuführen. Aber auch noch acht Tage bevor wir den Strom erreichten, soll Schnee in Bulgarien gefallen sein. Das Wasser fanden wir auf der Rumänischen Seite überall weit ausgetreten, und wo sonst Inseln sichtbar sind, sahen jetzt nur die Spitzen von Weidenbäumen aus dem Wasser hervor. Ununterbrochen zeigen sich Weiden auf dem Rumänischen Ufer, und überall soll hier in den Dörfern die Korbflechterei lebhaft im Gange sein. Das Bulgarische Ufer ist das hohe Ufer der großen Stromkrümmung, welche die Wallachei umfaßt, und zeigt niedrige Kreidefelsen. Fruchtbar sind beide Uferländer, die Wallachei wie Bulgarien. **Bulgarien** ist eine Kornkammer der Türkei, noch in unmittelbarem Besitze des Sultans, welche es schon darum gewiß nicht leicht aufgeben wird. Es ist aber auch das militärische Vorland der Türkei gegen Rußland. So wie in Ostbulgarien **Schumla** den östlichen Gebirgspässen als Hauptfestung vorliegt, liegt

20*

den Pässen im Westen die Festung Sophia vor, welche ebenfalls einst Landeshauptstadt war. Uebrigens würde ein Feldzug auf dieser Seite, nach dem Vorbilde des Russischen Feldzugs von 1828 und 1829, wahrscheinlich das eben aufblühende wirthschaftliche Leben auf beiden Seiten des Stromes wieder zerstören. Ich habe schon erwähnt, daß Rustschuk jetzt wächst und daß selbst Deutsche Unternehmung sich hier eingenistet hat. Noch schneller wächst, ihm gegenüber, auf dem Rumänischen Ufer Giurgewo. Diese beiden Ortschaften haben der Rolle, welche etwas weiter oben Nikopoli — Türkisch: Nikebulu — bei der Vermittlung des Handels zwischen Bulgarien und Rumänien früher spielte, jetzt so ziemlich ein Ende gemacht und ihn an sich gezogen. Die Eisenbahnen, welche Rustschuk mit Varna und Giurgewo mit Bukarest verbinden, haben ihr Werk gethan. Nikopoli, etwas weiter oben, ward schon durch Trajan gegründet und erhielt seinen Namen zur Feier eines Sieges über die Dacier. Gegenüber in Rumänien finden sich hier die Reste eines Römerdammes, welcher von der Donau quer ins Land bis etwa in die Mitte desselben hineinläuft. Es scheint, daß die Römer versucht haben, ein großes Bollwerk gegen die Einbrüche der Steppenvölker herzustellen, damit aber nicht fertig waren, als Aurelian es vorzog, die Provinz Dacien ganz aufzugeben. Dies muß ein schmerzhafter Entschluß gewesen sein; denn sie sprach schon, wie die Rumänische Sprache bis heute beweist, ganz Lateinisch. Ich vermuthe indeß, daß diese schnelle Annahme der Lateinischen Sprache durch die Dacier ihren Grund in einer Verwandtschaft der verloren gegangenen Dacischen Sprache mit dem Italischen Sprachstamme hat. Es ward ihnen eben nicht schwerer, als etwa den Venetern.

Es ist sehr einsam von Schiffen auf diesem Theile der unteren Donau, und auch auf den wenigen Stationen, welche wir anliefen, sämmtlich auf dem Bulgarischen Ufer: Schistowa,

Nikebuln und Rahowa, stieg kaum Jemand ein oder aus. Höchstens wurden Packete an Bord gebracht. Nirgends war Zeit, ans Land zu gehen; man mußte sich eben mit dem allgemeinsten Eindruck, wie man ihn auf einem Strome erhalten kann, begnügen. Zwischen Nikebulu und Rahowa mündet der Isker in die Donau, der bedeutendste Nebenfluß auf Bulgarischer Seite. Er kommt von Sophia herab und hat noch eine Balkankette zu durchbrechen; er bildet die Heerstraße zu den westlichen Balkanpässen. Eine Strecke hinter Rahowa werden südwestlich die ersten schneebedeckten Balkanspitzen jeweilig sichtbar, und nachdem das Dampfschiff der Schwenkung des Stromes nach Norden gefolgt ist, tritt eine nach Norden laufende Balkankette, das Wudanitza-gebirge, prachtvoll in der Schneehülle prangend, in ihrer ganzen Länge vors Auge. Dort wird es für die Touristen, vielleicht schon in einer nahen Zukunft, bis jetzt noch unentdeckte Alpenfahrten geben; dem Anscheine aus der Ferne nach von nicht geringer Schönheit. Als Ausgangspunkt für dieselben wäre die Türkische Festung Widdin an der Donau zu wählen, welche wir demnächst erreichten und wo schon lebhafterer Verkehr zwischen dem Ufer und dem Schiffe stattfand. Hier muß es auch wohlhabendere Einwohner geben; denn es zeigten sich einige schmucke Landhäuser. Zahlreiche Minarets zierten die Stadt, welche überhaupt nicht unbedeutend aussieht. Sie soll über 20,000 Einwohner zählen. Bald hinter Widdin verließen wir die unmittelbaren Besitzungen des Sultans ganz und hatten nun Serbien zur Linken und Rumänien zur Rechten. Die Landstriche, auf welchen jetzt die Aufmerksamkeit Europas haftet, waren erreicht. Das Dampfschiff setzte die Fahrt noch fort, bis es vollständig dunkel war, und legte in Turnul Severin an, auf dem Rumänischen Ufer, da wo die Rumänische Westbahn die Donau erreicht und wo bei niedrigem Wasser die Pfeilerköpfe der Trajansbrücke sichtbar sind. Hier übernachteten und schließen wir. Schon früh setzte sich das Dampfschiff wieder in Gang, und sehr bald wurde in Alt-Orsowa die Oesterreichische Mauth erreicht. Dicht vor Alt-Orsowa, in Ada Calessi oder Neu-Orsowa, bis wohin die Rumänische Westbahn noch längs des Ufers führt, hat man auch Rumänien Lebewohl zu sagen. Von nun an ist das rechte Ufer, nämlich stromauf gerechnet, Ungarisch, das linke aber noch Serbisch. In Alt-Orsowa, auf der Mauth wie in den Schänken und selbst an den Marktbuden, begrüßt uns schon die Deutsche als offenbar vornehme und herrschende Sprache, natürlich Oesterreichisches Deutsch. Die Bevölkerung hier ist Slawisch; Alles ehemalige Militärgrenze.

Der längere Halt an dieser Stelle erlaubte uns, uns ein wenig umzusehen. Es sieht hier nicht ganz schlecht aus und vielleicht wird es bald noch besser. Denn einige Meilen oberhalb an dem Flüßchen, welches hier mündet, liegt das Herkulesbad bei Mehadia, ein Oesterreichischer Badeort, welcher bisher hauptsächlich von Rumänen besucht, in neuerer Zeit auch in Oesterreich und selbst in Deutschland die Aufmerksamkeit des modischen Publicums immer mehr auf sich gezogen hat. Es kommt hier aber auch Vieles zusammen, was zum Besuche reizt. Der Ort soll sehr schön gelegen sein, mit Höhen ringsum und entzückenden Landschaftsbildern. Es ist ein altes Bad, welches schon in Römischer Zeit die Rolle eines Modebades spielte, und antike Skulptur und antike Inschriften, von welchen man schon einen ganzen Keller voll gesammelt hat, werden noch fortwährend gefunden. Auch an den Felsen finden sich noch die Votivtafeln der fünften Legion, welche hier in dieser Gegend ihre Standquartiere hatte. Die Quelle selbst, welche unter Trajan entdeckt wurde, soll noch heute von sehr heilkräftiger Wirkung sein, und die Badeeinrichtungen, welche Gustav Kohl noch vor fünfundzwanzig Jahren in ziemlich primitivem Zustande vorfand, sollen es mit denen der elegantesten Bäder in

Deutschland aufnehmen können. Doch weil es für den Besuch von Bädern noch zu früh im Jahre, mußten wir uns dies Vergnügen für einen späteren Besuch aufheben. In Orsowa werden den Fremden überall Weichselröhre kräftigsten Duftes zum Kauf angeboten, da die Weichselkirsche in dieser Gegend besonders üppig gedeiht. Wir freuten uns nun hauptsächlich, bei dem hohen Wasserstande durch das Eiserne Thor, ohne aus einem Dampfschiff in das andere übersteigen zu müssen, fahren zu können. Einen Theil der langen Stromenge, welche hier der Durchbruch der Donau durch die Gebirgsverbindung der transsylvanischen Alpen mit dem Balkan erzeugt, hatten wir ja schon hinter uns. Die Felsenlandschaft rechts und links gleicht während einer ganzen Strecke derjenigen der Rheinufer zwischen Bingen und Koblenz; sie ist zwar öder, aber dafür bedeutend großartiger. Auf der Ungarischen Seite begleitet den Strom eine sehr gute Kunststraße, die nicht leicht herzustellen war, angelegt vom Grafen Szechenyi, dessen Namen sie auch trägt, da er die Kosten aus eigenen Mitteln bestritt. Noch stehen hier längs des Ufers die Wachthäuser der ehemaligen Grenzer, scheinen aber nicht mehr besetzt zu sein. Die engsten Stellen des Eisernen Thores liegen nicht sehr weit oberhalb von Orsowa, da aber die von der Schneeschmelze jetzt gefüllte Donau überhaupt wild einherstürmte, so traten die bekannten Stromwirbel nicht merkbar hervor. Trotz der Heftigkeit des Stromes drang unser neues Dampfschiff „Orient" sehr tapfer vorwärts und bestand die erste Probe in seinem Berufe ganz ausgezeichnet. Durch das unablässige Sprengen von Felsen unter Wasser, in welchem die Regierung Jahr aus Jahr ein keine Unterbrechung eintreten ließ, ist aber auch das Fahrwasser im Eisernen Thore schon sehr gebessert. Die Zeit ist nicht mehr fern, wo das Eiserne Thor für die Stromschiffahrt nicht mehr bedeuten wird, als das Binger Loch. Will man seinen Zustand in früherer Zeit kennen lernen, so hat ja der Ungarische Romanschriftsteller und Landtagsabgeordnete, Maurus Jokai, in seinem Roman „Der Goldmensch“ eine sehr lebendige und malerische, wenn auch vielleicht übertriebene Schilderung davon geliefert. Wir hatten seinen Roman kürzlich gelesen und konnten auf der ganzen Strecke bis Baziasch die Scenerie, in welchem sein Haupttheil spielt, verfolgen. Der Winkel, in welchem Bulgarien, Rumänien, Serbien und Ungarn so nahe zusammentreten und fünf Volksstämme zusammenstoßen, nämlich Slawen, Rumänen, Ungarn, Türken und die bis hierher verstreuten Deutschen, wozu noch die Griechen aus Konstantinopel und Bukarest kommen, bildet noch immer eine sehr günstige Bühne für phantasiereiche Romane. Auch Flüchtlinge aus den Palastrevolutionen in Konstantinopel gehören noch nicht zu den Unmöglichkeiten. Donauinseln, welche angeschwemmt und wieder weggeschwemmt werden, kommen ebenfalls noch vor. Eine Hauptrolle aber spielen jetzt wohl Flüchtlinge, welche durch die Revolutionskämpfe in Bosnien und der Herzegowina oder auch in Serbien über die Donau und Sawe auf das Oesterreichische Gebiet getrieben werden. Als wir die Donau herauf dampften, war in der Herzegowina und Bosnien noch Alles ruhig. Daß man im Frühling aufgehört hatte, einen nahen Ausbruch zu fürchten, konnte ich ja noch vom Lloyddampfer aus Syra melden. Man hatte sich also doch getäuscht. In dem Felsen auf der Oesterreichischen Seite befindet sich eine schon im Alterthum bekannte Höhle, von welcher der Glaube im Volke ging, daß sie die Geburtsstätte und der Aufenthaltsort einer besonderen Mückenart sei, deren Stiche den Tod des Viehes verursachen. In der That wird der ganze Landstrich im Hochsommer von Mücken heimgesucht, deren Stich wenigstens sehr nachtheilig für das Rind ist. Die Regierung ließ zuletzt diese Höhle vermauern; die bösartige Mücke ist dadurch aber keineswegs ausgerottet worden. Sie muß also noch viele Nester in den Bergen außer dieser Höhle haben.

Unter den kleinen Vesten auf dem Serbischen Ufer ist das malerische Golubatz noch von Maria Theresia angelegt worden. Es ist in der Kriegsgeschichte bekannt durch die tapfere Vertheidigung eines Majors mit geringer Mannschaft gegen große Türkische Uebermacht.

Von hier an weichen die südlichen Bergketten vom Strome zurück, den von nun an wieder große niedrige Inseln mit hohem Graswuchs und grasendem Rinde theilen. Ein einzelner, aus dem Strome hervorragender Fels, der den Schiffern als Merkzeichen dient, hat von seiner seltsamen Form den Namen Papagei bekommen.

Es war drei Uhr Nachmittags geworden, als wir Baziasch erreichten, wo die Berglehne am Flusse auch auf der Ungarischen Seite ein Ende nimmt oder vielmehr nach Norden abschwenkt. Der Ort besteht nur aus wenigen Häusern, unter denen sich ein großes Gebäude für die Verwaltung, die Post und den Eisenbahnhof befindet. In einer Gastwirthschaft gab es nur schlechtes Bier aus Weißkirchen und die kleine Deutsche Zeitung dieses nahe gelegenen Ortes. Hier hatten wir von unserem eleganten und bequemen Dampfer und seiner vortrefflichen Küche nach einem letzten Mittagsmahl Abschied zu nehmen, um den Nachtzug nach Pest zu besteigen. Damit waren wir wieder ganz auf occidentalischen Boden gelangt und waren nicht wenig erstaunt, alsbald in eine viel wärmere Luftschicht hinein zu kommen und zugleich auch in das Gebiet der Deutschen Sprache, welche in dieser fernen Ecke des Ungarlandes von aller Welt gesprochen zu werden scheint.

23/–;6

Nachwort.

Wenn der Leser ein Buch zu Ende gelesen hat, ist dadurch zuweilen der Anlaß erzeugt, ihm etwas Anderes zu sagen, als was man ihm vorhersagen kann. Es gilt diesmal aber nur Denjenigen, welche zu dem Entschluß gekommen sind, eine ähnliche Reise zu machen und auf welche schon im Buche selbst einmal Rücksicht genommen ist. Die hier erzählte Winterreise ist wohl, der Durchschnitt des Publicums aller Stände berücksichtigt, die am meisten fesselnde und befriedigende, welche sich innerhalb Europas machen läßt. Freilich fehlt Sicilien, und dies ist eine große Lücke. Aber es erfordert einen großen Umweg und viel Zeit schon für sich allein. Man müßte dafür, bei eingeschränkter Zeit, etwas Anderes opfern, oder man müßte schneller reisen, als sich dies mit dem wahren Genusse und Nutzen des Reisens verträgt. Dazu bekömmt man es auch mehr mit der See zu thun, und mit einer recht oft stürmischen See. Doch fühle ich, daß ich einen Fehler gemacht habe, nämlich mich zu lange, aus persönlichen Gründen, in Venedig aufzuhalten. Ein Monat ist zu viel; eine Woche genügt. Persönliche Führung hat man auf dieser ganzen Fahrt durchaus nicht nöthig, wenn man nur Englisch oder Französisch spricht, und Italienisch auch nur unvollkommen. Uebrigens breitet sich die Kenntniß der Deutschen Sprache jetzt rasch im ganzen Südosten aus und Deutsche giebt es geradezu überall. Wenn wir es den Völkern Englischer Zunge nachmachen, und darauf vertrauen, daß wir uns überall schon mit unserer eigenen Sprache durchschlagen werden, wird eben dies bald herbeiführen, daß wir damit wirklich nicht mehr auf Schwierigkeiten stoßen.

Im November 1875.

Julius Faucher.

Hafenplatz 3. Berlin.

Zeitfracht Medien GmbH
Ferdinand-Jühlke-Straße 7
99095 Erfurt, Deutschland
produktsicherheit@kolibri360.de